U0541549

经驗與觀念 渠敬东 主编

美国社会研究书系　闻　翔 主持

美国的职业结构

〔美〕彼得·M.布劳　著
奥蒂斯·杜德里·邓肯

李国武 译

商务印书馆
The Commercial Press

Simplified Chinese Translation Copyright©2019 by
The Commercial Press Ltd
THE AMERICAN OCCUPATIONAL STRUCTURE
Original English Language edition Copyright©1967
by Peter M. Blau and Otis Dudley Duncan
All Rights Reserved.
Published by arrangement with the original publisher,
Free Press, a Division of Simon & Schuster, Inc.
根据自由出版社 1967 年版译出

经验与观念丛书
总　序

黑格尔曾有过一个有趣的说法：最简单的经验即是最抽象的观念。这话乍听起来颇令人费解，然细绎之却道理很深。一个只能感觉世界的孩子，便只能用"这个"或"那个"来指代世界里的一切，他的经验看似最具体，靠的却是最抽象的观念。对人来说，经验和观念是一并到来的，没有靠纯粹经验活着的人，也没有靠纯粹观念活着的人。他的生活越具体、越深入，就越需要借助准确而丰富的观念来认识自己，去包容全部生活的内容；他的观念越多、越庞杂，就越需要依靠活的经验和历史来检验、来溶解。他知道，"吾日三省吾身"，每天都要在经验与观念之间往来穿行，行路与读书并行不悖，为学与为人是一个道理。他知道，仅凭经验来感知整个世界的人，是一种低级的动物，而仅凭自己一种抽象的立场、价值或信念来要求整个世界的人，也必落入一种"无生育力的亢奋状态"。他知道，米涅瓦的猫头鹰只有到了黄昏才会起飞，只有将现实生活的一切经验，与这个世界的不同起源和不同历史融汇一处，人类才会有未来。

"从具体到抽象，从抽象上升到具体"，是马克思为社会科学概括的一种基本方法。社会科学因应现代危机而出现，却不是要

i

取代已有的学问，而是要重新走进传统人文科学的腹地，将观念的基础植根于具体而完整的经验世界，并升华为新的经验和新的生命，从而实现抽象上升到具体的"二次航程"。随着世界历史的到来，在世界上任何一个角落的人，他的生活乃至命运都处于普遍联系之中，都与整个世界无法分离。现实中的每个人、每件事，都成为了社会总体的一种现象呈现。社会科学自诞生那天起，就把她的研究对象看成是一种整全的经验体，杜绝用一种技术、一种成见、一种维度去看待哪怕最微小的经验现象。

不过，社会科学也很明白，任何现实的经验，都不因它仅是现实的而成为整全的经验体，人之所以活着，是因为他与很多人共同活着，他成家立业，生儿育女，赡养老人，他在他所依恋的群体和组织中学习、工作和生活，他更是政治共同体的一员，承担着一个公民的义务……他必须给出这些共同生活的理由，知晓其中的道理，才能为塑造更美好的生活秩序而尽心尽力；他必须去研究公共生活的文明本体和自然原理，必须去发现人们曾经的历史怎样流变、演化和重建，必须去体会文明之"本"和历史之"变"怎样凝结于现实的经验总体里，进而塑造了他自己……一个现实的人，同他每一个现实的经验，都是人类由过去、现在乃至将来所构筑的一个完整世界的映射，他就是一个融汇全部经验和观念的存在，也将照此来理解社会存在的一切现象。可以说，人的价值和未来可能的社会秩序，即肇发于此。

长久以来，在投入世界历史的每个时刻，中国人皆合成一个命运共同体，共同经历着惊厥、痛楚、蜕变和失落，这条路走得艰辛、漫长，却充满着重生的期望。在复杂的时代变迁中，几乎所有传统与现代的不同要素都交织在我们的经验里，融合在我们的血气里。这种存在的样态，及其所内涵的非凡创造力，注定我们必为世界历史的未来有所承担。中国的社会科学将始终放眼世界，从不同的经验和观念体系中汲取养分，但依然尊重和守护我们自身的经验及其传统之源，正视这种经验和观念内生的原动力。中国的社会科学，必不被技术掠获，不受体制裹挟，不唯传统是瞻，更不做国际学术和世界历史的尾随者。

本丛书拟由两部分组成，一是系统译介外国学人反思现代社会经验与观念的经典作品，二是编辑出版中国学者研究自身现代历史流变及当下社会经验的学术著作。

是为序。

渠敬东
于 2014 年岁末

不完全社会分层分析的先驱性探索
——《美国的职业结构》代译序

刘世定

彼得·M. 布劳和奥蒂斯·杜德里·邓肯的著作《美国的职业结构》从 1967 年出版时算起，距今已经 53 年。半个世纪的文化洗礼使它成为一部名著。今天，研究社会分层和职业流动的人恐怕没有人不知道这部著作及其中的某些观点。然而，名著也有它自身面临的问题。艾兰·乌德在研究罗素哲学的发展时写了一句关于名著的话："名著可以说就是一本大家没有读过而以为通晓的书。"哲学家乌德不是统计学家，他说这句话的时候大概没有统计根据，但是基于经验观察的直觉判断中传递了值得注意的信息。在我着手为布劳、邓肯的这部名著的中译本写序言时，不由想到了乌德的话。此时想起这段话对自己有两点提醒：第一，名著中的某些内容，是为对该著作有所关注的人们所广泛知晓的，如果面对这些人再去重复介绍他们知晓的内容，实在没有必要；第二，更重要的是，人们以为知道但又没有读过原著，其信息必来自其他人的传递，既然我为这部名著写序的目的是希望人们研读它，那么，序言就应尽量避免写成助长人们不读正文就以为通晓全书的东西。出于这两点考虑，我决定在这个序言中不再重复那些在涉及社会分层和职业流动的流行教科书中已经介绍过的有关这部著作的主要论点，虽然这些内容对理解这部著作是必要的。在我的思想中，一部已经成为"历史"的名著之所以值得认真读，不是使自己知道后来流行的著名论点是从哪里起源的——这只需要翻阅就可以了，而是去体会作者是如何艰难地（如果确实有这样经历的话）得到结论的，有哪些困惑的东西被后来的跟进者忽视或屏蔽了，在其论述中事实上隐含了怎样的假定，甚至是如何处理不当的，等等。这些东西才使我们这些后来的读者、研究者可以从名著阅读中得到启发。

两位合作者在著作的序言中写道："我们二人在对社会学问题的兴趣上和分析社会学问题的方法上存在很大的不同。比如说，尽管我们都同意改进研究方法和推进社会理论同样重要，但公平而言，邓肯把提出严格的方法置于优先，而布劳则更强调得出理论概括。"[①] 从这本著作问世后有关社会分层与职业流动的研究来看，在两位作者分别强调的两方面中，追随数据处理方法者众，深入探讨社会理论者寡。而社会分层与流动理论探讨的不足，则对数据分析的质量和价值产生不利的影响。因此，我更愿意利用这个机会，从社会理论的角度做一些探讨。

不完全分层研究的先驱性著作

这部著作在理论上的一个追求，是将社会流动和分层研究结

---

① 见本书边码第 viii 页。

合起来。在第 1 章中，作者开宗明义地写道："本书的主要目标是对美国的职业结构，进而对美国社会分层系统的主要基础提供一个系统的分析。"①

我想提出的一个问题是：把社会分层和社会流动联系在一起研究，其理论意涵是什么？

为了讨论这个问题，我们不妨先考察一下充分流动的理论模型。一个充分流动的理论模型是经济学中的完全竞争模型的具体版。该模型假定在一个社会中，任何人都有能力和机会进入任何一个职业，但进入的先后可能出现差异。假定某些职业的先入者可以得到更高的收入，从而使收入出现高低排序。由于流动是充分的，因此，更高的收入一旦显现，就有人从低收入职业流入高收入职业，竞争会使曾经的高收入职业的收入降低，这一过程直到各个职业的收入相同为止。可以看到，在这里稳定的群体分层不存在。

除了充分流动的市场模型之外，我们还可以设想一个存在职业层级的充分流动模型。假定在一个社会中，集中协调各个人的活动可以带来合作剩余，从而等级地位及相应的等级协调权力是必要的。假定任何人都有能力和机会进入任何等级的职业，为了保证流动的充分性，该社会中规定任何人只能在一个位置上短时间停留。这个有职业等级的社会，就像游乐场中的摩天轮一样运行：每个人不断地由低等级职位上升到高等级职位，又不断从高等级职位下降到低等级职位，如此循环往复。在这个模型中，虽

---

① 见本书边码第 1 页。

然有制度上的职业地位高低，但像充分流动的市场模型一样，也不能形成稳定的社会分层。

上述两个理论模型显示出，充分的社会流动和社会分层是不相容的。同时也显示出，社会流动是一种逆社会分层机制。为了避免误解，有必要强调指出，在个人之间，依据某种标准存在相对位置的差异并不必定意味着存在社会分层。社会分层是一种稳定的群体间存在高低差异的结构。其存在的必要条件是，社会成员稳定地认同各自归属于地位高低不同的群体。当位置不断变换不能形成不同的群体认同时，社会分层也不能形成。这正是充分流动的结果。

当然，现实的社会流动和充分流动模型之间存在差距。在研究中对这种差距保持敏感，会推进一些学术思考。其中的一个思考是，当我们说充分的社会流动和社会分层不相容时，也暗示，不充分的社会流动和社会分层有可能相容。与这种有条件的相容性相联系，笔者的一个认识是，当布劳和邓肯把社会流动和社会分层研究结合起来的时候，事实上开辟了不完全社会分层研究方向。从这个意义上，我们可以说，这部著作是不完全社会分层研究的先驱性著作。

当我们这样说的时候，与其说是指这部著作奠定了不完全分层研究的基础理论，毋宁说它是通过在一个更狭窄领域中的具体研究打开了不完全分层研究的视野。这个更具体的研究领域就是代际和代内的职业分层和流动。

作者设想了两种极端状态以定位他们的研究，一个是代际和代内的完全分层状态，一个是代际完全无分层状态。作者写道：

不完全社会分层分析的先驱性探索

"我们可以想象，一种极端情况是，一个人的出生状况——包括这个人的性格和完全可预测的他注定要经过的年龄序列——就足以明确赋予他在等级体系中的地位排名。另一种极端情况是，他将来长大后的地位在出生时完全是不确定和偶然的。他的地位只有到长大后才能被完全确定，并且完全是他自主采取行动的结果，也就是说，不存在来自其出生或抚养环境的任何限制。"① 而他们着力描述的，既非代际和代内完全分层状态，也非代际完全无分层状态，而是既包含先赋原则，也包含后致原则的处于中间的分层系统。作者自我评估的学术贡献很大程度上在于，"对在一个大型的当代社会中先赋性力量的强度和机会的范围提供测量和估计。在一个既定系统中两个原则的相对重要性的问题最终是一个定量问题。"②

从不充分流动和不完全分层结合起来的角度阅读这部著作的时候，我认为还有一些不那么清晰之处需要澄清。例如，作者写道："代际和代内的社会流动过程被认为反映了职业结构的动力学。通过分析这些职业变动模式、影响它们的条件，以及它们的某些结果，我们试图部分地解释美国分层系统的动力学。"③ 严格地说，社会流动的动力学和社会分层的动力学是不同的。反社会流动研究才能说明社会分层的动力学。当然，在社会流动研究中会涉及抑制流动的因素，但是，如果仅仅把这种抑制因素处理为给定的分层结构的约束，那是无法成为解释分层系统的动力学的。

---

① 见本书边码第 203 页。
② 见本书边码第 204 页。
③ 见本书边码第 1 页。

ix

若一定要将这种约束说成是动力学，那无异于说，分层结构本身就是分层结构的动力学。这显然是没有意义的。

分层机制

本书考察了职业分层过程。而对分层过程，本书主要考察的是"个体被定位或自己定位在构成这个系统等级结构的位置上。"① 这一研究的假定是，已经有一个系统分层或等级结构（如书中对各类职业做出地位评级）作为前提条件存在，所谓分层过程，只是个体在其中定位。固然，我们在书中可以看到作者对于这个等级结构的时间稳定性持有技术上的谨慎态度，但这并不影响他们在研究分层过程时给定分层结构这一基本假定。他们写道："退而求其次，像以前的研究者一样，我们假定，在我们的当前和回溯数据所跨越的半个世纪里，职业地位的等级保持稳定。与这些研究者不同的是，我们能够为支持这种假定的近似有效性提供一些证据。"② 事实上，不论假定职业等级在研究的时期中是稳定的，还是假定发生了某些变化，都是在分层过程的研究中视为给定。显然，这里所做的不是分层机制，即有关分层如何形成的研究。

我们在阅读这部几十年前的著作时，当然不能用自己今天的兴趣去要求当年的作者。不过，换个角度提问并阅读，也可以推动思考。在我们看来，分层机制也许比给定等级结构的个人定位研究更有学术价值。特别在今天的中国，更是这样。

---

① 见本书边码第 203 页。
② 见本书边码第 152 页。

从分层机制的角度看，本书列举的职业等级其实有不同的机制依托。例如，从近因关系着眼，我们至少可以区分两种机制，即市场评价机制和团队活动组织机制。在团队活动组织机制中，人们按照协调团队活动的需要，被定位在预先确定的具有支配与服从关系的结构中，按这种支配服从关系做出高低排序。在市场评价机制中，人们可以从一定标准出发（比如以收入高低为标准），对一些职业做出高低排序。但定位于这些高低不同的职业中的人之间，没有直接的支配与服从关系。

若从职业等级的远因关系着眼，本书所涉及的教育评价排序、种族评价排序、地域评价排序背后，也有不同的机制。这些都是有必要深入考察的。

在缺乏分层机制研究的情况下，忽略这些机制的差异，笼而统之地列出职业等级量表，虽然有利于统计操作，但其结论的社会意义，仍然含混不清，甚至隐含误导性。这是我们不能不警惕的。

以行为为基础的分层与流动理论

要深入理解社会分层机制、分层的动力学，有必要深入到行为层次，以行为为基础加以分析。分层是涉及相对地位的社会关系，而相对地位是人们在相互比较行为中确定的。人们如何比较？如何排序？怎样的排序被认可，怎样的状态破坏了人们认可的排序？被认可的排序和不被认可的状态将会引发怎样的群体反应和后果？能够回答这些问题，才能说提供了理解分层动力的理论。

到目前为止，社会学主流的分层理论是以研究者按一定的标准（如经济收入、社会声望等）外生给定社会层级结构为特征的。在分层理论的先驱，即欧洲古典的阶级理论中，这样的处理具有相当的合理性，因为那时面对的是一个有明确法律等级的制度。将这样一个制度化的等级作为分层研究的给定前提，也不会引起太大的学术争议。亚当·斯密和卡尔·马克思把资本提供者和劳动提供者处理为有强弱之分的阶级关系也是有明显根据的，因为在他们所处的时代，资方较之劳方具有谈判优势。将给定的层级关系作为前提不失为一种合理的学术处理。然而在布劳和邓肯写作这部著作的年代，情况发生了一些变化。在一些企业中，较之出资者，一些具有高经营能力者、核心技术掌握者的谈判地位大大提高。这里虽然依旧存在着雇佣关系，但是地位排序的高点却非无可争议地倾向资本提供方。正是和这样的变化背景有关，本书作者将分层研究的注意力转向职业结构。但他们的基本研究方法，还是像古典学者那样，给定层级结构。不过，如何给定却不是如古典时期那样显而易见和无可争议了。这就需要采用一定的测量技术手段。在本书中，特别是第4章，对此有专门的讨论。尽管有技术上的补救，但也显露出外生给定层级结构的研究范式遇到了一些麻烦。

与外生给定社会层级结构的传统处理方式不同，以行为为基础的分层理论将层级结构视为社会成员在一定的条件下通过互动、比较，并依当事人的排序标准内生的。这一理论力求将微观层面的行为和更大范围的宏观行为结合起来。

虽然以行为为基础的分层理论尚在初期发展中，但构成该理论的某些要件已经有相当的研究基础，行为博弈、社会互动理论、相对地位激励研究、微观动机与宏观行为研究、公平博弈研究等都与此有密切关系。当我们以行为为基础分析社会分层的时候，传统分层研究中一些不予重视的因素将受到重视，并因此引导出新的研究方向。借此机会，我想对这一理论研究路径的某些特征略作说明。

（1）参照主体与情境

以行为为基础的分层理论的基本前提是，地位排序是当事人在一定情境条件下与其参照主体相比较做出的。在这里，不仅参照主体，而且行为主体所处情境是非常重要的，因为不同情境下有不同的排序准则。比如，大学校长和教授，当他们处在行政系统之中时，校长的地位排序在教授之前；但参加学术研讨，校长如果是内行，那么他和其他教授是平等的，如果是外行，那他的排序只能在后。越是在权力和权利受到约束、边界清晰、多样化的准则各有其道的社会中，情境因素在层级排序中越是发挥重要作用。越是在权力不受约束、边界无限延展的社会中，某一种地位排序越可能成为普照之光，将其他排序准则都隐没其中。

（2）比较维度及排序的非一致性

上面的讨论已经涉及人们在地位比较中的多维度。事实上，不仅在情境条件明确时，人们会从不同维度进行地位排序，而且在情境条件不明确时，人们有时也会从不同维度进行地位排序。由于多维度排序的存在，因此人们对从事某一类社会活动的人，从不同维度可能会做出不同的排序。例如，对金融市场上的投机者，许多民众在收入维度上的排序与在道德声望上的排序就可能有很大差距。

（3）价值观与地位排序

不同维度上排序的非一致性，不仅和外在的情境因素有关，而且和人们的认知、价值观有关。因此，以行为为基础的分层理论重视认知、价值观对地位排序的影响。

（4）群体认同度和排斥度

分层研究的一个指向是试图理解群体行为。由于缺乏对微观排序行为的研究，因此，目前外生给定社会层级结构的传统分层研究在理解群体行为方面日渐乏力。以行为为基础的分层理论不仅重视微观地位排序行为，而且重视从微观地位排序行为到群体行为的中间环节，群体内认同度和群体间排斥度就是这样的中间环节。通过微观行为与群体行为的有机关联，可望使分层理论对群体行为提供更恰当的理解。

（5）何种公平

分层研究的另一个指向是社会公平。传统的分层研究不仅由研究者外生给定层级结构，而且外生给定公平标准。本书作者致力于考察先赋因素和后致因素在职业分层和流动中的影响。就公平关怀而言，也是预先设定先赋因素的影响在自由民主社会中具有某种不公平性。他们写道："在一个自由民主社会，我们认为更为基本的原则是后致原则。分层系统中的某些先赋性特征可被视为是希望被尽快荡除的早期时代的遗迹。……我们对这个争论的贡献（如果有的话）很大程度上在于，对在一个大型的当代社会中先赋性力量的强度和机会的范围提供测量和估计。"[1] 我们在这里不是想评论他们这种看法本身，而是指出他们采用的方法特征。行为基础上的分层理论在涉及公平问题时，摒弃由研究者外生给定公平标准的做法，而诉诸当事者对公平的理解。比如，当事者认为怎样的地位排序是公平的，怎样的地位排序是不公平的。在当事者理解的基础上，才能现实地分析与社会分层相联系的公平互动。

在这里概述以行为为基础的社会分层理论的某些特征，无疑是偏离了对本书的介绍。不过我想，通过对比这种研究思路和本书秉承的研究思路间的差异，也是一种加深对本书理解的方式。

余论

阅读研究型的著作与阅读通常的讲授知识的教科书（有的教科书也是研究型的）不同。后者是将比较成熟的知识系统地呈现给读者，以便于读者了解，而前者则是将研究历程展现给读者。《美国的职业结构》这部著作在展现研究历程，特别是研究中遇到的困难和不完满方面，有鲜明的特色。这不仅是出于作者的坦诚，而且也由于这是一部合作的著作，而两位合作者又有各自的研究个性。

我希望读者关注两位作者的这段话："我们的经历使我们深深感到，当共同探究一个艰深的领域时，两个喜欢推理的人（如果

---

[1] 见本书边码第 203—204 页。

我们确实如此的话）可能在推理上存在很大的不同。我们不仅在对一组经验结果的最佳解释上各执己见，这是可以预料的，而且有时甚至对结果本身的认识存在分歧。面对一套相同的定量数据，关于经验'事实'本身两个人都不一定得出相同的结论，更不用说关于从中得出的推断了。由于初始假定和问题关注点的不同，在大量复杂的表格中一个人认为明显存在的结构可能被另一个人视为符合不同的模式。对问题的重要性和优先性不能达成一致，在一个人看来是有趣的发现，在另一个人看来也许微不足道。"[1]

我想，如果读者有兴趣，在阅读中认真考察两位合作者之间的学术张力，不论对于加深对这部著作的理解，还是思考书中未解的问题，都会有助益。

自这部著作问世以来，沿着社会分层和职业流动进行研究在社会学界已经形成了一个较强的传统。今天，在数字化时代来临、金融技术革命深化、人工智能等新技术展现出前所未有的图景的时代，不仅社会分化有了新的特征，而且甚至职业、工作理念和概念，都在发生变化。从这个角度看，本书的启示和局限并存，这是我们不能不注意的。

---

[1] 见本书边码第 3 页。

献给西奥多·I. 布劳和奥蒂斯·杜兰特·邓肯,他们的职业成就大大促进了我们的职业成就。

目　录

序言 ·· 1
致谢 ·· 7
第 1 章　职业结构与流动过程 ·· 11
　　分层理论和流动研究 ··· 12
　　数据收集方法 ··· 23
　　本书的结构 ··· 34
第 2 章　职业结构 I：流动的模式 ····································· 37
　　人力的流动 ··· 41
　　代际之间的供给和纳新 ··· 55
　　职业生涯起点的意义 ··· 68
　　流动和阶级界线 ·· 81
　　社会距离的维度 ·· 92
　　结论 ·· 103
第 3 章　职业结构 II：历史趋势 ······································ 110
　　队列对世代 ··· 112
　　流动趋势 ·· 122
　　年度之间的直接比较 ··· 132

xix

间接推断 ·· 142
流动至首职的队列间比较 ······································ 144
总结 ·· 150

第4章 先赋地位和后致地位：测量和分析技术 ······ 154
对职业地位的测量 ·· 156
多元分类分析 ·· 170
多元分类分析示例 ·· 177
回归分析 ·· 187
协方差分析 ·· 196
分析流动分布：以教育为例 ·································· 202

第5章 分层过程 ··· 213
基本模型 ·· 216
路径系数 ·· 224
年龄组：合成队列的生命周期 ······························ 231
推测和预告 ·· 245
流动变量所提出的问题 ··· 253
恶性循环的概念 ·· 260

第6章 机会不平等 ·· 269
黑人和白人 ··· 270
南方人和北方人 ·· 276
南方的黑人和北方的黑人 ······································ 284
移民 ·· 293
国家出身 ·· 299
总结 ·· 307

第 7 章　地理迁移和社会流动 312
社区规模与职业条件 313
地理流动性 320
迁移的意义 327
机会结构与迁移过程 333
社会流动和空间流动的动力学 342
总结：迁移与普遍主义 349

第 8 章　农场背景与职业成就 354
来自农场的迁移 355
拥有农场背景者的职业分布 361
农场背景与分层过程 369
基于地区规模的职业差异 377

第 9 章　亲属关系与职业生涯 380
父母家庭的规模 384
兄弟姐妹的排行 394
家庭关系的结构 402
家庭氛围与成就 407
解释的形式化 412
结论 421

第 10 章　婚姻与职业地位 425
破损家庭 425
婚姻状况作为职业生涯的意外事件 432
找个好对象 437
选择性婚配 444

xxi

教育上的同征择偶 ································· 454
　　结论 ·· 461
第 11 章　生育率差别与职业流动 ······················ 463
　　历史背景 ·· 464
　　流动性假设 ·· 472
　　生育率与代内流动的关系 ···························· 478
　　生育率与代际流动的关系 ···························· 492
　　改变生育率的职业差别的条件 ························ 503
　　另一种视角 ·· 508
第 12 章　职业结构与分层系统 ························ 519
　　职业成功的条件 ···································· 520
　　家庭生活与职业生活 ································ 530
　　职业结构与历史趋势 ································ 540
　　当代社会中社会流动的原因 ·························· 549
　　机会与民主 ·· 557
　　流动研究的功能 ···································· 569

附录 A　与 OCG 涵盖的人口有关的官方出版物的
　　　　文献目录 ······································ 571
附录 B　OCG 调查问卷 ································ 576
附录 C　对 OCG 表格涵盖的人口的说明及与其他
　　　　数据来源的比较 ································ 582
附录 D　芝加哥试调查的匹配研究 ······················ 588
附录 E　用人口普查数据来核对回溯性数据 ·············· 598

附录 F	未回答对相关分析结果的影响	608
附录 G	对 OCG 数据中的百分比的估计标准误	616
附录 H	对多元分类分析结果的总结	618
附录 I	迁移分类	639
附录 J	补充表格	644

人名索引 …………………………………………………… 668
主题索引 …………………………………………………… 672

序　言

　　可以认为，当前我们生活在这样一个社会中，到目前为止我们所拥有的阶级构成部分是由继承决定的，部分是由公开竞争决定的，公开竞争相对有效地实现了人尽其才。

　　在这里，阶级并不像种姓那样意味着不同的思潮，而仅仅是在一个共同的精神整体中的分化，可能存在若干种彼此重叠的阶级，以致从一个角度来看属于同一阶级的人从另一个角度来看又是彼此不同的。阶级群体像彼此交汇的圆圈，而不是相互分隔，以致有些群体可能涵盖了相同的个体……

　　在现代生活中，以及在没有正式特权的国家中，阶级问题实际上是一个财富问题，以及与财富有关的职业问题……

　　　　　　　　　　　　　　查尔斯·霍顿·库利:《社会组织》

　　……在机会平等的理想与家庭责任的理想之间存在某种对立。责任涉及自治，自治将导致家庭之间的分化，从而意味着给予孩子的条件的不同，即不平等的机会……

　　我认为，机会平等尽管并不完全行得通，但却是我们最好的工作理念之一。我们不可能实现这一点。存在天然的特权趋势，这源自于优势往往在家庭脉络中流动，因此向更广渠道的任何可行的分流可能是有益的。

查尔斯·霍顿·库利:《社会过程》

在当今社会，人们的职业在其生活中占据主导位置，并且职业结构是当代工业社会分层体系的基础。在没有世袭种姓和封建领地的情况下，阶级差异开始主要依赖于职业地位、经济优势以及与之有关的权力。因此，对理解现代社会，特别是它的分层特征而言，知晓职业结构和支配人们获得经济成功机会（通过在职业等级体系中向上攀升）的条件是必不可少的。在民主国家，机会平等尽管从未完全实现，但却是一个重要的理想，个体的阶级或族群出身促进或阻碍其职业机会的程度问题具有特别的理论和政治意义。基于对美国人工作生活的大规模经验调查，本书分析了美国的职业结构及影响社会流动的因素。

本书是长达七年的合作研究的结晶。我们力图使本书成为真正合作的产物，为此我们每个人都各尽所能。本书没有第一作者，排序是按照姓名字母给出的，并且我们在序言和别处的签名调换了顺序以强调这一点。下列因素激发了我们之间的协作：我们对社会分层研究有共同的兴趣，我们对基于系统的经验研究提出科学的社会理论有同样的关注，并且我们确信我们两人不同的知识背景和观点有助于对问题的探究。毫无疑问，我们二人在对社会学问题的兴趣上和分析社会学问题的方法上存在很大的不同。比如说，尽管我们都同意改进研究方法和推进社会理论同样重要，但公平而言，邓肯把提出严格的方法置于优先，而布劳则更强调得出理论概括。

序 言

在这项研究事业中的合作向我们提出了挑战，我们能否调和因观点不同所导致的分歧，以充分利用我们各自的专长。在面对这个挑战上，我们不能说有多么的成功。不过，我们确实认识到，我们的合作所导致的问题反映在本书的某些局限中。毫无疑问，这本书如果不是由两个有着不同取向的社会科学家来写的话，可能会整合得更好，无论是在写作风格上，还是在思想的连续性上。我们的经历使我们深深感到，当共同探究一个艰深的领域时，两个喜欢推理的人（如果我们确实如此的话）可能在推理上存在很大的不同。我们不仅在对一组经验结果的最佳解释上各执己见，这是可以预料的，而且有时甚至对结果本身的认识存在分歧。面对一套相同的定量数据，关于经验"事实"本身两个人都不一定得出相同的结论，更不用说从中得出的推断了。由于初始假定和问题关注点的不同，在大量复杂的表格中一个人认为明显存在的结构可能被另一个人视为符合不同的模式。对问题的重要性和优先性不能达成一致，在一个人看来是有趣的发现，在另一个人看来也许微不足道。而且，对于给读者提出怎样的要求——是让读者得出自己的结论，还是对结果提供也许只是我们其中一个作者认为最合理的解释——也很难达成完全的共识。我们已经尽最大可能并且千方百计调和这些分歧。有时，为了让我们对一个问题的解答都满意，我们会进行另外的经验分析（例如，在第2章中）；有时，我们经过讨论后得出一个折中的结论；有时，我们会同意分歧，并提供不同的视角（例如，在第11章中）。就对数据提出的解释应在多大程度上超越数据本身而言，我们优先考虑既定章节作者的倾向。如果我们经常在如下两个方向上犯错，即在有些情况下没有给出充分的解释，在有些情况下又给出过多的猜测，并且如果这在本书中导致一些不均衡，那么我们必须要恳请读者迁就我们这种合作研究的成果。

鉴于我们两人在技能和关注点上的差异，合适的做法是介绍一下创作本书的分工，希望这样有助于读者理解本书中仍存留的不一致，尽管我们意识到问题的存在并尽力达成一致。整个研究是由布劳发起的，他12年前在与尼尔森·N.富特（Nelson N. Foote）以及与当时的全国民意调查中心的主任克莱德·W.哈特（Clyde W. Hart）的讨论中萌生了最初的构思。当决定这个项目最好能与美国人口普查局合作进行时，邓肯就加入进来了。在问卷设计和第一轮的数据表格制作阶段，我们密切协作以进行最初的研究计划。不过，总体而言，布劳更多关注的是概念问题和假设构思，邓肯更关注的是测量问题和假设检验。第二轮的数据表格制作主要是由邓肯完成的，这与另外资助的对生育与社会流动关系的研究有关（这个资料主要体现在第11章中，并且在一定程度上也体现在第10章中）。

统计方法和模型的开发以及对大部分计算工作的督导都由邓肯承担。我们对本书的写作进行了分工，每人负责承担一些章节的初稿写作。随后，密集的相互批评和观点交换导致大量的修订。第3、4、5、8、10和11章的初稿及定稿主要由邓肯负责，第2、6、7、9和12章的初稿及定稿主要由布劳负责。但是大部分章节不仅包含了由不负主要责任的作者提供的许多想法和建议，而且也包含了他们写作的段落。在写作这些章节期间，安德烈娅·泰里（Andrea Tyree）是布劳的研究助理，在全书的整体组织中为布

序　言

劳提供帮助。正因为她为本书做出了大量贡献，所以将她列为合作研究者。

全书一共12章，其中有10章是对经验结果的分析，第1章是对职业结构和流动研究的总体介绍，第12章是总结性的一章，讨论了由经验研究发现所提出的一些更宽广的理论问题。在第1章的结尾部分，我们讨论了全书的材料组织，但是对表格制作和附录也给出了少量初步的说明。除非另有说明，本书中所有表格涉及的是1962年3月美国平民自由人口中的20—64岁的所有人。根据具有代表性的全国样本，我们给出以千人为单位的人口数量估计。当一个表格涉及的是一个更窄的年龄范围（比如25—64岁）或者一个子群体或者一个不同的样本时，我们在表格标题中对人口基数给出了明确说明。我们投入大量的时间和精力对年龄队列之间的差异进行了分析。在所有的年龄群体中（部分例外的是年龄最小的群体，即低于25岁的人，因为他们中的许多人仍处于职业生涯的准备阶段）变量间的大部分关系都是可观察的。考虑到只是显示类似的模式，没有必要对不同的队列提供单独的数据，所以为了使精细分析保持更大的案例基数，在这些情况下我们整合了年龄队列。当然，在文中各种合适的时机，我们还是讨论了年龄队列之间值得注意的差异，第3章就广泛讨论了年龄差异及其含义。

书中的10个附录对研究中所使用的变量和它们的关系以及大量方法论问题提供了一些基本的描述性信息。这些附录中的第一个是包含了本研究相关材料的人口普查出版物的文献目录。最后一个附录包含了补充性的表格。大部分其他附录处理的是方法论

5

问题。例如，对我们使用数据的两个可靠性检测的讨论。特别需要指出的是附录 H。它不仅包含了对所使用的每个变量的详细说明，而且还显示了被每个自变量单独和被多个自变量的组合所解释掉的职业地位和教育上的变异。这些数据揭示了在美国社会影响成功的有关条件的大量信息。

奥蒂斯·杜德里·邓肯

彼得·M. 布劳

于安阿伯和芝加哥

1967 年 2 月

致 谢

如果没有美国人口普查局的热忱协作及其对一系列技术性工作的认真实施,这项研究当然是不可能完成的。尽管我们并不认识执行要求严格的操作性任务的大部分人,他们负责访谈、数据处理和制表,但无论如何我们都非常感激他们出色的工作。人口普查局的几位专业人员在不同时间点直接参与了该研究。我们需要特别提及的有普查局的副主任康拉德·托伊伯(Conrad Taeuber),我们最初与他进行了研究可行性的讨论,并且他对研究一直非常关心。人口调查司(负责当前人口调查的部门)的主管罗伯特·B. 珀尔(Robert B. Pearl)对研究设计的许多复杂细节提供了合理的建议。人口司经济统计处(Economic Statistics Branch of the Population Division)的三位成员担任了我们的"一代人的职业变化"研究的项目协调员:在问卷设计和试调查阶段是斯图尔特·加芬克尔(Stuart Garfinkle),在实地调查阶段是威廉·J. 米利根(William J. Milligan),在数据处理和制表阶段是斯坦利·格林(Stanley Greene)。在人口统计领域拥有这些专家的指导是难得的优势。最后我们要向人口司给我们提出若干有用建议的工作人员表示感谢,他们是:霍华德·G. 布鲁斯曼(Howard G.

Brunsman）、亨利·S.施赖奥克（Henry S. Shryock）、保罗·C.小格利克（Paul C. Glick, Jr.）、查尔斯·B.纳姆（Charles B. Nam）和罗伯特·小帕克（Robert Parke, Jr.）。需要指出的是，本书得出的结论以及在对人口普查局提供数据的分析和解释中的任何错误都由本书作者承担责任。

我们也非常感谢为本研究提供经济支持的三项资助：国家科学基金对芝加哥大学的资助（G-16233）、国家卫生研究院对芝加哥大学的资助（RG-8386）及国家卫生研究院对密执根大学的资助（GM-10386）。我们想特别感谢国家科学基金的亨利·W.里肯（Henry W. Riecken），当我们一开始向他提出我们的研究计划时，他给予了特别有价值的建议；我们还想感谢那时在国家科学基金工作现在伊利诺伊大学工作的罗伯特·L.霍尔（Robert L. Hall），在制定研究计划时他的合作态度和有益建议是巨大的帮助。

芝加哥大学和密执根大学的许多学生在本研究中担任助手和助理。罗伯特·W.霍奇（Robert W. Hodge）在本研究开始时与我们共事，他准备了富有启发的文献综述，并对试调查的评估提供了重要洞见。如果没有J.迈克尔·科布尔（J. Michael Coble）在计算程序和数据处理方面的专业帮助，我们是无法顺利进行统计分析。布鲁斯·L.沃伦（Bruce L. Warren）忍受这些数据分析好几年，为此做出了实质性的和技术性的贡献。在露丝·C.斯威特（Ruthe C. Sweet）和萨莉·弗里斯比（Sally Frisbie）的竭诚服务下，他们的数据分析工作如虎添翼。也感谢比拉·艾·达丽尔（Beulah El Dareer）和艾丽斯·Y.萨诺（Alice Y. Sano），她们在录入表格和手稿时表现出娴熟的技能和勤奋的态度。

致　谢

在写作本书的漫长过程中，我们就许多研究问题与同事们展开讨论，由于人员太多这里就不一一提及了，我们只能一起对他们表示谢意。不过，我们特别幸运的是能够在这些漫长岁月中得到两位同事的有见地的建议和尖锐的批评，远在这项研究开始之前，我们就开始依赖于她们对社会研究和我们自身工作的深切理解。我们非常感激贝弗莉·邓肯（Beverly Duncan）和泽娜·史密斯·布劳（Zena Simth Blau）的支持和帮助。

第1章
职业结构与流动过程 1

本书的主要目标是对美国的职业结构，进而对美国社会分层系统的主要基础提供一个系统的分析。代际和代内的社会流动过程被认为反映了职业结构的动力学。通过分析这些职业变动模式、影响它们的条件，以及它们的某些结果，我们试图部分地解释美国分层系统的动力学。该研究建立在大规模的经验数据基础之上，数据来自一个超过 20000 名 20—64 岁美国男性构成的代表性样本。

我们报告的许多研究发现和结论对社会政策和行动方案具有重要含义。例如，我们的研究再三表明，某些群体的职业机会不如其他群体，主要是由于前者受教育程度较低，或者其他因素。这些差异表明，不管是教育方案还是其他社会行动都将足以影响这些群体职业机会的改善。我们希望这里提供的证据充足的结论将有助于政策制定者和相关公共机构提出适当的行动方案和澄清党派争论。不过，我们并没有将详细阐明我们发现的现实意义视为主要任务。

我们也无意基于我们经验研究的结果构建一个分层理论。但这并不意味着我们仅局限于报告"事实"并让事实自己说话，也 2

不意味着我们赞成经验研究与理论之间的人为分隔。相反，我们试图将研究发现置于理论框架之内，并对它们提出理论解释。不过，相比于建构一个关于分层的理论，更为合适的做法是引入与我们关于职业获得和流动的经验数据有关的理论思考。前者并不是本书的主要目标，尽管在结论部分我们将会思考研究结果对构建那样一个理论的某些更宽广的意义。

分层理论和流动研究

40年前，在把社会流动作为社会学研究重要议题的经典陈述中，索罗金哀叹道，

> 在我们的社会中，个体的垂直流动一直在发生。但是，它是如何发生的？……我们知之甚少的这个过程的特征又如何？我们对此理论推测有余，而调查研究不足。是放弃猜测的时候了，我们应该寻找收集事实的合理方法，并细致地研究它们。[①]

直到二战以后，索罗金的质疑才得到实质性的回应。当然，在19世纪，面对工业化对社会的巨大影响，许多伟大的社会思想家非常关心总体的社会变迁特别是阶级分化对变迁的作用，并提出了关于分层或分化的理论。经典的例子是马克思关于阶级冲突

[①] 彼蒂里姆·A.索罗金（Pitirim A. Sorokin），《社会流动》（*Social Mobility*）（New York：Harper），1927年，第414页。

第 1 章 职业结构与流动过程

是产生历史变迁的主要动力的理论，它支配了 19 世纪的大部分社会思想和 20 世纪的大部分政治生活。[1] 如果看到他的理论今天在实际政治生活中的影响要甚于在社会科学中的影响，马克思也许并不会感到生气，因为他认为，一项社会理论的行动含义重于它的科学价值。涂尔干关于劳动分工的理论更为具体地关注了职业分化、它的社会密度根源及其对降低共识和改变社会团结的性质的含义。[2] 不过，无论是这两个理论，还是许多其他有关社会阶级和分工的一般理论对过去 20 年所进行的关于社会流动的系统研究都没有太大的影响。实际上，大部分对职业流动的经验研究从未提及这些理论。因此甚至熟知和同情马克思理论的研究者在他们的流动研究中都没有提到他。

在流动研究中对分层理论的这种忽视，并不仅仅是因为经常听到的抱怨，19 世纪产生的宏大理论没有详细阐述其术语，以至于不能很容易地将它们用于经验研究。实际上，原因要比这更具体。分层理论试图通过参考产生社会分化的历史条件来解释一个社会中社会分化的特征，这意味着需要一个比较的框架，在这个框架中，不同历史时期或不同社会之间制度条件的差异影响到随之发生的分层系统上的差异。为了解释导致一个分层系统与众不同的特征的条件，有必要将它与其他体系，或者至少一个其他系统进行比较，不管这种比较是基于系统的数据，还是依靠主观的

---

[1] 对马克思阶级理论的一个简明总结，参见莱茵哈德·本迪克斯（Reinhard Bendix）和西摩·M. 利普塞特（Seymour M. Lipset）编，《阶级、地位和权力》（*Class, Status, and Power*）（Glencoe : Free Press），1955 年，第 26—35 页。

[2] 埃米尔·涂尔干（Émile Durkheim），《社会分工论》（*On the Division of Labor in Society*）（New York: Macmillan），1933 年。

观察。对一个社会的社会地位和流动的经验研究无法做出相关的比较以阐明或提炼有关分层理论的命题，因为不管收集的定量数据规模有多大，从这些理论的角度来看每个社会仅仅是一个单独的案例。此外，一般而言，分层理论关心的是导致一个社会产生独特阶级结构的其他制度条件，或者与被这种阶级结构所导致的其他条件。经验研究通常不能提供关于这些其他变量的任何信息。因此，无论是马克思，还是涂尔干，他们都将广泛的社会互动视为社会分化产生的基本条件。具体而言，在马克思那里，是阶级意识的发展导致了阶级分化，而在涂尔干那里，是劳动分工的发展导致了阶级分化。但是流动研究却很少收集有关社会互动方面的信息。流动研究的设计不适合分层理论所提出的问题的研究，因为它关注的核心不是社会之间的制度差异，而是任一社会内部影响职业获得和流动的不同条件。

尽管对一个社会的社会地位和流动的单一经验研究无助于提出分层理论——这也是我们强调这样做并非本书主旨的原因，但这并不意味着这样的研究与理论无关。远非如此。对检验和改进分层理论而言，对不同社会的分层系统的经验研究结果的积累是必不可少的。在前文引用的段落中，索罗金呼吁这种积累性的研究努力，并且他在自己的研究中试图从可用的有限经验数据中得出有关分层的理论归纳。[1]

---

[1] 索罗金（Sorokin），见上引文。对此的评论，参见戈斯塔·卡尔森（Gösta Carlsson），"索罗金的社会流动理论"（Sorokin's Theory of Social Mobility），载于菲利普·J. 艾伦（Philip J. Allen）编，《对索罗金的评论》（*Pitirim A. Sorokin in Review*）（Durham：Duke Univer. Press），1963年，第123—139页。

第 1 章　职业结构与流动过程

开创性的努力是大量对一个社区的职业流动的地方性研究[①]，这为探究职业流动问题提供了重要洞见，但是使用它们的结果（作为唯一可用的资料）来推导整个社会的社会流动倾向很快就引起对这样做它们所存在的明显局限的注意。愈发明显的是，为了阐明社会流动的过程，需要基于代表性样本的全国性调查，特别是在现代社会，职业流动经常伴随着地理上的移动，即个体从一个地方社区流向另一个社区。二战结束后不久，一群学者发起了大量在不同国家开展的这种全国性社会流动调查，这些学者在国际社会学协会的支持下形成了一个关于社会分层与流动的国际委员会。最著名的事例是格拉斯及其同事在英国、斯瓦拉斯托加在丹麦、卡尔森在瑞典进行的流动研究。[②] 在其他国家也开展了大量的全国性研究，但没必要在此评论它们，因为 S. M. 米勒已经对这些全国性研究和少量的地区性研究进行了全面的文献综述，并对这些研究的结果做了一些比较分析。[③]

[①] 关于美国的两个研究，参见 H. 杜威·安德森（H. Dewey Anderson）和佩尔西·E. 戴维森（Percy E. Davidson），《一个美国社区的职业流动》（*Occupational Mobility in an American Community*）（Stanford：Stanford Univer. Press），1937 年；纳塔莉·罗格芙（Natalie Rogoff），《职业流动的近期趋势》（*Recent Trends in Occupational Mobility*）（Glencoe：Free Press），1953 年。

[②] D. V. 格拉斯（D. V. Glass）编，《英国的社会流动》（*Social Mobility in Britain*）（London：Routledge and Kegan Paul），1954 年；卡尔·斯瓦拉斯托加（Kaare Svalastoga），《声望、阶级与流动》（*Prestige, Class, and Mobility*）（Copenhagen：Gyldendal），1959 年；戈斯塔·卡尔森（Gösta Carlsson），《社会流动与阶级结构》（*Social Mobility and Class Structure*）（Lund：CWK Gleerup），1958 年。

[③] S. M. 米勒（S. M. Miller），"社会流动的比较研究"（Comparative Social Mobility），《当代社会学》（*Current Sociology*），9（1960）。不过，一项近期对意大利的研究并没有包含在米勒的评论中，约瑟夫·洛普里多（Joseph Lopreato），"意大利的社会流动"（Social Mobility in Italy），《美国社会学杂志》（*American Journal of Sociology*），71（1965），第 311—314 页。

我们对美国职业结构的研究追随这些对职业流动的全国性调查的传统。与之共享的假定是，理解现代社会的社会分层最好通过对职业地位与流动的系统调研来推进。简言之，我们关注的焦点是职业的分层等级而不是社会分化的其他方面。我们应该指出这种方法的局限及其合理性。其主要局限在于它不可能对分层的各种维度进行分析。

马克斯·韦伯对阶级、地位和政党的著名区分提醒我们要注意社会分层的不同维度。① 韦伯赋予马克思理论中所强调的经济阶级以重要性。这些阶级基于人们与经济有关的位置（特别是对以资本形式体现的财产的占有）而分化，并且它们决定了个体的生活机会及其经济利益。但是韦伯强调，这种经济分化并不是社会分层的唯一维度。人们也会根据赋予他们的社会荣誉或声望而分化为不同的社会阶层，并且一个地位群体（韦伯称其为声望阶层）的成员共享一种独特的生活方式，彼此平等相待，并且将非工具性的交际局限于内群体。此外，个体在为了政治权力而进行的政党竞争中所扮演的角色涉及分层的另一个方面，必须要把这一点与阶级位置和声望地位区分开来。后两者之间的差别可以总结为："'阶级'是根据他们与商品的生产和获取的关系而分层；而'地位群体'是根据他们对商品的消费的行为准则（呈现为特定的'生活方式'）而分层。"②

尽管沃纳并没有使用韦伯的概念框架，并且甚至明显没有注

---

① 马克斯·韦伯（Max Webber），《社会学文选》（*Essays in Sociology*）（New York：Oxford Univer. Press），1946 年，第 180—195 页。
② 同上，第 193 页（着重号系原文所加）。

意到韦伯的研究，但是他的社区研究使他得出了同样的结论：纯粹经济标准之外的其他标准支配着人们分化成不同的声望阶层。①个体的声望地位并不是由他们的经济富裕程度或者个人属性直接决定，而是由他们的家庭所被社会接受的社会阶层所决定。社会阶层而不是个体被社区排序成一个声望等级。通过影响成员所被接受的阶层，家庭的财产和特征只是间接地影响它的声望地位，成员所被接受的阶层通过他们的社会参与和交往模式来显示。尽管沃纳所研究的这些声望阶层可能在一个社区的社会生活中非常重要，但无疑经济而非声望准则在整个社会特别是工业社会的分层系统中更为关键。

职业地位既不等同于经济阶级，也不等同于声望地位，但却与二者紧密相联，特别是与前者。阶级可以根据经济资源和经济利益来界定，而对绝大多数人而言他们的职业地位是这些的主要决定因素。当然，马克思强调，阶级的判定标准并非一个人的职业，而在于他是一个用资本雇用他人劳动力的雇主，还是出卖自己劳动力的雇员。马克思意在用这个准则将控制大型资本主义企业的人和那些服从其控制的人区分开来，不过，如今这个准则却不足以做到这一点了，因为在今天大型企业里行使控制权的经理本身也是公司的雇员。如果阶级指的是人们在经济中所占据的角色及其对经济事务的管理影响的话，那么在经济主要由公司而非

---

① W. 劳埃德·沃纳（W. Lloyd Warner）和保罗·S. 伦特（Paul S. Lunt），《一个现代社区中的社会生活》(*The Social Life of a Modern Community*)（New Haven：Yale Univer. Press），1941年，第81—126页。这是扬基城（the Yankee City）系列研究的第一卷。整个系列都没有提及马克斯·韦伯的研究。

个体企业主支配的当代社会，阶级更准确地反映在人们的特定职业上，而非其雇佣状态上。职业地位并没有包含阶级概念的方方面面，但它也许是测量阶级最好的单个指标（尽管更为精确的测量方案应该将经济影响直接考虑进来）。在概念上，经济阶级与职业地位之间比职业地位与声望地位之间存在更为紧密的关系。不过，后两者之间也存在着某些关系，因为许多职业追求（特别是那些包含体力劳动的工作）与属于更高声望层级的"荣誉"是不相容的。此外，这些更高阶层的"适当的"生活方式的维持需要相当多的经济资源。

现代工业社会的职业结构不仅构成了社会分层主要维度的重要基础，而且扮演着社会生活的不同制度和领域之间的连接器的角色，因此它包含着重要意义。无论是声望地位的层级，还是经济阶级的层级，都根源于职业结构；政治权力和权威的层级亦然，因为现代社会的政治权威很大程度上是作为全职职业来行使的。正是职业结构体现了人力资源在不同制度领域的配置，而且正是职业群体之间的流动反映了对不同服务的需求和符合条件的人力资源的供给的调整。职业结构也是经济与家庭之间的连接器，通过职业，经济影响着家庭的地位及家庭对经济的人力供给。① 职业地位的层级揭示了人们通过提供各种服务所做出的社会贡献和他们收到的报酬之间的关系，无论这种关系是否表达了某种公平的功能调整，如同分层的功能理论所假定的那

---

① 参见塔尔科特·帕森斯（Talcott Parsons）和尼尔·J. 斯梅尔塞（Neil J. Smelser），《经济与社会》（*Economy and Society*）（Glencoe: Free Press），1956年，第51—55、70—72页。

样。①实际上，有充足的理由怀疑这种调整经常被扰乱，因为职业等级不仅是一个诱发有需求的服务的激励系统，而且是一个能使人们处于控制位置（比如公司经理）以影响报酬分配的权力结构。

职业结构在连接社会组织的不同要素中具有多种作用，这使得对它做出理解是研究现代社会的基本需要。对社会分层的研究尤其以对职业层级的透彻理解为前提，因为职业等级是工业社会中社会分层各个方面的主要根源。不过，对分层的许多问题的研究不能立基于对职业结构的研究，因为这样的研究无法为分层的各种表现形式及其相互作用（即阶级、地位和权力差异的重叠或分异的程度）提供充分的信息，而只能处理对所有表现形式都相同的潜在维度。因此，在对社会分层的分析中，对职业结构的探究只是第一步，尽管是重要的一步。

尽管我们的研究建立在对职业流动的全国性调查的传统之上，但无论是在方法论上，还是在实质内容上都与这种传统大为不同。对职业流动的以往研究更多关注的是测量的方法论问题，特别是如何对职业进行排序及如何测量社会出身与职业终点之间的流动程度问题。除了使用流出起点职业的比例和流入最终职业的比例之外，研究者已经设计出对流动程度的加总测量指标，其中最有名的是"关联指数"（index of association）或"社会距离流动比率"（social distance mobility ratio）。②我们在

---

① 参见金斯利·戴维斯（Kingsley Davis）和威尔伯特·穆尔（Wilbert Moore），"分层的某些原理"（Some Principles of Stratification），《美国社会学评论》（American Sociological Review），10（1945），第242—249页。
② 这种测量方法在格拉斯（Glass）编著的《英国的社会流动》（同上引）和罗格夫的《职业流动的近期趋势》（同上引）中被独立发展出来并使用不同的名称。本书第3章对这种测量方法的局限进行了讨论。

研究中使用了职业地位的定量得分，这使得利用若干更为复杂的统计程序成为可能，比如回归技术，这种技术可以对数据进行更精确的分析。这些更为精致的分析方法对研究若干因素对职业获得和流动的同步影响具有特别重要的意义。我们的研究与以前流动研究的实质性差异主要就在于我们更关心影响职业流动的这些因素。

流动研究过于把职业流动矩阵分析强调成一个自给自足的实体。尽管描述流动模式的这种分析的结果偶尔与其他变量有关，比如教育水平或生育数量，但是通常主要致力于对流动表的内部分析，对其他因素与职业流动之间关系的系统研究相对关注较少。将流动视为单一的变量并在几乎不考虑与其他变量关系的情况下研究它的倾向，严重限制了流动研究的丰富性。毕竟，科学研究的主要目的在于建立而后揭示变量之间的一般关系，而不仅仅是描述一个变量的总体分布，不管这个变量可能多么重要。这就如同研究政治行为的学者只是弄清选举之间政党偏好的变动，而不探究与不同的政党偏好及其变动有关的因素。专注于流动也是如此，现有研究通常无法为流动的关联因素提供充足的信息，以致不可能解释所观察到的流动模式。

对不同国家职业流动的比较极大地提升了这些发现的实质意义，因为这种比较有助于洞察和思考这些国家之间其他已知的差异，这些差异可能导致了流动模式的差异。因此，卡尔森（Carlsson）将他对瑞典的流动研究发现与在英国和德国的其他研究者的发现联系起来，米勒对18个不同国家的流动研究进行了综合性的二手分析，尽管某些国家的数据可靠性存在问题。[1]李普塞特和本迪克斯对不同工业社会的社会流动进行了最全面的二手分析,他们研究了多种与不同国家的流动有关的因素,并从他们的分析中得出了关于现代社会中社会分层的启发性理论概括。[2]尽管其范围有限,但对职业流动的国别研究已为这种比较性二手分析奠定了必要的基础。

如同前面所指出的,对单一社会职业流动的研究不能进行比较分析,而这种比较是对分层系统做出概括所必需的。尽管如此,通过弄清与之相关的某些其他条件,这种研究有助于解释观察到的流动模式。这是本书的基本目标。尽管我们也从对代际流动和代内流动表的分析发现的实质性讨论开始,但是接下来我们要识别哪些没有包含在这些流动表里的其他因素影响了其所反映出的模式。第2—3章研究了不同职业群体之间的代际和代内流动模式及这些模式的历史趋势,在此之后研究的焦点转向影响有差别的职业成功及其某些结果的条件。

因此,我们核心关注的实质性问题是所观察到的职业流动模式如何受到各种因素的影响,比如个体的种族、婚姻状况或者兄弟姐妹的数量及自己的排行。而这恰恰是过去的流动研究所缺失的。不过,我们发现,通过将职业流动的概念分解为它的构成要

---

[1] 卡尔森(Carlsson),同上文引用,第116—120页;米勒(Miller),同上文引用。也可参见托马斯·G. 福克斯(Thomas G. Fox)和S. M. 米勒(S. M. Miller),"流动的经济、政治和社会影响因素"(Economic, Political, and Social Determinants of Mobility),《社会学学报》(*Acta Sociologica*),9(1965),第76—93页。

[2] 西摩·M. 利普塞特(Seymour M. Lipset)和莱茵哈德·本迪克斯(Reinhard Bendix),《工业社会中的社会流动》(*Social Mobility in Industrial Society*)(Berkeley: Univer. of California Press),1959年。

素：社会出身或职业起点及职业终点，进而重新阐述这个问题有其优势。我们不是探究一个变量（比如，社区规模）对向上流动产生了怎样的影响，而是探究它对职业获得产生了怎样的影响，以及它如何改变了社会出身对这些获得的影响。这种重新阐述的主要原因在于，向上流动的可能性当然很大程度上取决于一个人职业生涯开始时的水平；这使得一个既定因素与流动的关系变得模棱两可了，如同将在第5章更为充分展示的那样。通过考虑社会出身或职业生涯起点，会避免这种模糊性。在这一点上只需引用一个例子：黑人向上流动的机会尽管低于白人，但是除非将其极低的出身水平考虑进来，否则会呈现出令人误解的高机会。

通过确定各种因素如何影响着出身对职业成功的影响，对问题的这种重新阐述能使我们剖析职业流动的过程。因此，我们探索了社会出身、职业起点及教育之间的相互依赖关系，研究了它们对职业获得的直接和间接影响。通过研究各种其他因素如何影响职业获得和流动，这个基本模型随之被扩展。对影响职业成功的个体特征和社会条件的分析有助于破解在流动矩阵中观察到的流动模式。在面临人口的出生和死亡、他们的成熟和退休、对某些职业服务的需求扩大及对另一些职业服务的需求下降时，一个分层了的职业系统为了维持其自身，必须要包含将人力配置到职位上的安排。职业流动的过程涉及支配这种人力配置的社会代谢，因此构成职业结构动力学的基础。对影响个体职业获得的因素的详细阐述试图解释这种动态过程。总之，常规的流动矩阵展现了将要被解释的职业配置的结构，而对决定流动过程的条件的分析则用来提供所需的解释。

数据收集方法

在国际社会学协会分层与流动分委员会的领导之下，我们的研究数据来自对美国的抽样调查。不过，在我们的程序中有一个重要的创新。我们的"一代人的职业变化"（Occupational Changes in a Generation, OCG）调查并不是特意组织的一次调查，而是作为美国人口普查局每月"当前人口调查"（Current Population Survey，CPS）的附件而进行的。从1942年持续进行的 CPS 的基本功能是提供有关劳动力、失业及相关议题的月度统计[1]，但是它也经常收集各种其他主题的数据，如附录 A（"与 OCG 涵盖的人口有关的官方出版物的文献目录"）给出的信息所展示的。[2]

通过 CPS 获取流动数据的决定对研究设计和分析有着深远的后果：大部分是良性后果，但也略有麻烦。这项决定最喜人的结果是我们能够以边际成本获得比以往关于社会流动的全国性调查

---

[1] 美国劳动统计局和美国人口普查局（U. S. Bureau of Labor Statistics and U. S. Bureau of the Census），"当前人口调查中关于就业和失业的住户统计中所使用的概念和方法"（Concepts and Methods Used in Household Statistics on Employment and Unemployment from the Current Population Survey），《BLS 报告》（*BLS Report*），第279期，及《当前人口报告》（*Current Population Reports*），系列 P-23，第13期，1964年6月。

[2] 丹尼尔·B. 莱文（Daniel B. Levine）和查尔斯·B. 纳姆（Charles B. Nam），"当前人口调查"（Current Population Survey），《美国社会学评论》（*American Sociological Review*），27（1962），第585—590页。该文为 CPS 作为社会研究的一项资源的价值提供了富有意义的讨论。

样本规模更大的数据。第二个重要的好处是调查者不必卷入一个复杂的调查机制的创建和运作，但却能依靠大量训练精良、经验丰富的专业人员在抽样、问卷设计、调查实施及数据处理方面的技能。

这种做法伴随的不足和烦恼主要来自两个方面。一方面，从初始的计划到实地调查的实施都需要冗长的超前和滞后时间，而且从实地调查到数据处理和统计分析都必须要通过庞大的科层系统来工作。另一方面，对能够收集的信息数量有着严格的限制。例如，不能获得态度数据，因为实地调查人员缺乏所需的经验；不能收集有关宗教的信息，因为人口普查局的现行政策禁止这样做。

1959年下半年与人口普查局官员的讨论确定了如下事情：人口普查局认可一般公众对关于社会流动的统计数据的关注；在CPS中包含有关这个主题的问题是可行的；这些问题可以与CPS中常规获取的其他问题进行交叉分析；以合理的边际成本就能完成此事；但是为支持这项研究需要获得特别的资助。

在接下来的12个月，研究者起草了资助申请书，并分别获得了两个项目的批准，分别是来自国家科学基金和公共卫生署的资助。这两个项目的研究计划的开展需要与人口普查局的官员进行大量的协商，因为有必要对将要做什么和代价有多大这些问题预先进行详尽的考虑。研究的基本特征是在这段时期内确定的。研究资助在1961年初正式得到批准；在当年夏天设计出了问卷；在那之后必须要马上做出关于研究设计的所有方面的最终决定，这其中包括对将要产生的实际统计表的详细说明。

OCG调查的数据收集在1962年3月进行。人口普查局已经计划在这个月不仅要获得通常的劳动力信息,这些包括职业、行业、有工作经历的民用劳动力成员的工作类别,以及年龄、性别、种族,而且还要获得有关受教育程度、收入、婚姻和家户状况以及已生育孩子数量等方面的数据。因为这些信息可以从CPS的常规调查中得到,所以只需确定增加哪些项目,以满足研究社会流动的目的。

出于可行性和经费方面的考虑,我们最终决定,增补的OCG信息不应在常规CPS调查过程中收集,而应使用"留下"问卷的手段,即要求符合条件的被访者填答问卷并邮寄回人口普查局的地区总部。试调查证实这种自我填答程序是可行的。不过,仍有必要对OCG问卷中需要的信息数量和细节进行严格的限定。我们设计了一份应该对绝大多数被访者而言都通俗易懂的两页纸的问卷,要获得的数据包括如下项目:被访者及其父亲和母亲的出生地;兄弟姐妹的数量及排行;被访者长兄(若有的话)的受教育程度;被访者16岁时居住的社区的规模;一直到16岁时入学的学校类型;获得首份工作的年龄,以及职业、行业和那份工作的工作人员类别;直到16岁时的家庭生活安排;当被访者大约16岁时父亲(或者身为家长的其他人)的职业;父亲(或其他家长)的受教育程度;婚姻状况;对与其妻子生活在一起的已婚男士而言,其妻子兄弟姐妹的数量和她父亲的职业。实际的问卷参见附录B。不过,读者一定要注意,这份问卷只是增补的OCG项目,不包含从常规CPS调查中可用的全部信息。在这里复制CPS调查表是没有意义的;它非常复杂,只有经过培训的调查员才能全部

13

理解，而且使用自动化数据处理的设计方案。①

当然，自填问卷的一个风险是被访者可能不会遵循按时完成和寄回问卷的要求。因此，我们对此做出安排，一开始通过信件进行跟踪，对于信件跟踪后仍未回答的子样本通过人际接触（电话联系或登门造访）来进行最终跟踪。假定这些最终跟踪的调查具有高完成率，正如实际所获得的那样，对样本中的如下两个群体引入不同的样本膨胀因子是可能的：（1）那些初次接触或者信件跟踪就回答的样本；（2）那些只有在最终的人员跟踪后才回答的样本。最终的结果是一套基本上与未回答偏差（这指的是根本未作答导致的潜在偏差；还有当寄回问卷时由于未回答特定问题导致的单独的偏差）无关的估计。

因为在别处可以找到详细的技术讨论②，并且因为每份基于CPS的官方报告都带有关于抽样程序和抽样变异性估计的注释，所以我们不想在这里提供关于CPS样本的设计和特征的细节。1962年3月，像自1956年开始的每个月一样，CPS调查大约35000个居住在居住单元或家户中的人。这些大约包含25000名20—64岁的男性，他们被指定为符合OCG问卷条件的被访者。这些人中有几乎六分之五寄回了完整的问卷或接受了跟踪调查；也就是说，获得了大约20700名被访者。根据年龄、性别和种族，

---

① 对常规CPS调查项目的详细说明可参见《当前人口报告》(the Current Population Reports)和《劳动力专题报告》(Special Labor Force Reports)，如同在附录A中所列举的那些。

② 美国人口普查局，"当前人口调查：关于方法论的报告"(The Current Population Survey: A Report on Methodology)，《技术论文》(Technical Paper)，第7期，1965年。

同时考虑对已提及的回答状况的不同权重，样本的统计数值被膨胀为对美国人口的独立估计。20700 被访者代表了在 1962 年 3 月美国的民用自由人口（the civilian, noninstitutional population）*中的大约 4500 万 20—64 岁的男性（包括在美国军事基地与家人一起生活的或者在军事基地之外的民用区生活的军人大约 90 万人，他们也被视为"民用人口"）。除非特别说明，所有表格中的数据指的都是这个样本。

为 OCG 研究制作的表格都是以对人口频次（单位是千人）的估计的形式呈现。给定估计过程中使用的控制，我们可自动获得对 1962 年 3 月 OCG 数据和其他 CPS 表格的近乎完美的可比较性，尽管微小的出入也许是不可避免的，因为常规的 CPS 调查与 OCG 增补调查之间的总体有效回答率存在差异（参见附录 C："对 OCG 表格涵盖的人口的说明及与其他数据来源的比较"）。与其他来源数据可比较的优点使得 OCG 的统计资料成为在特定时点描述美国社会状态和情况的一整套社会和人口统计资料中的一个重要组成部分。我们不用一离开手头特定表格的范围就必须提供脱离现实的解释或者诉诸推断；大量可靠的支持性信息唾手可得。①

至于 OCG 统计资料的质量如何呢？起初的印象是，来自常规 CPS 调查的那部分数据是在过去真正重复过多次而且在此过程中不断改进的调查程序的产物。大量的信息在信度和效度上都是可用的。例如，对于在 CPS 调查中的回答与在全面普查中独立获

---

* 民用自由人口，意指非现役军人，而且没有被关在监狱、限制在精神病院或其他监禁设施内的人。——译者注

① 参见附录 A，"与 OCG 涵盖的人口有关的官方出版物的文献目录"（Bibliography of Official Government Publication Relating to the Population Covered in OCG）。

得的回答之间的一致性，我们拥有详细的统计资料。①随着抽样调查数据的积累，根据当前的标准，CPS 的统计资料一定会被认为具有极高的可靠性和精确性。

就 OCG 增补问卷中获得的数据质量而言，我们较为忐忑。当然，类似的问题在以前的调查中也会被问及，但是对随之而来的统计资料的评估研究却很少进行。在 OCG 研究中，对数据资料只设计一个适度的核对方案是可能的，尽管这些超出了以往对调查资料的评估通常可用的内容。在此我们扼要介绍一个最重要的评估。

1961 年夏天在芝加哥都市地区进行的试调查中，我们试图调查清楚被访者在 16 岁时的住址，以便能够在 1920 年、1930 年或 1940 年的某一次普查的记录中定位这些相同的被访者。在与普查资料相匹配的 123 个案例中，我们发现，对父亲的主要职业领域的回答，普查报告与被访者的报告之间存在 70% 的一致。尽管 30% 的不一致似乎很高，但这个数字必须要根据两个事实来解释。首先，普查的日期与被访者达到 16 岁时的日期之间可能有 5 年的差异；在这两个日期之间许多父亲事实上可能已经变换了职业。其次，对职业回答的信度的再调查研究发现，不一致在 17%—22% 之间，②尽管所要求的信息是当前的，而不是回溯性的。因

---

① 美国人口普查局，"通过 CPS—普查匹配的测量方法来评估关于人口特征数据的准确性"（Accuracy of Data on Population Characteristics as Measured by CPS-Census Match），《美国人口和家户普查的评估和研究项目：1960 年》（*Evaluation and Research Program of the U. S. Censuses of Population and Housing: 1960*），评估研究系列 60（Series ER 60），第 5 期, Washington: Government Printing Office, 1964 年。

② 同上引，表 34；美国人口普查局，"邮寄自填调查：1950 年"（The Post-Enumeration Survey：1950），《技术论文》（*Technical Paper*），第 4 期，1960 年，表 36。

此，我们倾向于认为，对父亲职业的回答在信度上也许并没有明显劣于被访者对自己职业的回答（进一步的细节请见附录D："芝加哥试调查的匹配研究"）。

尽管试调查提供了唯一的机会可以对OCG信息与另外来源的信息进行逐一的比较，但是也可能进行某些其他的核对。在1910年和1940年的普查报告中根据父亲职业分类的特定队列在OCG数据中可以被识别出来。在这两个来源中，可以对根据父亲职业分类的这些队列的分布进行比较。如果考虑到如下事实，即普查分类涉及的时间是当队列在5岁以下时，而OCG询问的是当被访者16岁时他父亲的职业，那么，比较结果表明OCG的分布是合理的。

另一项同类型的核对涉及的是被访者根据父亲的受教育程度的分布。这里使用一个有点复杂的估计程序，根据父亲的出生年份来估算被访者的分布。随着这些队列在1940年、1950年和1960年的普查中被列举，如果父亲是他们从中取出的典型，那么父亲的出生年份就为估计受访者的受教育程度应该如何提供了一个基础。与预期相反，估算的受教育程度分布与OCG中回答的受教育程度分布的比较分析显示，除了相当大数量的OCG被访者似乎将其父亲分类为中学毕业生——此时他们本应该回答其父亲只完成了1—3年的中学教育——之外，不存在OCG被访者夸大其父亲受教育程度的总体趋势。

因此，这两组结果（附录E"用人口普查数据来核对回溯性数据"对此作了详细报告）是比较令人欣慰的。不过，我们得出的结论并不是说OCG关于社会经济背景的数据毫无误差，而只是说它们可能几乎与 CPS 关于当前人口状况的数据一样可靠。尽管本研究采取一些特别的努力来考察数据误差的发生率，但必须要承认，我们对这样的误差对结论和推论的影响所作的评估仍十分有限。不幸的是，在这方面，我们的研究与社会研究的当前标准并无二致。

还有另一方面的质量问题受到特别的研究。这是由于在问卷中对特定题目未做回答导致的潜在偏差问题。对这个问题的研究特别考虑了它对相关系数的影响。在计算的相关系数中对"未回答偏差"的可能大小设定绝对界限是可能的，不过这些界限过于宽泛以致没有意义。例如，根据这两个变量都回答了的案例来计算，父亲的职业地位与受访者的首职地位之间的特定相关是 0.377。如果对所有案例都进行计算的话，可能的极端值是 0.190；如果对未回答案例做出二元分布的假定，另一个可能的极端值是 0.464。不过，对正探讨的相关系数而言，对回答的案例与未回答的案例之间的差异做出一个合理而非极端的考虑，那么结果是，对所有案例计算的相关系数与基于两个变量都回答了的案例的计算值之间的差异不会超过 ±0.03。这与对在分析中使用的大部分相关系数而言的抽样标准误差的大小一样。而且，我们意识到，在我们的计算中使用更宽的分类间隔及在计算时其他的近似值本身可能很容易导致 0.01 左右的误差。此外，我们多少感到欣慰的是，在对微小差异的解释中所采取的正常防范足以避免从受到未回答偏差影响的结果中得出错误的推断。（对这种计算的细节，参见附录 F，"未回答对相关分析结果的影响"。）

应该指出的是，未回答偏差问题主要来自于增补的 OCG 题

目，因为处理常规 CPS 题目的当前做法是对未回答的案例赋值。下面的总结性说明描述了所使用的操作程序：①

> 对那些没有回答完成的教育年数的被访者的赋值。在1962 年的调查中，当受访者没有回答最高受教育程度或所完成的教育年数时，使用一个计算机程序对这些项目赋值。当哥哥或父亲[OCG 增补的问题]未被回答时，没有进行这样的赋值。基本的操作程序就是对没有回答这个题目的人赋予一个与具有类似特征的其他人的回答相一致的值。在 1962 年 3 月的调查中所使用的具体技术如下：
>
> 1. 对于总体中 14 岁及以上人口，计算机存储根据种族和年龄划分的最高受教育程度的回答数据，以及根据年龄和最高受教育程度划分的所完成的教育年数的回答数据。
>
> 2. 每个存储的数值一定保留在计算机中，直到具有相同特征（例如，在对最高受教育程度赋值的情况下，指的是相同的种族和年龄）和回答了该题目的随后出现的人通过计算机程序进行了处理。于是，随后之人的回答数据被存储在计算机中，取代了之前存储的数据。
>
> 3. 当一个 14 岁及以上的人没有回答一个或两个有关受教育程度的题目时，赋予这个人的值是所存储的具有相同特征的最近一个人的相应值。

---

① 美国人口普查局，"一代人的教育变化：1962 年 3 月"（Educational Change in a Generation : March 1962），《当前人口报告》，系列 P-20，第 132 期，9 月 22 日，1964 年，第 5 页。

我们之所以不厌其烦地讨论数据质量问题，其中一个原因是担心在本研究中数据的偏差比抽样的随机误差更可能导致错误的推断。研究人员对抽样误差问题已经很敏感，并且习惯于将对统计显著性的检验视为对这种误差的一种防范。不过，OCG 的样本规模比基于调查的大多数社会学研究中的样本规模要大得多，以致计算显著性检验很大程度上是枉费时间。虽然有些夸大，但我们可以断言，几乎任何达到足以有趣的差异在统计上都是显著的。实际上，数据显示了各种"显著的差异"（不是由于抽样误差导致的），这些差异无法给出明确的解释，并且可能差异如此之小以致没有实际意义。而且，始终存在这样的可能性，即在差异可能来源于回答偏差的意义上，说它不是由抽样误差导致的差异可能不过是误导性的。

因此，我们尽量避免使用显著性的正式检验，只是偶尔提及标准误。在任何情况下，唯一的统计值是百分比，对此我们具有相当好的标准误估计。附录 G 复制了由人口普查局的抽样专家计算的标准误表。如果读者研究这个表格，那么可能会发现，如果样本量大约有 OCG 样本的三分之二那么大，那么标准误大约具有基于简单随机抽样假定计算的大小。这反映了如下事实，即样本并不是一个简单随机样本，而是一个区域聚类（areally clustered）样本。不过，我们并不知道其他的统计结果（比如回归系数和 F 比率）如何受到违反简单随机抽样的样本设计的影响。当我们觉得明显有必要讨论抽样变异的时候，只能对标准误做出非常粗略的讨论。

我们可以对整理调查记录、将手工编码的信息汇集在一起并存储在适合自动数据处理的表格中、汇编最终合成的记录并编排成我们所需要的统计表这些复杂的工作略加介绍。所有这些工作都是根据 CPS 正式职员的标准操作程序进行的。OCG 调查的一个特色是需要对职业和行业进行详细的编码,这是将它们再编码成职业地位得分的前提,我们将在第 4 章描述职业地位得分。在通常的 CPS 研究中并未进行这样的编码,不过它却是 10 年一度的普查的一大特征。因此,已经存在可用的详细的编码说明。

到实际收集数据的时候,调查人员已经制定出了对数据表的两套主要说明中的第一套。在此应该指出的是,我们绝没有使用原始调查资料或存储个体数据的计算机软盘。这个信息是保密的,个体研究人员不能私自使用。因此,在不能查阅"原始"数据的情况下,我们必须要对分析中所需要的统计表提供具体的描述,并且在我们希望得到它们之前的 9—12 个月提供这些描述。这个提前的时间是必须的,因为计算机要花时间运转程序才能产生这些表格。很显然,这种情况使我们无法遵循通常的策略,即在运行某些二维表格之前看一下边缘和,以及在研究了二维表之后决定制作有趣的三维或高阶数据表。在可能被制作出来的几乎数量无限的表格中,我们必须提前声明只需要哪些表格,并做好准备以充分利用我们得到的表格。当然,成本因素对我们可能申请多少表格施加了严格限制。在对任何表格将是什么样拥有预先的显示之前,我们必须要提前设想我们想进行的大部分分析。

因此,在分析实际开始之前一年或更多,我们必须要设计出分析的总体规划,尽管事实证明,在我们制定的制表说明中存在"意外的"成分;并且结果表明一些数据表适合最初没有考虑的分析程序。看起来需要的某种特定的变量组合之所以未被报告,通常是因为对它的需要没有被预见到。很多组合虽然我们需要，但却无法提供；还有很多组合我们后来虽然希望看到，但在制定虚拟表格时我们却没有想到。我们意识到，我们的初始计划确实存在这样的风险，即忽略了一些极其重要的关系。不过，我们投入了数个月的时间根据各种数据来源做出大致的估计，以尽可能接近地预测表格看起来是什么样的。总体而言，这个时间花费是值得的，因为结果表明数据表是令人满意的。不过，我们没必要在这里详细介绍分析的具体设计，因为它是本书正文各章内容的重要组成部分。

本书的结构

尽管我们有时也利用其他来源的数据，但对 OCG 数据的分析是本书报告的主体内容。在这个导言的结束部分，我们将对本书的结构和各章的主题做一个扼要的介绍。

接下来两章处理的是职业分组之间的关系结构及其历时变迁。在这里，我们分析了常规的代际和代内流动表，但却很少提及未包含在表里的任何变量。我们使用了大量的新程序来从不同视角探究劳动力在职业群体之间的流动，并推断支配这些变动及反映职业之间社会距离的潜在因素。在第 2 章我们研究了流动模式，在第 3 章我们考察了历史趋势。这种分析的贡献之一是展示了用有关职业结构中所发生的变迁的知识来推断代际流动中的变迁是多么地困难和危险。

在对职业结构本身的这种研究之后，我们转向了对体现在这种结构中的职业获得和流动过程的分析。要探讨的基本问题是，个体在其职业生涯中所获得的地位如何受到其生命早期的先赋地位的影响，比如他们的社会出身、种族状况、出生地区、生活地区及父母家庭。第 4 章描述了为了这种分析而使用的相对新颖的技术。为了避免这种方法论讨论过于抽象，我们以例示的方式将其整合进研究的某些主要发现中，比如关于受教育程度与职业流动关系的例子。

在第 5 章，我们提供了职业流动过程的基本模型。1962 年时（调查日期）的职业地位被认为是一个终生过程的结果，在这里，出生时的先赋地位、中介环境及早期的职业地位决定了最终职业地位的水平。基于简单数学模型的形式化表述使我们可以对几个影响因素的相对重要性进行近似的评估。在接下来的几章，通过引入对没有包含在初始公式中的几个因素和变量的影响的估计，这个模型实际上被修改和扩展。这里反复探究的问题是，另外一组变量如何改变了社会出身和早期地位对后来地位的影响。

接下来，第 6 章考虑的是因种族、出生地及籍贯导致的机会不平等。其中特别关注的问题是，黑人和其他少数族群较差的成功机会是否主要是由于他们较差的背景和教育，以及当这些因素被控制后是否依然如此。在分析迁移与社会流动关系的第 7 章中，我们研究了是迁移者出生的地区，还是他生活和工作的地区对其职业机会有更大的影响，并且对农村移民涌入大城市给城市本地人的职业机会带来的影响，我们得出了一些推论。第 8 章研究了农场背景对职业获得的影响。第 9 章研究了兄弟姐妹数量、在兄弟姐妹中的排行、兄弟姐妹间的关系以及家庭对教育的重视对职业生涯的影响。在探讨婚姻与职业生活之间关系的第 10 章中，特别分析了同征择偶、夫妻之间在出身和教育上的相似性程度。

在第 11 章，我们将注意力转移到通常被当作职业地位和流动的结果而非前提的一个变量，即生育率，或者更准确地说，被访者妻子生育孩子的数量。这个主题用来作为一种分析程序的例证，这个程序被认为适合从流动据以界定的那些地位的影响抽取出流动本身对因变量的影响。实质性的问题是，社会出身（丈夫的或妻子的）和当前地位的加性影响（additive effect）能否解释夫妻的生育率，或者流动本身是否对他们的生育率产生进一步的独立影响。它也有助于弄清楚流动是否对各种其他因素——比如，政治态度、偏见和失范行为——产生类似的独立影响，不过，不幸的是，由于数据收集方法所施加的限制，这是无法实现的。

在最后一章，我们不仅总结了主要的发现，而且讨论了它们的某些更一般的意义。在这一点上，我们将我们的发现与利普塞特和本迪克斯所分析的不同工业社会中关于流动的可比较数据联系起来，并且对他们的理论概括（它们似乎隐含在我们的结果中）提出了一些重新表述。这个总结性的讨论给予我们这样一个机会，即思考与现代社会中职业流动的原因和结果有关的某些一般原理。

第 2 章
职业结构Ⅰ：流动的模式 23

研究社会流动有不同的视角。我们可以聚焦于社会经济地位的变迁，而不管地位所依赖的特定职业基础是什么，或者集中探讨职业群体（职员、农场主）之间的流动，而忽视每个群体内部的地位差异。可以关注个体成功的机会，也可以关注社会的职业结构。在接下来的章节中，我们主要关注的是社会经济地位，研究与个体机会和成就相关的因素。不过，在本章，我们先对美国职业结构进行一个总体的分析，特别是分析职业群体之间人员的流动。

职业结构被认为由作为其组成部分的子群体之间的关系构成；分析单位是这些职业子群体而不是构成它们的个体。出于这个分析目的，劳动力被分成 17 个职业类别，这是对人口普查局所划分的 10 大职业的一个扩展。另外七个类别只是对人口普查局类别的细分。我们将"专业的、技术的及类似的工作者"区分为自雇型的与领薪型的。同样地，我们将"管理人员、官员和企业主"分为自雇型（"企业主"）和领薪型（"管理人员"）。"销售人员"

被分为零售人员和其他类销售人员。最后，根据所属行业对三个体力工人群体进行了区分："手艺人、工头及类似的工人"被分为制造业、建筑业和其他行业三类，"操作工及类似的工人"被分为制造业和其他行业两类，"农场和矿业之外的工人"也被分为制造业和其他行业两类。

这些职业分组之间关系结构的根据随着时间变化在它们两两之间的人员流动来界定，不管这种流动是代际的还是代内的。我们一方面根据不同出身的人员的流入或补充，另一方面根据子代向不同职业终点的流出或供给，来刻画每种职业的特征。比如说，农场主大多从他们自己的层级或农场工人中补充新人，但是在下一代他们将儿子输往大量不同的职业。基于它与社会结构中其他职业的关系来描述一种职业的程序类似于社会计量方法。社会计量方法也基于他们与其他人的关系来描述一个群体中的个体，并且通常也适用两种关系准则：做出的选择和接受的选择。这种类比旨在表明，我们关注的是在一个更大的整体中不同单位之间关系的结构，但不需想得更远。在我们的研究中，分析单位是大的职业分组，而不是个体；另外，在社会计量研究中，通常不考虑自我选择，而职业的自我补充和继承是存在的，因此必须要加以考虑。

职业群体之间的人员流动揭示了职业结构的动力学。当然，这里所使用的17个职业类别并不是通常意义上的社会群体。一个职业类别的大部分成员并不存在直接的社会接触，甚至不可能享有相同的身份，因为他们的职业身份可能比社会科学家所划分的职业类别更宽泛（比如"专业人员"）或更狭窄（比如"会计"）。不过，职业分类是有意义的社会分组，并不完全是武断的类别。它们的成员共享生活机会和社会经历，并且人们在工作甚至休闲时的许多直接社会接触都是与类似（如果未必是相同的）职业类别中的其他人相接触。"职业分组"这个术语也许最好地传达了这样的事实，尽管这些职业并不是有着明确边界的法人群体，成员之间也没有普遍的社会互动，但它们并不是武断的类别，而是有意义的社会集合体，影响着许多面对面群体的形成。

不过，根据父亲的职业来分类提出了另外的问题。儿子的职业分类代表了1962年个体的实际分组，而父亲这一代从未在任何时候存在过。1962年时这些父亲有许多仍在追求他们的职业，也就是说，他们是被抽样的劳动力的一部分。父亲的职业分布并不是在任一更早时期存在的人们的实际分布。即使所有的父亲在某一时间都已成为劳动力，但根据有差别的生育率的加权处理，他们为那个总体提供了一个样本。因此，在父亲这一代，农场主比专业人员有更大的权重，因为农场主更高的生育率使得他有更大的概率通过他的儿子落入样本。然而，出身的类别并不是指父亲的不同分组，它们实际指的是儿子的不同分组：那些拥有相似职业背景和家庭环境的人。因此，我们所考虑的是，从有着共同社会出身（根据父亲的职业来界定）的分组向1962年的职业分组的人员流动。①

---

① 我们将同样的方法应用到与代内流动有关的首份职业。根据首份职业进行的分类指的是对有着共同早期职业生涯经历的人的分组，而不是指在任何某一时间实际存在的职业分组，因为不同的时间涉及不同年龄的人。

职业结构构成了社会流动的框架，个体必须在这个框架内获得职业成功或遭受失败。[①]各种职业的规模变化反映了对不同职业服务的需求的变化，而这些需求变化通常根源于技术进步，正如由于种植方法的改进和农业生产效率的提高导致了对农场工人需求的下降所显示的那样。这些结构变迁要求人力资源的再分配。但是所观察到的职业流动的实际数量远远超出引起人员再分配所必需的数量。这种额外的流动有一些源自于教育的提高，因为它改变了所供给的人力的质量；还有一些源自于需求变迁的间接影响。例如，对专业人员的需求更可能被那些在其早期环境中已经获得符合专业工作的社会技能和习惯的人所满足，被那些意识到各种专业职业并能够获得专业职业地位所要求的更长教育的人所满足，也就是说被其他白领工作者的儿子所满足。如果随着对专业人员的需求增加的同时，对这些其他白领工作者的需求并没有下降，那么子代的流动将在更低的白领职业中创造一个需求，这是对专业人员需求的一个副产品。而且，对专业人员的高度需求可能导致以前存在的进入壁垒的降低（例如，进入专业学院不再局限于白人），结果导致更多来自较低阶层的符合条件的人现在可以攀升至这个层级。

职业结构中的人员流动，而不仅仅是需求上的变动所必需的再分配，界定了影响个体社会经济地位成功机会的基本条件。对

[①] 这种分析与由整个职业分组所获得的社会经济流动的问题并不存在关联。

这种流动模式的分析为接下来的章节研究社会流动的历史趋势、过程以及与个体成就相关的因素提供了一个基础。

人力的流动

为了确定从一个职业起点（origin）向一个职业终点（destination）的变动是否导致了向上或向下的流动，有必要对职业进行排序。表 2.1 展示了对 17 个职业分组的排序及这种排序所基于的数据。排序的标准是收入的中位数和教育年限的中位数。随着职业等级的提高，收入或教育年限增加的百分比也在表 2.1 中得以显示。① 在这些百分比差值中，只有五个不在相同方向上。在这些情况中，有两个是相同的权重，这意味着更大的百分比差值决定了顺序。一个例外是零售销售员的位置高于手艺人，这样做是为了维持对非体力-体力的区分。

制造业与其他行业的手艺人之间、制造业与其他行业的体力工人之间的差异无法获得，并且对操作工而言，不同行业之间的均值差异很小。因此，在考虑向上和向下流动时，这三大职业群体的行业划分被处理为水平流动。也就是说，在三个体力群体的任何一个内部的制造业与其他行业之间的变动都被视为是水平流动，而不算作向上或向下流动。

---

① 在本书其他地方所使用的个体职业的社会经济地位指数也同样基于收入和教育年限，但只是针对特定职业。

表 2.1　对于 1962 年 14 岁及以上年龄男性就业人员，按社会经济地位划分的 17 个职业类别的排序

职业	收入 中位数（美元）	百分比差值	教育年数 中位数	百分比差值
专业人员				
# 自雇型	12048	76.1	16.4	
# 领薪型	6842			
		−5.5		28.1
管理人员	7238		12.8	
		20.5		−1.5
其他类销售人员	6008		13.0	
		8.3		7.4
企业主	5548		12.1	
		7.2		−3.2
文书人员	5173		12.5	
		69.9		1.6
零售销售人员	3044		12.3	
		−44.5		9.8
手艺人				
# 制造业	5482[a]		11.2	
# 其他行业				
		4.1		9.8
# 建筑业	5265		10.2	
		13.6		2.0
操作工				
# 制造业	4636		10.0	
		10.2		−3.8
# 其他行业	4206		10.4	

续表

		30.1	1.0
服务业人员	3233	10.3	
		47.7	15.7
体力工人			
#制造业 }	2189	8.9	
#其他行业 }		9.9	1.1
农场主	1992	8.8	
		308.2	6.0
农场工人	488	8.3	

资料来源：《当前人口报告》(Current Population Reports)，P60，第 41 期，消费者收入："美国家庭和个人收入：1962 年"（Income of Family and Persons in the United States: 1962），1963 年 10 月 21 日；《劳动力专题报告》(Special Labor Force Report)，第 30 期，"劳动者的受教育程度，1962 年 3 月"（Educational Attainment of Workers, March, 1962），1963 年 5 月（在合并具体的职业群体时难免会使一些数值包含微小的估计。因为包含 25—64 岁之外的人，所以所有的数据受到样本误差和扭曲的影响）。

a 排除了工头，他们集中在制造业，他们的收入中位数是 7073 美元。

这种排序与十大职业群体的通常排序有些许不同。非零售的销售人员介于美国人口普查局分类的"管理人员、官员和企业主"的两个子群体之间，因此只有领薪型的管理人员仍高于这些其他类销售人员。企业主的地位已经下降到这个地步，可能让教条主义的马克思主义者感到困惑，或者也许让他们感到高兴，尽管根据收入企业主群体仍高于文书人员和零售人员，但在教育上却低于他们。零售商是最低的白领职业。

美国的职业结构

表 2.2 对于 25—64 岁的男性从父亲的职业到 1962 年 3 月职业的流动：流出百分比

父亲的职业	1	2	3	4	5	6	7	8	9	10	11	12	13	14	15	16	17	总计[a]
1 自雇型专业人员	16.7	31.9	9.9	9.5	4.4	4.0	1.4	2.0	1.8	2.2	2.6	1.6	1.8	0.4	2.2	2.0	0.8	100.0
2 领薪型专业人员	3.3	31.9	12.9	5.9	4.8	7.6	1.7	3.8	4.4	1.0	6.9	5.2	3.4	1.0	0.6	0.8	0.2	100.0
3 管理人员	3.5	22.6	19.4	6.2	7.9	7.6	1.1	5.4	5.3	3.1	4.0	2.5	1.5	1.1	0.8	0.5	0.1	100.0
4 其他类销售人员	4.1	17.6	21.2	13.0	9.3	5.3	3.5	2.8	5.4	1.9	2.6	3.7	1.7	0.0	0.8	1.0	0.3	100.0
5 企业主	3.7	13.7	18.4	5.8	16.0	6.2	3.3	3.5	5.2	3.9	5.1	3.6	2.8	0.5	1.2	1.1	0.4	100.0
6 文书人员	2.2	23.5	11.2	5.9	5.1	8.8	1.3	6.6	7.1	1.8	3.8	4.6	5.6	1.0	1.8	1.3	0.0	100.0
7 零售销售人员	0.7	13.7	14.1	8.8	11.5	6.4	2.7	5.8	3.4	3.1	8.8	5.1	4.6	0.1	3.1	2.2	0.0	100.0
8 制造业手艺人	1.0	14.9	8.5	2.4	6.2	6.1	1.7	15.3	6.4	4.4	10.9	6.2	4.6	1.7	2.4	0.4	0.1	100.0
9 其他行业手艺人	0.9	11.1	9.2	3.9	6.5	7.6	1.5	7.8	12.2	4.4	8.2	9.2	4.6	1.2	2.8	0.9	0.3	100.0
10 建筑业手艺人	0.9	6.7	7.1	2.6	8.3	7.9	0.8	10.4	8.2	13.9	7.5	6.2	5.2	1.1	4.3	0.8	0.6	100.0
11 制造业操作工	1.0	8.6	5.3	2.7	5.6	6.0	1.4	12.2	7.3	3.2	17.9	6.9	5.1	4.0	3.5	0.8	0.6	100.0
12 其他行业操作工	0.6	11.5	5.1	2.5	6.6	6.3	1.4	7.1	9.3	4.9	10.4	12.5	5.9	2.1	4.2	0.9	1.1	100.0
13 服务业人员	0.8	8.8	7.4	3.5	6.0	9.0	1.9	8.0	6.4	5.4	11.7	8.1	10.5	2.7	3.3	1.0	0.2	100.0
14 制造业体力工人	0.0	6.0	5.3	0.7	3.3	4.4	0.7	10.7	6.0	2.8	18.1	9.4	9.4	7.1	5.8	1.7	0.9	100.0
15 其他行业体力工人	0.4	4.9	3.5	2.5	3.5	8.7	1.7	7.7	8.2	5.7	12.7	10.6	8.1	3.4	9.9	0.9	1.1	100.0
16 农场主	0.6	4.2	4.1	1.2	6.0	4.3	1.1	5.6	6.7	5.8	10.2	8.6	4.8	2.4	5.4	16.4	3.9	100.0
17 农场工人	0.2	1.9	2.9	0.6	4.0	3.5	1.2	6.4	6.6	5.8	13.1	10.8	7.5	3.2	9.2	5.7	9.4	100.0
总计[b]	1.4	10.2	7.9	3.1	7.0	6.1	1.5	7.2	7.1	4.9	9.9	7.6	5.5	2.1	4.3	5.2	1.7	100.0

[a] 所显示的行加起来不等于 100.0，因为不在有工作经历的民用劳动力中的人未被单独显示。
[b] 包括未回答父亲职业的人。

第2章 职业结构Ⅰ：流动的模式

表2.2展示了代际流动的转换矩阵，即父亲的职业与被访者1962年职业之间的变动。这些变动可以视为由两步构成，从社会出身到进入劳动力市场，然后从后者到现在的职业。表2.3显示了从父亲的职业到首份职业的变动，表2.4显示的是从首份职业到目前职业的代内流动。[①] 表中的百分比（水平计算的）揭示的是从职业起点到职业终点。表2.2中的所有行显示的是在各种职业终点中的人员百分比。很明显，1962年时17个职业类别的规模各异，从自雇型专业人员占总劳动力的1.33%到制造业中的领薪型专业人员和制造业操作工分别占10%。

总体而言，在主对角线上的百分比是最高的，并且随着远离对角线，职业变动的百分比不断下降，这反映了自我补充和职业继承的普遍趋势。但是模式并非完全一致。零售销售人员的儿子成为零售销售人员比成为文书人员、企业主、其他类销售人员、管理人员或领薪型专业人员的百分比要更小。制造业之外的操作工的儿子比更高地位的制造业之外的手艺人的儿子（因此更靠近对角线）有更高的可能性成为领薪型的专业人员，并且几乎与企业主的儿子有一样的可能性。代内流动矩阵（表2.4）显示，对于那些从熟练的或半熟练的操作工开始其职业生涯的人比那些其第一份工作是文书人员的人有更大的可能性上升到私营企业主的地位，即使后者在社会经济地位等级体系中与企业主只有一步之遥。也许体力工人比文书人员更可能开始为他们的自雇型父亲工作，然后继承他们的生意。

---

① 这些表格所基于的原始数据呈现在附录J，表J2.1，J2.2和J2.3。

尽管在同一列之内的百分比是可比的，但是这种形式的表格不允许不同列之间进行有意义的直接比较。因此，自雇型专业人员的儿子成为领薪型专业人员的可能性是成为自雇型专业人员可能性的几乎两倍（表 2.2 的第 1 行）。不过，这部分是因为当今领薪型专业人员是自雇型专业人员的 7 倍之多，这个事实显示在表格底部的总计行中。对整个样本而言，自雇型专业人员与领薪型专业人员的比率是 1:7；在自雇型专业人员的儿子中，这个比率是 1:2。这些儿子超出所有儿子成为自雇型专业人员的可能性甚至要高于他们超出所有儿子成为领薪型专业人员的可能性。自雇型专业人员的儿子（追随其父亲脚步）尽管在数量上少于那些进入领薪型专业职业的人，但是他们在自雇型职业中抢先占据了更大份额的位置。

　　社会出身对职业终点的影响体现在最终进入到某个特定职业中有着相同出身的人的相对而不是绝对比例，具体而言，体现在来自一个既定出身的人在一个职业中所占的百分比与在这个职业中所有劳动力所占的百分比之间的比率。表 2.2 的最后一行表示的是在几个职业中所有劳动力的百分比分布，它被用作在矩阵主体中所有百分比进行比较的标准，即想得到的比率中的除数。通过用矩阵中的每个值除以在表格中每栏底部的最后一行的相应数值，我们获得了职业出身对职业终点影响的指数。[1] 这个比率可被称为"关联指数（index of association）"或者"社会距离流动比

---

[1] 实际上，指数并不是以这种方式（它引入了不必要的四舍五入误差）计算出来的，而是通过从附录的表 J2.1、J2.2 和 J2.3 中的原始数据得出观察频次对期望频次的比率计算出来的。

第 2 章　职业结构 I：流动的模式

率"①，它测量了从一种职业到另一种职业的流动超出或低于"可能性"的程度；也就是说，值 1.0 表示的是观察到的流动等于根据统计独立性假定得出的期望流动。

根据职业起点与终点的统计独立性假定定义的"完全"流动模型可作为比较的一个基准，对完全流动模型的偏离体现在流动比率中。②在完全流动的情况下，每个终点群体在总人口中与起点群体有着相同的分布，每个起点群体在总人口中与终点群体有着相同的分布，并且所有的指数都是 1.0。对应于表 2.2，表 2.5 展示了代际流动的实际流动比率；表 2.6 显示的是从父亲的职业到儿子首份职业的流动比率；表 2.7 显示的是从首份职业到当前职业的代内流动模式。为了传达一个可视的人员总体流动情况，大于 1.0 的数值都加了下划线。

这三个表格将美国职业结构的主要特征都凸显出来。首先，在所有情况下，职业继承都高于根据独立性假定所期望的；请注意在主对角线上的数值始终很高。其次，不过，正如远离对角线的大量有下划线的数值所显示的那样，社会流动是普遍的。最后，向上流动（对角线的左下方）比向下流动（对角线的右上方）更普遍，并且短距离流动比长距离流动更常见。

---

① 以往对这个指数的使用，参见戴维·V. 格拉斯（David V. Glass）编，《英国的社会流动》(*Social Mobility in Britain*)（Glencoe: Free Press），1956 年，第 177—217 页；以及纳塔莉·罗格芙（Natalie Rogoff），《职业流动的近期趋势》(*Recent Trends in Occupational Mobility*)（Glencoe : Free Press），1953 年。

② 在第 3 章我们讨论了隐含在完全流动模型背后的一些有问题的假定以及随之而来的对不同时期或地点进行比较的关联指数的局限。

美国的职业结构

表 2.3 对于 25—64 岁的男性从父亲职业到首份工作的流动：流出百分比

父亲的职业	首份工作																		
	1	2	3	4	5	6	7	8	9	10	11	12	13	14	15	16	17	总计[a]
1 自雇型专业人员	10.5	27.6	2.2	4.4	0.8	17.9	4.4	2.6	3.2	0.0	4.6	6.7	2.0	1.0	2.8	1.2	1.6	100.0
2 领薪型专业人员	1.2	29.5	3.7	2.1	0.0	12.3	6.0	3.9	4.7	1.6	9.7	7.6	3.4	3.1	5.3	0.5	2.0	100.0
3 管理人员	1.9	18.2	2.8	3.5	0.8	20.8	5.9	2.9	4.4	1.7	10.0	11.5	1.8	2.5	6.7	0.5	1.1	100.0
4 其他类销售人员	2.6	17.0	2.6	11.4	1.0	17.2	8.9	1.4	2.8	1.4	9.0	9.5	1.8	1.2	3.7	0.0	2.3	100.0
5 企业主	1.9	14.0	3.9	5.1	4.4	12.5	11.0	3.7	3.8	2.5	10.1	9.4	3.4	2.4	5.9	0.3	2.2	100.0
6 文书人员	0.4	18.0	2.3	1.7	0.2	21.9	4.3	2.8	5.7	1.0	13.2	9.4	3.1	4.8	5.7	0.7	1.3	100.0
7 零售销售人员	1.5	10.0	2.5	2.1	1.8	19.3	11.8	3.3	3.0	0.1	15.5	8.0	2.1	3.9	8.0	0.7	4.3	100.0
8 制造业手艺人	0.1	6.5	0.8	0.5	0.1	14.4	5.2	9.6	3.6	2.6	25.3	8.9	4.4	8.5	4.8	0.2	1.8	100.0
9 其他行业手艺人	0.5	6.1	0.4	0.8	0.3	13.9	6.0	3.9	10.1	1.6	15.0	13.6	3.6	3.9	10.9	0.5	4.3	100.0
10 建筑业手艺人	0.1	5.7	0.8	0.6	0.0	12.5	5.5	4.1	5.2	10.4	17.0	11.0	6.0	3.1	9.2	1.1	5.7	100.0
11 制造业操作工	0.3	4.1	0.4	1.0	0.1	11.1	3.9	4.1	2.6	1.7	35.9	7.7	5.1	8.6	6.1	0.2	3.0	100.0
12 其他行业操作工	0.3	5.5	2.2	0.3	0.1	10.9	4.6	3.4	4.1	1.6	13.2	28.6	3.5	4.6	8.7	0.4	3.9	100.0
13 服务业人员	0.2	4.4	1.4	1.2	0.3	13.8	4.2	2.8	6.0	2.2	18.2	12.9	10.1	6.7	8.4	0.7	4.1	100.0
14 制造业体力工人	0.0	3.8	0.1	0.0	0.0	5.3	4.8	1.1	4.1	1.1	23.2	9.1	4.1	22.2	7.5	0.3	7.7	100.0
15 其他行业体力工人	1.1	3.2	0.2	0.5	0.1	9.4	4.4	2.5	3.1	1.0	16.0	12.8	6.5	6.8	21.9	0.7	6.3	100.0
16 农场主	0.2	3.3	0.4	0.4	0.3	4.1	2.3	1.9	2.0	1.8	9.7	8.5	2.2	4.0	7.5	10.2	37.8	100.0
17 农场工人	0.2	0.7	0.2	0.2	0.3	2.4	1.1	0.6	3.1	1.0	10.6	7.0	2.9	5.5	5.9	1.5	54.5	100.0

[a] 所显示的行加起来不等于 100.0，因为没有回答首份工作的人未被单独显示。

第 2 章 职业结构Ⅰ：流动的模式

表 2.4 对于 25—64 岁的男性从首份工作到 1962 年职业的流动：流出百分比

首份工作	1	2	3	4	5	6	7	8	9	10	11	12	13	14	15	16	17	总计[a]
1 自雇型专业人员	53.5	25.5	1.8	4.7	2.5	1.5	0.0	1.5	0.7	0.0	0.7	0.0	0.0	0.0	2.5	0.0	0.7	100.0
2 领薪型专业人员	6.5	54.5	12.3	2.8	5.5	4.9	0.4	1.6	2.0	0.4	1.2	1.2	1.0	0.1	0.3	1.0	0.1	100.0
3 管理人员	1.2	20.4	35.7	4.3	9.1	6.6	2.3	2.3	4.1	2.9	2.1	1.4	1.2	0.6	1.2	0.6	0.4	100.0
4 其他类销售人员	0.6	8.5	25.1	23.7	12.4	5.0	2.8	0.6	3.3	1.3	5.4	3.9	2.8	0.0	0.0	0.4	0.0	100.0
5 企业主	0.9	6.8	19.2	6.4	36.3	2.6	2.6	1.7	2.1	0.4	4.3	4.3	3.0	0.9	2.1	3.8	0.0	100.0
6 文书人员	1.6	13.0	17.3	7.3	5.4	17.6	1.8	4.6	4.3	2.6	5.6	4.2	4.4	1.0	1.8	1.2	0.2	100.0
7 零售销售人员	2.1	10.0	15.6	7.4	11.6	11.6	5.1	4.5	4.8	2.9	6.1	7.4	3.1	1.1	1.9	1.0	0.1	100.0
8 制造业手艺人	0.9	8.7	7.8	2.5	12.2	4.1	0.7	22.5	7.5	4.3	9.1	3.5	3.7	0.8	4.0	2.3	0.0	100.0
9 其他行业手艺人	0.3	9.0	6.6	1.9	10.3	4.1	3.4	10.9	21.3	4.7	7.1	5.5	3.6	1.4	1.7	1.2	0.7	100.0
10 建筑业操作工	0.3	5.6	3.4	1.6	11.1	3.1	0.2	8.8	13.2	26.2	5.0	4.3	2.4	1.0	3.1	2.1	0.8	100.0
11 制造业操作工	0.4	6.1	5.3	2.0	7.0	6.2	1.7	13.4	6.7	4.6	18.8	7.6	4.7	3.2	3.5	2.0	0.6	100.0
12 其他行业操作工	0.5	5.0	6.1	3.0	8.7	4.3	1.1	7.3	10.8	6.9	9.6	15.0	6.0	1.4	4.3	1.8	1.0	100.0
13 服务业人员	0.5	7.1	4.9	1.4	6.2	5.0	1.2	3.4	6.4	6.2	13.3	7.7	19.8	2.5	5.8	0.4	0.5	100.0
14 制造业体力工人	0.3	5.5	3.9	1.5	2.9	6.2	1.2	10.5	5.3	3.9	18.1	8.8	7.3	8.2	6.3	1.6	1.7	100.0
15 其他行业体力工人	0.2	5.5	5.4	2.4	6.7	4.1	1.3	6.1	9.6	6.8	10.5	10.8	6.3	2.4	11.5	2.1	0.9	100.0
16 农场主	0.2	2.3	2.6	1.8	3.8	3.0	1.2	4.2	5.9	5.4	8.3	5.0	4.6	1.4	3.6	30.0	5.0	100.0
17 农场工人	0.2	1.7	2.4	0.8	4.7	2.7	1.1	5.3	6.3	5.5	10.4	9.3	5.8	2.8	6.7	19.3	7.0	100.0

[a] 所显示的行加起来不等于 100.0，因为不在有工作经历的民用劳动力中的人未被单独显示。

表 2.5 对于 25—64 岁的男性从父亲的职业到 1962 年职业的流动：观察频次与基于独立性假定的期望频次的比率

父亲的职业	被访者 1962 年 3 月的职业
	1	2	3	4	5	6	7	8	9	10	11	12	13	14	15	16	17
1 自雇型专业人员	11.7	3.1	1.2	3.0	0.6	0.7	0.9	0.3	0.3	0.5	0.3	0.2	0.3	0.2	0.5	0.4	0.5
2 领薪型专业人员	2.3	3.1	1.6	1.9	0.7	1.2	1.1	0.5	0.6	0.2	0.7	0.7	0.6	0.5	0.1	0.2	0.1
3 管理人员	2.5	2.2	2.5	2.0	1.1	1.2	0.7	0.8	0.7	0.6	0.4	0.3	0.3	0.5	0.2	0.1	0.1
4 其他类销售人员	2.9	1.7	2.7	4.1	1.3	0.9	2.2	0.4	0.8	0.4	0.3	0.5	0.3	0.0	0.2	0.2	0.2
5 企业主	2.6	1.3	2.3	1.9	2.3	1.0ᵃ	2.1	0.5	0.7	0.8	0.5	0.5	0.5	0.2	0.3	0.2	0.2
6 文书人员	1.6	2.3	1.4	1.9	0.7	1.4	0.8	0.9	1.0ᵃ	0.4	0.4	0.6	1.0ᵃ	0.5	0.4	0.2	0.0
7 零售销售人员	0.5	1.3	1.8	2.8	1.6	1.0ᵃ	1.7	0.8	0.5	0.6	0.9	0.7	0.8	0.1	0.7	0.4	0.0
8 制造业手艺人	0.7	1.5	1.1	0.8	0.9	1.0	1.1	2.1	0.9	0.9	1.1	0.8	0.8	0.8	0.6	0.1	0.1
9 其他行业手艺人	0.6	1.1	1.2	1.2	0.9	1.2	1.0	1.1	1.7	0.9	0.8	1.2	0.8	0.6	0.6	0.2	0.2
10 建筑业手艺人	0.6	0.7	0.9	0.8	1.2	1.3	0.5	1.4	1.1	2.8	1.8	0.8	0.9	0.5	1.0	0.2	0.4
11 制造业操作工	0.7	0.8	0.7	0.9	0.8	1.0	0.9	1.7	1.0	0.6	1.8	0.9	1.1	1.9	0.8	0.2	0.4
12 其他行业操作工	0.4	1.1	0.6	0.8	0.9	1.0ᵃ	0.9	1.0	1.3	1.0	1.0ᵃ	1.7	1.9	1.0	1.0	0.2	0.7
13 服务业人员	0.5	0.9	0.9	1.1	0.9	1.5	1.2	1.1	0.9	1.1	1.2	1.1	1.7	1.3	0.8	0.2	0.1
14 制造业体力工人	0.0	0.6	0.7	0.2	0.5	0.7	0.5	1.5	0.8	0.6	1.8	1.2	1.7	3.3	1.4	0.3	0.5
15 其他行业体力工人	0.3	0.5	0.4	0.8	0.5	1.4	1.1	1.1	1.1	1.2	1.3	1.4	1.5	1.6	2.3	0.2	0.7
16 农场主	0.4	0.4	0.5	0.4	0.9	0.7	0.7	0.8	0.9	1.2	1.0ᵃ	1.1	0.9	1.1	1.3	3.2	2.3
17 农场工人	0.1	0.2	0.4	0.2	0.6	0.6	0.8	0.9	0.9	1.2	1.3	1.4	1.4	1.5	2.1	1.1	5.5

a 自上近似于 1（其他显示为 1 的指数自下近似于 1）。

第2章 职业结构Ⅰ：流动的模式

表 2.6 对于 25—64 岁的男性从父亲的职业到首份工作的流动：观察频次与基于独立性假定的期望频次的比率

被访者的首份工作

父亲的职业	1	2	3	4	5	6	7	8	9	10	11	12	13	14	15	16	17
1 自雇型专业人员	15.2	3.8	1.8	3.3	1.4	1.7	0.9	0.8	0.8	0.0	0.3	0.6	0.5	0.2	0.4	0.4	0.1
2 领薪型专业人员	1.8	4.1	3.0	1.6	0.0	1.2	1.3	1.2	1.2	0.7	0.6	0.7	0.9	0.6	0.7	0.2	0.1
3 管理人员	2.8	2.5	2.3	2.6	1.5	2.0	1.2	0.9	1.2	0.8	0.7	1.0ª	0.5	0.5	0.8	0.2	0.1
4 其他类销售人员	3.7	2.3	2.1	8.5	1.8	1.6	1.9	0.4	0.7	0.7	0.6	0.9	0.5	0.2	0.5	0.0	0.2
5 企业主	2.8	1.9	3.2	3.7	7.6	1.2	2.3	1.1	1.0	1.1	0.7	0.9	0.9	0.5	0.7	0.1	0.2
6 文书人员	0.6	2.5	1.9	1.2	0.3	2.1	0.9	0.9	1.5	0.4	0.9	0.9	0.8	0.9	0.7	0.2	0.1
7 零售销售人员	2.2	1.4	2.1	1.5	3.1	1.8	2.5	1.0ª	0.8	0.1	1.0ª	0.7	0.5	0.8	1.0	0.2	0.3
8 制造业手艺人	0.1	0.9	0.7	0.4	0.2	1.4	1.1	3.0	1.0	1.2	1.7	0.8	1.2	1.7	0.6	0.1	0.1
9 其他行业手艺人	0.7	0.8	0.3	0.6	0.5	1.3	1.3	1.2	2.7	0.7	1.0ª	1.2	1.0	0.8	1.4	0.2	0.3
10 建筑业操作工	0.2	0.8	0.7	0.4	0.0	1.2	1.2	1.3	1.4	4.8	1.1	1.0ª	1.6	0.6	1.1	0.3	0.4
11 制造业操作工	0.4	0.6	0.3	0.7	0.1	1.0	0.8	1.3	0.7	0.8	2.4	0.7	1.3	1.7	0.8	0.1	0.2
12 其他行业操作工	0.4	0.8	1.8	0.2	0.1	1.0	1.0	1.1	1.1	1.0ª	0.9	2.6	0.9	0.9	1.1	0.1	0.3
13 服务业人员	0.3	0.6	1.2	0.9	0.5	1.3	0.9	0.9	1.6	0.8	1.2	1.2	2.7	1.3	1.0ª	0.2	0.3
14 制造业体力工人	0.0	0.5	0.1	0.0	0.0	0.5	1.0ª	0.4	1.1	0.5	1.6	0.8	1.1	4.4	0.9	0.1	0.5
15 其他行业体力工人	1.6	0.4	0.1	0.4	0.2	0.9	0.9	0.8	0.8	0.5	1.1	1.2	1.7	1.4	2.7	0.2	0.4
16 农场主	0.3	0.5	0.3	0.3	0.5	0.4	0.5	0.6	0.5	0.8	0.7	0.8	0.6	0.8	0.9	3.3	2.7
17 农场工人	0.3	0.1	0.2	0.1	0.5	0.2	0.2	0.2	0.8	0.4	0.7	0.6	0.8	1.1	0.7	0.5	3.8

a 自上近似于 1（其他显示为 1 的指数自下近似于 1）。

美国的职业结构

表 2.7 对于 25—64 岁的男性从首份工作到 1962 年职业的流动：观察频次与基于独立性假定的期望频次的比率

首份工作	1	2	3	4	5	6	7	8	9	10	11	12	13	14	15	16	17
1 自雇型专业人员	37.3	2.5	0.2	1.5	0.4	0.2	0.0	0.2	0.1	0.0	0.1	0.0	0.0	0.0	0.6	0.0	0.4
2 领薪型专业人员	4.5	5.4	1.6	0.9	0.8	0.8	0.2	0.2	0.3	0.1	0.1	0.2	0.2	0.0	0.1	0.2	0.1
3 管理人员	0.9	2.0	4.5	1.4	1.3	1.1	1.5	0.3	0.6	0.6	0.2	0.2	0.2	0.3	0.3	0.1	0.2
4 其他类销售人员	0.4	0.8	3.2	7.6	1.8	0.8	1.8	0.1	0.5	0.3	0.5	0.5	0.5	0.0	0.0	0.1	0.0
5 企业主	0.6	0.7	2.4	2.0	5.2	0.4	1.7	0.2	0.3	0.1	0.4	0.6	0.5	0.4	0.5	0.7	0.0
6 文书人员	1.1	1.3	2.2	2.3	0.8	2.9	1.2	0.6	0.6	0.5	0.6	0.6	0.8	0.5	0.4	0.2	0.1
7 零售销售人员	1.4	1.0	2.0	2.3	1.7	1.9	3.3	0.6	0.7	0.6	0.6	1.0	0.6	0.5	0.4	0.2	0.0
8 制造业手艺人	0.6	0.9	1.0	0.8	1.7	0.7	0.5	3.1	1.0[a]	0.9	0.9	0.5	0.7	0.4	0.9	0.4	0.0
9 其他行业手艺人	0.2	0.9	0.8	0.6	1.5	0.7	2.2	1.5	3.0	1.0	0.7	0.7	0.7	0.6	0.4	0.2	0.4
10 建筑业操作工	0.2	0.5	0.4	0.5	1.6	0.5	0.2	1.2	1.8	5.3	0.5	0.6	0.4	0.5	0.7	0.4	0.5
11 制造业操作工	0.3	0.6	0.7	0.6	1.0	1.0[a]	1.1	1.9	0.9	0.9	1.9	1.0	0.9	1.5	0.8	0.4	0.3
12 其他业操作工	0.3	0.5	0.8	0.9	1.3	0.7	0.7	1.0[a]	1.5	1.4	1.0	2.0	1.1	0.7	1.0[a]	0.4	0.6
13 服务业人员	0.3	0.7	0.6	0.4	0.9	0.8	0.8	0.5	0.9	1.3	1.3	1.0[a]	3.6	1.2	1.4	0.1	0.3
14 制造业体力工人	0.2	0.5	0.5	0.5	0.4	1.0[a]	0.8	1.5	0.7	0.8	1.8	1.2	1.3	3.8	1.5	0.3	1.0
15 其他行业体力工人	0.2	0.5	0.7	0.8	1.0	0.7	0.8	0.8	1.4	1.4	1.1	1.4	1.1	1.1	2.7	0.4	0.6
16 农场主	0.2	0.2	0.3	0.6	0.5	0.5	0.8	0.6	0.8	1.1	0.8	0.7	0.9	0.7	0.8	7.0	3.0
17 农场工人	0.1	0.2	0.3	0.2	0.7	0.4	0.7	0.7	0.9	1.1	1.0	1.2	1.1	1.3	1.6	3.7	4.1

a 自上近似于 1（其他显示为 1 的指数自下近似于 1）。

第2章 职业结构Ⅰ：流动的模式

如果职业继承和固定的职业生涯正在主导分层体系，那么所有过量的（excess）人员都将集中在主对角线的17个格子中，并且在所有其他格子中的数值都将低于理论预期。实际上，人员的过度流动体现在从父亲职业到1962年职业的流动矩阵的101个格子中，也体现在从父亲职业到儿子首职的流动矩阵的101个格子中，以及从首职到1962年职业的流动矩阵的78个格子中。这表明职业阶层之间存在大量的流动。反映流动的主要方向的一个粗糙指标是位于主对角线两侧的这些格子的数量。如表2.5所示，对人员的代际流动而言，在对角线的左下方带下划线的数值（它表示的是过度的向上流动）在数量上远多于那些右上角的（它表示的是过度的向下流动），二者的比率超过3∶1（64∶20）。如在表2.7中所看到的，在代内流动中，过度的向上流动要远远多于过度的向下流动，比率达到5∶2（44∶17）。不过，表2.6表明，对从父亲的职业到儿子首职的人员过度流动而言，通往更高的职业没有比通往更低的职业高多少（46∶38），毫无疑问这是因为职业生涯的开端通常带来地位上的短暂下降。①

短距离的流动超出了长距离的流动。大部分有下划线的数值都集中在靠近主对角线的区域，这代表的是短距离流动；而在右上方和左下方的角落附近的区域只有很少的带下划线的数值，这表示的是长距离流动。流动比率的值在主对角线上往往是最高的，并随着远离对角线而逐渐下降。总体而言，在地位等级体系中，两个职业越是彼此靠近，它们之间的人员流动数量越多。

不过，正如在有大量带下划线数值的区域中的没有下划线数

---

① 如果显示水平流动的单元格被忽略的话，这些模式也成立。

值的格子和在大量没有下划线的区域的带下划线的数值所显示的那样，对人员流动主要发生在相似等级的职业之间这种基本趋势也存在大量的例外。在这三个表中，这些不一致的绝大部分反映了行业界线。因此，这些表值得注意的另一个显著模式是，相比于一个行业内部的技能水平，行业界线构成了更强的流动壁垒。行业差异会影响人员流动，这部分上是因为行业集中在不同的地理区域，正是这种例外促使我们决定根据行业对体力职业进行细分。

最后，需要提及的是没有被上面的任何一般模式所涵盖的例外情况。首先从父亲的职业到1962年职业的流动（表2.5），我们注意到手艺人的儿子更可能流向较高而不是较低的白领职业。这可能反映了，对在最富裕的蓝领阶层家庭中长大的人而言，他们不愿意接受更低级的非体力职业的较低的收入水平。总体而言，制造业之外的体力工人的儿子比制造业中的更倾向于向上流动。还有，服务业包含了相对较少的农场主的儿子。

从父亲的职业到儿子首职的流动（表2.6）通常带来地位上的暂时下降，它比从父亲的职业到1962年职业的变动呈现更多的非连续性。非制造业的操作工和服务业人员的儿子的首职通常为管理人员。非制造业体力工人的儿子出人意料地大量流向自雇型的专业职业作为首职，这可能是由于所涉及的样本量太小导致的抽样误差——大约只有6个样本，甚至可能更少。① 甚至还有和这种情况一样多的样本，一些格子的频次太低，以致难以保证可靠的结果。服务业人员的儿子的职业生涯起点多种多样，范围从其他行业的体力工人到领薪型的管理人员。对那些处于最高级的白领

---

① 这些案例也许是从事像拳击这种不常见的"专业职业"的人。

群体的人和熟练的手艺人而言，从父亲职业到儿子首职发生向下流动是最明显的；而在较低的非体力工人和较低的体力工人中间，从父亲职业到儿子首职发生向上流动是最常见的。这种观察表明，在白领阶层内部和蓝领阶层内部的流动要比这两大阶层之间的流动更为普遍，这个观点将在本章的后面进行更为系统的探讨。

代内流动（表 2.7）也显示出对主要趋势的一些偏离。首先，与那些以农场工人开始其职业生涯的人形成鲜明对比的是，以农场主职业开始其生涯的人没有大量地流向任何非农职业，唯一的例外是熟练的建筑业工作。第二，企业主职业大量地从熟练和半熟练的体力工人（除了制造业的操作工）吸纳新人。第三，以较高的白领阶层进入劳动力市场的人，后来又大量地向下流动到零售销售人员阶层，跳过了略微高一等的文书人员阶层。实际上，尽管被补充到文书人员工作中的人来自广泛的社会出身，但只有很少的人在开始其职业生涯后再进入文书人员工作（请比较三个表中的文书人员一列）。

代际之间的供给和纳新

每一个职业群体向其他职业群体所供给的人员流出是什么情况？从其他职业群体吸纳新人以补充每个职业的人员流入又是什么情况？这些是思考职业供给和纳新所提出的基本问题。根据代际的流入量和流出量，表 2.2 和 2.8 回答了这些问题。表 2.2 展示了每种社会出身向 1962 年的各种职业供给的儿子的百分比。高于建筑业手艺人的每种职业出身都送出超过五分之一的儿子前往 17 个职业中的两个，即领薪型专业人员和管理人员。主要的原因是[38]

尽管这两个群体的人口再生产水平略微低于其他人口，但它们正在经历急剧的扩张。在1962年抽样的人口中，这两个职业群体的比例是18%，而他们的父亲占的比例只有6.5%。

表2.8显示的是在每种职业中从各种职业出身所吸纳的人员的比例。例如，它表明，每个职业群体从农场主的儿子吸纳了其超过10%的成员。之所以出现这种情况，有三个明显的原因：在过去农场职业的巨大规模（1940年时它仍是17个职业中规模最大的，占整个劳动力的14.7%）；在最近几十年农场主数量的迅速下降；农场主极高的生育率。

在一个既定的阶层，如果存在的职业继承越少，那么由这种起点阶层向其他职业终点供给的儿子的流出量就越大。如表2.2所示，具有最少继承性的五个职业是两个最低的白领阶层、两个最低的蓝领阶层以及两个农场群体中较低的那个，它们将超过90%的儿子供给到其他职业终点。处于靠近这三大职业阶层的任何一个的底部的职业中的人们的儿子拥有超常的社会流动机会。相反，领薪型的专业职业表现出最高的继承性，因此，这个出身的阶层更不可能向其他职业终点供应儿子。这个有声望的职业群体的迅速扩展无疑有助于限制其儿子的外流。

在一个职业分组中，如果自我补充的数量越少，那么它往往越依赖于从其他职业起点吸纳人员的流入。纳新上的差异大于供给上的差异。表2.8显示，具有最大外部人员流入的两个职业是文书人员和零售人员，它们有95%的人员都是从其他出身吸纳的，这两个职业的流出率也很高。另一方面，农场主的自我补充比率最高，它们只有不到20%的人员是从不同的职业出身吸纳的；而其他职业从不同出身补充人员的比率没有一个低于85%。

第2章 职业结构Ⅰ：流动的模式

表 2.8 对于 25—64 岁的男性，从父亲的职业到 1962 年职业的流动：流入百分比

父亲的职业	被访者 1962 年的职业																
	1	2	3	4	5	6	7	8	9	10	11	12	13	14	15	16	17
1 自雇型专业人员	14.5	3.9	1.5	3.8	0.8	0.8	1.1	0.3	0.3	0.6	0.3	0.3	0.4	0.2	0.6	0.5	0.6
2 领薪型专业人员	7.0	9.5	4.9	5.8	2.1	3.8	3.4	1.6	1.9	0.6	2.1	2.1	1.9	1.4	0.4	0.5	0.3
3 管理人员	8.7	7.9	8.7	7.0	4.0	4.4	2.6	2.7	2.6	2.2	1.4	1.2	1.0	1.8	0.7	0.3	0.3
4 其他类销售人员	5.6	3.4	5.2	8.1	2.6	1.7	4.4	0.8	1.5	0.8	0.5	1.0	0.6	0.0	0.4	0.4	0.3
5 企业主	18.5	9.6	16.5	13.2	16.3	7.1	15.2	3.5	5.2	5.7	3.7	3.4	3.7	1.6	2.0	1.5	1.6
6 文书人员	4.9	7.3	4.4	5.9	2.3	4.5	2.6	2.9	3.1	1.2	1.2	1.9	3.2	1.5	1.3	0.8	0.0
7 零售销售人员	0.9	2.3	3.0	4.7	2.8	1.8	2.9	1.4	0.8	1.1	1.5	1.1	1.4	0.1	1.2	0.7	0.0
8 制造业手艺人	3.8	8.3	6.1	4.3	5.1	5.7	6.3	12.0	5.1	5.1	6.2	4.7	4.8	4.5	3.2	0.5	0.4
9 其他行业手艺人	4.0	7.0	7.4	7.9	6.0	8.0	6.1	6.9	11.0	5.8	5.3	7.8	5.4	3.8	4.1	1.2	1.2
10 建筑业手艺人	3.0	3.2	4.4	4.1	5.8	6.2	2.6	6.9	5.5	13.7	3.6	3.9	4.6	2.6	4.9	0.8	1.8
11 制造业操作工	5.2	6.4	5.1	6.5	6.1	7.5	7.1	12.9	7.7	4.9	13.7	6.9	7.1	14.5	6.3	1.2	2.8
12 其他行业操作工	2.8	7.5	4.2	5.4	6.2	6.7	6.0	6.5	8.6	6.6	6.9	10.9	8.2	6.5	6.4	1.2	4.4
13 服务业人员	2.3	3.7	4.0	4.8	3.7	6.3	5.3	4.8	3.9	4.7	5.1	4.6	3.0	5.4	3.3	0.8	0.6
14 制造业体力工人	0.0	1.0	1.2	0.4	0.8	1.3	0.8	2.6	1.5	1.0	3.2	2.2	5.9	5.9	2.4	0.6	0.9
15 其他行业体力工人	1.0	2.0	1.9	3.3	2.1	6.0	4.7	4.5	4.8	4.8	5.3	5.9	6.2	6.7	9.6	0.7	2.8
16 农场主	11.2	10.8	13.3	10.1	24.3	18.3	17.6	20.1	24.4	30.4	26.6	29.4	22.8	29.5	32.6	82.0	59.7
17 农场工人	0.3	0.5	0.9	0.5	1.5	1.5	2.1	2.3	2.4	3.1	3.4	3.7	3.6	3.9	5.6	2.9	14.5
总计[a]	100.0	100.0	100.0	100.0	100.0	100.0	100.0	100.0	100.0	100.0	100.0	100.0	100.0	100.0	100.0	100.0	100.0

[a] 所显示的列的百分比之和不等于 100.0，因为没有回答父亲职业的人未被单独显示。

一个职业的流出比率（或者说向其他职业的供给比率）与其流入比率（或者说从其他职业的纳新比率）之间存在直接的关系。等级相关系数是0.54。[①] 这等于说，职业继承与自我补充之间存在正相关，尽管这两个值都取决于在一个既定的职业群体中其父亲也在同一个群体的人员的数量，但这种关联并不必然发生。这个数量就是在附录J表J2.1中的矩阵对角线中人员的数量，它除以行中的总计数定义了职业继承的指数，或者说，在一个职业类别中其父亲也处于同一类别中的人员的百分比。因为两个边缘值是正相关的，所以两个指数值也是如此，尽管只有当两个边缘值的相关等于1时，后者才完全由前者的相关性决定（实际上，边缘值之间的等级相关是0.62，积矩相关是0.23）。[②] 有些职业看起来是相对自给自足的，而有些职业则不仅供应了大量的儿子给不同的职业，而且也从不同职业吸纳了极高比例的人员。与这些对照鲜明的趋势相联系的职业的特征是什么呢？

呈现出最多的职业继承和自我补充的三大职业群体是仅有的需要自我雇佣的三种职业：自雇型专业人员、企业主和农场主。看来，业主身份——开农场、做生意或专业执业——阻碍了儿子离开他们父亲的职业，并使其他人难以进入这些职业。甚至当业主身份并没有包含对一个企业的实际所有权，就像租地的农场主和自雇型的专业人员那样，他们只拥有自己的设备和客户的赏识，

---

① 积矩相关（product moment correlation）是不显著的0.19，无疑这部分地是因为领薪型专业人员在供给上和农场主在纳新上的极端偏离值。

② 供给和纳新的这些测量指标是在表J2.1的适当行或列的所有非对角线的频次（除了未回答值）的总和分别除以行总计和列总计。因此，除了未回答案例的有差别的赋值外，在继承与供给之间以及自我补充与纳新之间存在完全的负相关。

第2章 职业结构Ⅰ：流动的模式

但这种业主身份可能比单纯的就业带来更强的职业投资和承诺，然后这些又被传递给儿子。有些职业建立在业主身份基础上并且表现出较少的流入或流出，但在最近几十年恰恰是这些职业要么发生了规模收缩，要么在扩张上低于其他职业，这也许是今天我们看到的大量的社会流动的一个促进因素。业主身份上的这种下降可能抵消了其他趋势，比如不断减少的移民数量和生育率差别的不断降低，否则这些趋势会降低流动率。

有五种职业的特征是从上一代的其他职业出身吸纳了高比率的人员流入和向当前一代的其他职业终点供给了高比率的人员流出，这五个职业是两个最低的白领群体和三个最低的蓝领群体，它们分别是文书人员、零售人员、服务业人员及两种非农体力工人。这五个职业阶层也许可被视为人员的调配器，大量来自不同职业出身的人员进入它们，同时大量进入不同职业终点的儿子流出它们。这些调配性的职业是向上流动的通道，来自更低出身的获得成功的儿子往往会进入它们，而离开它们的获得成功的儿子往往会进入更高的职业终点。与此同时，它们为来自更高出身的人的向下流动提供了一个避难所（因为进入这些职业的向下流动远远超出了那些进入任何更低职业的向下流动的理论预期），因此这分别使非体力阶层父亲的不成功的儿子维持他们的白领地位，而体力阶层父亲的不成功的儿子在城市劳动力市场找到工作。来自白领阶层家庭的"败家子（skidder）"不熟悉工人阶级，并且可能受到成为他们一部分的威胁，因此，为了维持白领阶层所珍惜的象征地位，这些"败家子"似乎愿意从事最低等的非体力职业，付出的代价是接受它们所提供的较低收入。来自体力阶层家庭的"败家子"可能也不愿意在农场工作，当然也几乎没有资格或机会在农场工作。

如果将职业划分为三个更加宽泛的阶层：白领、蓝领和农业，那么，很明显，仅高于两个阶层边界中的一个的位置是往往能使一个职业成为人员代际流动中的调配器的位置。另一方面，业主身份有相反的效应，即限制了人员的流入和流出。因此，业主身份和在职业结构中的位置是一种职业的两个重要特征，这两个特征影响着这个职业向其他职业供应人员和从其他职业吸纳人员的相应数量。不过，这只是从父亲的职业到1962年职业的代际流动的情况。无论是在从父亲职业到儿子首职的流动中，还是在从儿子首职到1962年职业的流动中，供给量与纳新量都不存在直接的关联，这需要我们注意首份工作的独特特征，这是下一部分将要研究的主题。在此之前，我们需要考虑代际流动的另一个方面。

不管是流出的数量，还是流入的数量，它可能从高度分散到高度集中的范围内变化。从一个既定职业出身的人员流出可能分散地供给到许多不同的职业终点，也可能主要集中供给少数几个职业。相应地，对一个既定职业终点的人员流入可能广泛地来源于不同的职业出身，也可能主要来自于少数职业出身。供给或纳新的数量直接取决于其父亲拥有相同职业的人员的数量，而供给和纳新的离散程度则不是。首要的问题是设计测量供给离散程度和纳新离散程度的指标。基本的原则是对流出或流入一个既定类别职业的人员分布与不同职业在整个人口中的分布的比较。

为了说明这些测量指标的建构，让我们研究一下从社会出身43（界定为父亲的职业）向1962年的职业终点的流出（参见表2.2）。

第2章 职业结构Ⅰ：流动的模式

在自雇型专业人员的所有儿子中，有16.7%进入这同一个职业，31.9%成为领薪型专业人员，9.9%成为领薪型管理人员，还有9.5%进入到非零售销售业。对所有人员而言的相应百分比（最后一行）是1.4、10.2、7.9和3.1。这四个职业是仅有的几个出身于自雇型专业人员家庭比例偏大的职业，也就是说，它们比在总人口中占据了更高的比例。简而言之，17个可能的职业终点中的4个包含了其父亲是自雇型专业人员的儿子的相当大比例，这意味着来自这个职业出身的人员供给是相对集中的，除了自雇型专业职业本身之外，过多的人员进入到三个职业终点。将相同的程序应用于职业出身的所有类别就产生了一个对供给离散程度的粗糙测量，并且在适当的变换之下，将这个程序应用于表2.8中的流入百分比就产生了一个对纳新离散程度的粗糙测量。借助这个粗糙的测量程序，表2.5每一行中所有带下划线的条目的数量（不管它们的值为多少）表示供给的离散程度，在每一列中的所有带下划线的条目的数量表示纳新的离散程度。

通过对上文所给出的相应百分比之间的差值加总（即相同符号的所有差值），集中程度（或离散程度）的一个更为精确的指数就可以被简单地计算出来。这个指数将百分比的定量差异考虑进来，而不仅仅是对它们进行二分，而且这个指数既没有对17个职业赋予特殊的含义，也没有赋予同等的含义。因此，自雇型专业人员的儿子进入的职业终点的集中程度是（16.7-1.4）+（31.9-10.2）+（9.9-7.9）+（9.5-3.1）等于45.4。这个测量指标的可能取值范围使它的含义很明显。如果父亲的职业没有影响，并且来自一个既定社会出身的儿子的职业终点的分布等于这些职业在总人口中的分布,那么这个指数的值将为0。如果来自一个给定出身的所有人都集中在一个单一的职业终点中,那么这个指数的值将接近于100;具体而言,就是100减去在这个职业终点中的人口占总人口的百分比。因此,这个指数(相异性指数)测量了来自一个出身的所有人员的职业终点的集中程度比在样本中所有人员的职业终点的集中程度高多少;或者说,一个既定出身的儿子有多大比例需要变换他们1962年的职业,使它们的分布等于这些职业在总人口中的分布。该指数的值越高,离散程度越低;而粗测量指标的值越高,离散程度越高。测量流入的相应指数表示的是在每个职业终点中人员的出身的集中(或分散)程度如何。

在实际计算这些测量指标之前,需要引入两个进一步的改进。首先是将与他们的父亲处于相同职业群体的人员(那些位于对角线的)排除分析,否则的话,指数将再次受到职业继承或自我补充的强烈影响,然而要考虑流出或进入不同的职业。①此外,我们使用相同的阻止程序(blocking procedure)排除了在本章前面被视为水平流动的流动——制造业的手艺人与其他行业的手艺人之间、制造业的操作工与其他行业的操作工之间、制造业的体力工

---

① 在这种准独立模型(阻止对角线的单元格或某些其他单元格进入模型)中,计算期望值的分析程序由利奥·古德曼(Leo Goodman)提出,"论流动表的统计分析"(On the Statistical Analysis of Mobility Stables),《美国社会学杂志》(*American Journal of Sociology*),70(1965),第564—585页。如果我们对集中程度计算一个类似的测量指标,这个测量指标不包含阻止程序,可以表明它将是一个包含职业继承(或自我补充)和对那些经历流动的人员的供给(或纳新)的集中程度的复合测量。因此,我们设计的程序得出这样一个对集中程度的测量指标,它在数学上独立于继承或自我补充的程度。

第 2 章 职业结构 I：流动的模式

人与其他行业的体力工人之间的流动，将分析仅限于垂直流动。

于是，基于只计算超出期望值（根据统计独立性假定）的观察值，我们得到了一个关于人员流动的粗离散指数，以及一个只考虑垂直流动中离散或集中的精确程度的精致的测量指标。这两个测量指标的表现方式并不相同。如果使用粗测量指标，人员代际流动中供给的离散程度与纳新的离散程度之间是反相关（$r=-0.46$）；而如果使用精致的测量指标，二者之间是正相关（0.59）。而且，根据粗测量指标所显示的，1940—1960 年之间一个职业群体的增长率与其纳新的离散程度之间表现出显著的正相关（0.72），但是根据精致的测量指标所显示的，它与纳新的离散程度不存在显著的相关（0.26）。[1]

在布劳以往的一篇论文[2]中——它完全基于粗测量指标，作者观察到纳新的离散程度与供给的离散程度之间存在反向关系，这种反向关系被解释为是由于对职业服务的需求的变动所引发的力量，并且由于体现在不同职业相对规模的变动中的力量。对为了响应对其服务日益增加的需求而扩展的职业而言，必须要比以往吸纳更多的外部人，特别是如果这种职业的人员的生育率不是很高的话。对外部人的成功吸纳需要工作条件的改善，比如比别的需要必要职业培训的人有更高的薪水或者更短的工作时间。优越的经济条件不仅吸引来自不同出身的人进入一个职业群体，而

---

[1] 为了测量增长率，对 1940 年和 1960 年的职业分布分别进行了百分比处理，两个年份相应百分比之间的差值除以 1940 年的百分比被当作增长率的指标。

[2] 彼得·M. 布劳（Peter M. Blau），"职业供给和纳新的变动"（The Flow of Occupational Supply and Recruitment），《美国社会学评论》（*American Sociological Review*），30（1965），第 475—490 页。

且也增强了该职业群体自己的子代对它的依附，因而降低了子代进入其他不同职业的趋势。在收缩的或者扩张不大的职业中，相反的条件弱化了子代的依附，并促使他们分散到各种其他的职业。这些思考解释了为什么一个职业的纳新基础的宽度一方面与它的扩张有关，另一方面与它的子代缺乏离开它的倾向有关。不过，问题是更为精致的测量方案并没有捕获这种关系。

表2.9呈现了对供给和纳新的集中程度的精致的测量结果，集中程度的对立面表示的是离散程度。数据表明，就1962年的职业终点而言，自雇型专业人员的儿子的流出最为集中，而制造业以外的操作工的儿子长大后的职业去向变得最为分散（第1列）。农场工人被招募的社会出身最为集中，而"其他行业的"手艺人和企业主被招募的出身来源最分散。尽管供给的离散和纳新中的离散的极端情况并不完全相同，但正如前面所提及的，对从父亲的职业向1962年的职业的人员流动而言，供给中的离散程度与招募中的离散程度是直接相关的。事实上，当考虑父亲的职业和儿子首职之间的流动（积矩相关系数是0.77）以及儿子首职和1962年职业之间的流动（0.51）时，也可获得这两个因素之间的正相关。

为什么也许指的是相同的潜在变量的两套测量方案产生相反的结果呢？一个可能的原因是粗测量指标并不是离散程度的一个可靠指标。不过，另一种可能性是两种测量方案指的是离散程度的完全不同的方面。因此，根据粗测量指标所定义的纳新的离散程度显示的是，一个职业从许多不同的职业来源吸引的人员超出其相应的份额，而根据精致的测量指标的操作性定义所显

第 2 章　职业结构 I：流动的模式

示的是，一个职业没有从各种其他来源吸引过多数量的人员。尽管这两个测量方案都展现出，随着一个既定职业中的出身分布接近整个人口中的出身分布而变得越来越离散，但二者对某些其他条件的反应是相当不同的，包括上面的解释中所提及的规模的变化。如果在一个扩张的职业中，就业条件增加了其吸引力，那么我们可以推测，来自于比以前更多出身的人将以极大的数量被吸引进这个职业，但是随之而来的对这些令人渴望的工作的更大竞争将使那些来自较远出身（指的是职业出身与目前职业的职业等级距离较远）的人们比以往更难进入这个职业。这样的变化使一个职业对那些来自周围出身（指的是职业出身与目前职业的职业等级距离较近）的人更有吸引力，并且正是由于这个原因其他出身的人更少进入这个职业。这样一种变化在这两种测量方案中将有截然相反的表现。在粗测量方案中，它将表现为更为离散的纳新出身，因为大量被纳新的人来自于比以前更多的职业出身，而在精致的测量方案中，它将表现为更为集中的、因此更不离散的纳新出身，因为出身分布比以往进一步偏离了基于总体的随机预期。类似的思考也适用于对供给的离散程度的两种测量方案。粗测量方案表示的是一个职业的纳新基础供给部门的宽度，并且根据所提出的解释，在扩张的职业中这些会受到更优越的经济报酬的影响。但是，精致的测量方案表示的是被纳新进一个职业的人们的出身分布的随机性，或者这个职业供给到其他职业的人们的终点分布的随机性，除了与扩张相联的那些因素之外，明显还有其他力量支配着进入和离开一个职业的人员流动如何被随机地分散化。

表 2.9 垂直流动的人的职业终点或起点的分布与基于准独立模式的期望分布之间的相异性指数（对指定的起点或终点）

起点或终点的职业	供给的集中[a] 1 父亲的职业到1962年的职业	2 父亲的职业到儿子首职	3 儿子首职到1962年职业	纳新的集中[b] 4 1962年职业来自父亲的职业	5 儿子首职来自父亲的职业	6 1962年职业来自儿子首职
专业人员						
#自雇型	41.4	41.1	61.6	35.5	44.1	51.6
#领薪型	22.9	20.4	45.5	23.7	27.9	23.1
管理人员	30.1	27.0	39.2	23.1	42.1	31.0
其他类销售人员	35.5	31.3	38.9	25.7	41.7	28.8
企业主	26.9	24.5	32.0	8.8	31.3	15.1
文书人员	24.0	21.0	27.5	9.5	20.4	16.1
零售销售人员	20.7	20.3	25.5	14.8	18.1	17.0
手艺人						
#制造业	9.9	23.9	14.7	13.5	16.4	20.7
#其他	8.2	16.1	15.3	8.2	16.5	14.3
#建筑业	12.4	15.5	23.2	14.1	9.2	16.0
操作工						
#制造业	12.1	22.0	13.6	15.2	15.7	17.3
#其他	7.5	17.3	13.8	15.9	8.2	16.7
服务业人员	8.5	16.9	16.9	10.9	18.4	11.1
体力工人						
#制造业	24.7	23.2	23.2	23.5	19.3	24.7
#其他	18.8	17.9	14.2	22.8	8.9	20.6
农场主	16.2	28.0	18.5	20.9	25.2	52.7
农场工人	27.1	26.4	27.2	49.9	52.1	34.5

a 对列在表根中的起点分布的终点分布。
b 对列在表根中的终点分布的起点分布。

第 2 章 职业结构 I：流动的模式

表 2.9 的数据呈现出一种非单调的模式，在该表中职业根据其地位来排序。熟练和半熟练工人的儿子在职业分布往往很分散。较高白领阶层的儿子以及较低的不熟练工人和农场工人的儿子更可能集中于很少的职业群体（第 1 列）。纳新的离散程度表现出与供给的离散程度类似的模式，即除了较低的非体力阶层及较高和中间的体力阶层从分散的出身来源吸纳人员外，中间的职业群体比靠近顶端或底端的职业群体从更不集中的出身吸纳人员（第 4 列）。大体上，同样的非单调模式体现在关于从父亲的职业到儿子首职（第 2 列）和从首职到目前职业（第 3 列）的供给离散情况的数据中，也体现在纳新的离散情况（第 5 和 6 列）的相应数据中。这些数值的类似模式说明了供给的离散程度与纳新的离散程度之间的相关性。

位于地位等级体系中间的职业的人们比那些位于最高或最低职业中的人们来自更为广泛的背景，并且来自于这些中间阶层的人们也比那些来自于职业体系顶端或底端的人们在其生涯中进入的职业更为分散。不管职业起点是根据父亲的职业还是根据儿子的首份职业来界定，不管职业终点是根据儿子的首份职业还是 1962 年的职业来界定，也就是说对于代内流动以及任何一种代际流动（从父亲的职业到儿子的首份工作和从父亲的职业到儿子 1962 年的职业）而言，情况都是如此。地位接近对于职业生涯的意义可能有助于解释研究结果的这种模式。

这种解释的潜在原理是职业群组之间在经济条件和生活方式上的差异往往呈现出一个梯度，只有对于在地位等级体系中相隔甚远的那些职业，这种差异才十分明显。既定职业背景之人的资源、培训、教育和价值倾向通常与那些稍微更高或更低背景的人并非截然不同，但是背景相距甚远（比如说相距10个或以上层级）的人们之间在这些方面的差异是相当大的。而且，来自不同职业群组的人，只要在地位上相距不是太远，就有大量的机会进行社会接触。与一个职业群体中的人发生社会接触激发了对这个职业的兴趣，并提供了关于从事这个职业的知识，如果没有这种社会接触，人们就不可能进入它。简言之，这里蕴含的假定是，各种条件使人们更可能进入在其出身特定范围内的职业，而不是超出这个范围的那些职业。从这个假定得出的推论是，处于等级体系中间的职业群体比位于两个端点的职业群体从更为多样的来源吸纳人员，并且向更为多样的终点供给人员。这就是表2.9中的数据所显示的发现。其中的道理在于，如果参照点是一个位于中间的职业比如果它是靠近顶端或底端的，那么高于和低于这个参照点的任何指定范围的其他职业要包含更大数量的不同职业，因为对后者而言，这个范围的一部分根本就不会存在。

职业生涯起点的意义

前面的讨论集中于从父亲的职业到1962年职业的代际流动，只是偶尔提及儿子首职的情况；现在我们转向对这些职业生涯起点的意义的研究。这势必需要研究代内流动，但并不止于此。我们可以从两个角度来看待关于人们第一份全职固定工作的数据，因为如同从职业起点到1962年职业的变动可以被研究一样，社会出身与职业起点之间的关系也可以被研究。[①]这种可能性将一个时间维度引入到对职业流动的分析中来。我们可以探究在职业结构的不同起点开始其事业的人的职业出身如何影响随后的职业生涯，并推断社会出身对代内流动的意义。

让我们从研究生涯起点作为社会出身与随后生涯之间的中介性联系的作用开始；具体而言，就是职业出身对最终职业获得的影响受到进入劳动力市场的职业起点的传导吗？可能的情况是，职业出身影响到人们开始其职业生涯的水平，这个起点水平又影响到他们随后的职业生活，但是社会出身对随后的职业生涯没有额外的直接影响。为了检验这个假设，在首份工作的类别内，计算出父亲职业与1962年职业之间的关联指数。事实上，这个程序控制初始职业不变，这为评价职业出身与1962年职业终点之间的剩余关系提供了一个基础。如果这个假设是正确的，并且职业出身的全部影响都通过首份工作来发挥，那么所有表格中的指数都应该是1.0。表2.10显示的是应用这个程序计算的结果。

数据证明，社会出身除了通过生涯起点起到中介作用外，

[①] 应该记住的事实是，对从25岁到64岁的人而言，涉及不同的时期，因为对不同的职业群组而言，这种差异是不同的。年龄队列之间的差异被证明一般是很小的，这将在接下来的章节中讨论。

还对随后的职业生涯施加了一个直接影响。无疑，表2.10中的数值与表2.5中的数值的比较显示，总体而言，表2.10中的那些数值比表2.5中的更接近于1（unity），尽管并非始终如此。这表明，生涯起点是职业出身与1962年职业之间关系的一个中介变量。社会出身对随后职业生活的相当一部分影响源自于社会出身对生涯起点的影响，生涯起点转而影响随后的职业生涯。不过，表2.10中对指数值1.0的偏离类似于表2.5中的情况，数值随着远离主对角线而不断下降。这表明，即使在一个人已经开始其职业生涯之后，他的职业出身仍然对其产生影响。

现在我们转向对从首份职业到1962年职业的人员代内流动中的供给量的研究。根据每个职业的人员在随后生涯中供给至其他职业的流出率是超过还是低于总体的平均流出率（它是80%），17个职业被区分开来。10个起点职业仍留下很大比例的人员，并且1962年只供给较少的人员至其他职业（如表2.4的对角线上的高百分比所显示的）。一旦人们在这10个职业群组开始其工作，那么他们倾向于驻留其中。而其他7个职业则是非常高的供给者，人们在随后的职业生涯中以高于平均的比率离开它们。这些职业群组是文书人员、零售业人员、操作工的两个群体、体力工人的两个群体以及农场工人。是什么把这些职业群组与其他职业区别开来呢？

第 2 章 职业结构 I：流动的模式

表 2.10 对于 25—64 岁的男性，从父亲的职业到 1962 年职业的流动：
在首份工作的职业群体内观察到的频次对基于独立性假定的期望频率的比率

父亲的职业	1	2	3	4	5	6	7	8	9	10	11	12	13	14	15	16	17
1 自雇型专业人员	2.1	1.4	0.9	2.0	0.7	0.6	1.1	0.4	0.4	0.9	0.5	0.4	0.5	0.4	1.0	1.1	1.3
2 领薪型专业人员	1.0	1.4	1.2	1.5	0.7	1.1	1.2	0.6	0.8	0.3	1.0	1.0	0.8	0.7	0.2	0.4	0.3
3 管理人员	1.2	1.3	1.7	1.4	1.1	1.0	0.7	0.9	0.8	0.8	0.5	0.4	0.3	0.8	0.3	0.3	0.2
4 其他类销售人员	1.3	1.0	1.7	2.1	1.2	0.7	1.9	0.6	1.0	0.6	0.4	0.6	0.4	0.0	0.3	0.6	0.4
5 企业主	1.4	0.9	1.6	1.2	1.8	0.9	1.8	0.6	0.8	1.0	0.7	0.6	0.6	0.3	0.4	0.6	0.6
6 文书人员	1.1	1.4	1.0	1.5	0.7	1.1	0.8	1.0	1.1	0.5	0.5	0.8	1.2	0.6	0.6	0.7	0.0
7 零售销售人员	0.3	1.0	1.3	2.0	1.5	0.8	1.4	0.9	0.6	0.8	1.0	0.8	1.0	0.1	0.9	0.9	0.0
8 制造业手艺人	0.8	1.4	1.0	0.7	0.8	0.9	1.1	1.6	0.9	0.9	1.0	0.9	0.9	0.7	0.7	0.2	0.2
9 其他行业手艺人	0.7	1.1	1.1	1.1	0.9	1.1	0.8	1.0	1.5	0.9	0.8	1.2	0.8	0.6	1.1	0.4	0.3
10 建筑业手艺人	0.8	0.7	0.9	0.8	1.1	1.2	0.5	1.3	1.0	2.0	0.8	0.8	1.0	1.5	0.9	0.3	0.6
11 制造业操作工	1.0	1.0	0.7	0.9	0.8	0.9	0.9	1.3	1.0	0.7	1.4	0.9	0.9	1.1	1.0	0.3	0.7
12 其他行业操作工	0.5	1.2	0.6	0.8	0.9	1.0	0.9	0.9	1.2	0.9	1.1	1.4	1.0	1.1	1.0	0.4	1.1
13 服务人员	0.7	0.9	0.9	1.1	0.8	1.3	1.2	1.0	0.8	1.1	1.1	1.0	1.6	1.2	0.8	0.4	0.2
14 制造业体力工人	0.0	0.7	0.8	0.3	0.5	0.7	0.4	1.2	0.8	0.6	1.4	1.1	1.5	2.0	1.2	0.5	0.6
15 其他行业体力工人	0.3	0.6	0.5	0.8	0.5	1.4	1.1	1.0	1.1	1.1	1.2	1.2	1.3	1.4	1.8	0.3	1.0
16 农场主	0.8	0.7	0.8	0.6	1.1	1.0	0.8	0.8	1.0	1.1	1.1	1.2	0.9	1.0	1.0	1.4	1.1
17 农场工人	0.4	0.4	0.7	0.4	0.7	0.9	1.0	0.9	0.9	1.1	1.2	1.2	1.2	1.1	1.6	0.5	2.2

被访者的 1962 年职业

51　　进入和离开首职的净流动为这个问题提供了线索。如果用在一个开启其工作生涯的职业群组中的人数（参见附录中表J2.3 的总计）减去 1962 年在这个职业群组的人数，那么我们就获得了在这些人工作生涯期间的净流动指数，它可能显示为净流出或净流入。同样地，如果用其父亲在一个职业中的人数减去在这个职业开始其工作的人数（附录中表 J2.2），那么我们就获得了从父亲的职业到儿子首职的净流动指数，它也可能显示为净流出或净流入。只有一个例外——快速扩张的领薪型专业技术职业，它在两种情况中都表现为流入，这两个指数之间存在完全的负相关。在人们开始其职业生涯后离开比进入的人数多（流出）的职业呈现出从社会出身的人员流入，而那些在开始工作后进入比离开的人数多（流入）的职业呈现出从社会出身的人员流出。换言之，有些职业人们把它们作为职业生涯起点的人数既多于在随后的职业生涯从事这类工作的人数，也多于其父亲从事这类工作的人数；而有些职业作为人们职业生涯起点的人数要少于在父代或子代随后的职业生涯阶段中选择这个职业的人数。

　　七种职业也许被认为是独特的起始职业或生涯起点，因为在这些职业开始工作的人数既超出他们的父亲也超出他们自己在随后的职业生涯在其中工作的人数。这七种起始职业与上面所提及的七种职业相同：文书人员、零售业销售人员、操作工的两个群体以及所有三个体力工人群体，这些职业在随后的职业生涯中供给大量的人员至其他职业群体。需要指出的是，这些独特的职业生涯起点由最低的白领职业、最低的蓝领职业（除了服务业），以及最低的农场职业构成。在三大类职业等级的每个的最低层开始其职业生涯的人数要多于一直留在这些职业或者随后进入它们的人数。关于父亲的数据表明，在上一代也是只有较少的人在成年时仍待在这些工作上。这些起始职业主导着人员的代内流动，在后来的职业生涯中供给大量的人员至其他职业。独特的起始职业对人员代内流动的重要性是将代内流动与代际流动区分开来的一个重要因素。

在识别出后来供给大量的人员至其他职业的起始职业后，接下来提出的问题是，在随后的职业生涯中人们最可能从哪些首职分散至诸多不同的职业？具体而言，我们想探究的是，一个职业群组的出身构成是否影响其成员在后来分散至其他职业的倾向。这里提出的可能假设是，进入一个职业的人越充分地融入于其中，他们在后来的职业生涯越不可能分散至其他职业群体。

有人预期，社会背景的同质性会促进社会整合。因此，上面的假设意味着，在一个起始职业中人们的社会背景同质性与他们离开它进入各种其他职业的倾向存在反相关。社会背景同质性的操作性定义是在一个起始职业中任意两个随机选择的人具有相同的社会出身（父亲的职业），不管这个出身为何。[①]根据这个定义对同质性的测量结果呈现在表2.11的第1列中。因变量用以前讨论过的从首职向1962年职业流动的供给的离散程度的粗指标

[①] 用来得到职业出身同质性指数的程序加总了在一个既定起始职业中两个人来自相同特定职业背景的可能性，即17种可能性的加总，每一个通过对一个既定职业群组中的一个人拥有在任何特定职业中的父亲的可能性进行平方来获得。在操作上，这是根据表J2.2中的列进行垂直计算的百分比的平方和。

来测量。①假设预测，起始职业的同质性与从这些职业供给人员的离散程度之间存在负相关。但事实上，积矩相关系数接近于0（−0.07），否定了上述假设。在相同的职业群组中开始其工作的人员的社会背景同质性明显没有阻止他们在后来的职业生涯流入许多不同的职业。

数据证明原初的假设是错的，所以必须要修改它：因为融入一个职业阻止了随后分散至各种不同的职业，故此背景上的同质性并不是充分条件，而是人们一定在这个特定职业群体中具有相同的社会根基，这种根基先于他们自己实际进入这个职业并牢固地把他们束缚于此。在一个起始职业的所有人中其父亲也处于相同职业的百分比提供了一个共同社会根基的指数。这些数值根据附录的表 J2.2 计算，它们呈现在表 2.11 的第 2 列中。

表 2.11　对于 25—64 岁男性的首份职业：对同质性、自我补充、净流动和粗流动的测量

职业	1 出身的同质性	2 职业的自我补充	3 父亲的职业到 1962 年职业的净流动	4 从父亲职业流动至首份工作在首份工作中所占百分比[a]	5 从首份工作流动至 1962 年职业在首份工作中所占百分比[b]	6 第 4 列和第 5 列之间的差异
专业人员						
# 自雇型	11.3	18.9	57.6	81.1	46.5	34.6
# 领薪型	8.1	12.3	49.3	87.7	45.5	42.2

---

①　之所以使用从首职向 1962 年职业流动中供给的离散程度的粗测量指标，是因为排除对角线情况的精致测量指标未受到留在一个职业中的比例的影响，这一点在此很重要。当使用精致的测量指标时，相关系数也接近于 0（0.08）。

续表

管理人员和官员	10.6	8.2	43.5	91.8	64.3	27.5
其他类销售人员	12.7	16.5	31.8	83.5	76.3	7.2
企业主	32.1	53.8	37.2	46.2	63.7	−17.5
文书人员	7.0	6.5	36.7	93.5	82.4	11.1
零售销售人员	8.2	4.2	32.8	95.8	94.9	0.9
手艺人						
#制造业	9.5	16.9	24.0	83.1	77.5	5.6
#其他行业	8.6	17.1	26.4	82.9	78.7	4.2
#建筑业	13.2	23.4	25.6	76.6	73.8	2.8
操作工						
#制造业	9.8	18.3	20.5	81.7	81.2	0.5
#其他行业	10.3	17.2	24.7	82.8	85.0	−2.2
服务业人员	8.5	11.4	25.3	88.6	80.2	8.4
体力工人						
#制造业	10.0	7.7	23.0	92.3	91.8	0.5
#其他行业	11.0	11.4	27.0	88.6	88.5	0.1
农场主	71.6	84.5	50.5	15.5	70.0	−54.5
农场工人	48.6	10.0	55.4	90.0	93.0	−3.0

a 单位为百分比。
b 包含了未回答的。

新的假设是,如果进入某些职业群组的人很大一部分具有相同的社会根源,那么在这些职业群组中更大的团结性降低了人们在其职业生涯中从它们流散至各种其他职业的可能性。表2.11第2列的数值与表2.7中每一行有下划线的值的数量之间存在反向关系的预测得到了证实,尽管关系不是很强健。根据数据,积矩相关系数为−0.50。如果在一个职业开始工作的人员,其背景赋予他们相同的社会根源的比例越高,那么他们后来离开它进入许多不同职业的可能性就越低。当然，这个针对职业群体的相关关系并未表明，进入与其父亲一样职业的个体比其他人更可能留在这个职业中。但是，尽管它并非这样一个潜在地针对个体的相关关系，但我们观测到的这个相关关系具有重要意义，因为在那种情况下，它意味着社会团结或者一种类似的社会机制是一个中介变量，它连接着在一个初始职业中有社会根源的人的比例与其他人不愿意离开这个职业的程度的关系。

根据前面提出的解释，代际的职业团结限制了在特定工作开始其职业生涯的人后来离开它流往其他职业的倾向。实际上，以前使用过的潜在变量的不同表示方式支持这种解释。来自既定出身且进入其父亲职业的儿子的比例是代际团结的另一个指标（对职业继承的这个测量指标——表2.3对角线上的数值——与在前面的分析中使用的自我补充的测量指标并不存在显著的相关，积矩相关系数是 –0.24）。进入一个职业且直到1962年仍留在其中的人的比例（表2.4的对角线上的数值）是对不愿意离开程度的一个测量指标，它不同于以前使用的粗离散程度测量指标。这两个指标高度相关，两个对角线中的数值之间的积矩相关系数是0.89。出身于一个职业群体且本身也从这个职业开始工作的儿子的比例越高，则一旦进入这个职业群体就留在其中的倾向也越大。这也是一个针对职业群体的相关系数。需要指出的是，对因变量的两个测量指标——继续留在起始职业的人的比例和离开它的人们之间的离散程度——都是基于完全不同个体的行为。两个不同的相关系数产生类似结果的事实增强了我们对这个结论的信心，即是社会机制，而不仅仅是个人的依附感导致了所观测到的关系。代际职业团结看起来增加了来自所有出身的人不愿意从其所进入的职业群体离开的程度。

最后,我们将研究职业起点在从父亲职业向1962年职业的代际流动中所起的作用。对每一种首职需探究的具体问题是父亲职业的分布与1962年职业的分布如何不同。回答这个问题需要使用一种相异性指数,这个指数基于与对离散程度的精致测量同样的程序。对既定首职的人而言,父亲职业的分布和1962年职业的分布被简化为百分比,并计算出相应的百分比之间的差异。将所有的正的差异(或所有的负的差异)加总就得出了相异性指数,参见表2.11的第3列,它表示的是在既定水平开始其职业生涯的人的职业终点如何不同于其社会出身。[①] 实际上,这个相异性指数揭示了在既定职业群体开始其职业生涯的人所经历的净代际流动。

在体力工作开始其职业生涯的人经历较少的代际流动。至少,体现在其父亲的职业与1962年职业之间相异性上的净流动是很小的,并且这一点在各种体力职业之间存在很小的差异,相异性指数仅在20.5—27.0之间。尽管以蓝领水平进入劳动力市场的人的净代际流动很低,并不一定意味着他们很少有人流入到不同于其父亲的职业水平或者他们很少有人在职业生涯中经历流动,但它确实表明,总体而言,这些人在其中一直持续至成年的职业与他们父亲的职业没有多大的不同。尽管这些人事实上经历了相当大

---

① 对于每一个社会出身,计算首份职业与1962年职业之间的相异性也是可能的;对于每一个1962年的职业群体,计算父亲的职业与首份职业之间的相异性也是可能的。因为没有太多实质性意义且没有表现出一致的模式,所以我们没有呈现这些数值。

数量地流入和流出首职（表2.11中的第4和5列），但进入首职的流动很大程度上被相反方向上的流出首职所抵消，结果是终点职业的分布与父亲职业的分布没有多大的不同。

相比于在体力工作开始其职业生涯的人，在白领工作或农场开始职业生涯的人在父亲职业与1962年职业之间经历更多的净代际流动。这些白领和农场职业进入者在其中终老的职业的分布非常不同于他们父亲的职业，与之相对，对首职位于蓝领类别中的人而言，这两个分布之间很相似。一个有趣的现象是，无论是从父亲的职业到儿子的首职，还是从儿子的首职到1962年的职业，从白领和农场开始其职业生涯的人所经历的流动的总数量都没有从蓝领开始职业生涯的人所经历得多（参见表2.11的第4和第5列）；但是白领和农场职业的流入和流出很大程度上没有相互抵消，而蓝领职业却是如此，因此只有从白领和农场开始其职业生涯的人经历了更多的净流动，并且获得与他们的出身相当不同的职业终点。一个职业群体的净流动率表示的是整个集合体所经历的流动，而粗流动率表示的是它的个体成员所经历的流动。在各种体力职业开始其工作的人的集合体经历了很少的流动，尽管就其个体成员而言经历的流动很多。与之相对照的是，在白领工作或农场开始其工作的人的集合体经历很多的净流动。此外，人们进入的白领职业的地位越高，他们作为一个集合体所经历的净流动越大，除了只有一个例外，净流动率从零售人员的33%增加到自雇型专业人员的58%。

尽管事实上在蓝领水平开始其职业生涯的人所经历的流动不少于其他人，但总体上他们的流动在代际之间发生较小的变化，以至于他们所达致的职业位置的分布与他们父亲的职业没有多大的不同。于是，这意味着，以蓝领职业开始其工作的人的双向（流入和流出）总流动仅仅起到把这些人带回到他们父亲的职业的作用，而以白领和农场职业作为首职则把他们带离他们父亲的职业。这些以蓝领职业开始其工作的人的职业世界似乎被王后（Queen）对艾丽斯（Alice）的评论所概括："现在，这里，你看，尽你所能地跑才能保证原地不动。要是你想去别的地方，你必须至少得跑得向那样两倍快！"一定不要误解在数据中观察到的占据蓝领首职的人的大量的向上流动。基本上它并没有改变蓝领首职者作为一个阶层在代际间的职业状况，因为存在大量抵消性的向下流动。而白领和农场首职者的情况却完全不同，因为在这些职业群体中个体的流动导致了每一个职业的总体位置的净变化，并且从其他数据中我们得知这种变化很大程度上是改进性的。总体而言，在最高的白领阶层或在农场阶层开始职业生涯的人最可能经历代际流动，那些进入较低白领阶层的人位于中间，而蓝领阶层首职者则最不可能。

在前一部分，我们发现，蓝领群体的流入和流出比白领群体或农场群体都更为分散。这个发现乍一看上去似乎与当前的发现相矛盾，即蓝领首职者比白领或农场首职者经历更少的净流动，但实际上这两个发现并不矛盾。蓝领首职者并不比其他人经历的流动少，恰恰是蓝领首职者表现出更为分散的流动的事实有助于解释为什么这些流动给职业分布带来较小的净变化。流动越多样，它们越可能彼此抵消。

表现出大量净代际流动的首职之所以如此，也许主要是因为从社会出身到首份工作有大量的流动，或者从首份工作到1962年的职业有大量的流动，或者二者兼而有之。表2.11的第4列呈现的是在每一个起始职业中从不同的社会出身流入这里的人员百分比，第5列呈现的是在每一个起始职业中在1962年流往不同职业的人员百分比（与表2.4对角线上的数值互补）。第6列中这两个百分比的差值揭示了，一个既定的群体是在已经进入这些职业之前经历了更多的流动，还是在随后进入1962年职业的代内流动中经历了更多的流动。对蓝领首职者而言，大部分差值是很小的，这与他们的低净流动率相对应（尽管很小的差值不一定反映出低的净流动率，因为它们也许是许多不能相互抵消的两种类型流动的结果）。白领和农场首职者的差值具有重要意义，它们能使我们探讨这些群体高的净流动率的根源是什么。

尽管在高白领阶层和在农场开始职业生涯的人有着相似的高代际流动率，但是产生这些结果的流动类型是非常不同的。离开社会出身进入高白领阶层职业的人业已经历大量的流动，这其中势必主要是向上流动，而在随后他们自己的职业生涯中经历较少的流动。与之相对，离开社会出身进入农场职业的人到那时为止经历很少的流动，但是在他们自己的职业生涯中则经历大量的流动，这必定主要是离开农场的向上流动（尽管在第4列中农场工人的数值很高，并且在第6列中负的差值很小，但这主要是因为他们当中68.5%有在农场工作的父亲；如果将在农场主与农场工人之间的流动排除，第6列中负的差值就变得显著了）。以企业主身份开始其职业生涯的人是唯一在开始自己的职业生涯后比以前经历更多流动的白领群体。这些流动是部分地而不是完全地相互抵消的，因此产生了适度数量的净流动。总之，在高的白领阶层开始职业生涯的人经历高比率的净代际流动是因为发生了大量

第2章　职业结构Ⅰ：流动的模式

离开社会出身的向上流动；那些在农场开始工作的人经历高比率的净代际流动是因为在他们随后的生涯中发生了大量的流动，如同那些以企业主身份开始职业生涯的人；在低的白领阶层开始工作的人经历较低的净代际流动比率与大量的两种类型的流动有关，它们是部分地相互抵消的；以蓝领职业开始工作的人经历更低的净代际流动比率是因为在他们的流动中有更高程度的相互抵消。

流动和阶级界线

当然，职业群体之间流动的方向是理解职业结构的关键。仅知道在一个特定职业群体中的人经历大量的流动是不够的，我们还想知道这主要包含的是向上流动还是向下流动，抑或二者兼而有之。前面的讨论表明由于抵消性的流动，大量的总流动可能与很少的净流动相伴，这种讨论引起我们对考虑流动方向重要性的注意。作为研究职业群体之间流动方向的一个方便起点，在这里我们要重新考察表 2.5、2.6 和 2.7，比以前更明确和更系统地将注意力集中在职业群体的等级和在它们之间流动的方向上。

根据表 2.5 中职业间代际流动的数据，一个独特的模式被揭示出来。假设在主对角线上画出两个坐标，则可以画出 16 对这样的坐标。这些坐标中有 14 对在右上方区域显示了一些有下划线的数值，这些数值表示的是过多的向下流动；而另外两个则没有这样的数值，即表示超出预期的跨越职业界线的向下流动的数值。它们是零售人员与制造业的手艺人之间及制造业以外的体力工人与农场人员之间的分界。尽管这二者在左下方区域显示了一些有

81

下划线的数值——即跨越职业界线的极度向上流动的一些情况，但对于情况并非如此的则根本没有坐标。

简言之，限定向下流动的两个独特的界线是引人注目的，一个位于蓝领与白领职业之间，另一个位于蓝领与农场群体之间。表 2.6 显示的是从职业出身向首份职业的人员流动，如果将相同的程序应用于表 2.6，则没有产生类似的明确结果，它反映出的是这样的趋势，即白领的儿子以低于它们出身的等级开启职业生涯，并在后来向上攀升。然而，对代内流动而言，这两个职业界线再次引人注目（表 2.7），尽管在这种情况下，三个另外的分界线也符合没有极度的向下流动的界线标准。

美国的职业结构似乎被两个半渗透的阶级界线所分割，这两个阶级界线限定了代际之间及职业生涯之内的向下流动的范围，尽管它们容许向上流动。无疑，许多个体经历了跨越这些界线的向下流动。我们的社会并不是种姓制度，一出生就获得了永久的地位。因此，有超过四分之一的白领工作者的儿子处于体力或农场职业，不过这还是非常少的，因为全部劳动力有超过五分之三处于这些职业中。而且，当前的分析所考虑的不是个体的成败，而是人员在这些群体之间的流动，具体而言，就是这种流动超出在独立性条件下所期望的流动的情况。实际上，不管我们是研究代际流动，还是研究代内流动，在任何两个职业之间的跨界线向下流动都不存在这种过量的流动。因此，就职业之间的人员交换而言，似乎可以有保证地提及作为单向筛选机制的两个界线，它们只容许在向上而不是向下方向上的适度流动。

显而易见的模式是，两个阶级界线限制了职业群组之间的向

第2章 职业结构Ⅰ：流动的模式

下流动，而不是限制了向上流动，至少没有限制两个邻近的阶级之间的向上流动。所有农场群组与所有白领群组之间的向上流动相当低（参见表2.5和表2.7）。不过，导致这种模式的潜在力量更为复杂，而不仅仅是向下流动的障碍。

为了理解这些力量，必须要考虑数据所涉及的时期内的历史发展。数据针对的是1962年3月时年龄在25至64岁的男性。职业出身是根据被访者16岁时其父亲的职业来界定的。因此，父亲的职业涵盖了1913年至1952年之间的时期，并且首职所涵盖的时期可能略微更长一些，主要因为它结束得更晚。这些岁月涵盖了美国从农业经济向工业经济转型的最后阶段。1910年美国有1130万人就业于农业部门，这是在我们有可靠统计资料的整个时期内（1820年至今）农业就业人口绝对数量的峰值。自1910年起农业就业人口开始平稳地下降，二战之后下降速度大大加快。随着对农场工人需求的下降，农场人口的自然增长越来越超出农场工人更替的需要。因此，离开农场的流动大大超过进入农场的流动。

在20世纪的前半个世纪，农场中的高生育率和不断提高的劳动生产率导致人口和经济条件的变化，而这些变化实际上造成了流向农场职业的障碍。农场工作简直处于短缺状态，而且来自别处的人在为获得这些短缺的农场职位的竞争中处于劣势。在1962年，劳动力中有超过四分之一来自农场，不过本身只有十二分之一在农场工作。不在农场长大的人不像在农场长大的人那样胜任农场工作，因此他们对农场职位的竞争处于劣势。不过，他们中的大部分也许并未经历这种障碍，因为他们对参与这种竞争兴趣不大。不断扩张的工业社会的意识形态并没有为城市工人进入农场提供强烈的激励。①此外，工业经济的扩张使得工业领域的工作比农场工作要多得多。

一个示意表也许有助于分析这三个阶级之间职业流动的动力机制。在下表中，根据目前职业和社会出身，把人们划分为三大类：非体力职业、体力职业和农场职业，因此产生了九种交叉分类。分别根据现行的职业分布和根据生育率——也就是儿子的出身，这个表的边缘值被假定是固定的。

父亲的职业	儿子的职业			
	白领	蓝领	农场	总计
白领	1	2	3	a
蓝领	4	5	6	b
农场	7	8	9	c
总计	d	e	f	N

这个表有四个自由度。如同在数据中被观察到的那样，只有单元格 3 和 6 中的数值非常低。在这些单元格中的数值可以被固定于任意的低值，或者可能被假定为零，并且可以指定偏离零的容忍度，比如容忍度为 0.5。②在任何情况下，如果给定了这两个数值，那么单元格 9 中的数值就可以用减法来确定。这样，就解释了四个自由度中的两个。

---

① 例如，尽管伊莱·奇诺伊（Eli Chinoy）所访谈的大部分汽车业工人希望离开工厂，但他们中只有十分之一表达出对在农场工作的兴趣，并且甚至对这些人中的大部分而言，成为一名农场主似乎只是一个不切实际的幻想。伊莱·奇诺伊，《汽车业工人与美国梦》(*Automobile Workers and the American Dream*)(Garden City: Doubleday)，1955 年，第 82—93 页。

② 根据应用 0.5 标准的这个模型，在代际流动表的 30 个单元格中只有一个负的情况，并且在代内流动表中有两个例外，这是一个很好的拟合。

第 2 章 职业结构 I：流动的模式

对农场工人下降的需求和在这些职业中高生育率的压力迫使许多农场主的儿子离开农场。如果不得不离开他们的技能最适合的农场，那么他们将会去哪里呢？有些体力工作要求较少的技能；而像建筑这样的体力工作则需要在农场里也会用到的技能。相比之下，白领工作需要的技能往往与那些在农场获得的技能相去甚远。① 在城市环境中长大的人，甚至那些来自工人阶级的人，都比农场的年轻人更有机会与白领职业接触。此外，提供培训的城市学校系统明显是为非体力职业设计的，在农村学校里是很少可能提供培训的。因此，农场主及其儿子在对白领工作的竞争中处于不利地位。这意味着，来自农场的迁移者不会流入单元格 7，而会流入单元格 8。

不过，这个预测并未得到数据的强力支持。② 无疑，从农场出身到白领终点的流动的关联指数低于向蓝领终点的流动的关联指数。流往白领终点对流往蓝领终点的比率对于农场出身的人而言（0.42）要低于蓝领出身的人（0.60）。但是利普塞特和本迪克斯收集的国际数据表明，在他们研究的所有六个国家中，流往白领终点对流往蓝领终点的比率对于农场出身的人要比对于那些蓝领出身的人高。③ 这与这个假设相矛盾，即在农场长大的人相比于在工人阶

---

① 尽管较低的白领职业要求很少的专门技能，甚至少于许多工业和农场的工作，但它们所需要的与人打交道的一般化技能尤其具有城市特点，因此不利于这些农场背景的人。

② 如果运用这个标准，即单元格 7 中的所有关联指数不高于 0.5，那么在表 2.5 的代际流动的 14 种情况中有 6 个例外，在表 2.7 代内流动的 14 种情况中有 4 个例外。这不是一个很好的拟合。

③ 西摩·M. 利普塞特（Seymour M. Lipset）和莱因哈德·本迪克斯（Reinhard Bendix），《工业社会中的社会流动》（*Social Mobility in Industrial Society*）（Berkeley: Univer. of California Press），1959 年，第 19—21 页。

级家庭长大的人在进入白领职业上处于竞争劣势。简言之，在其他国家，农场出身但不在农场工作的人比蓝领出身不在农场工作的人更可能进入白领职业，而在美国则正好相反。这也许是以下两个原因引起的：其一，在美国，农场就业机会异乎寻常地快速收缩；其二，数量巨大的处于不利地位的美国黑人离开农场。① 无论如何，关于离开农场的迁移者的初始假设应该被修改为：他们成为白领工作者的可能性相当低，但并没有像从城市出身流往农场职业的可能性那样接近于零。此外，这个主张也许只适用于美国。

总之，在农场长大的人的过度供给、他们出色的耕作经验和对耕作的取向，以及对白领工作的竞争劣势（即使它没有来自蓝领家庭的人对白领工作的竞争劣势那么大），所有这些合在一起解释了所观察到的大部分流动模式。限制从其他两个阶级进入农场职业的界线解释了表格中四个自由度的两个。对农场主儿子向上流动的推力，连同对他们流入非体力职业的束缚，解释了第三个自由度。还有一个自由度和表中的 4 个单元格——单元格 1、2、4 和 5——没有被解释。如何解释白领与蓝领职业之间流动的主导模式？四种替代性的解释都是可能的，这取决于四个频次中的哪一个是从理论上推导出来的，导致其他三个都是确定的。这里的解释将聚焦于表格 1 和表格 2 中的相对值。

一般而言，白领职业享有很高的声望，因为这些职业大多需要出色的技能、获得高额的薪水，并且行使大量的权威。不过，

---

① 根据利普塞特和本迪克斯提供的更早的数据所表明的，美国在这方面与其他国家并没有差别，但是根据更为可靠的 OCG 数据，美国确实不同。对 OCG 发现和更早的美国调查的发现进行更为系统的比较，参见接下来的章节。

第 2 章　职业结构 I：流动的模式

许多白领职业享有的声望产生一个晕轮效应，这种效应反射到那些非体力工作，这些工作需要很少的技能，并且比许多蓝领工作获得更少的收入。特别是在白领阶层出生和长大的人往往非常看重非体力工作，并且经常宁愿接受非体力工作，也不愿意接受薪水更高的体力工作。整体来看，白领职业也比蓝领职业经历更为快速的扩张，在 1940 至 1960 年间它们在总就业人口中所占的比例增加了 23.5 个百分点，而蓝领职业只增加了 8.6 个百分点。与此同时，白领的生育率一直低于蓝领工人的。此外，许多蓝领位置被离开农场的人所占据。来自白领阶层的人对进入体力职业兴趣不大，并且他们对体力阶层的渴望低于对非体力阶层的渴望。

这些条件阻止了从白领阶层到蓝领阶层的向下流动，但在这方面尤其重要的是，白领职业之间在地位上的大规模扩散以及白领职业与蓝领职业之间在地位上的交叉重叠。一些白领职业比许多蓝领职业需要更少的技能，并且获得更低的收入。对那些能力较差且想留在白领阶层的人而言，这使他们这样做成为可能。在白领家庭长大的人通常强烈认同白领地位的象征意义。因此，他们之中的不成功者愿意为容许他们维持白领地位而付出一定代价。对那些白领工作者的不成功的儿子而言，通过付出一定的代价，即接受比他们也许能够在体力职业中获得的收入更低的收入，相对不需要技能的白领职业的存在（比如零售业和文书人员工作）使他们留在白领阶层成为可能。不需要技能的白领职业往往吸纳大部分从更高的非体力阶层向下流动的人，使这些职业成为一个带来相对保护的边界，防止白领阶层向下流动至蓝领阶层。

我们所提出的观点是，非体力与体力职业之间的界线会使得单元格2的值特别低。① 给定这个假定，相当少的人从非体力职业流向体力职业，再加上以前的假定，大部分出身于农场但又不能留在那里的人流入体力职业，我们可以推导出，剩余的体力职业一定被体力工人的儿子所填充。也就是说，只要知道了单元格2和8，单元格5就确定了。体力工作出身的所有剩余者一定向上流往非体力职业，即单元格4。这些考虑也确定了单元格1中的频次。除了很低比例的人发生向下流动，所有出身于白领阶层的人都留在了白领职业。

简言之，理论解释预测单元格3、6、7和2中的数值很低。其他的流动模式可以从这些理论前提中推导出来。如果理论能为预测这四个单元格中的实际数值提供一个基础，那么这个理论将为这些单元格之间的全部流动模式提供一个完整的解释。这样一种定量模型目前并不存在。

然而，这些阶级界限并没有揭示，流出或流入各种职业群组主要是向上的流动还是向下的流动，这是本节的开头提出的问题。为了回答这个问题，我们只考虑在一个既定的职业群体与任何高于它的一个职业之间的流动，即从既定职业出身向任何更高的职业终点的流出，和从任何更高出身的职业向既定终点的流入。当排除未流动人员和水平流动的单元格后，用在这些类别的每一个中所观测到的人员数量除以根据独立性假定的期望数量。如此获得的指标呈现在表2.12中，这个指标表示的是在流出至更高阶层或者从更高阶层流入中超出预期的情况。这个流出涉及的是向上

---

① 运用与之前使用的相同的标准，在代际流动矩阵（表2.5）的56种情况中有20个例外，在代内流动矩阵（表2.7）中有13个例外。这个拟合相当好。

第 2 章　职业结构 I：流动的模式

流动，流入涉及的是向下流动，因为在两种情况中考虑的都是既定职业与所有那些高于它的职业之间的流动。流出至更低阶层和从更低阶层流入的数值是那些所显示的数值的反函数，因此并没有提供任何额外的信息，因为排除对角线上的数值使得关于相反方向流动的二分标准化数值是互补的。

表 2.12 中最明显的首要模式是，在所有的三种类型的流动中，流出至更高阶层和从更高阶层流入的数值都随着职业地位排序的下降而降低。一个职业群体的地位越高，在该职业与更高阶层之间双向的人员流动超出基于独立性假定的期望数量越多。这个发现反映了短距离（指的是职业之间的地位距离）的流动要远多于长距离的流动。一个职业的等级越高，则该职业与所有更高阶层之间的平均距离越短，并且表中的模式只是表明，如此较短距离的流动发生的频率非常高。当然，这个模式也有一些值得注意的例外。例如，出身于较低体力阶层的人比那些出身高于他们的阶层的人经历略微多些的向上流动（第 1 列和第 2 列）。从更高的出身流入 1962 年的销售职业的比率特别高，这显示的是大量的向下流动（第 4 列）。特别有趣的是，不管所考虑的是从社会出身的流入（第 4 列），还是从职业起点的流入（第 6 列），在从更高阶层向各种蓝领职业的流入中流动模式完全反转。在蓝领阶级内，并且只是在这个阶级内，向下流入一个职业的标准化比率与该职业的等级反相关。这意味着，一定有另外一种力量抵消了短距离流动的优势，它有相反的影响，并产生一种直接关系。

那种另外的力量明显是白领阶级与蓝领阶级之间的界线对向下流动的制约性影响。这个阶级界线在进入各种职业的向下流动比率上造成一个剧烈的断裂,那些进入白领职业的超出了期望值,而那些进入蓝领职业的则低于期望值(第 4 列和第 6 列)。因为存在相当少的跨越阶级界线的向下流动,所以从上层阶级向较高蓝领阶层的流动受到抑制,这导致在蓝领阶级内出现一个反转,否则的话,在这种流入与职业等级之间观察到的是正向关系。

流出至更高职业与从它们流入的标准化比率之间存在高度相关。对从父亲职业向 1962 年职业的流动而言,积矩相关系数是 0.93(第 1 列和第 4 列);对从父亲职业向儿子首职的流动而言,系数是 0.85(第 2 列和第 5 列);对从儿子首职向 1962 年职业的代内流动而言,系数为 0.99(第 3 列和第 6 列)。这些正向关系只是短距离流动居于主导地位的另一种反映,对于更高等级的职业与它们之上较少的其他职业之间的各种类型的流动,这些短距离的流动产生了过多的数值。

表 2.12 对于 25 至 64 岁的男性,对更高等级职业类别的供给和从更高等级职业类别的纳新:观察频次对基于准独立性模型的期望频次的比率

职业	向更高等级的供给			从更高等级的纳新		
	1 从父亲职业到 1962 年职业	2 从父亲职业到首份工作	3 从首份工作到 1962 年职业	4 从父亲职业到 1962 年职业	5 从父亲职业到首份工作	6 从首份工作到 1962 年职业
专业人员						
# 自雇型	…	…	…	…	…	…
# 领薪型	3.01	2.42	10.62	3.40	4.08	7.22
管理人员	2.44	2.39	3.35	1.77	3.01	2.64
其他类销售人员	2.27	2.59	2.38	2.31	2.60	1.80

续表

企业主	1.87	2.32	2.17	1.12	2.16	1.48
文书人员	1.59	2.22	1.73	1.09	1.42	1.47
零售销售人员	1.44	1.70	1.66	1.49	1.59	1.19
手艺人						
#制造业	1.11	1.03	1.20	0.64	1.08	0.55
#其他行业	1.10	1.08	1.22	0.75	1.16	0.60
#建筑业	1.07	1.05	1.20	0.73	0.98	0.59
操作工						
#制造业	0.98	1.05	1.04	0.73	1.06	0.64
#其他行业	0.99	1.15	1.03	0.73	1.01	0.65
服务业人员	1.02	1.13	1.02	0.86	1.10	0.87
体力工人						
#制造业	1.00	1.08	1.03	0.83	1.04	0.88
#其他行业	1.01	1.11	1.03	0.69	0.98	0.81
农场主	0.97	0.67	0.92	0.83	0.91	0.37
农场工人	1.00	1.00	1.00	1.00	1.00	1.00

流出数值的一个出人意料的特征是它们中的绝大部分呈现出过量的向上流动。这些数值大部分都高于1.0，唯一的例外是农场出身的那些人，还有就是在从父亲职业向1962年职业的流出情况中操作工两个群体的那些人（第1列）。从各种出身的人员流出大多是向上流动。所有这种向上流动的根源是什么呢？也许是因为不同职业群体相对规模的变化，最近几十年的技术发展导致了这种变化。

在增加了可用于提供专业服务和管理复杂组织的人力资源的同时，技术进步降低了对耕作土地和从事枯燥的体力劳动的人员的需求。在1940至1960年间扩张最大的两个职业群体是领薪型专业人员和管理人员,在相对规模上收缩最大的三个职业是农场工人、农场主和制造业劳工。收缩的职业都靠近职业等级体系的底端且生育率很高,而扩张的职业都靠近职业等级体系的顶端且生育率很低,这个事实在人员流动中产生了一个向上的推力。但是我们看到,短距离流动远甚于长距离流动。很少有背井离乡的农场工人或体力劳动者填补数量不断增长的专业职业和管理职位。看起来发生的是,职业底端人员离开的压力和职业顶端新的机会带来的空缺在整个职业结构中开启了一个短距离流动的连锁反应。[1] 底端的这个供给推力和顶端的需求拉力为大部分社会出身的向上流动创造了机会,因为向上流动的儿子留下的空缺可以被来自更低阶层的儿子所填补。但是,正如前面所显示的,在白领工作开启职业生涯的人更不可能从这些机会中获益。

社会距离的维度

对社会流动方向的系统研究提出了更重要的问题。简单的测量无法传递显著的信息。简单的测量很难确定农场工人的儿子比领薪专业人员的儿子向上流动的比例更高,因为前者有更多的可以向上流动的空间。像前几页所使用的更为复杂的测量不容易被概念化,并可能因此导致误导性的结论。此外,天花板效应的影响限制了它们的用处。这些问题是本章的分析很大程度上依赖于不考虑流动方向的测量方案的主要原因,通过将这些测量方案与职业的等级次序

---

[1] 关于这一点也可参见在第 7 章中对从农村地区向大城市的迁移的讨论。

第 2 章　职业结构 Ⅰ：流动的模式

联系起来可以对流动方向做出推断。这种类型的另一个分析方法用来说明职业群体之间的社会距离及其隐含的维度。

让我们再次研究表 2.2 中从父亲职业到 1962 年职业的代际流动。对于任何一对社会出身，职业终点的百分比分布或多或少是不同的。如果表 2.2 的任何两行中的两个分布是相同的，那么在职业终点方面两个出身群体之间将表现出最小的相异性或社会距离。在另一个极端，如果两个分布之间不存在重叠，那么在职业终点方面两个社会出身之间将有最大的社会距离。经验案例落在关于职业终点的距离的这两个极端值 0 和 100% 之间。前文见到的相异性指数（正的百分比差值之和）可以表示出身之间关于终点的这种距离，或者终点之间关于出身的距离。例如，表 2.2 中的第 8 行与第 9 行之间的相异性指数是 15.3，而第 4 行与 15 行之间的相异性指数多达 55.5。就 1962 年的职业而言，制造业中的手艺人的儿子与"其他"行业中手艺人的儿子之间的社会距离很小，但是零售之外的销售人员的儿子与制造业之外的体力工人的儿子之间存在很大的社会距离。表 2.13 呈现了任何两个社会出身之间关于 1962 年职业的相异性指数及任何两个 1962 年职业之间关于社会出身的相异性指数。

应该指出的是，根据所概述的程序对两个职业群体之间社会距离的计算不以任何方式依赖关于各种职业群体的相对地位的外部信息，因为相异性指数不受职业类别所据之呈现的等级次序的影响。不过，指数确实依赖于分类框架，并且一套不同的分类将产生不同的指数值。因此，如果 17 个职业类别被分解为更少的数量，那么指数值将变得更小；而如果进一步细分为更多的类别，指数值则会增加。

表 2.13 对于 25 至 64 岁男性的相异性指数：对角线之上是父亲职业群体之间关于 1962 年职业的相异性指数；对角线之下是 1962 年职业群体之间关于父亲职业的相异性指数

父亲的职业	1	2	3	4	5	6	7	8	9	10	11	12	13	14	15	16	17
1 自雇型专业人员	…	22.8	30.3	31.8	38.7	28.8	37.4	44.9	45.7	54.5	53.6	51.0	51.3	60.4	61.3	60.5	66.0
2 领薪型专业人员	24.7	…	17.6	26.9	25.3	14.2	24.9	29.8	29.7	38.8	39.3	36.8	35.0	49.4	45.9	49.6	55.9
3 管理人员	18.8	17.2	…	15.3	16.6	14.9	23.4	30.6	30.0	37.3	40.8	37.2	36.2	51.9	48.5	49.7	58.2
4 其他类销售人员	22.3	15.1	13.6	…	16.0	26.5	23.0	36.5	37.2	44.5	46.5	43.0	43.0	56.5	55.5	54.5	63.0
5 企业主	32.8	27.0	17.7	25.3	…	26.0	16.5	29.7	28.9	36.1	38.8	34.6	34.8	50.0	47.1	47.0	55.4
6 文书人员	38.7	23.2	21.9	24.3	18.2	…	22.9	24.0	22.5	30.6	31.8	28.6	26.6	42.5	37.3	43.2	48.6
7 零售销售人员	31.2	24.3	15.8	21.1	12.9	14.9	…	22.0	21.1	28.9	30.0	26.0	26.0	40.1	38.5	37.5	45.9
8 制造业手艺人	50.5	33.3	34.1	37.3	24.4	17.2	22.6	…	15.3	20.5	15.3	17.0	16.5	28.5	27.8	31.0	37.6
9 其他行业手艺人	47.0	32.5	31.7	34.3	17.4	14.4	21.9	16.7	…	17.8	20.2	11.6	14.2	30.4	23.1	28.9	35.9
10 建筑业手艺人	51.4	40.0	37.7	41.0	21.7	22.7	27.4	22.7	17.1	…	20.3	19.6	18.5	29.4	23.9	29.1	36.6
11 制造业操作工	52.8	38.3	38.6	41.3	24.3	21.9	24.7	14.5	16.4	18.0	…	16.8	15.6	14.6	21.0	28.3	30.8
12 其他行业操作工	52.4	38.1	37.5	38.6	23.7	20.5	26.2	20.7	12.4	15.4	12.2	…	14.4	24.5	16.4	22.5	26.6
13 服务业人员	50.5	36.4	36.0	38.3	21.4	16.4	23.8	17.9	12.2	18.9	11.3	12.0	…	21.2	15.3	25.9	28.4
14 制造业体力工人	57.0	47.3	47.5	48.6	32.1	29.6	32.5	22.6	23.8	21.6	10.4	16.0	17.8	…	19.0	28.5	24.4
15 其他行业体力工人	57.1	46.7	46.3	48.1	29.5	29.7	35.1	28.1	23.3	19.5	19.2	15.8	18.5	18.3	…	24.4	16.2
16 农场主	76.2	76.0	72.6	77.1	60.0	66.3	66.2	63.8	58.4	52.0	55.6	52.8	58.1	53.3	46.7	…	20.4
17 农场工人	72.9	69.4	66.4	70.0	53.4	58.9	58.8	56.5	51.1	44.2	47.4	44.4	49.6	44.0	35.6	22.2	…

第 2 章　职业结构 I：流动的模式

因为对社会距离的测量独立于基于平均收入和教育而计算的职业等级次序，所以这个测量为确认职业的等级次序提供了一个独立的核实。一般的模式是社会距离指数值的大小随着在任一方向偏离对角线的距离而增加。如果两个职业群体在收入和教育地位上的差距进一步增大，则无论是就儿子的出身构成而言，还是就儿子的职业前景而言，它们之间的社会距离一般会更大。不过，可以指出对这种基本模式的大量例外。这里只提及几个明显的例外：制造业之外的体力工人的儿子的 1962 年职业与各种白领阶层和手艺人的儿子的 1962 年职业并没有像预期那样的不同（第 15 列）；制造业中的手艺人的出身构成与所有白领群体的出身构成显示出令人意外的巨大距离（第 8 行），而服务业工作者的出身则与白领群体的出身显示出意外的较小距离（第 13 行）。这些例外的发生促使我们进行系统的分析，以确认除了地位之外影响职业群体之间社会距离的因素。

"格特曼-林格斯最小空间分析 I（Guttman-Lingoes Smallest Space Analysis I）"提供了一项适合于此目的的技术，尽管它仍处于实验阶段，并且对它的所有特征并非完全知晓。[1] 在使用这项技术的计算机程序中，距离测量指数的三角形矩阵（一次输入表 2.13 的一半）被作为输入值，输出的结果界定了距离的潜在维度。

---

[1]　路易斯·格特曼（Louis Guttman），"发现点构型的最小欧式空间的一般非度量技术"（A General Nonmetric Technique for Finding the Smallest Euclidean Space for a Configuration of Points），《心理测量学》（*Psychometrika*），1966 年，发表中；J. C. 林格斯（J. C. Lingoes），"针对哥特曼—林格斯最小空间分析 I 的 IBM7090 程序"（An IBM 7090 Program for Guttman-Lingoes Smallest Space Analysis—I），《行为科学》（*Behavioral Science*），10（1965），第 183—184 页。

在我们的分析中，两个维度看起来是满足的。图2.1呈现了社会出身之间关于1962年职业的距离的分析结果。两个坐标的刻度是在假定它们的相对值保持不变的情况下随意给出的。任意两个职业之间的直线距离可以被确定。于是，模型所提供的这些距离可以与观察到的距离相比较，并且二者之间的关系表明了模型的拟合程度。用来确定导出模型的拟合程度的测量指标被称作离异系数（coefficient of alienation），随着解（solution）的提高这个系数将趋于零。劳曼和格特曼在发现最好的两维空间系数是0.26后，他们将离异系数为0.13的三维解视为是适当的。[①] 对我们在图2.1中的模型而言，离异系数为0.07，这是对系数为0.15的一维解的一个明显改进。极其可疑的是另一个维度是否有意义。因为坐标轴的方向和距离的刻度都是随意给定的，所以图形是可旋转的。

一个物理的类比也许可以帮助不熟悉这种程序的读者，这种程序类似于因子分析。让我们用17个物体来代表17个职业，用不同长度的线来表示它们之间的差异。每一个职业都被特定长度的线与16个其他职业中的每一个相连，这样就有136条线连接着17个物体。计算机程序执行的任务类似于将这17个物体放置于使所有的线绷紧的位置。如果这可以通过将物体沿着一条直线伸展开实现，就得到一个一维解。如果在线中有很多松弛之处，将它们在一个平面上伸展开也许能使它们全都绷紧，这将相当于一

[①] 爱德华·O. 劳曼（Edward O. Laumann）和路易斯·格特曼（Louis Guttman），"城市背景下职业的相对关联接近性"（The Relative Associational Contiguity of Occupation in an Urban Setting），《美国社会学评论》（American Sociological Review），31（1966），第169—178页。

个二维解。二维中过多的松弛也许需要将物体置于一个三维空间，以使所有的线变直。尽管物理类似在这一点上不再适用，但是为了使所有的线绷紧，再引入一个维度也许是必要的。离异系数表示的是在一个既定解下保持松弛状态的线的数量。在我们的研究中，二维解似乎就足够了。

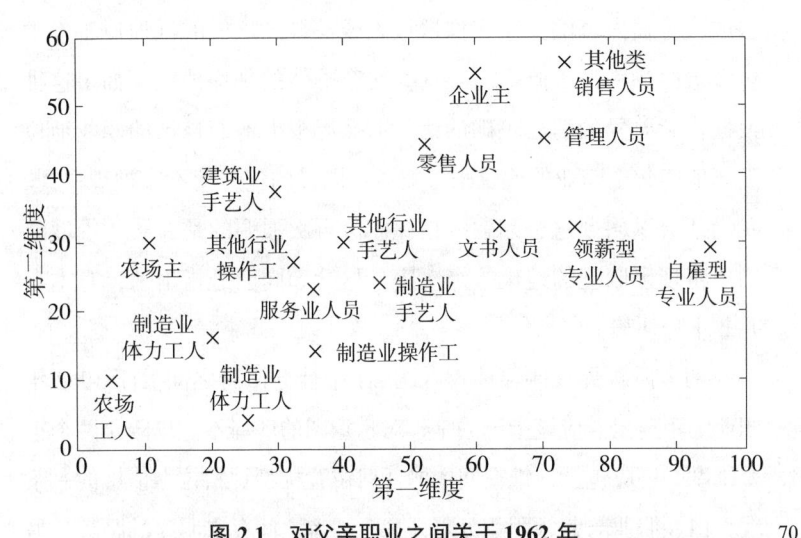

图 2.1 对父亲职业之间关于 1962 年职业的距离（流出）的二维格特曼–林格斯解

很明显，图 2.1 中的第一个维度表示的是职业的社会经济地位。当根据儿子进入各种职业终点的潜在流动来对职业出身进行分类，那么它们之间相似性的排序就会与它们的地位等级次序密切相关，此时地位根据平均收入和教育水平来界定。对于水平维度的位置与社会经济地位之间的完全单调关系只存在四个倒置（inversion）。"其他"销售人员和服务业人员在第一个维度上有着出人意料的高位置，这反映了高的流动潜力；企业主（自雇型 MOP[①]）和建筑业中的手艺人有着出人意料的低位置。我们会怀疑，这些倒置是由于把基于当前职业信息得出的地位排序应用于父亲一代时所引起的扭曲。也许，企业主和建筑业手艺人在上一代并没有像在今天这样占据那么高的地位。因为父亲并没有包含非常年轻的人，很可能出现的情况是，被分类为其他类销售人员或服务业人员的父亲在像送报人或擦鞋匠这样的低地位工作中包含极少的人，因此提高了这些父亲群体的平均地位。如果这种根据代际差异的解释正确的话，那么当根据他们自己的职业地位而非他们父亲职业的地位来分类时，同样的偏差就不应被观察到。我们还会返回到这个问题。在此应该再次强调的是，第一维度准确地再现了职业的地位等级次序，尽管如同已经指出的，它本身并非十分明确。[②]

两个阶级界线明显体现在图 2.1 中社会出身之间关于 1962 年职业的距离上。应该指出的是，对示意图的解释不能局限于两个正交维度，还应包括二维空间中的任何位置构型。斜拉至横轴的一条线将白领职业与蓝领职业分隔开来，二者之间存在明显的距离。另一条线将蓝领职业与农场职业分隔开来，这条线与第一条线形成锐角，并且与横轴方向相反。出身于不同职业阶级的人的职业终点之间存在相当大的距离，这揭示了出身阶级在流动潜力上的差异。这两个阶级界线不仅与地位等级不相关，而且二者也不仅仅是地位等

---

① MOP 是管理人员（Manager）、官员（Official）和企业主（Prioprietor）的缩写，下同。——译者注

② 也可参见，罗伯特·W. 霍奇（Robert W. Hodge），"职业群体的地位一致性"（The Status Consistency of Occupation Groups），《美国社会学评论》（*American Sociological Review*），27（1962），第 336—343 页。

级的直接表现。更确切地说，它们构成了社会距离的维度，这个维度与地位维度是斜交的。这个事实完全符合广为接受的观念，即社会阶级通常与社会经济地位相关，但也有另外的独特特征。因此，一个阶级的生活方式依赖于收入和教育，但又不完全由它们决定。两条分界线之间的锐角意味着，某些尽管并不完全不同的因素导致了两个界线的社会距离，在给定农场工人的地理隔离和在两种情况中社会经济因素的影响之下，这似乎说得通。

图形显示，自雇型专业人员是一个孤立的职业群体，与其他职业有着相当大的社会距离。这个出身群体相对于职业终点的最低相异性指数，是22.8（表2.13的第1行），而除农场主之外的每个其他职业出身与至少一个其他职业出身有最小的距离，这个距离不超过20。自雇型专业职业沿着表示社会经济地位的水平维度与其他职业分隔开来，这与该职业与其他职业群体之间在平均收入上的巨大差异相符合（见表2.1）。自雇型专业人员作为一个整体在我们的社会中构成了一个明显的经济精英，而商业精英虽然无疑更为富裕和强大，但只是管理人员的一小部分，因此在我们数据中无法观察。

第二个维度的含义并不容易辨别，但图2.1为推测它提供了些许线索。制造业中的三个工人群体与制造业之外的体力群体沿着大致平行于第二个维度的线区分开来，尽管这条线与第二个维度略微有个角度。沿着相同方向与其他群体区分开来的另外三个群体是两个专业人员类别和文书人员。沿着这条线的另一端是农场主、建筑业手艺人和企业主，紧接着的是销售人员的两个群体。

对于这两端之间的区别，可以根据将工作组织起来及获取执行它所必需的技能的支配原则来解释。一方面，工作可能要根据明确制定的理性原则来组织；个体的表现被期望要遵从这些普遍主义标准。要么通过将个体置于依照理性原则组织起来的复杂结构中的指定角色，要么通过培训他们获得抽象的关于绩效的理性标准，可以实现这种遵从。前者是大型制造业公司中的工人和科层组织中的职员所遭遇的情况，后者涉及的是专业人员。另一方面，处理工作中遇到的各种特殊问题的一般原则不可能被明确表述出来，个体必须通过当学徒和试错来获得处理这些问题所需要的所谓直觉知识。①我们认为，这种描述非常适用于在竞争性的经济中经营一家农场或一家企业、销售工作以及建筑行业。这些思考所隐含的结论是，不管人们的工作是根据普遍主义的理性原则来组织，还是依赖于通过学徒制所获得的特殊技能，它们都影响着他们传递给其儿子的工作取向，因此也影响着儿子的职业终点之间的社会距离。

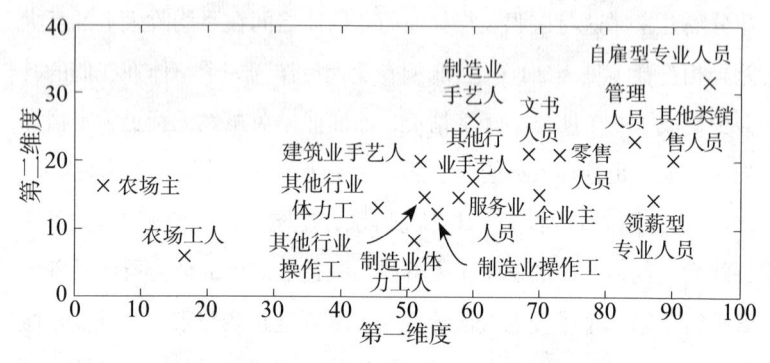

图 2.2 对 1962 年职业之间关于父亲职业的距离（流入）的二维格特曼-林格斯解

① 对此的讨论请参见，尤金·利特瓦克（Eugene Litwak），"容许冲突的科层制模式"（Models of Bureaucracy Which Permit Conflict），《美国社会学杂志》（*American Journal of Sociology*），67（1961），第 177—184 页。

第 2 章 职业结构 I：流动的模式

将相同的程序应用于流入自己的职业而非从父亲职业的流出，则对 1962 年职业群体之间关于父亲职业的距离产生一个二维解，参见图 2.2。尽管两个图都基于同样的数据，但流出和流入之间的不对称导致它们之间的不同（图 2.2 所基于的数值被呈现在表 2.13 的左下方）。对于这个解，离异系数是 0.08，相对于一维解的系数 0.10 只有些许改进。在这个维度上各种职业的离散程度较低，这表明第二个维度不那么重要。

第一个维度再次非常接近于职业群体的社会经济等级次序。事实上，当这个程序被应用于从父亲的职业到儿子首职的流出和流入以及从儿子首职到 1962 年职业流动的流出和流入时，在所有四种情况中以及在原来两种情况中的第一个维度表示的是地位等级体系。[①] 显然，社会经济地位是职业群体之间社会距离的基本维度。在图 2.2 中其在第一维度的位置偏离它们的地位等级的群体很大程度上也是在图 2.1 占据偏离位置的群体。"其他"销售人员和服务业人员的位置再次非常高，而企业主和建筑业中的手艺人的位置再次非常低。在对 1962 年职业的这个分析中的偏离模式类似于对父亲职业分析中的偏离模式，这个发现使得根据代际差异来解释这些偏离不可信。一个可能的替代解释是，与它们的收入和教育使我们得出的预期相比，非零售的销售人员和服务业人员与更高的阶层有更多的社会接触和更多的相似之处，而拥有强大工会的建筑业手艺人和企业主（他们中有许多是以前的体力工人）

---

① 这四个解——从父亲职业到儿子首职的流出和流入以及从儿子首职到 1962 年职业的流出和流入——没有给出，因为它们所显示的不外乎是，沿着第一个维度的职业位置（尽管不是沿着第二个维度）在所有情况中是类似的。

比他们社会圈子中的大多数人有更高的收入，并且社会交往与经济水平的这些偏离反映在距离维度上。不管对少数例外的这个解释是否正确，但很明显，职业之间在社会出身上的相异性程度非常类似于它们之间的地位差异，正如出身群体之间在职业终点上的相异性那样。

阶级界线体现在图2.2中，但是一种不同于图2.1中的形式。首先，它们与第一个维度的偏斜更小，因此基本上相当于等级地位上的差异。其次，分隔白领与蓝领职业的距离变窄了，而分隔蓝领与农场职业的距离变宽了。白领与蓝领阶层之间在社会构成上的相异性如今比每个阶级内部地位不同的阶层之间在社会构成上的相异性大不了多少，但是农场工人的出身构成与任何其他职业群体的出身构成都非常不同。如前文所述，自雇型专业人员在等级的顶端占据一个孤立的位置，在构成上非常不同于次高的职业群体。总之，1962年职业之间在背景构成上的大部分差异沿着地位连续统展开，自雇型专业人员和两个农场群体位于两端，并且以明显的距离与14个中间群体相分隔。

图2.2中的第二维度不仅在职业之间区别不大，而且不能再现在图2.1中的第二维度上所观察到的相对位置模式。关于两个第一维度的17个数值的散点图显示出很强的正向关系，而关于第二维度的数值的散点图则几乎没有显示出任何关系。而且，图2.2中沿着第二维度处于相似位置的职业没有任何共同特征可以轻易地识别出来。第二维度的这些特征使得这个判断变得可疑，

即它揭示了影响职业流动的重要力量。[1] 图 2.2 中的第二维度几乎没有实质意义,这个尝试性的结论是否驳倒了之前提出的对图 2.1 中第二维度的解释仍是一个有待探讨的问题。一方面,它所隐含的结果并没有被流入值所再现,这个事实削弱了对这个解释的信心。另一方面,沿着第二维度的流出值中的巨大差异需要某种解释,尽管这种解释难免是推测性的。而且,完全有可能的是,在给定流出与流入之间不对称的条件下,父亲相似的工作经历诱使儿子进入类似的职业,但却没有反映在各种职业的总体出身构成中。

结论

本章关注的焦点是在美国职业结构中职业群体之间的关系,这种职业结构根据在这些群体之间的人员流动来界定。分析集中于职业群体的两个主要关系特征的各个方面,这两个主要的关系特征是:从一个职业群体向其他职业群体供给人员的人员流出和一个职业群体从其他职业群体吸纳人员的人员流入。本章把职业群体作为分析单位,并研究它们之间的关系结构,这种强调明显不同于本书其他绝大部分对个体社会经济地位及影响职业获得的因素的关注。此处从总体视角分析的职业结构为随后更细致地研

---

[1] 在这一点上有趣的是,对于劳曼关于职业的关联接近性的数据的解,劳曼和格特曼(Laumann and Guttman,同前引,第 177 页)同样也不能为第二和第三维度提供令人信服的解释,而第一维度明显非常接近于职业声望。他们对另外维度的尝试性解释与我们对图 2.1 中的第二维度的解释相一致。

究流动过程提供了基础架构。

代际流动的分析显示,供给量和纳新量直接相关。自给自足的职业处于一个极端,这类职业既不在下一代向其他职业供给高比例的人员,也不在上一代从其他职业吸纳高比例的人员。有三个职业依赖于自我补充:自雇型的专业人员、企业主和农场主。充当人员分配器的五个职业处于另一个极端,它们在下一代供给大量的人员至其他职业,并在上一代从其他职业吸纳大量的人员。这五个职业恰好位于两个阶级界线的上方,它们是两个最低的白领职业和三个最低的体力群体。

为了研究人员流动中的离散程度,我们使用了一种粗测量方案和一种精致的测量方案,结果表明精致的测量方案不仅仅是对粗测量方案的一个改进,而且还反映了离散的一个不同方面。粗测量方案表示的是一个职业的纳新基础的宽度,它从多少不同的出身吸纳巨大比例的人员,或者表示的是一个出身的供给部门的宽度,它向多少不同的终点供应巨大比例的人员。另一方面,精致的测量方案指的是一个职业中的人在被从中纳新的出身上的差异程度,或者来自一个出身的儿子被供给到的职业终点上的差异程度。如果使用粗测量方案,则对代际流动而言,纳新的离散程度与供给的离散程度之间是反向相关的。在上一代从广泛的基础吸纳人员的职业在下一代只供给人员至很窄的部门,并且那些从较窄的基础吸纳人员的职业供给得更为广泛。这被解释为是对职业服务的需求发生变迁的一个间接结果,这种变迁体现在职业群体的扩张或收缩上。因为引起职业扩张的日益增加的需求需要吸纳外部人,这转而取决于经济条件,这些条件吸引来自各种出身

第2章 职业结构Ⅰ：流动的模式

的人。实际上，有效的需求与对来自多种出身的人员的吸纳存在正相关。不过，优越的就业条件不仅吸引外部人，也吸引职业群体自己的子弟，降低了他们离开它前往各种其他职业的倾向。处于扩张状态的职业的优越经济条件扩大了它们的吸引力，因此激励大量来自其他出身的成员进入这些职业，并导致极少量的他们自己的子弟离散至其他各种职业。

与一个职业的纳新基础和供给部门的宽度之间的反向关系形成对照的是，如同精致的测量方案所显示的，纳新上的与供给上的差异程度之间存在直接相关。这种正向关系是如下事实的结果，纳新上的离散程度和供给上的离散程度都与职业的地位等级次序之间表现出非单调的关系。最高的白领阶层及非熟练工人和农场工人的最低阶层比位于中间的职业群体在社会出身上有更少的差异，并且来自最高和最低出身的人比那些来自职业的中间等级的人在流入的职业终点上有更少的差异。这种结果部分上是短距离流动的普遍性的一个间接表现。如果大部分人倾向于流动相对短的距离，那么处于地位等级体系的最高和最低位置的人比那些处于中间位置的人更不可能来自或进入许多不同的职业，因为前者所可能来自的或进入的部分范围是不存在的。但是中间位置的白领层次更大的离散程度也有另外的含义。

在美国职业结构中存在大量的向上流动。无论是考虑原始数据、百分比还是对标准化期望值的偏离，向上流动都远超出向下流动。这种广泛的向上流动的一个重要根源是由于靠近职业等级体系顶端的一些职业发生了急剧的扩张，而靠近底端的一些职业在最近几十年期间在相对规模上收缩很大。因为位于底端的人的儿子只有很少能一路攀升至顶端，所以位于底端的人的过度供给和顶端对人员的需求会给整个职业结构带来波及效应，来自一个阶层的儿子的向上流动为其下面阶层的儿子的向上流动开启了机会。来自所有职业出身的儿子都参与了这种居于主导地位的向上流动。不过，以蓝领层级进入劳动力市场的人从普遍的代际向上流动中获益最少。尽管蓝领进入者可能像其他人一样经历一些社会流动，但是在他们的流动中存在更多的离散这个发现意味着，许多这些流动可能处于相反的方向。结果，相比于他们父亲的职业分布，以蓝领层级开始职业生涯的人的流动给他们最终的职业分布带来很小的变化；而相比于他们父亲的位置，以更高的白领和农场层级开始职业生涯的人的流动在他们的位置上获得相当大的改进。从最高的白领阶层的扩张中获益最大的是那些从其他社会出身进入它们的人，而从农场阶层的收缩中获益最大的是那些开始在这里工作而后离开的人。在体力工作开始其职业生涯的人在扩张的经济中遭受了最多的相对剥夺，尽管他们的工作标准在上升。

跨代的职业团结激励在特定行当开始职业生涯的人仍留在其中。如果大量在一个职业群体开始工作的人其父亲也在这个职业会加强社会整合，那么在其随后的职业生涯中，几乎不会有离开该职业前往各种其他职业的倾向。有两个发现支持这个假设。起始职业的职业继承程度与从首职到1962年职业的稳定性程度高度相关。此外，进入劳动力市场的人处于其父亲的职业群体的比例越高，则从这个起始职业到随后的其他职业的离散程度（使用粗测量方案）越低。

第2章 职业结构Ⅰ：流动的模式

流动模式揭示了两个阶级界线的存在，它们将美国的职业结构分成三个阶级：白领阶级、蓝领阶级和农场阶级。每个界线都将其两边的任何两个职业之间的代际和代内向下流动限定在低于理论预期的水平上，但允许向上流动超出可能性。没有其他可能的职业集合之间的划分如此清晰地限定了职业群体之间的向下流动。不同的程序都证实了两个阶级界线限定向下流动的结论。在每个阶级的最低职业充当独特的进入职业，在随后的职业生涯中，大量的人从这些职业离开，但只有较少的人进入。简言之，中产阶级、工人阶级和农民阶级，这种职业结构的常规划分反映在职业之间的人员流动中。

产生这些阶级界线的潜在动力可能与上半个世纪农场工人的减少有关，这一点连同农场主的高生育率导致了农场主儿子的过度供给。相比于白领或蓝领工人的儿子，这些人更适合于并且更感兴趣于不太容易获得的农场工作。因此，无论是从非体力出身还是从体力出身向农场职业都只有很少的流动，并且大部分农场工作都被农场主的儿子占据。[①] 过剩的农场主的儿子不得不离开土地。因为相比于在城市长大的人，他们不太胜任白领工作，他们大部分不能有效地竞争白领位置，因此流入体力工作。这些条件解释了3×3流动表中四个自由度中的三个，并且解释了单元格5和9中的数据，只留下单元格4和一个自由度需要解释。

根据他们的教养，白领工作者的儿子看起来不愿意流往体力

[①] 在1962年，只有不到3%的来自其他出身的人在农场工作。

工作，而是倾向于留在白领阶级，甚至以低于他们可能在其他地方获得的收入为代价。蓝领背景的人大概不那么愿意为了白领地位牺牲经济利益，或者说也许更不可能那么做。需要较少技能和获得微薄工资的非体力工作的存在（像售货员或档案管理员）为来自更高的白领出身的失败者提供了留在他们的父母阶级的机会，因为它的地位符号对他们非常有意义。因此，从白领出身向蓝领终点存在较少的流动。数据相当好地支持了这个假设，这个假设用尽了流动表中最后的自由度，并且其他的可通过数学计算推导出来。大部分白领出身的儿子仍留在白领职业群体，因为很少有人向下流动。蓝领工人的儿子填补了没有被农场主的儿子填补的蓝领职位，这允许——实际上是要求——在蓝领家庭长大的其他人向上流动至不断扩大的白领阶级。这些动态力量表现在被两个阶级界线所分隔的职业结构中。

当计算职业出身之间关于职业终点的，或者职业终点之间关于职业出身的社会距离时，主要的潜在维度是社会经济地位。沿着这个维度，职业的位置非常接近于根据平均收入和教育水平计算的职业等级序列，自雇型专业人员和两个农场群体分别占据相反两端有些孤立的位置。因为距离的计算并不依赖于等级序列，研究发现证实了这个排序的有效性。例外表明，零售业之外的销售员和服务业人员更接近于比他们的经济-教育水平所显示的更高的阶层，企业主和建筑业手艺人更接近于比他们的经济-教育水平所显示的更低的阶层。阶级界线明显存在于社会距离图中，不过与地位维度多少有些偏斜，这符合广为接受的假设，即社会阶级与社会经济地位上的巨大差异是两码事，尽管社会阶级明显与社会经济地位有关。虽然第二维度并没有为所有数据揭示出一个一致的模式，但是对于流出数据而言，它促使我们思考，人们的工作是否根据理性的普遍主义原则来组织可能影响他们传递给儿子的取向及随后儿子职业终点上的相似性。

第3章
职业结构Ⅱ：历史趋势

在经济发展过程中，劳动力在不同行业或职业之间的重新配置引发了代际和代内流动，这是一个司空见惯的观察。然而，如果追问这是如何发生的，实际上很难回答。困难的根源在于，被用于流动研究的"世代（generation）"概念并不像"队列（cohort）"概念那么普遍，后者是职业结构变迁分析的核心。

贾菲和卡尔顿已对队列分析方法进行了很好的表述：[1]

> 每个年龄队列有自己的职业变迁的历史模式，这个模式将影响其1960年的职业分布。例如，1960年时年龄在55—59岁的人的职业构成将不同于1960年时年龄在45—49岁的

---

[1] A. J. 贾菲（A. J. Jaffe）和 R. O. 卡尔顿（R. O. Carleton），《美国的职业流动：1930—1960年》（*Occupation Mobility in the United States: 1930—1960*）（New York: King's Crown Press），1954年，第3页。也参见诺曼·B. 赖德（Norman B. Ryder），"社会变迁研究中作为一个概念的队列"（The Cohort as a Concept in the Study of Social Change），《美国社会学评论》（*American Sociological Review*），30（1965），第843—861页。

人的情况，这不仅因为年龄上的差异，还因为两个队列拥有不同的职业历史。职业历史中的这些差异可被追溯到他们首次进入劳动力市场的时期。1960年时55—59岁的人大部分在一战左右的时期进入劳动力市场。1960年时比他们年轻十岁的队列在1920年代后期的繁荣期和1930年代的大萧条早期进入劳动力市场。因为在不同的时期开始工作，所以他们面对不同类型的工作机会，并因此进入不同的职业。一旦已经进入劳动力市场，他们随后的职业生涯就会受到繁荣与萧条、和平与战争的不同影响。这些影响的每一个都会影响到他们的职业分布，并且增添了历史烙印，这个历史烙印难免会塑造他们随后的职业经历。

在研究职业结构的历时转变中这个观点的重要性被下面的观察所表明，在一个既定时期内进入劳动力市场的人主要集中在少数年轻的队列上，而退出（特别是死亡和退休所导致的）主要集中在年老的队列中。随着每个队列变老，它（在某种意义上）取代了上一个队列，与此同时就职业或就业的行业而言，它本身也经历着流动。职业分布的总体变化与各种职业中队列之间比例上的差异以及队列内部净流动的比较分析表明，队列的继替是职业总体再分布的主要根源，尽管一个队列的职业生涯之内的流动也是一个不可忽视的来源。[①]

[①] 奥蒂斯·杜德里·邓肯（Otis Dudley Duncan），"美国的职业趋势和净流动模式"（Occupation Trends and Patterns of Net Mobility in the United States），《人口学》（Demography），3（1966），第1—18页。

队列对世代

在 OCG 表格所允许的那种常规代际流动分析中，我们可以利用这个事实，即把儿子看作是属于一个或几个已知的出生队列。但在这种情况下，"父亲"显然不是由同时期参与经济活动的一组实际的队列构成的。一旦它被确定，则这一点就变得很明显，不过，在缺乏具体例子的情况下是很难认识它的力量的。因此，我们准备用表 3.1 来例示队列横切世代的方式。表 3.1 同时根据这些人出生的年代和其父亲出生的年代对 1960 年时 25—64 岁的人（类似于 1962 时这些人的 OCG 总体）进行了分类。数值只是粗略的估计。对年龄较大的队列，我们只能假定，以对特定年龄较小的队列一样的方式，在每一年根据父亲的年龄来分配出生年份。如同在附录 E "用人口普查数据来核对回溯性数据"所解释的那样，在推导估计值时需要几个其他近似的程序。如果牢记这些估计值的极其近似的特征，那么它们就足以满足当前的目的。

表 3.1 中展现的重要发现是父亲在儿子出生时的年龄有很大的差异。众所周知，父亲年龄的中位值在 30 岁左右，即一代人的时间长度。因此，对 1925 年至 1934 年的出生队列而言，我们应预期，父亲的出生年份集中在 1895 年至 1904 年。表 3.1 的第一列显示了这样一种集中状况，但只有不到一半（45.2%）的样本属于这种情况。当然，在这十年出生的父亲在 1960 年时的年龄是 55—64 岁。因此，对 1925 年至 1934 年与 1895 年至 1904 年的出生队列的比较，部分地涉及对有父亲的儿子的比较。但是，从队

第 3 章 职业结构Ⅱ：历史趋势

列间比较转换为代际比较是极其不准确的。1895 年至 1904 年的队列不仅不能包含超过一半的 1925 年至 1934 年队列的父亲，而且它还包含除了这些父亲之外的许多人——在其他时间出生的儿子的父亲和根本没有儿子的男性。

表 3.1 根据父亲的出生年份对 1960 年劳动力人口中所选择的男性队列的估计分布（单位：百比分）

父亲的出生年份	队列识别：出生年份（1960 年时的年龄）				
	1925—1934 （25—34）	1915—1924 （35—44）	1905—1914 （45—54）	1895—1904 （55—64）	1895—1934 （总计25—64）
总计	100.0	100.0	100.0	100.0	100.0
1915—1919	0.1	…	…	…	0.0[a]
1910—1914	4.6	…	…	…	1.3
1905—1909	16.0	0.1	…	…	4.6
1900—1904	23.4	4.0	…	…	7.8
1895—1899	21.8	15.1	0.1	…	10.7
1890—1894	16.5	24.1	4.2	…	12.9
1885—1889	9.9	23.0	15.3	0.1	13.6
1880—1884	4.8	16.6	24.2	4.4	13.1
1875—1879	1.9	9.8	22.9	16.0	11.9
1870—1874	0.7	4.6	16.5	24.4	9.8
1865—1869	0.2	1.8	9.7	22.6	6.8
1860—1864	…	0.7	4.6	16.2	4.1
1855—1859	…	0.2	1.8	9.4	2.1
1850—1854	…	…	0.6	4.4	0.9
1845—1849	…	…	0.2	1.7	0.3
1840—1844	…	…	…	0.6	0.1
1835—1839	…	…	…	0.1	0.0[a]

a 少于 0.05%。

84　　使世代-队列转换的努力复杂化的另一个因素是一些父亲有不止一个儿子,而且任何既定的父亲群体中有大量的同龄人根本没有儿子。对于没有儿子的潜在母亲的比例,很容易表明这一点,但是对潜在的父亲而言原理当然是相同的。例如,考虑一下 1950 年人口普查报告根据曾生育的孩子数量对 55—59 岁(出生于 1890—1894 年)妇女的划分。我们假定,所有从未结婚的妇女和所有报告从未生育孩子的结过婚的妇女没有儿子。假定报告有一个孩子的那些人 1/2 没有儿子,报告有两个孩子的那些人 1/4 没有儿子,报告有三个孩子的那些人 1/8 没有儿子,总体而言报告有 k 个孩子的那些人 $(1/2)^k$ 没有生育儿子。基于这个粗略的假定,我们可以得出估计,这个队列的母亲有 38.5%,或者说大约 3/8 从未有儿子。毫无疑问,类似的数值可用于在大约同一时期出生的潜在父亲的队列中。很明显,存在相当多这样的男性,他们本身进入和退出劳动力市场,但在像 OCG 流动表这样的代际数据中却根本没有出现。

　　不幸的是,人口更替的人口学理论仍未发展到可以对世代-队列的转换问题提供一个严格的处理方式。在这种发展到来之前,我们至多所能做的是,在对连续的普查数据和在 OCG 调查中获得的这种代际数据进行比较时避免在可用的总体和队列数据之间进行没有根据的类比。

　　在表 3.1 中,我们把 OCG 数据和更为熟悉的反映男性劳动力人口职业结构总体趋势的数据并置在一起。总体数据涉及在 1900 年至 1930 年的普查中拥有有报酬工作的所有男性,以及在 1940 年、1950 年和 1960 年的普查中工作的民用劳动力(experienced civilian labor force）的所有男性成员。在根据时间序列图来呈现 OCG 数据时，为了绘制父亲的职业和首职，有必要选择一个武断的日期，因为这些问题没有明确的时间。除了 OCG 队列的 1962 年职业，图表还包括关于相同队列的 1952 年的数据，这个数据是根据那一年的 CPS（当前人口调查）数据和 1950 年的普查数据来估计的。本书作者之一在别的地方对这些估计的推导进行了更全面的说明。[①] 除了时间特异性问题之外，对图 3.1 中数据的解释还必须要考虑 OCG-CPS 数据与普查数据之间的可比较性问题。例如，相对于同一年的普查数据，CPS 高估了管理人员、官员和企业主的数量。而且，回溯性的 OCG 数据容易受到回忆误差的影响（参见附录 D《芝加哥试调查的匹配研究》）。鉴于这些问题，在此我们将只集中于两套数据较为明显的差异，因为它们揭示了总体的、队列间的、代际的和队列内（代内）的变迁的速度。

出于方便，我们把农场主和农场管理者百分比的时间序列作为讨论的开始，因为这些序列呈现一些明显的差异。追求这种职业的比例在总体趋势上呈现出明显的下降。相同的一般趋势也表现在基于父亲的职业或儿子首职的队列间比较中。但是这两个序列在下降的速度上给我们留下相当不同的印象，并且在这方面二者都与总体数据不一致。对四个 OCG 队列的每一个而言，从父亲的职业到儿子的首职，农场主百分比的急剧下降在变化方向上与

[①] 奥蒂斯·杜德里·邓肯（Otis Dudley Duncan），"美国的职业趋势和净流动模式"（Occupation Trends and Patterns of Net Mobility in the United States），《人口学》（*Demography*），3（1966），第 1—18 页。

总体趋势相一致。但是从儿子首职到1952年或1962年职业的上升却处于相反的方向。这只是几个例子中的第一个，在这些例子中，队列内（或"代内"）的变迁与总体的、队列间的，或者代际的变迁方向不同。

下面的比较显示了测量变迁的代际基础在多大程度上源自于总体基础。1897—1906年的OCG队列中几乎有2/5（38.2%）的人报告他们的父亲是农场主，而1952年时这些人本身只有1/10（9.7%）是农场主。在1920—1950年的30年时期内，所有从事农业的劳动人口从18.4%下降到10%。代际净变迁是28.5（38.2-9.7）个百分点，而大约一代人长度的两次普查之间的变迁只有8.4（18.4-10）个百分点，前者远高于后者。实际上，图3.1揭示出，对OCG的队列而言，所有的代际变迁都比从总体数据中推导出的变迁发生得更为迅速。

我们的第一个倾向是推断OCG数据大大高估了其父亲是农场主的人的比例。但是这一点可能要服从于对OCG关于父亲职业的报告准确性的粗略核对（附录E，《用人口普查数据来核对回溯性数据》）。这个核对表明，OCG数据甚至还低估了其父亲是农场主的比例。对误差和不可比较性因素的任何合理的容许都不会影响如下结论，即农场主职业的代际下降大大超出了用总体的时间序列测量的下降。

农场工人的数据提供了一个富有启发性的对照。与总体趋势相反，这个职业在代际流动（从父亲的职业到儿子的首职）上存在着急剧的上升。随后队列内（代内）的净流出与总体趋势相符，但是发生得更为快速。

第 3 章 职业结构 II：历史趋势

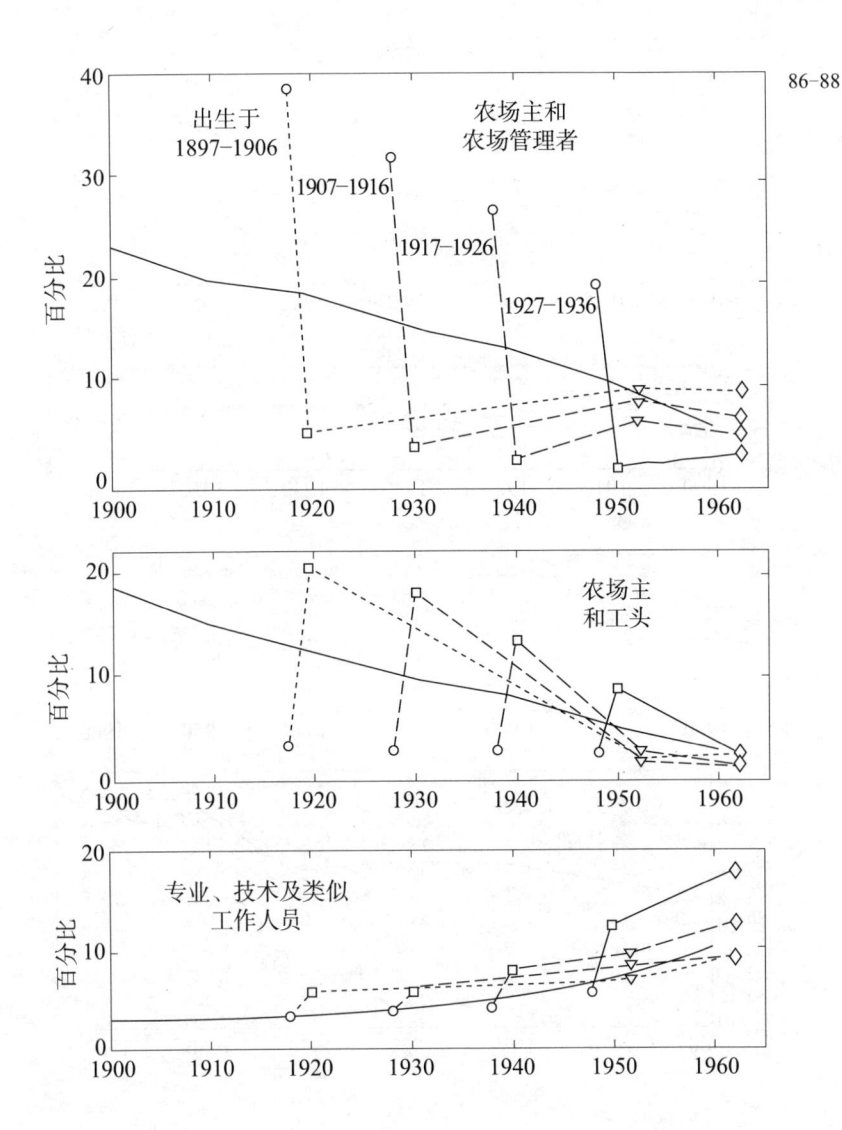

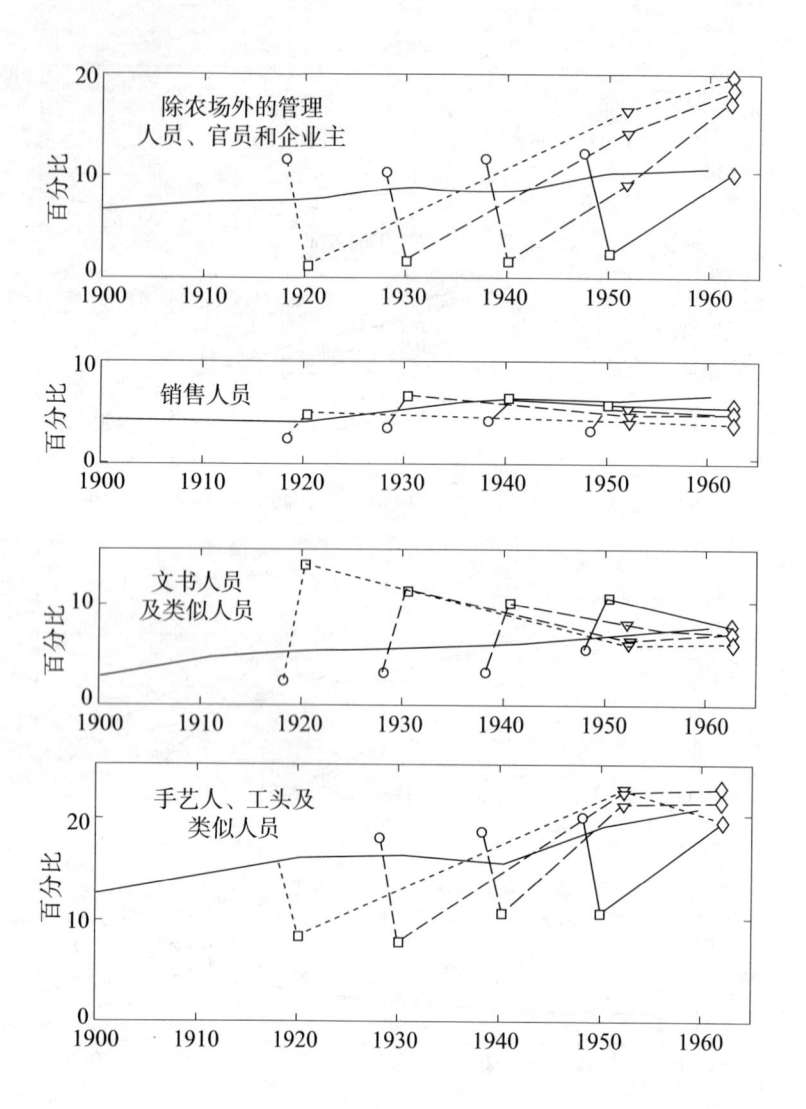

美国的职业结构

第3章 职业结构Ⅱ：历史趋势

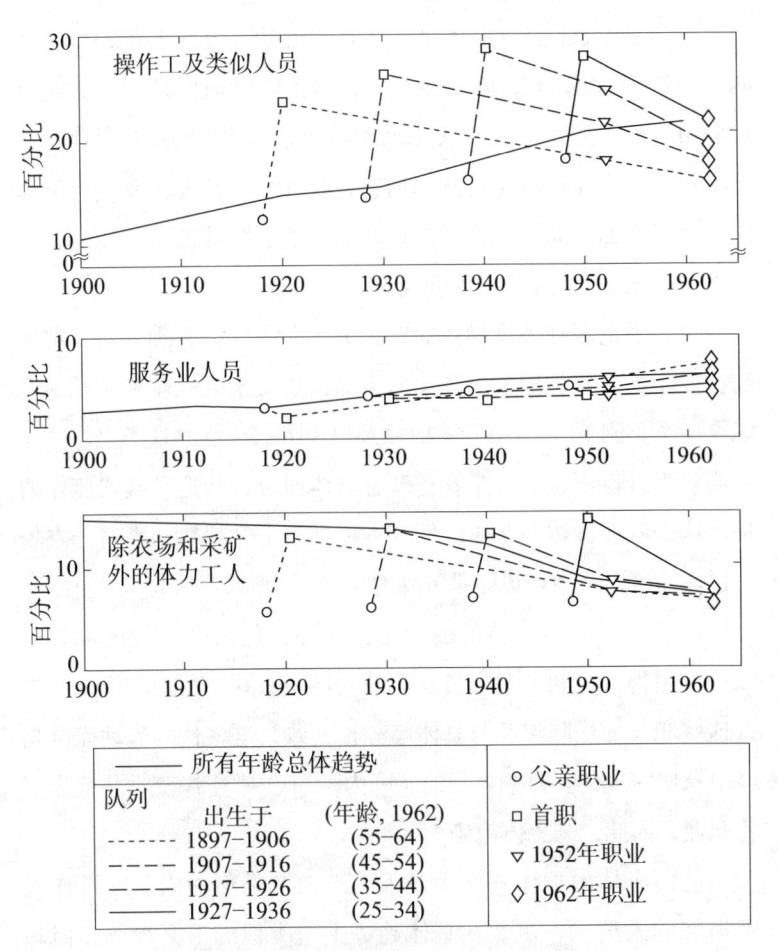

图 3.1 总体趋势及净代际和代内流动模式：在每个主要职业群体中的人员百分比

资料来源：邓肯，《美国的职业趋势和净流动模式》，同前引。

在专业-技术职业群体中，所有的流动在方向上都一致。对两个年龄较大的OCG队列而言，在可比较的时间期限内，截至1962年进入这些职业的净代际流动不如总体趋势的增长迅速。不过，对于两个年龄较小的队列而言，代际变迁比总体变迁更为迅速。对所有四个队列而言，在首职上对专业职业的涌入比从总体数据中所能得出的推断更为迅速。

就一般的职业生涯模式而言，关于非农场的管理人员、官员和企业主的数据类似于农场主的情况：从父亲的职业到儿子的首职有一个急剧下降，然后在25岁及以上人口中从事这类工作的比例明显上升。不过，对非农管理者群体而言，与这种模式相伴的是，这个职业群体的总体比例基本上处于上升趋势，而对于农场主群体而言，总体趋势则是下降的。

尽管文书人员群体的流动更为明显，但两个更低的白领群体——销售人员和文书人员及类似人员——共享相似的模式。进入这些职业的代际流动与总体趋势相一致，这些代际流动完全是经由首职完成的。首职之后的队列内（"代内"）净流动是流出这些职业，因此，与总体趋势相反。

前两个体力群体——手艺人、工头及类似的人员，操作工及类似的人员——虽然在总体趋势上呈类似的上升趋势，但却表现出相反的职业生涯模式。在从父亲的职业到儿子的首职呈显著的下降之后，发生了进入手艺人职业的代际净流入。与之相反，对操作工而言，在工作生涯的开始是代际流动的增加；随后这个职业群体发生了显著的净流出，这与总体数据的上升趋势正好相反。

类似于手艺人职业，服务业职业在从父亲的职业到儿子的首职发生代际下降之后，在其职业生涯过程中出现了净流入。在这一点上服务业职业的模式类似于手艺人的情况，不过其变化的幅度更小。

最后一个职业群体——体力工人——基本上重复了农场工人的模式。总体上它是一个呈下降趋势的职业。与总体趋势相反，从父亲的职业到儿子的首职呈急剧的上升，随后是队列内的下降。对三个 OCG 队列而言，向 1962 年职业的代际流动留在这个职业的比例明显比来自这个职业的比例（根据父亲的职业）略微高一些。我们也许怀疑，对父亲的职业是体力劳动者有些低估，并且我们对 OCG 数据的核对没有排除这种可能。确实令人好奇的是，无论是对父亲的职业还是对儿子的首职的队列间比较都没有显示出这个职业像总体趋势那样的下降趋势。不管是包含回答误差的解释，还是包含可比较问题的解释，这个例子表明，根据比较不同时期普查数据探明的事实来推导可能期望在流动统计中存在的模式时必须要保持谨慎。

在前面所有的讨论中，不管是代际流动，还是代内流动，都是根据净流动来处理流动的。看来单纯根据对总体趋势的了解是不可能准确推断净流动模式的，更不用说根据对全方位的职业结构变迁的了解来推断总流动的模式及其中的变化，这也是不可能的。流动趋势需要根据其自身来研究。不幸的是，这样的研究被某些错误所困扰，在当前的研究中并未成功地避免这些错误。在这一点上，我们必须要花一定篇幅来探讨方法论问题。

流动趋势

只是最近学者们才以一种非常有条理的方式研究流动趋势的测量问题。索罗金对该问题的扼要处理[1]只是开启了这个研究主题。在二战期间及以后不久对这个问题的热烈讨论由西布利富有挑战性的论文[2]所引发,并被奇诺伊的综述所总结[3],这些讨论成功地指出了相关信息的缺乏,以及对更清楚地陈述问题本身的需要。

如果我们将注意力集中在更为系统地直接测量或推断流动趋势上,那么对于确定流动模式的变迁我们仍面临着多种准则。在对将被比较的队列做出各种估计之后,伦斯基的论文主要立基于对跃迁矩阵(transition matrices)的检视。[4]早些时候,罗格芙在评估流动趋势时已经提出了使用社会距离流动比率的主张。[5]在根据年龄组的截面比较推断流动趋势的尝试中,有些学者使用了这些比率。[6]

---

[1] 彼蒂里姆·A. 索罗金(Pitirim A. Sorokin),《社会流动》(Social Mobility)(New York: Harper),1927年,第419—424页。

[2] 埃尔布里奇·西布利(Elbridge Sibley),"分层的某些人口学线索"(Some Demographic Clues to Stratification),《美国社会学评论》,7(1942),第322—330页。

[3] 埃利·奇诺伊(Ely Chinoy),"美国的社会流动趋势"(Social Mobility Trends in the United States),《美国社会学评论》,20(1955),第180—186页。

[4] 格哈德·E. 伦斯基(Gerhard E. Lenski),"美国代际职业流动的趋势"(Trends in Inter-Generational Occupational Mobility in the United States),《美国社会学评论》,23(1958),第514—523页。

[5] 罗格芙(Natalie Rogoff),《职业流动的近期趋势》(Recent Trends in Occupational Mobility)(Glencoe: Free Press),1953年。

[6] 彼得·M. 布劳(Peter M. Blau),"从单个研究推断流动趋势"(Inferring Mobility Trends from a Single Study),《人口研究》(Population Studies),16(1962),第79—85页。

这两种技术都被杰克逊和克罗克特在对流动趋势的评估中所使用（还有关联指数和流动数量等各种其他总和指数）。[1]最后，还有一种尚未大规模使用的技术最近被提了出来，这种技术包含了对流动表的行和列的比例调整模型。[2]

让我们清楚地表述前述每种分析方法的原理。尽管似乎不太合乎常理，但是根据识别流动模式中没有变化的准则来陈述这个问题比根据测量变化的数量或程度的确更容易。

为了使问题具体化和简单化，假定我们有两个代际流动表，一个代表的是"初始"时间 t_0，另一个代表的是随后的时间 t_1。设定第一个表中的单元格频次矩阵为 (m_{ij})，第二表中的为 (n_{ij})。假设第一个表中所有单元格的总数为 M，第二个表中的为 N，如果对于所有的 i 和 j，$(^M/_N)n_{ij}=m_{ij}$，那么我们也许可以同意，对这两个表的比较表示在流动的总量、比率或模式上"没有变化"。也就是说，我们可能希望从比较其流动的两个队列的规模上的急剧上升（下降）转移出来（或者说从代表各自队列的两个样本的规模的差异中转移出来），这样的话，我们正在研究的就是流动的相对而非绝对量。

接下来要面对的问题是，是否存在任何其他的意义，在这个

---

[1] 埃尔顿·F. 杰克逊（Elton F. Jackson）和哈利·J. 小克罗克特（Hary J. Crockett, Jr.），"美国的职业流动"（Occupational Mobility in the United States），《美国社会学评论》，29（1964），第5—15页。

[2] 奥蒂斯·杜德里·邓肯（Otis Dundley Duncan），"社会流动分析中的方法论问题"（Methodological Issues in the Analysis of Social Mobility），载于 N. J. 斯梅尔瑟（N. J. Smelser）和 S. M. 利普塞特（S. M. Lipset）编，《经济发展中的社会结构与流动》（Social Structure and Mobility in Economic Development）（Chicago：Aldine），1966年。

意义上我们愿意同意这个比较显示出"没有变化"。让我们考虑已经提及的三种可能。

准则（i），两个表具有相同的跃迁矩阵。也就是说，对于所有的 i 和 j，$n_{ij}/n_{i.}=m_{ij}/m_{i.}$（我们遵循如下惯例，即 $\sum_j n_{ij}=n_{i.}$，等等）。根据这个模型的观点，流动被视为一个概率过程，并且跃迁矩阵被定义为一个马尔科夫链。①

准则（ii），两个表具有相同的社会距离流动比率。也就是说，对于所有的 i 和 j，$Nn_{ij}/n_{i.}n_{.j}=Mm_{ij}/m_{i.}m_{.j}$。这个准则隐含在罗格芙"对流动比率的趋势"的研究中，她写道：

> 在每个时期，儿子一代与父亲一代在职业结构上的差异影响流动模式。为了去除这些差异，并使这两个时期在职业结构方面具有可比较性，我们将测量社会距离流动，或者说由于个人或群体特征而不是由于职业结构上的变化而导致的那种流动。②

准则（iii），通过对矩阵（m_{ij}）的行和列的同步比例调整得出矩阵（n_{ij}）。也就是说，对于所有的 i 和 j，$n_{ij}=\dfrac{N}{M}(1+\lambda_i+\mu_j)m_{ij}$，在此 λ_i 是应用于行 i 中所有单元格的一个调整因子，而同样地 μ_j 是

---

① J. G. 凯梅尼（J. G. Kemeny）和 J. L. 斯内尔（J. L. Snell），《有限马尔科夫链》（*Finite Markov Chains*）（Princeton：Van Nostrand），1960 年，7.6 节 [与 J. 伯杰（J. Berger）合写]；朱达·马特拉斯（Judah Matras），"代际流动模式的比较"（Comparison of Intergenerational Mobility Patterns），《人口研究》，14（1960），第 163—196 页。

② 罗格芙，前引《职业流动的近期趋势》，第 43 页。

应用于列 j 中所有单元格的一个调整因子。通过戴明在另外的场合提出的包含在"将样本频次调整为期望边缘和"中的程序获得调整因子。[1]

也可以考虑"没有变化"的其他准则。例如，我们可以要求流入矩阵而非跃迁或流出矩阵在时期 t_1 与时期 t_0 相同。不过，所列出的三条准则足以说明，当从趋势比较中得出结论时必须要做出的决定的类型。

由于对马尔科夫链模型可以使用简洁的数学运算，所以准则（i）即跃迁矩阵的同一性是有吸引力的。这些模型确实具有启发性。不过，在对代际流动的经验分析中，它们的适用性很低。要使马尔科夫链模型有效的话，第一个时期的职业终点分布必须是第二个时期的职业起点分布。但是这包含着一个关于劳动力纳新和替换的基本人口学矛盾。如果"儿子"是一个界定清楚的队列，那么无论是他们的父亲还是他们的后代都不能在同样的意义上构成一个队列——这是在本章的前面及别处[2]提出的关于队列的观点。因此，我们不能接受把马尔科夫链模型的可用性作为准则（i）成立的理由。借用卡尔森恰如其分的说法，另一种可能是仅把跃迁矩阵"作为一个描述工具"。[3]不过，如果对一个队列所观察到的矩阵适用于另一个队列的（已知的或假定的）职业起点分布，那么在进行预测时使用跃迁矩阵也是可能的。在这里，对第

---

[1] W. 爱德华兹·戴明（W. Edwards Deming），《数据的统计调整》（*Statistical Adjustment of Data*）（New York：Wiley），1943年，第7章。

[2] 邓肯，前引"社会流动分析中的方法论问题"。

[3] 格斯塔·卡尔森（Gösta Carlsson），《社会流动与阶级结构》（*Social Mobility and Class Structure*）（Lund，Sweden：CWK Gleerup），1958年，第73页。

二个队列而言,职业终点的分布或者整个流动表是已知的,做出预测所基于的假设可以被核实,并且不一致可被归之为流动模式上的"变化"。[1]需要指出的是,在没有边缘频次集合相同或者成比例的条件下,两个流动表可能具有相同的跃迁矩阵,因此在它们的比较中显示为"没有变化"。不过,两个边缘频次集合以任意的方式被改变而跃迁矩阵却保持不变是不可能的。事实上,只存在一个职业终点分布与一个既定的跃迁矩阵和一个既定的职业起点分布的假定相一致。因此,如果我们关于在起作用的因果过程的观念需要如下假定,即职业终点分布是外生决定因素(比如在各种职业中对劳动者的需求,或者在一个队列中男性的学历)的一个函数,那么跃迁矩阵必须要被更改以适应既定的职业起点分布和外生决定的职业终点分布。我们可以举例说明,对于1952年时25岁至34岁男性的代际跃迁矩阵不可能与1962年时同样年龄的男性的代际跃迁矩阵相同(即使前者是未知的),因为两个队列已知的职业起点和终点分布不可能使它们的跃迁矩阵相同。

准则(ii)使我们将"变化"视为两个流动比率矩阵之间发生了差异。上文引自罗格芙的支持这个准则的言语主张听上去似乎合理。不过,也许可疑的是,当一个研究者意识到这个准则的关键特征时他还是否愿意支持它。

这个特征可以被表述为:对于相应的流动表,一个流动比率矩阵意味着一个独特的边缘频次集合。当然,反过来是不正确的,

---

[1] 奥蒂斯·杜德里·邓肯(Otis Dudley Duncan),"美国职业流动的趋势"(The Trend of Occupation Mobility in the United States),《美国社会学评论》,30(1965),第491—498页。

因为对于一个既定的边缘频次集合,存在着很多种(尽管是有限的)不同可能的流动比率矩阵。

流动比率 R_{ij} 的定义就表明了上述特征:$R_{ij}=\dfrac{Mm_{ij}}{m_{i.}m_{.j}}$。让我们假定 M 和 R_{ij} 是已知的,其余的量是未知的。我可以得出 $R_{ij}m_{i.}=Mm_{ij}/m_{.j}$,因此 $\sum\limits_{i}R_{ij}m_{i.}=(M/m_{.j})\sum\limits_{i}m_{ij}=M$。如果我们正在处理的是一个 $c \times c$ 的流动表,那么在 c 未知的情况下(每个 $m_{i.}$ 对应 1 个 c),因为 j 的取值是从 1 到 c,所以前述公式让我们得到 c 个方程。可以同时求解这些针对 $m_{i.}$ 的方程,得出职业起点的分布。类似地,表达式 $\sum\limits_{j}R_{ij}m_{.j}=M$ 提供了 c 个方程($i=1,\cdots,c$),可以求解这些针对 c 个未知的 $m_{.j}$ 值的方程。当然,一旦我们知道了两个边缘分布,单元格的值也就容易得出了:$m_{ij}=R_{ij}\dfrac{m_{i.}m_{.j}}{M}$。

如果流动比率严格意味着边缘分布,那么在计算比率时边缘分布的"效应"在何种意义上被"控制"是很难看出来的。换言之,如果基于分析中做出的假定观察到"没有变化"是不可能的,那么被观察到的实际变化一定只有模糊不清的含义。因此,我们必须注意刚才展示的特征的一个重要意涵:如果以武断的方式假定两个流动表各自的边缘分布不同,那么我们不可能得到两个拥有相同流动比率矩阵的流动表。为了使"在职业结构方面可以对两个时期进行比较",假定流动比率"消除了差异"将导致一个矛盾。

我们可以使用本章后面用到的研究流动趋势的一些数据来说明这一点(表 3.2)。根据 SRC1957 年流动表计算的流动比率与根据 OCG1962 年流动表的边缘分布获得的期望频次(基于独立性假定)相乘。这样做产生了一组估算的频次,如果两个表格具有相同的流动比率，那么这些频次将是后一个表格的实际频次。但是这些估算的频次相加并不等于实际的边缘频次，因为它们必须要避免不一致。实际上，它们相加甚至不等于正确的总计值。举例来说，估算频次的这个表意味着OCG25岁至64岁的38006名男性中有2339名（或者说6.2%）是农场工人，而实际数值是37677名男性中有2897名（或者说7.7%）是农场工人。

有人也许认为遵循卡尔森的建议可能会避免这个尴尬的结果，卡尔森建议计算流动比率，或者如他所命名的对所有对角线单元格加总的 c 值。① 对此他使用了 c_d 的符号。但是对于非对角线单元格的加总，也可按照相同的逻辑计算这样一个比率；称之为 c_o。作为一个实验，对SRC1957年的流动表计算了这两个比率，c_d 的值为1.562639，c_o 的值为0.723296。为了使用 c 值来研究流动趋势，有人会持有这样的假设（作为一个零假设），即1962年的OCG流动表具有与1957年的SRC流动表一样的 c_d 和 c_o 值。因为 c 值是根据观察频次与基于独立性假设的期望频次之间的比率获得的，所以后者一定是为表3.2中的OCG数据而得出的：

期望的未流动　　13628.7

期望的流动　　　24048.3

总计　　　　　　37677.0

如果在流动比率上没有变化，那么为了查看流动和未流动的多少频次会存在于OCG数据中，现在我们可以用OCG的期望不

---

① 卡尔森，前引《社会流动与阶级结构》，第75页。

流动频次与 SRC 的 c_d 相乘，OCG 的期望流动频次与 c_o 相乘；结果如下：

隐含的未流动　　21296.74

隐含的流动　　　17394.04

总计　　　　　　38690.78

但上面给出的实际的总计值是 37677。因此，两个 c 值"没有变化"的假设导致一个逻辑矛盾。认为 OCG 的流动表与 SRC 的流动表具有相同的 c 值，也就是说，无论是非对角线还是对角线都拥有相同的流动比率，是不可能的。当然，有人可能会假设，两个 c 值中只有一个显示出没有变化；但是这样的话，另一个必定不同于在 SRC 表中所观察到的。

表 3.2　代际流动的说明性数据

项目、来源[a] 和父亲的职业	被访者的职业			
	白领	体力劳动者	农场工人	总计
SRC：1957，流动比率				
白领	1.869657	0.576898	0.257146	…
体力	0.858149	1.279875	0.154418	…
农场工人	0.620579	0.974267	2.288394	…
OCG：1962，观察频次（千人）				
白领	6313	2644	132	9089
体力	6321	10883	294	17498
农场工人	2495	6124	2471	11090
总计	15129	19651	2897	37677
OCG：1962，独立频次（千人）				
白领	3649.64	4740.50	698.86	…
体力	7026.23	9126.34	1345.43	…
农场工人	4453.13	5784.15	852.71	…

续表

SRC 流动比率乘以 OCG 的独立频次				
白领	6823.57	2734.79	179.71	9738.07
体力	6029.56	11680.57	207.76	17917.89
农场工人	2763.52	5635.31	1951.35	10350.18
总计	15616.65	20050.67	2338.82	38006.14

a 参见表 3.5。

我们必须承认，为了测量变化，一个不能合乎逻辑地获得与没有变化相一致的值的指数是一个糟糕的指数。换言之，如果假设一组 c 值表示可以保持不变的职业结构中的一个"刚性"模式，同时假设由于需求上的变动导致"机会"的变化，那么这将是一个自相矛盾的假设。相比自这个比率最初被提出以来那些对其有争议的特征，流动比率的这个特征似乎是一个更为严重的缺陷。[1]

对这样一个模型，即在其中除了由于边缘分布的改变所导致的变化之外不存在流动频次上的变化，准则（iii）也许被认为是最简单的方法。如果我们愿意，我们可以使用这个准则创立一个预测模型。这样的话，我们将不得不把第二个表格的职业终点分布看作是外生决定的。如果这个分布已经被观察到，那么可以简单地视其为既定。如果预测指的是一个未来的日期，那么根据预期的人力需求或劳动者资格可以独立地预测未来的职业终点分布。于是它将被视为对预测的流动表的约束之一。为了预测，这样一

---

[1] 参见爱德华·格罗斯（Edward Gross），"论在流动表测量中对边缘频次的控制"（On Controlling Marginals in Social Mobility Measurement），《美国社会学评论》，29（1964）；安田沙枝（Saburo Yasuda），"对格罗斯的回应"（Reply to Gross），同上，第 887—888 页；以及格罗斯那篇文章引用的文献。

种方法是否有价值是一个悬而未决的问题，在此我们不予讨论。预测的想法之所以被提出，只是因为它也许会为分析过去趋势的问题的本质提供洞见。在采用准则（iii）方法的例子中，罗格芙的 1910 年流动表被调整为 1940 年流动表的边缘频次。[①] 这产生了一个关于 1940 年真实流动表的合理的副本，但却是一个带有一些不一致的副本，这些不一致不能被轻易地归因为"偶然性"。这些不一致的净总和表明，与如果根据准则（iii）"没有变化"的情况下这些人将处于的单元格相比，在 1940 年的流动表中有 7% 的男性处于不同的单元格。

给定在边缘分布上可观察到变化的条件下，让我们在这一点上观察基于准则（iii）可能"没有变化"。但是在这种情况下，基于前面的两种准则（即在跃迁矩阵和流动比率矩阵中）都将会存在变化。

很显然，对于识别和测量变化的准则的选择不能被简化为一个数学运算问题。它需要进行概念上的思考。尽管社会距离流动比率作为偏离"完全流动"假设的一个指标有一些吸引力，但是它很明显不适合时期间比较问题，而且也不适合地区间比较问题。在关于边缘分布外生决定的特定假设下，比例调整模型是合适的。不过，它最适合于只涉及两个时期的比较。因为我们后面将审视四个不同时期的数据，所以一个全面的分析将至少包含六对比较。而且，对最早时期数据的统计是最不令人满意的，因此不能为根据这个模型的计算提供一个明朗的基础。

[①] 邓肯，前引"社会流动分析中的方法论问题"。

因此，对测量流动趋势而言，直接比较跃迁矩阵（流出表）也许是最好的策略，尽管这样做并不是研究关于其原因的假设的最好策略。在下面的分析中，我们将主要依赖这种方法，辅之以一些关于流动或者职业起点与终点之间关联程度的一些综合性测量指标，这种做法受到了杰克逊和克罗克特研究的启发。

年度之间的直接比较

在国家层面上，我们没有关于代际流动的时间序列数据，这样设计的数据可以在时期之间获得严格的比较。这种研究要求将适当标准化的统计程序应用于来自不同时期的数据，这种研究的一个例子是关于一个都市郡，并提供了1910年和1940年的数据。①基于对1910年与1940年的比较，罗格芙总结道：

> ……在人们可能从其职业起点（用父亲的职业来表示）离开的程度上在最近一个时期没有发生太大变化。由当代职业结构所提供的社会流动渠道几乎像它们在20世纪初那样很容易地被贯穿至现在。②

另一方面，罗格芙的详细分析揭示了流动的特定模式上的一

---

① 罗格芙，前引《职业流动的近期趋势》。
② 罗格芙（Natalie Rogoff），"城市职业流动的近期趋势"（Recent Trends in Urban Occupational Mobility），载于 P. K. 哈特（P. K. Hatt）和 A. J. 小莱斯（A. J. Reiss, Jr.）编，《城市社会学读本》（*Reader in Urban Sociology*）（Glencoe：Free Press），1951年，第417页。

些变化，它们与总体上缺乏变动形成对照。对罗格芙数据的进一步分析——使用回归技术及沿着行和列的比例调整模型——既支持罗格芙得出的结论，也表明流动模式上的变化很大程度上是由职业结构的变化或者流动机会的变动所引起的。①

在缺乏专门旨在进行时期比较的其他研究的情况下，杰克逊和克罗克特在分析源自1945年、1947年、1952年和1957年进行的全国调查数据的流动表中大胆地对流动趋势进行了估计。② 由于不可比较性和抽样误差等因素，研究需要严格的条件，在这种情况下作者得出如下结论，"美国的职业流动率自二战结束以来略微有所增加。至少，我们发现鲜有证据表明职业继承体制正变得更为刚性。"③

我们仍要基于杰克逊和克罗克特的研究。在OCG数据中，儿子的首职就是终点职业（随后将讨论），除了OCG数据外，代际流动的数量和模式上的全国变化的唯一直接证据必须来自对独立进行的研究的比较，而这些研究并没有考虑一个可比较的时间序列的建立。实际上，我们能做的不过是在杰克逊和克罗克特所编制的数据库中再增加一个项目——OCG的结果。

在进行这个任务之前，我们最好反思一下比较的风险。如果流动中的变化相对较小（看起来很有可能），那么发现这些变化将要求非常精确的比较。可能性非常大的是，实际的变化幅度比所使用数据中的误差还小些。一位研究者在面对四套美国调查数据之间明显的不一致时，已经表达了他的困惑，他指出，在将数

---

① 邓肯，前引"社会流动分析中的方法论问题"。
② 杰克逊和克罗克特，前引"美国的职业流动"。
③ 同上引，第15页。

据重新制成表格后，他不能证实以前发表的基于这些数据库的任何一个的计算。① 进而，在使用米勒认为"最不令人讨厌的"1956年的数据时，我们也不能"证实"他得出的频次。于是，比较的第一个风险是对表面上是相同信息的数据的连续二次分析也许会出现不一致的结果。对此有如下几个原因：（1）不同的制表可能对研究总体的定义有所不同，比如，在一种情况下是户主或首要养家者（chief earner），但在另一种情况下是所有的男性被访者。（2）在将职业子类合并成更大的职业群体及处理未回答问题的方式上存在细微的差别。（3）当穿孔卡片在反复复制和清点时，机械错误是不可避免的。

不用说，导致在一套数据库内产生出入的这些因素同样可能会危及对不同数据库之间的比较。而且，在后一种情况下，不同调查之间在总体范围、概念和编码程序上的差异存在另外的问题。每一个调查也都会受到抽样误差的影响。因此，在进行大规模的趋势比较之前，我们希望对不可比较性导致的误差大小提供一些证据。

在表 3.3 中，我们利用了这个事实，即 OCG 的年龄组提供了一个与杰克逊和克罗克特所分析的 1957 年的 SRC（调查研究中心）数据近似的队列匹配。两个研究之间五年的间隔很可能会见证被访者职业上的实际变化。不过，根据父亲的职业所划分的被访者分布本应该没有变化。SRC 的问题是，"在你成长的过程中，你父亲从事何种工作谋生？"这非常类似于 OCG 关于询问父亲职业的问题，"当你 16 岁左右时，你父亲从事何种工作谋生？"然而，

---

① S. M. 米勒（S. M. Miller），"比较社会流动"（Comparative Social Mobility），《当代社会学》（Current Sociology），9（1960），第 27 页。

我们不能确定，在处理被访者没有和其父亲生活在一起的情况中，这两个调查是否同样可比较。

首先看在 1962 年时 25 岁至 64 岁的或者 1957 年时 21 岁至 59 岁的加总组（不考虑后者在 20 岁人口上的缺失）。假定调查程序的可比较性，以及在五年时期里（1957 年至 1962 年）被访者队列的减少上所导致的选择性可以忽略不计，那么我们应该期望两个来源的数据根据父亲的职业具有相同的分布。结果反倒是，SRC 在体力出身上有 4% 的相对不足，被农场出身上超出的 4% 所弥补。若不是仅一年前进行的另一次 SRC 调查刚好表现出同样的不一致（如表 3.3 的最后一行所示），我们也许会倾向于将这个差异只是归因为抽样误差。

我们可以对表 3.3 中关于四个 10 年队列的比较进行简要的评论。在此，我们发现进一步的不一致，与对 OCG 和 SRC1957 年的总样本注意到的不一致并不完全处在相同的方向上。毫无疑问，这些大部分表示的是抽样差异。但这个差异是有重要意义的，因为当我们比较 OCG 和 SRC 的流动表时，我们将必须分解父亲职业的边缘分布，正如在此根据年龄来分解。

在表 3.4 中，对可比较性的最后检验涉及被访者基于自己职业的分布。在这里，我们拥有劳动力的年度序列数据作为比较的标准，这些数据从人口普查局自 1940 年代末以来的当前人口调查（CPS）中获得。当然，CPS 数据本身也会有误差，但它们比 SRC 和 NORC 数据基于更大规模的样本。而且，CPS 系列数据可以在年度之间进行合理的比较。在 1952 年和 1957 年的 SRC 与 CPS 之间我们发现了一些不一致，这些不一致大得足以令人不安。不管它们的来源是什么,如果存在一个 1962 年的 SRC 流动表的话,我们可能期望,在 SRC 与我们的 1962 年 OCG 数据之间存在类似的差异。

表 3.3 根据父亲职业的大类的 OCG 队列的百分比分布,1962 年的 OCG 调查、1957 年和 1956 年的 SRC 调查

来源、日期和被访者的年龄	总计	白领	体力劳动者	农场工人	(SRC 样本规模)
OCG:1962 年 [a]					
总计:25—64	100	24	45	31	
25—34	100	27	51	22	
35—44	100	24	46	30	
45—54	100	22	43	35	
55—64	100	21	38	41	
SRC:1957 年 [b]					
总计:21—59	100	24	41	35	(802)
21—29	100	28	47	25	(166)
30—39	100	18	46	36	(241)
40—49	100	29	35	36	(223)
50—59	100	21	37	42	(172)
SRC:1957 年 [c]					
总计:21—64	100	23	40	37	(911)
SRC:1956 年 [d]					
总计:21—64	100	24	40	36	(749)

[a] 美国人口普查局,"成年男性的终生职业流动:1962 年 3 月",当前人口报告,系列 P-23,No. 11(1964 年 5 月 12 日)。
[b] 埃尔顿·F. 杰克逊和哈里·J. 小克罗克特,"美国职业流动:点估计和趋势比较",《美国社会学评论》,29(1964 年 2 月),表 2。
[c] 来源同 [b]。对 60 至 64 岁被访者的估计被视为是 60 岁及以上被访者的一半。
[d] 密执根大学调查研究中心,项目 #417,个人数据卡 Ⅵ,由密执根大学人口研究中心的工作人员制表。

不过，极其严重和糟糕的不一致牵涉到1947年的NORC（全国民意调查中心）数据。因为无论是与CPS中的所有受雇人员，还是与20—59岁的那些人相比，NORC的数据表都大大高估了白领被访者，低估了体力被访者。差异是如此之大，以致我们只好认为NORC的结果是不可靠的。需要冷静思考的是，大量的社会科学家在没有慎重核查边缘和的可信性的情况下就使用了NORC数据。

表3.4 在三个流动调查中被访者的职业分布，
与1947—1957年当前人口调查的估计相比较（百分比）

数据和来源[a]	总计	被访者的职业		
		白领	体力	农场
1957年				
SRC	100	35	53	12
CPS，工作的劳动力，年平均	100	34	55	11
1952年				
SRC	100	34	51	15
CPS，工作的劳动力，年平均	100	31	56	13
1947年				
NORC	100	41	43	16
CPS，受雇的男性，4月	100	30	53	17
CPS，受雇的20—59岁男性，4月	100	30	56	14

a SRC和NORC来自杰克逊和克罗克特，前引"美国的职业流动"。CPS来自美国人口普查局，《当前人口报告》，系列P-20，No. 9，表10；P-20，No. 18，表19；P-50，No. 45，表D；以及美国劳动统计局，《劳动力专题报告》，No. 14，表B-6。

不过，不是抛弃NORC数据，我们的想法是对其加以简单的调整。假定 1947 年 4 月的 CPS 对 20—59 岁男性的百分比分布是正确的。对 NORC 表的列频次进行放大或缩小,以便加总得出正确的边缘和。当然,这导致了 NORC 数据对根据父亲职业的流出百分比和父亲职业比例的新估计。为了与其他三套数据库比较,表 3.5 中显示了原始的和调整后的 NORC 流出表。不要过于认真地把调整后的 NORC 数值视为估计值。对 NORC 而言,调整只是校正了关于被访者的抽样偏差或者编码偏差;它并没有校正与父亲职业有关的编码偏差(如果有的话)。虽然如此,调整后的数值几乎没有几个异常值了,这些异常值致使原始数据极为可疑。

表 3.5 基于职业大类的四个美国代际流动表的流出百分比,1947 年至 1962 年

来源、日期和父亲的职业	总计	被访者的职业 白领	体力	农场	(样本规模)	基于出身的百分比
OCG:1962 年 [a]						100
白领	100	69	29	2	…	24
体力	100	37	62	2	…	47
农场	100	23	55	22	…	29
SRC:1957 年 [b]					1023	100
白领	100	67	30	3	236	23
体力	100	30	68	2	393	38
农场	100	22	52	26	394	39
SRC:1952 年 [c]					747	100
白领	100	65	34	1	153	20
体力	100	31	67	2	280	38
农场	100	22	44	34	314	42

续表

NORC：1947 年 [d]					1153	100
白领	100	71	25	4	319	28
体力	100	35	61	4	430	37
农场	100	23	39	38	404	35
NORC：1947 年，调整后 [e]					1153	100
白领	100	59	37	4	280	24
体力	100	24	73	3	465	40
农场	100	16	50	34	408	36

a 20—64 岁的被访者；删掉没有报告父亲职业的样本。
b 如同杰克逊和克罗克特所报告的，前引"美国的职业流动"，表 4（四舍五入的百分比）。
c 同前引"美国的职业流动"。需要指出的是，SRC-1952 的这个版本略微不同于米勒所报告的版本，前引"比较社会流动"，第 27 页，并且二者都不同于根据同样的最初来源所声称的数值，比如由 S. M. 利普塞特和 R. 本迪克斯所给出的数值，《工业社会中的社会流动》(Berkeley：Univer. of California Press, 1959)，图 2.1，第 21 页。
d 全国民意调查中心数据，如同杰克逊和克罗克特所报告的，前引"美国的职业流动"，以及由利普塞特和本迪克斯所报告的，前引《工业社会中的社会流动》。
e 参见调整方法的文本。

主要聚焦于 1952—1962 年这 10 年，我们可以迅速地总结出如同数据的字面意思所表明的这些趋势：(1) 农场出身的男性继续留在农场的比例下降了，而获得体力地位的比例上升了；(2) 从体力出身跃升至白领位置的比例上升了；(3) 然而来自白领出身的向下流动并没有补偿性地增加；相反，那些出身于这个阶层的人留在那里的比例上升了。很显然，这段简短的时期内职业结构以这样一种方式发生持续的变化，即为每个人的向上流动提供了更大的机会。

当然我们不会无条件地推断这种趋势。如果离开农场的流动间接地引起（或者至少促进）从体力向白领的流动，那么拥有农场出身的比例的下降一定最终限制了一个重要的流动来源。这个观点是西布利在其1942年的预言（这个预言尽管很谨慎，但有些超前）中所使用的观点。他预言，随着体力工人大规模的移入停止之后，将是"垂直流动的向上潮流的放缓"。[①] 然而，在其变得有重要意义的时刻，这个观点也许就不再正确了。如果我们相信"自动化"将会消除许多体力工作，那么也许幸好没有供应过剩的农场主的儿子准备进入这些工作。

除了审视流出表之外，还有各种其他方式来总结趋势比较。遵循杰克逊和克罗克特的模式，表3.6展示了关于被比较的流动表的几个综合性指标。第1行的结果表明，在从所出身的职业大类中流出的比例上从1952年至1962年没有发生变化；但是所有后面的三个表显示出比1947年的NORC表有略高的流动百分比。第二行报告的是净流动，或者说影响边缘分布中代际变化所要求的最低流动比例。鉴于我们之前关于边缘分布中误差的证据，在解释这一行有些令人困惑的数值时我们必须要保持谨慎。

[①] 西布利（Sibley），前引"分层的某些人口学线索"。参见在本书第7章和12章对这一点的讨论。

表 3.6 基于职业大类的对美国四个代际流动表的综合性测量指标，1947 年至 1962 年

对流动的测量指标[a]	数据来源和日期[b]				
	OCG 1962 年	SRC 1957 年	SRC 1952 年	NORC：1947 年 观测值	调整值
流动的百分比					
# 观测值	47.8	48.5	47.4	44.4	44.2
# 最小值（结构流动）	21.8	27.0	26.9	19.1	21.0
# 观测值减去最小值（循环流动）	26.0	21.5	20.5	25.3	23.2
# 期望值，独立性假设（完全平等模型）	63.8	67.0	67.6	67.0	65.1
列联系数（克拉默 V 系数）	0.336	0.348	0.372	0.390	0.375

[a] 括号中的术语是杰克逊和克罗克特所使用的那些术语，前引"美国的职业流动"。

[b] 参见表 3.5 的注释；对于 SRC-1957，SRC-1952 和 NORC-1947（观测值）的数值由杰克逊和克罗克特计算，前引"美国的职业流动"。

无论如何，对计算净流动的兴趣主要在于用它来解释流动的总量。如果用第一行减去第二行，我们获得了一个差值，杰克逊和克罗克特称之为"循环流动"。这个数值在 OCG 数据中比在之前任何一个表格中都高。与此同时，在 OCG 数据表格中的观察（粗）流动值最接近于如果被访者的职业独立于父亲的职业的条件下的期望流动数量，基于这个独立性假设得出的是所谓的"完全"流动或"完全平等"流动模型（表 3.6 的第 4 行）。例如，1952 年，"期望"流动百分比与观察流动百分比之间的差异是 67.6-47.4=20.2；在 1962 年是 63.8-47.8=16.0。（也许我们应该指出的是，这个计算不受卡尔森所提出的总计 c 值所遇到的解释问题的

影响，在本章前一节曾讨论过这个问题。）

最后，作为职业起点与终点之间列联相关的一个总体测量指标，杰克逊和克罗克特提出了一个特定的列联系数，即克拉默 V 系数。这个指数有规律地从 1947 年的 0.375 下降到 1962 年的 0.336（表 3.6 最后一行）。总之，数据表明，在过去 10 年或 15 年，流动发生了缓慢的增加。至少在阶级结构上没有日益增加的刚性的迹象。

间接推断

抛开所有的可比较性和系统误差问题，在做出直接的流动趋势比较时我们仍局限于极其粗糙的职业分类。SRC 和 NORC 的样本量实在是太小了，不能在更精细分类的基础上进行可靠的比较。通过采取间接的途径估计流动趋势，我们可以在一定程度上规避这个问题，与此同时，为流出模式上的变化提供部分证据。多少有些单调乏味的方法论细节问题已经在别处说明过，[①] 因此在这里我们只需给出一个技术梗概。

在 OCG 数据中，对于四个主要的队列（1962 年时 25—34 岁、35—44 岁、45—54 岁、55—64 岁的男性），我们拥有跃迁矩阵（流出表）。现在，如果我们将 25—34 岁男性的跃迁矩阵应用于 35—44 岁男性的出身分布（父亲职业），那么如果后一个队列到 25—34 岁时曾经历了和更年轻的队列一样的流动模式，我们可以计算他们在 1952 年（10 年前）时会在何处。然后，我们

---

① 邓肯，前引"美国职业流动的趋势"。

可以根据普查和 CPS 数据独立地估计 1952 年时 25—34 岁男性的实际职业分布如何。在 1952 年时，推断的分布与实际的分布之间的差异以净值的方式表明了两个群体的流动模式如何不同。

例如，在表 3.7 的第 1 列中，我们看到如果在 1917—1926 年出生的男性到 25—34 岁时与在 1927—1936 年出生的男性经历相同的流出百分比，尽管他们起始于不同的出身分布，那么在 1952 年时他们是领薪的专业和技术人员的比例比在那时实际从事这些工作的比例多出 6.6%。同样，1962 年的流动矩阵有些更倾向于流往领薪的管理者职位。实际上，这两大职业占据了过度流往白领工作的绝大部分。作为补偿，1962 年的矩阵包含的从事农场（考虑到了在农场出身的比例上的差异）及熟练和半熟练体力职业的比例较低。

很显然，总体而言 1962 年的流出表比 1952 年的更倾向于向上流动。就流动而言，在最年轻的年龄组优势的差额最大，在 45—54 岁差额最小，如同在表 3.7 的底端的相异性指数（正的百分比差异之和）所概括的那样。

表 3.7 对指定年龄的男性而言职业分布之间的百分点差异，根据 1962 年的代际流动矩阵和 1952 年的未知矩阵得出

主要的职业群体	按年龄，1962 年减去 1952 年		
	25—34 岁	35—44 岁	45—54 岁
专业的、技术的及类似人员			
自雇型	0.1	0.3	−0.1
领薪型	6.6	3.5	1.5
除农场外的管理人员、官员和企业主			
领薪型	1.7	2.4	0.7
自雇型	−1.2	0.0	1.0

续表

销售人员	−0.2	0.1	0.3
文书人员及类似人员	−0.5	0.4	0.6
手艺人、工头及类似人员	−1.9	−0.8	0.1
操作工及类似人员	−2.6	−2.0	0.0
服务业人员	0.9	−0.3	−0.3
除农场和矿业外的体力工人	−0.5	−0.5	−1.0
农场主和农场管理者	−2.6	−2.6	−2.3
农场工人和工头	0.2	−0.5	−0.5
（相异性指数）	（9.5）	（6.7）	（4.2）

数据来源：邓肯，前引"美国的职业流动趋势"。

在证实之前的一般性观察（即向上流动的总体机会最近增加了）的同时，我们也使这个观察变得更为具体一些：是高级的领薪职位（而非全部的白领工作）发生了扩张以容纳向上流动，并且尤其是更年轻的人能够利用这种扩张。

这个发现的含义是，向上的代际流动数量在最近十年增加了。尽管在这里没有给出比较，但是在本节的最后我们可以提及，关于代内流动的趋势很大程度上可得出同样的概括，代内流动也以相同的方式前进，但却是以被访者的首职而非父亲的职业作为起始状态。[①]

流动至首职的队列间比较

如果我们愿意采用缩短的视角来研究代际流动，那么还有一种

---

① 邓肯，前引"美国职业流动的趋势"。

识别流动趋势的方法,就是基于OCG队列研究从父亲职业到被访者首职的流动。到1962年职业的代际流动只是产生了模棱两可的队列间比较,因为年长的人比年轻的人拥有更长的劳动力经历。当把首职作为职业流动的终点时,这个难题就不存在了。在此,假定回溯性数据是准确的,那么四个出生队列为我们提供了一个真正的时间序列。此外,时间序列从过去一个相当遥远的日期开始,因为1962年时55—64岁的男性在1913—1922年时是16岁,并且他们中的绝大部分可能在1911—1926年期间开始他们的首份工作。

从表3.8可以看出,在所有的九个出身—终点组合中,不存在单调的趋势。不过,明显的迹象表明,不管其出身如何,农场工作的吸引力下降了。尽管出身于农场的年龄最大的队列中有56%仍在农业部门找到其首职,但是在最年轻的队列中这个比例只有39%。越来越高比例的农场出身的男性在体力和白领阶层找到其首职。

从最早到最近的队列,体力部门出身的男性仍留在这个部门的比例存在一个上升的趋势(尽管不是连续上升)。直到1933—1942年的队列,从体力出身到白领首职的向上流动的比例在下降。不过,在最近队列的经历中,存在一个恢复,以致这种向上流动的比例几乎不低于20年前的水平。

白领出身的流动模式几乎没有呈现出明显的趋势。对于两个中间位置的队列而言,可能性是非常类似的。最早的队列和最近的队列彼此之间的相似性程度要高于和它们与两个中间队列中的任何一个的相似程度。在二战结束附近比在一战结束附近,白领阶层向下流动至体力工作的比例略高一些,但是低于在一战结束至二战结束期间所发生的比例。

表 3.8 对四个 OCG 队列基于职业大类的从父亲职业至首职的代际流动的流出百分比

队列（达到 16 岁时的年份）和父亲的职业 [a]	总计	被访者的首职 [a] 白领	体力	农场
1943—1952				
白领	100.0	57.6	40.6	1.8
体力	100.0	24.7	71.6	3.7
农场	100.0	15.1	45.6	39.3
1933—1942				
白领	100.0	54.4	43.1	2.5
体力	100.0	22.6	72.5	4.9
农场	100.0	10.5	41.6	47.9
1923—1932				
白领	100.0	54.5	42.6	2.9
体力	100.0	25.5	69.2	5.3
农场	100.0	9.1	36.1	54.8
1913—1922				
白领	100.0	58.3	38.4	3.3
体力	100.0	27.5	66.3	6.2
农场	100.0	10.0	33.8	56.2

a 排除了没有报告其中一个或两个职业的样本。

尽管将某些短期波动与战争、繁荣和萧条等历史环境联系起来是诱人的想法，但是这些数据能否如此紧密地支撑这种分析是令人怀疑的。每个队列涵盖了 10 年的出生日期。但是进入首职的年龄是有所变化的，以至于像在这些表格中所记录的那样，每个队列的实际经历跨越了 15 年或更多的时期。连续的队列有时间上重叠的经历。

表 3.9（上半部分）记录了由杰克逊和克罗克特所提供的对流

动的综合性测量指标。我们清楚地注意到在流动的总量上没有明显的变化，但是在净（最低限度的）流动上有下降，并且在完全流动模型所要求的流动量上也有下降。因此，观察到的流动超出最低流动的幅度随着时间的推移而增大。同时，它更接近基于所有三套流出百分比相同的假定所期望的数量。于是，就流动绝对数量而言，不存在变化。但是，通过与这些可供选择的标准的任何一个的比较，存在流动量上的相对增加。列联系数 V 得出与后一个观察相一致的结论：出身与终点之间的关联程度最近比早期更低。

在此我们可以插入如下的观察，当根据在 10 个主要的职业群体之间的流动而不是三大类职业之间的流动来审视数据时，可得出完全相同的趋势总结，见表 3.9 的下半部分。当然，增加职业分类数量也增加了所观察到的流动量。在每个队列中，几乎 4/5 的人在不同于其父亲的主要职业群体中找到首职。

表 3.9　四个 OCG 队列从父亲职业到首职的代际流动表的综合性流动测量指标，基于不同详细程度的职业分类

职业分类和流动测量指标	队列（达到 16 岁时的年份）			
	1943—1952 年	1933—1942 年	1923—1932 年	1913—1922 年
三大类				
流动百分比				
＃观测值	39.5	39.1	39.0	39.5
＃最低值	11.3	12.5	12.7	15.0
＃观测值减去最低值	28.2	26.6	26.3	24.5
＃期望值，独立性假定	60.1	62.4	64.1	65.8
列联系数（克拉默 V 系数）	0.405	0.434	0.454	0.453

续表

十个主要群体 [a]				
流动百分比				
#观测值	78.6	79.2	78.9	79.2
#最低值	38.2	42.5	47.6	52.1
#观测值减去最低值	40.4	36.7	31.3	27.1
#期望值，独立性假定	89.3	89.9	90.8	91.4
列联系数（皮尔逊 C 系数）	0.547	0.564	0.594	0.595

a 这些数据来自于美国人口普查局的报告，"成年男性的终生职业流动：1962年3月"，《当前人口报告》，系列P-23，No.11（1964年5月12日），表B。

前面的讨论主要依赖于由杰克逊和克罗克特所提出的流动测量指标，以致我们通过OCG队列间比较对流动趋势的分析类似于早期研究所提出的趋势比较。不过，我们可以提出如下问题，即当职业基于地位得分来评价而非被分组成或多或少的类别时，会得出怎样的关于流动趋势的推断。表3.10呈现了相关的统计结果。

表3.10 对四个OCG队列基于职业地位得分的从父亲职业到首职的代际流动的综合性测量指标，不包括农场背景的人

测量指标	队列（达到16岁时的年份）			
	1943—1952年	1933—1942年	1923—1932年	1913—1922年
W 的均值（首职地位）	30.7	28.8	27.2	28.3
X 的均值（父亲地位）	33.3	33.1	31.8	32.5
均值差，$\overline{W}-\overline{X}$	−2.6	−4.3	−4.6	−4.2
未流动的百分比（$W=X$）	9.2	8.7	11.8	12.3
W 和 X 的相关系数	0.380	0.377	0.388	0.384

这些数据涉及的是没有农场背景的男性，也就是说，不包含其父亲是农场主或农场工人的那些人。由于几个原因，这将是对思考的一个有趣的限制。从根据主要职业群体的流动研究中我们已经知道，向首职的流动的很大部分就存在于作为农场工人的农场主的儿子的就业上。因为农业部门不断下降，所以这种流动来源已经减少。不需要用更为精确的技术来回顾这个事实。另外，既然农业部门正在缩小，在未来绝大多数人将来自非农场出身。因此，有人可能会认为，OCG 的关于来自这些出身的男性的历史数据比关于所有男性的数据与当前和未来的状况更具可比性。最后，排除农场背景的男性，我们很大程度上规避了像在地位得分上农场职业是否与非农职业真正可比较的问题。

表 3.10 中对流动的第一个测量指标是首职（W）与父亲职业（X）之间在平均地位得分上的差异。如同这种差异的负向符号所表明的那样，在所有四个队列中存在向首职的净的向下流动。不过，最近的队列（他们在二战即将结束和刚结束的年份进入劳动力市场）的下降并不像三个之前的队列那样大。此外，我们也许要注意的是，这段时期对年轻人有利的劳动力市场在某种程度上导致了结婚年龄的下降和生育孩子的加速，出现了所谓的"婴儿潮"。①

对流动或者说未流动的第二个测量指标不过是首职与其父亲职业拥有完全相同的两位数地位得分的男性的比例。当然，这并不一定意味着两个具体职业是相同的。被访者的首职可能是送报

---

① 理查德·A. 伊斯特林（Richard A. Easterlin），"历史视角下的美国婴儿潮"（The American Baby Boom in Historical Perspective），《美国经济评论》（*American Economic Review*），51（1961），第 869—911 页。

员，得分是27，而他的父亲也许是铺瓦工，得分同样是27。根据主要的职业类别，这个组合将代表从手艺人向销售人员的流动。不过，在当前的处理中，它是未流动的一种情况。很显然，如果我们比较父亲和儿子的具体的职业头衔，那么我们将得出对未流动或"职业继承"的更低估计。不过，在这里有趣之处是，最近的队列与两个更早的队列相比，未流动的比例从12%下降到9%（根据地位得分）。

最后，我们考虑了被访者的首职与父亲职业的得分之间的相关系数。如同在第4章所解释的，我们把这个系数视为是测量首职对父亲职业依赖程度的一个指标，即不仅仅是反映二者完全相同的频次的一个指标。在这一点上，相关系数像前面所引用的列联系数，尽管这两种系数不能在大小上进行比较。研究表3.10最后一行的相关系数，除了诸如很容易地归之为抽样误差和计算中使用近似值之外，我们几乎没有发现任何队列间的差异。如果说有什么不同的话，两个最年轻的队列只是比两个更早的队列的相关系数略微低一些。

在研究了地位得分之后，也许可以做出的最重要的评论是，即使它们的经历跨越了长达40年的时期，但四个队列的模式极其相似。至少就职业起点而言，社会出身的影响自一战以来一直保持稳定。绝对不存在"刚性化"的证据。

总结

熟悉20世纪期间美国职业结构的明显转变的任何人都可能

认为，这个变化势必导致相当大的代际流动。例如，当伦斯基在SRC1952年的流动表中观察到"两代人的职业分布之间的显著差异"时，他评论道，"这些差异明显地反映了美国社会正在变化的职业结构。"① 如果他把"明显地"写成"含糊地"，那么他的评论似乎更合理。直觉上，几乎没有理由怀疑，职业结构上的快速变迁会伴随着巨大的代际流动，但这种情况是如何发生的绝非"显而易见"。我们已经看到，甚至向1962年OCG男性所占据的职业的净代际流动都不能精细地根据总体趋势所显示的职业变迁数量来估计。甚至从父亲职业到儿子首职的代际流动或从首职到1962年职业的代内流动的方向都可能与总体趋势不同。我们把总体趋势数据和流动数据并置在一起时，突出显示了人口学更替（或者说社会新陈代谢）理论中的一个复杂问题，对此现在尚无可用的解决方案。除了指出需要进一步的探究之外，这种令人不安的状况意味着，我们不能从趋势数据中对流动量或流动模式的变化得出令人信服的解释。

无论如何，我们可以继续基于它们的内在性质以一种描述性的方式来研究这些历史变化，基本上是搁置解释问题。不过，这类研究提出了一些自身的缺陷，并且我们发现首先有必要消除在对熟知的工具的使用过程中存在的某些概念上的混乱，比如"社会距离流动比率"或"关联指数"。甚至在测量流动趋势的概念问题解决之后，在可用数据中仍然存在着由抽样误差和系统误差所引起的严重困难。我们确实必须要谨慎地表述得出的结论。

---

① 伦斯基（Lenski），前引"美国代际职业流动的趋势"，第515页。

将美国战后对代际流动的全国性调查汇集在一起，包括OCG研究（它是四个系列调查中最近的一个），我们发现，没有理由不同意先前由杰克逊和克罗克特所得出的结论，即在这段时期不存在体制的"刚性化"。探知流动趋势的一种间接方法支持了这个结论，这种方法是通过根据OCG数据进行队列间的比较。另外，研究显示，由更为年轻队列所享有的向上流动机会的增加主要是由于流往快速扩张的较高的领薪型职位，而主要不是由于流往自雇型职业或较低的白领工作。

最后，根据OCG数据对流往首职的队列间比较得出有些模棱两可的趋势迹象，但肯定没有"刚性化"的证据。在一个回归框架中最引人注目的结果是，父亲-儿子职业的相关系数在过去近40年中基本未变。10年或20年前，社会学的同行就担心这个"充满机会的国度"正让位于一个等级刚性的社会。毫无疑问，这种恐惧是没有事实根据的，或者说至少是言之过早。西布利曾认为，由于在职业等级底层的大量涌入，移民的下降将导致向上流动压力的减少。他没有注意到的是，离开农场的国内流动可能会起到类似的作用，如同它看起来已经起到的那样。如果这确实是持续的（如果不是上升的话）流动率的源泉，那么他的预言也许最终仍然是正确的，因为农业人口也不再足以为非农劳动力提供大量的补充。

我们也许还会推测，教育在促进流动中的作用在20年前未被充分地意识到，即使大量有思想的作家已经把学校视为一种密切卷入社会选择过程的设置。教育程度不断上升的趋势仍未消减。我们无法为这种趋势如何体现在流动表的时间序列中提供一个正式的模型，但是认为二者存在关系的推测可以为将来的研究提供一个基础。

我们这种对男性命运探究的局限是没有考虑女性涌入劳动力市场对男性流动机会的影响，尽管初步的简化有其合法性。女性不会在所有职业中都对男性造成竞争，但是男性可用的开放机会的供给可能很难不受到处于不同技能水平的想要工作的女性数量的影响。

因此，日常观察表明，在决定在不同时间所观察到的流动的数量和模式中应该有大量可能的因素发挥作用。然而，我们远未理解这些因素是如何结合在一起的，以致我们的推测实际上是缺乏理由的。有一件事情看起来是清楚的：尽管需要继续努力测量流动的趋势，但是如果缺少一个结构变迁的综合性动态模型，我们最终是不会感到满意的，在这个模型中流动被视为涉及若干输入、机制或输出之间的相互作用。本书至多希望抛砖引玉，为开始构建这样的模型指出某些方向。

第 4 章
先赋地位和后致地位：测量和分析技术

如同前面两章所说明的，对总的和净的职业流动模型的经典关注为分析其他因素影响职业获得的方式提供了一个背景。我们不只对职业流动模式本身感兴趣，我们主要关心的是影响这些模式和个体成功机会的因素。我们所探究的典型问题是，一个人带入生涯的各种先赋地位如何影响其在职业结构中的后致地位。为了回答这种类型的问题，接下来的章节主要依赖于分析几种地位的相互关系的程序。在此我们插入相当多的对技术问题的讨论，当采用这种策略时就会产生这些问题。尽管本章主要致力于方法论问题，我们也会利用这个机会来阐述若干比较重要的经验研究结果。特别是，对教育作为先赋地位（或社会出身）与职业获得之间的一个中介变量的作用进行了相当全面的处理。这些结果在随后的章节被视为理所当然。不过，在一开始，有必要解释职业地位本身如何被测量，并考虑一个重要的解释问题，即当在多变量分析中使用这样一种测量方法时所提出的关于职业地位测量的解释问题。

第4章 先赋地位和后致地位：测量和分析技术

关于方法的讨论，提请读者分享我们的两个困境。首先是陈述中的一个问题。如果我们事无巨细地解释我们的方法，以便统计学家能仔细地评价它们，那么本书将会有背负离题至方法论之嫌，分散了只对结果和解释感兴趣的读者的注意力。如果我们以这样一种形式展示我们的结果，以致读者可能尝试另外的分析方式，那么表格将会太过于繁浩，以至于无法出版（为了研究有5000多个表格被制作出来，尽管在准备本书中我们并未全面分析所有这些表格）。不可避免的妥协要求我们让读者无条件地相信某些事物（尽管他很可能会产生怀疑），并接受我们的分析模式，不管他多么地偏爱另一种分析模式。

在开始我们的研究计划时不得不面对更为基本的困境。我们想研究大量可能决定地位获得的因素，而不仅仅是描述职业流动的模式。进一步，我们希望同时考虑若干个这样的决定因素，也就是说，研究整个变量集合对职业成功的影响。如果使用通过列联表进行多变量分析的经典方法，我们不可能在这个研究方向上取得太大进展。甚至使用职业种类和等级间隔的细致分解（这种操作程序会引入其本身特有的误差类型），对若干因素的同时列联表将会导致表中的很多单元格数值太小，不具有统计可靠性。

因此，我们不得不考虑使用比支撑常规列联表分析的那些技术做出更强的先验假定的统计技术。不幸的是，这些假定的对应物可能并不适用于手头的数据。如果关系是完全线性的，两个参数（截距和斜率）足以描述这种关系。如果它不是线性的，那么一条直线只是一个差不多恰当的近似估计。就像线性假定那样，对于大部分假定,我们可以采用实用主义的态度,即如果假定有助于分析目标,那么也许可以容忍对其完全真实性的某些偏离。然而,通常很难知道,一个假定是否超出了容忍的合法水平,特别是很难理解相当大地违反假定的后果可能是什么。

我们已经找到了一种走出这种困境的方法,它将把一些负担转给读者。不是只使用一种或两种技术,它们有着不同严格程度的假定,相反我们已经改变了分析技术及随之而来的假定。借助一些技术,我们明显超越了这一点,即能完全严格地满足必要的假定。不过,这种大胆的尝试会(在可能的范围内)被对相同数据的替代性处理方式所平衡,至少避免了一些可疑的假定。

我们的大量分析程序是如此简单和常规,以致不需要单独的方法论讨论。我们也使用了一些不那么常规的技术,但在其所要求的范围内它们是最容易被解释的。在本章,讨论完测量问题之后,我们关注的是应用于涉及三个或更多变量的相互关系问题的标准技术:多元分类、多元回归和多元协方差。这些技术的每一个都众所周知,但我们的特定应用提出了一些需要明确讨论的问题,以益于对研究的方法论问题感兴趣的读者。最后,我们提出了一种分析流动分布的技术,它避免了以往程序的某些假定。

对职业地位的测量

在本研究中,我们遵循了一个广为接受的社会学传统:关

第4章 先赋地位和后致地位：测量和分析技术

注职业流动的"垂直"方面。这种关注是如此司空见惯，以致学者们有时忽略了它包含相当大的抽象性。尽管事情还没有得到充分的研究，但除了在声望等级体系或社会经济地位上的职业相对位置之外，确实存在影响职业之间相互流动的职业特征。举例而言，OCG 表显示，一个人的首职是制造业中的体力工人，他更有可能进入制造业中的手艺人职业，而不是进入非制造业行业中的操作工职业，尽管前一个流动涉及在声望或地位得分上的一个更大的"社会距离"。职业结构与其他结构（比如行业结构）相互交叉，并且职业结构沿着各种因素（比如地域、区位和族群）分化。因此，与基于社会升降梯的简单隐喻所预期的结果相比，存在着使流动模式复杂化的流动"渠道"，或者说影响职业角色进入的因素。

因此，如果只聚焦于垂直流动，那么则涉及对个体进入职业角色的实际过程的简化，不过，这是一种合理的简化。研究一个复杂现象的某一方面并不是否定其他方面的存在。社会学家将其注意力放在职业的地位等级上另有所图。社会学家不仅假定一个职业角色的扮演赋予了职业地位，而且假定职业地位与其他地位属性相互作用，它们的整体组合相当于一个社会分层体系。此外，相比于其他地位属性，社会学家假定职业地位具有特别的显著性。

这几个假定的部分合理性来自于使用第 2 章报告的格特曼-林格斯程序得出的结果，这些结果表明，支撑职业之间社会距离（这体现在社会流动之中）的主要维度是它们的相对地位。我们有信心提出一种更为系统的评估职业地位的方法。在职业流动的某些早期研究中，研究者在能够从事测量职业流动的主要工作之前，面临的准备工作是确立职业等级量表。① 在 OCG 研究中我们处于更为幸运的位置，因为在我们着手研究之前，关于职业地位的一些实质性工作已经完成了。

两种分析方法主导着由社会分层学者所进行的职业等级体系的调查研究。一种是试图对职业提出一个社会经济分类的方案。也许在这方面最有影响的工作是由普查统计学家阿尔巴·M. 爱德华兹做出的。② 他对职业的"社会经济分组"已在职业分层与流动研究中广为使用。在某些修改之下，它导致了美国人口普查局自 1940 年以来所使用的"主要职业类别"。这些类别（或者它们的压缩或扩展）遍布于当前研究的不同部分。为了表明他的分组提供了一个"量表"，爱德华兹对能够显示包含在几个类别中的劳动者的教育和收入的平均或典型水平上的差异感到满意："教育是劳动者社会地位中一个非常重要的因素，工资或薪水收入是其经济地位中一个非常重要的因素。"③

最近的发展是对详细的人口普查职业名称进行得分推导，得分表示的是在每一个这样的职业中劳动者的教育和收入水平的复合指数。这种特定技术的优先权也许属于加拿大的社会科学

---

① D. V. 格拉斯（D. V. Glass）编，《英国的社会流动》(Social Mobility in Britain)(Glencoe: Free Press)，1954 年；卡尔·斯瓦拉斯托加（Kaare Svalastoga），《声望、阶级与流动》(Prestige, Class, and Mobility)(Copenhagen: Gyldendal)，1959 年。

② 阿尔巴·M. 爱德华兹（Alba M. Edwards），《对美国的比较职业统计：1870 至 1940 年》(Comparative Occupation Statistics for the United States, 1870—1940)(Washington: Government Printing Office)，1943 年。

③ 同上引，第 180 页。

家[①],在美国类似的方法既被私人研究工作者[②]所使用,后来也在美国人口普查局的官方出版物中使用[③]。

第二种职业分层方法是从代表一般公众的样本获得的对所选择职业的"总体排序"或"声望"的评级。这些评定几乎不随下列因素而变化:(a)评定者样本的构成和规模;(b)评级量表的特定说明或形式;(c)被访者对"总体排序"概念所给出的解释;(d)时间的流逝。[④]声望评级具有高度的可靠性和稳定性,若不是迄今为止只对相对少量的职业名称进行了声望评级这个事实,则这种评级可以用于这样的研究问题,即需要对被一般的劳动力样本所追求的职业进行社会距离测量。尽管为了将特定的判断与已

[①] 伊尼德·查尔斯(Enid Charles),《加拿大的家庭规模变迁》(*The Changing Size of the Family in Canada*),普查专题著作第1部(Census Monograph No. One),1941年加拿大第八次人口普查(Eighth Census of Canada)(Ottawa: The Kings Printer and Controller of Stationery),1948年;伯纳德·R. 布利申(Bernard R. Blishen),"职业等级量表的建构和使用"(The Construction and Use of an Occupational Class Scale),《加拿大经济学和政治科学杂志》(*Canadian Journal of Economics and Political Science*),24(1958),第519—531页。

[②] 唐纳德·J. 博格(Donald J. Bogue),《美国城市的贫民窟》(*Skid Row in American Cities*)(Chicago: Community and Family Study Center, University of Chicago),1963年,第14章和附录B。

[③] 美国人口普查局(U. S. Bureau of the Census),《社会经济地位的方法论和得分》(*Methodology and Score of Socioeconomic Status*),工作论文(Working Paper),No. 15(1963);美国人口普查局,"人口的社会经济特征:1960年"(Socioeconomic Characteristics of the Population: 1960),《当前人口报告》(*Current Population Reports*),系列P-23(Series P-23),No. 12(1964年7月3日)。

[④] 艾伯特J. 小赖斯(Albert J. Reiss, Jr.)等,《职业和社会地位》(*Occupation and Social Status*)(New York: Free Press of Glencoe),1961年;罗伯特·W. 霍奇(Robert W. Hodge)、保罗·M. 西格尔(Paul M. Siegel)和彼得·H. 罗西(Peter H. Rossi),"美国的职业声望:1925至1963年"(Occupational Prestige in the United States, 1925—1963),《美国社会学杂志》,70(1964),第286—302页。

评级的职业拼接起来，许多研究者已经采取了精巧的设计，但是对被广泛认识到的问题并没有通用的解决方案。

通过对一份全面的职业清单提供声望评定，全国民意研究中心正在进行的工作有望克服这个难题。由于在OCG研究之时尚缺乏这样的评级，我们转而依靠职业地位的社会经济指数的想法。不过，我们使用的特别指数经过精心设计，以给出一套声望评定的近乎最佳的副本。邓肯在别处给出了建构这个指数的全面说明[1]，在呈现赋予职业以刻度值的一些示例之前，我们只需做几点说明。

在对职业地位的社会经济指数的推导过程中，我们把从1947年美国人口的大规模样本中获得的声望等级作为准则。可以对45个职业进行声望评定，这些职业的名称与普查清单中的职业非常吻合。1950年人口普查中的数据被我们转化为两个概括性指标：1949年时具有四年中学或者更高教育水平的男性劳动力百分比，及收入在3500美元及以上的男性劳动力百分比（两个变量都被用年龄标准化）。计算了"非常好"或"好的"职业等级的百分比对教育和收入指标的多元回归。把45个职业作为观测单位，得出的复相关系数是0.91，这意味着总体声望评级中有5/6的变异可被两个社会经济变量的组合解释掉。使用在这个计算中得出的回归权重，基于它们的教育和收入分布，所有的普查职业都被赋予了得分。这些得分既可以被解释为对（未知的）职业等级的估计，

---

[1] 奥蒂斯·杜德里·邓肯（Otis Dudley Duncan），"所有职业的社会经济指数"（A Socioeconomic Index for All Occupations），载于赖斯（Reiss），前引《职业和社会地位》，第109—138页。

也可被简单地解释为基于职业的社会经济地位等级的评价（简称"职业地位"）。等级用从 0 到 96 的两位数来表示。它非常类似于前面所提及的布利申、博格和美国人口普查局给出的等级，尽管这四套得分之间在细节上存在各种差异。

在使用职业地位的任何指数中最严重的问题之一与时间稳定性问题有关。对于在 OCG 研究中最年长的队列，我们正在询问的父亲的职业和首职可能是早在一战之前找到的。我们知道，职业结构（在工作在若干职业的相对人数的意义上）从那时起已经发生了明显的变迁。许多新的职业正在兴起，而一些老的职业已日薄西山。就算能根据 1962 年和之前几年的职业对 OCG 的被访者进行准确地评级，但我们能认为更为遥远时期的地位等级是有效的吗？

幸运的是，我们现在对职业声望评级中的时期稳定性有了详细研究。这些结果是令大部分社会学家惊讶的，他们认为这只是碰巧。远在 1925 年获得的一套评级与 1963 年获得的最近一套评级的相关程度高达 0.93。分析者这样总结道，"自 1925 年以来美国的职业声望没有发生实质性的变化。"[①] 虽然对于我们设计的指数的社会经济成分没有完整的证据可用，但 1940 年、1950 年和 1960 年普查中提供的信息表明了相对高的时期稳定性[②]，即使美元价值发生了重大变化，教育水平也有了普遍的提高。

[①] 霍奇、西格尔和罗西，前引"美国的职业声望：1925 至 1963 年"，第 296 页。

[②] 赖斯，前引《职业和社会地位》，第 152 页（霍奇和特雷曼正在进行的研究会进一步支持这一点）。

退而求其次，像以前的研究者一样[1]，我们假定，在我们的当前和回溯数据所跨越的半个世纪里，职业地位的等级保持稳定。与这些研究者不同的是，我们能够为支持这种假定的近似有效性提供一些证据。与在基本报告中关于职业本身的不可靠性相比，在职业的相对地位中由历史变化所导致的误差可能是很小的。

我们为 446 个详细的职业名称提供了两位数的地位得分。其中，270 个是具体的职业类别；其余的是 13 个一般职业类别中基于行业或工人等级的子类。读者可以翻阅来源出版物，查看感兴趣的特定职业的得分。[2] 在这里，我们只是通过引用示例性的职业来说明得分的差异，这些职业并不都是最具数值重要性的职业（见表 4.1）。在大部分 OCG 表格中，得分都被分成了五点区间，在计算摘要统计量时使用区间的中点。

表 4.1 清楚地表明，具有非常不同特征的职业可能具有类似的地位得分。特别是，在不同的主要职业群体中的职业得分存在着相当大的重叠。实际上，在"专业的、技术的及类似人员者"类别中的最低职业与"除农场和矿业外的体力劳动者"中的最高职业只有五个点的差别。不过，主要职业群体的分类解释了更细职业分类中得分上的差异的四分之三。地位得分为更粗糙的分类提供一个有用的改进，但并不是一个完全不同的评级模式。

表 4.1 也许没有充分说明诸如"别处未归类的操作工"和"别处未归类的体力劳动者"这些职业类别中的行业子类所包含的差异。这些差异是相当大的。不过，必须要指出的是，特别是在普

---

[1] 格拉斯，前引《英国的社会流动》，第 178 页。
[2] 邓肯，"所有职业的社会经济指数"，表 B-1，第 263—275 页。

第 4 章 先赋地位和后致地位：测量和分析技术

查分类方案的这些层次上，职业—行业类别代表的是有着相当大异质性要求的工作群体，尽管这些群体被认为在其表现所要求的 122 技能和经验程度上是有些同质性的。然而，尚没有人面对这样的问题，即在没有事先分类的情况下，如果《职业名称词典》中的 123 所有 20000 个或更多的详细职业名称都被编码，那么职业流动研究将会变得怎样。

职业地位得分的使用具有一种理论含义。事实上，我们正在假定，职业结构在地位上几乎是可以被连续分级的，而不是一套离散的地位等级。为这样一种假定找到正当的理由并不难。我们 124 只需审视从事每个特定职业（不管职业命名体系中的细化水平如何）的人们的社会和经济特征的图表。我们发现，职业在他们的收入、教育水平、消费支出、智商、政治倾向和居住地（只举出这几项）的分布上存在重叠（当然，是在或多或少的程度上）。我们有时也许会发现支持如下说明的证据，即在这些分布上存在"自然的断裂"。在第二章关于农场职业与非农职业之间，以及白领与体力职业之间的分界线中，我们已经提出了这种类型的说明。但这些证据并不支持这样的结论，即这些职业类别是完全间断的。最近两章的分析既表明了可以在三大类职业之间发现界线，也表明了这些界线绝不是泾渭分明、没有任何重叠的。

如果我们选择认为职业地位呈现出连续的差异，那么合适的分析模式是将地位视为定量变量。这种观点对流动过程的概念化以及对旨在描述该过程的数据的分析和控制具有深远的意义。因此，在这个研究中我们将加以利用的统计技术工具有些不同于流动研究中的常规工具，尽管这些技术在其他情境下是相当标准的。

163

当决定在OCG研究中使用地位指数，我们意识到虚假结果的一个明显来源，这种虚假结果由对社会流动的早期回归分析的善意批评者所指出（在私下交流中）。[①] 这与如下事实有关，即教育程度是被用来测量职业成就的指数的一个成分，而教育在用于预测职业成就的回归方程中又被作为一个自变量。在建构出地位指数时，职业与教育之间是否存在高度相关，并且得出发现的回归分析是否基于循环推理呢？这个批评是切中要害的，并且批评者的观点必须要以某种方式应对。

表4.1 说明职业地位指数各种得分的职业示例

得分区间	职业名称（括号里是1960年工作的民用劳动力中每10000男性中的频次）
90—96	建筑师（7）；牙医（18）；化学工程师（9）；律师和法官（45）；内外科医生（47）
85—89	航空工程师（11）；工业工程师（21）；银行和金融业中的领薪型管理者（30）；银行和金融业中的自雇型企业主（5）
80—84	大学校长、教授和教师（31）；编辑和记者（14）；电子工程师（40）；药剂师（19）；联邦公共行政和邮政服务中的官员（13）；商业服务业中的领薪型管理者（11）
75—79	会计师和审计师（87）；化学家（17）；兽医（3）；制造业中的领薪型管理者（133）；保险业和不动产业中的自雇型企业主（9）
70—74	设计师（12）；教师（105）；商店客服部经理（40）；信用调查员（8）；批发业中的领薪型管理者（41）；汽车和配件零售业中的自雇型企业主（12）；股票和债券推销商（6）

[①] 奥蒂斯·杜德里·邓肯（Otis Dudley Duncan）和罗伯特·W.霍奇（Robert W. Hodge），"教育与职业流动"（Education and Occupational Mobility），《美国社会学杂志》，68（1963），第629—644页。

续表

65—69	艺术家和艺术教师（15）；绘图员（45）；汽车和配件零售业中的领薪型管理者（18）；服装及配饰零售商店的自雇型企业主（8）；别处未归类的代理人（29）；广告代理人和推销员（7）；制造业中的销售员（93）；交通设备制造业中的工头（18）
60—64	图书馆员（3）；体育教练和官员（12）；邮政局长（5）；建筑业中的领薪型管理者（31）；制造业中的自雇型企业主（35）；速记员、打字员和秘书（18）；票务、车站、快车代理人（12）；不动产代理人和经纪人（33）；批发业中的销售人员（106）；机械制造业中的工头（28）；凸版家和平版家（5）
55—59	殡仪员和尸体防腐者（8）；铁路售票员（10）；批发业中的自雇型企业主（28）；电版技师和铸版工（2）；通讯、公用事业和卫生服务中的工头（12）；火车司机（13）
50—54	牧师（43）；音乐家和音乐教师（19）；地方公共行政机构中的官员和行政人员（15）；食品和奶制品店的领薪型管理者（21）；建筑业中的自雇型企业主（50）；簿记员（33）；邮递员（43）；金属行业中的工头（28）；精密工具制造者、模具制造和安装者（41）
45—49	勘测员（10）；汽车修理服务业和修理厂的领薪型管理者（4）；办公机器操作员（18）；电话、电报和电力行业中的线务员和服务人员（60）；机车消防员（9）；飞机技工和修理工（26）；固定发动机操作工（60）
40—44	交通行业中的自雇型企业主（8）；个人服务业中的自雇型企业主（19）；出纳员（23）；别处未归类的职员及类似的工作者（269）；电工（77）；建筑工头（22）；电影放映员（4）；摄影加工员（5）；铁路扳道工（13）；政府中的警察和侦探（51）
35—39	餐饮场所的领薪和自雇的管理者和业主（43）；零售业中的销售员和职员（274）；装订工（3）；收音机和电视机修理工（23）；消防员和防火员（30）；私人警察和侦探（3）

165

续表

30—34	物业经理和监管者（7）；加油站的自雇型业主（32）；锅炉制造和修理工（6）；机械师（111）；机器安装工（15）；水管工和管道工（72）；结构金属工人（14）；锡匠、铜匠、钣金工（31）；送货员和专在某一条路线上营业的推销员（93）；印刷、出版及配套行业的操作工（13）；基层警察和法警（5）
25—29	通信员和勤杂员（11）；送报人（41）；砌砖工、石匠、瓦工（45）；别处未归类的机修工和修理工（266）；泥水匠（12）；医药制造业中的操作工（2）；休闲娱乐业中的引导员（2）；石油冶炼业中的劳工（3）
20—24	电报送信员（1）；收发货员（59）；面包师（21）；家具木工（15）；挖掘、整地和筑路机器操作工（49）；铁路和汽车店机修工和修理工（9）；裁缝（7）；室内装潢工（12）；公交车司机（36）；金属锉工和磨工（33）；焊接工和切割工（81）
15—19	铁匠（5）；木匠（202）；汽车技工和修理工（153）；油漆工（118）；汽车服务和停车业的服务员（81）；洗衣及干洗店的操作工（25）；卡车和拖拉机司机（362）；固定的消防员（20）；金属行业的操作工（103）；批发和零售业的操作工（35）；理发师（38）；酒吧侍者（36）；私人家庭之外的厨师（47）
10—14	农场主（所有者和租户）（521）；工厂外的鞋匠和修鞋者（8）；染色工（4）；出租车司机和私人司机（36）；医院及其他机构的服务员（24）；电梯操作工（11）；捕鱼者（9）；农场外的园丁和看守人（46）；码头工人和搬运工（13）；机械制造业中的体力劳工（10）
5—9	流动小贩（5）；锯木工（20）；纺织业的织工（8）；除胶鞋之外的鞋类制造的操作工（16）；看门人和教堂司事（118）；农场工人、工资工人（241）；高炉、钢铁厂和轧钢厂的体力劳工（26）；建筑工人（163）
0—4	煤矿操作工和劳工（31）；纱线和织布厂的操作工（30）、行李搬运工（33）；锯木厂、刨制成材厂和木制品加工厂的劳工（21）

数据来源：赖斯（Reiss），前引《职业和社会地位》，表 13-1；美国人口普查局，1960 年人口普查数据（1960 Census of Population），最终报告，PC（1）—（11），表 201。

第 4 章　先赋地位和后致地位：测量和分析技术

我们记得，地位指数建立在下面的经验回归方程基础之上：$\hat{X}_1 = 0.59X_2 + 0.55X_3 - 6.0$。在这里，$X_1$ 是在声望调查中一个职业获得"非常好的"或"好的"评级的百分比，X_2 是该职业中 1949 年的收入在 3500 美元及以上的人员的比例，X_3 是该职业中受教育程度在 4 年中学及上的人员的比例。对 45 个职业的决定系数是 $R^2_{1(23)} = 0.83$。使用对 X_2 和 X_3 的这些权重，对具有普查数据的每个职业赋予一个地位得分（或者说估计的声望得分）是可能的。

在对影响个体职业成就的因素的回归分析中，根据普查的详细代码，首先对每个职业（被访者的和父亲的）进行了编码，然后重新被编码成两位数的地位得分。此后，得分被视为是测量个体的职业社会经济地位的一个数值。需要指出的是，职业地位得分来自于在每个职业类别中关于所有男性的总体数据，但是被应用为描述个体职业特征的得分。

于是，对批评者的第一个反应也许是，地位得分（被解释为对职业声望的一个估计）应该合理地反映了如下事实，即事实上一个职业的声望的一个决定因素是其在职者的教育水平。但是，因为在一个职业中并不是所有的人都具有相同的受教育程度，所以地位得分的方程绝对不会产生个体职业的估计声望和其受教育程度之间的完全相关。另一方面，根据我们对职业声望的相当全面的了解[1]，没有对职业声望的可接受的估计不会表明个体的教育与其所从事的职业的声望之间存在某些明显的相关。换言之，可以说所使用的研究程序的明显的循环性只是如下事实的真实反映，

---

[1] 赖斯，前引《职业和社会地位》；霍奇、西格尔和罗西，前引"美国的职业声望：1925 至 1963 年"。

即大体而言，高声望的职业确实吸纳较高受教育程度的人，而低声望的职业则吸纳较低受教育程度的人。

不过，可以采用另一种方法来弄清，如果使用一个替代的职业地位指数（它明显没有包含教育成分），在流动研究结果中会出现怎样的差异。这个替代的指数不是使用受教育程度，而是使用一个虚拟变量 Z，它指的是一个职业是白领（$Z=1$），还是体力（$Z=0$）。对于同样作为准则的 45 个职业群体，根据两个变量来估计其声望评级（X_1）：如上文所界定的职业收入水平（X_2）和非体力-体力二分变量（Z）。于是得出下面的方程：

$$\hat{X}_1 = 0.79X_2 + 19.8Z + 3.9 \quad (R^2_{1(2Z)} = 0.76)$$

需要指出的是，对处于白领类型的职业而言，方程赋予了大约 20 个点的"红利"。实际上，我们有两个不同的方程：

白领职业：$\hat{X}_1 = 0.79X_2 + 23.7$

体力职业：$\hat{X}_1 = 0.79X_2 + 3.9$

对任何熟悉职业特征的学者而言，不会对下面的结果感到吃惊，即对于 45 个职业，最初的方程与替代的方程之间的相关系数高达 0.96。然而，替代的方程并没有包含教育作为预测因子。因此，如果根据替代的方程来计算职业地位得分，并在对职业流动的回归分析中使用这些得分，那么对于个体的职业地位与他们的受教育程度之间的相关就不可能怀疑存在循环推理的问题。

如果使用替代的程序，在结果中会造成多大的差异呢？为了回答该问题，我们使用替代的职业地位评分方式，对邓肯和霍奇[①]

---

① 邓肯和霍奇，前引"教育与职业流动"。

第4章 先赋地位和后致地位：测量和分析技术

用过的一部分数据进行了重新编码。

最初的结果以略微改变的形式连同修正的结果呈现在表4.2中（与对指数建构的上述讨论相比，这里的字母符号有着不同的意义）。读者应该自己来评价比较结果。看起来，如果接受替代的结果的话，最初报告中的重要的实质性结果不需要做出变化。在修正的结果中，父亲职业（X）对被访者1950年职业（Y_2）估计的直接影响降至其标准误2倍之下，而最初的结果明显保证了拒绝 X 没有净影响的零假设。因此，修正的结果甚至比最初的结果更有力地支持最初的结论，即父亲职业对被访者职业的主要影响是经由它对被访者教育的影响而间接施加的。实际上，修正的结果意味着，它唯一显著的影响是经由教育的间接影响。修正的结果无疑没有比以前估计的结果呈现出教育在职业流动过程中更小的作用。鉴于两套结果的总体相似性，我们将继续坚持这个假定，即在OCG分析中所使用的职业地位指数的可比较的改变也会使主要的结果完好无损。

表4.2 1951年芝加哥劳动力流动样本中35—44岁的非农背景的381名白人男性，使用根据替代的方程得出职业地位得分，教育和父亲职业对被访者职业影响的回归分析

	发表的结果[a]				修正的结果		
	相关系数矩阵							
	U	Y_1	Y_2		U	Y_1	Y_2
X	0.4285	0.3470	0.3145	X	0.4200	0.2972	0.2835
U	…	0.4270	0.5335	U	…	0.3749	0.5155
Y_1	…	…	0.5517	Y_1	…	…	0.5113

续表

标准形式的回归系数 [b]

因变量	X	U	Y_1	R^2	因变量	X	U	Y_1	R^2
Y_2	0.105	0.488	…	0.29	Y_2	0.082	0.481	…	0.27
Y_1	0.201	0.341	…	0.22	Y_1	0.170	0.304	…	0.16
Y_2	0.027	0.355	0.391	0.41	Y_2	0.019	0.370	0.367	0.38

X 效应的路径分解 [c]

	总效应	直接效应	间接效应		总效应	直接效应	间接效应
Y_2	0.314	0.105	0.209	Y_2	0.284	0.082	0.202
Y_1	0.347	0.201	0.146	Y_1	0.297	0.170	0.127

a 邓肯和霍奇，前引"教育与职业流动"。
b 每个系数的标准误近似于 0.05。
c 由于教育的平方项省略，与发表的数值略微有所差异。
注：变量界定如下：
Y_2：1950 年时被访者的职业地位
Y_1：1940 年时被访者的职业地位
U：被访者的受教育程度
X：父亲的职业地位

多元分类分析

当遇到如下形式的问题时可以使用这种分析技术：一个定量的（例如，以定距尺度测量）因变量；两个或更多的自变量，每个都是定性的或定类的（当然，任何定量变量都可被转换为这样的定类变量）。在定类变量的情况下，没有对构成分类的若干类别的排序做出假定。如果类别以某种次序呈现的话，在求

第4章 先赋地位和后致地位：测量和分析技术

解的时候并没有使用关于次序的信息。由此可见，这项技术并没有对因变量与任何定类变量或者定类变量相互之间的关系形式做出任何事先的假定。因此，不存在线性或者甚至单调性的假定。

本质上，这种方法背后的基本思路是比较一组均值。假定 Y 是（定量的）因变量，$\overline{Y}$ 是全部样本的总均值，$\overline{Y}_h$ 是落在定类变量 W 的类别 h 中的那部分样本的均值。于是，Y 和 W 之间关系的性质是通过呈现在 W 的所有类别中随着 h 的变化导致的 $\overline{Y}_h$ 的差异来具体说明的。二者之间关系的程度与在类别均值 $\overline{Y}_h$ 中显示出的差异的数量有关。通常，我们先计算类别之间的平方和 $\sum_h n_h(\overline{Y}_h - \overline{Y})^2$，在这里 n_h 指的是在类别 h 中个案的数量；然后将它与总的平方和 $\sum(Y-\overline{Y})^2$ 联系起来，这个总平方和针对的是样本中的所有个案。类间平方和／总平方和这个比率指的是被 W 所解释掉的 Y 的总平方和的比例。这个比例的平方根被称为相关比率，用 η_{YW} 表示。

很显然，对于另一个定类变量，比如说 U，我们可以进行类似的分析。在此，$\overline{Y}_i$ 是对 U 的类别 i 而言因变量的均值。于是，我们可以得到被 U 所解释掉的 Y 的总平方和的比例这样一个反映二者关系程度的数值，即 η_{YU}^2。

现在，假如我们希望在同时考虑两个定类变量的情况下，对 Y 与 W 和 U 的关系做出一些说明。一种做法是形成一个新的定类变量，比如说 T，这个变量包括 W 和 U 交叉分类后每个单元格的类别。像之前一样，我们可以研究类别均值 $\overline{Y}_{hi}$，并将它们的差异 $\sum n_{hi}(\overline{Y}_{hi} - \overline{Y})^2$ 与 Y 的总体平方和进行比较。需要指出的是，T 的类

别数量等于 W 的类别数量和 U 的类别数量的乘积。因此，如果我们将分析扩展至更多的定类变量，并且同时考虑它们，那么这种方法要求在所有的交叉分类中应该有足够的数据。而且，随着变量的增加，交叉单元格的数量按几何级数增长，这意味着每个单元格的观察值会迅速下降，随之而来的是，我们对多元关系本质的描述变得相当复杂，并且单个单元格的均值变得越来越不可靠（由于抽样变异）。

因此，这激发我们考虑一种分析程序，它不会以如此"挥霍"的方式耗费数据。尽管其使用会付出一定代价，但这样的程序是可用的：我们必须对多元关系的性质做出可能与事实相反的假定。即便如此，我们也容忍这样的假定，因为它使我们有可能同时处理若干定类变量。如果我们坚持不需要对关系的性质做出任何假定，那么实际上就排除了这种可能性。

假如 Y 与 W 和 U 的多元关系的性质果真如下所述：如果审视均值 $\overline{Y}_{hi}$ 的差异，不管我们指定 i 的取值为何，随着 h 的变化，我们会发现相同的模式；并且，不管指定 h 的取值为何，随着 i 的变化，我们会发现相同的模式。用代数方法而言，Y 在 $W \times U$ 的交叉分类表的单元格均值可被写成如下形式：$\overline{Y}_{hi}=m+w_h+u_i$。在此，$m$ 是一个适用于所有单元格的常数项；w_h 是当处于交叉分类的行 h 时所适用的常数项；u_i 是当处于交叉分类表的列 i 时所适用的常数项。因此，这是一个加性模型（additive model），它意味着，我们正在处理一组行效应（h 的每个值都有一个效应）和一组列效应（i 的每个值都有一个效应），但是除了对于指定单元格

第4章　先赋地位和后致地位：测量和分析技术

由特定行和列效应之和所给出的效应，我们不必对任何单元格效应做出假定。简言之，这个模型假定不存在交互效应。如果这个模型令人满意的话，那么所获得的简化明显是相当大的。最初描述的程序要求我们，在 $W \times U$ 的交叉分类表中有多少个单元格就要识别多少个不同的单元格效应，其数量是行的数量与列的数量的乘积。而加性模型意味着不同效应的数量只有交叉分类中行的数量和列的数量之和那么多。鉴于加性模型明显更简约，即使我们知道它不完全正确，但我们准备视其为对数据的一个足够准确的描述。

但是，在这个模型中所假定的加性效应来自何处呢？为了分别研究 Y 与 W 和 U 的关系，每一个都在不考虑另一个的条件下，我们首先描述如何研究 $\overline{Y}_h$ 和 $\overline{Y}_i$ 的集合。有人也许怀疑，在多元关系中的加性效应是这些特定类别的均值的某种简单函数。如果 W 和 U 在统计上独立碰巧是正确的，也就是说，对 h 和 i 的所有值而言，$n_{hi}=n_h n_i/N$，那么情况就确实如此。不过，在观察数据（与实验数据相对）中，我们不可能遇到这种情况。如果 W 和 U 是关联而非独立的，那么在估计各自的加性效应中，我们必须要考虑那种关联。这样做时，我们宛若正在根据类别之间的关联（或"相关"）为每个类别调整所观察到的均值。

有几种方式来描述我们藉以获得对定类变量的"调整"效应、"加性"效应和"净"效应的估计的原理。有些读者可能希望对模型的特征和估计的程序获得全面的理解，我们只能建议这些读者翻阅一些从略微不同的观点写作的文献。[①] 在这里我们必须要满足于一个简要的说明。

具体而言，假如 W 只有三个类别，并且 U 也只有三个类别；也就是说，h=1，2，3；i=1，2，3。然后，我们必须要获得模型的总常数项（m），对 W 的三个净效应（w_1, w_2, w_3），以及对 U 的三个净效应（u_1, u_2, u_3）。实际上，我们将以这样一种形式求解，即要求总常数项就是总均值：$m=\overline{Y}$。我们必须要求解下面一组方程：

$$n_{1.}w_1 + 0 + 0 + n_{11}u_1 + n_{12}u_2 + n_{13}u_3 = n_{1.}(\overline{Y}_{1.}-\overline{Y})$$

$$0 + n_{2.}w_2 + 0 + n_{21}u_1 + n_{22}u_2 + n_{23}u_3 = n_{2.}(\overline{Y}_{2.}-\overline{Y})$$

$$0 + 0 + n_{3.}w_3 + n_{31}u_1 + n_{32}u_2 + n_{33}u_3 = n_{3.}(\overline{Y}_{3.}-\overline{Y})$$

$$n_{11}w_1 + n_{21}w_2 + n_{31}w_3 + n_{.1}u_1 + 0 + 0 = n_{.1}(\overline{Y}_{.1}-\overline{Y})$$

$$n_{12}w_1 + n_{22}w_2 + n_{32}w_3 + 0 + n_{.2}u_2 + 0 = n_{.2}(\overline{Y}_{.2}-\overline{Y})$$

$$n_{13}w_1 + n_{23}w_2 + n_{33}w_3 + 0 + 0 + n_{.3}u_3 = n_{.3}(\overline{Y}_{.3}-\overline{Y})$$

[①] T. P. 希尔（T. P. Hill），"对英国的工资和薪水分布的分析"（An Analysis of the Distribution of Wages and Salaries in Great Britain），《计量经济学》（*Econometrica*），27（1959），第 355—381 页；D. B. 休茨（D. B. Suits），"回归方程中对虚拟变量的使用"（Use of Dummy Variables in Regression Equations），《美国统计学协会杂志》（*Journal of the American Statistical Associations*），52（1957），第 548—551 页；J. N. 摩根（J. N. Morgan）等，《美国的收入和福利》（*Income and Welfare in the United States*）（New York：McGraw-Hill，1962 年，附录 E；沃尔特·R. 哈维（Walter R. Harvey），《对子类数量不等特征数据的最小二乘分析》（*Least Squares Analysis of Data with Unequal Subclass Numbers*），ARS-20-8（Washington：U. S. Department of Agriculture，Agricultural Research Service，1960 年 7 月）；伊曼纽尔·梅利查（Emanuel Melichar），"经济调查数据的最小二乘分析"（Least Squares Analysis of Economic Survey Data），美国统计学协会，商业和经济统计分会 1965 年年会论文（Washington：American Statistical Association），1966 年，第 375—385 页。

在这里，我们使用了对交叉分类表的常规标记法：n_{23}表示的是第二行、第三列的频次；$n_2.$表示的是第 2 行的（边缘）频次。在$\overline{Y}_h$集合中的三个均值是$\overline{Y}_{.1}$、$\overline{Y}_{.2}$和$\overline{Y}_{.3}$，在$\overline{Y}_i$集合中的三个均值是$\overline{Y}_{.1}$、$\overline{Y}_{.2}$和$\overline{Y}_{.3}$。读者也许注意到了，我们有六个未知的（w的和u的）而非六个独立的方程。前三个方程的和等于后三个的和。为了求解，我们需要另外的条件。出于方便（如此而已），我们明确规定，对于W的净效应加权之和等于零，对于U的净效应亦然：

$$n_{.1}w_1 + n_{.2}w_2 + n_{.3}w_3 = 0 \;;\; n_{.1}u_1 + n_{.2}u_2 + n_{.3}u_3 = 0\text{。}$$

基于这些规定，我们迫使总常数项m等于总均值$\overline{Y}$，并且能把净效应解释为对总均值的偏离。

对标准方程的研究将揭示多元分类的解为什么被称为是与W和U分类相伴的所观测的均值的一个调整值。如果$n_{hi} = n_h n_i/N$（统计独立性的条件），那么凭借在上一段最后所陈述的条件，比如说，在第一个方程中，在u_i中各项之和将化为零。于是，$w_1 = \overline{Y}_{.1} - \overline{Y}$，并且加性效应只是$W$的第一类别中$Y$的均值对$Y$的总均值的偏离。因为独立性条件没有满足，所以总体而言，加性效应不会与所观测的或"总的"偏离相同。

总之，尽管我们没有分别对Y和W的关系及Y和U的关系做出假定，但是我们确实假定它们各自的效应的组合是加性的。如果分析者担心这个假定，他可以用一套给定的数据来检测其适当性。让$W \times U$的交叉分类表中的单元格(h, i)的实际均值为$\overline{Y}_{hi}$。让根据加性模型估计的相应的均值为$\hat{Y}_{hi}$。然后我们可以比较$\sum n_{hi}(\overline{Y}_{hi} - \overline{Y})^2$和$\sum n_{hi}(\hat{Y}_{hi} - \overline{Y})^2$所解释掉的平方和。前者虽然必定是更大的，但未必显著更大。情况也许是这样的，对加性模型或交互效应的偏离很容易被归之于单个单元格均值的随机抽样偏差。方差分析的统计技术（在此，满足它的假定）为这种假设提供了一个检验。①在一些研究中，我们专门关注假定一个明显的交互效应的理论，在这些研究中我们已经进行了这样的检验。在大多数情况下，我们没有这样做，而是假定当交互效应在定类变量本身的建立中并不明显时，它们可以被忽略。

对于在加性模型中如何计算归因于定类变量组合的平方和，我们不打算详加叙述。计算可以用一种比定义 $\sum n_{hi}(\hat{Y}_{hi}-\overline{Y})^2$ 所表明的更简单的方式来进行。特别是，实际上为了获得由于多元分类所解释的平方和，并不一定计算 $\hat{Y}_{hi}$。不过，我们将为这种平方和的解释提供一些指引，因为我们将会广泛地使用它们，以作为测量关系程度的指标。

尽管我们对于这一点的展示和讨论只处理了两个定类变量，但同类的加性模型可被扩展至三个或更多的定类变量。例如，如果 X 是第三个定类变量，x_j 是它的第 j 类的净效应，那么加性模型为：$\overline{Y}_{hij} = \overline{Y} + w_h + u_i + x_j + e_{hij}$。在这里，$e_{hij} = \overline{Y}_{hij} - \hat{Y}_{hij}$，也就是在三维交叉分类表中单元格（$h, i, j$）的实际均值与基于加性模型计算的均值之间的差值。为了求解，上面所给出的条件保证了，在三维分类轴中所平行的任何方向上的这种差异加权之和等于零：$\sum_h n_{hij} e_{hij} = \sum_i n_{hij} e_{hij} = \sum_j n_{hij} e_{hij} = 0$。

---

① K. A. 布朗利（K. A. Brownlee），《在科学和工程学中的统计理论和方法论》(*Statistical Theory and Methodology in Science and Engineering*)（New York：Wiley），1960 年，第 515—521 页。

多元分类分析示例

现在让我们转向一些实际计算的结果。样本是所有 OCG 被访者（20—64 岁）。假定 Y 是基于定距尺度测量的变量：在 1962 年 3 月时被访者的职业地位得分。W 是首职，被视为一个有 20 个类别的定类变量：职业地位得分的 19 个区间，加上一个没有回答首职的人的剩余类。X 是以同样方式处理的父亲的职业。U 是被访者的受教育程度，根据完成的学校教育年数划分为 9 个分类区间。我们特意选择了这样一个例子，在此所有三个定类变量都可被视为定量的，以便于我们随后对线性回归分析与多元分类分析的结果进行比较。

在这个例子中，我们研究了每个定类变量本身的总影响、两个定类变量的每个组合的净影响，以及所有三个变量组合的净影响。下面的表格呈现了每个定类变量及其组合解释掉 Y 的总平方和的百分比：

自变量	(Y) 总平方和的百分比
X, U, W	41.93
X, U	37.59
W, U	40.93
X, W	31.57
X	15.05
U	35.48
W	27.40

因为有些读者急于想知道多少差异被"解释掉了",所以首先列出的是三个定类变量的加性组合解释掉的总平方和比例。这个比例接近42%,无疑幅度不小,但因变量的很多差异仍未被解释掉。

我们首先指出的是,这个总和远低于三个定类变量各自的总影响所解释掉的三个平方和之和,它接近于总平方和的78%。不过,除了表明三个定类变量确实存在大量的"正向重叠"之外,这个总和没有任何其他意义。在三个定类变量符合统计独立性的情况下,三个总影响的平方和之和恰好等于加性模型的平方和;在存在"负向重叠"的情况下,前者可能低于后者。不过,后一种可能性很少出现,并且在我们的大多数分析中不希望这种情况。

接下来,我们研究的是三个因素组合解释掉的总平方和与其中两个因素组合解释掉的总平方和之间的差异。用组合(X, U, W)减去组合(X, U),我们得到41.93−37.59=4.34,被称为是W的"直接影响"或"净影响"解释掉的平方和。类似地,我们发现:

净影响	(Y)总平方和的百分比
X	1.00
U	10.36
W	4.34

三个自变量的各自净影响之和为15.70,远低于它们的组合本身所解释掉的总平方和百分比。这再次揭示了定类变量之间的正重叠程度。在没有重叠或者说统计上独立的情况下,这两个和会

第 4 章 先赋地位和后致地位：测量和分析技术

是相等的（而负重叠将使得净影响之和大于组合所解释掉的总平方和百分比）。因为净影响之和不等于后者，这确实无法说组合所解释掉的 42% 中有多少是由于每个定类变量所导致的。也许，我们可以说 16% 是由于它们各自的净影响，26% 是由于它们的重叠或关联影响。

我们可以用其他的结果表述方式来进行解释。如果只看 W，我们得到它的总影响所解释掉的 Y 的总平方和为 27.40%。将这个结果与 (W, U) 组合的结果比较，我们发现一个 U 的增量 13.53（40.93-27.40）。将 (W, U) 组合与 (X, U, W) 组合进行比较，我们得到一个 X 在后者组合中的增量 41.93-40.93=1.00。总结如下：[①]

变量	（Y）总平方和的百分比
W，不控制其他变量	27.40
U，控制 W	13.53
X，控制 U 和 W	1.00
总和	41.93

不过，这不是对"被解释掉"的平方和的唯一分解方式。实际上，也许以相反的顺序（按照时间顺序）来计算这个值更为合理。

变量	（Y）总平方和的百分比

[①] 参阅 L. N. 黑兹尔（L. N. Hazel），"对子类数量不等特征数据的多元分类表的协方差分析"（The Covariance Analysis of Multiple Classification Tables with Unequal Subclass Numbers），《生物统计学期刊》（Biometrics Bulletin），2（1946），第 21—25 页。

X，不控制其他变量	15.05
U，控制 X	22.54
W，控制 U 和 X	4.34
总和	41.93

尽管也可以计算出其他类似的分解结果，但如果我们按照变量的时间或因果顺序 X—W—U—Y 来进行的话，似乎是最有意思的一个。在上文的第一个分解中，我们赋予最近的原因以最大的重要性，这样的话，W 所解释掉的 Y 的总平方和的百分比代表的是 W 的直接影响加上其他两个变量与 W 的影响相重叠的所有影响。然后我们分解剩下的，以便加入次近的原因 U 的直接影响，这个影响是由它与 X（但不与 W）的重叠所导致的。最后，我们只计算 X 的直接影响。

当然，在第二个分解方案中，我们按照相反的顺序进行。在这里，也许我们最感兴趣的是想知道 Y 的总差异中有多少是由于最早的原因所导致的，既包括直接的，也包括它与随后的原因所重叠的。然后我们探究的是加入第二个原因可以获得多少对因变量的预测，不管是它的直接作用，还是经由第三个中介变量起的作用。数值显示，职业出身直接或间接地解释了职业成就差异的 15%，教育解释了 23%，首职解释了 4%。

一个特定的变量在一组相互关联的自变量中有多大的重要性？在说明这种问题没有唯一的答案时，这类分析是有用的。答案部分取决于观点和视角，藉此我们希望能大胆地提出一种解释。在附录 H（"对多元分类分析结果的总结"）中给出了许多这样的解释（除了在随后的章节里我们所要讨论的）的资料。

第4章 先赋地位和后致地位：测量和分析技术

以上我们对这一点的所有讨论都是根据关系的程度，用被单一定类变量或它们的组合来解释掉的差异的幅度来处理关系的程度。接下来我们转向关系的性质的问题。

表4.3呈现了对其中一个变量U的相关信息的总结。第1列显示的是在U的每一类中估计的总人数（被膨胀的样本，inflated sample）。出于两个原因，最好有这个信息：首先，总影响和净影响的加权和都是零。我们有时看到这样一组影响，在此只有一个类别有很小的正偏差（观测的或调整的），而其他几个则有很大的负偏差。正是通过加权来使这个明显异常的结果变得合理。第二，一个类别对平方和做出的贡献取决于它的规模。在例子中，我们不会通过赋予"未上过学"的类别任何可能的取值对由U解释掉的平方和做出太大改变，因为1%的人口落在这一类中。当然，由于理论上的原因，或者因为它遭受了特定类型的回答误差等原因，它也许是特别有意思的类别。在总人口中，这些类型的重要性没必要与导致因变量差异的重要性同等对待。

在第2列中，我们获得的是对于U的每个类别，Y的观测均值。在第3列中给出了这些观测均值与总均值的偏差，我们将用它来表示总影响的模式或性质（不同于它们的重要性程度）。当然，在这里考虑U类别的顺序是正常的，尽管这个顺序在数学上与其解释掉的平方和的比例无关，也与根据多元分类模型估计的加性影响的数值无关。给定这个顺序，很显然，Y与U单调相关：平均而言，一个人的受教育程度越高，他的职业地位也越高。

181

表 4.3 1962 年时受教育程度对职业地位的影响

完成的学校教育年数	估计的总人数（1000人）（1）	1962年的职业（Y的均值）（2）	观测的偏差（总影响）（3）	净影响（调整的偏差）X^a的净影响（4）	净影响（调整的偏差）W^a的净影响（5）	净影响（调整的偏差）W和X的净影响（6）
总计	44984	36.3	.0	.0	.0	.0
没上过学	562	18.2	−18.1	−15.6	−13.8	−12.5
初等学校						
1—4 年	1901	19.6	−16.7	−14.1	−12.7	−11.3
5—7 年	4317	21.4	−14.9	−12.9	−11.7	−10.6
8 年	6128	25.1	−11.2	−9.5	−8.4	−7.5
高中						
1—3 年	8478	28.8	−7.5	−7.0	−5.9	−5.6
4 年	12788	37.6	1.3	1.0	1.2	1.0
大学						
1—3 年	5277	46.3	10.1	8.1	8.2	7.1
4 年	3256	63.7	27.4	24.7	21.0	19.7
5 年及以上	2276	71.2	34.9	32.0	24.9	23.5

a X：父亲的职业地位；W：首职地位。

最后，根据在加性模型中，U 是与 X、还是与 W、还是与 W 和 X 进行组合，我们获得了三组净影响。当把其他变量加入考虑时，Y 与 U 的关系模式（即单调形式）保持不变。不过，当固定其他定类变量中的一个或二个时，单个定类变量的净影响往往趋于零。因此，我们再次看到，U 对 Y 的总影响的一部分是由于 U 的影响与 W 和 X 的影响的重叠。已经给出的平方和分析使我们相信，净影响还是相当大的，尽管通常略微小于 U 的总影响。

现在转向另外两个自变量，借助于图形展示我们刻画了 Y 与

第4章 先赋地位和后致地位：测量和分析技术

X 和 W 的总的关系和净的关系的性质。这将有助于表明牢记类别的顺序（当存在一个自然的顺序时）的可取之处，尽管在获得统计测量中并没有使用关于顺序的信息。

图 4.1 表明了定类变量 W 对 Y 的总影响，以及在 (W, U, X) 组合中 W 的净影响。这些影响类似于表 4.3 中的第 3 列和第 6 列。直线源自于线性回归计算，随后我们将对此加以讨论。目前它们只是作为识别总影响和净影响的模式的指南。

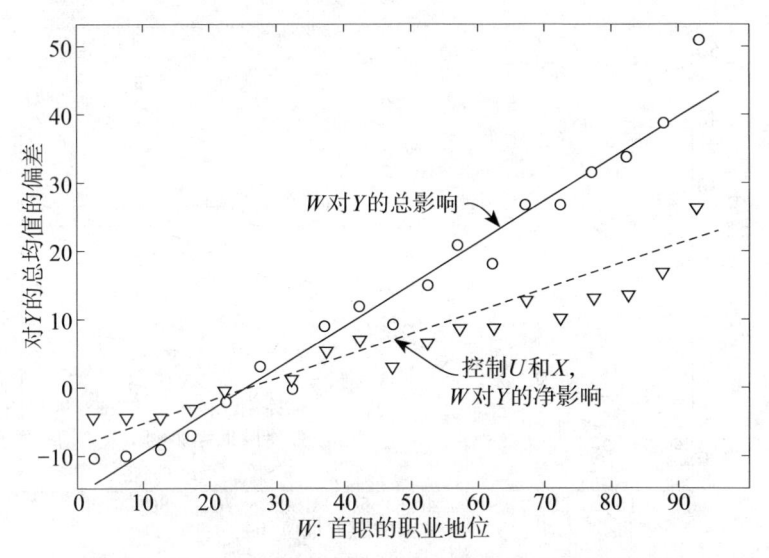

图 4.1 首职的职业地位（W）与 1962 年的职业地位（Y）的总关系和净关系，基于多元分类分析和回归分析

当对定类变量 W 像这里所用的那样给出尽可能多的细节时，明显存在一些总影响和净影响的波动，这些波动是不容易被解释的。即使有这些波动，但当考虑 W 所含类别的顺序时，数据的总体动向明显趋于一个单调关系。实际上，如果假

定这些类别基于定距变量排列（如图中所绘制的点那样），那么关系就不会非常近似于一条直线，也许会被发现略微趋向于曲线。

几乎同样的观察也适用于图4.2，该图显示了定类变量X的总影响和净影响。比较图4.1和图4.2表明，W的斜率更陡一些，与从对平方和的研究中已得出的结论相一致，职业地位受到早期职业的影响比受到社会出身的影响更大。

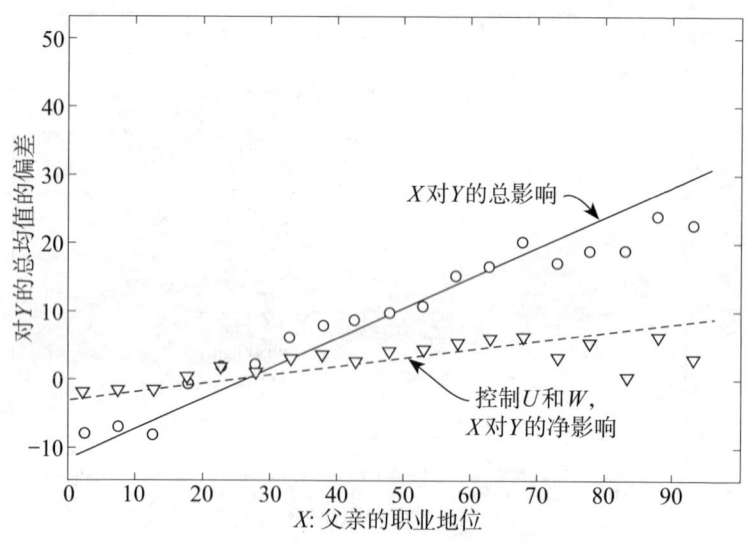

图 4.2 父亲的职业地位（X）与1962年的职业地位（Y）的总关系和净关系，基于多元分类分析和回归分析

在研究图4.1和图4.2时，需要记住另外几点。不像表4.3，图形显示没有注意自变量的类别在人数规模上的差异。在W和X二者的刻度的顶端，有几个类别包含的频次相对较小。因此，我们应该预期在图形的这个区域总影响和净影响会有更大的波

第4章 先赋地位和后致地位：测量和分析技术

动。图形中还省略了未回答（NA）类别（没有回答首职或父亲职业的人）的总影响和净影响。正如我们所提到的，在获得多元分类分析的解时，没有回答被视为是自变量的一个类别。当因变量存在没有回答的类别时，它被赋予针对所报告的所有案例的均值。就 Y 而言，没有回答实际上指的是不在工作的平民劳动力中的人；这些人都被认为拥有正好等于民用劳动力中所有人的平均水平的职业地位。在回归计算中，无论是因变量中的，还是自变量中的未回答案例都被简单地从计算中省略。这是回归分析结果与在多元分类分析中得到的结果之间细微差异的原因。

对多元分类分析的一系列结果的解释包含了许多其他要点。不过，当它们发生在与特定例子有关联时，最好考虑这些要点。总之，谈及统计推断问题时这似乎是可取的。在大多数情况下，我们很少使用方差分析的正式工具，包括可用于交互影响、净影响等的几种 F 检验。在某种程度上，这表示我们直觉上对我们处在"大样本"境况这个假定的依赖，在这种情况下根据统计推断的惯例，大部分影响很可能会显示为显著，这些影响是如此之大和一致，足以引人关注或可以解释。

第二个考虑是对我们的数据无法满足有效计算 F 检验的所有条件的质疑。特别是，方差分析模式假定，对因变量的单个观测是独立的，并且是符合正态分布的，这个正态分布具有围绕着根据加性模型估计的均值的固定方差。我们没有办法检测数据符合这个条件的假定，因为检验它所需的详细的交叉分类根本无法运行。

不过，就此而论，我们希望大家注意希尔报告的一个实验，他分析了一套有些类似于我们的调查数据。在他的分析中，因变量是收入，就像我们的职业地位变量，收入的分布是高度偏态的。在诸如职业、行业、年龄、城镇规模和地区等自变量的条件下，他使用多元分类分析。对残差分布的研究表明，"来自加性模型的残差明显存在很大的异方差性。"不过，希尔使用包含相同的多元分类的乘数模型（multiplicative model）进行了一个类似分析。也就是说，他使用收入的对数作为因变量。在此，他发现"对数残差的方差是相当稳定的。"① 也许我们可以认为，从统计推断的角度看，对数转换（实际上这是一个非常大的转换）产生了一个更出色的分析。如果这样的话，非常有趣的是，从描述性的角度看，这两个模型得出极为可比较的结果。对大部分定类变量而言，总影响和净影响的模式是非常相似的。所有定类变量组合在一起的加性模型解释掉因变量总平方和的49%，乘数模型解释掉47%（希尔并没有报告单个定类变量的总影响和净影响解释掉的平方和）。

在本研究中所使用的多元分类方法无疑在一些方面是粗糙的。不过，它有助于减少相当数量的数据，如果视其为初步的近似（first approximation），那么我们相信它基本上是一个合理的框架。而且，在特殊情况下，我们把它作为使用其他方法得到的结果的补充。我们的目的不在于统计分析上的尽善尽美，而在于对大量尚未被描述过的有趣关系的有益概括。

---

① 希尔，前引"对英国的工资和薪水分布的分析"，第374页。

回归分析

当我们准备把所有进入分析的变量（因变量和自变量）视为定量（定距测量）时，我们首选的程序是回归分析。建构包含曲线关系的回归模型是可能的。我们没有机会使用这样的模型，因此目前的讨论仅限于线性回归。

研究的主题在上一部分已大致介绍过，并且回归计算的一些结果已在图 4.1 和 4.2 中加以展示。例如，双变量的回归包含确定最优拟合或最小二乘方的直线，这条线经过与 X 的组距相对应的 Y 的均值。在图 4.2 中，Y 对 X 的（总）回归显示为有 0.46 的斜率。也就是说，父亲的职业地位每增加 10 个点，我们对儿子职业地位的估计提高 4.6 个点。回归线必定经过点 $(\bar{Y}, \bar{X})$，即两个变量的总均值的点。

除了斜率和两个均值外，通常提及的与回归分析有关的其他统计量是相关系数，在这个例子中，它等于 0.405。从一个角度看，这个系数是衡量回归线的拟合优度的一个指标。它的平方（0.164）表示的是被 Y 与 X 关系的线性部分所解释掉的 Y 的总平方和的比例。因此，它可与多元分类分析中提及的 X 的总影响所解释掉的平方和（这个值为 0.1505 或 15.05%）进行比较。实际上，当根据相同的数据计算时，相关系数的平方 r_{YX}^2 一定小于或者至多等于 η_{YX}^2。但是，如同所指出的，在我们的多元分类分析中，我们包含了没有回答的情况，而在计算线性回归的统计量时则排除了它们。这导致了微小的统计差异，使得我们不可能对回归分析结果与多元分类分析的结果进行仔细比较。不过，根据图形显示，很显然回归直线并没有完全描述均值的进展，尽管它近乎如此。

解释相关系数的另一个角度是，当两个变量以标准形式来表示，即用它们各自的标准差单位来表示（通常在被编码成对各自均值的偏差后），相关系数等同于回归系数。因此，我们可以将回归方程简写为 $\hat{y} = r_{yx} x$，在此 $y = (Y - \bar{Y})/\sigma_Y$，$x = (X - \bar{X})/\sigma_X$。在目前的例子中，$\hat{y} = 0.405x$，这样的话，如果一个被访者的父亲的职业地位高于所有被访者的父亲职业地位（X）的均值一个标准差，那么我们估计，他应该高于被访者职业地位（Y）分布的均值大约十分之四个标准差。当使用相关时，我们记住要将 r 解释为"标准化的回归系数"。

对相关系数的第三种解释是，它是二元正态频次分布的一个特定参数的估计。我们没有机会使用这个解释，因为我们不需要二元正态性的假定，实际上也很难表明那种假定的合理性。

不习惯于使用回归统计值的读者也许希望我们对它们的解释提供一些指导。诸如 $r_{YX} = 0.40$ 这样的相关系数是"大"，还是"小"？当然，一个标准是相关系数的最大值是 1.00（或者在负相关的情况下是 -1.00）。如果 $r_{YX} = 1.00$，这意味着如果知道父亲职业地位的话，我们就可以准确地估计被访者的职业地位了。在一个完全僵化的社会里，每个儿子都继承父亲的职业，那我们就会观测到这个值。根据对职业流动的以往研究，以及日常生活经历，现在我们意识到，并不是所有的儿子都从事他们父亲的职业。不过，通常认为，这样做的比例是相当大的。这种推测来自于这样的流动表研究，在那里职业被分组为相当宽泛的类别。OCG数据使我们有可能对职业继承的频次做出更精确的估计。[142] 刚好超过10%的OCG被访者与他们的父亲有相同的两位数职业地位得分。而且，地位得分的相同并不意味着父亲和儿子处于同一职业（父亲可能是一位电工，得分为44；儿子是一位出纳员，得分同样是44）。因此，这里给出的数值是对OCG总体中职业继承程度的最高估计，如果职业继承被定义为在详细的分类中特定职业的同一性。那么，10%的职业继承对父亲-儿子职业的相关意味着什么呢？为了推导出一个明确的答案，让我们做出一些简化的假定。假设总体由两个组构成。在两个组中Y和X的均值及各自的标准差是相同的。第一组由那些"继承"他们父亲职业的人构成，在这一组内，当然$r_{YX}=1.00$。在另一组，那里没有继承，假定$r_{YX}=0.00$。于是，在总人口中（这两个组的混合物），相关r_{YX}将恰好等于"继承"了其父亲地位的人的比例，或者说，在当前的例子中，等于0.10。观测到的相关性$r_{YX}=0.40$，明显超出假设值很大的幅度，这完全是由于对职业"继承"的狭义解释所致。即使"继承"的实际比例远高于它假设的可能幅度，这也是正确的。

也许，上述讨论会使某些视角适合于$r_{YX}=0.40$的发现。尽管远低于最大值，但这个关系程度也远高于父亲训练儿子从事自己的职业这个特定机制所可能导致的值。如果想为r_{YX}提供一个因果解释，我们必须要提出一种比单纯的学徒制或严格的职业继承更为复杂的因果关系。经济资源和社会化过程可能是这种相关关系背后的主要因素。

关于代际相关性的另一种视角由来自其他领域的数据和理论所提供。卡尔·皮尔逊所获得的一个经典结果是，在身高（用英寸来测量）上，父亲-儿子的相关度是0.51。[①] 如果身高完全是由遗传决定的，并且基于包括缺乏选择性婚配在内的特定遗传机制的假定，那么相关程度恰好为0.5将是理论上的预测。对关于这个主题的正好12项研究的最近评论[②]表明，在12项调查获得的智力测验中父母-孩子相关的中位值是0.50。这再次与基于智力传承的简化遗传模型的预测值是一个有趣的巧合。不过，在此我们无意于深入讨论遗传还是环境决定的问题。

尽管这种比较什么也证明不了（至少在缺乏另外的明确前提的条件下），但至少令人好奇的是，关于职业地位的父亲-儿子相关度在数量大小上与对身体特征和心理特质所获得的父子相关度具有可比性。像身高这样的身体特征表现出明显的基因传递，像智力这样的心理特质的传递模式则不明朗。如果我们有理由相信对身高（一定）和智力（可能）的测量比职业地位有更高的信度，那么我们应该可以认为后者的相关度比其他两个更会被随机测量

---

① 参见 G. U. 尤尔（G. U. Yule）和 M. G. 肯德尔（M. G. Kendall），《统计学理论导论》（*An Introduction to the Theory of Statistics*）第13版（London：Griffin），1947年，第11章。

② L. 埃伦迈尔-希姆林（L. Erlenmeyer-Kimling）和莉丝·F. 贾维克（Lissy F. Jarvik），"遗传学与智力"（Genetics and Intelligence），《科学》（*Science*），142（1963），第1477—1479页。

误差所减弱。如果这样的话，父母-孩子相关度的三个系数的相似性可能比已经显示的还要接近。

从这个角度看，相关系数 r_{YX} 的数值看起来既非异乎寻常地低，也非不可思议地高。根据它的大小，我们可以认为，父亲的地位对儿子的职业成就有着明确的和显著的影响，但是后者还受到其他各种因素的影响，这些因素就像"偶然性"一样起作用，因为它们与父亲的地位有关联。当然，在这个问题上，我们对偶然性机制缺乏明确的概念，这种偶然性机制相当于遗传理论中的基因随机分离。另一方面，我们应该能够更为具体地指出关于职业成就中的某些因素——它们（至少部分地）独立于父亲地位而起作用。

线性回归分析的首要条件当然是，这种关系确实是线性的，至少在可接受的近似程度上。图 4.1 和 4.2 从严格线性的角度展现了我们经常在 OCG 数据中所发现的变化类型。对大量类似的数据图的审视使我们相信，线性的假定通常足够接近真相，为了使回归分析值得做，我们需要做出线性假定。

也许表现为最明确曲线关系的是职业地位（Y）与受教育程度（U），总结在表 4.3 中。我们会进一步讨论这个关系，因为它提供了一个说明回归分析的某些局限（除了偏离线性之外）的机会。图 4.3 是这种关系的一幅图，但针对的是不同的样本，即代表的是 OCG 20—64 岁被访者中其父亲不在农场中的子总体（随后我们会针对这个非农背景的群体进行大量计算）。

美国的职业结构

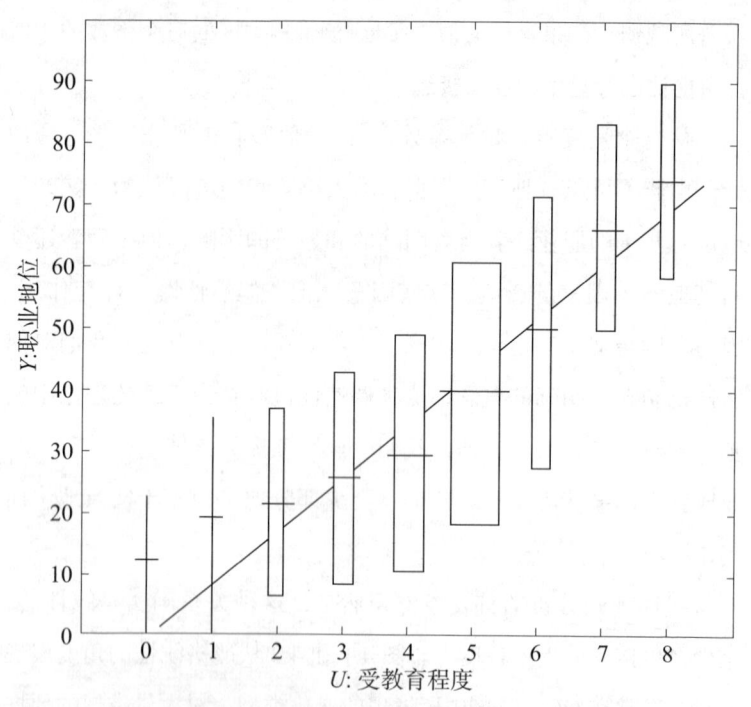

图4.3 基于 U 是定距测量假定计算的线性回归,对受教育程度（U）的每个类别而言 Y 的均值 ± 1 个标准差,非农背景的 20—64 岁的男性

在这里,受教育程度 U 被用一个武断的评分体系来表示:0 表示没有上过学,1 表示上过 1 到 4 年初等学校,2 表示 5 到 7 年初等学校,3 表示 8 年初等学校,4 表示 1 到 3 年高中,5 表示高中毕业,6 表示 1 到 3 年大学,7 表示大学毕业,8 表示 5 年及以上大学。U 的每个取值的条形棒表示的是拥有特定教育年数的人所对应的 Y 的均值加上或减去在那个教育类别上所观测到的 Y 的得分的一个标准差。条形棒的宽度表示的是在既定教育水平上的人数占总人口的大概比例。最后,图中画出了最小二乘法的回归

第4章　先赋地位和后致地位：测量和分析技术

线，以便我们可以判断关系符合线性的程度。关于回归统计结果的解释，图形呈现出这样几点。

首先，Y均值的变动明显不是完全线性的。不过，对线性的最大偏离位于U的刻度底端的两个人数稀少的区间中。很明显，为了改进对线性的接近，需要压缩这个区域的刻度。不过，因为涉及的人数很少，所以这对相关系数影响甚微。事实上，对于这些数据，我们发现，与η_{YU}=0.619相比，（线性）相关r_{YU}=0.595。因此，被关系的线性部分所解释掉的差异比例是35%；而实际的均值间的平方和是总平方和的38%。

其次，数据明显是异方差的。也就是说，Y得分的离散程度不是固定的。实际上，根据标准差来看，存在相当明显的差异模式：在受教育程度的两端，它们很低；而在中间的区间（得分为5和6），则很高。

最后，正如从图形中所推导出来的，并经对原始数据的检查得到证实，Y的得分不是对称的，更不用说围绕着U的特定均值呈正态分布。当U很低时，Y的分布是正向偏态的。Y可以在不低于零处行进，但即使在最低的受教育程度上，有些人也会有相当高的职业地位。相反，当U很高时，Y的分布是负向偏态的。对具有大学教育程度的人而言，存在很低的天花板（也就是说，从平均水平到最高水平是相当短的区间），但到地板的距离却很长。不过，在得分低于10的职业中，我们也发现了一些大学毕业生（如果他们对受教育程度和职业的回答是可信的话）。

鉴于对数据的统计不当的这些观察，我们仍能有理由使用回归统计量吗？实际上，我们将继续使用这些统计量，但要带着这样的认识，关于正在研究的变量关系的性质，它们并不能揭示我们想知道的一切。在我们遇到曲线性、异方差性和残差的偏态分布等情形时，并不存在一套二次统计量（诸如方差和协方差，或者标准差和线性回归系数）能够概括数据中的所有信息。我们可以声称，我们的测量指标对数据给出了部分的和近似的简化，但不过如此而已。只要我们处理的是双变量的情况，我们就可以用其他类型的描述来补充回归统计量。当研究包含几个变量的问题时，我们可以对回归方法和多元分类方法进行比较。如同我们已看到的，后者可以处理曲线性问题，尽管无法处理所提到的其他两个问题。毋庸置疑，援引更为复杂的程序可以提供更高的分析精度。但是比起我们所能获得或分析的，这些程序无疑要求更为复杂的交叉表。

这里正在讨论的问题不是在面对抽样偏差时的统计推论问题。我们正在处理大样本数据，我们的问题是适当的数据简化或统计描述问题，而不是确定数据是否呈现出"显著的差异"。我们有时会援引对相关系数的标准误的粗略估计。就对这些标准误的任何合理的估计而言，很明显，我们指出的相关大小中的主要变异不可能是抽样偏差。

我们对这一点的讨论局限于双变量的回归问题上。实际上，回归技术的主要动机并不是它们便于概括双变量的关系，而是它们在表达多变量关系的本质特征中的能力。如果必要的假定都具备的话，那么充分描述一个 k 个变量集所需的所有信息被包含在 $k(k-1)/2$ 个不同的双变量关系中，这些关系包含于集合之中。

从这个角度来看，多元回归的动机就如同多元分类的动机。

第4章 先赋地位和后致地位：测量和分析技术

而且，基本假定（除了残差变异的线性和恒定性假定之外）也是相同的，也就是说，净关系是加性的。根据这个假定，我们不可能只利用多元回归对变量关系进行极其简洁的概括。基于回归统计，使用路径分析技术，我们可以建构一个系统的因果解释。我们将放在下一章再讨论路径系数，在那里它们才被实际使用。在此我们只指出，路径分析技术包含了一些实质性的或理论性的假定，但其统计基础与多元回归基本上是相同的。就净关系的可加性的特定问题而言，协方差分析技术提供了对可加性假定的局部检验，下一节将对此加以讨论。

大量的解释细节出现在对多元回归程序的应用中。最好在阐述实质性发现的情境下来介绍这些细节。我们可以通过再次提请大家注意图4.1和4.2来总结当前的讨论。除了已讨论的总回归外，这些图还显示了根据Y对W、U和X的多元回归估计的净关系中的两个。我们也与从多元分类分析中获得的净关系进行了比较。主要的发现是，不管使用哪种技术，所获得的总体印象是基本相同的。在净关系中对线性的偏离非常类似于在总体关系中所发生的情况。在图4.2中固定了Y对W、U和X的净回归的斜率，与调整偏差的一般"趋势"相比较，它看起来有点太陡。这种差异是非常可能的，因为多元分类程序不仅排除了U对X的线性影响，而且排除了所有形式的加性影响。于是，值得注意的事情是，净的线性关系是如此之好，与通过没有做出线性假定的技术所估计的净关系的概况一样。在此，我们还有另外的证据，在这些数据中所观测到的对线性的适度偏离几乎不是对回归结果进行直接解释的主要障碍。只需补充的是，我们已经考察了许多其他的比较，就像图 4.1 和 4.2 中所给出的那样，并且它们中的大部分都得出了几乎相同的印象，即线性假定是合理的近似物。

协方差分析

协方差分析技术适用于这种情况，因变量是定量的，一个自变量同样是定量的，另一个自变量是定类的（存在多元协方差的扩展式，有不止一个定量的协变量，但我们并未使用它们）。关于任一定量变量与定类变量的关系性质没有做出任何假定。在这一点上，协方差技术类似于多元分类。我们确实假定，在定类变量的每个类别之内，被测量的因变量与定量的自变量的关系是线性的（可以扩展至组内的曲线关系，但我们没有考虑它们）。不过，一开始我们没有假定，这个线性关系的斜率是固定的。实际上，我们使用协方差的主要目标是研究几个斜率实际上是否相同，或者近乎如此。当斜率明显不同时，关于它们对因变量的影响，我们拥有定量变量与定类的自变量的交互项。换言之，两个自变量的净影响是非加性的。换一种说法，在这种情况下的交互项意味着任何一个自变量的影响的性质取决于其他自变量的水平或类别。

为了立刻给出一个示例，图 4.4 描绘了对 Y 与 W 和 U 关系的协方差分析的一些结果，在这里 U 被视为是定类变量。基本上，我们得到的是九个不同的双变量回归计算结果，每一个针对的是受教育程度（U）的每个类别。这九个计算的结果用实线来表示，标记为"单个回归"。当然，对于受教育程度的适当类别，每条直线都经过均值（$\overline{W}, \overline{Y}$）。

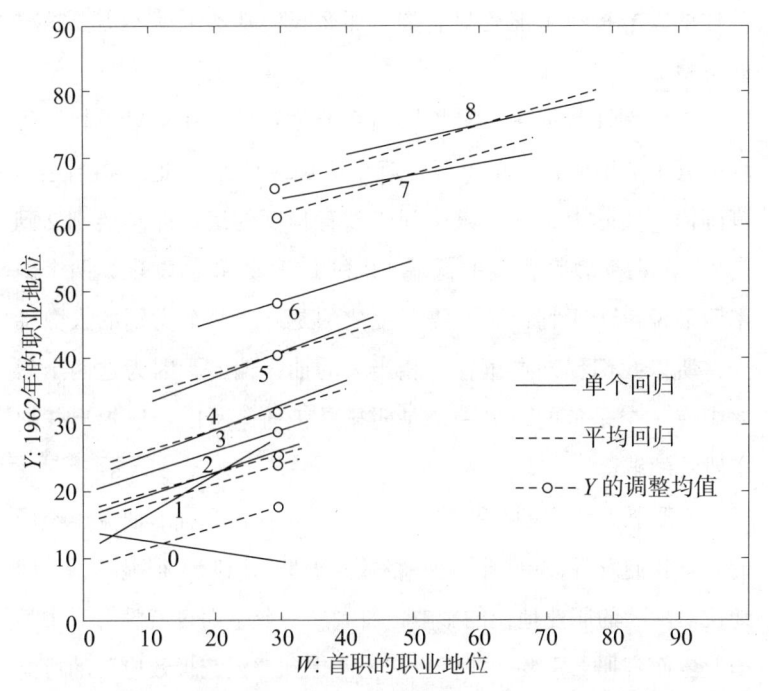

图4.4 在受教育程度的类别内（0，1，2，…，8）1962年的职业地位对首职的职业地位的回归，20—64岁非农背景的男性

协方差计算的另一个结果是"平均组内回归"（average within-group regression）。在自动考虑各自组内数量的过程中，这个结果通过将组内平方和乘积混合在一起计算得来。在图中绘出了具有这个平均斜率的一条直线，它穿过每个组的均值，例外的是在组3和组6中的情况，在这两个组中平均斜率是如此接近于单个回归，以致无法在图形上对二者加以区分。为了检验这个推测是否合理，即单个回归对平均回归的偏离只是由于抽样偏差，有一个显著性检验是可用的。[①] 假定大到足以引起关注的差异极有可能是显著的，那么我们基本上就不需要这样的检验。

在示例性数据中，平均回归系数是 0.29，并且对受教育程度的五个类别而言，单个回归落在从 0.29 到 0.36 这个相当小的范围内。实际上，这些是中间受教育程度的组，即从类别 2 到类别 6。在受教育程度的低端（0 和 1 组），我们发现，两个斜率明显偏离于平均回归。需要提醒的是，这两个类别的人数稀少，所以我们预期这里存在相当大的抽样偏差。因为这两个斜率中有一个是负的，另一个是明显是正的，所以难以提出任何实质性的解释。

在受教育程度的另一端，审视大学毕业生和拥有研究生经历的人，我们发现，单个的斜率略微低于平均回归。很显然，首职地位对随后的职业地位的影响，对大学毕业生而言就没有对中学毕业生而言那么重要。我们也应该考虑到"天花板效应"的可能性，对于 W 的起点很高的组，这种效应拉平了 Y 对 W 的回归。看起来，对这里观测到的交互效应，我们可以得到有点意思的实质性解释。不过，如果我们将平均回归视为是在控制 U 的情况下 Y 对 W 的净关系的代表，似乎也没有很大的曲解。

对同样这些数据的多元回归分析中，在 U（被视为与其他变量线性相关的定量变量）保持不变的情况下，我们得到 Y 对 W 的

[①] 海伦·M. 沃克（Helen M. Walker）和约瑟夫·列夫（Joseph Lev），《统计推论》(*Statistical Reference*)（New York : Holt），1953 年，第 15 章。

一个净系数0.34。在概念上，这个系数是可与根据协方差结果估计的平均回归系数0.29相比较的。当然，对于后者，我们不仅控制了U的线性影响不变，而且控制了它的全部加性影响。

协方差分析中的另一组结果是调整的Y的均值，如果我们接受一个统一的组内回归等于计算的平均回归的假定，那么我们也可以计算出调整的Y的均值。在此，我们感兴趣的是，在控制定量的协变量的条件下，估计定类变量对因变量的净影响。如同图4.4所表明的，通过使受教育程度各组的W均等化，我们获得调整的Y的均值，具体而言就是，如果所有各组的W的均值相同，使得平均回归线穿过那个均值，那么可计算出Y的均值将是多少。调整的Y的均值对Y的总均值的偏差与在多元分类分析中获得的调整偏差（净影响）在概念上是可比较的。在这两个程序中，我们都假定加性的净影响。在协方差方法中，我们要求关系之一（在这里是Y对W）要呈线性形式，而在多元分类程序中则不应用这个限制。

表4.4比较了基于这两种方法获得的结果。读者会注意到，相比于多元分类分析，协方差分析产生了更大的总影响和净影响。不过，这不是两种分析模式的差异带来的结果，而是数据制表方式所导致的产物。在协方差分析中，我们忽略了未回答（NA）类别，而在多元分类分析中，我们赋予它一个随意的得分。这会产生一个弱化效应，即减弱根据多元分类程序估计的影响。这种差异的程度可用由U的总影响解释掉的Y的总平方和的百分比来表示。对于协方差计算，这个结果是38.6；对于多元分类计算，其结果是34.9。

表 4.4 对于非农背景的男性,根据两种方法计算的受教育程度对 1962 年职业地位的影响

受教育程度	估计的总人数（单位：千人）(1)	协方差分析[a] 总影响[b] (2)	协方差分析[a] W 的净影响[c] (3)	多元分类分析[a] 总影响[b] (4)	多元分类分析[a] W 的净影响[c] (5)
所有人	32879	0.0	0.0	0.0	0.0
（0）没上过学	287	−27.9	−22.7	−19.3	−14.4
初等学校					
（1）1—4 年	824	−20.5	−15.8	−17.2	−12.7
（2）5—7 年	2363	−18.7	−15.0	−16.6	−13.2
（3）8 年	3474	−14.7	−11.6	−13.7	−10.8
高中					
（4）1—3 年	6364	−10.5	−8.1	−9.8	−7.7
（5）4 年	10050	−0.5	−0.1	−0.4	−0.1
大学					
（6）1—3 年	4556	9.7	8.0	8.2	7.0
（7）4 年	2890	26.6	20.7	24.6	19.4
（8）5 年或以上	2072	34.3	25.0	31.5	22.2

a 在协方差计算中,排除了不在工作的民用劳动力中的人（没有回答 Y）。在多元分类分析中,它们被赋予一个等于 Y 的总均值的得分。
b 对 Y 的总均值（40.1）的偏差。
c W：首职的地位。

尽管存在这种差异,但读者可能注意到,在这两个计算中,对于 W 的调整结果是几乎相同的。也就是说,在两种计算方法中相应的总影响与净影响之间的差异是几乎相同的：用第 2 列减去第 3 列与第 4 列减去第 5 列来比较。这里是对前一节所建议的那种多元分类分析结果的一个总结,以说明两种计算方法之间的差异：

第4章 先赋地位和后致地位：测量和分析技术

变量	Y 的总平方和百分比	
	多元分类分析	协方差分析
U	34.91	38.58
W	26.25	27.48
U, W	40.26	42.87
U, 净影响	14.01	15.39
W, 净影响	5.35	4.29

除非另有说明，在接下来的章节对总平方和百分比的所有计算，都使用多元分类程序。

我们必须要提及在协方差结果中可能的不一致的另一个来源。尽管对于两个定量变量，未回答类别都被省略了，但对二者而言，被排除的样本未必是相同的。这个困难产生于制表的形式。例如，我们有一个 Y 得分的分布，一个 W 得分的分布，以及一个 $(Y-W)$ 的差异的分布，每个分布都以类别区间的形式给出。在定类变量的类别内，我们从三个分布中计算：$\sum Y$、$\sum Y^2$、$\sum W$、$\sum W^2$，以及 $\sum(Y-W)^2 = \sum(Y^2 - 2YW + W^2)$。于是我们能够得到 $\sum YW = [\sum Y^2 + \sum W^2 - \sum(Y-W)^2]/2$。给定这些量，我们可以获得剩下的计算所需要的方差和协方差。由于三个分布 Y、W 和 $(Y-W)$ 基于有些不同的样本总数（未回答者被从每个分布中排除），进行调整（校正）是可能的，但这并不会去除可能产生的任何不一致，比方说，如果对 W 的未回答者不同于对 Y 的未回答者。除了这个问题外，还有在将数据分组成类别区间的时候所引入的相对微小的近似估计的不一致。

读者也许认识到在处理多用途的表格时不可避免地要导致这些

来源的误差。出于简约的考虑，不得不以尽可能简单的形式设计这些表格。此外，在 OCG 调查本身提供任何可用的信息之前，不得不根据变量的一维或二维分布和未回答者的相对频次来设计这些表格。实际上，在计算中我们被迫容忍一些近似值，正如同我们必须容忍抽样偏差及不得而知的回答误差和数据处理误差。因为我们很清楚几种类型的分析方法所遭受的不同类型的计算误差，所以我们当然不会基于对不同分析方法的结果的精确比较来进行推论。

具体就协方差计算而言，我们相信，在查明存在于三个变量问题中的主要交互模式中，这些计算是有用的。不过，我们意识到，单个回归系数中的微小差异不能被视为是准确的和可靠的。

分析流动分布：以教育为例

OCG 研究提供了受访者职业流动的三个测量指标：（1）代际流动，即父亲的职业到受访者 1962 年的职业；（2）初始的代际流动，即父亲的职业到受访者的首职；（3）代内流动，即从首职到 1962 年的职业。所有这三个职业都是基于地位指数来评分。于是，当我们想测量变动的"距离"时，最简单的做法自然是使用两个职业的地位得分上的差异，在这两个职业之间的变动构成了流动。因此，如果父亲职业的地位得分用 X 来表示，用 W 来表示首职地位，用 Y 表示 1962 年职业的地位，那么对上述三类流动的距离的测量可简写为：（1）$Y-X$；（2）$W-X$；（3）$Y-W$。这些流动得分的任何一个可能是正的（意味着向上流动）、可能是负的（表示向下流动）或者是零（就职业地位而言，相当于未流动；尽管就具

第4章 先赋地位和后致地位：测量和分析技术

体职业而言，不一定未流动）。原则上，流动得分可能高至 +96，或者低至 -96，尽管这些极值事实上不可能发生。

出于理论目的，当一位研究者试图确定流动的原因或结果时，一般是不希望在直接的统计分析中尝试使用流动得分作为一个变量。这方面的原因我们在第5章再详论。基本的考虑是"流动"现象在因果关系上不是同质的。决定一个人起点（他初始的或出身地位）的因素可能不同于决定其前途（他前往的或最终地位）的因素。而且，由于普遍观察到的趋于均值的回归模式，从一个起点的流动（在一个指定的方向）可能比从另一个起点更容易或者更可能发生。因此，初始地位是决定终点地位的原因结构中的一部分。在统计上处理流动得分将冒着混淆因果的风险。

同样地，当研究流动的假设结果时，很可能初始地位的影响不同于终点地位的影响。在流动得分中，二者是以未知的数量混合在一起的。即使不使用正式的评分设计，例如，研究者只是将人分类为向上流动的、向下流动的或者未流动的，流动测量的同样局限依然存在。

尽管很难做出正确的解释，但出于两个原因我们还是研究了流动得分的分布。首先，我们对多大比例的人口经历了更多或更少数量的流动有一定的好奇心。数据有描述性价值。不过，在试图满足这种好奇心的过程中，我们必须警告读者，不要根据流动分布中所观测到的变化去冒险做无根据的推论。如果有人试图根据特定人群比平均水平经历更大或更小数量的流动来推导出某些结果，那么他应该求助于一种适合的分析方法，以检验这样一个推论。

其次，通过使用正确的（尽管明显是迂回的）分析流动分布的

153

方法，对流动过程进行有趣和有效的描述是可能的。这里阐明的方法得出了一个有用的总结，它在性质上与根据回归分析、协方差分析和多元分类分析得出的结论没有什么不同，但是它不受那些技术所需的一些假定的限制，并且它以一种那些技术所没有的方式考虑了得分分布的实际形式。因此，沿着这里所提出的方法进行的流动分布分析是有用的，不仅可以检测由其他方法所得出的结论，而且还可能以一种某些读者觉得更为有趣的方式来表述这些结论。

为了尽量放松基于定距尺度的社会距离测量的假定，我们已经彻底地分解了流动分布。我们识别出五个流动类别，并在表4.5中给出了基于得分区间的界定。因为类别是随意划定的，所以在绝对的得分分布上没有什么意义。如果我们在对"相对稳定"的界定上更慷慨一些，例如，给这个类别更多的数量，那么代价则是减少"短距离流动"类别的数量。

表4.5 基于代际职业流动得分（$Y-X$）的男性百分比，观测值和基于两个假设的期望值

流动得分	观测值	期望值[a] A	B	观测值减去A	观测值减去B
26到96（长距离向上流动）	24.9	30.7	27.6	−5.8	−2.7
6到25（短距离向上流动）	24.7	21.2	25.1	3.5	−0.4
−5到5（相对稳定）	28.1	18.5	20.7	9.6	7.4
−25到−6（短距离向下流动）	15.5	15.6	16.2	−0.1	−0.7
−96到−26（长距离向下流动）	6.8	14.0	10.4	−7.2	−3.6
总计	100.0	100.0	100.0	0.0	0.0

[a] A：基于在总人口中 Y 和 X 在统计上独立的假设得出的期望值。
B：基于在每个教育类别内 Y 和 X 在统计上独立的假设得出的期望值。

第4章　先赋地位和后致地位：测量和分析技术

不过，有意思的是，我们看到在表 4.5 的观测值列，向上流动比向下流动多，这只是以另一种方式表明，平均而言被访者在 1962 年自己的职业地位要高于根据其父亲职业所定义的社会出身地位。

当我们将流动得分的分布与基于流动如何发生的特定假设所得出的分布相比较的话，我们会从中获得更多的信息。一种经常被研究的这样的假设是存在"完全流动"，即被访者的地位在统计上独立于父亲的地位。给定 Y 和 X 的边缘分布，表 4.5 中的期望值 A 的分布就是基于这种假设获得的。将观测值与期望值 A 分布比较的话，我们看到，实际情况比完全流动假设所预测的有更高的相对稳定性，并且尽管在短距离向下流动上与假设所表明的几乎一样，但有更多的短距离向上流动。在长距离流动方面，无论是向上的还是向下的，观测到的流动分布都低于期望分布。

读者一定要知道，不论是刚才所讨论的情况，还是在我们对流动分布的分析中所考虑的所有其他情况，在期望分布中都存在着未知的计算误差。地位得分的边缘分布是以类别区间计算的，流动得分的分布也可以用类别区间来计算。为了计算流动得分的期望分布，以便它能以与观测分布相同的类别区间来呈现，需要在类别区间内加入插值[1]，这只能得出近似的结果。因此，比方说，我们对短距离向上流动期望百分比的计算很可能与在更详细计算的边缘分布的条件下获得的期望百分比相差一或两个百分点。

读者可能感到疑惑的是，为什么观测到的流动分布会与基于完全流动假设的期望分布（在 A 中）存在奇怪的偏离，以致比期望分布有更多的短距离向上流动而非短距离向下流动？我们不能

---

[1] J. 迈克尔·科布尔（J. Michael Coble）专门为此写了一个计算机程序，否则的话，需要极为烦琐的计算。

给出一个直接和明显的答案，但是我们可以展示另一组结果，这样做这种奇怪之处（如果是这样的话）就消失了，因此它在某种意义上也得到了解释。计算的前提是，教育是出身的职业地位与获致的职业地位之间的一个重要中介因素，这并不令人吃惊。尽管所接受的教育年数部分取决于出身层次，但它也取决于其他因素。因此，十分可能的是，在考虑到他们的出身水平的情况下，还是有相当多的人接受了足够的教育，以保证适量的向上流动。

为了使这个解释具有可操作性，我们考虑一个模型，不是假定整个人口中存在完全流动，而是限定类型的完全流动，在这个模型中，在拥有相同数量教育的被访者的类型内被访者的职业地位独立于其父亲的职业地位。表4.5中的"期望值B"呈现了基于这个假设获得的流动分布。在操作上，通过将被访者分组为六类受教育程度来进行计算。假定Y和X独立的情况下，我们首先对每个教育类别计算了期望的流动得分分布（以人口百分比为单位）。然后我们将九个期望分布加总为针对整个人口的单一分布。于是后者被简化为百分比。我们对基于这个假设获得的流动分布（可被称为关于教育的有条件的完全流动）与观测分布进行了比较，结果呈现在表4.5中的最后一列"观测值减去B"。

在此我们仍发现实际上存在大量的相对稳定的人，作为补偿，有相对少的长距离流动，无论是向上的，还是向下的。观测到的短距离流动比例接近于期望情况，并且差异几乎不随流动方向而变化，这与假设A所发现的结果相反。

在这里，我们看到了在控制受教育程度的条件下儿子地位与父亲地位的偏关系（partial relationship）。如同在用不同技术研究这种相同的偏关联的其他分析中那样，我们发现，父亲地位对儿子地位存在

第4章 先赋地位和后致地位：测量和分析技术

着独立于教育的明确的净影响。具体而言，当前这组结果表明，这种净关系主要体现在，相比于如果教育是父亲地位借以影响儿子成就的唯一因素的情况，被访者更可能获得类似于其父亲职业地位的职业。

这里展示的分析流动分布的技术可能是基于最小二乘法程序的分析（回归、协方差、多元分类）的一个有用补充。它没有做出关系的线性或加性的假定，并且它考虑了得分分布任何特有的特征以及天花板和地板效应。如同我们已使用的那样，它的局限在于，它只适用于这样的问题，在其中因变量是一个职业地位，一个自变量是另一个职业地位，第二自变量是定类变量。在对所有的定类变量类别加总期望分布的过程中，适当的谨慎是必要的。在上面的例子中，这种说法似乎是合理的，因为观测值对期望频率的偏离在所有的教育类别中落入类似的模式。当这不是真实情况的时候，也许最好是避免这种加总，以下文所呈现的扩展形式来进行分析。

表4.5中以概括的形式展示的结果包含了一些有趣的细节，值得更为详细的介绍。目前为止，我们使用的技术回答了教育如何影响职业成就的问题。它也使得我们要谨慎地回答教育如何影响人们经历代际流动的机会的问题，即他们发生向上流动、维持与其父亲大致相同的水平、向下流动的可能性。

如同图4.5所显示的，向上流动的机会直接与教育相关（数据请看附录的表J4.1）。经历某些向上流动的人的比例稳步地随着受教育程度而上升，从低至对那些报告没上过学的人而言的12%，到高至对那些大学以上的人而言的76%。经历长距离向上代际流动的比例也以同样有规律的方式上升，从对那些接受不足5年教育的人而言的不到8%，到对那些拥有研究生学历的人而言的53%。随着受教育程度的提高，未流动的比例呈下降趋势，拥

美国的职业结构

有不足 5 年教育的人接近一半几乎与其父亲的职业地位相同，与之相对的是，那些接受了大学以上教育的人只有八分之一。不过，向下流动并没有与教育显示出相应的线性关联。

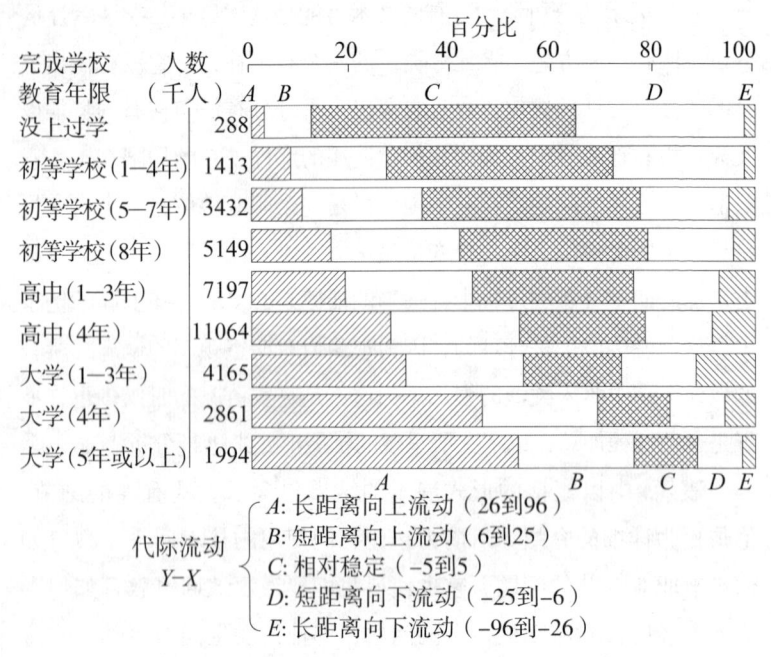

完成学校教育年限	人数（千人）
没上过学	288
初等学校(1—4年)	1413
初等学校(5—7年)	3432
初等学校(8年)	5149
高中(1—3年)	7197
高中(4年)	11064
大学(1—3年)	4165
大学(4年)	2861
大学(5年或以上)	1994

代际流动 Y–X
A: 长距离向上流动（26到96）
B: 短距离向上流动（6到25）
C: 相对稳定（–5到5）
D: 短距离向下流动（–25到–6）
E: 长距离向下流动（–96到–26）

图 4.5 对每种受教育程度类别的人而言，观测到的代际流动的百分比分布（基于表 J4.1 的数据）

进入大学但却没有完成的人不仅比那些拥有更多教育的人，而且比拥有更少教育的大部分人，更可能经历向下流动。当然，总体而言，向下流动与教育呈反向相关，从拥有不足五年教育之人的多于四分之一到最高教育之人的八分之一。但这种关系不是单调的，中断高中教育的人和中断大学教育的人以经历更高比例的向下流动偏离了这个趋势。实际上，对长距离的向下代际流动

第 4 章　先赋地位和后致地位：测量和分析技术

的数据而言，趋势部分地发生了反转，并呈现出倒"U"型的形状。一个人经历大幅度向下流动的可能性，从对最少教育的人而言的 2% 规则地升高至对受过一到三年大学的那些人而言的 12%，然后对最高教育者而言下降至 2.5%。

拥有中间数量教育年限的人（超出八年义务教育但未完成大学的那些人）最可能经历大幅度的向下代际流动。教育较少的人不太可能发生低于其父亲地位的向下流动很可能是因为，他们中的大部分来自于低社会经济地位的家庭，一个人地位下降的余地很小。大学毕业生不太可能经历向下流动的原因很可能是，他们是一个精选的群体，他们能够完成大学就说明了这一点。不过，这些特别的解释并不令人满意，必须要寻找某种方式以确定反向的天花板效应或者教育差异的其他相关因素是否能够解释观察到的模式。不过，无论潜在的解释是什么，事实在那里摆着，拥有中等数量教育的人最可能遭遇长距离向下代际流动的受损经历。那些没有获得较高教育程度的人，有更大的风险遭受严重的地位损失和相对剥夺，如同经常被宣称的那样，这也许有助于解释地位更低的中产阶级及他们中的向下流动特别容易受到权威主义和极权主义意识形态和各种类型的偏见的影响。① 很明显，将什么导致了不同教育类别的差异性流动与这种差异可能会导致什么结果这两个问题区分开来是很重要

---

① 西摩· M. 利普塞特（Seymour M. Lipset），《政治人》（*Political Man*）（New York：Doubleday），1959 年，第 134 页及以下几页；鲁道夫·希伯利（Rudolph Heberle），《从民主到纳粹主义》（*From Democracy to Nazism*）（Baton Rouge：Louisiana State Univer. Press），1945 年，第 10 页及以下几页；布鲁诺·贝特海姆（Bruno Bettelheim）和莫里斯·贾诺维茨（Morris Janowitz），《偏见的动力学》（*Dynamics of Prejudices*）（New York：Harper），1950 年，第 58 页及以下几页；塞缪尔·A. 斯托弗（Samuel A. Stouffer），《共产主义、遵从和公民自由》（*Communism, Conformity and Civil Liberties*）（New York：Doubleday），1955 年，第 26—57 页、第 139 页。

美国的职业结构

的；这里只对前一个问题进行系统的分析。

模型检验了如下的假定，即人们的职业地位取决于他们的教育和教育取决于其父亲的社会经济地位，但在影响职业流动中教育和父亲地位的组合没有交互作用。换言之，人们经历的流动只是其教育和社会出身的函数，不存在影响各种教育群体流动机会的进一步的条件。图4.6（附录中的表J4.2）呈现了当检验这个假定时所获得的计算结果。这些期望值非常接近地再现了观测值。期望的向上流动随着教育水平的提高而增加，期望的未流动以互补的方式下降。甚至长距离向下流动的U型曲线也再现于计算值中。

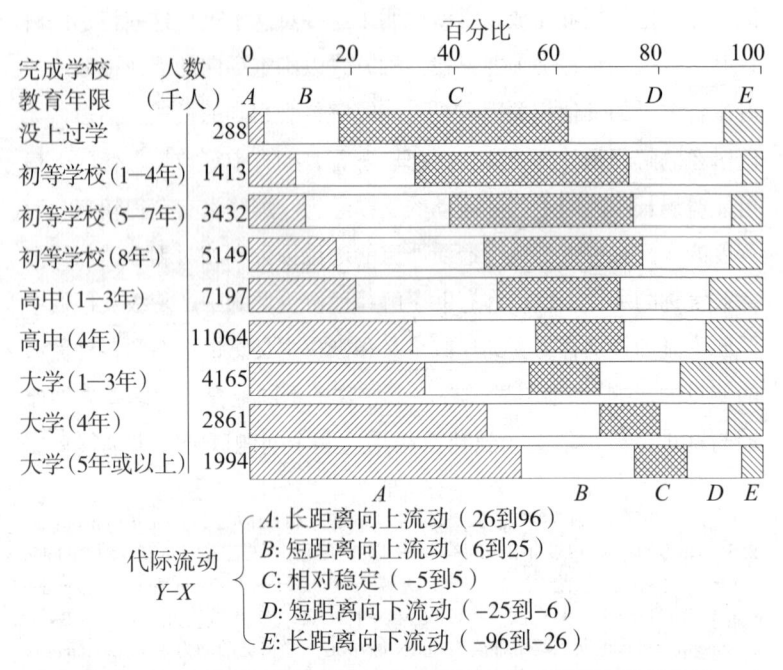

完成学校教育年限	人数（千人）
没上过学	288
初等学校(1—4年)	1413
初等学校(5—7年)	3432
初等学校(8年)	5149
高中(1—3年)	7197
高中(4年)	11064
大学(1—3年)	4165
大学(4年)	2861
大学(5年或以上)	1994

代际流动 Y-X
A: 长距离向上流动（26到96）
B: 短距离向上流动（6到25）
C: 相对稳定（-5到5）
D: 短距离向下流动（-25到-6）
E: 长距离向下流动（-96到-26）

图 4.6 对每种受教育程度类别的人而言，基于在教育类别内的独立性假设，代际流动的期望百分比分布（基于表 J4.2 中的数据）

第 4 章　先赋地位和后致地位：测量和分析技术

拥有某些大学教育程度的人被预期比受过较多教育的人或受过较少教育的人经历更多的向下流动，这意味着什么呢？这意味着，这些人的社会出身比那些拥有更少教育的人更高，并且他们的教育并不与这些高的社会出身相称，以克服高职业起点所固有的向下流动危险，除非更高的教育抵消掉这个危险。受过最好教育者有条件达到其社会出身的地位，而受过较少教育者可以达到不高的出身地位。但是大学辍学者是这样的人，其不够好的教育条件增加了从其父亲占据的高社会经济地位（这意味着他父亲有能力送他读大学）向下流动的风险。

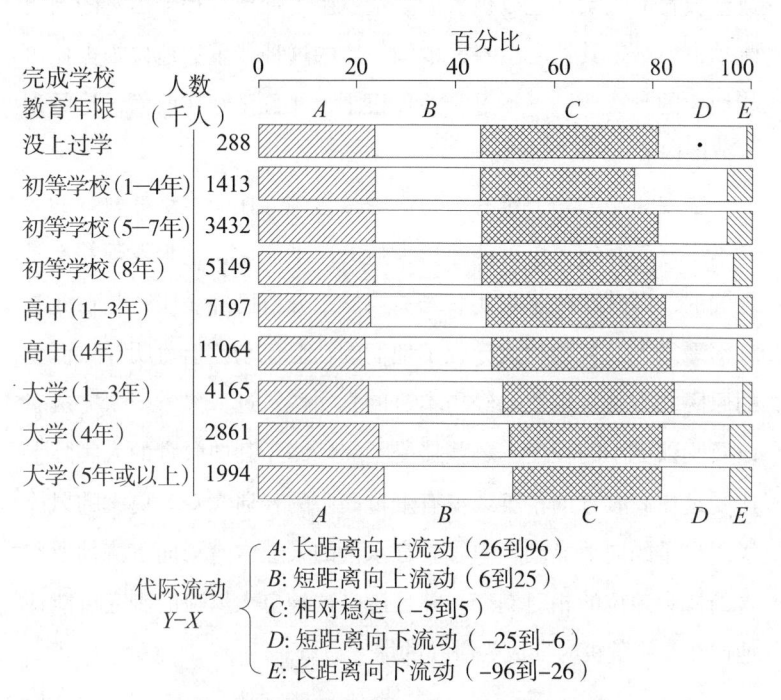

完成学校教育年限	人数（千人）	A	B	C	D	E
没上过学	288					
初等学校(1—4年)	1413					
初等学校(5—7年)	3432					
初等学校(8年)	5149					
高中(1—3年)	7197					
高中(4年)	11064					
大学(1—3年)	4165					
大学(4年)	2861					
大学(5年或以上)	1994					

代际流动 Y–X
A: 长距离向上流动（26到96）
B: 短距离向上流动（6到25）
C: 相对稳定（−5到5）
D: 短距离向下流动（−25到−6）
E: 长距离向下流动（−96到−26）

图 4.7　对每种受教育程度类别的人而言，代际流动的标准化的百分比分布（基于表 J4.3 中的数据）

基于教育水平内的独立性假设模型尽管不太完美但却相当准确地预测了观测值。图4.7以及附录的表J4.3显示了标准化的残差（被添加到所有人分布的观测百分比与计算百分比之间的差异，后者是表J4.1中"总计"列的数值）。在教育类别之间，这些残差变化不大。不过，在长距离向下流动方面存在一些变异，尽管它与观测频次中所呈现的趋势是相反的。根据这些标准化的数值，高于小学但未完成大学的人比接受更少教育或更多教育的人更不可能发生远低于其父亲地位的向下流动。简言之，尽管拥有中等数量教育的人实际上以极大的数量发生远低于其社会出身的向下流动，但给定其社会出身，他们经历的这种严重的地位损失比可能期望的频次要低。不过，差异很小，并且正好在前面讨论的误差范围内。

需要重申的是，没有获得高等教育的人比受过更好教育的或者不太好教育的人更可能经历大量的向下流动，这个发现并不是虚假的，而是反映了真实状态。当然，分析已经表明，是在此教育水平之人的社会构成导致了他们的社会流动。但表明导致流动的原因并不是否定流动经历本身的真实性。进入大学但未完成者以及（以更小的程度）那些接受了一到四年高中教育的人实际上比受过更高教育的精英或没有上过高中的普通大众有更大的风险经历严重的向下流动。中等教育水平的人经常遭受向下流动所包含的社会地位的相对剥夺，并且遭受这种更大风险的剥夺可能使他们在经济危机时期成为潜在的爆发力量。

第 5 章
分层过程

分层系统可能有各种各样的特征。当然，最重要的特征之一与这个过程有关，即个体被定位或自己定位在构成这个系统的等级结构的位置上。我们可以想象，一种极端情况是，一个人的出生状况——包括这个人的性别和完全可预测的他注定要经过的年龄序列——就足以明确赋予他在等级体系中的地位排名。另一种极端情况是，他将来长大后的地位在出生时完全是不确定和偶然的。他的地位只有到长大后才能被完全确定，并且完全是他自主采取行动的结果，也就是说，不存在来自其出生或抚养环境的任何限制。当然，这样一种纯粹的地位获得系统是假想的，就像无摩擦的运动是物理世界中一种纯粹假想的可能性。无论何时来描述任何比较大型和复杂社会的分层系统，都既包含先赋原则，也包含后致原则。

在一个自由民主社会，我们认为更为基本的原则是后致原则。分层系统的某些先赋性特征可被视为是希望被尽快荡除的早期时代的遗迹。公共政策可能会强调旨在扩大机会或者使机会平等化的举措，希望能够消除先赋性障碍，以充分发挥后致原则。

一个社会在多大程度上切实地渴望朝这个方向前进，这个问题不仅在意识形态领域，而且在学术界，引发了激烈的争论。我们对这个争论的贡献（如果有的话）很大程度上在于，对在一个大型的当代社会中先赋性力量的强度和机会的范围提供测量和估计。在一个既定系统中两个原则的相对重要性的问题最终是一个定量问题。在寻求设计相关的量化方法过程中，我们已经把我们的聪明才智发挥到了极致。

分析中的主要概念框架是极为司空见惯的。通过在连续的阶段所使用的一组定类或定量的测量指标，我们把个体的生命周期视为一个可被描述的时间序列，不过只能部分地和粗略地做到如此。理想的做法是，我们应该观察一个出生队列，随着他们的生命历程跟踪构成这个队列的个体。在现实层面上，为了弄清关于其生命历史的那些因素，我们诉诸向若干邻近的队列的一个代表性样本提出回溯性问题。我们认为那些因素既与我们的问题有关，也可通过这种观测方法获得。

给定这个框架，我们以这样或那样的方式提出的一连串问题是：出生背景是如何和在多大程度上影响随后的地位？在生命周期的一个阶段获得的地位（不管是先赋的，还是后致的）如何影响随后阶段的前途？这些问题既不是无意义的，也不是奇思异想。当前的政策讨论和行动集中在"贫困的继承"这个含混不清的概念上。因此，社会保障局的一位官员写道：

> 如果贫困的发生是随机的并且每个群体都有可能陷入贫

困，这将是一回事。认识到某些人几乎从一出生（根据其肤色或经济地位或其父母的职业）就注定贫困是另外一回事。①

另一个官方认可的概念是"辍学者"，未能从中学毕业的人。这里关注的重点主要不是在出生时起作用的环境，而是早期成就对随后机会的可能影响。因此，"辍学者"被视为面临"就业不确定的人生"②，可能被赋予地位低下的工作，挣钱能力不强，以及易于遭受各种形式的社会病态。

在这项研究中，我们既没有对"贫困的循环"的完整概念中所包含的所有因素进行测量，也没有对那些可想到的不利于"辍学者"地位获得的所有变量进行测量。由于实际的原因，如同第1章所解释的，我们严重受限于所收集到的信息数量。出于理论上的原因（在第1章也进行了更为全面的阐述），并且为了与社会流动的研究传统相一致，我们选择把职业作为出身地位和地位获得的测量指标。本章甚至仅限于我们认为能被有效地处理为定量的变量上，因而适合使用第4章所描述的回归技术进行分析。不过，这种限定并不仅仅是为了分析上的方便。我们认为选定的定量变量足以充分描述一个队列生命周期中地位变化的主要轮廓。因此，对这些变量间关系的研究会使我们构造一个关于分层过程

---

① 米莉·奥珊斯基（Millie Orshansky），"穷人的孩子"（Children of the Poor），《社会保障报》（*Social Security Bulletin*），26（1965 年 7 月）。

② 福雷斯特·A. 博根（Forrest A. Bogan），"1964 年中学毕业生和辍学者的就业"（Employment of High School Graduates and Dropouts in 1984），《劳动力专题报告》（*Special Labor Force Report*），第 54 号（美国劳动统计局），1965 年 6 月，第 643 页。

的基本模型。在本章,我们也考虑了对这个模型的某些扩展。实际上,接下来几章会提供大量更详细的扩展,尽管只有通过放弃这里所使用的特定分析程序的一些简洁和便利,才能获得这些扩展。

基本模型

作为开始,我们只研究五个变量。出于说明上的便利,有必要诉诸符号,我们将用随意的字母来表示它们,但会尽量不时提醒读者这些字母所代表的变量。这些变量是:

V:父亲的受教育程度

X:父亲的职业地位

U:被访者的受教育程度

W:被访者首职的地位

Y:被访者1962年职业的地位

三个职业地位的每一个都是用第4章描述的指数来测量的,取值范围从0到96。两个教育变量是根据下面主观的数值刻度(根据"教育阶梯"的"梯级")来赋值的,对应着所完成的正规学校教育的具体年数:

0:没上过学

1:初等学校,1—4年

2:初等学校,5—7年

3:小学,8年

4:高中,1—3年

5：高中，4年

6：大学，1—3年

7：大学，4年

8：大学，5年或更多（比如，一年或更多的研究生学习）

实际上，这个评分体系几乎与对所完成的学校教育的确切年数的简单线性转换或"编码"没有什么区别。回顾一下第4章中所给出的理由，我们觉得，这种评分意味着在刻度的较低端的区间之间的距离太大，但鉴于计分为0或1的比例非常小，故所导致的扭曲甚微。

在我们对回归统计的解释中（尽管在对它们的计算中不是这样的）的一个基本假定与这些变量的因果或时间顺序有关。就父亲的职业生涯而言，我们应该自然地认为V（父亲的教育）先于X（当其儿子16岁时父亲的职业）。不过，我们不关心父亲的职业生涯，而只关心他的地位，对儿子（他们是OCG研究中的被访者）的队列而言，父亲的地位构成了背景状况或出身条件。因此，我们一般并没有对V先于X做出假定；实际上，从儿子的角度看，我们假定对这些变量的测量是同时发生的。被访者的受教育程度U被认为在时间上后于测量父亲地位的两个变量，因此受到来自这两个变量的因果影响。因为我们确定X是截至被访者16岁时父亲的职业，所以一些被访者可能在与X有关的年龄前已经完成了学校教育，这是真实的。这种情况无疑是少数，并且他们中只有一个很小的比例，其父亲（或者其他家长）可能在被访者到达16岁之前的两三年发生地位的大起大落。

序列中的下一步是更为不确定的。我们假定W（儿子的首职地位）在 U（儿子的教育）之后。这个假定与问卷中的措辞是一致的（参见附录 B），问卷中对首职是这样界定的"离开学校后你获得的第一份全职工作"。自从开始设计 OCG 研究的年份里，我们已经意识到应该在设计里更为仔细地考虑这样一个事实，即许多学生迟早一定会离开学校，一些年之后才返回学校，也许是返回不同的学校，因此他们通常会完成学位课程。[1]OCG 问卷包含了关于这个问题的信息，也就是关于首份工作时年龄的问题。在当前的研究中我们没有制作关于这个问题的表格。不过，使用 OCG 数据的另一项研究[2]制作了表格，这些表格表明，接近八分之一的被访者报告的首职年龄和受教育程度的组合是不大不可能发生的，除非（a）他们违反了填答说明，把兼职或学校假期工作视为首职，或者（b）事实上他们确实中断了学校教育，进入正规就业（这些"不一致"的回答包括这样一些人：给出的首职年龄是 19 岁，受教育程度选择的是大学毕业或以上；首职年龄是 17 或 18 岁，教育是接受了一些大学教育或以上；首职年龄是 14 或 16 岁，教育是高中毕业或以上；首职低于 14 岁，教育是一些中学教育或以上）。当与首份工作的职业结合起来研究这两个变量时，显然存在一个非常明确的影响。在教育数量既定的条件下，开始其首份工作较早的人比在正常或更大年龄开始的人拥有

---

[1] 布鲁斯·K. 埃克兰德（Bruce K. Eckland），"返校续读的大学辍学者"（College Dropout Who Come Back），《哈佛教育评论》（*Harvard Educational Review*），34（1964），第 402—402 页。

[2] 贝弗利·邓肯（Beverly Duncan），《家庭因素与学校辍学者：1920—1960 年》（*Family Factors and School Dropout：1920—1960*），美国教育办公室，合作研究项目，第 2258 号（Ann Arbor：Univers. of Michigan）1965 年。

更低的职业地位。

即使对不少被访者而言，$U—W$顺序倒转的可能是很大的，但对在此做出的假定我们几乎没有任何别的选择。如果中断学业从事其首份工作的人的大部分是那些最终获得非常高教育程度的人，那么作为永久离开学校后紧接着获得的职业地位的一个测量指标，我们的变量W无疑就会出现向下偏误。在这个意义上，U和W之间的以及W和Y之间的相关程度可能被高估了。因此，如果我们实际上测量的是"完成教育后的工作"而不是"首份工作"，那么前者作为教育与1962年职业地位中间的变量无疑会更赫然。我们不希望认为我们的被访者在他们对首份工作的回答中有误差。我们倾向于断定他们的回答是足够真实的，并且我们对其回答意图的假定被证明是不可靠的。

在这里根本的困难是概念上的。如果我们坚持认为包含在完成向自立的成年状态的转变中的事件存在任何统一的顺序的话，那么我们确实就歪曲了现实。在这个转变中，完成学校教育、离开父母的家庭、进入劳动力市场和缔结第一次婚姻是关键的步骤，这些通常都在短短几年内发生。然而它们的发生既不会在固定的年龄，也没有任何固定的次序。出于分析的目的，我们一加总个体数据，就被迫要使用简化的假定。实际上，在这里我们的假定是，就它与教育准备及随后的工作经历的时间关系而言，"首份工作"对所有人具有一样的意义。如果这个假定不完全正确，那么我们对如下做法持怀疑态度，即通过换成对初始职业地位的任何其他的单一测量方案能改进它（在设计OCG问卷过程中，我们曾考虑使用"在第一次结婚时的工作"

这种测量方案，但由于这将会把未婚之人排除在外，故而放弃了这个方案）。

应该提及与 $U—W$ 转变有关的另一个问题。在所研究的更年轻的人（20—24 岁）中，有许多人尚未完成其学校教育或者尚未参加首份工作，或者兼而有之，更不用说在这个年龄群体中由于服兵役错过调查的人（参见附录 C）。不幸的是，对制表计划的早期决定导致了在对 20—64 岁男性的加总表格中将 20—24 岁的人包含在年龄更大的人之中。通过将 20—64 岁男性的数据与 25—64 岁男性的数据进行比较，我们已经查明这样做只导致很小的扭曲。一旦克服了 $U—W$ 障碍，除了刚刚提及的与一小部分非常年轻之人有关的麻烦外，我们发现对 U 和 W 先于 Y 的假定就没有什么严重的异议了。

总之，为了表示因果或过程序列中的先后顺序，我们对时间顺序采取了有点理想化的假定，它可以被概略地表述如下：$(V, X)-(U)-(W)-(Y)$。在提出这个顺序时，我们没有忽视被卡尔森所称之为"延迟效应"[①]的可能性，这意味着，早期的变量不仅经由中介变量而且直接（或者也许通过本研究没有测量的变量）影响后面的变量。

在将这个概念框架转化为定量估计的过程中，第一个任务是确定按顺序排列的变量间的关联模式。这可以用第 4 章所解释过的相关系数来实现。表 5.1 提供了相关矩阵，很多接下来的分析都基于此。在对这些相关的因果解释的讨论中，我们必须要清

[①] 格斯塔·卡尔森（Gösta Carlsson），《社会流动与阶级结构》（*Social Mobility and Class Structure*）（Lund, Sweden: CWK Gleerup），1958 年，第 124 页。

楚的是这两个考虑角度之间的区别。从一个角度看，给定我们对因果关系方向的假定，简单相关测量的是前置变量对后置变量的总影响。因此，如果 r_{YW}=0.541，我们可以说，首职地位一个标准差的增加导致（不管是直接地还是间接地）1962年职业地位超过半个标准差的增加。从另一个角度看，我们更关心的是净影响。如果首职和1962年地位都有共同的前置原因——比如说，父亲的职业，那么我们可能想搞清楚的是 W 对 Y 的影响有多少存在于 X 的先前影响的传递中。或者这样说，将 X 视为初始原因，我们也许关注它对 Y 的影响多大程度上通过它对 W 的先前影响来传递。

表 5.1　五个地位变量的简单相关

	Y	W	U	X	V
Y	…	0.541	0.596	0.405	0.322
W		…	0.538	0.417	0.332
U			…	0.438	0.453
X				…	0.516
V					…

在展示得出净影响和间接影响的分析工具之前，我们需要对总影响的模式略作评论。因为我们没有对父亲的受教育程度与其职业的因果顺序做出要求，所以根据对被访者本人的观测，只是指出 r_{XV}=0.516 略低于相应的相关系数 r_{YU}=0.596 就可以了。这个差异表明，教育对地位的影响在父亲一代与儿子一代之间有所提高。不过，在强调这个解释之前，我们必须牢记的是，对 V 和 X 的测量并不是关于某个实际的队列，这里指的是"父亲"。在数据

中每个"父亲"是按照在 1962 年 3 月其 20—64 岁的儿子的数量的比例来表示的。

第一个表明儿子本人地位的变量是教育（U）。我们注意到，r_{UV} 只是略高于 r_{UX}。很明显，关于父亲的两个测量指标表示可能影响儿子教育的因素。

就总影响而言，对首职的影响存在一个明显的顺序，$r_{WU}>r_{WX}>r_{WV}$。教育与首职的相关程度最高，其次是父亲的职业，最后是父亲的教育。

很明显，1962 年的职业地位受到教育的影响比受到首职的影响更大；但是我们之前对首职测量指标的讨论表明，我们不应该过分强调 r_{YW} 与 r_{YU} 之间的差异。不过，二者中的每一个都比 r_{YX} 更大，r_{YX} 反过来要比 r_{YV} 更大。

图 5.1 是对我们提出的基本模型中的五个变量之间的关系系统的一个图形展示。除了 r_{XV} 之外，进入图形的所有数值都是路径系数，马上我们就会说明对这些系数的估计。首先我们必须要熟悉在建构这类图形中所遵循的惯例。V 和 X 之间的连接用带双向箭头的曲线表示。这使它与其他直线区别开来，这些直线表示的是影响的路径。在 V 和 X 的情况中，我们也许怀疑从前者到后者的影响。但是如果图形对被访者一代是符合逻辑的，那么我们应该必须假定，对父亲而言，教育和职业也同样是相关的，不仅因为二者相互影响，而且因为在二者背后存在共同的原因，对此我们没有测量。双向箭头只是用来概括 V 和 X 之间所有来源的相关，并且表示对它的解释并不是我们正在处理的问题的重要内容。

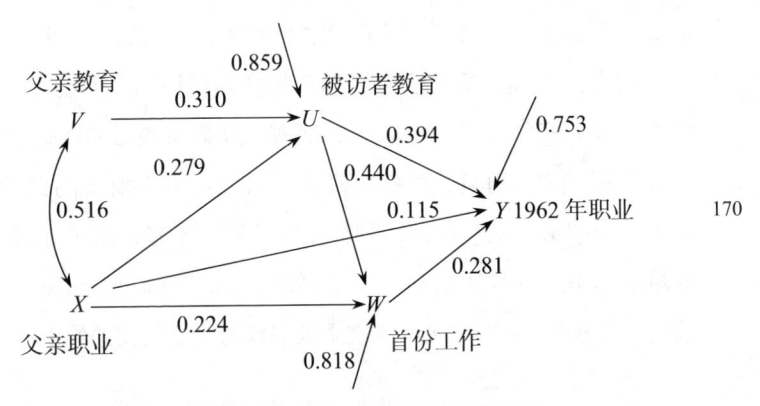

图 5.1 分层过程的基本模型中的路径系数

从一个变量到另一变量的直线表示的是直接（或净）影响。表示路径系数的符号，比如 p_{yw}，带双下标。第一个下标是路径（或影响）前往的变量；第二个下标是构成原因的变量（这类似于回归分析的惯例，在那里第一个下标指的是"因变量"，第二个下标是"自变量"）。

最后，我们在图形中看到一些箭头指向每个影响变量但没有来源的直线。这些直线表示的是剩余的路径，代表的是对所讨论的变量的所有其他影响，包括未被认识到或测量的原因、测量误差、真实关系对加性和线性（这是在整个分析中所假定的特征，我们在第 4 章关于回归的部分已说明过）的偏离。

这种类型的因果体系的一个重要特征是，被视为受到某些前置因素影响的变量可能继而被作为随后的变量的原因。例如，U 受到 V 和 X 的影响，但它继而影响了 W 和 Y。对这个体系的代数表示是一个方程组，而不是多元回归分析中通常使用的单个方程。这个特征容许我们对因果网络的运作方式进行更灵活的概念化。

需要指出的是，在这里 Y 受到 W、U 和 X 的直接影响，但没有受到 V 的直接影响（这个假定我们稍后会加以说明）。但这并不意味着 V 对 Y 没有影响。V 影响 U，而 U 确实既直接影响也间接（经由 W）影响 Y。而且，V 和 X 相关，因此共享 X 对 Y 的总影响，这个总影响部分是直接的，部分是间接的。于是，由于 V 对中介变量的影响及其与 Y 的另一个原因的相关，V 对 Y 的总影响（以前用相关系数 r_{YV} 来描述）在这里被解释为完全间接的影响。

路径系数

无论是路径图还是它所代表的因果体系，其是否适当取决于理论和经验上的考虑。在建构路径图之前，至少我们必须知道所观测变量的因果顺序，或者愿意做出假定（因此在本章的前文对这个问题进行了冗长的讨论）。对数据而言，这个信息是外在的或先验的，数据只是描述了关联或相关。而且，在所有原因都要得到解释的意义上，因果体系必须是完整的。在这里，如同在涉及对观察数据分析的大部分问题中一样，通过把未测量的原因视为残余因子，假定它们与所研究的变量背后的剩余因素不相关，我们就获得了这个因果体系形式上的完整性。如果知道或认为任何因素以其他某种方式起作用，即使它未被测量，但也必须要根据其因果角色呈现在图示中。有时可能会从这样的变量中推导出有趣的含义，并在缺乏对其测量的情况下获得对特定路径的有用估计，但并不是总会如此。所有的原因都必须展示在图示中，对这个规则的部分例外是未被测量的变量，它可被认为只起到中介变量的作用。把这种变量包含进来会丰富我们对一个因果系统的理解，而忽略它又不使因果体系失效。社会学家只是最近才开始意识到，如果要使对因果过程的讨论不仅停留在印象主义或模糊的文字表述上，必须要做到如何才能严格地满足逻辑要求。[1] 我们离能够充分自信地进行因果推断还有一定距离，在此呈现的这种体系最好被视为是对适当的因果模型的一个粗略近似。

就经验层面而言，对一个因果图示的适当性的最低限度的检验是看它能否令人满意地解释被测量的变量之间所观察到的关系。在进行这样的检验时，我们使用了路径分析中的基本原理，它表明了在给定进入图示的路径系数和相关系数的情况下，如何获得系统中任何两个变量之间的相关关系。[2] 在这里，我们没有以一般形式来表述该原理，只展示了其应用。例如，$r_{YX}=p_{YX}+p_{YU}r_{UX}+p_{YW}r_{WX}$ 和 $r_{WX}=p_{WX}+p_{WU}r_{UX}$。我们利用了通往一个既定变量（比如第一个例子中的 Y）的每个路径和它的每个原因与系统中所有其他变量之间的相关。继而，我们也分析了后面的相关；例如，r_{WX} 本身出现在第一个方程中，在第二个方程中它被分解为两部分。按照如此方法，为了描述出变量间所有的间接联系，需要一个完整的扩展；于是得出 $r_{YX}=p_{YX}+p_{YU}p_{UX}+p_{YU}p_{UV}r_{VX}+p_{YW}p_{WX}+$

---

[1] H. M. 小布莱洛克（H. M. Blalock, Jr.），《非实验研究中的因果推理》(*Causal Inference in Nonexperimental Reaearch*)（Chapel Hill : Univer. of North Carolina Press），1964 年。

[2] 休厄尔·莱特（Sewall Wright），"路径系数和路径回归"（Path Coefficients and Path Regressions），《生物统计学》*Biometrics*，16（1960），第 189—202 页；奥蒂斯·杜德里·邓肯（Otis Dudley Duncan），"路径分析"（Path Analysis），《美国社会学杂志》，72（1966），第 1—16 页。

$p_{YW}p_{WU}p_{UX}+p_{YW}p_{WU}p_{UV}r_{VX}$。

现在，如果路径系数得到正确地估计，并且如果在图示中不存在不一致，那么根据上述公式计算出来的相关系数一定等于观测到的相关系数。让我们比较一下根据这样的公式计算的数值与相应的观测的相关系数：$r_{WV}=p_{WX}r_{XV}+p_{WU}r_{UV}=(0.244) \times (0.516)+(0.440) \times (0.453)=0.116+0.199=0.315$ 与之比较的观测值是 0.332；

$r_{YV}=p_{YU}r_{UV}+p_{YX}r_{XV}+p_{YW}r_{WV}=(0.394) \times (0.453)+(0.115) \times (0.516)+(0.281) \times (0.315) = 0.326$（这里使用的是 r_{WV} 的计算值而不是观测值），它非常接近实际值 0.322。其他类似的比较——比如，r_{YX}——也顶多显示出微小的差异（不超过 0.001）。

通过这种迂回的方式，我们首先解决了获得路径系数的数值的问题。这涉及反向地使用上述类型的方程。我们已经说明了在路径系数已知的条件下如何获得相关系数的问题，但是在典型的经验问题中，我们知道的是相关系数（或至少知道某些）且必须要估计路径系数。对于图 5.1 类型的图示，求解系数涉及的是与线性多元回归同样形式的方程[1]，唯一不同的是我们处理的是一个递归方程组而不是单个的回归方程。

表 5.2 记录了回归计算的结果。它可被看作是对自变量的一些不同组合的研究。结果表明，W 和 Y 对 V 的净回归是如此之小，以致可被忽略不计。因此作为对这些变量的直接影响，V 可被忽略，不会造成信息损失。Y 对 X 的净回归同样很小，但它看起来不

---

[1] 小布莱洛克，同前引《非实验研究中的因果推理》，第 54 页及以下几页。

能被完全忽略。令人奇怪的是，这个净回归与在该研究总体中职业继承的比例（如同在第 4 章所讨论的，大约为 10%）具有同样的大小。我们可以推测，父亲职业对成年孩子的职业地位的直接影响由这种数量不大的职业继承所构成。X 对 Y 影响的剩余部分是间接影响，因为 X 之前影响了 U 和 W，即儿子的教育和首职。由于第 3 章所指出的原因，我们并没有假定从事父亲职业倾向的全部影响体现在首份工作的选择上。

表 5.2　对变量的指定组合而言，
标准化的偏回归系数（β 系数）和判定系数

因变量[a]	自变量[a]				判定系数
	W	U	X	V	（R^2）
U^b	…	…	0.279	0.310	0.26
W	…	0.433	0.214	0.026	0.33
W^b	…	0.440	0.224	…	0.33
Y	0.282	0.397	0.120	−0.014	0.43
Y^b	0.281	0.394	0.115	…	0.43
Y	0.311	0.428	…	…	0.42

a V：父亲的受教育程度；X：父亲的职业地位；U：被访者的受教育程度；W：首职地位；Y：1962 年职业的地位。
b 在这些集合中的 β 系数被视为是对图 5.1 的路径系数的估计。

牢记这个模型的正式特征，我们可以转向对结果的这种解释所面对的一些一般性问题。从图 5.1 获得的初步印象之一是图示中最大的路径系数是那些剩余因素，即未被测量的变量。剩余的路径只是对系统中所测量的原因不能解释的结果变量中的变异程度一个方便表示（根据判定系数可获得残差；如果 $R^2_{Y(WUX)}$ 是 Y 与三个自变量的复相关系数的平方，那么对于 Y 的残差就是 $\sqrt{1-R^2_{Y(WUX)}}$。如果认为残差是他们"解释"正在研究的现象的成功程度的一个指标的话，那么社会学家会经常对残差的大小感到失望。他们几乎不仔细考虑生活在这样一个社会意味着什么，即在这里通过研究像父亲的职业或被访者的受教育程度这样的原因变量，就可获得对因变量的近乎完全的解释。在这样一个社会，千真万确的是，某些人"几乎从一出生就注定贫困……根据他们父母的经济地位或职业"（用本章第 1 个脚注所引用的参考文献的话来讲）。当然，有些人将"注定"生活富裕或者不上不下。凭借自己的努力他们不可能在物质上改变命运，任何运气（无论好歹）也不能决定未知的结果。

把残差视为解释适当性的一个指标导致一个严重误解。它被认为，高的复相关系数是一个解释正确或基本正确的推定证据，而低判定系数则意味着一个因果解释几乎必然错误。事实上，残差的大小（或者，如果你愿意的话，也可说成"被解释掉"的变异的比例）并不能对一个因果解释的有效性构成指南。最有名的"伪相关"情况（导致严重错误解释的相关）就是那些判定系数非常高的相关。

与残差有关的问题根本不是其大小，而是它所代表的未观测因素是否被恰当地表示为与被测量的前置变量不相关。接下来我们将对未测量的变量考虑这样的推测，即它们明显并非与图 5.1 中所描绘的原因不相关。结果是，这些推测需要我们认可对图示某些可能的修改，而其他特征基本保持不动。就此而言，一个微妙的问题是寻找证据的困难。很容易罗列出大量未测量的变量，

第 5 章 分层过程

并宣称它们对正在研究的问题十分关键。但残差的存在只不过是承认了这样的变量的存在。看起来批评者的一部分任务是，不仅在假设上，还要具体地表明修改因果体系以包含一个新变量将如何破坏或改变初始图示中的关系。然后可能要研究批评者对这种影响的主张的合理性；如果有的话，还要根据它所表明的经验可能性来研究其证据。

我们的设想是，通过引入与这里所使用的那些测量指标同类型的另外的指标，很容易对图 5.1 中的体系进行修改。如果加入的是与除 V 和 X 外的社会经济背景相关的指数，那么我们将几乎肯定不同地估计这些特殊变量的直接影响。如果介于 W 与 Y 之间的被访者的职业地位是已知的，那么如同下一节将表明的，我们不得不几乎彻底修改图示的右边部分。然而，我们应该认为，这种修改可能相当于对基本模型的充实或扩展，而不是废弃它。作为中介原因的其他变量同样如此。在理论上，详细地说明这些应该是可能的，并且研究者的主要任务就是尝试进行这样的说明。当然，在这种研究的过程中，始终存在着需要一个彻底改写的发现的可能性，这将使当前的模型被废弃。为了鼓励这种新的发现，我们愿意接受放弃这个模型的代价。

下一节再面对修改的模型，目前我们感兴趣的是手头的模型。一个有益的做法是比较总关系和净关系的大小。在此我们利用了相关系数和路径系数具有相同量纲的事实。相关系数 $r_{YX}=0.405$（表 5.1）意味着，就总影响而言，X 一个单位（一个标准差）的变化导致 Y 0.4 个单位的变化。路径系数 $p_{YX}=0.115$（图 5.1）告

176

229

诉我们，这个总影响的大约四分之一是 X 对 Y 的直接影响的结果（在上文我们就此对职业继承的作用进行了推测）。剩下的（0.405 – 0.115 = 0.29）是经由 U 和 W 的间接影响。因此，全部间接影响之和由关于两个变量的简单相关系数和路径系数之间的差异给出。需要指出的是，相对于直接影响而言，对 Y 的间接影响总体上是相当大的。甚至时间上最靠近 Y 的变量具有的"间接影响"（实际上，是共同的前置原因）与直接影响几乎一样大。因此，$r_{YW} = 0.541$，$p_{YW} = 0.281$，以致"间接影响"的总量是 0.26，在这种情况下 0.26 是 Y 和 W 的共同决定因素，它虚假地夸大了二者之间的相关程度。

为了沿着既定的因果链条来确定间接影响，我们必须要沿着这个链条来相乘路径系数。操作程序是先在图示中定位感兴趣的因变量，然后沿着将这个变量与其近因和远因连接起来的路径向后追溯。在这样一种追溯中，遵循"先向后，然后向前"的规则，我们可以倒转方向一次，但只有一次。任何双向的相关都可在每个方向上追溯。不过，如果图示包含了不止一个这样的相关，那么在一个既定的复合路径中只有一个可被使用。在追溯间接联系的过程中，任何变量都不能在一个复合路径中被相交一次以上。追溯了所有这种可能的复合路径，我们将获得全部的间接影响之和。

让我们考虑一下教育对首职影响（即 U 对 W）的例子。总影响是 $r_{UW} = 0.538$。直接路径系数是 $p_{WU} = 0.440$。存在两个间接联系或复合路径：从 W 向后至 X，然后再向前至 U；及从 W 向后至 X，然后再向后至 V，然后再向前至 U。因此，我们得到：

$r_{WU}=p_{WU}+p_{WX}p_{UX}+p_{WX}r_{XV}p_{UV}$，在此 r_{UW} 是总影响，p_{WU} 是直接影响，$p_{WX}p_{UX}+p_{WX}r_{XV}p_{UV}$ 是间接影响。或者用数值来表示，

0.538=0.440+(0.224)×(0.279)+(0.224)×(0.516)×(0.310)

=0.440+0.062+0.036

=0.440+0.098

在这种情况下，U 对 W 的全部间接影响来自于这个事实，即 U 和 W 二者拥有 X（和 V）作为共同的原因。在其他情况下，当涉及不止一个共同的原因及这些原因本身相互关联时，问题就太复杂了，以致三言两语难以说清。

尽管它隐含在前面的所有讨论中，但最好还是对关于因果体系的最后一点规定加以说明。模型本身的形式，尤其是与之相伴的数值估计只对我们所研究的总体是有效的。我们并未声称根据这个体系可以对其他社会的分层过程提供同样令人信服的解释。对于其他的总体，甚或对于美国内部的子总体，数值大小肯定是不同的，尽管我们有一定的根据认为它们在过去几十年里在美国相当稳定。路径分析技术并不是一种揭示因果法则的方法，而是对在特定总体中的已知的或假定的因果系统的表现给出定量解释的一种程序。当同样的解释结构对两个或更多的总体都适用时，通过比较它们各自的路径系数和相关模式可以获得一些认识。不过，我们尚未达到可以对分层系统进行这样的比较研究的阶段。

年龄组：合成队列的生命周期

为简单起见，上文的分析忽略了不同年龄组之间的差异。我

们现在的任务是尝试对这种差异做出一些解释。分析的原始资料以我们所研究的五个地位变量两两之间简单相关的形式呈现在表 5.3 中。出于第 3 章所提及的原因，这个分析仅限于非农背景的男性。

我们必须马上考虑对四个队列之间的比较容许我们进行何种类型的推论或解释。有三个变量被指定为在被访者的生命周期具有差不多一致的阶段：父亲的职业（X）、被访者的受教育程度（U）和首份工作（W）。另一方面，父亲的教育（V）大概发生在父亲的青年时期；V 和上面三个变量的任何一个之间的时间间隔很大程度上由被访者出生时父亲的年龄所决定。这个间隔的长度是变化的。不过，我们可以假定从 Y 到 X 的时间间隔尽管在被访者的每个队列内是高度可变的，但在不同的队列之间却有着类似的平均值和离散程度。如果父亲一旦完成其学校教育后，其受教育程度可被视为是固定的，那么 V 与被访者的教育（U）和首职（W）的时间接近性在不同队列之间大致相同。

表 5.3 对于非农背景男性的四个年龄组地位变量之间的简单相关

年龄组和变量	变量			
	W	U	X	V
25—34 岁（在 1943 年至 1952 年时 16 岁）				
Y：1962 年职业的地位	0.584	0.657	0.366	0.350
W：首职地位	…	0.574	0.380	…[a]
U：受教育程度		…	0.411	0.416
X：父亲的职业地位			…	0.488
V：父亲的受教育程度				…

续表

35——44 岁（在 1933 年至 1942 年时 16 岁）

Y：1962 年职业的地位	0.492	0.637	0.400	0.336
W：首职地位	…	0.532	0.377	…[a]
U：受教育程度		…:	0.440	0.424
X：父亲的职业地位			…	0.535

45——54 岁（在 1923 年至 1932 年时 16 岁）

Y：1962 年职业的地位	0.514	0.593	0.383	0.261
W：首职地位	…	0.554	0.388	…[a]
U：受教育程度		…	0.428	0.373
X：父亲的职业地位			…	0.481

55——64 岁（在 1913 年至 1922 年时 16 岁）

Y：1962 年职业的地位	0.513	0.576	0.340	0.311
W：首职地位	…	0.557	0.384	…[a]
U：受教育程度		…	0.392	0.409
X：父亲的职业地位			…	0.530

a 因为所需的数据表不可用，所以没有计算。

因此，我们权且假定关于 V、X、U 和 W 及其相互关系的队列间比较相当于一个历史的时间序列，就好像我们不仅已经调查了 1962 年时 25——34 岁的人，而且调查了 1952 年、1942 年和 1932 年时 25——34 岁的人。当然，这个假定需要一些推论的前提：尤其是回溯数据的可靠性及更早期的队列成员到 1962 年时的存活者的代表性。如果接受这些假定，我们可以直接通过审视表 5.3 来分析历史趋势。在第 3 章就是以这种方式来研究 W 和 X 之间的相关关系的。

父亲教育和其职业之间的相关 r_{XV} 在队列之间存在波动，没有表现出一个单向的趋势。鉴于这两个变量需要被访者知道它们并且没有记错,我们有点难以对这些波动给出解释。对这两个变量的组合而言,未回答的比例相对较高。

被访者的教育与其父亲的教育之间的相关 r_{UV} 表明,除了一个队列之外,其他队列几乎保持一个固定的数值。对于这个波动,我们没有想出任何合理的解释。一直到 1933 年至 1942 年(表示的是其成员达到 16 岁的队列的年份),r_{UX}(被访者的教育与其父亲的职业)明显有所增加。紧接着是到最近的队列有一个下降。对于 1933 年至 1942 年的队列,r_{UX} 和 r_{VX} 表现出最高值,这可能完全是巧合。这个队列恰好在其成员中二战退伍军人的比例最高(大约有四分之三)。社会学家有时推测,《军人安置法案》("B. I. Bill")提供的教育优惠可能为来自不同社会经济背景的人创造了平等的机会。我们的数据没有显示出这种平等化效应的迹象,这个效应会降低 r_{UV},而不是提高它。

在第 3 章我们已经指出,对于首职与父亲职业的相关 r_{WX} 几乎没有值得讨论的趋势。对于 r_{WU},可观察到稍微大些的波动,尽管不是单调的趋势。1933 年至 1942 年的队列具有最低值,他们中有很多人是在大萧条期间进入劳动力市场的。也许,那段时期的境况使得教育略微不如在几乎充分就业的随后时期那么重要。

总之,在刚才所审视的相关中,很难看出名副其实的趋势。一些队列间的波动可能太大了,难以只是归之于抽样变异。将这些波动归因于几个队列的特定历史环境包含着很大的猜测成分。实际上,即使发生了一些令人困惑的波动,但我们得到的深刻印象是,相关关系的模式基本稳定。

第 5 章 分层过程

当我们转向包含被访者 1962 年职业的地位（Y）的相关时，将组间差异解释为一个历史时间序列就不再合理。队列（被视为 1962 年时年龄组的一个截面）在工作经历的时间长度上和在从他们离开父母家庭起所流逝的时间上不同。这些差异的影响与由于队列开始其职业生涯的时期所导致的差异难以分解地混合在一起。

让我们研究一下 1962 年时的职业地位与被访者的教育之间的相关系数 r_{YU}。这个相关系数的大小存在一个单调的增加，从年龄最大队列的 0.576 到年龄最小队列的 0.657。这可能意味着：（1）最近几十年教育在职业获得中成为一个愈发重要的因素；或者（2）教育在一个人刚完成学校教育的职业生涯阶段是最重要的。虽然不可能明确地将这两种解释区分开来，但是一些数据容许我们在这种情况下做出合理的推断。第二种解释意味着，教育和首职之间的相关程度 r_{WU} 将比教育与 1962 年职业之间的相关程度 r_{YU} 更大。然而，实际上对所有四个年龄队列而言，r_{WU} 比 r_{YU} 小。因此，可能的推断是第一种解释是正确的，尽管首职数据的不可靠使我们勉强将推断建立在只由这些数据提供的证据之上。但是，初步的结论是，最近几十年教育对最终职业成就的影响在增加，尽管对职业起点的影响没有增加。在所有四个年龄组中，教育与职业地位之间的相关程度对被访者而言（r_{YU}）要远高于对他们的父亲而言（r_{XV}），并且对最年轻的年龄队列而言儿子的相关与父亲的相关之间的差异更为显著。尽管可从不同角度对这些发现的任何一个予以解释，但是所有这些一起构成了相当有说服力的证据，随着时间的推移教育对职业生涯的影响越发明显，支持这个观点的最可靠证据是父亲和儿子之间的差异。

包含 Y 的其他三个相关没有一个表现出类似的与年龄的单调关系。利用本章前面提出的模型，在表 5.4 中我们研究了被访者的每个后致性地位对前置地位的组合的依赖程度。目前我们把四个队列的每一个视为一个不同的总体，我们将考虑的是对队列间差异的时间序列解释是否会提供更多的信息。

被访者的教育对父亲的教育和职业的回归（表 5.4 的每个年龄组的第一行）表明，在队列之间存在一些差异。父亲的职业看起来对两个中间的队列有更大的相对重要性，而父亲的教育对两端的年龄组有更大的相对重要性。如果事实的确如此，也很难为这种差异提出一个解释。两个背景变量的联合效应（如同判定系数所显示的），对两个最近的队列而言只比两个更早的队列略大一些。

在对首职的一组回归中（每个年龄组的第二行），净回归系数的大小再次存在波动，尽管幅度较小。两个自变量的相对重要性非常明确：父亲的教育比父亲的职业对儿子首职有更重要的影响。判定系数中唯一值得注意的波动是 1933 年至 1942 年队列的值相对较低。我们已经指出，这个队列可能特别受到大萧条的影响。如果这些确实是有重要意义的影响，则这里的发现表明，大萧条降低了教育和背景对首职影响的显著性。再加上大量的二战退伍军人，这个队列可能比其他队列更为严重地偏离了我们对地位变量的时间顺序的理想化假定。即使应该注意这些波动，我们还是倾向于强调回归模式的队列间稳定性。

第 5 章 分层过程

表 5.4 对指定变量组合的标准化的偏回归系数（β 系数）和判定系数，非农背景男性的四个年龄队列

年龄组和因变量	被访者的首职（W）	自变量 被访者的教育（U）	父亲的职业（X）	父亲的教育（V）	判定系数（R^2）
25 岁至 34 岁（在 1943 年至 1952 年时 16 岁）					
被访者的教育（U）	...	...	0.273	0.283	0.23
被访者的首职（W）	...	0.503	0.174	...	0.36
1962 年职业（Y）	0.294	0.462	0.065	...	0.50
35 岁至 44 岁（在 1933 年至 1942 年时 16 岁）					
被访者的教育（U）	...	...	0.299	0.264	0.24
被访者的首职（W）	...	0.455	0.177	...	0.31
1962 年职业（Y）	0.191	0.485	0.115	...	0.45
45 岁至 54 岁（在 1923 年至 1932 年时 16 岁）					
被访者的教育（U）	...	...	0.323	0.218	0.22
被访者的首职（W）	...	0.474	0.186	...	0.33
1962 年职业（Y）	0.243	0.410	0.114	...	0.41
55 岁至 64 岁（在 1913 年至 1922 年时 16 岁）					
被访者的教育（U）	...	...	0.244	0.280	0.21
被访者的首职（W）	...	0.481	0.195	...	0.34
1962 年职业（Y）	0.258	0.399	0.084	...	0.39

当把 1962 年职业的地位作为因变量（每组的第三行），我们回到了这种境况，即队列间的比较一定含有不可避免的模糊性。无论如何，对三个净回归系数的任何一个而言，都不存在与年龄的单调关系。1933 年至 1942 年队列的不同之处在于，首职的系数在四个队列中是最低的，而教育和父亲职业的系数是最高的。看起来，大萧条期间首职的影响不同寻常，但是教育和社会出身通过更多地影响后来的职业生涯而补偿了对首职的较低影响。除了与这个大萧条队列可能有关的特殊历史环境之外，还要考虑另一个不同类型的因素。1962 年时 35 岁至 44 岁这个队列已经到达了可能最典型的 16 岁孩子的父亲的年龄。我们也许可以推测，在这个年龄，经由职业"继承"而发生的父亲职业的影响（当被访者 16 岁时）将是最大的。这个解释并没有从在四个队列中拥有与其父亲相同的职业地位得分之人的比例数据中获得支持：对于 25—34 岁的人是 7.3%；35—44 岁的是 7.1%；45—54 岁的是 7.0%；55—64 岁的是 7.6%（要注意这一节的数据省略了其父亲处于农场职业的男性）。

为了发现与年龄的显著单调关系，我们只需查看一下判定系数 $R^2_{Y(WUX)}$。这个系数的值从最年长队列的 0.39 到最年轻队列的 0.50。如果试图对队列间比较做出时间序列解释，那么我们不得不得出的结论是，职业成就越来越依赖于先前的地位。不过，在这一点上，起作用的力量中时间长度这个完全混合的因素本身提供了一个竞争性解释。对 55 岁至 64 岁这些年龄最大的人而言，他们的年龄比由变量 W、U 和 X 所指示的经历多出 30 年或更多。在这个时间跨度内，许多与家庭背景和早期经历无关的影响因素可能会对职业地位起作用。相反,最年轻的人刚开始工作没多久,许多即将来临的意外事件可能会减弱职业成就与先前状态之间起初确立的关系。

这个讨论的最后一个主题是后一个解释的提出,该解释建立在这样一个假定基础上,即 Y 的队列差异是由于个体的年龄而非一个长期趋势,这个假定无法用我们的数据来检验。作为解释的一个工具,我们把对四个队列的观察看作是对一个单一的合成队列的四组观察。显然,很难完全一致地维持这种虚构,就像人口学家在关于生育率分析的合成队列方法中已经发现的那样。不过,这种做法具有相当大的启发意义,并且至少形成了一些假设,有人也许希望以后用关于真实队列的更完整的数据来检验它们。

首先,我们假定,在 W、U 和 X 之间的三个相互关系中的队列间波动仅仅是由抽样偏差导致的。通过对四组相关系数取平均值,我们消除了这些波动。然后,我们假定,包含 Y(1962 年的职业地位)的相关系数表示的是以 10 年为间隔对一个单一队列观测到的时间序列值。为方便起见,用 Y_1 代表 25—34 岁时的职业地位,Y_2 代表 35—44 岁时的职业地位,Y_3 代表 45—54 岁的,Y_4 代表 55—64 岁的。凭借这种思想实验,于是根据测量职业地位时的年龄,变量 Y 被当作四个不同的变量。一个进一步的简化是很合理的,即鉴于前面的证据——变量 V(父亲的教育)几乎完全经由 X 和 U 来影响职业地位,所以我们完全忽略了变量 V。这容许我们将 U 与 X 之间的关系仅仅表示为一个双向的相关。

图 5.1 以路径图的形式描绘了解释合成队列的模型。这个图式的意思是,每个后致性职业地位直接受到紧挨着的之前职业地

位的影响（也就是说，在25—34岁的情况下受到首职的影响，年龄更大的人受到10年前职业地位的影响）。此外，假定每个这样的地位受到受教育程度和父亲职业地位的直接影响。

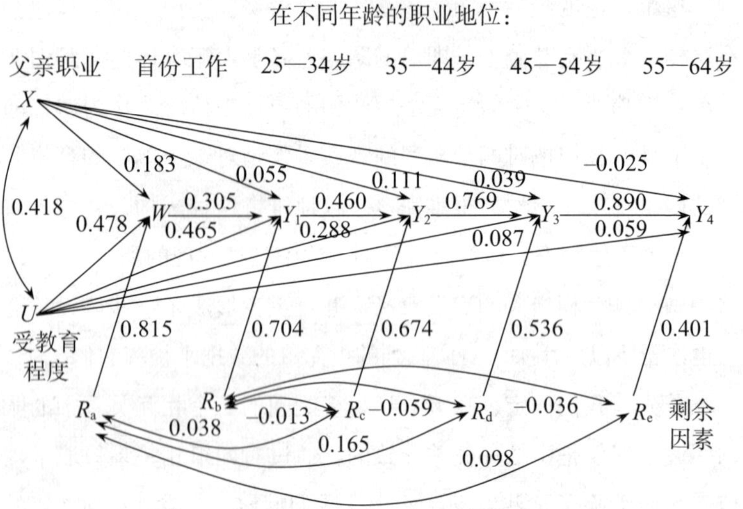

在不同年龄的职业地位：

父亲职业　首份工作　25—34岁　35—44岁　45—54岁　55—64岁

图 5.2　对职业地位获得的合成队列解释，对非农背景的男性而言（数值来自附录表 J5.1 的"集合 4"）

为了对这个模型求解，我们必须依靠不完全的信息。尽管我们对首职之后的四个职业地位（Y_1，Y_2，Y_3，Y_4）进行了区分，但是在 OCG 数据中我们并没有对此进行观测，只能根据该数据估计这四个变量之间的六个相互关系。不过，如果模型是完全正确的，并且如果我们假定剩余因素之间不存在相互作用，那么我们可以写出求解图示中每条路径所需要的所有方程。这是因为，在这个图示所描绘的特定因果结构中，未知的相关可以被表示为已知的相关的函数。我们用这种方式获得了初步的解（参见附录表 J5.1，集合1）。不幸的是，结果表明这是不可接受的解，因为未知的相关的默认值中有两个被要求高于1，而这在代数上是不可能的。

为了克服这个困难，我们引入外部信息来解决问题。以往文献中的两项研究报告了OCG数据所缺乏的某些相关：当前职业与10年前的职业。两组相关都是关于1940—1950年这10年的。芝加哥样本的数据[1] 提供的数值为：$r_{21}=0.55$, $r_{32}=0.77$, $r_{43}=0.87$。明尼阿波利斯样本的数据[2] 提供的相关系数要高很多：$r_{21}=0.83$, $r_{32}=0.91$, $r_{43}=0.96$。除两个城市之间存在着巨大的差异之外，至少还有两个原因导致了这种不一致的发生。首先，对职业地位的测量是不同的。芝加哥研究使用的是与OCG调查一样的职业地位指数，而明尼阿波利斯调查者使用的是一种没有详细说明的"职业评级"。其次，芝加哥研究的结果来自于对劳动力流动的详细调查，被访者给出了1940—1951年期间完整的工作史。明尼阿波利斯研究显然只让被访者回答当前的职业和10年前的职业。因此，就职业地位的概念而言，芝加哥数据大概更为可靠，并且与OCG数据更具可比性。不过，明尼阿波利斯数据实际上在一个方面更胜一筹。像明尼阿波利斯访谈一样，OCG问卷只询问了一个先前的职业地位：在OCG问卷中是首份工作，在明尼阿波利斯研

---

[1] 奥蒂斯·杜德里·邓肯（Otis Dudley Duncan）和罗伯特·W. 霍奇（Robert W. Hodge），"教育与职业流动"（Education and Occupational Mobility），《美国社会学杂志》，68（1963），第629—644页。（相关系数出现在第641页。）

[2] 戈弗雷·霍克鲍姆（Godfrey Hochbaum）、约翰·G. 达利（John G. Darley）、E. D. 莫纳克西（E. D. Monachesi）、查尔斯·伯德（Charles Bird），"一个大城市中的社会经济变量"（Socioeconomic Variables in a Large City），《美国社会学杂志》，61（1955），第31—38页。（相关系数在表7中。）

究中是 10 年前的职业。如果被访者在给出回溯信息时更倾向于与当前状况而不是实际情况相一致，那么这两项研究一定拥有同样的伪相关来源。

在不能对这个困境提供武断的解决办法的情况下，我们依次使用芝加哥数据、明尼阿波利斯数据及两套数据的平均值（在附录表格 J5.1 中分别是集合 3、集合 4 和集合 5），为图 5.2 中的因果图示简单地计算了可供选择的解。在某种意义上，两套数据的平均值效果最佳，图 5.2 中用的就是这个。它给出的结果与另一种选择方案（集合 2）并没有太大的差异。在这个方案中，我们从芝加哥数据中借用的不是相关系数而是路径系数 p_{21}、p_{32} 和 p_{43}，这些路径系数是为了求解类似于图 5.2 的因果图示而使用芝加哥数据计算得来的。①

所有四种选择方案得出的结果不仅在代数上是可行的，而且在粗略的定量意义上也是合理的。所有这些方案都需要我们承认剩余因素之间的某些相互作用。对这些相关不能给出实质性的解释，不过，幸运的是这些相关的大小几乎可以忽略，尤其是在图 5.2 中所显示的集合中。这些相关的存在可以表明三个结论：（1）模型不是完全正确的；未观测的变量以系统而非随机的方式干扰了图 5.2 中所刻画的关系。（2）在四个队列的经历中存在真实的差异，以致对合成队列的启发式虚构（它重述了每个队列的模式）没有产生一套自洽的假定。（3）如同上文关于回溯性信息可能的扭曲所表明的那样，数据中存在相关的误差。

---

① 邓肯（Duncan），"路径分析"（Path Analysis），同前引《美国社会学杂志》。

在每个解释中很可能存在真实的成分。然而，我们不必夸大我们解释中可能的缺陷。剩余因素之间的相关源自于这样的事实，即在三个较老的年龄组中忽略它们的模型没有完全解释 Y 和 W 所观测到的相关。给定图 5.2 中的路径系数，并忽略剩余因素之间的相关，我们可以计算 r_{YW} 的值。计算的数值（括号中的是实际值）如下：$r_{Y_2W}=0.471$（0.492）；$r_{Y_3W}=0.442$（0.514）；$r_{Y_4W}=0.481$（0.513）。这是相当吻合的。因此，剩余因素之间的相关也许几乎没什么实质的重要性，尽管为一致起见需要它们。

尽管图 5.2 是对技术细节的扩展性讨论，但它绝不仅仅是一次方法论上的精彩展示。它是我们对一套大型数据的因果解释的简略刻画，它是对精心考虑了那些数据所显示的关联模式的一个解释，因此也有助于解释这些模式。总之，让我们详细讲述一下研究结果的某些实质性含义。

通过展示我们可以近乎迫使数据与合成队列模型相一致，我们强有力地表明，过去四十多年来美国的职业地位获得模式相当稳定，尽管不是完全不变的。这个观点至少与我们之前关于职业流动趋势的结果没有太大的出入。为了获得直接的证据，我们可以对图 5.2 中路径系数 p_{WX} 和 p_{WU} 的平均值与对表 5.4 中单个队列的相应统计结果进行比较。这些系数中的每一组都与平均值没有太大不同。

模型表明，在一个人职业生涯早期阶段显著的影响因素随着其变老可能会继续发挥直接作用。但随着时间的流逝，教育和父亲地位的直接影响大大降低。一个补偿性影响是随着时间推移职业经验积累的重要性日益增加。一个引人注目的结果是，随着队列年龄的增大，未指明的剩余因素的重要性在下降。这与表5.4中所观测到的越年轻的队列判定系数越高的发现正好相反（通过用1减去相应的剩余因素路径系数的平方值，就可以获得模型中的隐含的判定系数。因此逐步下降的剩余因素路径系数意味着逐步上升的判定系数）。当然，对此的解释是，合成队列模型考虑了介于首职与既定年龄之间的职业经历，这使得随着队列年龄变大这些经历具有累积性影响。表5.4中对单个年龄组的计算没有以任何直接的方式考虑工作经历这个因素。

有人也许恰当地怀疑图5.2中数值的精确性：不管怎样，它们是针对不可观测实体（合成队列）的数值。根据以前指出的对大萧条时期的队列而言家庭背景对职业获得的延迟影响，我们也许可为 $p_{Y_2X} > p_{Y_1X}$ 这个估计的真实性提供一个实例，尽管强调这一点似乎不明智。我们怀疑 p_{Y_4X} 的负值是否符合真实的影响；稳妥的结论是这个路径系数基本上等于零。有很多理由认为，在每个阶段教育比父亲的职业对职业获得具有更为重要的影响，无论是直接的，还是间接的。

作为求解的副产品，我们获得了20或30年前占据的职业地位之间的相关系数值。因为据我们所知对于这样的系数尚没有公开发表的数值，所以无从检验这些结果的合理性。图5.2中表明的结果是：$r_{Y_3Y_1} = 0.602$，$r_{Y_4Y_2} = 0.775$ 和 $r_{Y_4Y_1} = 0.565$。这些相关系数意味着在长的时间间隔中职业地位具有很大的持续性。然而，它们确实容许在25—34岁甚至35—44岁之后有相当数量的地位流动，到这个年龄家庭背景的主要影响已经发挥殆尽。尽管已有文献强调地位的代际传递，并且隐含的观点是主要发生在职业生涯早期阶段，但仍有很大的余地来更为仔细地研究从工作生命周期的中期到后期的代内传递。

如果能够获得一个真实队列的完整数据，那么我们预期定量关系会有些不同于这里所估计的数值。同时，我们将能够描述一个队列的"典型"生命周期，在因果关系或顺序关系上比目前为止所提供的更为详细、准确和清楚。

推测和预告

在本章上一节，我们曾指出，批评者如果认为我们的结果因忽略重要的变量而扭曲，那么他们也负有举证的责任。不过，现有的证据和审慎的推测表明，对于所忽略的重要变量，至少有一些明显并不像所认为的那样可怕。

一类问题与我们对父亲地位测量的时间相关性有关。OCG问卷询问的是在被访者大约16岁时其父亲的职业。根据这样一个理论，即职业抱负是在孩提晚期和青少年早期得到发展的，等到一个男孩到达中学时期基本固定下来，难道我们不认为父亲在较早时期的职业是一个测量父亲地位的更好选择吗？而且，如果在被访者青年时期父亲的职业是流动的，那么对流动经历的分享可能导致被访者独特的职业定位。

另一个问题是，我们是否忽略了一个关键因素，即没有获得关于被访者母亲的任何信息。最近几个社会学家强调母亲在成就取向形成中的作用，并提醒注意她的教育程度作为可能影响的一个指标。

我们将一起讨论这两种可能性，因为在这两种情况中我们的分析方法是做出假设性的计算，所依靠的数据很大程度上是推测性的但却包含了关键的信息，可进行相当可靠的估计。

假如 OCG 调查不仅弄清楚了被访者 16 岁时父亲的职业（变量 X），而且也弄清楚了被访者 6 岁时父亲的职业（变量 X'）。我们必须做出两种假定。第一种假定是 X' 和 V、U、W 和 Y 等其他变量具有与对 X 所观测到的同样的相关。OCG 数据表明，在儿子这一代，r_{UW} 与 r_{UY} 没有太大的不同。这意味着，在父亲这一代，X 和 X' 可能与 V 有着类似的相关。至于父亲-儿子的相关，我们假定，父亲早期的职业同父亲后期的职业一样与儿子的受教育程度及职业成就高度相关；也就是说，X 和 X' 与 U、W 和 Y 具有相同的相关。第二种假定（这是关键的一个）涉及 X 和 X' 的相关。在此我们可以利用上文所给出的数据以及 OCG 的一个结果。OCG 结果显示对于 35 至 44 岁的男性 r_{YW} 是 0.492，这个相关程度可能不太高。大家应该记得，有两个数据来源给出了当前职业与 10 年前职业之间的相关。对于 35—44 岁的男性，芝加哥数据显示二者的相关是 0.55；在明尼阿波利斯研究中是 0.83。如果我们对 $r_{XX'}$ 的估计偏低，那么我们的论点只会被削弱；据此，我们赋予它以低的折中值 0.60。

根据这些假定，我们拥有足够的实际和假设数据与 X 一起将 X' 加入回归方程。表 5.5 中的集合 1 显示了结果，在每种情况下，紧随以前计算的回归之后的是新的假设性计算，X' 被列为其中的一个自变量。对每个因变量，对父亲职业的两个测量指标将以前只归之为 X 的净影响分成相等的份额。这个特别的结果并不重要，因为它只是反映了我们所做出的各自的相关系数相等的假定。更为重要的结果——我们用来表示实际数据可能会显示出的那些结果——涉及方程中其他变量的系数和被解释掉的变异比例上的总体变化。需要注意的最重要变化是作为因变量的 U,并且这个变化也很小。在两个职业变量包含在方程中的情况下,父亲教育的净影响略微有所下降,并且 R^2 比在方程中只包含 X 和 V 的情况下高出两个百分点。在另一个极端,在把 Y 作为因变量的情况下,我们发现由于把 X' 加入其他四个自变量,在需要报告的其他系数上没有变化,R^2 也没有变化。

总而言之,这些结果表明,拥有关于父亲职业生涯的更为详细的信息对于我们对该因素作为儿子职业成就的决定因素的相对重要性的估计改变不大。当然,对于在哪个年龄上父亲职业的影响与儿子职业进程最直接相关的问题,以及父亲职业生涯中罕见却极端的变化可能对儿子的职业进程产生特定影响的问题,仍有很大的研究余地。

表 5.5 对于非农背景的男性,基于部分推测数据对指定的变量组合的标准化形式的假设回归系数(β 系数)

因变量 [a]	自变量 [a]						判定系数
	W	U	X'	X	V'	V	(R^2)
集合 1							
U	⋯	⋯	⋯	0.265	⋯	0.285	0.23
U	⋯	⋯	0.183	0.183	⋯	0.233	0.25
W	⋯	0.450	⋯	0.170	⋯	0.037	0.32
W	⋯	0.434	0.120	0.120	⋯	0.008	0.33
Y	0.279	0.411	⋯	0.103	⋯	−0.019	0.43

续表

Y	0.271	0.405	0.074	0.074	⋯	–0.037	0.43
集合 2							
U	⋯	⋯	⋯	0.265	⋯	0.285	0.23
U	⋯	⋯	⋯	0.209	0.196	0.196	0.25
W	⋯	0.450	⋯	0.170	⋯	0.037	0.32
W	⋯	0.446	⋯	0.163	0.027	0.027	0.32
Y	0.279	0.411	⋯	0.103	⋯	–0.019	0.43
Y	0.279	0.413	⋯	0.107	–0.014	–0.014	0.43

a V：父亲的教育；V'：母亲的教育（推测的）；X：在被访者 16 岁时父亲的职业地位；X'：在被访者 6 岁时父亲的职业地位（推测的）；U：被访者的教育；W：被访者的首职地位；Y：1962 年时被访者的职业地位。

在表 5.5 的集合 2 中，在考虑假设的变量 V'（母亲的教育）连同观测变量 V（父亲的教育）的条件下，我们进行类似的统计。我们再次假定，在系统中它们各自与其他变量的相关是相同的。我们看到的关于中学生的教育计划与职业抱负的未发表的数据表明，母亲的教育与这些变量的相关程度至多和父亲与这些变量的相关程度一样高。主要的假定再次与两个关键自变量 V 和 V' 的相关有关。根据 OCG 数据，我们可以确定在被访者这一代存在大量的根据教育的选择性婚配。对 45—54 岁的人而言，丈夫的受教育程度与妻子的受教育程度之间的相关程度为 0.580；对 55—64 岁的人而言，相关不低于 0.632。在 1940 年关于生育数量的普查表中，我们发现了针对不到五岁孩子的父母的丈夫教育与妻子教育的交叉表；二者的相关是 0.637，由于对受教育程度分类的区间较大，所以这是有些近似的计算结果。当然，这个相关系数与针对 16 岁男孩的父母计算的相关系数有一点差异。显然，我们将 r_{VV} 设定为 0.60，并不会大大高估它。

当看到集合 2 中的结果非常类似于集合 1 中得到的结果，已经掌握了这里的工作原理的读者应该不会感到奇怪。作为做出的假定的一个结果，母亲的教育与父亲的教育分享了起初只归之于后者的影响。在 U（被访者的受教育程度）作为因变量的情况下，包含 V' 的回归模型导致归之于父亲职业的净影响大幅下降，而解释掉的因变量的变异比例有所增加。不过，对因变量 W 和 Y 而言，加入 V' 没有什么另外的影响，因为父亲和母亲的受教育程度对被访者的职业地位都没有太大的直接影响。应该重申的是，这些计算结果并没有回答是母亲的教育还是父亲的教育对儿子施加了更大影响的问题。

从这两个尝试中得出的概括在某些方面是很难推测的。如果我们将另外的社会经济指标应用于被访者的家庭背景，那么相当肯定的是，它们中的每一个都会与我们这里已测量的两个变量适度相关。尽管我们无从确切地知道，但似乎不太可能的是，它们中的任何一个会比 X 或 V 与我们对被访者的测量变量有更高的简单相关。在这种情况下，对其他家庭背景社会经济变量的纳入可能会导致对这些变量的影响如何被传递或者它们的相对重要性如何的某些重新解释，但它不会大大改变我们对这类变量的重要性的总体估计。当然，想法不同的人有权利寻找证据来支持他的观点。在我们看来，完全有理由认为，我们并没有明显低估出身家庭的社会经济地位对被访者职业成就的影响作用。

至于几个其他的被忽略变量，我们不必诉诸推测，而只需预告本书随后章节的一点内容。这些章节主要关注的是可能影响职业获得的定性或定类因素。这种类型的因素不容易纳入我们在本章所处理的这种因果图示。不过，我们可以探究一下，就我们所假定的因果关系的性质而言，对这类因素的忽略是否可能会严重地误导我们。比如说，如果在我们的因果模型中定性变量 H 既作为一个（或更多）自变量的又作为一个（或更多）因变量的决定因素起作用，那么我们所假定的这二者之间的联系就在某种程度上是虚假的。倘若存在这种类型的虚假相关，那么对定性因素的控制应该会显著地降低（如果不是完全消除的话）这两个变量之间明显的相关性。

在表 5.6 中，我们报告了当控制七个定性因素中的每一个时，两个定量变量之间相关程度变化的数量。也就是说，我们将比如说 Y 和 X 之间的简单相关与在控制比如说因素 A 的情况下的平均类内相关进行比较，后者来自于协方差统计。总的来说，表 5.6 表明，在我们正在使用的相关关系中虚假成分非常小。此外，当各自的简单相关与偏相关之间存在明显差异时，r_{YX}、r_{WX}、r_{YW} 和 r_{UV} 每一个相关都以大致相同的方式受到影响。因此，相关关系的模式趋向于保持不变。如果把表 5.6 所呈现的影响作为虚假相关的证据，那么我们应该得出的主要结论是，在我们的因果图示中路径系数都可能被高估了，尽管它们的相对大小也许并没有被严重扭曲。

第 5 章 分层过程

表 5.6 根据农场背景，对于所选的成对地位变量在控制指定因素的条件下简单相关超出偏相关的数量

社会背景和控制的因素[a]	成对变量[b]的相关			
	Y 和 X	W 和 X	Y 和 W	U 和 V
所有人				
A	0.039	0.031	0.026	0.016
B	0.029	0.022	0.022	0.033
C	0.002	0.001	0.002	−0.001
D	0.066	0.071	0.045	0.037
E	0.043	0.044	0.029	0.056
F	0.026	0.019	0.020	0.029
G	0.000	0.002	−0.003	0.002
非农背景				
A	0.010	0.008	0.010	0.007
B	0.025	0.017	0.019	0.022
C	0.003	0.002	0.005	−0.001
D	0.025	0.024	0.025	0.019
E	0.034	0.034	0.025	0.048
F	0.023	0.014	0.017	0.019
G	0.001	0.002	−0.003	0.002
农场背景				
A	…	…	0.024	0.003
B	…	…	0.018	0.061
C	…	…	0.001	0.003
D	…	…	0.024	0.002
E	…	…	0.008	0.026
F	…	…	0.014	0.044
G	…	…	0.001	0.001

a A：居住地规模（1962 年的居住社区）；B：种族、籍贯、从出生地的迁移；C：在被访者成长过程中家庭中是否有父母；D：从 16 岁起的地理流动；E：兄弟姐妹数量和排行；F：根据肤色分类的地区；G：1962 年的婚姻状况。
b Y：1962 年时被访者的职业地位；W：被访者的首职地位；U：被访者的教育；X：在被访者 16 岁时父亲的职业地位；V：父亲的教育。

甚至这一点仍未被明确地显示出来，表5.6中的所有因素能否在逻辑上被视为虚假相关的来源。在此我们不打算探讨每个控制因素的正确因果解释的问题，因为在接下来的章节中会详细考虑这个问题。比如说，因素E（兄弟姐妹数量和排行）的一个成分也许最好被视为一个中介变量，它解释了X和V与U关系的一部分。这样的话，将其引入因果体系为我们的解释提供了一个有用的扩展或充实，而不需要我们认为原初的关系是虚假的。

需要指出的是，当聚焦于非农背景的人口时，简单相关和偏相关之间的差异普遍降低了。表5.6中的几个因素与居住地或居住地的变动有关——居住地规模、地区间迁移、地理流动性和居住地区。这些因素通常捕获了农场出身的相关影响。当我们通过将分析局限于非农背景之人以消除这种影响时，源自这些因素的干扰被降至最低。

最后，我们应该注意到，对于所列出的七个因素，表5.6中显示出的干扰不是可相加的。如同所定义的，这些因素有时在逻辑上是重复的。正如刚才所指出的，居住地被包含在四个定性因素中；种族或肤色出现在两个因素中。因此，对几个因素的同时控制可能不会在简单相关与偏相关之间产生比表5.6中所显示的更大的不一致。

同样，我们必须清楚的是，这个分析无法告诉我们的是什么。首先，它无意于估计几个定类变量的影响或相对重要性，这个任务留给后几章。它只是表明，无论它们的影响如何，将它们考虑进来并不需要我们对定量变量之间关系的原先估计做出重大修改。其次，这个总结并没有面对可能的交互作用的问题。这里所使用的统计方法是平均类内相关。如果在像r_{YX}或r_{UV}的相关程度上存在很大的类别间差异，我们确实会陷入困境。这意味着，到目前为止我们所描述的因果关系实际上是随着子总体的变化而不同的（参见第 4 章对交互作用的讨论）。为了预告后面章节的发现，事实上存在一些大到足以令人感兴趣的交互作用。不过，对大部分交互作用而言，在计算类内相关的平均值时我们并没有过于歪曲数据资料。一个可能的例外是肤色这个因素。相比于在白人之间，许多关系在非白人之间是不同的。这个重要的发现值得重视，我们将在第 6 章中详细处理。不过，它的重要性不应该使目前的问题模糊化——即我们对这一点的分析是否因肤色作为一个干扰因素而无效。事实上，非白人是总人口中一个很小的比例；因此针对总样本的结果近似于针对白人子总体的结果。

这些观察意味着本章所报告的分析需要适当的条件。这些发现也许对于白人是最有效的，尤其是对于非农背景的白人。当扩展至农场出身之人或非白人时，由于我们的模型没有考虑的干扰因素的缘故，为了使它们适用，这些结果可能需要做出或多或少的修订。于是，需要避免的错误是过度一般化。对于特定的子总体（根据这里所研究的变量或可能被提出的其他变量来界定）而言，我们对因果关系的估计也许是有些离谱的。不过，对于总体考虑的美国人口的大部分而言，我们没有发现需要对这些估计做出重大修订的强有力证据。

流动变量所提出的问题

令人讨厌的方法论问题又出现了。起初我们无意于写作关于方法论的论文。尽管事与愿违，但我们尽力将对方法论问题的展示控制在必要的最低限度，让批判性的读者能够理解我们的方法原理。不过，事情的真相是，一旦我们考虑问题如何能令人信服地通过经验研究来解决时，通常被认为完全属于理论领域的问题结果就变成了取决于方法论原则的问题。因此，我们认为理论与方法之间存在着比专注于这个特殊的交叉领域的学者通常所思考的更为紧密的关系。比如说，我们的因果图示绝不仅仅是一个总结数据的简便手段，尽管它至少是那样的。它旨在构建一个关于既定的过程如何在特定社会中运转的理论模型[①]，尽管该理论是非常初步和基本的，而且目前为止建立在相当低的一般性和抽象化水平上。这里所采取的方法立场对于那些除非明确表述否则无人注意的理论具有另外的含义。尤其是对于有关研究文献中正在争论的一些问题具有重要意义。

在大部分关于社会流动的研究和论述中，似乎理所当然地认为要被解释的现象是"流动"——无论是位置之间的实际变动，还是关于流动的意图、抱负和取向。在第2章和3章中通过描述职业之间流动的模式，我们承认对流动的这种兴趣的重要意义。不过，一旦我们超越描述，并寻求有潜在解释力的概念框架时，我们认为对流动的关注就成为一个障碍。由于这个原因，本章关注的是在分层过程中所涉及的关系的因果解释，不只是附带提及流动概念。实际上，通过将职业流动概念分解成主要的成分，我

[①] 赫伯特·L. 科斯特纳（Herbert L. Costner）和罗伯特·K. 莱克（Robert K. Leik），"根据'公理理论'推理"（Deductions from 'Axiomatic Theory'），《美国社会学评论》，29（1964），第819—835页。

们分析了分层的过程。

为了避免某些冗长的符号，我们做出初始的简化。假定所有的地位变量都是以标准化形式测量的，并且用小写字母表示这些地位变量，比如 $y = (Y-\bar{Y})/\sigma(Y)$。这意味着，流动指的是在一个分布中位置上的变化，从两个地位变量的均值差中得出。因此当 $(Y-X)$ 为正时，$(y-x)$ 在某些情况下可能是负的。但这并不影响下面将要陈述的原理。

让我们考虑一些涉及流动变量的不同类型的相关，这些相关随之得以界定。第一种类型的相关是两个流动变量之间的相关，在它们的定义中包含四个不同的地位变量。一个例子是"职业流动"和"教育流动"之间的相关，即 $(y-x)$ 和 $(u-v)$ 之间的相关。没有显示公式的推导过程，我们只是给出：

$$r_{(y-x)(u-v)} = \frac{r_{yu} - r_{xu} - r_{yv} + r_{xv}}{2\sqrt{1-r_{yx}}\sqrt{1-r_{uv}}}$$

从这个数学恒等式我们可以看出，很显然，流动变量的相关只不过是对包含在地位变量的六个可能的相关关系中的信息的同义反复式的重新排列。当然，这样一个同义反复可能是有意义的，因为它能使研究者认识到系统的特征，否则对他来说是不明显的（参见下一段的讨论）。对拥有非农背景的 25—64 岁的人（出于示例的目的而采用这个总体）而言，我们拥有下面的简单相关（当然，两个标准化变量之间的相关与它们的原始计算形式之间的相关是相同的）：

$r_{yu} = 0.611$

$r_{xu} = 0.414$

$r_{yv} = 0.317$

$r_{xv} = 0.505$

$r_{yx} = 0.377$

$r_{uv} = 0.418$

带入公式得出 $r_{(y-x)(u-v)} = 0.320$。我们可得出这样的结论，职业流动与教育流动并未存在很强的相关，这与"质疑垂直流动与教育的关系"[①]一文的作者得出的结论是一致的，他们通过对二维和三维表的复杂操控，完全展示了二者的关系。只是通过观察到教育与职业远不是完全相关的（无论是代内的还是代际的），也可以得到他的结论。

职业的代际流动与教育的代际流动之间的相关并不是非常高，低于构成其基础的地位之间的大部分相关，这个发现有助于我们集中关注导致流动过程的因素。为了简化讨论，让我们看一下从父亲的低位置向儿子的高位置的向上流动；这里展示的原理也可应用于其他流动。如果向上流动通常是由于这样的事实，即父亲在教育和职业地位上都低，而儿子在二者上都高，那么教育流动与职业流动之间的相关将会很高。但是支撑向上流动的事实也许是不同的。因此，一个没受过教育的父亲可能提高了其职业地位，这使他有可能为其儿子们提供一个良好的教育，这提高了他们的职业机会；这将反映在流动测量指标之间的低相关上。或者，一个没有受过教育的父亲，他的职业地位也很低，他的儿子们可能

[①] C. 阿诺德·安德森（C. Arnold Anderson），"质疑垂直流动与教育的关系"（A Skeptical Note on the Relation of Vertical Mobility to Education），《美国社会学杂志》，66（1961）。

本身也接受很少的教育，不过在职业地位上高于他们的父亲；这也将反映在教育流动与职业流动之间的低相关上。给定地位变量之间的相关，这些可能性绝不是纯粹的假设。教育流动与职业流动之间的相关很低，这个发现提醒我们注意，向上流动的过程并不必然或典型地包含这样一个跳跃，即从在所有维度上都较差的父亲到在所有维度上都出色的儿子。代际流动可能源自于代内流动和代际流动的各种组合，并且大部分组合抑制了代际流动的不同方面之间的相关，比如教育与职业流动之间的相关。

第二种类型的相关同样涉及两个流动变量，但在一个流动变量的定义中的初始地位也是另一个流动变量中的最终地位。例如，这出现在从父亲职业到儿子首职的代际流动与从首职到随后职业的代内流动之间的相关中。根据地位变量之间的简单相关，公式可以再次写成一个恒等式：

$$r_{(y-w)(w-x)} = \frac{r_{yw} - r_{yx} + r_{wx} - 1}{2\sqrt{1-r_{yw}}\sqrt{1-r_{wx}}}$$

为了以与上个例子所使用的同样总体来评估这个相关，我们需要另外的简单相关：$r_{yw} = 0.529$，$r_{wx} = 0.382$。在答案揭晓之前，读者也许想猜测一下它是如何得出的。可能的推理是，通过获得从其出身层次至首份工作的向上流动来展现其流动驱动力的人，将会进一步通过强劲的代内流动而表现出那种驱动力。相反，当获得其首职时已开始"走下坡路"的人可能会进一步经历向下流动。就此而论，先期流动应该预示着后来的流动，也就是说，先期流动与后期流动正相关。

当我们查看$r_{(y-w)(w-x)}$的实际值时，这个演绎推理的范例以失败而告终。实际结果是 –0.432，大小适中但符号是负的。出了什么问题呢？我们的观点是这种推理背后的直觉是正确的，但推理的步骤只有根据地位变量而非流动变量进行才会导向正确的结论。从 $r_{yw} = 0.529$，我们看到在首职上一个好的开始对于后来的职业地位确实是一个有利的信号，因为高起点的人可能后来也获得高的职业地位。当我们试图根据流动变量来表达这个问题时，事情就是这样的。从 x 到 y 的刻度区间无论结果如何，都是一个距离。如果从 x 到 w 的流动覆盖了那个区间的大部分，那么只有很短的距离留给从 w 到 y。但是如果从 x 到 w 只覆盖了小部分区间，那么就留给从 w 到 y 很长的距离。因此，x 到 w 和 w 到 y 两个流动阶段的长度趋向于反相关。一旦我们已经发现 r_{yw}、r_{yx} 和 r_{wx} 都是正的，且具有相似的大小，那么对于流动变量之间的相关 $r_{(y-w)(w-x)}$ 的负向符号就是一个同义反复的必然结果，而且不是一个非常有启发的同义反复。事实上，在虚假相关的经典意义上，第二种类型的相关几乎不过是一个虚假相关。

第三种类型的相关是流动变量与一个地位变量的相关，这个地位变量不是对用来测量流动的两个地位变量中的任何一个。教育流动是否受到一个人的出身水平的影响？让我们考虑一下 $r_{(u-v)x}$。毫不奇怪，它也可被写成地位变量之间简单相关的一个函数：

$$r_{(u-v)x} = \frac{r_{ux} - r_{vx}}{\sqrt{2(1-r_{uv})}}$$

根据已经给出的数据，我们得出 $r_{(u-v)x} = -0.085$。但这个结果告诉了我们什么呢？无疑我们本来可以预测，一个人的职业与其自己的教育比与其孩子的教育更为相关，这个信息直接总结在 r_{ux} 和 r_{xv} 这两个系数中。于是保证了 $r_{(u-v)x}$ 是负的。一旦我们反思这个结果，那么明显可以对负号做出有些机械的解释：父亲的职业地位越高，其教育水平可能越高，因此对其儿子而言，更难超越其父亲的教育水平。第三种类型的相关很好地展现了这种自明之理。然而，它们本身并没有显示出其大小不能事先预见的有趣关联。计算第三种类型的相关并没有坏处。但是，如果我们只有这种涉及流动变量的相关，那么为了避免错误的推断，我们的解释将不得不包含大量的曲折迂回。与此同时，这种相关会掩盖有用的信息。

最后，有人也许会尝试考虑第四种类型的相关，即代际流动与出身地位之间的相关。我们要表达的基本原理很直观。我们想知道，"更低阶层"的人与"中产阶层"的人是否有着相同的"向上流动机会"。不过，它很容易被显示为：

$$r_{(y-x)x} = \frac{r_{yx}-1}{\sqrt{2(1-r_{yx})}} = -\frac{\sqrt{1-r_{yx}}}{\sqrt{2}}$$

因此，$r_{(y-x)x}$ 只是 r_{yx} 的一个简单变换。它在代数上必须是负号，这只是明显体现了 $r_{yx}<1$；存在一个无法逃避的"向均值回归"的现象①。实质上，这表明，一个人的地位越高，其儿子向上流动的机会越小。

我们已经说明了当用相关分析来研究流动变量时存在的陷阱，但同样的逻辑问题甚至存在于像将人归类为"向上流动的"、"稳定的"和"向下流动的"这样的简单的分析程序中。除非我们采取特殊的预防措施，否则使用这样一个分类作为因变量将会引起

---

① 邓肯和霍奇，前引"教育与职业流动"，特别是第 639 页。

严重的风险，即以各种伪装的形式重新发现"向均值回归"。预防措施需要如何精致复杂已经在第4章（"分析流动分布"这一节）中表明了。

恶性循环的概念

刚才考虑的问题主要存在循环推理的严重威胁。我们要评论的另一个问题涉及对循环的推理，尤其是"恶性循环"，有时它被视为分层过程的一个主要特征。

尽管"贫困循环"的概念在美国的公共政策讨论中得到准官方的认可，但很难对该概念做出一个系统的解释。在学术著作中所发现的一个明确表述如下文所示：[1]

职业和社会地位在很大程度上是自我循环的。它们与许多因素有关，这些因素使个体很难改变其地位。在社会结构中的位置通常与特定水平的收入、教育、家庭结构、社区声望等有关。这些因素是恶性循环的一部分，在这个过程中每个因素都以这样一种方式作用于其他因素，即以其目前的形式维续社会结构，以及维续单个家庭在那个结构中的位置……劣势（或优势）的累积影响个体进入劳动力市场及其随后社会流动的机会。

---

[1] 西摩·M. 利普塞特（Seymour M. Lipset）和莱茵哈德·本迪克斯（Reinhard Bendix），《工业社会中的社会流动》（*Social Mobility in Industrial Society*）（Berkeley: Univer. of California Press），1959年，第198—199页。

有人会产生这样的怀疑，在准备这个总结性陈述时两位作者部分上被他们自己的言辞所俘获。只有几页之前，他们注意到，"在阶层之内受教育程度的广泛差异起到一个能动性和诱发性的作用，而非决定性的作用。"[1] 但是，"能动性和诱发性的作用"在逻辑上能足以起到维持"恶性循环"的功能吗？在聚焦于上面引文的措辞准确性时，我们无意于吹毛求疵或者挑起论战。它只是作为一个方便的起点，以提出"恶性循环"具体意味着什么、这个概念的操作性标准是什么以及其有用性的限度为何等问题。

首先，存在一个事实问题，或者说定量事实如何评价的问题。在现实中，"个体改变其地位"（大概指的是家庭出身的地位）到底有多难？我们已经发现，在职业地位上父亲-儿子的相关大约是0.4（假定存在测量误差所导致的减弱效应，那么这个值也许应该被略微调高一些）。如果以一种完全不同的方式来处理测量问题，我们发现普查的主要职业群体之间的代际流动数量不低于八分之七，与如果两个地位之间不存在任何统计相关将会发生的差不多；或者是六分之五，相当于职业分布的代际变动中所涉及的"最低"流动与"完全流动"所要求的数量之间的差异。[2] 显然，确实有相当多的"地位改变"或职业流动发生（在利普塞特和本迪克斯所展示的数据中却没有显示相反的证据）。如果根据潜在使用的某些

---

[1] 西摩·M. 利普塞特（Seymour M. Lipset）和莱茵哈德·本迪克斯（Reinhard Bendix），《工业社会中的社会流动》（Social Mobility in Industrial Society）（Berkeley: Univer. of California Press），1959年，第190页。

[2] 美国人口普查局（U. S. Bureau of the Census），"成年男性的代内职业流动: 1962年3月"（Lifetime Occupational Mobility of Adult Males: March 1962），《当前人口报告》，系列 P-23，第10号（1964年，5月12日），表B。

201 功能性或规范性标准,地位改变的现有数量是不够的,那么精确的标准应该明确这个问题:必须要发生多少流动才与"恶性循环"的诊断相矛盾?

其次,考虑这个假定,(出身的)职业地位与"许多因素相关",并且"每个因素作用于其他因素",以"维护个体的家庭位置。"这里的阐述实际上迫切需要一个明确的定量因果模型;如果不是在本章第一节所提出的类型中的一种,那么也可考虑若干变量联合发挥作用的其他模型。为了一个更好的选择,如果把我们自己之前的模型视为这种情况的代表,那么对于"相关的因素"我们知道些什么?实际上,家庭"位置"是"与教育相关的",并且教育依次对早期和随后的职业成就具有巨大的影响。然而,在教育(U)对1962年职业地位Y的总影响($r_{YU}=0.596$)中,只有一小部分构成了"家庭位置"先前影响的传递,至少这被显示为被测量的变量V(父亲的教育)和X(父亲的职业)的影响;为了我们推测的变量V'(母亲的教育)和X'(父亲的早期职业),这个陈述需要稍加修改。一个相关的计算涉及通过V和X连接Y到U的复合路径。使用非农背景的20—64岁男性的数据,我们发现:

$$p_{YX}p_{UX}=0.025$$
$$p_{YX}r_{XV}p_{UV}=0.014$$
$$p_{YX}p_{WX}p_{UX}=0.014$$
$$p_{YW}p_{WX}r_{XV}p_{UV}=0.008$$
$$总计=0.061$$

这是与"维续""家庭位置"有关的教育影响的全部。相比之下，直接影响是 $r_{YU} = 0.407$，经由 W 的影响（不包括父亲的教育和职业对被访者首职的先前影响）是 $p_{YW}p_{WU} = 0.128$，总的影响是 0.535。远远不是一个主要起到维续初始地位的因素，教育主要起到导致独立于初始地位的职业地位上的差异的作用。简单的道理在于，对于 U 的大量剩余因素是 Y 的间接原因。但是，根据定义，它与 X 和 V 是完全不相关的。这不是否认同样令人信服的这个观点，即确实发生的"维续"程度（用 r_{YX} 来测量）很大程度上是通过教育来调节的。

这个结论是如此重要，以致我们不允许它依赖于单一的计算。习惯于"被解释掉的变异"计算的读者可能更喜欢下面的做法。对于非农背景的 35 岁至 44 岁的男性（一个方便而又并非不具代表性的例证）而言，我们拥有这些有关的结果：$r_{YX} = 0.400$；$R_{Y(xv)} = 0.425$；$R_{Y(uxv)} = 0.651$。需要指出的是，将父亲教育的"相关因素"添加至父亲的职业只是略微增加了我们对"家庭位置"对职业成就的影响的估计。不过，将被访者的教育纳入进来起到非常显著的作用。将这些系数取平方，得出对被访者 1962 年职业地位（Y）的总变异的计算，于是我们获得下面这些百分比：

（ⅰ）父亲教育和职业的总影响　　　　　　　18.06
（ⅱ）被访者的教育，独立于（ⅰ）　　　　　 24.32
（ⅲ）所有其他因素，独立于（ⅰ）和（ⅱ）　 57.62
　　　　　总计　　　　　　　　　　　　　　100.00

在第 4 章，我们提供了一个类似的计算，它来自于多元分类统计而非线性回归统计。结果是非常相似的。在这里，我们用 X 和 V 来测量家庭位置的总影响，包含了通过父亲教育起作用的那部分影响；被访者教育的 24% 的贡献只是指独立于家庭背景因素的那部分教育影响。在独立于这些背景因素条件下教育的影响要比这些背景因素本身的影响（既包括直接的，也包括间接的）更大。当然，使这些因素黯然失色的是接近 58% 的未被解释掉的变异，它们可能与"维续不变的地位"无关。

不管这些观察的优点为何，但它们至少表明了统计结果不会不言自明。相反，统计分析的发现一定受制于解释（它指明了分析所采取的形式），并得到进一步解释（它在理论上明确了分析者的分析所基于的假定）的补充。我们的分析结果以这样一种方式来呈现，即把地位获得视为一个时间过程，在这个过程中后来的地位部分取决于先前的地位、中介变量以及其他权宜性因素。在这样一个框架中，评估不同影响因素的相对重要性也许不是一件有意义的工作。相反，我们把注意力放在了影响因素如何联合导致最终结果。从这个观点来看，首先，我们可以表明对一个队列之人所测量的背景因素或出身地位对其成年成就的总影响。然后，我们可以显示这个影响是如何以及在多大程度上经由被测量的中介变量所传递的。最后，这些中介变量在多大程度上导致了结果，这种影响独立于它们在先前地位传递中的作用。在一个统筹兼顾的解释中，所有这些问题都应该得到明确处理。

我们的处理方式似乎表明了分别保持背景因素和出身地位与随后成就的总关系大小的明智性。一方面关系不是微不足道的，另一方面它本身也没足以大到这种程度，确保了"贫困的继承"或者使得据称基于普遍主义原则运作的制度完全失效。

我们的模型也表明了"恶性循环"解释易受批评之处。在前面引用的关于恶性循环的段落中,似乎存在这样一个假定,因为大量背景因素之间的实质性相关,且每个因素都与随后的地位获得显著相关,所以出身对地位获得的总影响被大大抬高了。换言之,在这里"累积"的概念看起来指的是一群自变量的相互作用。但是这种相互作用的影响恰恰与所引段落的作者们所认为的相反。不只是他们在从一个错误的假定提出观点,卡尔·皮尔逊早在半个世纪前就尖刻地分析了这种错误。[①] 要害在于,如果几个决定因素的确彼此密切相关,那么它们的联合影响很大程度上构成的是冗余,而非"累积"。这种情况并不是使我们没有必要尽力更好地理解影响是如何发生的(不太幸运的是,这一点也体现在皮尔逊的作品中)。它确实意味着,对多少影响来自于"相关因素"的联合作用的精致估计将大大不同于基于两个或三个最重要的因素所做出的相当粗略的估计。社会学家已经追求"不断增加的被解释掉的差异"这个幻影太久了。

　　如果我们不落入认为我们已经测量了更多的"真实的"背景因素的陷阱,那么结果将会大大不同(或许,有的读者想到这样的问题,即背景因素是否决定了缔结的婚姻类型,然后后者是否在随后的职业生涯中发挥关键的作用?那么请这样的读者查阅第10章,在那里我们将评估"做出一个很好的婚配"的重要性)。"真实的"背景因素可能会与所测量的因素相关,也可能不会相

[①] 卡尔·皮尔逊(Karl Pearson),"论那些没有充分研究过这个主题的人有时所犯的关于多元相关的特定错误"(On Certain Errors with Regard to Multiple Correlation Occasionally Made by Those Who Have Not Adequately Studied this Subject),《生物统计学》(*Biometrika*),10(1914),第181—187页。

关。如果相关的话，它们会对"被解释掉的差异"贡献不大——如同我们对两个"被忽略的变量"所例示的那样，虽然是推测性的，但却非常有说服力。另一方面，如果"真实的"因素与我们对"家庭位置"的测量变量不相关，那么它们将独立地起作用，并且不会"维续"家庭位置。

我们不希望有这样的暗示，影响的累积的观点，甚或被描述为"恶性循环"这种特定的累积形式是毫无价值的。我们的目标旨在，提醒大家注意具体指明只是被这些术语所模糊表明的实际机制的必要性。累积的一个合理含义被本章前面呈现的合成队列模型所说明。在这种情况下，累积性指的是一个个体或者个体构成的一个队列在生命周期中走过的经历，以致在生命周期后面获得的地位很大程度上取决于之前的成就，无论决定这些成就的因素可能是什么。在这里，累积性很大程度上在于对不与社会出身或所测量的背景因素相关的权宜性因素的影响的测量。

美国黑人的状况为分析导致恶性循环的机制提供了一个例子，这将在第 6 章分析。在这个例子中，关键的因素绝不仅仅是黑人以劣势的地位开始生活，并且这种初始的劣势经由中介条件的传递对随后的生涯产生不利影响。相反，所发生的情况是，除了初始的不利条件，黑人的经历进一步在生命周期的每个阶段产生妨碍。当黑人和白人在出身和成长的社会经济环境方面等同时，黑人却获得了较差的教育。但是如果我们考虑到这种教育上的劣势及社会出身低下的劣势，黑人进入首份工作的地位仍低于白人。如果我们再考虑到较差的职业起点的不利条件、较低教育的不利条件以及低的社会经济出身的剩余影响（甚至把所有这些都考虑到），黑人在成年期也没有获得可比拟的职业成功。实际上，即使我们自己没有进行这么深的分析，也有很好的证据表明，甚至在考虑到职业地位差异和黑人的教育缺陷之后，黑人也没有与白人同等的收入。[①]因此，在美国确实存在处于不利地位的少数族群，他们遭受着由歧视所导致的一个"恶性循环"。但是，并不是导致职业障碍的所有背景因素都一定表明了累积性劣势这种恶性循环；例如，如同在第 6 章将揭示的，在同样的意义上，南方白人的不利条件也不是累积性的。累积的障碍的恶性循环是一个独特的现象，不应该将它与任何形式的差别性的职业成就所混淆。

如前面所指出的，平等主义问题通常是一个更容易引发争论，而非从系统化的经验中进行令人信服的推理的问题。在此我们不想全面卷入这样一个争论，但我们至少试图避免使我们的立场被误解。我们没有给出一个"功能主义的解释"，这种解释宣称美国社会以某种方式有恰好适量的分层和恰如其分的代际地位传递。我们已经表明，很容易夸大后者，特别是很可能误解刻画代际地位传递过程中的因果关系的性质。

最后，简要提及一个政策问题，它牵涉到对由于其先赋地位确实遭受不利条件的少数族群的困境与先赋性因素总体上对职业生涯的影响之间的区分。在我们看来，帮助这些少数族群摆脱由歧视和贫困所导致的恶性循环是一个民主社会必须要面对的挑战。不过，倡导这个政策并不等同于主张，对机会和成就的所有先赋性约束能够或应该被消除。消除由家庭出身所产生的所有劣势

---

① 参见赫尔曼·P. 米勒（Herman P. Miller），《富人，穷人》（*Rich Man, Poor Man*）（New York：Crowell），1964 年，第 90—96 页。

（包括人际关系的特定结构、社会经济水平、社区和地区位置等）同样需要消除家庭能赋予或提供的任何优势。如果已获得令人满意地位的父母事实上无法更容易地为他们的子女做出类似的成就，那么我们也许有"平等的机会"。但是，这样的话，我们将不再拥有家庭系统，至少不是当前所理解的那种家庭系统（在激进的意识形态，特别是马克思主义的意识形态中，这一点没有被误解）。

我们没有奢望一种轻而易举的均衡，这种均衡的最优条件是平等主义价值的主张和家庭依附的力量达到令所有人都满意的巧妙平衡。实际上，这些根本上不相容的趋势之间的持续紧张也许是社会进步的一个必要条件。不过，我们确实主张，在政策领域中的平等和有效性需要对分层过程进行比社会科学和政治活动所声称的更为深入的理解。

第6章

机会不平等

机会平等是美国社会的一个理想，而非一个既成事实。职业获得的机会受到一个人先赋地位的限制，这是他由所出生的家庭导致的。实际上，如果不在某个亲属群体中赋予每个孩子以地位，一个社会的稳定是难以想象的，亲属群体负责养育和社会化孩子，因此强烈地影响他的成就动机、取得成就的资格条件及其成功的机会。不过，先赋地位对机会获得所施加的限制不仅由于在后天的取向和能力上的差异，而且还由于歧视。对于一个人的父母家庭所赋予他的族群地位（不管他是黑人或白人、南方人或北方人、移民者的儿子或本土美国人）而言，尤其如此。

本章关注的就是在职业获得中的这种族群差异。我们将会进行三组比较。首先，通过白人和非白人（他们中94%是黑人）的对比，揭示了黑人与白人之间职业机会的基本不平等。其次，根据出生地和居住地，分别针对白人和黑人进行了南方人和北方人（所有的非南方人）的比较。第三，对三大类白人族群分组与本土血统的白人进行了比较：国外出生的人、美国出生的人但其父母是在北欧、西欧或加拿大出生的，以及美国出生的人但其父母是别的国家（即除北欧、西欧和加拿大以外的国家）出生的。当然，在职业获得中观察到的差异是否是歧视、能力或动机的结果只能根据手头的数据来推断。不过，通过考虑诸如首职和教育等中介变量以及控制诸如父亲的职业地位等相关因素的影响，这些推断可能会变得更为合理。分析表明，黑人的不利地位至少在部分上是歧视的结果，南方人的不利地位很大程度上是由不充分的职业准备造成的，而不同白人族群分组之间的微小差异可能建立在选择性的经历和动机的基础上。

黑人和白人

当然，在美国黑人的教育机会远远低于白人。表 6.1 的前两列表明，白人比非白人更可能获得更高的教育水平。在本土美国人中，具有某些大学经历的人与没有接受任何高中教育的人在数量上差不多（第 1 列），但是黑人没有接受高中教育的人与受过大学教育的人之比接近五比一（第 2 列）。大约有一半的黑人只接受八年或更少的教育，与之相对的本土白人是四分之一（在受过更好教育的非农人口中，可发现同样的差异，这表明这些差异并不只是由于没受过多少教育的黑人佃农和移民劳工。在这里，拥有某些大学经历的人与没有任何高中教育之人的比率对于白人而言是二比一，对于黑人而言是二比五[①]）。

[①] 对于控制了教育和农场背景后有关四大主要族群的职业获得的完整数据请参见附录中的表 J6.1。

表 6.1 肤色和教育对职业地位的影响

受教育程度	人口数 （单位：千人）		1962 年职业 地位均值（Y）		差异	对均值的偏差[a]， 控制 X 和 W[b] 后	
	白人[c] （1）	非白人 （2）	白人[c] （3）	非白人 （4）	（5）	白人[c] （6）	非白人 （7）
0—8 年	7286	2243	23.6	16.8	6.8	−8.1	−14.0
高中：1—3 年	5420	1032	29.7	18.6	11.1	−4.3	−13.1
高中：4 年	8855	827	37.8	22.8	15.0	1.7	−10.5
大学：1 年或以上	7534	477	56.8	41.1	15.7	13.4	3.0

[a] 对总人口均值的偏差不仅是其在本表中所处理的那部分（本表的数据不包括其父母是外国人的人）。
[b] X：父亲的职业地位，W：首职的地位。
[c] 本土血统的本土白人。

有意思的是，受教育程度随年龄而变化比因种族而变化的程度更大。在拥有本土血统的本土白人中，20—24 岁的人中只有 9% 接受的教育低于八年，而 55—64 岁的人中有 49% 是如此。同样，在黑人中，最年轻的人中有 27% 接受的教育未超过初等教育，而最年长的人则有 79%。尽管存在歧视，但教育在美国的巨大扩张已致使今天年轻的黑人比年长的白人接受了更多的教育。不过，黑人仍继续遭受严重的教育不利条件，而且这些不利并不是阻碍其职业机会的唯一不利。

黑人相对于白人的劣势不仅体现教育上，还体现在所有其他的职业生涯事件上。表 6.1 的第 3 和 4 列表明，非白人的平均职业地位在所有教育水平上都低于白人。同样地，非白人的父亲的职业地位也低于白人的父亲；首份工作的地位亦然。重要的事实是，甚至在考虑到黑人更低的社会出身、受教育程度和首职地位后，他们的职业成就仍然远不如白人的。表6.1的第6和7列呈现了控制父亲职业和儿子首职后在教育类别之内种族对职业地位的净影响，它相当于对均值的偏差。当控制社会出身、职业起点和教育时，白人与黑人在最终职业地位上的平均差异仍高达9.3个点。

总之，黑人比白人受到地位更低的父母、更少的教育和更差的早期职业经历的妨碍。然而，即使这些不利条件在统计上被控制后，也就是说，如果他们与白人拥有同样的出身、同样的教育、同样的首职，那么非白人的职业成就将会如何呢？实际上，他们的职业机会仍然不如白人的。因此，由于若干直接影响职业成功的因素，在美国身为黑人有着独立的不利后果。对美国黑人而言，这些明显的不利条件（尽管不是不相关的）的累积造成了极度的职业机会不平等。

正如关于职业获得的那些数据，关于社会流动的数据也揭示了黑人的不利位置。这绝不是不言而喻的。恰恰相反，我们预期，在给定他们更低社会经济出身的条件下，黑人将比白人更不可能发生向下流动，更可能发生向上流动。不过，结果与这种预期相矛盾；如同表6.2中关于长距离向上流动的数据所表明的，非白人比白人更可能发生向下流动，更不可能发生向上流动。我们起初的预期建立在这个假定基础之上，即在父母一代存在着对黑人的严重的经济歧视，这体现在更低的出身地位上，这种歧视在最近几十年已经减弱。即使黑人有更低的出身，但黑人并没有获得与白人一样的向上流动，这个发现提出了白人与黑人之间的差距是否在持续扩大的问题；在本章的后面我们将再回到这个问题。

表 6.2 非白人的流动劣势

受教育程度	长距离向上流动的百分比 [a] 本土白人	非白人	差异
1—8 年	13	5	8
高中：1—3 年	19	8	10
高中：4 年	27	15	12
大学：1 年或以上	38	35	3

[a] 被访者的职业地位高出其父亲的职业地位 25 个点。

如表 6.2 所示，无论是白人，还是黑人，随着受教育程度的提高，长距离向上代际流动的可能性会增加。不过，对非白人而言，除大学教育程度之外，更高受教育程度影响向上流动的增幅相对较小。结果是，直到大学前，随着受教育程度的提高，白人与非白人在流动可能性之间的差异一直在增大。虽然教育对所有人而言都是向上流动的一条路径，但教育对非白人而言就没有像对白人而言那样是一条有效的向上流动途径。尽管非白人有更低的社会出身，如果其他条件相同，那么这种低出身应该使他们比白人更容易获得向上流动，但是这种不平等模式依然存在。

教育并没有给黑人带来与白人同样的好处，不管这种好处是根据职业获得还是流动来估计。白人与非白人在平均职业地位之间的差异随着教育水平的提高而增加。在最低教育水平的人中，本土白人的社会经济地位高出非白人 6.8 个点（表 6.1 第 5 列）；对拥有一些高中教育的人而言，差异是 11.1；对高中毕业的人而言，差异是 15.0；对受过最多教育的人而言，差异是 15.7。尽管受过更多教育的黑人获得的职业要优于那些受过更少教育的人，但是非白人获得的教育越多，其职业地位落后于同等教育水平的白人就越大。对非农人口而言，差异模式是类似的，除了它们表明，接受大学教育的黑人比在高中毕业时没有继续接受教育的黑人有略少的劣势。在这些非农男性中，对受过最少教育的人而言，非白人的职业地位低于白人的 9.3 个点；对具有一些高中教育的人而言，差异是 11.7；对高中毕业的人而言，差异是 17.8；对大学教育程度的人而言，差异没有那么大，是 15.4。

接受大学教育的黑人是一个高度精选的群体。不像接受大学教育的白人，接受大学教育的黑人出身贫寒，[①]他们必须要克服更为严重的障碍。他们在教育上要战胜这些障碍的事实表明，他们比相对应的白人有更高的成就动机（或更有能力）。然而，即使拥有大学经历的非白人存在这种更大的选择性，但是他们仍无法获得与白人相媲美的职业水平，甚至不能像接受大学教育的白人超过他们较高的社会出身那样超过自己较低的社会出身。尽管黑人较低的职业地位也许可部分地归因于他们更为不利的父母背景，[②]但后者无法解释他们比白人获得向上流动的可能性更低，因为相比于白人的情况，它为黑人提供了更多的空间超越自己的出身。非常可能的是，歧视在此起到了重要的作用。

肤色和教育的这种交互作用意味着接受更多教育的黑人比接受较少教育的黑人遭受更多的职业歧视。与此同时，有理由认为，接受了大学教育的黑人有更多的知识和更强的成就动机，这使得

[①] 对接受大学教育的白人而言，其父亲的平均社会经济地位是 43.9，而对接受大学教育的非白人而言，这个值只有 26.3。

[②] 但并不是最重要的，因为社会出身只对职业地位施加了有限的影响，如同第 5 章关于路径系数的那一节所表明的。

他对就业和提升中的歧视尤其敏感,如果没有这些知识和动机,他几乎不可能克服在上大学过程中通常遇到的严重障碍。隐含之意是由于职业歧视的缘故,受过教育最多的黑人是最可能经历相对剥夺的人,他们往往对歧视最敏感。因此,有人预期受过良好教育的黑人比没受过教育的黑人在争取平等机会中更为激进,印象式的观察表明情况确实如此。

这些结果的另一个含义是,黑人比白人有更少的激励接受教育并奋发图强,对来自下层社会的人而言必须要这样做。数据表明,几乎同样数量的教育投入给非白人带来的回报(以优越的职业地位或流动的形式)要远远低于白人。另一项研究[①]发现,白人-非白人的收入差异也随着教育水平的提高而增加。白人与非白人之间最大的收入差距发生在接受一些大学教育的人中。对拥有较少教育的人而言以及对大学毕业的人而言,这种差距是较小的,这表明存在一个点,当教育投入超过这个点之后确实开始给非白人带来回报。对于他们的教育投入,黑人获得的回报要比大多数群体低,这使他们没有积极性投入这些成本,这个事实也许有助于解释为什么许多黑人表现出很小的兴趣或动机去接受教育。[②]由缺乏动机所导致的辍学恶化了黑人在劳动力市场中的位置,并且大多数黑人较差的教育通常被用作证明对黑人的职业歧视的合理性,因此进一步降低了黑人从他们已做出的教育投入中得到的回

[①] 保罗·西格尔(Paul Siegel),"论身为黑人的代价"(On the Cost of Being a Negro),《社会学探究》(Sociological Inquiry),35(1965),第44页。

[②] 尽管数据指的是所有非白人,但结果和结论尤其适用于黑人,并且如果把6%的不是黑人的非白人从分析中排除,所观察的趋势无疑会被加强。这些发现可能根本不适用于其他非白人群体。

报以及做出更多这样的投入的积极性。对黑人来说，只有对教育的价值深信不疑，才会继续待在学校并提高他们的教育，就像他们实际上所做的那样。①

职业机会上的差别并不是美国非白人最终的经济劣势。在可比较的职业位置上，非白人往往也比白人得到更少的收入。②施密德和诺比最近对白人与几个非白人族群之间在教育、职业和收入上的差异的分析表明，日本人和华人的职业地位高于白人的，不过，白人的收入水平是所有群体中最高的。③对大部分非白人群体而言，背景和教育上的不利条件导致了职业上的劣势，但也存在另外的职业生涯和收入上的劣势，这些劣势必须要被归因于族群地位本身，可能也要归因于它所引起的歧视。

南方人和北方人

南方人的平均社会经济地位低于北方人。尽管这绝非意料不

---

① 本节（表6.1的第6和7列）所使用的多元分类程序假定，在控制变量与其他变量之间不存在交互作用。回归分析非常好地支持这个假定，因为它表明，父亲地位对儿子地位的回归斜率和相关系数都很小，并且随教育和种族而发生的变化很小，大部分在0.20左右。尽管不存在太多变异，但对白人而言二者的关系略高于对非白人而言。这表明，相比于非白人，占优势的白人能更好地将地位优势传给他们的儿子。这种差异的一个可能原因是，很多黑人没有在与父亲共同生活的家庭中长大，黑人妇女不能像黑人男性和白人男性那样轻易地把其职业地位传给她们的儿子。

② 参见赫尔曼·P.米勒，《富人，穷人》，1964年，第85—96页。

③ 加尔文·F.施密德（Calvin F. Schmid）和查尔斯·E.诺比（Charles E. Nobbe），"非白人族群之间的社会经济差别"（Socioeconomic Differentials Among Nonwhite Races），《美国社会学评论》，30（1965），第909—922页。

到的,但是数据使我们有可能探讨为什么身为南方人导致了职业上的劣势。它是由于南方的工业化不足,还是黑人太多?是由于南方人的素质太差,还是由于在劳动力市场上受到歧视?在本节,我们将对在南方出生的人和在北方(东北部、中北部和西北部)出生的人进行比较,并进一步对1962年时仍留在其出生地的人与在别的地方生活的人进行对比。应该指出的是,对没有生活在其出生地的南方人和北方人的比较涉及的是大部分生活在北方的人;根据定义,所有没有生活在其出生地的南方人生活在北方,而大部分没有生活在其出生地的北方人没有生活在南方,而是生活在北方,不过是从三个北方地区中的一个迁到了另一个。因为北方和南方在白人总人口中所占的比例极为不同,并且已经表明肤色对职业获得施加了一个独立的影响,所以我们对北方和南方的白人与非白人分别进行比较。①

　　南方人在争取职业成功中处于劣势,这不仅因为南方的经济机会不如北方的,而且因为在南方长大使一个人为职业获得所做的准备很差。表6.3表明,在南方出生之人的职业成就不如北方人的,白人和非白人都是如此。② 这种劣势对于南方的非白人要更大一些。在南方出生和生活的非白人的社会经济地位落后于生活在其出生地的北方非白人12.7个点,而对白人而言的相应数值是2.9个点。肤色并没有对北方的与南方的迁移者之间的差异产生那

---

① 在这种比较中,南方的非白人实际上被等同于南方的黑人,而北方的非白人则是一个包括其他种族群体的少数族群混合体。

② 附录中表J6.2提供了关于族群迁移对1962年职业地位、首职地位及受教育程度的总影响和净影响的完整数据,该数据区分了农场背景与非农背景。

美国的职业结构

表 6.3 对于本土血统的本土男性，出生地区和肤色的影响

肤色和地区	人口数（千人）(1)	1962年职业(Y)对均值的偏离 (2)	首职(W)对均值的偏离 (3)	代内流动的均值 ($\overline{Y}-\overline{W}$) (4)	教育对均值的偏离 (5)	1962年职业(Y)对均值的偏离控制如下变量 X^a (6)	U^a (7)	X, U, W^a (8)
白人[b]								
出生在北方								
生活在出生地	16513	1.5	0.8	11.5	0.29	0.4	0.0	-0.1
生活在别的地方	3759	8.9	6.2	13.5	0.84	5.5	2.9	2.1
出生在南方								
生活在出生地	7831	-1.4	-1.7	11.1	-0.37	-0.1	0.8	1.1
生活在别的地方	2101	-0.5	-2.8	13.1	-0.10	1.1	0.5	1.3
非白人								
出生在北方								
生活在出生地	665	-6.3	-4.3	8.8	0.14	-4.6	-6.2	-4.4
生活在别的地方	87	-2.3	2.5	6.0	0.34	-1.6	-4.5	-8.8
出生在南方								
生活在出生地	2155	-19.0	-11.6	3.4	-1.69	-13.6	-10.8	-8.6
生活在别的地方	1672	-15.3	-7.4	2.9	-0.92	-11.6	-8.4	-6.9
均值[c]	...	36.3	25.5	10.8	4.43	36.3	36.3	36.3

a X：父亲的职业；Y：受教育程度；C：首职。
b 本土血统的本土白人。
c 总样本的均值，而不仅仅是本表所处理的那部分样本（本表未包括父母是国外出生的或在国外出生的人）。

么大的影响（这里使用的"迁移者"术语指的是没有生活在其出生地的人）。北方的白人迁移者的社会经济地位超出生活在北方的南方白人9.4个点，北方的非白人迁移者超出生活在北方的南方非白人13个点。总体而言，离开出生地与更高的职业地位正相关。不过，这种影响并没有大到足以抵消隐含在南方出生中的劣势：不论是白人还是黑人，生活在北方的南方人都劣于北方的迁移者，也劣于生活在其出生地的北方人。当控制社会出身（在南方，社会出身也处于劣势）后，这些差异依然存在。甚至在父亲地位的影响在统计上被去除后，南方的白人和非白人都比相应的北方人获得更低的职业地位，不管南方出生的人是留在南方还是迁往北方（表6.3，第6列）。在被南方人和北方人占据的首职上也可观察到类似的差异（第3列）。不管他是留在还是离开那里，并且不管他是白人还是非白人，在南方出生的人拥有的首职都不如相对应的北方人。

北方人比南方人获得更高的首职和更高的最终职业；对白人而言，二者之间在向上流动的程度上不存在差异，而对黑人而言则存在。表6.3的第4列根据四个类别（白人和非白人中的北方人和南方人）呈现了在首职与1962年职业之间流动的平均距离。不管就留在其出生地的人，还是就迁移者而言，北方的白人几乎没有比南方的白人经历更多的代内流动，差异仅为0.4。不过，在黑人中间，在南方出生大大降低了职业生涯的流动。南方的非白人在其职业生涯中经历的向上流动远远低于北方的非白人，不管他们是留在南方（低于北方的非白人5.4个点），还是迁往北方（低3.1点）。

有人也许想将南方人所处的不利职业状况归因于南方的劳动力市场所提供的更为有限的机会，南部黑人的情况可能是这样的，但是南方白人最严重的障碍似乎是在南方长大的人为职业成功所接受的准备更糟糕，而不是南方劳动力市场缺乏良好机会。在白人中间，北方人与南方人在职业地位上的差异对留在出生地的人而言（2.9）要远远低于对离开出生地的人而言（9.4）。换言之，当南方人和北方人在不同的劳动力市场工作时，对未迁移者而言比对迁移者（它包括现在在北方工作的南方人和北方人）而言，南方人在职业成就上相对于北方人的劣势更小一些。① 这种差异不可能是由于劳动力市场条件中的差异，而一定是反映了在南方出生和长大的不利后果，这无疑是因为南方的培训没有为一个人的职业获得做好准备。

这种解释意味着，南方人的职业障碍是由于南方的教育较差。当然，本研究没有关于北方和南方教育质量的相应信息，尽管很可能南方的学校（包括黑人的和白人的）不如北方的学校。不过，通过搞清楚北方人与南方人之间在受教育程度上的差异，当前的数据有可能确定北方人和南方人在多大程度上利用了实际存在的教育机会。换言之，除了教育质量上的差异之外，南方人与北方人在接受的学校教育数量上的差异又如何呢？答案是明确的：南方人接受的教育少于北方人。留在那里的南方白人的平均

---

① 这些差异并不是由于南方有更多的农村人口。当从分析中去除农场人口时，这种差异继续存在：生活在其出生地的白人中的北方人比相对应的白人中的南方人的职业地位高出 2.4 个点；发生地区流动的北方人的职业地位比迁往北方的南方人高出 9.2 个点。对非白人而言的相应数值是：对未迁移者是 16.2，对迁移者是 15.9。

教育得分低于生活在其出生地的北方人 0.66 个点（基于从 0 到 8 的刻度），这相当于一年多的学校教育。迁往北方的南方白人的受教育程度落后北方的迁移者 0.94 个点（接近两年的学校教育）。217 对非白人而言，相应的数值甚至更大，分别是 1.83 和 1.26。尽管出生在南方对白人和黑人都造成了教育上的劣势，但对黑人而言更为不利。

事实上，在教育阶梯的每个阶段，南方人继续其学校教育的可能性低于北方人。例如，生活在其出生地的白人中，92% 的北方人和 75% 的南方人完成了八年学校教育；对相应的非白人而言，数值分别为 91% 和 49%。在这些完成初等教育的非白人中，在北方有 91%、在南方有 79% 继续上高中。同样地，高中入学者毕业的比例、上大学的比例、大学毕业的比例、继续读研究者的比例——所有这些都是北方高于南方，不管所研究的是白人还是非白人，留在出生地的人还是离开出生地的人。①

南方人要比北方人更早地中断其教育，这个发现并没有证明南方人更低的职业成就是他们更低的受教育程度的结果。问题是，北方人与南方人在教育上的差异是否足以解释职业地位上的差异。表 6.3 的第 7 列呈现了这个问题的答案，它显示了控制教育之后北方人和南方人的四个类别的差异。对教育的控制大大降低了北方人与南方人之间的差异，但它并没有完全消除所有的差异。北方人与南方人之间剩下的差异，对于离开其出生地的白人只有

---

① 对于这一点存在一些例外，即在非白人中，大学毕业的比例和读研究生的比例。对主流趋势的这些例外包含的人数很少，最可能只是由抽样误差导致的。参见附录中的表 J6.3。

2.4，对于留在出生地的白人是 -0.8；对非白人而言，相应的差异分别是 3.9 和 4.6。有意思的是，在白人中间，留在南方的南方人比留在其出生地的北方人没有享有更低的而是享有略高的职业地位。很显然，南方白人不是从机会有限的劳动力市场遭受不幸，而是从适应劳动力教育准备的劳动力市场中获益，这种教育准备使他能在南方的劳动力市场中获得工作，但是由于其教育不足，在北方的话他可能无法进入这些工作。仍留在南方的南方白人遭受较差的职业机会完全可用他们较低的教育水平来解释；实际上，给定他们有限的教育水平，南方白人通过继续留在南方会享有一个竞争优势。

无论是迁往北方的白人中的南方人较差的职业机会，还是南方的黑人的较差的职业机会，都不能完全根据教育上的差异来解释。这些群体面临的其他不利之处可能是由于南方学校系统较差的质量造成的，它意味着，在同样的教育年限下，南方人所学到的要少于北方人。这样一种差异对留在南方的南方人将不会是一个劣势，因为他们在职业上主要与其他南方人竞争。这个解释尽管貌似有理，但在我们的研究中无法用数据来检验。解释南方人四类中三类的剩余劣势的另一个假设是它是由于歧视造成的。所有的南方人，不管是白人还是黑人，可能在北方劳动力市场的就业中遭受歧视，并且黑人在南方比在北方遭受更多的歧视。

如果这个猜想性的解释是正确的，并且剩余的差异是由歧视导致的，那么当控制其他背景因素后这些差异应该继续存在。另一方面，如果在控制社会出身、受教育程度和职业起点的影响后，出生地和居住地的净影响消失了，那么它将表明，所观察到的差

第 6 章 机会不平等

异并不是由于歧视。① 使用这个程序来检验假设的结果被呈现在表 6.3 的第 8 列中。② 定类变量的净影响和北方人与南方人之间的差异都下降了。实际上，北方人与南方人之间在职业地位上的剩余差异在四种情况有三个接近于零或是负的：对于白人迁移者是 0.8，对于白人未迁移者是 -1.2，对于非白人迁移者是 -1.9，而对于非白人未迁移者是 4.2。

因此，给定南方人较差的背景（较低的社会出身、受教育程度和早期职业经历），南方白人的职业位置并不比北方的白人差，并且对于离开其出生地迁往北方的黑人也是如此。只有仍留在南方的黑人的职业机会继续不如留在北方的黑人。这些结果意味着，以南方人的身份在北方的劳动力市场上，并没有多少对南方人的歧视。它们也表明，南方人较低的职业地位主要不是由与在南方出生有关的任何成就动机上的障碍所导致的。南方的白人和迁往北方的南黑人的职业机会更低完全是由于他们较差的职业准备和背景，但对仍留在南方的黑人而言并非如此。数据资料隐含的是，在南方比在北方对黑人有更多的歧视，尽管这并不是研究发现所允许的唯一解释，但却是非常合理的一个。

地区迁移对于南方的白人和黑人的最终职业成就具有不同的

---

① 如果歧视假设是正确的，那么差异一定持续存在，但是差异的持续存在并不一定证明这个假设的正确性，因为除歧视之外的因素也许解释了这种持续，比如南方人更低的成就动机或者南方较差的教育质量。简言之，这个假设的否定证据（统计控制下差异的消失）表明就业歧视并不是原有差异的原因，但是肯定的证据只允许得出一个推断，即歧视可能是起作用的，与可能的替代解释相比，这个推断的合理性必须要建立在其他基础之上。

② 应该指出的是，在分析中所做出的不存在统计交互作用的假定在这里并不完全符合。

含义。通过留在南方，白人会获益，在那里他不必与具有更好的背景、教育和经历的北方人竞争，并且在那里对黑人更严重的就业歧视也对他有利。另一方面，南方的黑人会从迁往北方中获益，在那里他承受较差的教育带来的不利，但能避免在南方更为严重的种族歧视。

尽管上文已经表明，北方人与南方人之间在职业地位上的差异可以用这两个群体之间先前的地位差异来解释（除了仍留在南方的南方黑人的情况），但在南方出生的主要不利之处依然存在。它表现在南方人更低的教育程度、更低下的首职，以及经由它们这种不利被传递到最终的职业地位上。他们不利的背景是阻碍南方人争取职业成功的主要因素。

南方的黑人和北方的黑人

生在南方的不利条件对黑人而言比对白人而言更加明显。在生活在其出生地的人中（他们是绝大多数），南方白人获得的职业地位比北方白人平均低 2.9 个点，而南方的非白人低于北方非白人 12.7 个点（见表 6.3 的第 2 列）。换言之，南方黑人是最为不利的，当从一个不同角度来研究数据，即观察在南方和北方的白人与非白人之间的地位差异，也是明显如此。在留在其出生地的人中，对南方人而言，非白人的地位劣势是 17.6，而对北方人而言，非白人的地位劣势却只有 7.8。这构成了令人印象深刻的证据，黑人在南方遭受更为严重的剥夺。

从职业起点到 1962 年职业地位的代内流动体现了肤色与区域

之间相互作用的类似模式。在继续生活在南方的南方人中间，就从首职到1962年职业之间的流动距离而言，白人比非白人享有7.7个点的优势；而在迁往北方的南方人中间，白人有10.2个点的优势。与之相对，在北方人中，对没有迁移的人而言，白人的净流动超出非白人只有2.7个点；而对于迁移者，则有7.5个点。简言之，在南方对黑人更为明显的歧视不仅体现在更低的最终职业成就上，而且也体现在更少的向上流动上，并且南方黑人早期的不利条件甚至在其迁往更少限制的北方之后仍继续妨碍着他。

已经表明，与南方白人的情况不同，南方黑人在争取职业成功上的不利并不完全由于他们较低的受教育程度。尽管单纯教育无法解释南方非白人的职业劣势，但在南方它确实是保证和维续这种劣势的一个手段。北方非白人的平均受教育程度比北方白人只低0.15个点（不足半年），而南方非白人的教育则落后于南方白人1.32个点（接近3年）。[①] 不仅黑人的教育劣势在南方比在北方更大，而且受教育程度对南方的黑人比对北方的黑人是一个更为重要的职业地位决定因素。对表6.3的第2列和第6列的比较表明，当在统计上控制教育之后，南方黑人在职业地位上的明显劣势大大降低；而控制教育后，北方黑人较小的地位劣势一点也没有降低。这个结果表明，南方的种族地位差别部分地建立在黑人教育低下的基础上，尽管在北方并非如此。南方黑人除了比北方黑人更多地丧失了教育收益之外，在其职业生涯中还更为依赖于他们的教育水平，因此在经济上因他们教育上的劣势损害更多。

[①] 这是对生活在出生地的人而言的情况；对迁移者而言，差异更小一些；参见表6.3的第5列。

在南方，而不是在北方，这种地域给黑人带来的学校和教育上的劣势成为维持黑人从属的经济地位的主要手段。

不过，当控制三个主要的背景变量——社会出身、教育和职业起点——后，肤色的剩余劣势在南方比在北方更为严重。对生活在其出生地的人而言，白人与非白人之间剩余的差异在北方只有 4.3 个点，而在南方则有 10.7 个点。无疑，这些剩余的不利之处很大程度上是由于歧视，并且在南方数值更大的剩余差异可能反映了那里更为严重的歧视。

在过去几十年里这种种族歧视增加还是下降了？今天黑人的相对职业地位比 20 至 40 年前是改善了还是恶化了？如果没有至少两个不同时期的数据，是不可能令人信服地回答这个问题的。不过，根据不同年龄的白人与非白人之间的研究，询问年轻黑人相比于更年长黑人的相对地位如何，可以得出一些关于时间趋势的推论。当然，在这种比较中，混合着两种模式：一种是历史趋势，即从本世纪初以来黑人相对地位的变化；另一种是年龄趋势，即随着他们年龄的增长，白人和黑人所经历的职业提升的差异。数据表明，在北方白人与非白人之间的地位差异对于最年轻的队列是最小的，并且随着队列逐步变老，这种差异相对稳定地增加（表 6.4 的第 1 列）。这种模式可能表明，在北方的雇佣实践中，对非白人的歧视在最近几十年已经下降；也可能表明，在劳动力市场中年龄更大的非白人比更年轻的非白人遭受更为严重的不利之处。如果没有进一步的信息，是不可能在这两种替代性解释中做出选择的。在缺乏在不同时期收集的数据的情况下，涉及不同时期的回溯数据可以提供这种信息。

表 6.4　根据年龄和区域，本土白人与非白人之间在所选因素上的差异，针对生活在其出生地的非农男性

年龄	北方 1962年职业（1）	北方 受教育程度（2）	北方 首份工作（3）	南方 1962年职业（4）	南方 受教育程度（5）	南方 首份工作（6）
25—34 岁	7.46	0.30	5.48	23.37	1.05	14.54
35—44 岁	9.31	0.36	10.64	18.15	1.45	7.57
45—54 岁	7.40	0.19	6.40	20.41	1.09	10.45
55—64 岁	15.93	1.88	9.91	17.94	1.56	11.28

对不同年龄队列的教育和首职的比较揭示了历史趋势，而在1962年职业的比较中这些趋势被职业提升的影响所混淆。年龄队列之间教育上的差异不能反映年龄增长的影响，因为每个人到25岁时都完成了他的教育，所以它们一定反映了在本世纪美国所发生的历史趋势。对于首职地位上的年龄差异同样如此，因为这些差异也不是对被更年长的人所获得的地位与被更年轻的人所获得的地位进行区分，而是指在不同年代出生的人当他们进入劳动力市场时所获得的平均职业地位。不过，因为一些人退学，并比其他人更早地开始工作，所以产生了另一个问题，尽管这个问题不如职业提升的影响与历史趋势二者的混淆问题那么严重。一个年龄队列的所有成员没有同时完成他们的学业或获得他们的首份工作，并且对于不同队列所涉及的时期是重叠的，每个时期的跨度大约是20年而不是10年。尽管这些队列数据是重叠的，这使得对历史时期的分析没有我们所希望的那么可靠，但它们确实涉及连续的历史时期，每个时期的起点和终点大约相隔10年。

表 6.4 表明，对北方人而言，白人与非白人之间在受教育程度和首职地位上的差异，更年轻的人要低于更年长的人，恰如 1962 年职业地位上的差异那样。三个趋势是大致类似的，这个事实表明，在最近几十年在北方对黑人的歧视已不太严重。在一战左右开始工作的非白人的工作和教育大为不如白人的，但好于在二战后开始其工作的非白人。早期一代的黑人的更为严重的劣势似乎延续下来，甚至随他们年龄增长而被强化。对教育而言，平等的趋势最为明显，这也许表明，在通往机会平等的总体趋势中，更大的教育机会是第一步。[1] 不过，在南方这种趋势则不明显。在南方，非白人与白人之间在最初或最终职业地位上的差异对于最近的队列并不比对于更早的队列小；尽管南方黑人的教育劣势对最年轻的队列而言是最小的，但并不存在一致的趋势。

必须要强调的是，这些结论只是推论性的。首份工作并不像所预期的那样是一个可靠的指标，因为如同在第一章所指出的，不少被访者报告的首份工作是在完成学校教育之前开始的（这与填答说明相反）。而且，尽管在教育和雇佣青年人上对非白人的歧视可能较小，但在向更负责任的职位提升和晋级中的歧视可能有增无减。实际上，这种可能性并非不可能。需要指出的是，趋势数据意味着黑人与白人之间的差距正在抹平，至少在北方是如此；而前文报告的结果是，非白人尽管有更低的出身，但他们比白人

---

[1] 对 1962 年 45—54 岁的男性而言，趋势上的暂时下降也许是由于 1929 年的股市崩溃，在那时这些人是 12—21 岁，假定这次股市崩溃对于中产阶级中的潜在大学生具有最不利的影响，他们中的绝大多数是白人。

经历更少的向上流动，这意味着这种差距正在扩大。调和这种明显的矛盾的一个可能解释是，黑人-白人的地位差异直到进入劳动力市场为止都在缩小，这与不断缩小的教育差距相一致，但在随后的职业提升过程中仍在扩大。

可以在美国人口普查局数据的基础上对教育趋势进行比OCG数据所允许的更为精致的分析。基于对八个出生队列的比较，5%人口普查数据的样本量更大，这可能得出对教育趋势的可靠估计，不仅在对完成最低数量的学校教育的比例上，而且在从一个等级向另一个等级继续学校教育的比例上。因此，这些数据可以回答较为有限的OCG数据所无法回答的一些问题，比如在南方及在北方的黑人的相对教育地位是否已经提高了，以及这种提高是否局限于最低层次的教育中还是也包括继续更高层次的教育上。

无论是在南方，还是在北方，在过去半个世纪中，黑人的教育中位值已经缓慢却稳定地趋近于白人的中位值。[①] 换言之，关于教育年数的中位值的普查数据证实了这个结论，即白人与非白人之间的差异正在缩小，前文根据关于平均受教育年数的OCG数据得出了这个结论（表6.4）。当考虑完成至少八年学校教育的人员比例时，也明显存在同样的趋势。如表6.5的第一个面板的第3和6列所示，白人与非白人在这个比例上的差异对于当今的年轻人要比对于在20世纪初上学的那些人更低（为了不使分析被迁移因素复杂化，数据局限于生活在出生地的人）。从初等学校毕

[①] 参见1960年人口普查，表173，卷1，第1部分，美国概览（U.S. Summary）。

业可被视为符合法定要求且非智障的男孩所获得的最低教育程度。在一个阅读和开车是工作和生活的必备技能的社会中，这仅仅是一个最低限度。表格中的其他四列表明，无论是对白人而言，还是对非白人而言，获得这个最低限度教育的人员比例在过去半个世纪稳步增长，在北方和在南方都是如此。但是在北方，非白人（他们的起点更低）的增长率比白人更高，因此差距在不断缩小。南方的趋势大致类似，但在具体的细节上有所不同。

在南方，黑人的相对教育劣势在20世纪的头10年期间增加了，直到30年代的大萧条之后才开始下降。南方的白人与非白人之间在完成初等教育的人员比例上的差异从对最年长队列而言的27%上升到对1960年时45—64岁之间的人而言的36%，但是它随后下降到对最年轻的队列而言的18%。这个U型曲线与在北方相应差异的线性下降形成对比，这是因为在20世纪初，在南方完成初等教育的比例的增长率对白人而言要高于对黑人而言，黑人只是最近20年左右才开始迎头赶上。值得注意的是，在南方，只有在超过60%的白人已经达到这个教育层次之后，白人与黑人之间在初等学校毕业上的差距才开始缩小（第4列）；而在北方，在所用数据的最早期差距就开始缩小，在那时也有超过60%的白人已经达到这个最低层次（第1列）。我们可能猜测，是不是只有在大多数白人已经得到一定层次的教育之后，居主导地位的白人群体才放松歧视做法，并允许越来越多的黑人获得这个层次的教育？尽管这只是一个猜测，但事实是，在更高教育层次上对黑人的歧视并未下降。

第 6 章 机会不平等

表 6.5 对于 1960 年生活在其出生地的男性，按区域、肤色和年龄，从一个层次到另一个层次继续接受教育的百分比 [a]

完成八年级的百分比

年龄	北方[b] 白人[c]	北方[b] 非白人	北方[b] △	南方 白人[c]	南方 非白人	南方 △
22—24 岁	96.1	89.9	6.2	86.0	67.9	18.1
25—29 岁	95.6	90.4	5.2	82.8	61.0	21.8
30—34 岁	94.4	89.3	5.1	79.0	52.2	26.8
35—44 岁	93.2	85.8	7.4	73.7	41.9	31.8
45—54 岁	86.8	71.4	15.4	64.4	28.5	35.9
55—64 岁	77.4	55.8	21.6	55.3	19.4	35.9
65—74 岁	67.9	45.0	22.9	45.9	14.1	31.8
75 岁以上	61.8	36.3	25.5	39.0	11.7	27.3

从在高中读书继续到高中毕业的百分比

年龄	北方[b] 白人[c]	北方[b] 非白人	北方[b] △	南方 白人[c]	南方 非白人	南方 △
22—24 岁	77.8	61.0	16.8	72.3	51.2	21.1
25—29 岁	77.5	62.7	14.8	72.4	50.9	21.5
30—34 岁	72.1	60.3	11.8	68.5	47.6	20.9
35—44 岁	71.9	62.5	9.4	67.0	48.0	19.0
45—54 岁	64.9	56.7	8.2	59.8	49.2	10.6
55—64 岁	60.4	53.4	7.0	56.8	48.6	8.2
65—74 岁	59.5	53.2	6.3	60.0	55.1	4.9
75 岁以上	62.0	54.7	7.3	65.5	55.1	10.4

从在大学读书继续到大学毕业的百分比

年龄	北方[b] 白人[c]	北方[b] 非白人	北方[b] △	南方 白人[c]	南方 非白人	南方 △
22—24 岁	39.0	22.4	16.6	34.4	25.8	8.6

续表

25—29 岁	53.3	37.0	16.3	51.1	38.5	12.6
30—34 岁	59.0	43.6	16.4	54.9	46.8	8.1
35—44 岁	54.8	44.1	10.7	52.5	51.1	1.4
45—54 岁	51.9	43.5	8.4	46.7	53.2	−6.5
55—64 岁	50.0	44.3	5.7	45.0	49.5	−4.5
65—74 岁	46.7	54.1	−7.4	40.8	47.1	−6.3
75 岁以上	46.2	38.9	7.3	44.1	44.8	−0.7

a 来源：美国人口普查：1960 年。主题报告 PC（2）5B，"受教育程度"表 3（5% 样本）。
b 所有非南方的人口。
c 本土白人。

在高中毕业方面，白人与黑人之间的差距在过去 50 年中增加了，这与在初等学校毕业方面形成对照。表 6.5 的第二个面板展示了从高中毕业的男孩的比例。在北方，在最近几十年比早些时期学生们更可能继续高中教育直到毕业。在南方，趋势并不连续，尤其是在非白人中。不过，无论是在南方，还是在北方，白人与非白人之间在进入高中直到毕业的学生比例的差异上显示出相当一致的趋势。在南方和北方，差距都在持续扩大，这意味着在城市劳动力市场上黑人的竞争劣势一直在增加。① 当然，这些数据仍无法反映 1954 年美国最高法院废除种族隔离决定的结果。无论如何，令人吃惊的是，自从二战以来黑人已取得的明显进步并未反映在他们从高中毕业的可能性上。相反，相对于白人学生从高中

---

① 白人与非白人之间的收入差距在最近几十年也没有缩小；参见米勒（Miller），前引书《富人，穷人》，第 40—43 页。

毕业的可能性，黑人的情况已经恶化了。

在美国，在教育上对黑人的歧视并没有真正下降；它只是转移到了更高层次上。随着八年学校教育已成为最卑贱的工作所必需的最低要求，在这个层次上对黑人的限制已经减弱。不过，与此同时，当黑人在更高层次上继续其教育时，其所遭受的阻碍越发严重。基于关于高中生的数据得出的这个结论也被关于大学生的数据所证实，这个结果呈现在表6.5的第三个面板中。无论是在北方，还是在南方，获得学位的大学生的比例对白人而言（忽略最年轻的队列）在增加，而对黑人而言却没有，结果是白人与黑人之间的差距在增大。当然，这些数据无疑并不只是反映了歧视的增加。在南方，黑人大学生在20世纪初期比白人大学生更可能毕业，因此这个发现明显提醒我们注意除歧视之外影响结果的其他因素，比如进入大学的黑人是一个高度选择的群体、南方的黑人大学质量较差、在南方被隔离的黑人大学学术要求较低。对这个问题的全面处理需要对入学数据的更为细致的分析，这超出了本研究的范围。但现实情况仍旧是，无论是在北方，还是在南方，与白人的情况相比，在最近几十年黑人超越出初等教育继续在更高层次上接受教育的机会变得恶化了。这当然对这种自鸣得意的信念提出了严肃的挑战，即认为黑人的境况正在逐步改善，尤其是在一个自诩为其所有的公民提供教育机会的一个民主社会中。

移民

美国一直被称为充满机会的土地，欢迎其他国家的"被无情遗弃了的、可怜的人们",并赋予这些移民及其孩子以出人头地和发家致富的机会。如果不在表面上接受白手起家式的神话,那么可以假定,移民尽管通常不得不进入职业结构的底层附近,但在他们的生命历程中可以攀升至更好的位置,尤其是为他们的儿子(第二代)提供好得多的向上流动机会。这个源自于19世纪新大陆扩张时期的形象在多大程度上符合当今的现实呢?

20世纪见证了移民至美国的数量和模式上的剧烈变迁。在刚好一战前的10年里,美国每年接收大约100万移民。与之相对,在1950年代的10年里,每年的移民数量只有25万左右,与此同时,接收的人口规模已接近增加一倍。移民对经济和社会的总影响现在无疑比50年前大大降低。

移民的选择性也发生了变化。在到达美国时声明了职业的移民当中,在1905年至1914年期间不少于五分之三的人是体力劳动者(农场或非农场)。到1950年至1959年,这个比例已经下降到七分之一。移民数量上的下降主要是进入美国的不熟练劳动数量的下降。的确,近些年来到美国的专业性和技术性工作者的绝对数量要高于19世纪末20世纪初。

把到达时所声明的职业作为职业技能或经历的指标,我们可以根据职业水平来计算原始的移民率(表6.6)。不幸的是,这个数值没有按性别分类。而且,它们专门指的是到达的人,没有考虑返回他们的祖国和又去了别的国家的那些人。因此,只有总的对比是有意义的;但实际上,早期不同职业之间在移民率上的差异及随着时间发生的变化是相当明显的。

20世纪初，在非农劳工这个职业群体中，相当于每100个常住劳动人口就有55个是移民。对专业性和技术性职业而言，相应的数值是十分之一，或者说每100个有5.5个是移民。对农场劳工（尽管不是农场主）和私人家庭（或家庭服务）工人而言，也观测到非常高的比率。在1920年代期间，农场劳工中的移民率大约是专业和技术工作中的大约三倍之多，而在1930年代和1940年代则见证了劳工中的移民率低于专业人员中的移民率。在最近10年，也就是1959至1969年，这两个群体的移民率几乎相等了。

来到美国时移民所声明的职业未必是他们在美国所从事的职业。要想获得一个移民如何被吸纳进职业结构的指标，我们必须求助于关于外国出身的常住人口的统计资料（表6.7）。在1910年，有不到一半的被归类为非农场劳工的白人男性劳动力是国外出生的，这与该职业的高移民率相一致。形成鲜明对比的是，在农场劳工中，国外出生者的比例在全部劳动力中只占三分之一，尽管这个职业中的移民率很高。很显然，许多作为农场劳工来到美国的移民找到了其他工作。毫无疑问，他们当中也有不少成为了农场主。无论如何，在1910年时，在农场主中国外出生者的比例大大高于当时这个职业中的移民率。基于同样的推理，我们推断，白领职业以及熟练和半熟练的体力工作为移民提供了开放的机会。

表 6.6 根据主要职业群体 1900—1959 年美国 10 年中期经济活动常住人口每 100 人中声明了职业的移民数量，10 年为一个时期但有所重叠

主要职业群体	1900—1909	1905—1914	1910—1919	1915—1924	1920—1929	1925—1934	1930—1939	1935—1944	1940—1949	1945—1949	1950—1959
专业的、技术的及类似人员	5.5	6.5	4.7	4.6	4.1	2.0	1.1	1.1	1.5	2.5	2.9
除农场外的管理人员、官员和企业主	8.0	7.5	4.6	3.6	2.9	1.0	0.8	1.0	0.9	1.0	0.9
文书人员、销售人员及类似人员	2.9	3.5	2.5	2.4	2.7	1.4	0.4	0.3	0.7	1.2	1.4
手艺人、工头、操作工及类似人员	13.3	13.5	7.4	4.8	4.7	1.8	0.5	0.2	0.6	1.3	1.8
除农场和矿业外的体力工人	55.4	47.0	24.7	13.7	13.3	4.3	0.7	0.3	0.5	1.3	3.1
私人家庭服务人员	50.6	60.6	44.1	28.6	25.7	9.6	2.7	1.0	1.5	4.1	4.9
其他服务业人员	5.8	6.8	6.8	8.4	6.9	2.5	0.6	0.3	0.5	0.9	1.2
农场主和农场管理者	1.6	2.0	1.3	1.6	2.0	1.0	0.3	0.1	0.4	1.5	1.8
农场劳工和工头	25.6	42.3	26.0	3.9	4.6	2.8	0.5	0.1	0.1	0.8	1.6

数据来源：（1）移民：美国人口普查局年度数据的 10 年汇总；美国的历史统计数据：殖民时期至 1957 年（Historical Statistical of the United States, Colonial Times to 1957）（Washington：Government Printing Office, 1960），系列 C 116-132；美国人口普查局，美国统计摘要：1962 年（Statistical Abstract of the United States：1962）（Washington：Government Printing Office, 1962），表 122。（2）经济活动人口：以 5 结尾的年份，邻近以 0 结尾年份的平均值；对于后者，劳动力统计局，美国的历史统计数据：殖民时期至 1957 年，系列 D 73-88；美国劳动统计局，劳动力专题报告（Special Labor Force Report），第 14 号（1961 年 4 月），表 C-6 和 G-2。

注释：两套数据都包含了男性和女性，但是不包括非经济活动人口（比如家庭主妇、退休者和 14 岁以下儿童），没有报告职业的人未包括在移民系列数据中，但分布于人口系列数据中。

表 6.7 1910—1960 年美国根据主要职业群体分类的白人男性劳动力中国外出生者的百分比

主要职业群体	1910	1920	1950	1960
所有职业 [a]	24.7	22.4	9.9	6.9
专业的、技术的及类似人员	15.6	14.3	7.5	6.1
除农场外的管理人员、官员和企业主	26.4	25.6	13.0	7.5
销售人员	18.0	16.1	7.0	5.8
文书人员及类似人员	10.9	9.9	5.5	4.8
手艺人、工头及类似人员	29.6	26.4	11.3	7.7
操作工及类似人员	38.0	31.8	10.1	6.7
除农场和矿业外的体力工人	45.0	37.4	13.1	7.9
服务业人员，包括私人家庭	36.8	36.3	18.7	13.0
农场主和农场管理者	12.8	11.0	4.5	3.0
农场工人和工头	8.4	8.3	7.4	9.5

a 对于 1910 年和 1920 年，10 岁及以上年龄的有报酬的劳动者；对于 1950 年和 1960 年，14 岁及以上年龄的工作的民用劳动力；包括未报告的职业。

数据来源：1910 至 1950 年，E. P. 哈钦森（E. P. Hutchinson），移民者及其孩子：1850—1950 年（Immigrants and Their Children, 1850—1950）(New York: Wiley, 1956)，表 38，第 202 页（哈钦森给出的指数被转换回了百分比；因此，后者会有四舍五入的误差）。1960 年，美国人口普查局，"职业特征"（Occupational Characteristics），主题报告（Subject Report）PC（2），7A，1960 年人口普查（1960 Census of Population）(Washington: Government Printing Office, 1963)，表 3 和表 8。

因此这个"充满机会的国度"成为来自国外的乡村-城市移民的归宿，并随着他们被吸纳为劳动力为大量的人提供了向上流动的渠道。与此同时，如同被频繁指出的，大量的移民进入低地位的职业可能引起了本土工人的向上流动。① 为了估计本土人口和外国出生人口的垂直循环流动的实际大小将需要比现在所做的更为细致的研究（无疑，设法做到这种估计也需要一定的勇气）。问题的关键不过是，一直到一战的职业流动模式非常大地受到移民的规模和选择性的影响。随着移民数量的下降和构成的变化，向上流动这个催化剂的效力已大为减弱。

1950 年和 1960 年的数据揭示了移民数量上的和国外出生者（他们有许多已在美国生活很长时间）实质性职业流动的急剧下降的最终结果。尽管国外出生者仍存在一定的职业集中度，但它已显著下降了。截至 1960 年，体力工人里国外出生者的比例只有 7.9%，而体力工人中整个白人男性劳动力的比例是 6.9%，前者略高于而不是极大地高于后者。1960 年相比于之前年份，在国外出生者的比例上显示出增长的唯一职业群体是农场劳工。让我们假设，如果在 1960 年存在一个对工作的强制性再分配制度，以便使国外出生者在各职业的比例均等化，那么被替换的本土工人的数量将是微不足道的。

如同在近些年，在未来我们将经历移民数量和构成上的年度波动，并且对移民的吸收也许会引起本土工人在职业之间的变动。在一些地区或者短期内，这种诱发影响可能是显著的。不过，在可预见的未来，与导致水平和垂直流动的其他因素的表现相比，这些影响总体上仍是较小的。②

---

① 参见埃尔布里奇·西布利（Elbridge Sibley），"分层的一些人口学线索"（Some Demographic Clues to Stratification），《美国社会学评论》，8（1942），第 322—330 页。

② 例如，从乡村到城市地区的国内迁移；参见第 7 章中的讨论。

第 6 章　机会不平等

这些考虑提出了一些与移民及其孩子在 20 世纪中期的生活机会有关的问题。在我们收集数据的 1962 年，此时每年仍有数量庞大的移民涌入美国，只有最年长的男性已经进入了劳动力市场。尽管在 1960 年代许多移民二代的父母是在移民高峰期到达的，但在我们的样本中大部分国外出生者是在移民浪潮已经消退之后来到美国的。对这些更近的移民及对早期移民者的儿子而言，美国实际上还是一个所允诺的充满机会的天堂吗？国外出生者和移民二代今天的职业机会与本土血统的美国白人相比如何？此外，族群背景上的差异影响移民者儿子的职业机会吗？

国家出身

为了回答这些问题，要把三个主要的白人族群与本土血统的多数派群体区分来开：国外出生者，其父母是在北欧、西欧或加拿大出生的二代，其父母是在别的国家出生的二代（如果父母中有一个是国外出生的，那么这个人被归为二代）。我们将这三个群体与本土血统的北方白人进行比较，因为大部分迁移者的孩子没有生活在南方。我们还对国外出生者（他们当然没有生活在其出生地）与也离开了其出生地的本土北方白人进行了比较。

表 6.8（第 2 列）表明，国外出生的白人的平均职业地位不如本土的北方白人，但是移民二代的平均职业地位并不劣于本土的北方白人，有着北欧或西欧血统的移民的地位稍微高于不太显赫的移民群体的后裔。在生活在其出生地的人中，如果移民二代来自更显赫的国家，则其职业地位高于本土白人（高 2.4）；如果他

299

们来自不太显赫的国家，则与本土白人差不多（低0.1）。不过，在离开其出生地的人中，移民二代的地位不如本土白人（对于来自更显赫国家的是-1.7，对于来自不太显赫国家的是-4.2）。[①]

因此，与黑人的较差机会形成鲜明对照的是，总体而言，白人少数族群的职业机会与本土血统的白人没有多少不同（他们甚至大大优越于南方白人）。国外出生者的劣势地位很大程度上是由于他们较低的受教育程度导致的。当三个主要的背景变量（社会出身、教育和首职）被控制后（表6.8，第3列），国外出生者的社会经济地位只略微低于本土白人迁移者，并且根本不比仍留在出生地的本土白人差。

不过，这些控制只以减弱的形式强调了已在移民二代中观察到的模式。对他们不太有利的背景标准化处理后，生活在其出生地的移民者的儿子往往获得优于相应的本土者的职业地位，不管他们的父母来自更为显赫的国家（3.3），还是来自不太显赫的国家（1.4）。另一方面，在迁移者中，当控制背景因素后，只有来自北欧或西欧者的二代获得了比本土白人更高的地位（2.8），而来自不太显赫国家者的二代则没有（-1.5）。支撑这个模式的一个因素是北欧或西欧血统赋予了他们的二代争取职业成功的优势，这也许表明对更近的和较不显赫的移民群体的一些歧视。第二个潜在因素值得特别关注。

[①] 在非农数据中（即排除在农场长大的人口之后），可以看到国家出身的引入在某种程度上更具有决定性。来自更为显赫国家的人，不管其移民地位如何，都占据着比本土白人更为优越的职业：生活在其出生地的二代高出2.7个点，生活在别的地方的二代高出0.7个点。另一方面，来自不太显赫国家的二代获得的地位不如本土白人，不管留在其出生地（-1.7），还是迁往别处（-4.7）。

表 6.8 族群背景对职业地位和教育的影响（对总均值的偏离）

族群—迁移种类	人数（千人）(1)	1962年的职业地位 无控制变量 (2)	1962年的职业地位 控制 X、U、W^a (3)	教育 无控制变量 (4)	教育 控制 X、V^a (5)	代际向上流动：高于其出身26个点及以上的百分比 (6)
本土血统的北方出生的白人						
# 生活在出生地	16513	1.5	−0.1	0.29	0.08	24%
# 生活在别的地方	3759	8.9	2.1	0.84	0.38	28%
北欧和西欧出身的移民二代						
# 生活在出生地	2419	3.9	3.2	0.04	0.01	31%
# 生活在别的地方	574	7.2	4.9	0.28	0.14	33%
其他国家出身的移民二代						
# 生活在出生地	3797	1.6	1.3	0.05	0.41	32%
# 生活在别的地方	895	4.7	0.6	0.49	0.67	28%
国外出生的白人	2515	0.3	0.1	−0.27	−0.24	23%
均值[b]		36.3	36.3	4.43	4.43	25%

a X=父亲的职业；U=教育；W=首份工作；V=父亲的教育。
b 总样本的均值，而不只是本表所处理的那部分样本的均值（不包括南方白人和所有非白人）。

得出的结论是，移民二代的职业成就优于留在出生地的本土白人，但却不如迁移的本土白人好——至少不是始终好于他们。可以通过如下假设来解释这个结论，即在不同社会环境中的丰富经历促进了职业成功。在美国文化和美国学校中长大、但却出身自一个不同文化传统的家庭的人拥有这种丰富的经历。这种经历赋予他们相对于从未离开其出生地的本土血统的人以一种优势，但是相对于迁往不同地区的本土白人，他们却没有这种优势，因为迁往美国的另外地方也提供了丰富的经历。

对这个观察到的模式的另一种解释是，移民和迁移者都是精选的群体，他们比从未主动为更好生活而迁移的人具有更高的能力和成就动机。成就动机的强度可能因它们所唤起的举动的难度而不同，这意味着移民拥有强烈的成就动机，并可能传递给他们的孩子——移民二代。① 基于当前的数据，不可能在这两种解释之间做出选择；实际上，这两个过程都可能有助于这个一般发现，即发生长距离地理移动的人或者他们的父母发生这种移动的人比其他人更可能在职业上发生流动；无疑其他因素也是如此，比如迁移者往往流向有着更好职业机会的城市化地区。对影响地理流动与职业流动之间关联的因素的进一步分析留给第 7 章。

如表 6.8 的第 4 列中所提供的对平均教育得分的偏离所显示的，国外出生者的教育远不如本土白人，并且移民二代的情况也

---

① 对这种解释的支持，参见威廉·考迪尔（William Caudill）和乔治·德克斯（George Decos），"成就、文化和人格"（Achievement, Culture and Personality），《美国人类学家》，58（1956），第 1102—1126 页。他们的研究发现，第一代日本移民的成就需要得分比二代高，然后，二代的成就需要得分又比中产阶级白人高。另一方面，就实际职业成就而言，移民二代的最高，移民一代的最低，白人处于中间。

是如此，尽管程度低一些。因为父亲的教育与儿子的教育之间存在正相关，国外出生者低下的受教育程度和职业地位构成了移民二代的不利条件。①当考虑到这些背景上的不利条件，并在对父亲的教育和职业标准化之后研究受教育程度，那么移民二代的教育不再不如本土的北方白人。实际上，在这些控制之下，来自不太显赫国家的移民二代的受教育程度优于所有其他类别者的受教育程度（第 5 列）。有人可能会说，来自南欧、东欧和非欧洲国家的移民后裔从他们父母向美国移民中获益最多，尽管这些收益到目前为止只体现在教育上，而非职业提升上。

通过进一步指出白人少数族裔在教育上的差异大大高于本土白人，一定更能说明少数族裔成员没有获得与本土白人一样高的教育水平这一观察。借助关于在每一教育层次上继续下一层次的人员的百分比的数据就可以阐明这种差异的含义（表 6.9）。由于他们的国外出身，白人少数族裔似乎具有教育上的不利之处，但是一旦这种不利之处被克服，他们就比本土白人更可能继续他们的教育至更高层次。

当然，教育不仅仅是为成年期进行的技能准备，而且成为文化上规定的行为，不管它是否是职业角色的扮演所必需的。因此，高中毕业正成为希望美国社会大部分成员都遵守的一种文化规范，如同最近对高中辍学率的关注所说明的那样。对辍学问题的讨论似乎表明今天比以前有更多的少年过早地从高中辍学。但实际上，

---

① 当然，表格中的国外出生者不是此处移民二代的父亲，因为这些父亲属于更早的一代。但是关于我们被访者的真实父亲的数据也表明移民二代的父亲（他们本身是国外出生的）比本土白人的父亲有更低的受教育程度。

情况正好相反,现在比以前有更多数量的少年在读高中并从那里毕业。当前对辍学问题的关注反映了一种新的规范。高中毕业已经成为一种社会期望,这使得在接受了10年或11年教育后辍学(一旦被多数人认为已超过足够的教育年数)成为现在的辍学问题。超出被文化所规定水平的教育(根据社会出身,水平略微有所不同)具有不同的含义。对具有很高成就动机且其出身没有赋予其很高地位的人而言,进一步的教育成为向上流动的一个手段,例如对移民者的儿子而言。

给定高中毕业这一文化规范,我们预期很大数量的本土白人多数派会完成高中,而只有很少的移民二代会达到这个层次,因为他们的背景是一个不利因素,并且因为他们的移民父母可能还未被这种美国规范所同化。但是移民二代或者他们中相当大的一部分已经从他们的移民父母那里获得了强烈的成就动机,那么一旦他们克服了下层民众读完高中所承受的困难,我们预期他们(像国外出生者那样)尤其可能上大学、大学毕业甚至读研究生,以作为向上流动的一种手段。

表6.9的数据支持这些预期。(比较第1行与第3和5行,比较第2行与第4、6和7行。)本土血统的人最可能完成八年教育;如果他们完成八年级,那么也最有可能继续读高中;一旦进入高中,就最有可能毕业。在这些本土者中的迁移者也更可能比任何其他高中毕业者上大学。不过,在那些确实上大学的人中,移民二代和国外出生者[①]比本土白人更可能大学毕业。类似地,在所

[①] 我们必须要记住,数量相对较小的近期移民比大规模的早期移民来自更高的教育背景(有些国外出生者在到达美国之前完成了他们的教育,而有些则没有)。

第6章 机会不平等

表 6.9 继续下一个层次教育的白人族群的百分比

国籍，出身和居住地	通过八年级	从八年级到高中读书	从高中读书到高中毕业	从高中毕业到大学读书	从大学读书到大学毕业	大学毕业到研究生
本土血统的北方出生的白人						
# 生活在出生地	91.5	85.3	76.7	44.5	51.2	38.8
# 生活在别的地方	96.3	91.8	79.3	59.0	55.1	42.9
北欧和西欧出身的移民二代						
# 生活在出生地	90.5	76.0	74.5	42.6	54.3	40.9
# 生活在别的地方	89.6	84.9	75.3	45.0	58.1	64.0[a]
其他国家出身的移民二代						
# 生活在出生地	88.9	83.0	69.0	43.6	53.0	42.7
# 生活在别的地方	91.2	85.0	79.4	54.3	57.2	61.4
国外出生的白人	79.2	72.8	77.7	53.9	58.7	52.7

a 该单元格基于86000人；在所有其他单元格的人口基数都多于100000人。

有大学毕业生中，移民二代和国外出生者更可能继续在专门学院（professional school）或研究生院学习。总之，具有国外血统的教育水平低下的人比多数派群体更不可能达到高中毕业的文化规范。但是那些达到它的人更可能继续读书至大学毕业，并且更可能追求研究生训练。高层次的教育是向上流动的一个手段，这一点非常适合处于稍微劣势的人（白人中的少数族裔），但是对于处于极度劣势的人（美国黑人）却并非同样如此。

因为移民二代比大多数本土人以略低的社会出身起步，但却最终获得与本土人非常接近的地位，所以我们预期，他们向上流动的比例会特别高。①表6.8的最后一列表明，情况确实如此。这一列展示了在每一类别中其1962年拥有的职业高出其父亲职业25个点的人的百分比。总人口的四分之一实现了这样的向上流动，还有四分之一实现了6—25点之间的较短距离的向上流动，稍微多一些的人（28%）没有发生职业流动，并且稍微少一些的人（22%）经历了向下流动。

白人多数派群体*以总人口的平均比率实现了长距离向上流动，尽管在该群体跨区域的迁移者中长距离向上流动的比例略高一些。国外出生者有着比平均水平略低的长距离向上流动的可能性，并且非白人（表格中未显示）有着比平均水平低很多的可能性。另一方面，所有四个类型的移民二代显示出最高比例的向上流动。接近三分之一的人从其职业出身上升了26个点或以上水平，差不多是半熟练操作工与文书人员之间的距离或者文书人员

---

① 这并不是逻辑上必然的，因为特别低比例的向下流动也可能产生相同的结果。
* 指的是本土血统的北方出生的白人。——译者

与专业技术人员之间的距离。移民二代强烈的成功驱动力再加上相对低的走向成功的障碍导致极其高的向上流动，这使得移民二代超越了生活在其出生地的白人多数派群体的社会经济地位，并且几乎达到被迁移的北方白人所占据的最高地位水平（表6.8，第2列）。事实上，一个人在远离其自己的出生地或其父母的出生地生活导致了经济上的成功，这可能是因为它意味着成就动机和主动精神，这也许传递给孩子，或者是因为具有多种文化环境的经历促进了成就动机。白人多数派群体中的迁移者及移民二代与没有遭受同样不利条件的国外出生者共享这种优势，结果是他们的向上流动率和经济成就都非常高。

总结

不足为奇的是，美国的黑人没有与白人一样的职业机会。黑人较低的职业地位不能完全用他们较低的受教育程度来解释，因为他们的成功可能性在每个教育层次上都较低。它也不能归因于这个事实，即大多数黑人都出生在南方，并且南方人的地位不如北方人，因为当出生地被控制后，黑人的职业地位仍较低。黑人的确比白人有着更不利的社会出身；他们的教育确实也比白人糟糕；他们大量来自于机会较差的南方；以及他们在较低的水平上开启职业生涯。然而，即使当这些差异在统计上被标准化之后，我们研究如果在这些方面他们与白人没有差别之后黑人将会怎么样，结果他们的职业机会仍不如白人的。是黑人在生活的每个阶段所面对的不利条件的累积性影响导致他们遭遇严重的机会不平等。

239　　也许令人吃惊的一个发现是，黑人与白人在职业成就及收入上的差异在受过较好教育的人中甚至比在受过较少教育的人中差异要大，部分的例外是完成了大学教育的少数人。① 简言之，受过较好教育的黑人比没有受过教育的黑人相对于白人的状况甚至更糟糕。当然，同样年数的学校教育不可能向黑人提供与白人同样程度的培训和知识，因为白人多数派群体为黑人提供的教育设施通常较差。但是不管在教育系统或随后的职业系统中是否确实发生了对黑人的歧视（无疑它在教育和职业中都会在某种程度上发生），仍然存在的事实是，这种歧视的结果对于受过较好教育的黑人比受过较少教育的黑人更显著。这个事实具有某些重要的含义。

　　因为相比于白人，黑人的教育投入得到更少的回报，无论是以更好的职业声望还是以更高的工资的形式，因此他们有更少的激励去进行这样的投入，即做出留在学校里以获取更多知识所必需的牺牲，特别是对于下层社会的少年而言。这也许解释了为什么黑人表现出很小的动机去追求教育。黑人一定被强烈地灌输教育对他们的重要价值，这在近些年已提高了他们的受教育程度，尽管教育带给他们的回报相对较低。② 此外，相比于受过较少教育的人，受过良好教育的人通常被认为更开明，特别是被认为对

---

　　① 应该注意的是，可能存在一个"地板效应"。因为受过较少教育的白人只获得相对低的职业地位，而受过较少教育的黑人不可能在地位上非常低于他们。

　　② 或者，我们可以认为，给定教育对黑人更低的回报，对黑人而言只需在回报上比对白人而言一个更小的增加，就能带来相同的边际效用，因此同样的激励力量会使黑人获取更多的教育。换言之，也可以这样认为，相比于黑人，对于相同的教育投入，白人必须要获得更高的职业回报，以产生相同的边际效用和激励价值，这正是因为回报水平对白人而言高于对黑人而言。

黑人和其他少数族裔的偏见更少，[1]数据表明，实际上在受过很高教育的群体中比在受过较少教育的群体中存在更多对黑人的歧视。这可能并不是只针对没有受过教育的劳工和操作工的一种偏见模式，这种偏见迫使开明的雇主在这些层次上歧视雇用黑人，如同有时所宣称的，因为在更高层次上存在甚至更为严重的歧视。隐含在这些发现中的另一个异常现象是，尽管没有受过教育的黑人是偏见刻板印象的主要对象，而受过教育的黑人通常明显幸免于此，但恰恰是受过更多教育的黑人在实践中最受歧视。

不管他们留在那里，还是迁往北方，出生在南方的白人和黑人都有着较差的职业机会。南方白人和生活在北方的南方出生的黑人在职业上的劣势是由于他们较差的职业准备，就像下述发现所表明的那样，即当教育和其他背景因素在统计上被控制后，这些南方出生的人与他们北方的对应者之间的差异消失了。对留在南方的黑人而言，继续存在的剩余差异很有可能是就业歧视的结果。一些证据表明，对黑人的歧视在近些年下降了，但是下降的进展非常缓慢。黑人相对位置上的改善很大程度上局限于最低教育层次上以及在进入劳动力市场时的雇佣中受到较少的歧视上。就更高层次的教育而言，这是提升至承担更多责任的职位所必需的，白人与黑人之间的差距在最近半个世纪中不但没有缩小，实际上反而持续扩大。

---

[1] 塞缪尔·A. 斯托弗（Samuel A. Stouffer），《共产主义、遵从和公民自由》（*Communism, Conformity, and Civil Liberties*）（Garden City：Doubleday），1955年，第90页；罗宾·M. 小威廉姆斯（Robin M. Williams, Jr.），《隔壁的陌生人》（*Strangers Next Door*）（Englewood Cliffs：Prentice-Hall），1964年，第55页。

与黑人形成对照的是，白人少数族裔的成员的境况与占主导地位的白人多数派群体一样好，如果不是更好的话。这并不意味着，对任何白人少数族裔都没有歧视；事实上，北欧或西欧血统的移民二代与其他出身的移民二代之间的职业差异表明，对不太显赫移民群体的后裔存在一些歧视，比如意大利裔和波兰裔。不过，对选定的白人少数族裔的任何歧视并没有显著到这样的程度，以致压制了许多移民者的儿子特有的强烈成就动机，并且他们成功的动力明显克服了他们背景上的不利之处及这样的歧视，这体现在他们的高职业成就和高流动率上。这些移民者的儿子在职业生涯上比留在家乡的本土白人多数派群体的儿子更为成功，但不比离开其出生地的白人多数派群体的儿子更成功，这个发现表明，移民二代和迁移者所共同拥有的某些特征促进了职业成就。这可能是因为移民者的儿子和离开其出生地到美国其他地方生活的人都拥有丰富的文化经历，也可能是因为迁移者和移民者是拥有强烈成就动机的选择性群体，这些动机又传递给了他们的儿子。关于迁移的选择性特征的进一步证据将在下一章展示。

对这些发现的一般性结论是，美国的职业结构很大程度上由绩效和成就的普遍主义准则所支配，值得注意的例外是种族的影响。受教育程度与职业成就之间的紧密关系，以及教育是职业地位可被发现的最重要的决定因素，证实了这种普遍主义。在职业生活上对白人族群存在很少的歧视，这一发现也证实了这一点，尽管对选定的少数族裔的歧视无疑是存在的，但在我们的数据中由于移民二代一些成员出色的成就掩盖了这一点。比如那些在其他国家出生的人及在南方出生的人，这些在经济上处于劣势的大

第 6 章 机会不平等

部分群体拥有更低的受教育程度及更低的职业地位。对这种广泛的普遍主义的一个重要例外是黑人在获取职业成功过程中的每个阶段上所遭受的严重歧视。尽管一些迹象表明，对黑人的歧视在 20 世纪有所下降，因此普遍主义原则在继续扩展，但趋势并非始终如此，这种趋势没有涵盖职业生活的所有领域，并且只是刚刚开始渗透到南方。但是普遍主义原则无法恢复平等。实际上，数据表明，就更高层次的成就而言，黑人的相对地位在最近几十年已经恶化了。

第7章
地理迁移和社会流动

种族或族群背景并不是一个人出生时所被赋予的唯一地位,这种先赋地位影响着他在后来的生活中可能获得的职业地位。他所出生的国家也界定了一个影响其职业成就机会的先赋地位,因为经济机会随国家不同而有巨大的差异。在高度工业化社会中所提供的职业机会与在农业社会中不可等量齐观。通过教育所获得的流动机会取决于该社会的精英是否主要由拥有可以继承的土地、工厂及其他生产资料的企业主,或者由不拥有这些生产资料的大型组织管理者所构成。在国家之内,不同的商业中心、工业城市、小城镇、农村地区和农场之间在职业机会上也存在差异。劳动分工因区位类型而异,并且影响人们职业生涯的职业结构也是如此。

不过,由一个人所出生的社区所施加的职业限制并不像其种族或族群地位那样不可避免。尽管一个人不能改变其肤色,但他可以从其出生地迁移到一个机会更好的地方。迁移为使人力的地理分布适应职业机会的地理分布提供了一个社会机制。对重新配置的需要源自于不同社区之间经济和工业发展程度的差异以及生育率上的差别，后者可能使不能提供充分工作岗位的地方卷入更高的人口再生产率。当然，如果我们可以根据工资和失业率的地区差异的持续存在来判断，那么迁移并不是一个功能完善的重新配置机制。人们并不是轻而易举地从缺乏机会的地方流向充满机会的地方。①

尽管有其局限，但只要因为最高的生育率发生在农场中，那里的职业机会也最少，那么在工业化社会中迁移就仍是一个基本的调节机制。本章的核心是研究这种调节过程，并分析在城市化程度不同的社区之间迁移对职业流动的影响。不过，在研究迁移对职业成就的意义之前，先要弄清不同类型的社区之间在职业结构上所存在的差异。

社区规模与职业条件

表 7.1 根据 1962 年的居住地把样本中的人们识别为：生活在有超过 100 万居民的超大规模城市化地区、在 25 万至 100 万居民之间的大城市、在 5 万至 25 万居民之间的中等规模城市化地区、在 0.25 万至 5 万居民之间的小城镇、在非农场的乡村地区、或者在农场。在三类城市化地区的人又进一步细分为中心城区的居民和其近郊圈的居民。最后一种区分使我们有可能研究城区居民与

---

① 对甚至在面临长期失业的情况下工人的地理惰性的不太有说服力的证据，参见阿兰·B. 巴彻尔德（Alan B. Batchelder），"职业流动与地理迁移"（Occupational and Geographical Mobility），《产业与劳动关系评论》（Industrial and Labor Relations Review），18（1965），第 570—583 页。

郊区居民之间的职业差异。

　　总体而言，在大都市社区更成功的人士倾向于迁往郊区，留下大量不太成功的人士居住在大型中心城区。表 7.1 的第 1 和第 2 列表明，在所有三种规模的城市化地区，郊区居民的平均职业地位超出了中心城区居民的，郊区与中心城区居民之间的职业地位差异在超大城市（8.5 个点）要高于相对较小的城市（2.5 个点和 3.6 个点）。这些差异的含义是，最成功人士的郊区化迁移在美国的超大都市中心最多。当控制背景因素后（表 7.1 的第 3 列和第 4 列），剩余的差异在超大城市中下降至 4.2 个点，在大城市中下降至 1.4 个点，以及在中等城市中倒转为 –1.0。当引入控制变量后，原初差异在相对小的城市但没有在最大的城市消失，这意味着优越的社会背景将郊区居民与城区居民区别开来，尤其是在较小的都市地区，而在更大的都市地区则不太如此。数据表明，尽管所有都市地区的郊区不管其规模如何，都含有大量优越的地位，但似乎只有最大都市中心的郊区吸引着来自低下背景的白手起家的成功人士，而在较小都市地区的郊区则主要聚集的是来自中心城区的人，这些人优越的当前地位植根于出色的背景。这个结论得到表 7.1 的第 7 列和第 8 列所显示的发现的支持，在中等规模城市，郊区居民的首职地位超出中心城区居民 5.3 个点，但在大城市这个数值只有 1.6 个点，在超大城市是 3.1 个点。尽管郊区居民与中心城区居民之间在最终职业成就上的差异在超大城市最为显著，但在首职地位上的这种差异则在最小的城市化地区最为显著。当然，我们不能认为，被访者所报告首职的所在地与他们现在所生活的是相同的社区，但这并未降低它们作为背景地位指标的意义。

在小城市中，根深蒂固的高地位之人最倾向于生活在郊区，而在更大的都市中发生职业流动的人更可能这样做。这个解释意味着，父亲的职业地位与儿子的职业地位之间的相关在小城市的郊区居民中应该比在大城市的郊区居民中更高，并且也意味着代际流动在较小城市的郊区居民中应该没有在最大城市化地区的郊区居民那么普遍。这两个预期都得到了数据的证实。在中等城市，父亲的职业地位与儿子的职业地位之间的相关在郊区（0.38）比在中心城区（0.34）大；但是在超大城市，这个相关在郊区（0.33）没有在中心城区（0.38）那么大。[①] 而且，在中等规模城市的郊区居民中，有23%向上流动超过25个点（低于在中心城区的居民），而在超大城市的郊区居民中有30%向上流动超过25个点（高于在中心城区的居民）。

为什么从低社会出身发生向上流动的人在相对小的城市地区比在超大城市地区更不可能迁往郊区呢？首先有人可能怀疑，中等城市的更为传统的郊区比大都市的郊区更不欢迎且也许更歧视最近暴发的家庭。不过，似乎可疑的是，最大城市地区的社会精英比较小城市地区的上层人士更不歧视暴发户。对这个差异的更为合理的原因是超大城市比中等城市拥有更多的郊区及更为多样化的郊区。芝加哥不仅拥有森林湖（Lake Forest），而且还拥有格伦科（Glencoe）和森林公园（Park Forest）以及许多更新开发的郊区，它们在不侵犯社会精英的专属环境的条件下为向上流动之人提供了迁往郊区的机会。超大城市地区的多样化郊区可能促进

---

① 这些数据只基于非农背景的人。

了向上流动之人迁往郊区。

不过，在可以认为这个从数据结果推导出的结论合理之前，必须要考虑另外一种解释。大量的城市黑人和其他少数族裔集中在超大城市地区的中心城区，并且我们知道，这些人尤其是黑人的职业成就不如白人多数派群体。因此，在超大城市，郊区居民在职业地位上始终优于城区居民，并只有在那里在控制了职业背景和教育背景后仍是如此，这可能只是反映了在超大中心城区拥有大量的底层黑人。如果情况果真如此，那么在统计上控制种族、族群及其他背景因素后，这种差异应该会消失。表7.1的第5列和第6列呈现了在把族群（包括种族）加入到其他控制变量之后的剩余值。[①] 尽管郊区居民与城区居民之间在职业地位上的差异进一步降低了，但在超大城市中某些差异仍很明显。郊区与中心城区之间的剩余差异对超大城市而言是2.7，对大城市是0.5，对中等城市是 −1.0。在超大城市中，我们仍可观察到不管其出身如何，经济成功人士倾向于生活在郊区，而在略为小的城市则不然。在超大中心城区黑人和其他少数族裔在数量上的优势并不能解释这种差异。具有低地位出身特征的经济成功人士在超大城市中心比在略小的城市中心更可能迁往郊区，这个结果支持所提出的解释。

[①] 这与像第3列和第4列那样只把族群（包括种族）加入控制变量不太一样。第5列和第6列不再控制父亲的教育，不管怎样，一旦教育和首职的影响被引入，父亲的教育的影响就不显著了。在这里所控制的三个变量是父亲的职业地位（X）、首职地位（W）以及第6章使用的族群—教育分类（P）。在考虑更少教育层次的情况下，这个变量没有像变量U那样更完全地控制被访者的教育。在第3列和第4列控制了被访者的教育。

表 7.1 地区规模对 1962 年职业地位和首职地位的影响（以对总均值偏离的形式表示）

1962年居住地	1962 年的职业地位							首份工作的地位				
	无控制变量		控制父亲的教育和职业，自己的教育和首职		控制父亲的职业，自己的种族、教育和首职		无控制变量		控制父亲的教育和职业，自己的教育	
	中心城市 (1)	郊区 (2)	中心城市 (3)	郊区 (4)	中心城市 (5)	郊区 (6)	中心城市 (7)	郊区 (8)	中心城市 (9)	郊区 (10)
超大城市（100万以上）	−0.6	7.9	−1.0	3.2	0.1	2.8	2.0	5.1	1.7	1.4
大城市（25万至100万）	3.9	6.3	2.0	3.4	2.5	3.0	2.0	3.6	0.2	1.4
中等城市（5万至25万）	0.9	4.5	0.9	−0.1	0.8	−0.2	−0.4	4.9	−0.4	1.3
小城市（2.5万至5万）	0.7		0.6		0.6		−0.2		−0.2	
非农场的乡村	−3.0		−0.4		−0.7		−3.5		−1.5	
农场乡村	−17.4		−8.9		−9.6		−9.8		−3.2	

现在我们转向对与地区规模有关的职业差异的研究，请纵向察看表7.1中的数据。无论是生活在郊区，还是生活在中心城区，城市人的职业成就都高于农村人的。不管城市地区用其中心城区来表示，还是用其郊区来表示，平均职业地位与地区规模直接相关（第1列和第2列）。对这一点的唯一例外是超大城市地区中心城区下陷的地位。大都市的贫民窟迫使成功人士迁往郊区，这似乎降低了中心城区的平均职业地位。（如同第5列中持续低的值所表明的，超大城市中的黑人贫民区并没有解释这些城市下陷的地位）。不过，除了这个唯一的例外，社区的规模越大，在那里生活和工作之人的境况越好。当控制背景因素后，尽管这些差异有所降低，但仍继续存在，除了超大城市的郊区居民及城区居民现在不如拥有25万至100万人口城市的居民（第3列和第4列）。

当前的职业地位只是大致与社区规模相关，因为超大中心城区相对于较小城区没有优势，而首职的地位有规律地随社区规模而变化，超大中心城区不再不如大型中心城区（表7.1的第7列和第8列）。当控制背景因素后（第9列），数据显示在超大中心城区的人首职地位最高（如果族群状况和种族也被控制后，它们在首职上的优势进一步增大）。如同我们已说过的，我们一定不要认为，获得这些首职时所在的地区与人们现在所生活的相同，或者在同样规模的地区。在某种程度上，地区规模与首职地位之间的直接关系无疑是由于选择性迁移，能够获得更好首职的有前途之人迁往城市化规模更大的地方。不管怎样，现在生活在超大中心城区的人比生活在其他任何地方的人有更好的职业起点，但是

第 7 章 地理迁移和社会流动

它们的最终职业成就却没有和生活在稍小城市的人一样好。①

隐含的意思是在一个人的职业生涯过程中，实现职业成功的机会在超大城市没有在少于 100 万居民的城市那样好。关于从首职到 1962 年职业的代内流动数据支持这个推论（在这里，我们将生活在中心城区及其郊区的人混合在一起，以免最成功人士向郊区的迁移混淆了结果）。生活在超大城市地区的人在其职业生涯过程中向上流动超过 25 个点（24% 的人如此）的可能性没有生活在 25—100 万人口的城市中的人（28% 的人如此）那么大，尽管他们向上流动的比例不低于整个人口的情况（23%）。此外，在超大城市地区的人有 18% 经历了从首职到 1962 年职业的向下流动（超过 5 个点的），而生活在大城市地区的人只有 15%，总人口是 16%。简言之，在超大城市地区比略小的城市，代内向上流动的可能性更低、向下流动的风险更大，尽管存在这个例外，但向上流动的可能性与地区规模直接相关。

不同规模的地区之间在平均职业地位上的差异为在不同城市化地区可获得的职业机会的不同提供了粗糙的指标。如果在特定地区存在非常少的高地位职位，那么那里的人有很少的机会获得高地位的职业。②因为在一个城市的郊区生活的人在其经济半径内

---

① 在最终地位上的这种差异部分上（但不是全部）可能是由于最成功的人士迁往郊区导致的。

② 在一个地区中的现存职业结构在这里被当作职业机会的指标以及对各种职业服务的需求的粗略指标。必须要指出的是，这只是职业机会的一个非常粗略的指标，因为现存职业结构不仅是需求的函数，而且也部分是具有适当技能的可用人力资源供给的结果。不管需求如何，如果不存在符合条件的候选人，那么职位也不能被填充。

工作，并且通常实际上在中心城区工作，所以在界定机会结构时，关于郊区居民及城区居民的数据一定混合在一起。对于六类不同规模的地区，机会结构这个指标（1962年职业地位的加权均值）的数值如下：

超大城市（100万人及以上）	40.0
大城市（25—100万）	41.6
中等城市（5—25万）	38.9
小城市（0.25—5万）	37.1
非农场的乡村	32.9
农场乡村	17.5

可见，随着地区规模的增大，职业机会也越大，对这个趋势的唯一例外是，超大城市的机会略微低一些。当然，在城市地区可获得的职业在地位上大大高于乡村地区，尤其是农场。

地理流动性

因为在不同类型的地区之间职业机会大为不同，所以一个人所出生的地方影响其未来的就业机会，既直接通过提高其成人后将生活在这个地方的可能性，也间接通过使他受到其出生地在背景和教育上的劣势或优势的影响。通过流动可改善一个人的经济机会，也就是说，他不是守家在地，而是背井离乡寻觅良机。心理依恋和经济局限束缚了流动性，流动性指的是流动的能力，实际的迁移只是对它的一个操作性测量。不管其出生地或终点，地理迁移与更好的职业成就相关。在第6章讨论的关于国籍和族群

第7章 地理迁移和社会流动

背景的数据表明了流动性的意义。如同我们已看到的，在出生于北方与出生于南方的人之间以及在黑人与白人之间的职业成功机会上存在差异，而在不同国家出身的人之间存在较小的差异。不过，不管这些先赋性因素的话，不在其出生地生活的人往往比那些留在出生地的人获得更高的职业地位。

表 7.2 呈现了这些概括的证据。在此，我们对生活在其出生地和生活在其他地方的人的职业地位进行了六个独立的比较。根据出生的族群和国籍（北方白人、南方白人、两个国外出生群体的儿子、北方非白人及南方非白人），表格显示了"迁移者"与"未迁移者"之间得分上的差异。应该指出的是，在这里，迁移者包括在孩提时被他们迁移的父母从出生地带走的人，以及他们自己主动迁移的人；未迁移者包括了在经历了迁移之后重返故里的人，这些人的数量无法确定。

表 7.2 在出生地之外生活与在出生地生活的人之间在职业地位和代内流动上的均值差

族群—国籍	1962年的职业地位	首职的地位	代内流动均值 ($\overline{Y} - \overline{W}$)
本土血统的本土白人			
在北部或西部出生	7.4	5.3	2.1
在南方出生	1.0	−1.1	2.1
移民二代			
北欧和西欧血统	3.3	0.9	2.4
其他国家出身	3.0	2.6	0.4
非白人			
在北部或西部出生	4.0	6.7	−2.8
在南方出生	3.7	3.4	0.3

数据明确显示，迁移者比仍留在出生地的人有着更为成功的职业生涯。在表7.2中的第1列所报告的所有六个比较表明了迁移者的优势地位。尽管迁移的职业意义很大程度上因族群和出生地而异，但它始终都是正的，在所有六个比较中，在出生地之外生活的人具有更出色的职业成就。在六个比较中有五个，迁移者也比其他人有更好的首职，例外的是生活在北方的南方白人拥有比仍留在南方的同胞更低的首职。而且，即使迁移者一般拥有更高的职业起点，但他们也经历更大的代内流动。也就是说，他们从其职业起点进一步向上流动，但有一个例外是北方的非白人（第3列）。总之，相比于在其出生地之外生活的人，留在其出生地的人以较低的水平开始其职业生涯，并且随后的向上流动也较低。看起来，与迁移或者与迁移者有关的某些因素有助于职业成功。

可以解释这些结果的一个假设是，远走他乡使一个人摆脱了童年环境对其职业生涯施加的影响和限制。因此，可以预期，不在其出生地生活的人不仅有大量的向上流动，因为他们较少受到社会义务和家乡机会有限的阻碍；而且有大量的向下流动，因为他们较少得到来自亲戚和朋友的支持和帮助。这个基本的假设是地理距离在两个方向上促进了代际流动的社会距离。表7.3展示了可以检验这个假设的数据。我们把向上流动细分为长距离和短距离两种，前者指的是从其父亲职业地位向上流动26点或以上，后者指的是向上流动6—25个点。向上或向下的代际流动不超过5个点的人被视为稳定。因为很少有向下流动超过25个点的，所以长距离和短距离的向下流动被混在一起。

如同所预期的，离开其出生地的人比其他人更可能经历向上流动（无论是长距离的，还是短距离的）。尽管"其他国家"出身的移民二代和北方的非白人都不符合这个模式，但是在这些人中迁移者数量很小。第二个预期是，迁移者也更可能比其他人经历

表 7.3 基于族群、国籍及是否生活在
出生地的代际流动分布（单位：百分比）

出生地、族群分类和迁移状态	向上流动：26 至 96 个点	向上流动：6 至 25 个点	稳定：向上或向下 5 个点以内	向下流动：6 个点或以上	总计
北方白人					
#生活在出生地	24.5	23.9	27.6	24.1	100.0
#生活在别的地方	27.9	27.7	22.1	22.3	100.0
南方白人					
#生活在出生地	24.6	24.2	30.4	20.8	100.0
#生活在别的地方	27.7	28.4	25.6	18.3	100.0
北欧和西欧出身的移民二代					
#生活在出生地	31.0	22.8	26.2	20.0	100.0
#生活在别的地方	33.1	23.6	20.4	22.9	100.0
其他国家出身的移民二代					
#生活在出生地	31.9	28.7	24.8	14.6	100.0
#生活在别的地方	28.1	31.6	22.7	17.6	100.0
北方非白人					
#生活在出生地	22.9	24.4	32.7	19.9	100.0
#生活在别的地方	8.8	33.3	38.6	19.3	100.0
南方非白人					
#生活在出生地	6.7	13.6	45.6	34.1	100.0
#生活在别的地方	10.9	24.9	39.0	25.2	100.0
总计 [a]	24.8	24.7	28.1	22.3	100.0

[a] 包括国外出生的白人，这里没有单独显示。

向下流动，不过这个预期并未得到数据的证实。相反，除了对移民二代而言，迁移者比生活在其出生地的人发生向下流动的可能性低。根据这个检验，必须要拒绝假设。但是在过于草率地拒绝一个正确的假设之前，应该尝试对它进行一个更为精细的检验。

如同在第 4 章所指出的，如果在每个族群—迁移类别内流动完全是由父亲地位和儿子地位在统计上独立的模型所支配，那么计算与表 7.3 相对应的流动分布表是可能的。实际上，这相当于探究这个问题，即如果在这些类别之内职业出身与职业终点是相互独立的，那么在每个族群—职业类别中将发生多少流动。于是，可以研究观测到的流动分布与期望的流动分布之间的差异模式，以作为迁移状态和社会出身与 1962 年职业之间关系的交互作用的证据。通过将这些差异添加到总人口的流动分布中，计算的结果被转换回百分比分布，它是对职业地位的边缘分布的标准化。这些标准化的分布为假设提供了一个更为充分的检验。

标准化的流动模式是否证实了迁移与向下及向上流动之间假设的关联呢？答案当然是否定的。在这里我们没有展示全部的表格（参见附录中的表 J7.1），概括而言，迁移者不仅向下流动的倾向仍没有比未迁移者更高，而且他们现在也表现出比留在其出生地的人略低的向上流动。这些结果有两个含义。首先，它们拒绝了地理流动促进向上和向下社会流动的假设。其次，它们为选择性迁移假设提供了支持，因为它们意味着迁移者更大的向上流动机会是由于他们更好的社会出身，并且就统计独立性模型而言，一旦出身被标准化后，那么就不再能观察到迁移者有更大的向上流动可能性。

总之，我们得出的结论是，迁移者比未迁移者享有更高的职业成就和更大的向上流动机会，但他们更高的成功机会似乎与其说是由迁移造成的，不如说是由迁移者所具有的初始优势所导致的。不过，这个结论所基于的分析提出了大量的问题，只有进行更为细致的调查研究才能澄清这些问题。

这些问题中首要的和最基本的是由对迁移者的界定所提出的。没有生活在其出生地的人不仅包括那些自己主动迁移的人，也包括在孩提时期被其父母带到其他地区的人，后者的数量是不清楚的。为了研究迁移对职业生活的意义，这两个群体中的第一个（即自己离开家乡的那些人）必须要被分离出来。为了这样做，我们应该将1962年时没有生活在其长大时（具体指16岁时）所在社区的人与继续生活在其长大的社区的人区分出来。

如同将要看到的，当使用这个新的迁移指标时，迁移者比其他人在职业生涯上更为成功这个结论得到证实。不过，与支撑这个关联的因果关系有关的基本问题仍然存在。迁移本身导致了更大的职业成功吗？如果是这样的话，原因何在？或者，与之相反，比如因为一家公司将其最好的管理人员安排在其他社区的承担更多责任的职位上，追求职业生涯成功是否限制了人们的迁移？或者，这种关联是否是第三个因素的结果，比如个体的主动性，这种主动性既促进了迁移，也促进了职业成就？不管其迁自哪里和迁往何处，迁移者都有更出色的成就，还是他们的优势的获得只是因为他们从机会较差的地区迁到了机会较好的地区？我们的分析尽管没有为这些问题提供明确的回答,但允许进行一些合理的推论。

最后,就迁移对职业流动的总体意义(而不仅是对迁移者本身的意义)而言,可提出一些更广泛的问题。比如说,利普塞特和本迪克斯已经指出的,在今天"从农村地区和更小的社区向城市中心的迁移影响了人们在职业结构中的配置,这与曾经发生过的大规模移民的影响是一样的。"[1] 也就是说,他们认为,就像过去到美国的移民所发生的那样,农村的迁移者占据了城市化地区中较低的职业层级,并且这增加了本地城市人口向上流动的机会。这里隐含的假定是,向大城市的迁移为城市结构中更大规模的职业流动提供了动力。美国的数据支持这个假设吗?

借助于迁移状态这个变量,我们将研究这些问题。迁移状态根据下述问题的答案得到,"当你 16 岁时,你生活在哪里?"如果报告的地方与其 1962 年时所生活的社区相同,那么这些人被视为未迁移者。对于其余的人(即迁移者),我们询问他们是生活在 10 万及以上居民的大城市,还是其郊区、小城市,或者乡村地区。根据父亲的职业,最后一个类别被细分为非农场乡村和农场乡村。根据当前的居住地,我们使用人口普查局的四个大致相当的类别(而不是被访者自我识别的类别)对人们进行分类。于是,我们不仅可以对迁移者与未迁移者进行比较,而且可以分别研究在不同类型社区(大城市、小城市、非农场乡村地区和农场)长大和成

---

[1] 西摩·M. 利普塞特(Seymour M. Lipset)和莱茵哈德·本迪克斯(Reinhard Bendix),《工业社会中的社会流动》(*Social Mobility in Industrial Society*)(Berkeley and Los Angeles:Univer. of California Press),1963 年,第 204 页。

年对职业生活的影响（附录Ⅰ中提供了对分类程序的更为详细的描述）。

我们感兴趣的是估计被分类为迁移者的人何时真正离开其长大的社区。对在这个样本中的人而言，20—24岁的人有38.5%在16岁时已离开其出生地，另外大约有17%似乎在25—34岁之间时离开，因为25—34岁的年龄队列在16岁时生活在别的地方比生活在出生地总计高出55.9%。不过，超过这个点之后，随着年龄的增长，迁移者比例的增加就微乎其微了。在35—44岁之间时迁移的人似乎有4%，在55—64岁时迁移的人有3%，这样，在最年长的队列中总计有63%的迁移者。尽管这些从队列比较中得出的近似计算无法回答迁移时点的所有问题，但它们表明，所有人中大约有五分之三在16岁后离开了家乡，并且这些人中的绝大多数是在青春晚期或成年初期（即在35岁前）这样做的。

迁移的意义

大约五分之三的成年人生活在他们长大的地区之外，可见，迁移明显是我们这个工业社会的流行模式。在超过25岁的人中大多数都是迁移者，在总样本中只有43%的人被确定为未迁移者。这些数值却可能低估了在成年时期的一个或另一个时点经历迁移的人口的真正比例，因为一些未知数量的人在迁移到别处之后又返回了他们长大的地区，因此这些人未在我们计算之内。除了对迁移者与未迁移者这个主要的区分之外，我们还识别了两大类迁移者：生活在与其所长大的地区类型相同（根据城市化程度）的人与生活在不同类型地区的人。样本中有五分之一是在相同类型的地区之间的迁移者，有37%是从一种类型的地区迁移到另一种类型。①

年龄队列之间在具有不同迁移经历的人员分布上只有微小的差异（对队列分布的完整表格呈现，参见附录中的表J7.2）。这足以说明，年长者比年轻者更不可能生活在他们长大的地方，并且更可能在不同类型的地区之间移动。九个比较中有七个情况是这样的，两个例外是从大城市迁往小城市及从城市地区迁往农村地区的较年轻的队列有更大的比例，也就是说，与向更为城市化地区迁移的主流趋势相反。②这种模式（包括这两个例外）很大程度上是更年轻队列与更年长队列之间在地区出身上的差异的函数。最年长的队列具有更为多样化的出身（因为乡村地区在1920年时比在1950年时拥有更大比例的人口），他们从这种多样化的出身迁往大城市，现在他们大部分生活在大城市。相反，在1950年比在30年前有更高比例的青少年生活在大城市，也就是说，有更大数量的人生活在大地方，他们可能会迁往较小的地方。尽管这个模式部分上是边缘分布的一个函数，但它确实揭示了不同年龄队列之间在迁移经历上的一些差异。

如同前文所指出的，总体而言，迁移者比其他人拥有更为成

---

① 如果使用更多类型的地区，那么迁往不同类型地区的迁移者的比例当然会更大。

② 我们不必对更年轻队列中从城市向乡村迁移的数量增加赋予过度的意义。无疑，这种迁移的主体是迁往非农场地区，这些地区尽管超出了城市化地区建成区的界限，但通常也是在一个城市的近郊。

第 7 章 地理迁移和社会流动

功的职业生涯。但这应该是预料之中的，因为迁移者的主流是从低城市化地区迁往高城市化地区，后者那里的职业机会对所有人而言都更好一些，而且对迁移者和未迁移者都一样。重要的问题是迁移本身是否伴随着职业成功，这个问题不同于迁移所导致的一个人在其中竞争的职业结构上的变化。为了回答这个问题，我们对在四种类型的地区中的未迁移者与那些现在其所生活的与其长大的地区类型相同的迁移者进行了比较，后者指的是从一个大城市迁到另一个大城市、从一个小城市迁到另一个小城市、从一个非农场乡村地区迁往另一个非农场乡村地区，或者从一个农场地区迁到别的农场地区。这种处理方式控制了与既定类型地区有关的职业结构。

表 7.4 呈现了对未迁移者与在相同类型地区内的迁移者之间的一系列比较。表格的最顶端的一组数据表明，迁移本身（独立于城市化程度上的差异）明显与职业成就相关。在城市地区，迁移者相对于未迁移者的优势很明显，在大城市是 6.7 个点，在小城市是 9.0 个点；而在非农场的乡村地区，这个优势要小很多，为 2.4 个点，在农场地区的模式是相反的，未迁移者的地位超出迁移者 3.8 个点。

当然，在这些比较中实际上没有控制劳动力市场的条件，因为除了在我们宽泛的大城市类型内部所存在的规模差异之外，这些条件在相同规模的地区之间也可能大为不同。不过，在我们的比较中，控制了农场地区、其他乡村地区、小城镇和大城市之间的差异，结果表明，迁移者优越的经济成功主要不是由于从农村地区迁往城市地区（在这里，职业机会更好）的人数量巨大导致的。

表 7.4 针对 16 岁时生活在相同类型地区的人根据地区类型和迁移状态的平均地位特征（以对总均值的偏离的形式表示）

特征和迁移	大城市	小城市	非农场乡村	农场乡村
职业地位				
# 未迁移者	2.7	–3.5	–5.8	–15.3
# 在相同类型地区内迁移	9.3	5.5	–3.4	–19.1
# 差异	6.7	9.0	2.4	–3.8
教育				
# 未迁移者	0.21	–0.14	–0.33	–0.95
# 在相同类型地区内迁移	0.70	0.46	–0.32	–1.29
# 差异	0.49	0.60	0.01	–0.34
首份工作				
# 未迁移者	3.0	–2.4	–4.8	–9.8
# 在相同类型地区内迁移	8.4	5.3	–4.5	–11.7
# 差异	5.4	7.7	0.3	–1.9
父亲的职业				
# 未迁移者	4.6	–0.5	–0.4	–15.0[a]
# 在相同类型地区内迁移	10.5	4.2	–1.2	–14.9[a]
# 差异	5.7	4.7	–0.8	0.1
控制教育和首职的职业地位				
# 未迁移者	1.2	–1.7	–2.1	–7.4
# 在相同类型地区内迁移	2.9	1.2	–0.4	–9.1
# 差异	1.7	2.9	1.7	–1.7

[a] 由于根据组距的中间值计算，所以略微受到向下偏误的影响。

这些发现与这个解释是一致的，即迁移具有选择性，更渴望职业成功的人，更可能迁移。不过，它们同样也与另一个假设相一致，即迁移是提高一个人的职业能力的有利经历。为了对这两个解释做出区分,我们可以研究迁移者与未迁移者之间在背景特征上的差异。如果迁移者的经济优势至少在部分上是选择性迁移过程的结果,那么可以推出,后来迁移的人一定在他们迁移前就已经在有关方面比其他人出色。

教育就是这样一个显示更出色成就潜力的早期指标。表7.4的第二组数据表明,城市的迁移者的确比城市的未迁移者获得了更多的教育。与在城市地区有利于迁移者的差异相反,在非农场的乡村地区则没有差异,而在农场,未迁移者实际上相对于迁移者具有某些教育上的优势。除了他们的教育优势外,如同表7.4的第三组数据所示,城市的迁移者也拥有优越于未迁移者的首职。首职的模式与教育的相同,迁移者的优势局限于城市地区。当然,并不是所有的迁移者在离开他们的父母家之前都完成了教育和获得了首份工作,尽管无疑许多人已完成了。但是根据界定,另一个背景变量——当被访者16岁时父亲的职业——先于迁移,因为我们只考虑16岁之后的迁移。因此,迁移者与未迁移者之间在社会出身上的任何差异一定反映了选择性因素。表7.4的第四组数据显示了城市的迁移者的家庭出身优于未迁移者,而对乡村人而言,则再次不存在这样的差异。

关于在相同类型地区内的迁移者与非迁移者之间在社会出身、教育和首职上的差异的这些数据揭示了迁移者已经存在的优越条件,至少对他们的大部分人而言这些条件在迁移时就已具备了,它们是无法通过迁移经历来产生的。因此,相同环境中的城市迁移者在社会出身、教育和职业起点上相对于未迁移者的优势支持这个结论,即城市迁移是一个选择性过程,职业成功潜力越大的人，越可能迁移，尽管从农场到农场的迁移并没有展现出这样一个选择过程。不过，这些发现并没有表明，享有最大的职业成功的城市迁移者同时也是拥有优越背景的人，就像选择性迁移假设所隐含的那样。问题在于，迁移者与未迁移者之间在职业成就上的差异能否被他们在早期条件上的差异所解释。通过展示在控制教育和首职后，迁移对1962年职业地位的影响，表7.4最后一组数据有助于回答这个问题。当这两个变量被控制后，迁移者与未迁移者在地位上的最初差异大大降低了，但是剩余的差异却揭示了相同的模式，即它们表明除了在农场人口中外，迁移者优于未迁移者。

因此，我们推论，城市迁移选择的是那些具有更好的成功条件的人，而农场迁移则不是选择最能干的人。城市的迁移者是那些更有潜力获得职业成就的人，并且他们在职业生涯过程中实现了这种潜力。对乡村农场的迁移者（他们的职业成就不如农场的未迁移者）的例外情况的一种可能解释是，这个群体的很大一部分（他们在总样本中不足2%）都是流动的农场劳工。在这个职业可得到的报酬显然不足以吸引高潜力之人。

尽管数据明显支持这个假设，即对职业成就具有更高潜力的人选择迁移，但当控制了教育和早期经历之后，剩余的差异证明了这个观点，即迁移也促进了职业成功（或者说迁移是职业成功所必需的）。不过，关于这一点的证据是模棱两可的。迁移者的剩余优势可能是由于没有反映在教育或首职上的某些其他背景因素，比如主动精神。另外，迁移者与未迁移者之间的剩余差异可能反映了这个事实，即迁移之所以增加了成功的机会，只是因为它改善了一个人所处环境中的职业机会，因为在前文的分析中只控制了部分而绝非全部的职业结构上的差异。通过研究由于迁移所导致的经济机会上的变化如何影响迁移者流向不同类型地区的职业成就，可以带来一些与最后一个推论有关的证据。

机会结构与迁移过程

现在让我们转向对迁移所引起的职业环境变化的意义的探讨，在上文对迁移本身的意义的分析中我们试图控制的就是这个因素。首先我们将研究迁移者所来到的地区的城市化程度的影响，并探究本地人与来自不同地方的迁移者是否同样受到他们所处社会环境在城市化程度上的差异及在职业结构上的相关差异的影响。然后我们将注意力转向迁移者所长大的地区类型对其在别处随后职业生涯的影响。

如同前文已提及的，职业机会直接与一个地区的城市化程度有关，职业机会在农场最差，然后随着流向非农场乡村地区、小城市，最后是大城市而稳步提高。① 在职业结构上的这些差异明显体现在未迁移者的职业成就上。表 7.5 的第一行根据对总群体均值的偏离呈现了在四种类型的地区中未迁移者的平均职业成就。②

---

① 在超过 100 万居民的超大城市中心所发现的略低的职业机会并不影响当前的分析，在此处这些超大城市与其他大城市合并为一个类别。

② 因为机会结构是根据在一个地区中职业的总体分布来界定的，所以在这个总体中的大部分人（比如未迁移者）的职业成就之间的关系以及职业结构很大程度上是同义反复。不过，有意义的是，来自不同地方的迁移者与在相同地区内的未迁移者之间在职业成就上的差异可能与机会结构有关。

环境的城市化水平越高，则本地人的平均职业地位越高。另一方面，如同表格的其他四行所示，迁移者的职业地位没有如实地反映机会上的这些差异。当然，迁移者与本地人一样在城市地区比在乡村地区有更为成功的职业生涯。不过，未迁移者的地位在大城市是最高的，而迁移者的地位在小城市是最高的。不仅对来自乡村地区的迁移者而言情况是如此的，他们可能被预期在小城市做得更好，这与他们的乡村背景反差不大；而且对于本身就来自大城市的迁移者也是如此。奇怪的是，来自小城市的迁移者是唯一没有在小城市表现最好的群体；他们在大城市与在小城市做得几乎一样好。看起来迁往类似的地方并没有什么优势。

表 7.5 根据在 16 岁和 1962 年时的地区类型和迁移状态的 1962 年职业地位的均值（以对总均值偏离的形式）

16岁时的居住地	1962年的居住地			
	大城市（5万人以上）	小城市（0.25万—5万）	非农场乡村	农场
相同的地区	2.7	−3.5	−5.8	−15.3
不同的地区				
# 大城市（10万人以上）	9.3	11.7	4.2	
# 小城市（0.25万—10万）	5.7	5.5		
# 非农场乡村	−2.1	−1.5	−3.4	−18.6
# 农场	−4.5	−1.6	−6.6	−19.1

关于从社会出身的向上流动数据证实了这个结论，即小城市为迁移者提供了特别的机会（表 7.6）。本地人经历相当大的向上流动（超过 25 个点）的可能性在大城市（25%）高于在小城市（20%），而在小城市仍高于在乡村地区（15%）。但是不管他们是

在大城市，还是在小城市或乡村地区长大，迁移者在小城市找到最好的向上流动机会。尽管在大城市有更好的职业机会，但流向小城市的迁移者最可能获得向上流动和高的职业地位。由于迁移者在小城市享有明显的优势，所以那些乡村及城市出身的迁移者比当地人在那里更为成功（表7.5的第2列）。另一方面，在大城市，只有城市的迁移者优于当地人，而来自乡村地区的迁移者的成就不如当地人的（第1列）。这些差异并不完全是由于城市的迁移者更出色的背景条件。在控制了教育和首职的影响后（表7.7），尽管差异大大降低了，但出现的仍是同样的模式。

表7.6 根据在16岁和1962年时的地区类型和
迁移状态从父亲职业向上流动超过25个点的百分比

16岁时的居住地	1962年的居住地			
	大城市（5万人以上）	小城市（0.25万—5万）	非农场乡村	农场
相同的地区	25.4	20.5	15.4[a]	
不同的地区				
#大城市（10万人以上）	29.1	35.3	26.0	
#小城市（0.25万—10万）	27.1	31.3		
#非农场乡村	29.7	37.4	25.3	6.1

[a] 在表7.5、7.7和7.8中使用的对农场与非农场之间的区分对本表不可用。

尽管迁移者在小城市获得了最大的成功，但应该引起注意的是，在城市长大的流向大城市的迁移者比那里的本地人更为成功。根据这一点，我们很难认为，迁移者在大城市受到阻碍。然而，很明显，流向大城市的迁移者并没有流向小城市的迁移者做得好，而当地人在大城市比在小城市更为成功。不管我们研究平均的职业成就,还是向上流动的百分比或者在控制了背景因素后的职业成就,这一点都站得住脚。控制了背景因素后,在职业成就上存在一个令人困惑的结果,稍后将进一步对此进行探讨。

正如其所出生的地区那样,一个男孩在其中长大的地区也影响其成年时的职业生涯。一个男孩在那里长大的地区的社会经济结构可能是其后来行为的一个先赋性决定因素,以有点类似于其家庭出身那样的方式起作用。无疑青少年更知道在其家乡他所置身的事业轨迹,对在其经历中业已存在角色模型的工作更感兴趣,以及对地方学校体系所导向的职业做了更好的准备。因此,我们会预期,一个人所长大的地区的职业结构将影响其未来的职业生涯。当然,随着城市化程度的不同,职业结构也会不同。

表 7.7 根据在 16 岁和 1962 年时的地区类型和迁移状态的 1962 年职业地位的均值,控制了教育和首职(以对总均值偏离的形式)

16 岁时的居住地	1962 年的居住地			
	大城市(5 万人以上)	小城市(0.25 万—5 万)	非农场乡村	农场
相同的地区	1.2	−1.7	−2.1	−7.4
不同的地区				
#大城市(10 万人以上)	2.9	4.3	1.3	
#小城市(0.25 万—10 万)	1.3	1.2		
#非农场乡村	0.2	2.0	−0.4	−9.5
#农场	1.0	2.1	−0.5	−9.1

一个人所长大的地方越大,他获得职业成功的机会就越好。在迁移者与未迁移者中都可观察到出生地的城市化程度与职业成就之间的这种正相关,并且这种正相关独立于一个迁移者所流向

及其所生活和工作的地区的规模。这个模式是完全一致的。通过阅读表7.5的每一列中自第2行以下的数据可看到，一个迁移者所长大的地方的城市化程度与其后来在别处的职业成就直接相关。下面这个结果也揭示了出生地的同样的影响，即未迁移者的职业地位与他们现在所在地区（这当然与他们在16岁时所生活的地区是相同的）的规模直接相关。

出生地的规模对职业生活的影响比当前居住地规模的影响更为显著，且更为一致。人们通常认为，一个人工作的地方应该比其长大的地方更影响其职业生涯，但这个发现与这种常识性预期相矛盾。事实上，依据关于出生地更为明确的结果可以对关于当前居住地不太一致的结果进行重新解释。也许当前居住地规模与职业之间的关联对当地人和对迁移者是不同的，因为对未迁移者而言，无法将一个人所长大的环境的影响与其现在所生活的环境的影响分离开来。对迁移者而言，这两种影响可被分离开来，他们的情况表明，在大城市长大赋予一个人以最大的职业优势，而在其他条件相同的情况下，在大城市工作没有在小城市工作的优势大。这个发现的含义是，在大城市的本地人的高职业成就主要是由于他们在那里长大和在那里接受教育培训，而不只是由于他们在那里工作。

一个人所长大的地区类型对其职业成功的重要性可能只意味着，更为城市化的环境更好地为年轻人准备了高地位职业。在缺乏更综合的测量方案的情况下，教育也许可作为职业准备的一个指标。的确，不管其后来工作所在的地区类型如何，一个人在青少年时期所生活的地区越大，他的受教育程度往往越高。表7.8

中的数据表明，对所有五个比较（在四种目的地的迁移者和未迁移者）而言，这种模式再次完全一致。此外，在不同地区长大的迁移者之间的教育差异（纵向看）略微高于在相应地区长大的未迁移者之间的差异（看第1行）。这与迁移者更出色的职业成就相一致，这表明，作为潜在的成功者，他们更可能利用城市地区更好的教育条件。

表 7.8 根据在 16 岁和 1962 年时的地区类型和迁移状态的平均受教育程度（以对总均值偏离的形式）

16 岁时的居住地	1962 年的居住地			
	大城市（5万人以上）	小城市（0.25万—5万）	非农场乡村	农场
相同的地区	0.21	–0.14	–0.33	–0.95
不同的地区				
# 大城市（10万人以上）	0.70	0.78	0.36	
# 小城市（0.25万—10万）	0.53	0.46		
# 非农场乡村	–0.31	–0.35	–0.32	–1.23
# 农场	–0.68	–0.47	–0.73	–1.29

早期工作经历也有助于对其后来职业生涯的准备。一个地区的城市化水平越高，有前途的首职的多样性就越大，这些首职为年轻人后来的职业成功做了很好的铺垫。因此，我们预期，就像受教育程度那样，首职的质量直接与一个人所长大的地方的规模相关，表 7.9 中的数据证实了这个预期。首职地位均值表现出与平均受教育程度相同的模式。不管他留在那里，还是迁往另一个地区，也不管其所迁往地区的规模如何，首职地位均值与一个人所长大的地区的规模直接相关。

表 7.9　根据在 16 岁和 1962 年时的地区类型和迁移状态的首职地位均值（以对总均值偏离的形式）

16 岁时的居住地	1962 年的居住地			
	大城市（5 万人以上）	小城市（0.25 万—5 万）	非农场乡村	农场
相同的地区	3.0	−2.4	−4.8	−9.8
不同的地区				
#大城市（10 万人以上）	8.4	7.7	2.9	
#小城市（0.25 万—10 万）	4.0	5.3		
#非农场乡村	−4.0	−5.9	−4.5	−11.1
#农场	−7.3	−5.2	−7.9	−11.7

这些观察表明，在更为城市化地区长大的人的更出色的教育和早期工作经历解释了他们随后更为成功的职业生涯。表 7.7 提供了检验这个预期的数据，在此显示的是，控制了教育和首职的影响后职业地位均值的差异（未迁移者之间的差异沿着第 1 行看；迁移者之间的差异在所有列从第 2 行往下看）。控制了教育和首职后，一个人所长大的地区对其职业地位的重要性大大下降。对未迁移者而言，剩余的差异所显示出的总体模式与使用控制变量前所存在的相同（比较表 7.7 与表 7.5）。另一方面，对迁移者而言，这种模式只是大致而非在具体细节上保持相同。在大城市长大的迁移者比在小城市或乡村地区长大的仍享有更高的地位。不过，一旦控制了教育和首职的影响，在农场长大的迁移者在地位上不再不如在其他乡村地区长大的那些迁移者，并且在小城市长大的人并非始终优于在非农场乡村地区长大的那些人。此外，未迁移者之间的剩余差异不仅与职业地位和地区规模之间原来的直接关系更为一致，而且比迁移者之间的剩余差异更为显著。

除了两个明显的例外，在城市化程度更高地区长大的人更好的教育和早期工作经历很大程度上解释了他们随后更为成功的职业生涯。第一个例外是，甚至在拥有相同的受教育程度和职业起点的人中，未迁移者的职业成就直接随着地区规模而变化。这无疑反映了在更大的地区可获得更好的职业机会。当然，这些机会上的差异只有利于那些在城市地区长大且仍留在那里的人，而不利于那些已迁往别处的人。不过，从其家乡地区迁往相同类型的另一地区的人也保留着这种地区类型的机会结构的优势或劣势。因此，这个解释意味着，只要控制那些在相同类型地区内的迁移者，那么在迁移者中应该可以观察到类似于在未迁移者中所发现的差异。如同表7.7的迁移者部分的对角线上的数值所示，情况确实如此。对在相同类型地区内的这些迁移者而言，控制了教育和首职后，职业地位均值从大城市的39.2下降到小城市的37.5、非农场乡村地区的35.9、农场的27.2。[①]需要指出的是，对相同环境的迁移者而言，职业地位均值的变化范围要比对未迁移者而言的更大，对于后者的相应数值依次为37.5、34.6、34.2和28.9。对迁移者而言更大的变化范围表明，这些高潜力的人比其他人更为充分地利用了现存的职业机会，正如他们更为充分地利用了现存的教育机会一样。

在城市化程度更高地区长大的人有更好的职业准备解释了他们更为成功的职业生涯，对这个概括的第二个重要例外是，在大城市长大的迁移者及未迁移者相对于其他人享有的职业生涯优势

[①] 只要把表7.7中的每个单元格的数值（它们表示的是对总均值的偏离）再加上36.3（即总体的均值）就可以计算出这些单元格的均值。

超出了他们更好的教育和早期工作经历所导致的优势。就像特殊高中（specialized high school）所例证的那样，在大城市范围更广和质量更好的教育设施可能给予在那里上学的孩子一个竞争优势。另一个有关的因素可能是在大城市中高度多元化的劳动力市场为在那里长大的年轻人提供关于可能的职业路径和就业条件的知识和见识，这些可为他们后来的职业生涯奠定良好的基础。这些大城市经历似乎对那些后来迁往小城市的人好处最大，可以说，他们在那里能成为小池塘里的大鱼。

尽管职业成功的大多数方面都与一个人所长大地区的规模直接相关，但对迁往大城市的迁移者在其职业生涯过程中向上流动的社会距离而言，情况却是相反的。在流向大城市的迁移者中，那些来自其他大城市的人从其首职到1962年职业的向上流动的平均社会距离（根据职业地位得分）是11.7个点。流向大城市的迁移者所来自的地区越小，则向上流动的平均距离越大，对来自小城市者是12.4个点，对来自非农场乡村地区者是12.6个点，对来自农场者是13.5个点。①

这个模式反映了来自城市化程度更高地区的迁移者具有更好的职业起点。流向大城市的迁移者所长大的地方的城市化程度越高，他获得高职业地位的可能性就越大，但是他在相对高的水平开始其职业生涯的可能性也越大，结果，在其职业生涯过程中经历向上流动的可能性也越低。不过，在流向除了大城市之外的其他地方的迁移者中，则没有观察到类似的模式。尽

---

① 这些数值是表7.5与表7.9中的第1列的数值差异再加上10.8。10.8是1962年职业和首职的总均值之差（36.3—25.5）。

管对流向小城市或乡村地区的迁移者而言，首职的地位与出生地的规模也是直接相关的（表7.9），但是在较大的地方长大的迁移者从首职向更高职业流动的社会距离并不比在较小的地方长大的迁移者少。这意味着，在高度城市化地区长大给予在成年时在这样的地区工作的人的竞争优势低于给予在较低城市化地区工作的人。并且出乎意料的是，在乡村地区长大对向大城市的职业流动中的不利之处最小，乡村迁移者获得的大好机会胜过他们在教育上的劣势。

社会流动和空间流动的动力学

上一节发现的主要事实是，（出生地及目前居住地的）城市化水平有助于职业成功。就一个人的职业生涯而言，无论是作为工作的地方，还是作为成长的地方，城市比乡村更好。不过，也存在一个重要的附带模式，它在一定程度上与这种主导模式背道而驰。当就从更小的地区向更大的地区的迁移者的职业成就与按相反方向流动的迁移者的职业成就相比较时，可观察到这种附带模式。

尽管事实上在更大地区比在更小地区一般有更好的职业机会，但是从更小地区向更大地区流动的迁移者始终无法获得与相反方向迁移者一样高的职业地位。因此，从小城市向大城市的迁移者的平均地位低于从大城市向小城市的迁移者6.0个点（见表7.5）。同样地，从乡村向城市地区的迁移者的地位（对34.1、34.8、31.8和34.7的加权平均）大大低于从城市向乡村地区的迁移者（40.5）。唯一的例外是，从农场流向其他乡村地区的迁移者的地位高于那些从非农场乡村地区流向农场的那些人。对于这个例外的一个可能原因是，对农场职业在地位得分上可能存在低估，这一点前文曾指出过。

从更大地区向更小地区的迁移者相对于反方向迁移者的优势并不局限于最终职业地位。根据地区规模在相反方向上流动的迁移者的受教育程度体现了相同的模式（参见表7.8），并且首职亦然（表7.9）。如同表7.10所示，如果一个人是从大城市向小城市或者从城市向乡村的迁移者比他是相反方向的迁移者，在每个教育层次上，他继续下一阶段教育的可能性确实更大。

表7.10　在不同类型地区之间流动的迁移者继续下一阶段教育的百分比

迁移类型	通过八年级	从八年级到高中读书	从高中读书到高中毕业	从高中毕业到大学读书	从大学读书到大学毕业	从大学毕业到研究生
从大城市向小城市	90.5	93.1	83.0	58.6	66.5	48.1[a]
从小城市到大城市	90.4	88.0	79.9	55.0	60.5	43.3
从城市到乡村	88.6	89.6	75.9	50.7	59.7	40.3
从乡村到大城市	76.1	75.4	70.8	39.3	46.5	35.7
从乡村到小城市	79.9	73.3	70.1	41.6	53.3	41.0
总体	84.9	84.0	73.6	45.8	51.2	41.1[a]

a 被估计的人口低于10万。

如同表 7.7 中的标准化数值所示，在教育和首职上的这些差异只是部分地解释了在相反方向上的迁移者之间在职业成就上的差异。从农场到非农场乡村的迁移者与那些反向流动者之间的剩余差异仍为 9.1，离开农场的人占优势。对于其他比较的剩余差异也以减弱的形式反映了最初的差异。在城市的迁移者中，这种剩余差异仍是相当大的，从小城市流向大城市的迁移者的标准化地位低于从大城市流向小城市的迁移者 3.0 个点。不过，当教育和首职的影响被控制后，从乡村向城市地区的迁移者的地位只低于从城市向乡村地区的迁移者 0.2 个点。①

这种模式之所以存在，一个原因是出生地比目前居住地更影响职业成就，这是前文所指出的一个发现。如果在更为城市化的地区长大比在这样的地区工作更有助于职业成功的话，那么从城市化程度更高地区流向更低地区的迁移者一定比按相反方向流动的迁移者更为成功。不过，这个模式对迁移与流动之间的关系具有更一步的含义。

迁移的主流模式是从低城市化地区流向高城市化地区。超过 400 万人在青少年时期从小城市迁往大城市，而只有 50 万在大城市长大的人迁往小城市。接近 500 万人从乡村地区迁往城市地区，与之相对，从城市迁往乡村的则不到 300 万人。② 必须要有特殊的激励诱使一个人逆主流而动，这是可能的。除非一个人对这样做将对其职业生涯具有特别有利的后果拥有合理的预期，否则的话，

---

① 对从乡村向城市的迁移者的三个单元格的加权均值是 1.1。
② 这些人口估计是基于我们的样本做出的；参见附录中的表 J7.2。在百分比上的差异比那些根据独立性模型所预期的更大。

他不可能从更大的地方迁往更小的地方。因此，对于具有极好职业前景之人的一个选择过程（这是选择性迁移的一般过程的一种极端情况）有助于解释从高城市化地区向低城市化地区迁移之人更出色的职业地位。①

让我们同时重新研究几个发现，以推断在职业结构中由迁移和城市化所导致的动态过程。在高城市化社区中更好的职业机会吸引着大量来自较小地方的人。由于选择性迁移过程，在其他条件相同的情况下，这些流向城市的迁移者往往会比当地人获得更高的职业地位。不过，其他条件并不是相同的。在乡村地区长大的人较差的教育和技能，再加上选择性迁移的影响，以致流向大城市的乡村迁移者的职业成就不如当地人的。换言之，从乡村到城市的迁移者比那些守家在地的乡村人更为成功，这既反映了选择性过程，也反映了城市中更好的机会，但他们不如大城市里的其他居民那样成功，这个劣势几乎完全可由他们较差的社会背景和职业准备来解释。流向小城市的乡村迁移者比那里的本地人享有更大的成功，这意味着他们的背景和条件带来的妨碍在小城市不像在大城市那样大。

值得再次强调的是，流向大城市的乡村迁移者比他们仍留在家乡的话境况好转，但并没有像那里的当地人或城市的迁移者那样好。②这个事实构成了大城市中职业结构动力学的基础。大城市

---

① 对于为什么从更大地方向更小地方迁移之人具有极高的职业地位这个问题，另一种可能的原因是，在大城市的最成功人士经常迁往超出郊区边缘的乡村地区或小城镇，比如巴克斯县（Bucks County）和上长岛（Upper Long Island）。

② 无论是否控制背景因素，对于1962年的职业，以及对于教育和首职，情况都是如此。请注意，在所有的表格中（表7.5、7.7、7.8和7.9），左下方的数值（表示的是流向大城市的乡村迁移者）高于右下方或右上方的数值（指的是仍留在或迁往乡村地区的人），且低于左上方的数值（指的是在大城市中的城市人）。

中可获得的更好机会促进了乡村出身的人大量涌向这些城市。样本中的8.5%是这样做的，这代表了350万人。这些流向大城市的乡村迁移者比仍留在乡村地区的人获得了更高的职业地位，尽管他们较差的条件迫使其接受在城市职业结构中等级低下的工作。大城市中的当地人以及来自其他城市地区的迁移者从乡村迁移者涌入那里的最不理想的职业位置中获益，因为这种涌入意味着，一定有更少的当地人占据较低的职位。因此，更多的当地人能够利用在其城市环境中更好的教育和培训设施，获得流向更高的职业位置所需的资格条件。考虑到在乡村地区糟糕的职业机会，特别是在农场，流向城市的乡村迁移者尽管在城市的职业等级体系中占据相对低的职位，但他们往往经历向上流动。通过先占据这些最低的职位，他们为大城市中其他人的向上流动提供了一个结构性动力。

这些观察和推论证实了以前提到的利普塞特和本迪克斯假设，即流向城市的乡村迁移者在今天的大城市取代了以前由国外移民所占据的位置。① 因此，即使它不是迁移导致职业成功的一个简单情况，但迁移促进了未迁移者以及迁移者的社会流动。在缺乏机会的乡村地区出生但却具有远大抱负和主动精神的人一定会迁往城市以实现向上流动。只要因为在城市的职业结构中比在乡村的劳动力市场上存在许多更高地位的工作，那么这样的迁移就会达到目标。即使乡村的迁移者较差的条件迫使他们进入大城市职业等级体系的底端，但他们会实现向上流动。与此同时，这些在底

---

① 利普塞特和本迪克斯，前引《工业社会中的社会流动》。

端的迁移者的涌入促进了其他人的向上流动。因此，大城市中的迁移对于社会流动具有结构性效应，促进了那些从未迁移者以及迁移者本身的社会流动。① 迁移作为社会流动的催化剂的这种效应仅仅与其作为选择性机制的功能有间接的关系。通过迁移的选择性机制，大型复杂社会中的职业供给与职业需求得以调整。

在最近几十年，迁移与社会流动之间的动态相互作用是否发生了一些变化呢？年龄队列比较使我们可以得出一些有助于回答这个问题的推论。总体而言，对更年轻者而言比对更年长者而言，迁移者享有的相对于未迁移者的职业优势更大。这里所关心的是在迁移本身的意义中的年龄趋势，如同在第3章中已经讨论过的在职业结构上的趋势。出于这个目的，我们比较了相同类型地区内的迁移者与未迁移者。表7.11呈现了相同环境中的迁移者与未迁移者之间在职业地位、教育和首职上的差异。②

在地区类型内的迁移者相对于未迁移者的职业优势对年轻者而言比对年长者而言更大，在城市地区中尤其明显，在乡村地区则不太一致。这些差异也许表明，迁移者（正如我们所知道的，他们是具有高职业条件的一个被选择的群体）所享有的经济优势主要体现在其职业生涯初期，并且随着年龄和经验的增长而下降。不过，城市的迁移者与未迁移者之间在受教育程度和在首职地位上的差异也是年轻者比年长者更大，并且在不同年龄队列之间的

---

① 当然，这不是大城市中职业流动的唯一来源，大城市中的职业流动远远超出了能够合理地归之于乡村迁移者的涌入数量。关于结构性效应的概念，参见彼得·M. 布劳，"结构性效应"（Structural Effects），《美国社会学评论》，25（1960），第178—193页。

② 这些数据仅限于具有非农背景的人。

这些差异不能归因于逐渐变老的影响，因为无论是年长队列还是年轻队列的受教育程度和职业起点当然都指的是他们年轻时的情况。

表 7.11　对于非农背景的人根据年龄在相同类型地区内的迁移者与未迁移者之间在 1962 年职业地位、教育和首职上的差异

特征和 1962 年居住地	年龄			
	25—34 岁	35—44 岁	45—54 岁	55—64 岁
1962 年职业				
#大城市	9.0	6.3	5.2	2.8
#小城市	15.1	9.9	6.7	4.1
#非农场乡村地区	8.5	−2.0	3.9	6.1
受教育程度				
#大城市	0.64	0.51	0.51	0.45
#小城市	0.90	0.86	0.54	0.31
#非农场乡村地区	0.43	−0.12	0.16	−0.15
首职				
#大城市	7.6	5.3	1.4	5.0
#小城市	14.5	4.9	7.8	3.7
#非农场乡村地区	1.0	−0.1	1.0	−1.6

因此，这些数据表明，在最近几十年迁移越来越成为选择高潜力成功者的过程。在 30 或 40 年前开始其职业生涯的城市迁移者比未迁移者受过更好的教育，并且能够进入更高层次的劳动力市场，但是在过去十年开始其职业生涯的迁移者在这些方面比未迁移者更加出色。此外，乡村迁移者明显在最年轻者中更出色，但在过去他们并不总是优于未迁移者。因为在最近迁移越来越成为选择那些为职业成功做好准备的人的过程，所以年轻的迁移者

在职业地位胜过其同时代的其他人的幅度高于年长的迁移者胜过其同时代的其他人的幅度，这个发现可能很大程度上反映了选择性迁移中的这种长期趋势，而非随着年龄的增大，迁移的意义不断衰减。简言之，可能的推论是，迁移在今天比在几十年前是一种更加有效的对职业生活中的高潜力成功者的筛选机制。

总结：迁移与普遍主义

本章的基本发现是，几乎在所有的比较中，迁移者的职业生涯明显优于未迁移者，其余分析旨在细化和解释这个发现。不管研究的是区域间的迁移，还是地区间的迁移；不管考虑的是从出生后迁移，还是在青春期后才迁移；不管是在族群—国籍分组内部比较迁移者与未迁移者，还是不使用这些控制；不管是否控制教育和首职；以及不管是在其出生地比较迁移者与当地人，还是在其目的地比较——迁移者都通常比未迁移者获得更高的职业地位并经历更多的向上流动，对此只有少量的例外。

在16岁后从其长大的地区迁移者通常比他前往地区中的未迁移者获得更高的职业地位，也比他离开的地区中的未迁移者获得更高的地位。不管来自城市地区的迁移者流向地区的规模如何，他们都比所流向地区的当地人享有更高的地位，不过那些来自乡村地区的迁移者不是如此。当把未迁移者与在相同类型地区之间流动的迁移者进行比较时，除了在农场之外，迁移者的职业地位在所有其他情况下都更高。

如果我们把表7.5的第1行转动90度，并它把放置为紧邻其他四列的一列，那么我们可以拿在这个新列中的未迁移者的数值横向地与其他四列中的迁移者的数值进行比较，这样的话，得出了根据出生地的比较。在 13 个比较的 11 个中，不管其流向的地区类型如何，迁移者的职业地位优于那些留在原地的未迁移者。两个例外是在农场工作的乡村迁移者的两个群体，他们较差的平均地位可能是由于在这些群体中对临时性农场劳工的吸纳。

　　职业机会随着地区规模的增大而提高。在不同的地区类型中未迁移者的成就对应着机会结构上的差异，但迁移者的成就则不是如此。当然，迁移者在城市地区比在乡村地区境况更好，但是他们在大城市不如在小城市。从较大地方向较小地方的迁移者往往比按相反方向的迁移者更成功，唯一的例外是流向农场的迁移者。尽管没有任何地方的当地人的成就比在大城市的好，但流向大城市的城市迁移者的成功高于大城市的当地人，而迁移者在小城市中的境况更好。

　　这些结果很大程度上可以根据选择性迁移和与城市化程度有关的条件（有差别的生育率、机会上的不同以及在职业准备上的差异）来解释。更高城市化地区的更好机会吸引着人们从低城市化地区流向高城市化地区，而有差别的生育率所导致的人口压力强化了这一点。拥有更高成功潜力的人（更好的社会出身、教育和工作经历）往往更具备迁移所需要的主动精神，这使得迁移成为一个选择性过程，在任何地方都最可能成功的人流向对任何人而言都是成功机会最大的地方。不过，相比于城市的年轻人（特别是大城市的），乡村地区年轻人较差的教育使得流向大城市的乡村迁移者不如那里的当地人。因为迁移选择的是具有高潜力的人，

第7章 地理迁移和社会流动

所以迁移者的成就不仅优于留在家乡的人，而且也好于他们所迁入地区的本地人。当然，后一点要除去背景差异极端大的情况，比如乡村迁移者流向大城市。

因为高城市化地区具有经济机会上的总体优越性，这为向那里的迁移提供了诱因，所以为响应这些机会上的差异，迁移者的主流是从低城市化地区流向高城市化地区。诱使一个人逆这种主流而动，迁往城市化水平低于其生长地的地方，可能需要极好的职业前景。这里隐含的假定是，只要在那里他们个人的职业前景相当高，人们就可能迁往其中的机会总体不如其他地方的地区，这增加了另一个选择来源。总之，这里暗示的解释是从较大地区向较小地区的迁移者比按相反方向的迁移者获得更高的职业地位，因为前者是一个更为经过选择的群体，这种筛选不仅是根据更出色的资格条件，这是迁移者所普遍具备的，而且基于更好的前景。这个结果的另一个原因是出生地比目的地对职业生涯成功的可能性更重要。

城市化水平对迁移-流动的复合体具有矛盾的后果。因为迁移往往沿着更大机会的方向发生，所以城市里更好的机会吸引着迁移的主流，并改善了大多数迁移者的机会。但恰恰是这个过程对大部分迁移者的流动准备有着负面影响，这些迁移者来自城市化水平相对低的地区，他们在那里为在高度城市化的劳动力市场中成功工作接受了较差的教育和培训。简言之，迁移往往从低城市化地区流向高城市化地区这个事实意味着，与其他情况相比，对于职业成功，迁移者拥有更好的机会但却更差的条件。这两种相反的影响对在流向大城市的乡村迁移者的极端情况下的职业机会充分发挥了其作用,因此这些影响体现在这些迁移者的职业成就上,尽管在其他迁移者的情况中,像选择性迁移等其他因素使模式复杂化了。

流向大城市的乡村迁移者的职业成就均值优于那些仍留在乡村地区的人的,这反映了城市的机会更好;但劣于在这些城市的本地人的,这反映了在乡村地区长大的人较差的职业准备。乡村的迁移者涌入大城市职业等级体系中更低的位置为城市的其他居民创造了另外的向上流动机会。乡村的迁移者流入大城市里较低的职业位置为那里的本地人带来了向上流动的推动力,大城市的本地人从中获得的优势使他们比较小地方的本地人有更高的机会获得高成就,尽管这些本地人没有流向大城市的城市迁移者的成就那样好,因为选择性迁移给予这些城市迁移者进一步的竞争优势。因此,流向大城市的乡村迁移者直接和间接地促进了社会流动,因为它不仅增加了迁移者本身职业成功的机会,而且也增加了大城市里其他人职业成功的机会。

迁移可被视为一种社会机制,使符合条件的人力资源的分布符合职业服务的需要,尽管它当然无法完全满足这个目的。作为一种人力资源的选择和再配置机制,迁移促进了职业流动。在一个高度多样化的社会,迁移对于广泛的职业流动是必不可少的,因为只有它能改变一个人在其中竞争的职业结构。选择性迁移的原理与迁移直接和间接地促进社会流动的命题绝非不相容。

在最近几十年,迁移越来越成为一种有效的选择性机制,更有能力的人借此被引导到他们的潜力能得以实现之地。在像本文这样的横截面研究中,对这个结论的唯一依据是对不同年龄队列中迁移者与未迁移者之间差异的比较。相同类型地区内的迁移者在受教育程度、首职地位以及职业成就上相对于未迁移者的优势，对年轻者比对年长者更大，这意味着迁移越来越选择的是很好地具备职业成功条件的人。

就像其所出生的种族或族群，一个人所长大的地区确定了一个限制其成年职业机会的先赋基础。不过，通过使一个人利用在其原来的地区得不到的机会，迁移部分上去除了对职业成就的这些先赋性限制。当然，因为并不是所有人都迁移，也因为它影响着那些迁移者的职业条件，所以出生地的先赋地位仍然限制着职业成就。不过，选择性迁移强化了成就的普遍主义原则的运作，并且迁移中的选择性日益增强的趋势体现了在我们的职业结构中普遍主义的扩展。

第8章
农场背景与职业成就

OCG研究描述的是在向完全工业化社会的长期变迁接近尾声的一段时期内的职业流动。与这个变迁相伴的是技术和经济组织转变，在其最后阶段，生活在农场、以农业为生以及从事农场职业的人无论是绝对数量还是相对数量都大大下降了。通常认为这种下降存在两个主要原因。首先，相对于收入而言，对农产品需求是相对缺乏弹性的。因此，随着非农收入的上升，在农业产出或者相应的就业需求上并没有发生成比例的上升。其次，随着农业的机械化、资本投入的增加（化肥等的使用）以及作物种类和耕作技术上的改进，农业工人的劳动生产率已大大提高。因此，更少数量的工人就能生产同样或者更大数量的产品。

这两个因素共同降低了对农场就业的需求，因此引发了离开农场的流动。增加这种流动的另一个因素是农场家庭相对于非农家庭的高出生率水平。

通过更详细地考虑离开农场这种特定类型的迁移以及农场出

第 8 章 农场背景与职业成就

身对随后职业成就的影响，本章补充了第七章"地理迁移与社会流动"。首先我们将研究这种流动的总体规模及其选择性。接下来我们报告农场出身的人在非农职业结构中的不均衡分布。最后，在考虑这种差异来源的情况下，我们分析了具有农场与非农场背景之人的不同职业成就。

来自农场的迁移

通过对比农场出身的人（即其父亲的职业在农场）的数量与 1962 年从事农场工作或者在农场生活的人的数量之间的差异，OCG 数据反映出这种流动具有相当大的规模。在 OCG 人口中，超过 1/4 的人——4500 万中的 1200 万——的父亲是农场主、农场管理者、农场工人或农场工头（在被访者 16 岁时）。这些人中有 3/4——930 万人——到 1962 年时拥有非农场居住地。作为离开农场的流动数量的一个估计，这个特殊的数值只是近似的，因为对出身的分类是基于职业，而对 1962 年状态的分类是基于居住地。不过，总体的子群体之间在离开农场的准流动率上的差异应该表明了在这种流动中选择性的一些显著模式。

表 8.1 显示了根据所选择的一些背景特征离开农场的百分比。我们将把子群体之间的差异理解为不同的向外迁移率，不过我们得承认无论是对向外迁移的界定还是它的时间参照点都没有像所期望的那样具体。

表 8.1 在 1962 年 3 月生活在非农居住地的拥有农场背景（用父亲职业来表示）的男性的百分比，根据所选择的特征

主体	拥有农场背景的总人数（千人）	1962 年拥有非农居住地的数量（千人）	离开农场的百分比
20—64 岁的所有人	12104	9290	76.8
年龄			
#20—24 岁	726	436	60.1
#25—34 岁	2176	1722	79.1
#35—44 岁	3130	2466	78.8
#45—54 岁	3225	2490	77.2
#55—64 岁	2847	2177	76.5
籍贯和肤色			
# 本土血统的本土白人	8476	6357	75.0
# 国外或混合血统的本土白人	1287	932	72.4
# 国外出生的白人	565	537	95.0
# 非白人	1776	1465	82.5
出生地（对指定群体而言）			
# 本土血统的本土白人			
## 总计 [a]	8650	6481	74.9
## 在北部或西部出生 [a]	4664	3373	72.3
## 在南方出生	3986	3108	78.0
# 非白人			
## 总计	1776	1465	82.5
## 在北部或西部出生	167	157	94.0
## 在南方出生	1609	1308	81.3
兄弟姐妹数量和出生顺序			
# 无兄弟姐妹	356	276	77.5
# 最年长的孩子			
##1—3 个弟弟妹妹	1170	825	70.5

续表

##4 个或更多[b] 弟弟妹妹	975	718	73.6
# 最年幼的孩子			
##1—3 个哥哥姐姐	1043	777	74.5
##4 个或更多[b] 哥哥姐姐	1027	790	76.9
# 中间位置的孩子			
##2 或 3 个兄弟姐妹			
### 没有哥哥	466	391	83.9
### 至少 1 个哥哥	627	493	78.6
##4 个或更多[b] 兄弟姐妹			
### 没有哥哥	914	726	79.4
### 至少 1 个哥哥	4764	3712	77.9
#10 个兄弟姐妹，或者未报告数量或排行[c]	764	583	76.3
父亲的教育			
# 未回答	1424	1136	79.8
# 没上过学	1077	846	78.6
# 初等学校			
##1—4 年	1900	1454	76.5
##5—7 年	2675	2064	77.2
##8 年	3226	2367	73.4
# 高中			
##1—3 年	802	608	75.8
##4 年	657	531	80.8
# 大学，1 年或更多	344	285	82.8
被访者的教育			
# 没上过学	275	207	75.3
# 初等学校			
##1—4 年	1077	772	71.7
##5—7 年	1955	1510	77.2

续表

##8 年	2654	1938	73.0
# 高中			
##1—3 年	2114	1693	80.1
##4 年	2738	2063	75.3
# 大学			
##1—3 年	721	587	81.4
##4 年	367	324	88.3
##5 年或更多	204	198	97.1
被访者的教育（对指定群体而言）			
# 本土血统的本土白人			
## 初等学校，0—8 年	3653	2616	71.6
## 高中，1—3 年	1537	1210	78.7
## 高中，4 年	2212	1617	73.1
## 大学，1 年或更多	1074	914	85.1
# 非白人			
## 初等学校，0—8 年	1208	973	80.5
## 高中，1—3 年	322	278	86.3
## 高中，4 年	175	151	86.3
## 大学，1 年或更多	71	63	88.7

a 包括没有回答出生州的本土血统的本土白人。
b 除 10 个外。
c 绝大多数是有 10 个兄弟姐妹的人。

如果不理会 20—24 岁的人，那么在离开农场的比例上存在一些上升，从现在 55—64 岁的人的 76.5% 到 25—34 岁的人的 79.1%。就 20—24 岁的人而言，在解释 60.1% 这个数值时需要注意一些地方。当然，这些人有一些可能会后来离开农场。此外，应该记住的是，OCG 数据并没有涵盖太多数量这个年龄段的人，他们实际上可能在准备前往非农居住地——成为军队的成员。为了做出一个粗略的估计，我们假定，未被 OCG 数据涵盖（参见附录 C）的所有军队人员都是或者将成为非农居民，并且他们拥有农场背景的比例与在 OCG 中所涵盖的同年龄人中的比例是相同的。这导致的估计结果是，对 20—24 岁的人而言，离开农场的流动比例是 65%；对 25—34 岁的人而言，离开农场的流动比例是 80%；其余的年龄组的比例与表 8.1 中所显示的几乎没什么不同。我们必须要悬置对这个问题的判断，即在 20—24 岁年龄组的倒转是否预示着离开农场的长期流动比率的改变。不过，很明显，在 OCG 数据所涵盖的更大部分时期内，并不存在大量外流的持续中断。

非白人离开农场的比率要比本土白人略高一些（见表 8.1）。数据表明，在本土白人中，对拥有本土血统的人而言离开农场的流动要比对那些其单亲或双亲在国外出生的人而言要高一点。根据定义，国外出生的白人一定是离开其出生地来到美国；对这个群体而言，离开农场的流动比率高达 95%，这表明在其出生国家的农村背景并不会导致迁移者在美国落脚农场居住地。在本土白人中，在南方出生的人比那些在其他地区出生的人离开农场的流动更为明显。对非白人而言，则呈现相反的差异，但在北部和西部出生且拥有农场父亲的非白人数量是如此之少，以至于这种比较是有问题的（在西部，大量在农场出生的非白人是东亚人或美洲印第安人）。

对乡村—城市迁移的讨论有时涉及由农场家庭的规模很大所引起的来自土地的推力，这些家庭无法将农场转移给所有的儿子。长子继承权的残留可能使这个因素对后出生的孩子的影响比对先出生的孩子的影响略微更为显著。尽管只是在部分上,但数据支持这些想法的某些含义。在一群兄弟姐妹中的最长者最不可能离开农场,而排行在中间的孩子最可能离开(在这里,排行"中间"指的是至少有一个哥哥姐姐或一个弟弟妹妹)。但是在来自无论是小家庭还是大家庭的排行中间的孩子中,没有哥哥的男性(被访者实际上是第一个出生的儿子)比那些有一个或以上哥哥的人更可能离开农场,这与长子继承制的隐含之义相反。也令人感到奇怪的是,独生子女留在农场的可能性与所有其他排行的人的平均状况差不多。总之,出生顺序和兄弟姐妹排行导致的差异也许既没有我们所预期的那样大,也没有呈现出所预期的模式。

表8.1中关于教育的数据表明,其父亲是中学毕业的被访者比那些其父亲受过更少教育的以略微更高的比率离开农场。就被访者而言,接受了大学教育的离开农场的比率要高于平均水平——的确可能如此,因为上大学本身可能会引起这样的流动。在大学教育以下的教育层次,至少对拥有本土血统的本土白人而言,离开农场的流动比率与受教育程度之间的关系呈现出无规律的波动。为什么中学毕业生应该比中学辍学者离开农场的可能性更低,这个问题并不容易回答。同样地,小学毕业生比拥有5—7年教育的年轻人离开农场的可能性更低。离开农场的迁移者可能是一个双峰群体,一个是不成功的辍学者群体,另一个是上过大学的群体。

第8章　农场背景与职业成就

拥有农场背景者的职业分布

我们现在根据职业终点上的差异来研究离开农场的流动。我们把在生活于非农居住地的任何人口子群体中拥有农场背景者的比例当作从农场流向那个子群体的粗迁入率。

首先，我们应该注意到，识别具有农场背景的人的准则将产生与根据另外的准则（比如出生地或居住史）获得的结果有所不同的结果。在OCG数据中，1962年3月时20至64岁的男性被访者中有超过1/4（26.9%）被划分到农场背景的类别中。关于1958年5月时18岁及以上的全部民用人口的数据表明，23.7%是农场出生的。[1] 调查研究中心1952年的研究将成年非农人口中的1/3归类为在农场长大的，即对这个问题"你主要是在农场长大的吗？"的回答是肯定的。[2] 比较而言，在1958年数据中，在非农居民中在农场出生者的比例是17.2%。（另外有3.4%的人拥有在农场居住过的历史。）这种不一致无疑不仅反映了实际的变化，而且还反映了由于农场出身准则的不同导致的差异。

---

[1] 卡尔文·L.比尔（Calvin L. Beale）、约翰·C.赫德森（John C. Hudson）和维拉·J.班克斯（Vera J. Banks），"根据农场和非农场出身的美国人口的特征"（Characteristics of the U. S. Population by Farm and Nonfarm Origin），《农业经济报告》（Agricultural Economic Report）第66号（Washington：Economic Research Service, Department of Agriculture），1964年12月。这个报告包含了一个有用的参考文献。

[2] 罗纳德·弗里德曼（Ronald Freedman）和黛博拉·弗里德曼（Deborah Freedman），"非农人口中的在农场长大者"（Farm-Reared Elements in the Nonfarm Population），《农村社会学》（Rural Sociology），21（1956），第50—61页。

在计算迁入比率时，重要的是维持基于目的地地区规模的分层。我们知道，大部分迁移都是短距离的。因为小地方的数量要多于大地方，所以离开农场的短距离流动更可能使迁移者流向小地方而不是大地方。美国总人口的一年期（即1949—1950年）离开农场的流动率证实了这个推理。离开农场的流动率与地区规模之间存在完全的反相关。每1000名居民人口中从农场的迁入数量对城乡地区而言是不同的，对于300万或以上人口的城市化地区是2.5人，对于不足1000名居民的乡村地区是33.1人。①

刚才引用的比率并不可与OCG数据的比率直接比较，因为后者的时间不是特定的。不过，OCG数据得到同样的反相关模式。在100万或以上人口的城市化地区，OCG数据中13%的人有农场背景，也就是说，已在过去的某个时点离开了农场；在最小的城市地区，比率是28%；在非农场的乡村人口中，这种比率高达36%（表8.2，第1行）。

表8.2根据若干特征展示了在地区规模类型内的具体迁入率。因为这种过细的交叉分类，所以数值受到相当高的抽样误差的影响。相应地，强调迁入率差别的一般模式而不是对比率的具体的成对比较似乎是保守的。

在大部分特征的子类别内，迁入率与地区规模之间存在反向

---

① 奥蒂斯·杜德里·邓肯（Otis Dudley Duncan）和阿尔波特·J.小赖斯（Albert J. Reiss, Jr.），《城市与乡村社区的社会特征：1950年》（*Social Characteristics of Urban and Rural Communities, 1950*）（New York: Wiley），1956年，表23（第85页）。

关系这个一般模式都是站得住脚的。也许,对这个模式最有趣的偏离发生在非白人群体中。非白人的迁入率在100万或以上人口的城市化地区明显比较小的城市化地区更高。在南部的最大城市化地区,不少于五分之二的非白人有农场背景;而在北部和西部的最大城市中,有刚超过1/4的非白人有农场背景;前者明显高于后者。

表8.2 根据所选择的社会和经济特征,不同规模的居住地拥有农场背景者的百分比

主体	1962年3月的居住地						
	所有地区	城市化地区			其他城市地区	乡村地区	
		100万或以上	25万—100万	5万—25万		非农场	农场
20—64岁的所有男性	26.9	12.8	18.1	19.8	28.3	35.9	77.8
肤色和地区							
# 白人							
## 东北部	11.1	6.3	6.0	7.6	12.9	19.5	62.2
## 中北部	30.9	14.1	14.8	24.0	27.2	38.5	82.1
## 南部	36.4	11.6	21.7	26.8	32.2	42.6	76.8
## 西部	22.4	13.0	17.7	14.7	31.9	30.2	70.5
# 非白人							
## 北部和西部	28.9	27.1	25.7	17.6	37.7	49.1	100.0[b]
## 南部	49.6	39.6	34.5	32.0	40.7	58.1	80.2
籍贯和肤色							
# 本土血统的本土白人							
## 在北部或西部出生	23.0	8.3	12.6	17.2	23.5	29.7	77.8
## 在南部出生	40.1	25.8	27.5	30.4	36.2	44.3	77.0

							续表
# 国外或混合血统的本土白人							
## 父母在北欧或西欧出生	21.5	6.4	12.9	10.7	25.8	34.4	81.0
## 父母在其他国家出生	10.0	3.9	8.2	4.8	15.6	23.4	74.5
# 国外出生的白人	22.5	30.5	17.5	20.9	28.2	29.5	61.4[a]
# 非白人							
## 在北部或西部出生	22.1	6.8	13.6	11.1	33.7	62.0	100.0[b]
## 在南部出生	42.0	33.6	33.9	29.2	40.9	54.6	80.5
兄弟姐妹数量							
# 没有	12.2	6.2	7.1	7.1	12.8	18.8	68.4
# 1—3 个	17.7	7.0	11.1	13.2	20.1	24.7	74.3
# 4 个或以上	36.0	19.4	26.1	27.7	36.5	44.7	79.8
1961 年时的收入							
# 1000 美元以下	39.1	16.8	12.3	17.4	28.3	47.2	81.0
# 1000—1999 美元	36.5	18.9	11.4	20.8	29.6	39.3	84.0
# 2000—2999 美元	37.0	14.3	20.9	27.3	30.7	47.8	76.0
# 3000—3999 美元	31.1	21.3	12.3	27.3	26.0	40.3	77.7
# 4000—4999 美元	27.5	16.9	16.9	22.8	30.9	36.6	76.2
# 5000—5999 美元	24.5	13.9	22.2	20.9	35.2	32.2	54.3
# 6000—6999 美元	19.9	9.2	20.7	16.2	24.6	30.3	76.1
# 7000—9999 美元	18.4	8.3	15.2	17.9	29.9	25.6	69.5
1 万美元及以上	11.7	6.3	14.2	5.2	17.2	17.2	64.9
职业社会经济指数							
# 0—19	41.0	20.7	26.7	27.8	34.3	46.8	81.6
# 20—39	24.5	13.7	17.4	31.1	32.2	34.7	64.8
# 40—59	19.8	8.6	17.9	17.0	28.3	31.4	60.8
# 60—79	12.9	6.3	10.3	11.3	19.5	19.4	62.7

续表

#80 及以上	10.2	3.4	12.2	9.7	15.7	16.5	45.2[a]
# 不在有工作经历的民用劳动力中	26.0	15.8	18.2	19.3	23.4	32.9	73.9
基于籍贯和肤色的受教育程度							
# 本土血统的本土白人							
## 初等学校，0—8 年	50.2	27.8	32.8	45.0	43.5	52.7	82.4
## 高中，1—3 年	28.3	11.5	20.2	19.3	28.4	35.5	70.5
## 高中，4 年或更多	20.0	7.5	13.9	16.4	22.5	23.5	74.9
# 国外或混合血统的本土白人							
## 初等学校，0—8 年	30.8	11.4	23.3	15.2	31.8	46.6	82.8
## 高中，1—3 年	12.6	3.8	8.9	9.2	15.7	29.0	70.3
## 高中，4 年或更多	7.6	2.3	5.8	4.2	14.6	18.0	66.3
# 国外出生的白人							
## 初等学校，0—8 年	36.5	34.8	23.6	33.9	43.3	46.5	67.7[a]
## 高中，1—3 年	12.7	11.8	13.3[a]	9.4[a]	4.2[a]	13.8[a]	100.0[b]
## 高中，4 年或更多	12.1	10.5	14.7	11.5	15.0	15.6	12.5[b]
# 非白人							
## 初等学校，0—8 年	53.8	49.3	42.9	37.1	51.8	61.4	79.4
## 高中，1—3 年	31.3	20.6	13.4	36.9	46.3	58.3	84.6
## 高中，4 年或更多	19.0	13.0	17.2	7.0	12.5	42.3	88.9[a]
基于年龄的受教育程度							
# 总体，20—64 岁	26.9	12.7	18.1	19.8	28.3	35.9	77.8

续表

## 初等学校，0—4 年	54.9	42.8	41.8	39.6	48.1	60.5	80.0
## 初等学校，5—7 年	45.3	31.0	30.4	37.1	45.4	50.7	80.1
## 初等学校，8 年	43.3	24.2	30.5	38.1	39.5	50.9	83.8
## 高中，1—3 年	24.9	11.0	16.8	17.8	28.6	35.6	71.8
## 高中，4 年	21.4	8.1	14.6	18.0	23.9	26.9	77.1
## 大学，1—3 年	13.6	6.1	13.1	10.1	15.1	20.3	65.0
## 大学，4 年或更多	10.3	4.2	8.1	7.4	18.2	16.0	66.7
#20—24 岁	14.4	2.9	5.5	10.4	11.7	19.8	71.1
## 初等学校，0—8 年	28.6	13.3	13.0[a]	27.6	13.7	27.6	70.4
## 高中，1—3 年	17.0	4.2	9.1	10.7	18.3	22.2	64.9
## 高中，4 年或更多	11.3	1.6	4.1	6.9	9.8	16.5	73.4
25—34 岁	20.5	11.0	14.7	14.2	20.9	25.2	73.3
## 初等学校，0—8 年	38.8	31.9	28.1	23.4	31.6	39.4	74.4
## 高中，1—3 年	22.3	10.7	17.4	12.7	28.5	28.3	72.8
## 高中，4 年或更多	15.2	6.9	11.6	13.3	16.1	19.4	72.4
35—44 岁	27.0	12.1	20.4	18.5	29.1	36.9	76.5
## 初等学校，0—8 年	47.2	30.0	36.3	38.5	43.4	54.8	78.3
## 高中，1—3 年	26.0	14.2	20.8	22.6	24.3	34.9	66.3
## 高中，4 年或更多	18.4	6.5	13.6	11.9	23.4	26.1	79.3
45—54 岁	31.7	14.9	22.3	23.8	35.0	43.2	81.4
## 初等学校，0—8 年	49.2	30.3	39.1	43.7	42.8	55.6	86.2

续表

## 高中，1—3 年	26.2	10.0	12.3	15.3	38.5	40.9	74.3
## 高中，4 年或更多	20.0	7.6	17.4	16.0	28.6	27.0	74.3
55—64 岁	37.6	19.1	23.0	31.1	42.8	52.3	81.9
## 初等学校，0—8 年	48.7	28.3	27.8	40.0	53.7	60.1	84.9
## 高中，1—3 年	30.7	11.6	23.6	25.9	29.4	54.1	81.7
## 高中，4 年或更多	22.1	10.8	17.0	23.0	30.2	33.2	62.1

a 人口基数在 2 万或以下；b 人口基数在 2.1 万至 5 万。

对白人群体而言，从农场迁入城市地区的比率也是在南部高于在其他地区，其中东北部的比率尤其低。大致而言，在农场迁移者融入城市化地区方面，东北部地区领先南部地区一代。

当将人们按照出身家庭的规模来分类时，对于所有规模的地区的迁入率都是来自大家庭的人明显更高。这个发现也许对研究城市亲属行为具有意义。在城市地区拥有大量兄弟姐妹的人中，很多人有农场出身的祖先。鉴于高的迁出农场比率及基于出生顺序和兄弟姐妹数量的较小选择性，我们可以推测，绝大多数兄弟姐妹会同样出现在非农居住地。不过，这些数据并没有表明来自家庭农场的兄弟姐妹是否迁往相同的城市地区，尽管在许多案例中确实可能如此。如果我们预见来自农场的迁入者何时会成为城市人口中微不足道的一部分，那么纯粹基于兄弟姐妹数量的下降，我们就可以预期血缘关系的重要性会不断下降。

表 8.2 也相当详细地涵盖了收入、职业地位和受教育程度等

社会经济变量。如同我们可能预期的,在拥有相对较高收入的人之中,来自农场的迁移者是很少的。不过,前往城市地区的最高迁入率并不必然发生在最低收入水平上。在贫困水平上拥有农场背景者的集中度并不比在中等收入水平上高。这个观察也许为那些持下列主张的人提供了某些支持,即城市贫困的问题既是一个本地城市人口经济表现糟糕的问题,也是一个穷困的乡村迁入者融入的问题。

当根据职业地位来测量时,迁入率与社会经济地位之间的反向关系更为明显。拥有农场背景的人明显在高地位一端的职业中数量很少,而在低地位一端的职业中数量很多。在本章后面我们将考虑这种差别的根源。

在教育的情况中可获得类似明显的模式。无论是在总体上,还是对年龄和肤色—籍贯子群体而言,受教育程度较低的人的迁入率很高,而受教育很高的人则很低。来自农场的迁移者的涌入明显延缓了城市人口中教育提升的速率。不过,这个延缓来源在重要性上正迅速降低,因为较年轻队列的迁入率大大低于他们的前辈。

在本节,我们根据离开农场的迁移对作为目的地的城市地区的影响来看待城市化过程。从一个角度我们可以看到,美国的城市仍面临着一个同化在教育和种族上处于劣势的新来者的持续性问题,尽管这种流动对贫困(以严格的货币意义来测量)的影响也许没有所预期的那样大。另一方面,这种流动可被认为非常有助于未受过培训的和不熟练的劳动力的供给。在对更高地位工作的竞争中,本土的非农人口具有相对于离开农场迁移者的

第 8 章 农场背景与职业成就

优势。

无论是问题，还是相对优势，都是由于其在未来岁月中的重要性不断下降。我们已经能看到的是，1927—1936 年队列向城市地区的迁入率只有 1897—1906 年队列的一半高。在农场出生和长大的美国人口的比例的减少将导致这种迁入率的进一步下降。作为一系列历史力量导致的这种重大改变的一种调整，此时此刻只能隐隐约约地感觉到将要出现的社会流动模式。似乎可能的是，在可预见的将来，除农场背景之外的其他因素将扮演迁移和流动的主要发动机的角色。

农场背景与分层过程

大量有农场背景的人已经进入非农职业，并且当与非农背景的人同台竞争时他们似乎遭受了某些不利，这是已经证明了的事实，现在我们再研究一下第 5 章提出的分层过程模型。目前首先要考虑的是拥有农场与非农场背景之人的相对职业成就的问题。农场背景作为一个不利因素在程度上是否高于我们只是从拥有农场背景者出身的社会经济水平中所得出的推断？其次，如果来自农场的迁移流注定要继续收缩规模，那么未来队列的几乎所有人都将是非农场出身的，这样的话，OCG 数据得出的结论能否阐释在这样一个人口结构中可能出现的分层过程？最后，作为一种方法论的观点，我们对作为农场职业的一个社会经济位置指数的地位得分并没有完全的信心。我们知道，一般公众赋予农场职业的声望评估比从对这个职业的社会经济指数值所预期的要高。当建构这个指数时，已经指出了这个得分中可能存在的偏误。[①] 在这里，我们无法解决这个问题，但我们能以这样一种方式来处理数据，即这个来源导致的扭曲（如果真有的话）将大大降低。

表 8.3 为两个子群体的简单相关提供了一个初步的总结：非农场背景的人与那些其父亲是农场主或农场工人的人。我们希望首先与在之前的第 5 章（表 5.1）给出的针对所有人的简单相关进行比较。总人口中的 Y、W 与 U 之间的三个相关几乎与对具有非农背景者所观测的相关没什么区别。当排除具有农场背景的人时，儿子—父亲之间的相关——涉及之前的每个变量及 X 或 V 的六个相关——都有所降低。但即使如此，最大的差异大约是 0.4。我们推测，在研究全部是非农场出身的人口时，我们尤其预期 X 应该比前文针对所有人的结果具有略小的影响。然而，路径系数的所有模式应该没有很大的不同。

表 8.3 基于农场背景对五个地位变量的简单相关系数：对角线上方针对的是非农背景者；对角线下方针对的是农场背景者

变量	变量				
	Y	W	U	X	V
Y：被访者 1962 年职业的地位	⋯	0.532	0.595	0.368	0.296
W：首职地位	0.417	⋯	0.536	0.375	0.316
U：被访者的受教育程度	0.476	0.402	⋯	0.413	0.422
X：父亲的职业地位	⋯[a]	⋯	⋯		0.520
V：父亲的受教育程度	0.212	0.174	0.396	⋯	⋯

a 对于拥有农场背景的人没有计算涉及 X 的相关系数。

① 阿尔波特·J. 小赖斯（Albert J. Reiss, Jr.）等，《职业与社会地位》（*Occupations and Social Status*）（New York：Free Press of Glencoe），1961 年，第 6 和 7 章。

第8章　农场背景与职业成就

对具有农场背景者的相关系数与那些在表 8.3 的另一半或表 5.1 中的相关系数进行比较时，我们一定要当心。这个子总体是以这样一种方式选择的，即父亲的职业地位实际上是一个常量。在这种情况下，包含 X 的相关是没有意义的，并且其余的相关实际上相当于在 X 保持不变下的偏相关。出于这个原因，我们足以预期它们比针对非农背景者的那些系数更低，并且数据证实了这个预期。

因此，当转向多元关系时，我们应该对如下两个方程进行比较：一个是对于拥有非农背景者的包含了 X 作为自变量的方程，另一个是对于拥有农场背景者的包含除了 X 外的相同变量的方程。表 8.4 中这样比较的结果表明，（1）在农场背景的人口中，父亲的教育对被访者的教育具有更大的净影响；（2）在农场背景的人口中比在非农出身的人口中，被访者的教育对首职地位具有更小的影响——在两个群体中父亲的教育具有一个可以忽略不计的直接影响；（3）在农场背景人口中比在非农背景人口中，教育和首职对 1962 年职业的地位都具有略低的净影响。

尽管表 8.4 中的净回归系数是可以这样被比较的，但判定系数是不可比较的。在表 8.4 的上半部分（非农背景），R^2 是复相关系数的平方。在表的下半部分（农场背景），R^2 相当于多元偏回归系数的平方，因为在这个计算中实际上控制了 X。不过，出于比较的目的，我们也许可以计算针对非农背景人口的多元偏回归系数。针对非农背景的人，我们发现 $r^2_{UV \cdot X}$=0.07；与之相比，针对农场背景的人，r^2_{UV}=0.16；在前者中 $R^2_{W(UV) \cdot X}$=0.21，在后者中 $R^2_{W(UV)}$=0.16；以及针对非农背景的人，$R^2_{Y(WV) \cdot X}$=0.33，而针对农场背景的人，$R^2_{Y(WU)}$=0.29。

表 8.4　基于农场背景的标准化形式的偏回归系数（β 系数）和对指定变量组合的判定系数

背景和因变量 [a]	自变量 [a]				判定系数（R^2）
	W	U	X	V	
非农背景					
U	…	…	0.265	0.285	0.23
W	…	0.450	0.170	0.037	0.32
W	…	0.460	0.186	…	0.32
Y	0.279	0.411	0.103	−0.019	0.43
Y	0.278	0.407	0.095	…	0.43
Y	0.298	0.435	…	…	0.42
农场背景					
U	…	…	…	0.396	0.16
W	…	0.395	…	0.018	0.16
Y	0.269	0.358	…	0.024	0.29
Y	0.269	0.368	…	…	0.29

[a] V：父亲的受教育程度；X：父亲的职业地位；U：被访者的受教育程度；W：首职地位；Y：1962 年职业的地位。

尽管对这些差异及前述差异的解释并非完全显而易见，但我们有一些只是略微超出数据的建议。通过选择一个职业地位几乎不变的群体，在非农出身人口中控制 X（父亲的职业）在形式上有点像审视在其中 X 被控制的人口。不过，在现实中，尽管农场主的职业地位几乎是固定的，但它们的经济地位可能随着诸如地区、农业类型和农场规模等熟知的因素而发生很大的变化。因此，可能的情况是，在农场背景的人口中比在非农场背景的人口中，V（父亲的教育）以更大的程度反映了这些经济差异。或者，换言之，在非农背景人口中控制 X 将比在农场背景人口中控制 X 遗漏

第8章 农场背景与职业成就

更少的剩余经济差异。

在解释农场背景人口中 W（首职）对 U（教育）有更低的反应时，涉及一个不同类型的问题。我们知道，大量农场长大的年轻人报告农场工人是他们的首份正式工作，尽管他们大部分最终找到了非农职业。无疑，他们中的许多人早年在农场开始工作，并且我们 U 先于 W 的假定也许对于这个群体尤其易于受到批评。

就对 Y（1962年职业的地位）的决定因素而言，这两个人口群体在结果上的差异确实没有大到需要详尽的解释。不过，当我们试图将目前为止总结的结果转化为关于来自两类背景者的成就差异的陈述时，存在有点微妙的解释问题。为此，我们必须要考虑这两个人群在平均得分上的差异，并将标准化回归转换成原始得分的形式。

总的说来，毫无疑问这两个群体在职业成就上存在差异。对具有非农背景的人而言，Y（1962年职业的地位）的均值是40.1；对具有农场背景的人而言，Y 的均值是26.2。W（首职地位）的相应均值分别是28.7和17.2。对具有非农背景的人而言，受教育年数的均值是4.73；对农场出身的人而言，均值是3.60。这两个群体在受教育程度上的差异大约相当于教育阶梯上的一档，或者说两年学校教育。但是这些差异可能只不过令人信服地反映了这个事实，即农场出身意味着家庭背景是低社会经济地位的表现之一。在评估随后的职业成就时我们将如何考虑这种初始的劣势呢？

让我们首先考虑被访者的受教育程度。以原始得分的形式表述我们的回归可得出：

$\hat{U}_F = 0.457V + 2.50$（农场背景）

和

$\hat{U}_N = 0.254V + 0.0196X + 3.23$（非农背景）

如同以标准化的形式，V 对 U 的净影响在拥有农场出身的人中略高一些。但是截距（常数项）对拥有非农背景的人而言更高一些。为了使这两个群体在父亲职业上相等，我们必须在第二个方程中赋予 X 一个值，它被假定为等于农场父亲的职业地位。如果我们相信职业声望调查的结果，那么这样一个值将大约是 50，并且我们应该得到：

$\hat{U}_N = 0.254V + 4.21$

即使在农场背景的方程中的斜率更陡峭，但对 V 的整个可能范围——0—8 而言，这条回归线在图上都位于更高的位置。当 $V=0$ 时，两种背景的人在 $\hat{U}$ 上的差异将是最大的，在受教育年数上相当于 4.21–2.50=1.71。在 V 的上限，差异将只有 0.1。在总人口中 V 等于均值时，我们将发现差异为 0.8。因此，就受教育程度而言，赋予农场职业一个高地位将导致我们对农场背景者的估计出现一个相当大的劣势，尤其是对那些其父亲的受教育程度很低的人来说。

如果修改我们的假定，以致根据社会经济地位来评估农场职业，那么我们会发现，在农场背景者中 X 的均值是 13.4。在此基础上使两个人群相等，我们得到：

$\hat{U}_N = 0.254V + 3.49$

现在我们的两条回归线刚好在 V 值低于 5 时相交。按照字面来解释的话，这意味着直到且包括父亲的受教育程度是 1—3 年的中学水平时，农场背景是一个劣势（尽管随着 V 的增加，这种劣势不断下降）。如果父亲是高中毕业的或者上过大学的话，那么农场背景实际上变成一种优势。实际上，我们不必过于严肃地看待这个结果。只有 9% 的农场背景者位于这种优势适用的 V 值区域内。按照字面意思来理解这个结果的话，这对我们的线性假定提出很大的挑战。一个更为重要的计算是，当针对两个群体的 V 值被设定为等于针对农场群体的均值时，差异（$\hat{U}_N - \hat{U}_F$）的大小。在刚过教育刻度表的一半时，这个差异为 0.6。最后一个可供选择的计算是我们迫使两条回归线拥有相同的斜率但允许它们的截距不同，相同的斜率是平均的组内斜率。在这里，有关的比较是截距上的差异，它等于 0.4，这在大小上与刚才给出的估计差不多，二者都代表大约 1 年的学校教育。

即使对于其父亲的受教育程度极高的人的真实情况可能如何存在一定的模糊性，但对大部人而言农场背景似乎是教育的一个不利之处，尽管这比从对两个群体的均值的简单比较中所得出的差异要小很多。如果有人坚持认为，我们这里使用的指数低估了农场父亲的职业地位，那么作为一个结果，他必须得同意我们也低估了农场背景的教育劣势。

似乎并不值得如此细致地展示对于首职（W）的结果。以与上文同样的方式进行计算，我们发现，两个群体中在职业地位得分上观测到的差异是 11.5 个点，非农出身的人处于优势。将背景相等化且考虑估计值 $\hat{W}$，对农场背景者且教育处于均值的人而言，这种差异不超过 1.5。对高中毕业生而言，这种差异是 4.5。如果我们迫使这两个回归具有相同的（平均）斜率，那么各自的 $\hat{W}$ 值上的固定差异是1.1，根据这种测量刻度（它超过教育得分范围的10倍），这是一个几乎可以忽略的差异。如果农场出身的人获得一个较差的职业生涯起点，那么在很大程度上是因为他们较低的受教育程度以及他们父亲低下的职业地位。

最后，为了研究截至1962年职业成就上的差异，我们可比较如下两个回归：

$\hat{Y}_F = 0.368W + 4.49U + 3.66$

$\hat{Y}_N = 0.319W + 5.96U + 0.69 \ (X=13.4)$

与标准化的回归结果相反，对农场出身者而言W（首职）具有略微更大的净影响。前者（以标准差单位表示）考虑了这个事实，即这些人（他们中有许多人的首职是农场工人）在首职地位上的差异是相当有限的。当前的说法表明，那些设法找到高于平均水平的首职的人因此在随后的职业前景上获得了相当大的优势。

在存在与背景的交互作用的情况下，对两个群体的比较不可能是完全明确的。现实一点，我们应该考虑对U和W组合而言的未来职业成就，在这两个群体中这并不是不可能观测到的。举例来说，对于这样一个农场出身的人，即他只是小学毕业（$U=3$），且他的首职是农场领薪工人（$W=6$），那么基于上面的方程，预期他1962年的职业地位得分应该为19.3。如果具有相同的受教育程度和首职（即与农场领薪工人具有相同的得分），那么非农背景的工人预期Y的得分为20.4。为了考虑另一个例子，假定非农背景者的受教育程度和首职地位处于农场背景者的U和W的均值水平上。那么他应该预期当前的职业地位得分为27.6，与之相反，对农场背景者而言均值为26.1。与对非农背景者与农场背景者实际观测到的均值差异14.0（40.1–26.1）相比，1.5个点的这个差异几乎可以忽略不计。最后，如果我们选择计算明显的交互作用的平均值，那么我们发现在截距项上的差异（即由于背景而非教育、首职和父亲职业地位得分导致的净影响）只有0.9。

因此，不管任何限制条件，很明显在当前职业地位上两个群体之间的差异很大程度上是他们在初始社会经济地位和受教育程度上差异的结果。剩余的差异是如此之小，以致不值得假定在劳动力市场上对农场背景者的歧视或者由于对城市环境的融入问题所导致的不利条件具有明显的影响。像之前一样，如果我们确定我们评定农场职业社会经济地位得分的惯例存在很大的误差，那么这个结论将会改变。但是做出这样一个改变的正当理由将需要一些曲折的推理。也许最好是假定我们的得分是符合现实的，只要能根据地位获得模式的证据做出判断，那么就似乎是符合现实的。

作为最后的评论，我们注意到，将农场背景的人排除出去将对图5.1中的路径系数带来相当小的改变，通过比较表8.4的上半部分与表5.2（第5章）就可以证实这一点。就纯粹的人力资源而言，农场部门确实已为非农场部门提供了大量的体力工人。然而，从某种意义上讲，除了农场出身者比在相对低社会经济水平的非农部门出身者拥有略微多些的教育劣势，这种流动并没有真正构成分层的一般模式的一个例外。

基于地区规模的职业差异

前述分析表明，出身于农场的人确实因他们出身的低社会经济地位和不完全由于出身本身所导致的教育劣势而处于不利地位。另一方面，除了可归之为这两个处境的因素之外，他们随后的职业成就似乎并未反映出农场出身的任何其他明显的不利之处。简言之，农场出身者并不存在像黑人所存在的那种累积劣势的恶性循环。

除了由于已指出的原因必须要置于这些结论之上的限定条件外，我们的分析还是很粗糙的，这体现在它只处理了两个未区分的总体：所有拥有非农背景的人与所有其父亲处于农场职业的人。此外，除了根据职业地位得外，并未对出身于农场并继续在农场职业中的人与出身于农场但进入非农部门的人之间做出区分。通过根据1962年的居住地把人们分类为农场背景与非农背景，可进行更为细致的比较。这样的话，当他们在其中竞争的职业结构被大致等同化，我们也许可以研究这两个群体之间的竞争结果。

正如上面所提到的，两个不同出身的群体在1962年职业地位上的均值差异是14.0个点，非农出身的人处于优势。如果根据地区规模来计算均值差异，我们发现在超过100万居民的城市化地区它同样是14.0个点；在25万—100万居民的城市化地区是8.9；在5万—25万居民的城市化地区是9.9；在其他城市地区（0.25万—5万人）是7.3；在非农场的乡村地区是10.4；在农场的乡村居民中是6.1。对不同类型的地区规模而言，没有一个的差异超出总人口中14个点的差异，这看起来可能有些奇怪。对此的解释是，拥有非农背景的人大部分都生活在大城市，那里的Y值很高；而拥有农场背景的人集中在小城市和乡村地区，那里Y值的普遍水平很低。因此，根据地区规模隐含的加权在总体比较中使农场出身的人处于不利位置。

第 8 章 农场背景与职业成就

根据前面的数据,看起来超大城市对于拥有农场背景的人（相对于非农出身的人）是最为不利的环境。不过,这个发现必须要加上一个限定条件,即承认在这种地区分类中种族因素混淆了比较结果。在 100 万人口或更大的城市化地区,拥有农场背景的 OCG 人口有 31% 是非白人,而在任何其他规模的地区,这个百分比不高于 17。

不幸的是,我们的制表数据并没有详细到足以允许我们对农场背景与地区规模之间可能的交互作用进行全面的研究。对可用证据（考虑到初始的社会经济和教育劣势及其与肤色的可能混淆因素）的最佳猜测是,农场背景本身并不是职业成就的一个障碍。这个结论与以前针对芝加哥人的小样本数据获得的结果并不一致。① 因此,一定留下了需要进一步探讨的问题,即在超大城市中是否存在着对拥有农场背景者获得职业成就的障碍,这些障碍不是因为出身的低社会经济地位和教育的缺乏。无论如何,我们猜测,在美国的其他地方拥有农场背景之人应该至少与那些拥有相对较差的非农出身之人公平竞争。

无论如何,我们研究的问题正迅速成为一个主要具有历史意义的问题。在未来进入劳动力市场的队列将包括数量上越来越少的农场出身的人;直接源自于他们父母的农场经历的任何劣势在农场迁移者二代身上的持续性似乎可能是微乎其微的（如果完全可感知到的话）。

---

① 奥蒂斯·杜德里·邓肯（Otis Dudley Duncan）和罗伯特·W. 霍奇（Robert W. Hodge）,"教育与职业流动"（Education and Occupational Mobility）,《美国社会学杂志》,68（1963）,第 629—644 页。

第9章
亲属关系与职业生涯

一个人所出生的家庭对其职业生活发挥显著的影响，在出生时就赋予他一个地位，这种地位影响到其随后的职业生涯中获得其他地位的机会。家庭的社会经济水平确定了阶级出身，而阶级出身对随后的受教育程度和职业成就的影响我们已经讨论过了。当然，像在美国这样的阶级社会中，一个人的家庭身份不会预先决定他在成年时的地位，在这样的社会中存在着很大程度的职业和社会流动。实际上，阶级结构的本质恰恰是，一个人的地位并不完全基于其所出生的家庭给予他的先赋地位（像在种姓制度中那样），而是主要依赖于他的后天成就。不过，这些成就受到其父母家庭之间的阶级差异的强烈影响。除社会经济地位外，所出身家庭的其他特征也对职业生活具有重要意义。因此，一个人的职业生涯机会受到其父母家庭的规模、他在兄弟姐妹中的排行及与他们的关系以及其家庭中的教育氛围的影响。

本章致力于探讨父母家庭结构的各个方面及个体在其中的

第 9 章 亲属关系与职业生涯

排行对其随后职业生涯所发挥的影响。为了继续探讨先赋地位与后致地位之间联系的一般主题，我们现在转向对家庭与职业生活之间关系的研究。在探讨完所出身家庭的意义之后，在接下来的两章我们将研究家庭生育的意义，特别强调的是同征择偶（homogamy）和生育率。本章主要关注的自变量是兄弟姐妹的数量、兄弟姐妹的排行、兄弟姐妹之间的角色关系以及父母家庭的氛围。

一个孩子在其中长大的家庭是他社会支持和经济支持的主要来源。这两种类型的支持可能会影响到他的教育和职业发展。经济支持对职业生涯之所以重要，一个主要原因是它非常有助于获得高等教育。即使在拥有社区大学和奖学金的今天，接受高等教育仍是花费不菲的。上大学需要父母为孩子支付学费、食宿费用和服装花费，或者当孩子上本地的大学时只是在家里为他们继续提供支持。[①] 甚至完成免费的中学教育也给家庭带来一定的经济压力，因为这意味着一个十几岁的青少年仍需要利用他父母的资源，而不是开始帮助照顾他年幼的同胞。这给贫穷的家庭造成了不利，特别是如果它们的规模很大的话。

除了经济支持外，所出身家庭为孩子提供了多种形式的社会支持，从诸如提供思想模式、角色模型以及家里有许多可用的书籍这些微妙的支持，到诸如鼓励孩子学习和如果他们遇到麻烦时帮助他们这些明显的支持。一个孩子是从他父母那里获得认知结构和语言模式，这些在争取职业成功的竞争中起到基础作

---

① 参见詹姆斯·戴维斯（James Davis），《薪金与配偶》(*Stipends and Spouses*)（Chicago：Univer. of Chicago Press），1962 年，第 35—49 页。

用。① 使一个人倾向于不断进取的成就取向很大程度是孩提阶段在其父母家庭中获得的。其所出身家庭的条件往往决定了这个孩子是否发展出驱使其成功的社会化渴望,以及他是否获得应对这种渴望的社会情感支持,而不至于被它搞得疲惫不堪。

情感支持对职业成就所发挥的实际影响是一个充满猜测的主题,但缺乏系统的证据。尽管如此,假定家庭结构上的差异影响社会及经济支持似乎是合理的。因此,尽管拥有相同资源的父母在将他们总资源的多大比例用在培养孩子上当然是不同的,但一个男孩的兄弟姐妹数量及其在他们中的排行影响到一个既定经济水平的父母能够花在其教育和以其他方式帮助其职业发展上的钱数。一个男孩从其父母那里得到的社会支持和关照的数量以及从其兄弟姐妹那里得到的补充支持的程度无疑也取决于其兄弟姐妹的数量、他们的性别以及他在其中的排行,尽管以什么样的方式产生影响仍不完全清楚。例如,拥有一个或两个孩子的父母可投入更多的时间和注意力在孩子身上,而在一个更大的家庭中,孩子可享受到兄弟姐妹的同辈群体带来的团结互助,前者在对社会支持的意义上是否先验地超过后者仍不是很明显。实际上,我们甚至不知道在小家庭中的孩子是否比在大家庭中的从他们的父母那里获得更多的支持,或者在大家庭中的孩子是否比在小家庭中的从他们的兄弟姐妹那里得到更多的支持。而且,家庭纽带对职业生活的支持意义绝非显而易见的。我们不知道父母的支持行为是通过创造保障促进了随后独立自主地取得成就,还是通过产生过度依赖而阻碍了成就获得。尽管我

---

① 参见罗杰·布朗(Roger Brown),《社会心理学》(*Social Psychology*)(New York: Free Press), 1965 年,特别是第 306—349 页。

们无法预测家庭支持对职业生活的具体影响，但是我们试图推断家庭结构影响职业成功的中介过程；例如，是否涉及经济或心理因素以及教育扮演何种角色。

我们的大多数分析基于对下述问题的回答，对这些问题的编码显示了（1）兄弟姐妹的数量、（2）出生次序以及（3）是否有哥哥：

> 兄弟姐妹的数量（包括出生时活着但夭折了的，以及那些仍健在的。也包括继父母所生的兄弟姐妹以及你父母所收养的孩子。）
>
> a. 你有多少个姐妹？　　　　　　____个或者□没有
> b. 这些姐妹有几个比你的年龄大（出生得早）？____个。
> c. 你有多少个弟兄？　　　　　　____个或者□没有
> d. 这些弟兄有几个比你的年龄大（出生得早）？____个。

在对这些问题的回答制表时发生了某种分类误差，这影响到分析中所使用的某些类别的含义。恰好有10个兄弟姐妹的孩子无意中被制表为"没有回答"。这样的话，"4个或更多的兄弟姐妹"指的是拥有"4个或更多兄弟姐妹，除了10个兄弟姐妹"的人，"没有回答"指的是"没有回答或者10个兄弟姐妹"。实际上，在后一个类别中的绝大多数（72%）是拥有10个兄弟姐妹的人。

在研究完家庭规模和出生次序之后，我们分析了家庭的教育氛围对职业成就和职业流动的影响，这个分析基于把大哥的教育作为这种氛围的一个粗略指标。

父母家庭的规模

职业成就明显与一个人所长大的家庭中的兄弟姐妹的数量有关。来自小家庭的人（那些少于四个兄弟姐妹的人）通常比来自大家庭（拥有至少五个孩子）的人获得更高的职业地位。表 9.1 的前两列以对总人口的平均地位（36.3）的偏离的形式呈现了基于家庭规模和出生次序的 1962 年职业的地位。这些列的数据表明，不管兄弟姐妹的排行如何以及一个孩子是否有哥哥，出身于小家庭与更高的职业成就相关，来自小家庭的人与来自大家庭的人之间的差异范围从 7.7 个点到 10.4 个点。不过，这些差异并不一定揭示出大家庭对职业生活的反向影响，因为较低社会经济阶层的人往往有更多的孩子，并且他们的孩子获得的职业地位通常低于较高阶层的人。实际上，来自小家庭者的父亲的平均职业地位（32.9）大大高于来自大家庭者的父亲（21.2）。

不过，来自小家庭的儿子与来自大家庭的儿子之间在职业成就上的巨大差异不能主要根据小家庭与大家庭之间在社会经济地位上的差异来解释。在表 9.1 的第 3 列和第 4 列中，当父亲的职业地位被控制后，来自小家庭的人继续比来自大家庭的人显示出更高的职业地位。不过，对于最年幼的孩子，剩余的差异降低到 3.6 个点；对于最年长的孩子，剩余的差异是 6.0 个点；对于排行中间的孩子，剩余的差异处于二者之间（那些没有哥哥的人比有一个哥哥的人从出生于小家庭中获益更多）。这些数据表明，出身于小家庭的优势对年长的兄弟姐妹比对年幼的兄弟姐妹更大，这一反复出现的模式随后会得到解释。

表 9.1 根据家庭规模和兄弟姐妹排行的 1962 年职业地位和首职地位（对总均值的偏离）

兄弟姐妹的排行	1962 年职业地位					首职地位			
	无控制变量		控制父亲的职业		无控制变量		控制父亲的教育和职业	
	3 个兄弟姐妹或更少 (1)	4 个或更多兄弟姐妹[a] (2)	3 个兄弟姐妹或更少 (3)	4 个或更多兄弟姐妹[a] (4)	3 个兄弟姐妹或更少 (5)	4 个或更多兄弟姐妹[a] (6)	3 个兄弟姐妹或更少 (7)	4 个或更多兄弟姐妹[a] (8)
独生子女	7.1	—	4.1	—	7.8	—	4.3	—
最大的孩子	6.2	-4.2	3.3	-2.7	5.0	-3.3	2.0	-1.5
中间的孩子								
# 没有哥哥	3.0	-5.8	1.6	-4.0	2.8	-4.9	1.3	-2.9
# 有哥哥	2.2	-5.5	1.0	-3.1	1.1	-4.8	0.0	-2.3
最小的孩子	6.2	-2.0	3.8	0.2	5.3	-2.1	2.7	0.2
总均值	36.3				25.5			

[a] 除 10 个兄弟姐妹外。

应该指出的是，在这个分析中控制父亲的职业地位到底控制了什么和没有控制什么。由于较高的社会经济阶层往往比较低的阶层既拥有更小的家庭，也拥有更为成功的儿子，所以它确实排除了对职业成就的虚假效应，因此也就分离出家庭规模对儿子职业生涯的实际影响。不过，它并没有排除可用于培养儿子的经济资源上的差异，因为在同样的经济地位上的父亲如果有许多孩子比如果有很少的孩子有更少的资源用在每个孩子的培养上。因此，第3列和第4列控制父亲地位后的影响表明，小家庭实际上比大家庭培养出更为成功的儿子，尽管它们并没有表明这种影响是独立于可用于培养每个孩子的经济资源的。

独生子女是家庭规模的一个特殊情况。在某种意义上，唯一的孩子是特别小的家庭中的第一个孩子。但是因为唯一的孩子不会经历拥有年幼的兄弟姐妹的创伤，所以独生子女家庭代表了一种独特的家庭结构，它既不同于小家庭，也不同于大家庭。如表9.1的第一行所示，独生子女的职业成就高于那些来自小家庭的人，不管后者的出生次序如何。这个发现证实了如下原理，即一个人的兄弟姐妹数量越少，他的职业机会就越好。但是职业成就看起来并不是兄弟姐妹数量的简单线性函数，因为独生子女与来自小家庭的最大的孩子或最小的孩子之间在地位上的差异很小——大大低于拥有很少兄弟姐妹的人与拥有许多兄弟姐妹的人之间存在的差异。因此，在给定他们的父母能投入更多的资源在抚养和教育他们上，独生子女的优势看起来并没有所预期的那么大。

兄弟姐妹少的人比兄弟姐妹多的人在更高的水平上开启职

业生涯，并且能走得更远。表 9.1 中的第 5 列和第 6 列表明，不管其在兄弟姐妹中的排行如何，来自小家庭者的首职始终优于那些来自大家庭的人；差异范围大致从 6 个点到 8 个点。如同表 9.1 的最后两列所示，当控制社会出身（父亲的教育和职业）后，小家庭儿子的职业起点的优越性以减弱的形式持续存在。职业生涯起点作为一个统计控制变量的引入没有消除兄弟姐妹少与兄弟姐妹多的人之间在职业成就上的差异（没有显示在表格中）。来自小家庭的人比那些来自大家庭的人在更高的水平开始其职业生涯的趋势不能解释前者接下来更高的职业成就。

独生子女在其职业生涯中享有相当大的领先优势。他们的首职明显优于小家庭中的最大的孩子（2.8 个点）或最小的孩子（2.5 个点），并且排行处于中间的孩子或者来自大家庭的孩子甚至落后得更多。如同可在表 9.1 中的最后两列所看到的，当控制了社会出身后，独生子女仍明显保持更高的职业起点。独生子女的职业生涯初始优势可能是由于他的父母可为他的教育提供更多的资源，因为他不必与兄弟姐妹分享这些资源。如表 9.2 中的数据所示，独生子女的高受教育程度支持这个解释。

与他们的起点相反，独生子女随后的职业生涯并不比拥有很少兄弟姐妹的最大的或较小的孩子优越太多，差异（无论是否控制父亲的职业）绝不超过 1.0。给定在职业生涯起点上的差异，在职业终点上这种不相称的差异似乎反映了独生子女没有充分利用其职业生涯上的领先优势，这可能表明了在没有兄弟姐妹情况下长大的孩子所暴露出来的某些心理障碍。也许独生子女既有特别的风险，也有特别的机会。①不过，另一种可能性是一个人口因素所引起的年龄偏差导致了独生子女与其他人之间的差异。大量的独生子女都是在大萧条或二战期间出生的，因此在1962年时仍很年轻（具体而言，43%的独生子女和35%的其他孩子在1962年时低于34岁）。因此，他们较高的受教育程度可能部分上是美国的时间趋势的函数，并且他们相对低的1962年职业地位可能是他们相对年轻的缘故。实际上，控制年龄后，独生子女与其他孩子之间的差异降低了。

表9.1和表9.2的结果所基于的多元分类分析假定，定类变量与两个相关的等级变量之间不存在交互作用。当然，在当前这样的样本规模下，即使是很小的交互作用在统计上也是显著的。不过，在家庭分类的不同类别之间儿子的职业地位对父亲的职业地位的回归斜率没有太大差别，并且没有随着家庭规模或者兄弟姐妹排行的不同而存在一致的变化。因此，在使用多元分类分析中所做出的假定是合理的。而首职与1962年职业地位之间关系的情况则不那么明确。尽管就出生次序而言，明显并不存在值得注意的交互作用，但就家庭规模而言，在斜率上存在一些尽管微小但却一致的差异，对来自小家庭的那些人而言（范围在0.59—0.63之间）要比对那些来自大家庭的人而言（范围在0.53—0.58之间）

---

① 有趣的是，父亲的职业地位与儿子的职业地位之间的相关对于独生子女比对于其他八类的任何一个都更低。此外，独生子女发生长距离的向上流动和向下流动的比率都最高。全部人口中有24.8%经历了超出其出身地位25个点以上的向上流动，而独生子女中这一比例是28.5%。类似地，总人口中只有22%的人发生了超过5个点的向下流动，而独生子女中这一比例是26%。

第 9 章 亲属关系与职业生涯

表 9.2 根据家庭规模和兄弟姐妹排行的教育和 1962 年职业（以对总均值偏离的形式）

兄弟姐妹的排行	无控制变量 3个兄弟姐妹或更少 (1)	无控制变量 4个或更多兄弟姐妹[a] (2)	教育 控制父亲的职业 3个兄弟姐妹或更少 (3)	教育 控制父亲的职业 4个或更多兄弟姐妹[a] (4)	1962年的职业地位，控制自己的教育和父亲的职业 3个兄弟姐妹或更少 (5)	1962年的职业地位，控制自己的教育和父亲的职业 4个或更多兄弟姐妹[a] (6)
独生子女	0.80	…	0.55	…	0.1	…
最大的孩子	0.71	−0.46	0.47	−0.33	0.3	−0.5
中间的孩子 #没有哥哥	0.33	−0.61	0.22	−0.46	0.5	−1.0
#有哥哥	0.27	−0.60	0.16	−0.40	0.1	−0.5
最小的孩子	0.58	−0.20	0.39	−0.01	1.2	0.5
总均值			4.43		36.3	

a 除 10 个弟姐妹外。

更为陡峭。① 尽管来自小家庭的人比那些来自大家庭的人拥有更为成功的职业生涯，但他们的职业生涯更依赖于起点的水平，尽管他们的起点相对较高。

职业生涯起点对后期成就的重要意义将我们的注意力引向教育作为家庭结构与职业成功之间的中介变量的作用。在美国社会中高等教育对职业成就而言是首要条件，而获得高等教育通常需要父母的资源。只要他们继续依赖于父母的经济支持，而不是开始为家庭的支持做出贡献，那么超出法定最低年龄上学的孩子会耗尽父母的资源。高等教育对父母家庭的经济资源具有极其巨大的需求，因为它通常需要在持续的时期内得到大量的经济支持。在1959年，四分之三的大学生部分由他们的父母支持，四分之一的大学生完全由他们的父母支持，甚至在研究生中（文科和理科）中有22%从父母获得经济资助。② 尽管在美国奖学金、研究资助以及兼职就业的数量越来越多，但父母仍是高等教育的经济支持的重要来源。在一个家庭中孩子的数量越多，其财务资源的压力就越大，并且在家庭收入既定的条件下每个孩子可用的资源就越少。在当今时代，生意、农场或专业技能的继承越来越少，富裕的父母可将他们的优越地位传递给其儿子的一个主要渠道是资助他们接受高等教育。但是孩子数量众多限制了一个家庭这样做的能力，正如它们限制了

---

① 只根据非农人口进行的估计。
② 赫尔曼·P. 米勒（Herman P. Miller），《富人，穷人》(*Rich Man, Poor Man*)（New York：Crowell），1965年，第162页；以及戴维斯（Davis），前引书《津贴与配偶》，第178—179页。

每个孩子能继承的财产那样。

正如所预料的，如果子女的数量越多，那么必须要将用于教育的财务资源分散给更多的子女，因此家庭规模对受教育程度具有显著的影响。表 9.2 的第 1 列和第 2 列表明，不管其排行如何，来自小家庭的人比来自大家庭的人拥有教育优势。当这些教育得分被转换为上学年数后，拥有三个或更少兄弟姐妹之人的平均受教育程度是高中毕业，而来自更大家庭的人则几乎少两年。换言之，来自大家庭的平均人大约在现在被称为法定最低年龄的时候停学，而来自小家庭的平均人则继续从高中毕业。如表 9.2 的第 3 列和第 4 列所示，当控制社会出身后，这些差异尽管有所减弱，但依然存在。在相同的职业水平下，不管其排行如何及是否有哥哥，小家庭中的男孩比大家庭中的接受更多的教育，二者的差异在四分之三年到一年半之间，对兄弟姐妹少的人有利。

事实上，小家庭不仅提高了儿子的平均受教育程度，而且也提高了他们在大部分阶段（尽管不是所有阶段）继续其教育的可能性。表 9.3 呈现了在家庭变量的每个类别中继续其下一阶段教育的人员百分比。第 2 列显示的是从初等学校（八年级）毕业的比例；第 3 列显示的是继续读高中的人员比例。在这些读高中的新生中，完成它的比例可在第 4 列发现。类似地，其他三列显示了高中毕业生中读大学的比例、读大学的人中毕业的比例以及大学毕业生继续研究生培养的比例。当然，这些继续接受下一阶段教育的比率所基于的样本规模在表格中从左向右是不断下降的；并且一个在最后一列的比例代表的人数不足 10 万人（不到 25 个样本）。尽管不容易快速地阅读这种类型的表格，但值得花费点时间来看它。这个表格中的主导模式是，不管其出生次序如何或者是否为长子，直到大学毕业都是拥有很少兄弟姐妹的人继续接受教育的比率高于拥有很多兄弟姐妹的人（请比较相邻的行）。此外，就每个教育层次而言，独生子女继续下一阶段教育的比例比任何其他类别都高。因此，一个男孩拥有的兄弟姐妹数量越少，直到大学毕业在每个层次上继续其教育的可能性就越大。

大家庭是一个经济障碍，但一旦这个障碍被克服，那么它可能会变成优势。在大家庭中的儿子具有双重的不利。他们不仅往往拥有低地位的父母，这些父母通常没有上大学或者甚至没有从高中毕业的传统，并且只有微薄的经济资源总量；而且在相同的社会经济水平上，他们必须要比来自小家庭的孩子与更多的兄弟姐妹分享父母的总资源。有些来自大家庭的儿子克服了这些障碍并且从大学毕业，这些人比来自小家庭的人更可能继续研究生教育或专业教育。在所有四个可能的比较中，完成至少一年研究生学习的大学生毕业生比例对来自大家庭的人而言要比对来自小家庭的人而言高，这与关于之前教育阶段的所有 20 个比较中的差异形成鲜明对比。尽管差异很小，并且样本的数量不足以使它们具有统计显著性，但对所有兄弟姐妹的排行而言，模式的一致性导致了它的某种可信性。

当然，困难没有增加成功的可能性；相反，它们降低了成功的可能性。不过，成功克服了这些困难的少数人看起来比从未面对它们的人拥有更大的进一步成功的可能性。尽管对来自大家庭的人而言不容易继续上学和从大学毕业，但他们中的那些克服了这种挑战的人比那些没有通过如此严格的筛选过程的大学毕业生

第 9 章 亲属关系与职业生涯

表 9.3 根据家庭规模和兄弟姐妹排行继续其下一阶段教育的百分比

家庭规模 兄弟姐妹排行	人口（单位：千人）	小学毕业	从八年级到高中读书	从高中读书到高中毕业	从高中毕业到大学读书	从大学读书到大学毕业	从大学毕业到研究生院读书
独生子女	2920	92.6	93.1	84.1	56.0	57.5	46.0
最大的孩子							
#小家庭 [a]	7073	93.7	91.6	81.7	54.9	52.1	43.3
#大家庭 [b]	3038	80.1	76.6	64.9	38.2	48.1	47.3
没有哥哥的中间的孩子							
#小家庭 [a]	2251	89.7	89.9	75.4	48.4	49.6	41.3
#大家庭 [b]	2667	77.6	75.9	63.9	34.0	37.2	41.7[c]
有哥哥的中间的孩子							
#小家庭 [a]	3080	88.0	88.8	78.3	46.0	49.8	38.2
#大家庭 [b]	12639	77.8	75.4	62.7	34.4	42.5	40.7
最小的孩子							
#小家庭 [a]	6230	91.9	90.8	81.1	52.0	57.0	35.8
#大家庭 [b]	3191	83.9	83.0	69.5	34.5	52.7	41.3
所有种类	44984	84.9	84.0	73.6	45.8	51.2	41.1

a 3 个或更少的兄弟姐妹。
b 4 个或更多的兄弟姐妹，除 10 个外。
c 单元格中的估计人口是 5.3 万人；在所有其他单元格中，至少为 10 万人。

更可能成功地获得最高的教育水平。这个发现类似于在第 7 章所报告的关于移民的儿子的情况。正如因大家庭而处于不利的初始条件的那些人，为了获得大学教育必须要克服不利的种族背景所导致的障碍的那些人比那些从未面对这类挑战的人会更好地在研究生院继续他们的教育。

我们的分析频繁地揭示，其他决定因素对最终职业地位的影响以教育作为中介。在这里，来自小家庭的人更高的受教育程度很大程度上解释了他们更大的职业成功机会。如同表 9.2 的最后两列所示，当控制了教育和父亲的地位之后，兄弟姐妹少的人与兄弟姐妹多的人之间在职业成就上的差异几乎完全消失了。根据职业的社会经济地位得分，仍然存在的微小剩余差异平均低于 1 个点（在 0.6—1.5 之间）。如同比较第 5 列中的第一行与其他行所清楚表明的，独生子女相对于所有其他类型者的职业优势完全是因为他所享有的教育优势。

总之，来自小家庭之人出色的职业成就基本上是由于他们出色的教育水平。一旦教育被控制了，那么兄弟姐妹少的人在职业地位上几乎不比来自大家庭的人强多少。再控制诸如首职或种族背景等其他因素几乎没有进一步的影响，因为差异已经如此之小。家庭规模对儿子的职业成功可能性的影响主要是因为它影响到了他们的教育。

兄弟姐妹的排行

一个男孩在其兄弟姐妹中的排行也影响到他成年时的职业生

第9章 亲属关系与职业生涯

涯。[①] 总体而言，处在两端位置的孩子是最成功的。表9.1的前两列（纵向阅读）表明，不管他们是在大家庭还是在小家庭长大，最大和最小的孩子（以及独生子女）比中间的孩子获得更高的职业地位。第3和第4列控制父亲的职业后尽管差异减少了，但也没有改变这个模式。因此，不管社会出身、家庭规模如何或者是否有哥哥，中间的孩子不如最先出生和最后出生的孩子的职业生涯成功。在大家庭中最小的孩子拥有相对于最大的孩子的职业优势，尽管在小家庭中不是如此。当控制了父亲的职业地位后，最小的孩子相对于最大的孩子的优势仍然存在（第4列）。不过，我们将看到，再控制受教育程度大大降低了位于排行两端的儿子的地位优势以及它们之间的差异。换言之，无论最先出生还是最后出生的人以及独生子女所享有的主要优势是他们拥有更好的教育。

在表9.1关于首职地位的第5列至第8列中，我们可观察到与1962年职业所显示的同样的差异模式。无论是在小家庭中，还是在大家庭中，中间的孩子通常没有最先出生或最后出生的孩子的职业生涯起点高。尽管在小家庭中最大与最小的孩子之间在首职上的差异非常小，但大家庭中最小的孩子确实比大家庭中最大的孩子在略高（高出1.2个点）的起点上开始其职业生涯；并且当控制父亲的教育和职业后，这种差异略微有所增加（增至1.7个点）。

[①] 提请注意的是，我们不是将人们与他们自己的兄弟姐妹比较，而是与其他家庭中处于不同兄弟姐妹排行的人比较。

在一个长子继承制尚未完全消失的社会中，最先出生的孩子获得特别的优势，因为他的父母通常特别渴望他成功。而且，最先出生的孩子本身更可能较早地接受成人社会的价值[①]，因此可能更重视职业成就。最小的孩子也从他的排行中获得特别的益处，因为他往往是家庭中集万般疼爱于一身的"老幺"，因为到这个时候资历已提高了父亲的收入，以及因为父母不再不得不为了更小的孩子而节约资金。不用担心更小孩子的衣食问题以及为他们的教育留出资金对资源紧张的大家庭而言无疑是非常重要的。这体现在大家庭中最后出生的孩子比年龄更大的孩子拥有更大的优势。与最大和最小的孩子相比，位于中间的孩子由于缺乏独特的位置，所以遭受一定的不利。

既然已经知道对职业地位最强有力的影响是受教育程度，那么我们会预期最大和最小的孩子将比他们的处于中间的兄弟姐妹接受更多的教育。无论是对大家庭还是对小家庭而言，表9.2中的数据都证实了这个预期（第1列和第2列）。尽管差异不是很大，只相当于三分之二年的教育，但当控制社会出身后它们实际上并没有持续下降（第3列和第4列）。在大家庭中最小的孩子比最大的孩子受到略好的教育，尽管在小家庭中不是如此；这需要我们注意与已经指出的关于职业成就的同样的交互效应。

如表9.3中关于继续其下一阶段教育的百分比数据所示，兄弟

[①] 参见欧文·哈里斯（Irving Harris），《有前途的后代》（*The Promised Seed*）（New York：Free Press），1964年。本书对最先出生和后来出生的儿子之间在人际关系上的差异对他们的人格及随后的成就上的差异的影响方式进行了富有启发的讨论。哈里斯坚持认为，他的理论只与成就类型有关，而与成功（人际沟通）的程度无关。

姐妹排行影响教育过程中每个阶段的教育。兄弟姐妹排行的影响是始终存在的，以致在每个阶段无论是对大家庭而言还是对小家庭而言，位于中间的孩子（不管他们是否是第一个儿子）比最大或最小的孩子继续其下一阶段教育的可能性低。在表格中48个所有可能的比较中，对这个结论只有三个例外。这三个例外指的是最小的孩子比中间的孩子从大学毕业到继续攻读研究生的可能性低。[①]这些例外本身与之前所观察到的另一个趋势相一致：那些已克服初始障碍的人比那些从未面对这些障碍的人更可能取得更大的成就。因为中间的孩子比其他孩子从大学毕业的可能性低，所以那些确实做到这一点的是潜在成功者中更为出类拔萃的一群人，因此他们相对而言更可能继续最高层次的教育。在这种情况下，起初处于不利地位的排行中间的孩子后来只超越了两个优势群体中的一个，即最小的孩子，而另一个群体，即最大的孩子，仍保持优势。

在小家庭中，最先出生的孩子在每个阶段继续其教育的比率始终比最后出生的孩子高，唯一的例外是在大学毕业这个阶段，此时最小的孩子处于优势。与之相反，在大家庭中，最小的孩子比最大的孩子更可能继续其教育，除了最大的孩子更可能从高中毕业后继续读大学，并且如果他们大学毕业后，也更可能攻读研究生学历。我们再次观察到，在大家庭中最后出生的孩子获益最大。

在兄弟姐妹排行两端的孩子所享有的教育优势解释了他们所获得相对于中间孩子的职业优势。控制了受教育程度和社会出身

---

① 只有两个关于小家庭的例外超过1%。第三个例外是，在大家庭中位于中间位置的长子（第一个儿子）大学毕业后继续研究生教育的比例超出最小的孩子只有0.4%。

后（表 9.2 的第 5 和第 6 列）几乎使兄弟姐妹排行对职业地位的影响消失了。唯一较小的例外是，无论是在小家庭还是在大家庭中，最后出生的孩子在职业成就上比其他排行的孩子略微出色。

如果一个孩子的排行是老大或老幺要比如果他处于中间，父母明显能更成功地激发他继续接受教育。这些数据不能确定他们是有意还是无意这样做的，也不能弄清这个过程是否涉及更多的经济支持、更多的社会情感支持、更多的对独立自主的激励或者其他的什么东西。也许，最大的孩子必须要对父母和兄弟姐妹承担更大的责任以及最小的孩子通常从父母和兄弟姐妹那里得到更多的社会情感支持促进了他们的学业成就。情况可能是这样的，占据像家庭中的老大或老幺这种独特位置将大量的支持性注意力投放在他们身上，这有助于这种位置孩子的个性发展，而这些个性在某种程度上有利于其职业成就。对在这些独特位置上的儿子而言，兄弟姐妹之间可能的竞争也不那么严重。最后出生的孩子（特别是在大家庭中）可能会从如下事实中获得另外的好处，即父母无须再为其他孩子留出经济资源，并且如果父母的支持不够的话，较大的兄弟姐妹也可能提供帮助。无论潜在的过程如何，对一个成功人士的发展而言，最大和最小的孩子的家庭状况比中间的孩子更有利。①

---

① 将处于中间的孩子与位于两端的孩子之间的差异解释为对这里所使用的家庭规模进行粗略的二元控制的结果提出了一个问题。在所使用的家庭规模的"小"和"大"类别中，中间的孩子比最大或最小的孩子有更大的比例来自相对更大的家庭，因为较大的家庭比较小的家庭有更多排行中间的孩子，但前者并不比后者有更多最大或最小的孩子。因此，排行中间的孩子的一部分未知的劣势是由于他们父母的家庭规模更大，我们把家庭规模视为控制变量，尽管控制只是部分的。

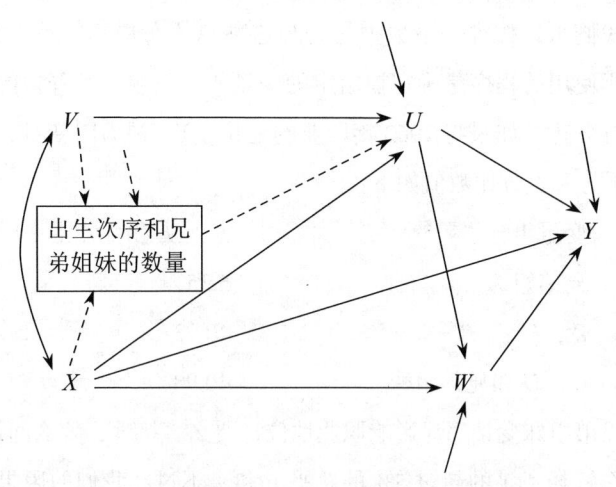

图9.1 包含兄弟姐妹分类的分层过程扩展模型

注：虚线表示的是假设的影响方向，但在路径分析中无法给出数值，因为兄弟姐妹是定类变量而非定距变量。

代码：V：父亲的教育；X：父亲的职业；U：被访者的教育；W：被访者的首职地位；Y：被访者1962年3月职业的地位。

第5章提出了分层过程的基本因果模型，它可以被扩展至将家庭出身对职业成就的影响包含进来。图9.1力图将组合变量"出生次序和兄弟姐妹数量"（出于方便我们称之为兄弟姐妹变量）引入到以前讨论的模型中。我们假定出生次序和兄弟姐妹数量依赖于社会出身，并且直接影响一个人的受教育程度，但只间接（经由教育）地影响他的首职和最终职业成就。尽管这里的因果图示像路径分析所使用的，但我们不能给出引自或引向兄弟姐妹变量的准路径的唯一数值，因为后者不是一个定距变量，而是一个多分类变量，甚至没有唯一的排序原则。不过，比如说，通过搞清楚兄弟姐妹定类变量除了对教育的影响外是否对职业成就也有影响，我们可以探究一下数据是否与这种总体布局相一致。为此，这里所使用的程序是确定被给定的变量或变量组合解释掉的总平方和百分比。如果将1962年职业的地位（Y）视为因变量，则相关的平方和百分比数值如下：

变量组合[①]	总平方和百分比（Y）
兄弟姐妹	5.35
W，U	40.93
W，U和兄弟姐妹	40.98

兄弟姐妹变量明显影响职业地位，要么直接地，要么间接地，因为它解释了Y的超过5%的总平方和。不过，我们的因果模型设想了介于兄弟姐妹分类与Y之间的两个变量。首职和受教育程度（W和U）这两个变量只解释了Y的40.93%的总平方和。当把兄弟姐妹变量加入到这个组合中后，解释掉的总平方和的百分比增加到40.98，只增加了0.5%。很显然，如同以前在图示中所指出和设想的，家庭规模和兄弟姐妹排行对职业成就的全部影响是以教育和首职作为中介的，并且对1962年职业的剩余的直接影响可忽略不计。同样的程序可用于研究首职（W）如何受到前置变量的影响：

变量组合	总平方和百分比（W）
兄弟姐妹	5.69
U	32.73
U和兄弟姐妹	33.25

[①] W指的是首职，U指的是受教育程度，"兄弟姐妹"指的是本章通篇所使用的对家庭规模与兄弟姐妹排行的分类。

兄弟姐妹变量再次解释了总平方和的 5% 多。我们只假定一个变量作为兄弟姐妹变量与首职（W）之间的中介变量，即教育程度（U）。只 U 这一个变量就解释了 W 的总平方和的 32.73%，加入兄弟姐妹这个变量后只增加了 0.5%，增至 33.25%。因此，家庭规模和出生次序对首职的大部分影响是以教育作为中介的。

进一步转向图 9.1 的左部，将受教育程度作为因变量，我们可以探究受教育程度是如何受到兄弟姐妹变量影响的。有关的总平方和百分比如下：

变量组合	总平方和百分比（U）
兄弟姐妹	10.78
X（父亲的职业）	19.86
V（父亲的受教育程度）	20.77
X 和 V	27.94
X 和兄弟姐妹	24.42
V 和兄弟姐妹	25.24
X，V 和兄弟姐妹	30.71

兄弟姐妹变量的影响是相当大的，接近总平方和的 11%，并且因果图示规定这是一个直接影响。兄弟姐妹分类变量是否完全中介了它背后的两个变量的影响？答案明显是否定的，因为这些变量的每一个都比兄弟姐妹变量有更大的总影响，并且因为每一个都产生了相对于单个兄弟姐妹变量的大幅度增加，如"X 和兄弟姐妹"和"V 和兄弟姐妹"变量组合所示。对这三个单独的变量与两个变量的任一组合进行比较明显表明，尽管兄弟姐妹分类作为中介变量，但需要从 X 和 V 到受教育程度的直接路径。换言

之，社会出身对职业成就的影响，不仅是通过影响家庭规模和构成，而且还以独立于这些家庭特征的方式。另一方面，兄弟姐妹变量明显对受教育程度施加了独立于两个背景变量所施加的影响，解释了总平方和的另外的2.77%（30.71—27.94）。

总之，我们已尝试把表示所出身家庭的多分类因素置入前文所提出的刻画分层过程的因果模型。父亲的受教育程度和职业影响他所建立的家庭类型，并且这个家庭的特征影响到其儿子的受教育程度。父母家庭对职业成就的影响似乎完全是由它对教育的影响所导致的。鉴于兄弟姐妹变量的性质，这个模型无法把家庭规模的影响与兄弟姐妹排行的影响区分开来。因此，它无法揭示这两种影响如何相互作用。这种交互效应以及家庭关系对职业生活的重要性意味着什么是我们接下来所转向的主题。

家庭关系的结构

兄弟姐妹数量和兄弟姐妹的排行在它们对后来成年时成就的影响上相互作用，并且这种统计上的交互作用反映了一个家庭中的兄弟姐妹之间的社会互动和角色关系。我们已经反复指出，最小的孩子在大家庭中有特殊的优势。这与最大的孩子在小家庭中有更大的优势的说法是类似的，因为这两个表述都涉及这个事实，即兄弟姐妹排行的影响取决于家庭规模。

如表9.4中的第1列所示，来自小家庭的人与来自大家庭的人之间在1962年职业地位上的差异对于最大的孩子是最大的，而且对于不是最大的孩子的最大的儿子比对于有哥哥的排行中间的孩子和对于最小的孩子更大。当控制社会出身以消除与职业地位有关的生育差异的影响，小家庭与大家庭之间剩余的地位差异（呈现在第 2 列中）完全是按照出生次序排列的。简言之，小家庭的优势随着兄弟姐妹的排行远离最先出生的孩子而下降。换言之，兄弟姐妹多的劣势随着出生次序的提高（从最先出生到最后出生）而下降。来自小家庭的人相对于来自大家庭的人的优势对于最大的孩子是最大的，对于最小的孩子是最小的。不管其排行如何，兄弟姐妹少比兄弟姐妹多更有益于所有男孩们未来的职业生涯，但这些好处对于后来陆续出生的孩子是下降的。

表 9.4　根据兄弟姐妹排行来自小家庭 [a] 与来自大家庭的人之间在 1962 年职业地位、受教育程度和首职上的差异

兄弟姐妹的排行	1962 年职业的地位 无控制变量（1）	1962 年职业的地位 控制父亲的职业（2）	受教育程度 无控制变量（3）	受教育程度 控制父亲的职业和教育（4）	首职（无控制变量）（5）
最大的孩子	10.4	6.0	1.17	0.65	8.3
中间的孩子					
# 没有哥哥	8.8	5.6	0.94	0.58	7.7
# 有哥哥	7.7	4.1	0.87	0.42	5.9
最小的孩子	8.2	3.6	0.78	0.23	7.4

a 小家庭是那些有 4 个或更少孩子的家庭；大家庭是那些有 5 个或更多孩子的家庭，除了 11 个孩子。

如表 9.4 的第 3 列和第 4 列所示，不管是否控制背景因素（父亲的教育和职业），来自小家庭的孩子与来自大家庭的孩子之间在

受教育程度上的差异表现出同样的模式。来自小家庭的人在受教育程度上的优势随着如下次序稳步下降：最大的孩子、没有哥哥的排行中间的孩子、有哥哥的排行中间的孩子和最小的孩子。兄弟姐妹少的人与兄弟姐妹多的人之间在首职上的差异（第5列）也遵循同样的模式，除了一个例外，即有哥哥的排行中间的儿子低于最小的孩子。

也许可以根据家庭中兄弟姐妹之间的角色关系来解释这种一致的差异模式。我们提出的解释是，较大的孩子要承担责任，并必须为较小的孩子做出牺牲，尤其是当父母的资源匮乏时。随着更小的儿子的出生，为了修建更大的房子、购买更多的衣物或者支付大学学费，父母通常要留出资源，否则的话，这些资源可能会投入到更大的儿子的教育上。因此，较大的儿子比较小的儿子更因拥有许多兄弟姐妹而处于不利地位。此外，在资源少且孩子多的家庭中，最大的孩子特别是最大的儿子有压力提早为较小的孩子承担一些责任和给予支持。在这样的压力之下，甚至促使较大的儿子努力实现经济独立，并承担家庭支持者的成人角色，而不是继续上学。帮助较小的兄弟姐妹更好地发展取代了较大的儿子自己的成功。如果在一个大家庭中有几个较大的兄弟姐妹，他们可能去帮助支持最小的一个，并从他的成功中得到满足，这向世人展现了"我们的弟弟也能出人头地"。较小的孩子无疑不会遭受同样的帮助兄弟姐妹的压力。

根据这种解释，既然大家庭更为有限的资源部分上因较小的兄弟姐妹从较大的那里获得帮助而得以补偿，那么较小的孩子应该最不因兄弟姐妹多而处于不利地位。正如我们已看到的，数据与这个预期相一致。简言之,对一个孩子的未来成功而言,有许多较大的兄弟姐妹比有许多较小的兄弟姐妹造成的不利更小。对这个结果所提出的解释是,家庭中的角色关系要求更大的兄弟姐妹为更小的兄弟姐妹的发展承担一些责任。大家庭中可能尤其如此,在那里父母的资源更可能需要补充,并且较大的孩子必须要帮助的较小的兄弟姐妹的数量更多。结果是体现在所观察到的交互效应中的失衡。

问题出现了,在大家庭中是否只有哥哥有助于弟弟的未来成功,或者说姐姐是否对弟弟的成就有类似有益的影响?通过比较有哥哥的与没有哥哥的排行中间的孩子,我们可为这个问题提供一个答案。如果大家庭中较小的儿子只从哥哥而不从姐姐那里获得特别的好处,那么由此可以推断,在大家庭中有哥哥的排行中间的孩子比没有哥哥的更为成功,尽管在小家庭中不是如此;而没有这种差异则意味着,在大家庭中姐姐及哥哥都促进了弟弟的成就发展。通过比较表 9.1 和表 9.2 的相邻列中的第 3 行和第 4 行可以看到,数据揭示了这种差异,但它们的幅度非常小。当控制社会出身后,在大家庭中有哥哥提高了排行中间孩子的平均职业地位 0.9 个点;而在小家庭中则降低了 0.6 个点。类似地,控制社会出身后,如果有哥哥的话,在大家庭中排行中间的孩子的首职的平均地位被提高了 0.6 个点;而在小家庭中则被降低了 1.3 个点。控制父亲的地位后,如果有哥哥的话,排行中间的孩子的平均受教育程度在大家庭中也较高(高出 0.06 个点);在小家庭中则较低(低 0.06 个点)。

甚至当控制社会出身后,尽管差异非常小,但模式是如此一致，以致我们不得不得出如下结论，即如果不是因为可能导致这种模式的另一个因素的话，那么在大家庭中较小的男孩从哥哥那里获得了姐姐没有提供的特殊好处。在我们的分类中，在有哥哥与没有哥哥的排行中间的孩子之间存在一个人口学差异，这个差异影响到研究结果。有哥哥的人比没有哥哥的人更可能有更大数量的较大的同胞。原因在于，有哥哥比有较大的同胞是更为严格的条件，因为后者意味着，如果人们有许多较大的同胞，那么他们就更可能有哥哥。因此，有哥哥的人的较大同胞的平均数量一定多于没有哥哥的人。我们已经知道，较大的同胞降低了出身于大家庭所施加的不利之处。大家庭中有哥哥的人相对于没有哥哥的人在成就上的微弱优势可能只是因为他们有更多的哥哥或姐姐，哥哥或姐姐为其发展提供了帮助。因此，最合理的结论是在大家庭中哥哥对弟弟的发展做出的贡献与姐姐差不多。

没有哥哥的排行中间的孩子的平均成就与有哥哥的排行中间的孩子相差不大，这个发现具有另一个有趣的含义。没有哥哥的排行中间的儿子当然是最先出生的儿子。人们通常认为，最大的儿子比较小的儿子更为成功，部分是因为长子继承制传统的存续。我们确实发现，最大的儿子比中间的儿子获得了更高的受教育程度，并因此拥有更为成功的职业生涯，尽管他们并不比是最小孩子的儿子更出色。不过，没有哥哥的排行中间的孩子并不比有哥哥的更为成功，这个结果表明，身为男孩的最大的孩子（长子）在职业上的优势是因为他是其父母的第一个孩子，而不仅仅因为是他们的第一个儿子。

第9章 亲属关系与职业生涯

家庭氛围与成就

　　父母家庭的各个方面影响了儿子的受教育程度，并由此影响到儿子的职业成就。我们已经研究了家庭规模、兄弟姐妹排行以及兄弟姐妹之间角色关系（这体现在家庭规模与兄弟姐妹排行的交互效应上）的意义，但是比这些因素更难测量的其他家庭特征当然也影响着职业成就。有趣的是搞清楚家庭的"知识氛围"及所调查的结构特征是否影响儿子的成就。促使儿子追求教育和争取成功的成就动机是否在一些家庭中盛行而在其他家庭中不盛行呢？对所有家庭成员进行的态度调查和心理测试再加上关于儿子后来的成就的信息将获得足够的数据来回答这个问题。不幸的是，在本研究中并没有这样的数据可加利用。事实上，这些数据甚至不能在像我们这样的样本中收集到，因为被访者家庭的许多成员已不在人世。

　　对这些数据的一个公认的次优方案是使用一个人最大的哥哥（长兄）的受教育程度作为家庭促进儿子成就的一个粗略指标。在其他条件相同的情况下，一个人长兄的受教育程度可被认为反映了在他的家庭中重视和鼓励学习和成就的程度。当然，被访者自己的受教育程度也是如此，但它不能被作为家庭氛围的自变量来使用，因为它将被作为主要的因变量。当然，其他条件并不是相同的，因为众所周知，正如其他孩子的教育，最大儿子（长子）的教育受到其父亲的教育和职业水平以及其他背景因素（特别是肤色）的影响。长兄的教育与自己的教育之间的相关主要反映了这些背景因素对二者的影响，而不简单地是一个对另一个的影响。不过，如果控制了背景因素，哥哥的教育确实提供了家庭氛围促进教育和成就的程度的一个粗略指标（这样一个指标所面对的一些概念性问题在下文讨论）。

OCG 样本有不到一半（46%）报告了他们的长兄的受教育程度。这个信息是通过对下述问题的回答来获得的："你有没有哥哥活到 25 岁？……如果回答'是的'，……请注明最大哥哥所完成的最高学历。"没有回答这个问题的大部分人（大约是总样本的 48%）代表的是没有活到 25 岁的哥哥的被访者。大约 3% 的样本没有报告兄弟姐妹的数量和出生次序，或者如果报告了有哥哥，但没有回答他的受教育程度。其余的 3% 的样本存在制表误差：恰好有 10 个兄弟姐妹的人由于疏忽被列为没有回答兄弟姐妹数量及其出生次序的被访者。这个误差是令人遗憾的，但并不知道对这一小群人的忽略会给分析造成偏差的原因。①

起初，我们先通过确定被它"解释掉"的总平方和的百分比来研究一下哥哥的教育是否影响成就。长兄的教育上的变化解释了 1962 年职业地位方差的 11%。不过，当控制了背景因素（父亲的教育、父亲的职业、肤色及出生地）后，哥哥的教育所带来的总平方和百分比的增加只有 0.25%。相比之下，长兄的教育对被访者自己教育的影响并没有被这些背景因素解释。哥哥的教育只

---

① 这里使用的数据与在美国人口普查局的报告 "一代人中的教育变迁：1962 年 3 月"（Educational Change in a Generation : March 1962）（《当前人口报告》，系列 P-20, 132 期，1964 年 9 月）中使用的数据之间的微小出入也许是由于为了那份报告在制表时对这个误差进行了修正。

解释了全部总平方和的 24%。当控制社会出身（父亲的职业和教育）后，由哥哥的教育所解释掉的总平方和超过 8%；并且在控制了肤色、居住地及社会出身后，仍有 5%。①

如果家庭氛围（用长子的受教育程度来测量）非常有助于对学习和高业绩的追求，那么明显会影响较小儿子的教育成功。表 9.5 的第 1 列和第 2 列中提供了详细的数据。这些数据表明，无论是在小家庭还是在大家庭中，控制了背景因素后，长兄的受教育程度越高，人们的平均受教育程度就越高。需要指出的是，实际上，这些控制变量意味着我们是在他们的父亲具有相同的教育和职业、他们具有相同的肤色、他们生活在相同的地区的条件下对人们进行比较。即使在这些条件下，其长兄受过最多教育的人与其长兄受过最少教育的人之间在受教育程度上的差异在小家庭中超出四年，在大家庭中超出三年。

表 9.5 根据家庭规模和长兄的教育，控制了父亲的职业、父亲的教育、肤色和地区之后的受教育程度（以对总均值的偏离的形式）

长兄的教育	被访者的教育（控制后）		
	（1） 1—3 个兄弟姐妹	（2） 4 个或更多的兄弟姐妹	（3） 差异
没有哥哥	0.37	–0.31	0.68
长兄完成的教育			
#0—7 年	–1.13	–1.12	–0.01
#8 年	–0.65	–0.54	–0.11
#高中，1—3 年	0.10	0.03	0.07

① 这个总结所基于的具体数据参见附录 H，表 H.1、H.2 和 H.3。

			续表
#高中，4年	0.34	0.23	0.11
#大学，1—3年	0.80	0.55	0.25
#大学，4年或更多	1.08	0.70	0.38

用哥哥的受教育程度来表示的家庭中的教育氛围对儿子的受教育年数有显著的影响。当然，我们的数据不足以让我们精确地指出家庭中的哪些条件构成了有助于教育成功的这样一种氛围。情况可能是，长子之所以比其家庭所处社会阶层的通常状态接受更多的教育，并且较小的儿子也是如此，是因为他们的父母格外重视成就和成功。也可能是因为，父母并不特别在意追求教育，而是长兄追求教育，并且他充当了其弟弟的榜样。确实，可能几乎不存在对家庭中成就的明显关心。数据与这个假定是一致的，即如果他的父母对他的成功感到放心比如果他们非常担忧他的成功并继续推动他取得更大的成就，一个孩子更可能在学校里取得成功。望子成龙心切的父母很可能是自我失败的。无论起作用的具体机制如何，这个发现表明，在其他背景特征相同的条件下，重视教育（至少对某一成员而言）的家庭比其他家庭更可能培养出接受更多教育的儿子。

家庭氛围对儿子受教育程度的影响在小家庭中比在大家庭中更明显。控制了背景因素后，来自小家庭与来自大家庭的被访者之间在受教育程度上的差异呈现在表9.5的第3列中。哥哥的受教育程度越高，兄弟姐妹少的人相对于兄弟姐妹多的人的教育优势越大。如果长兄只上过小学，那么来自小家庭的人的受教育程度并不高于来自大家庭的人。与之相反，如果长兄大学毕业，那么小家庭的人平均比大家庭的人在教育年数上多四分之三年。由于他们出生于小家庭而带给男孩子的教育优势，在如果他们的长兄是大学毕业生的情况下比如果长兄只从小学毕业的话超出一年（根据教育刻度表是 0.49 个点）。

这个发现支持之前的观点，即重视教育的家庭强化了儿子争取更好教育的动机。当控制背景因素后，哥哥的受教育程度与自己的受教育程度之间的正相关被解释为揭示了家庭的教育氛围的这种影响。不过，对这个相关的第二种解释是，受过更多教育的哥哥比受过很少教育的哥哥能为他们弟弟的发展和提高做出更大的贡献。我们已经看到，弟弟从哥哥那里得到的好处在大家庭中比在小家庭中要多。因此，第二种解释意味着，受过更多教育的长兄在大家庭中比在小家庭中应该更能促进其弟弟妹妹的受教育程度。事实上，受过更多教育的长兄恰恰有相反的效应，在小家庭中比在大家庭中更能提高其弟弟妹妹的受教育程度。这个事实使得第二种解释不太合理，因此可以推断，最初的解释更为合理。

这个新的发现所暗含的解释是，家庭中有利的教育氛围影响儿子的受教育程度，至少部分如此，因为这促使他们或他们的父母充分利用可用于其教育的潜在资源。当控制背景因素后，可用于每个孩子教育的经济资源在大家庭中比在小家庭中更为有限。小家庭的这个优势被利用得越发充分，长子的受教育程度越高。拥有受过很少教育长兄的男孩的教育完全没有从小家庭的较为宽裕的资源中获益。小家庭与大家庭之间在教育上的差异随着长兄的受教育程度的增加而提高，就像这个事实所表明的，长兄的受教育程度越高，小家庭较为宽裕的资源显然就更多地用于促进较小儿子的教育上。换言之，如果教育氛围不利于教育获得的话，那么一个家庭的经济境况是否能轻松地资助孩子的教育就无关紧要了。要使可用的资源对实际的受教育程度有意义和重要的话，需要对教育有积极的取向。

解释的形式化

用长兄的受教育程度（变量Q）来测量的家庭氛围的意义可被引入关于分层过程的正式因果模型。[①] 一个技术问题是一些相关是针对所有样本的，而不是专门针对回答了哥哥教育的那些人的，但是微小的调整允许我们做出合理的估计。[②] 表9.6呈现了有关的回归结果。[③] 在这个表格中一个明显奇怪的结果是，

[①] 长兄的受教育程度（Q）没有以像被访者的和父亲的受教育程度那样详细的方式来制表。出于相关分析的目的，我们使用了如下的计分方式：得分1表示Q为初等学校，0—7年；得分3表示Q为初等学校，8年；得分4表示Q为高中，1—3年；得分5表示Q为高中，4年；得分6表示Q为大学，1—3年；得分7表示Q为大学，4年或更多。

[②] 对回答哥哥的受教育程度的人而言以及对所有人而言可以利用两个相关r_{UV}和r_{YX}。在这两种情况中，对于前一个子总体的相关比对于全部人口的相关大约低0.04。对于这个出入存在一个非常合理的解释。回答其哥哥受教育程度的人是基于兄弟姐妹数量选择出来的，而我们知道兄弟姐妹数量这个变量与因果系统中的几个社会经济变量是相关的。关于哥哥受教育程度的问题排除了所有没有兄弟姐妹的人、一大部分的只有一个兄弟姐妹的人（因为那个同胞可能是女性，或者比被访者小的男性）、相当一部分的有两个兄弟姐妹的人，等等。与之相反，来自超大家庭的被访者绝大部分都能回答哥哥的教育问题。因此，对于有哥哥的人这个子总体的任何相关类似于在某种程度上控制兄弟姐妹数量不变的条件下对于总人口的偏相关。数据表明，进行–0.04的校正可将对于总人口的相关转换为对报告了哥哥受教育程度的人这个子总体的可靠估计。

[③] 这个分析只基于非农场背景者。

长兄的受教育程度比被访者自己的受教育程度略微更可根据两个社会出身变量（父亲的教育和父亲的职业）来预测。这可能表明，长兄的受教育程度比较小儿子的受教育程度更与他们的背景因素有关。另一方面，它可能不过是反映了回答误差；具体指的是，对哥哥受教育程度的回答被对父亲受教育程度的回答所干扰。无疑它并不完全是回答误差所导致的，因为相关分析显示，父亲职业对儿子职业的影响对长子而言比对其他儿子而言实际上更大。

表 9.6 对于报告了长兄受教育程度的非农背景者，以标准化形式表示的偏回归系数（β 系数）和对指定变量组合的判定系数

因变量[a]	自变量[a]					
	W	U	Q	X	V	R^2
Q	…	…	…	0.217	0.358	0.25
U	…	…		0.245	0.268	0.19
U	…	…	0.450	0.147	0.107	0.35
W	…	0.436		0.163		0.27
Y	0.279	0.382	…	0.096	…	0.38

a Y：被访者 1962 年职业的地位；W：被访者的首职地位；U：被访者的受教育程度；Q：被访者长兄的受教育程度；X：父亲的职业地位；V：父亲的受教育程度。

图 9.2 中呈现的模型表示的假设是，长兄的受教育程度受到社会出身的影响，然后影响被访者的教育，并由此影响他的首职和 1962 年的职业。对路径系数的估计可根据表 9.6 得到。关于这个模型最有趣的问题是，是否足以认为 Q 只途经被访者的受

教育程度（U）影响他的首职和1962年职业，或者说是否有必要设想在 Q 与 W 或者 Q 与 Y 之间存在某种其他的联系。由于对于 r_{WQ} 没有可用的观测值（因为这个变量组合没有被制表），所以在处理这个问题时我们遇到了障碍。不过，我们确实有 r_{YQ} 的观测值，这使得我们可以对这个问题进行虽然间接但却有说服力的研究。

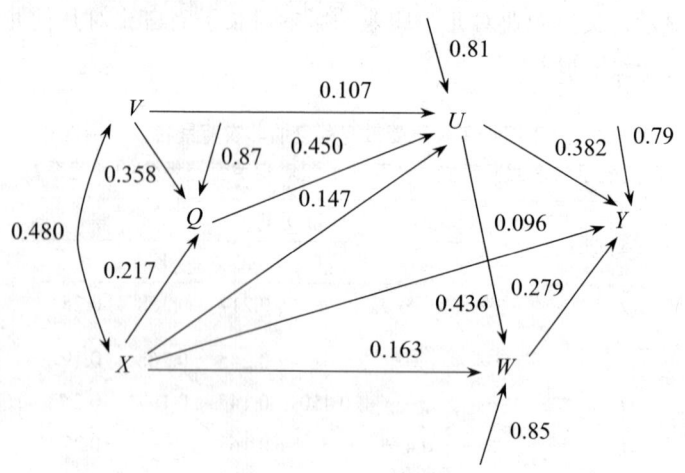

图 9.2　对于非农场背景者，包含哥哥的教育（作为受访者受教育程度的一个决定因素）的分层过程的扩展模型

代码：V：父亲的受教育程度；X：父亲的职业地位；Q：被访者长兄的受教育程度；U：被访者的受教育程度；W：被访者首职的职业地位；Y：被访者1962年的职业地位。

如果图9.2中的模型是正确的，那么对于 r_{WQ} 存在一个隐含的值，即

$$_c r_{WQ} = p_{WV} r_{UQ} + p_{WX} r_{QX}$$

根据这个算式得出 $_c r_{WQ}=0.306$。通过使用这个推导出的 $_c r_{WQ}$ 来

第9章 亲属关系与职业生涯

计算模型所隐含的 r_{YQ}，并将其与观测到的 r_{YQ} 值进行比较，现在我们可以检验模型的准确性程度。将所获得的 $_cr_{WQ}$ 值加入 $_cr_{YQ}=p_{YU}r_{UQ}+p_{YX}r_{QX}+p_{YW}{}_cr_{WQ}$，得出 $_cr_{YQ}$ =0.335。这个比较相当令人满意，因为 r_{YQ} 的观测值为 0.377，二者的出入只有 0.042。这个结果与之前的这个结论相一致，即哥哥的受教育程度只是经由两兄弟之间在受教育程度上的正相关间接地影响被访者的职业地位。

在这一点上，重新思考一下对哥哥的受教育程度这个变量的因果解释是适当的。在本章的前文这个变量被描述为家庭中盛行的教育氛围的一个合理指标，而教育氛围可能会影响兄弟俩的教育结果。不过，在图 9.2 所展示的模型中，长兄的受教育程度（Q）被表示为对被访者的受教育程度有直接影响。这种表述适合于强调长兄作为较小兄弟姐妹的榜样的解释，或者适合于哥哥可能为较小兄弟姐妹提供了经济的或其他的帮助的假设。

当然，这两个解释都不是数据所能满足的。二者都非常依赖于这个假定，即哥哥的教育在时间上先于被访者的教育。如果 OCG 的问题涉及任何一个兄弟，也是随机预先指派的，那么依赖于时间优先性的解释将变得不太合理。如果这样的话，解释很可能包括将家庭氛围（包含各种有利于或不利于教育的各种因素）作为兄弟俩的受教育程度的前提条件。

除了父亲的教育和职业，在这些因素中还有种族或族群类别、地理区位和家庭规模，我们这只是提及家庭所常见的和被两兄弟所共享的几个明显的条件。而且，我们可能怀疑，家庭中对学习和学业的主导取向尽管一定并不独立于前述的背景条件，但也不是与之完全相关。不过，可能成立的情况是，这样一种取向可能因此对兄弟留在学校的年数具有独立的影响。最后，我们应该承认，除了家庭条件的共同影响和盛行的知识氛围之外，两兄弟可能在与继续接受教育有关的特征上彼此相像，尽管不是完全相像。

这些论据表明，将哥哥的受教育程度解释为家庭氛围的指标并不是完全直截了当的。现在让我们考虑一下前面提到的一些含义会如何影响到从因果模型中得出的结论。

首先，我们知道图9.2中的模型不能用来计算社会经济背景中的所有重要因素。在多元分类分析中，V和X（父亲的教育和职业）只解释了被访者受教育程度U的变异的25.14%（根据附录中的表 H.3，非农背景者）。当族群类别、地区和兄弟姐妹模式都纳入为另外的背景项（在B、E、X和V的组合中）时，这个数值提高到29.99%。

我们可以用一种人为构造但却有用的方式在一个线性回归模型中表示这种情况。假定我们基于根据族群类别、地区、兄弟姐妹数量、父亲职业和父亲教育对他的分类将一个复合的背景得分J赋予被访者，计算这个复合得分时使用在对B、E、X和V的变量组合的多元分类分析中所获得的净偏离作为权重。于是，这样一个复合得分与被访者受教育程度（U）的相关系数为0.548，它是0.2999的平方根，因为这个组合解释了U的变异的29.99%。

现在，假定对由每个被访者的一个弟兄构成的样本重复进行分析，这个弟兄是从被访者的家庭中随机选择的。将这样一个弟兄的受教育程度表示为 U'，他的复合背景得分为 J'。进一步假定 $r_{U'J'}=r_{UJ}=0.548$。我们不能精确地知道 $r_{JJ'}$（两个背景得分之间的相关）的值是多少。也许它不会等于1，因为两弟兄不可能有相同的兄弟姐妹排行，尽管他们会有相同的兄弟姐妹数量；并且当一个弟兄16岁时父亲的职业不必与当另一个弟兄也到16岁时父亲的职业相同。不过，非常可能的是，这两个背景得分之间高度相关，也许达到0.98。因此，为简便见，我们将设想 $r_{JJ'}=1$，或者说 $J=J'$。

现在，如果我们做出这些假定，并如果（a）U' 和 U 没有其他共同的原因，（b）任何一个兄弟的受教育程度依赖于另一个弟兄，那么我们马上可计算出 $r_{UU'}=(0.548)^2=0.2999$。如果实际上我们发现 $r_{UU'}$ 具有一个类似于在 OCG 数据中对 r_{QU} 的观测值 0.556 的话，那么我们可能会马上拒绝这个简单的解释，即两个兄弟在受教育程度之间的相关完全是由于在本研究中所测量的共同的家庭条件所导致的。分析的结果将会如 9.3.1 模型中所示：在控制了共同的社会经济背景后，U 与 U' 之间的剩余或偏相关是 0.366。这个剩余相关只是告诉我们，除共同的社会经济背景（如我们这里所测量的）外的某些因素一定正在导致两个弟兄的受教育程度之间的强相关。

接下来我们考虑一些替代的方式来表示思考这种"某些因素"的方式，这些因素隐含在前面的讨论中。在每种情况下，我们再次假定 $r_{UU'}=0.556$，并且 $r_{U'J}=r_{UJ}=0.548$。

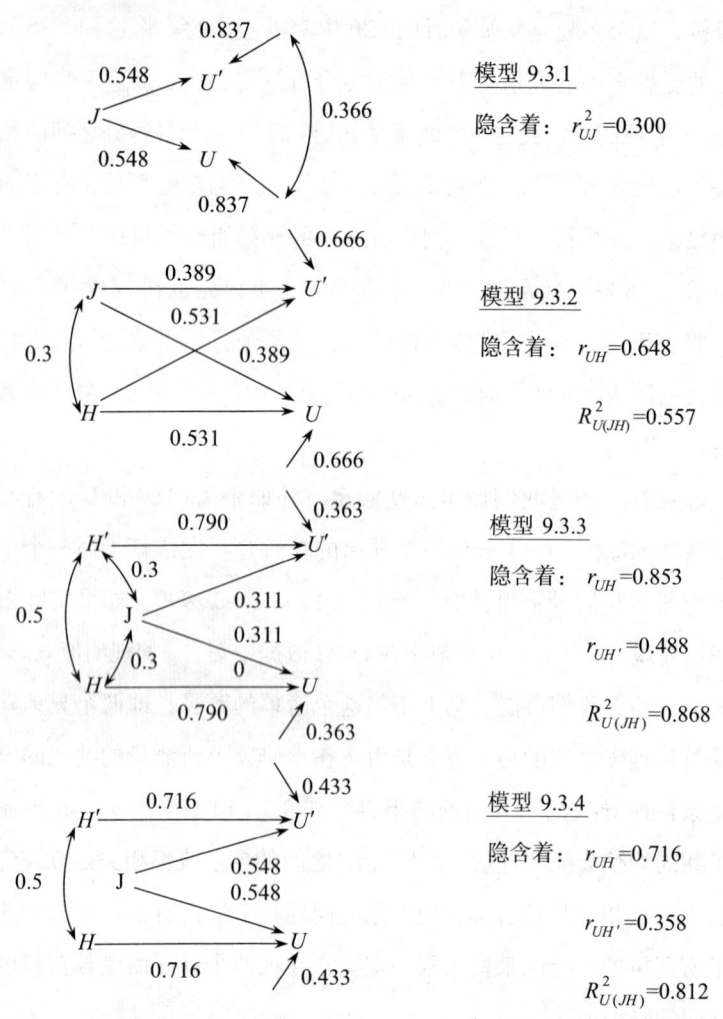

美国的职业结构

模型 9.3.1

隐含着：$r_{UJ}^2=0.300$

模型 9.3.2

隐含着：$r_{UH}=0.648$

$R_{U(JH)}^2=0.557$

模型 9.3.3

隐含着：$r_{UH}=0.853$

$r_{UH'}=0.488$

$R_{U(JH)}^2=0.868$

模型 9.3.4

隐含着：$r_{UH}=0.716$

$r_{UH'}=0.358$

$R_{U(JH)}^2=0.812$

图 9.3 解释兄弟俩的受教育程度（U 和 U'）、复合的社会经济背景得分（J），以及在文中所描述的假设变量（H 和 H'）之间的相关的替代性模型

注：所有的模型假定 $r_{UU'}=0.556$，并且 $r_{U'J}=r_{UJ}=0.548$。

在模型 9.3.2 中，我们引入一个假设的变量 H，读者如果愿意的话，可以把它视为家庭的知识氛围，或者家庭对学习的重视。这样一个变量如果是被实际测量的话，那么它不可能不与社会经济背景存在相关关系。尽管一个更高的相关程度可能更为现实，但在这里我们假定家庭氛围与背景因素之间存在一个较为适中的相关程度，r_{HJ}=0.3。模型要求，H 和 J 合起来完全解释了兄弟之间受教育程度的相关，$r_{UU'}$=0.556。当我们求解路径系数时，结果是家庭氛围 H 一定比社会经济背景 J 明显对儿子的教育有更高的影响，因为 H 路径系数是 0.531，J 的是 0.389（假定对两个兄弟而言是相同的）。而且，也能推导出 r_{UH}=0.648，并且模型有两个自变量合起来解释了受教育程度中的变异的 56%（比较而言，社会经济背景只解释了 30%）。看起来，这个模型对未测量的变量 H 强加了相当严格的要求，它代表的是作为受教育程度前提条件的因素组合，被统称为"氛围"。如果读者设想这样一个调查，即访谈父母关于他们对孩子的教育期望、对家长教师协会会议的参与、家中书籍的数量、在家庭作业上对孩子的指导、鼓励他们光顾公共图书馆，等等；并且如果这位读者设想所有这些和其他可能的指标合并为对"知识氛围"的一个复合测量；以及最后，如果这位读者假定这样的一个复合变量类似于模型 9.3.2 中的变量 H，那么他已满足了模型的假定，但他也设想了这样一个研究，它极其成功地揭示了受教育程度的一个预测因子，而且这个预测因子与社会经济背景因素之间的相关相当适度。当前的知识状态表明能够实现这样一种设想并不是过分乐观的。

在模型 9.3.3 中，我们考虑了两个假设的变量 H 和 H'，我们再次假定它们每一个都与社会经济背景的相关程度是 0.3，尽管二者的彼此相关程度只有 0.5。可能以这种方式表现的一个变量是智商，它有时被发现与社会经济地位存在适度的相关，并且在兄弟之间的相关程度表示为 0.5 左右。我们假定，兄弟的智商只是影响他自己的学校教育，并且所描述的模型解释了 U 与 U' 之间所观测到的相关。基于这些假定，智商将是教育结果的一个极其有力的预测因子，因为路径系数结果是 $p_{UH}=p_{U'H'}=0.790$，而相关系数是 $r_{UH}=r_{U'H'}=0.853$。据我们所知的证据表明，这是一个不切实际的高值。而且，我们可能怀疑判定系数 $R^2_{U(JH)}=0.868$ 也是极其高的值，这意味模型解释了每个兄弟的受教育程度中变异的六分之五。如此高的决定程度的假定使这个模型看起来比关注教育氛围的模型还不现实。

模型 9.3.3 的一个有趣特征是，两兄弟的受教育程度之间不可归因于社会经济背景的相关被视为是两兄弟之间相似但决不相同的特征的结果，这种特征与这样的情况相反，即我们所假定的对家庭中所有人都相同的一个条件。相同的特征再次出现在模型 9.3.4 中，但是在此假定 H 和 H' 与社会经济背景不相关。虽然找出一个恰好以这种方式运作的变量完全是一种设想，但我们可以认为，某些性格特征（它们是由遗传决定的，因此实际上与社会经济背景无关）也许正在影响两兄弟各自继续读书的渴望。这个模型的含义与模型 9.3.3 的没有太大的不同。在这个模型中，由于 H 与 J 之间零相关的假定，对于 H（或 H'）的路径系数和相关系数是相同的。因此，$r_{UH}=p_{UH}=0.716$；并且，H 与 J 合起来解释了

U（或 U'）中变异的81%，肯定满足了这些变量完全解释了 U 与 U' 之间相关的假定。我们也许再次怀疑这种可能性，即这种重要程度的"性格"变量作为受教育程度中的一个因素会马上在经验研究中被识别出来。

在对这些明显是设想的模型（尽管称它们只是"猜测性的"有些过分）的讨论中，我们旨在表明，没有任何对兄弟之间在教育结果上相关的原因的简单化假定可能会被证明是正确的。我们所考虑的每一个这样的假定都带有夸张的含义。事实上，我们几乎可以说已经展示了，无论是"知识氛围"、还是"智商"或"性格"都不能单独解释我们实际观测到的两兄弟在受教育程度上的相似程度。

另一方面，一定有某些因素解释了它。无疑，解决这个特别的问题所需进行的研究最好要考虑像我们已经设想的那三个因素（更不用说还有其他可能会想到的因素）。尽管兄弟之间在受教育程度上的相关可能看起来并不太高，为0.556，这个相关我们一开始就已观测到，并引发了这个冗长的讨论，但结果表明这个相关程度足以值得付出一些努力来解释它。如果最终的解释整合了我们已考虑的所有解释模型的方方面面，那也并不令人感到吃惊。

结论

我们已看到，父母家庭的结构以各种方式影响儿子未来的职业生涯。家庭结构的大部分影响是以教育作为中介的，无论是家庭规模还是兄弟姐妹排行对职业成就的直接影响都可忽略不计。

众所周知的幸福大家庭并不有利于职业成功。抚养许多孩子的任务明显加剧了父母资源的紧张程度，结果明显导致兄弟姐妹少的人有更高受教育程度的优势。来自小家庭的人比来自大家庭的人更可能在直到大学毕业的每个阶段上继续其教育。不过，来自大家庭的大学毕业生更可能继续接受研究生教育，他们中的许多人必须要克服的障碍比大部分小家庭的男孩所面对的要多。

不仅父母家庭的规模，而且一个儿子在家庭里的排行也对其随后的职业生涯发挥影响。总体而言，最先出生和最后出生的孩子的成就优于那些排行中间的孩子。不过，与既定兄弟姐妹排行有关的优势或劣势在一定程度上取决于家庭规模。在小家庭中最大和最小孩子在成就上的差异很小，而在大家庭中最小的儿子比最大的略微更成功些。换言之，兄弟姐妹排行和兄弟姐妹数量在对成就的影响上存在相互作用。

在不同家庭结构中兄弟姐妹之间的角色关系使得来自小家庭的较大孩子的未来成功特别依赖于此，因为兄弟姐妹少的人和兄弟姐妹多的人在成就上的差异对较大的孩子而言大于对较小的孩子而言。哥哥经常为了弟弟和妹妹被迫牺牲他们自己的职业前途并承担一些责任。哥哥为弟弟提供的帮助将一定的不对称引入到兄弟姐妹数量对教育的影响。这种不对称可表述为，拥有弟弟妹妹比拥有哥哥姐姐更为不利。因此，哥哥比弟弟因大家庭而处于更多的不利，对弟弟而言，不得不与许多兄弟姐妹共享父母的资源的劣势被哥哥姐姐为他们的福利做出的贡献和很少的弟弟妹妹需要帮助所减轻。

长兄的受教育程度可被视为代表了父母家庭中的教育氛围，

特别是在教育氛围非常有助于学习和成就的情况下。甚至当控制了我们所知道的也影响受教育程度的背景因素后,用长子的受教育程度表示的家庭氛围影响到较小儿子的受教育程度。而且,小家庭(更少的孩子需要这些资源)所提供的教育优势对于重视教育的家庭中的人比对于其他家庭中的人更大。这里的含义是,通过为获取教育而充分利用潜在的资源(比如小家庭中更多可用的资源)提供诱因,家庭中对教育的积极取向影响到受教育程度,并且经由它影响到职业机会。如果没有这样一种取向,小家庭的客观优势就没有任何好处。简言之,正是有关的价值取向激活了潜在的经济资源,并使它们成为取得成就和成功的手段。

第 5 章所提出的关于分层过程的线性因果模型可被扩展至表示对被访者的受教育程度与哥哥的受教育程度之间相关的另一种解释方式。在这里,可能的机制有很多,并且在我们当前的经验资料条件下,很难排除它们中任何一个的可能性。不过,排他性地把哥哥的受教育程度作为所出身家庭盛行的知识取向或氛围的一个指标(如果我们假定这样一个因素或因素的集合原则上是可测量的)似乎是对数据的过度解释。除了在本研究中我们已测量的家庭的社会经济条件和有利于或不利于教育的家庭氛围因素(不管它们可能是什么)之外,一个充分的模型无疑还必须要考虑智商和动机变量,在这些方面兄弟两个可能比较相似但并不相同。

总之,家庭规模不仅通过决定为每个孩子的教育所提供的资源来影响未来的成功可能性,而且它还与家庭中的其他条件共同影响孩子的受教育程度,并因此影响其职业成功。所有人的职业生涯都从拥有很少的兄弟姐妹中获益,但最大的儿子比较小的儿子获益更多。在家庭中较大的儿子看起来为较小的儿子做出了牺牲并承担了责任。在大家庭中由此给较小儿子带来的好处部分上弥补了每个孩子可用的更为有限的资源（如果孩子很多的话）。因此，较小的儿子因兄弟姐妹众多而导致的不利更少一些。不过，除非小家庭的氛围是有利于教育的，否则它所提供的教育收益往往不能实现，因为正是对教育的积极取向促使父母和孩子通过利用潜在的资源（包括小家庭中更多可用的资源）实现教育上的抱负。

尽管父母家庭的结构和氛围对职业生活的全部影响几乎都是通过教育来传递的，但这使得家庭的结构和氛围也同样重要。一个人所出身的家庭对其职业生涯施加了深远的影响，因为他的职业生活受到其教育的限制，而他的教育很大程度上取决于他的家庭。

第 10 章
婚姻与职业地位

当思考婚姻模式和婚姻解体可能如何与职业成就相关联时，提出了几个独特的问题。首先，我们可从所出身家庭的角度观察职业生涯，探究与直到他到达青春期其父母的婚姻仍保持完好的人相比，一个在缺少单亲或双亲的家庭中长大的人是否会在其职业生涯中遭受不利。其次，一个男人缔结婚姻以及随后的婚姻破裂是可能对其职业成功产生影响的意外事件。不仅要考虑婚姻状况，还要考虑配偶的特征，这提出了第三个问题：男性的职业成就中的差异有多少可归之于他们所娶的女性在地位上的差异。这个问题的答案非常依赖于选择性婚配（assortative mating）或同征择偶（homogamy）。因此，我们最后探求的问题与当他们结婚时丈夫与妻子的特征之间的关系有关。

破损家庭

OCG 关于这个主题的问题是这样的，"您在到 16 岁的大部分时间里是否和父母双方生活在一起?……如果'不是',……谁是您的家长?"(被访者可能选择父亲、母亲、其他男性或其他女性)。几乎六分之五的被访者回答"是",并且可被推定为至少直到青年早期生活在完整家庭中。不到 4% 的人只和父亲生活在一起,9% 的人只和母亲生活在一起,3% 的人生活在不是父亲的其他男性担任家长的家庭中,还有 1% 的人生活在不是母亲的其他女性做家长的家庭中。接近 1% 的被访者没有回答这个问题。

在完整的家庭背景占压倒性优势的条件下,即使某些类型的来自破损家庭的人因家庭破裂的经历而遭受严重障碍,但我们也不能期望这个因素会给整个人口在后致地位上带来重大差异。值得分析的问题是,这些障碍(如果存在的话)在分层的过程中如何被传递。

从因果分析的角度看,这个变量的位置有些含混不清。毫无疑问,它在因果顺序上先于测量成就的三个变量:受教育程度、首职地位和 1962 年职业地位。但另一个问题是,它是被归类为测量社会经济背景的变量(父亲的受教育程度和职业)的前置变量还是后置变量。基于理论考虑,我们可能抱有互为因果关系的想法:低地位父母生育的孩子比出生于富裕之家的孩子有更大的风险失去父亲或母亲,特别是通过父母分居。另一方面,父母一方死亡或者父母的婚姻破裂可能会减少孩子可用的资源,实际上降低了其出身的社会经济地位。

另一个麻烦源自于与父亲的地位有关的问题所使用的方式。关于父亲的职业和教育的问题带着这样的填答指导,"如果没有和您的父亲生活在一起,请回答被选择为家长的人的情况。"为了考虑这个填答指导的可能影响，我们需要审视一下对所涉及的题目未作回答的模式（见表10.1）。尽管填答指导要求无论家长可能是谁，被访者都要回答家长的职业，但是那些家长为母亲或其他女性的人中有大约五分之二未能给出这样一个回答。因此，我们所拥有的关于"父亲的职业"的信息实际涉及的是93%的男性家长、7%的女性家长或未指明的人。尽管关于"父亲的受教育程度"未回答的情况总体上略微更高一些，但它并没有因家庭类型而分布如此不均。

表10.1 根据被访者在其中长大的家庭类型，
OCG 关于父亲的职业和受教育程度问题未回答的百分比

家庭类型	总数	未回答父亲的职业	未回答父亲的受教育程度
所有类型	44984	8.3	11.3
父母双方	37087	3.6	9.4
只有父亲	1167	7.1	19.1
只有母亲	4019	42.7	17.6
其他男性家长	1403	9.9	17.7
其他女性家长	530	42.5	28.3
未指明家长	326	63.8	64.7

在多元分类分析中，在各自的分类中"未回答父亲的职业"和"未回答父亲的受教育程度"只是被处理为独特的类别。这意味着，大量未回答这些变量的人是由来自破损家庭的被访者构成的——未回答父亲职业者的大约三分之二（64.5%）和未回答父亲受教育程度者的大约三分之一（31.9%）。当我们审视家庭类型的净系数时，我们可能因此控制了太多因素。也就是说，我们面临着把破损家庭的影响归之于两个社会经济背景因素之一的风险。必须要小心，以免得出基于统计假象的结论。幸运的是，这个问

题只出现于与被访者的受教育程度作为因变量的分析有关的情形中。当把首职或1962年职业的地位作为因变量时，这个问题可被规避掉，马上我们就能看到这一点。

可将我们的基本模型（第5章）扩展至将家庭类型作为一个背景变量包含进来，图10.1呈现了基于这个扩展模型所提出的因果解释。由于上面所给出的原因，将家庭类型视为父亲的受教育程度和职业的前置变量或后置变量看起来是不明智的。因此，它只是显示为与这些变量有相关关系。遵循第4章的解释模式，我们可以考虑一下在多元分类分析中可归之为变量组合的总平方和的有关比例。首先显示对所有20—64岁人口而言的情况，其次显示对非农背景的人而言的情况。

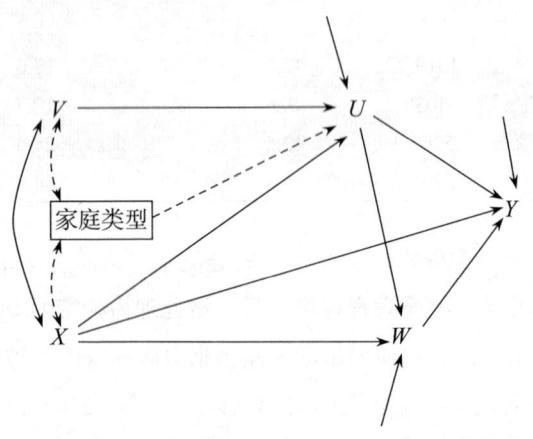

图10.1 将基本模型扩展至包含作为一个背景变量的家庭类型

注释：虚线表示的是假设的因果关系或关联，但不能被量化为路径系数或相关系数，因为家庭类型不是一个定距变量。

代码：V：父亲的受教育程度；X：父亲的职业地位；U：被访者的受教育程度；W：被访者的首职地位；Y：被访者1962年职业的地位。

在 1962 年职业地位（Y）作为因变量的情况下，我们得出如下结果：

变量组合	总平方和百分比（Y）	
	所有人	非农背景的人
家庭类型	0.69	1.54
W，U	40.93	40.26
W，U 和家庭类型	41.00	40.48
W，U，X	41.93	41.14
W，U，X 和家庭类型	41.98	41.26

家庭类型与职业成就之间总的关系很小，对此我们并不感到奇怪。不过，至少在非农背景的人口中，二者的关系大得足以值得我们考虑。我们的因果模型表明，受教育程度（U）和首职（W）是中介变量。当这些变量都被引入到多元分类分析中时，相对于 W 和 U 组合，在变量组合 W、U 和家庭类型中家庭类型带来的增加微乎其微：在总人口中是总平方和的 0.07%，在非农背景的人口中是 0.22%。最后，包含 X（父亲的职业）的变量组合表明，甚至考虑了 X 与家庭类型的相关后，从 X 到 Y 的直接路径仍是必需的：在每个比较中，X 所带来的增加是总平方和的大约 1%。

如果把首职地位（W）视为因变量的话，下面的数值所表明的结论也是相同的：

变量组合	总平方和百分比（W）	
	所有人	非农背景的人
家庭类型	0.34	0.79
U	32.73	31.18

U 和家庭类型	32.80	31.34
U, X	35.86	33.61
U, X 和家庭类型	35.89	33.71

无论是对于 U 还是 U 和 X 的组合，家庭类型所带来的增加是如此之小，以至于就对 W 的直接影响而言它可忽略不计。实际上，它的总影响也很小，以致我们也想忽略它。

因此，家庭类型对职业成就的影响（尽管不太大）几乎完全是经由受教育程度传递的。我们现在必须研究家庭类型对受教育程度的影响是否可以与其他两个背景变量的影响区分开来。有关的汇总数值如下：

变量组合	总平方和百分比（U）	
	所有人	非农背景的人
家庭类型	1.11	1.94
X, V	27.94	25.14
X, V 和家庭类型	28.22	25.39

家庭类型本身解释了 U 中总平方和比解释 W 或 Y 的中总平方和的比例要大。不过，它对 X 和 V 组合的增量贡献是相当小的：在总人口中是 0.28，在非农背景人口中是 0.25。

不过，初步的讨论提醒我们，不要过于匆忙地接受这样一个结果，因为家庭类型与其他两个变量的重叠——正是它降低了家庭类型对被解释的平方和的净贡献——可能被向被访者给出的填答指导和处理这些变量的分析程序人为地提高了。这种可能性无法轻易地根据被解释的平方和得以探究。我们必须要研究多元分类分析所暗示的影响模式。表 10.2 表明，这种模式是相当清楚的：

任何类型的破损家庭都会对一个年轻人的受教育程度产生阻碍。为了领略这个影响的大小,我们一定要记得,受教育程度的评分是基于这样的尺度,即一个点代表的是大约两年教育。除了一小群没有指明家庭类型的被访者外,没有一种类别的影响接近一个点。可能的情况是,只要多元分类分析将没有父亲的某些不利之处归之于在 X 和 V 变量中不知道父亲的职业和教育的类别,净影响就被低估了。不过,对"家长只有父亲"和"其他男性家长"类型而言,没有回答父亲的职业和教育的比例并不是特别高。然而,像对家庭类型的其他类别而言,对这两种类别而言,与总影响相比,净影响大大下降了。

表 10.2 家庭类型对受教育程度的影响

家庭类型	所有人		非农背景的人	
	无控制变量 (1)	控制父亲的教育 (V) 和职业 (X) (2)	无控制变量 (3)	控制父亲的教育 (V) 和职业 (X) (4)
父母双方	0.08	0.05	0.11	0.04
只有父亲	−0.41	−0.22	−0.34	−0.19
只有母亲	−0.28	−0.20	−0.44	−0.15
其他男性家长	−0.37	−0.18	−0.35	−0.22
其他女性家长	−0.62	−0.32	−0.73	−0.29
未指明	−1.03	−0.43	−1.14	−0.33
所有人的均值	4.43	4.43	4.74	4.74

显然,我们一定会得出这样的结论,生活在破损家庭或者和离婚的父母生活在一起的背景对受教育程度具有某种不利影响,部分因为它与社会经济背景因素存在关联,但部分也是由于其他

原因——假定我们所使用的两个测量指标充分地表示了社会经济的影响。教育上的劣势接下来被转化为低于平均水平的职业成就，但除此之外，在破损家庭中长大对职业成就存在很小的或者没有直接影响。

最后，有趣的是，存在婚姻解体的倾向在代际间传递的一些证据。让我们考虑一下OCG被访者1962年的婚姻状况（排除丧偶者和独身者），并将那些结过一次婚且和配偶在一起（spouse present）的人视为生活在完整的初婚状态。剩下的人［离婚者、再婚者、已婚但未和配偶在一起（spouse absent）］可被视为经历过初婚的解体（在"未和配偶在一起"的类别中可能只是暂时的解体）。在那些与父母双方生活在一起的人中，经历婚姻解体的人的比例是15.6%，而在那些来自任何类型的破损家庭的人中，这一比例是20.8%。不过，在控制了可能导致婚姻解体的背景因素或中介性的社会经济状况后，则无法轻易地从我们的制表数据中确定这种影响是否仍然成立。

婚姻状况作为职业生涯的意外事件

现在转向被访者自己的婚姻经历，我们初始的概念问题是确定在分层过程的分析中应该如何处理婚姻状况问题。也许最重要的考虑是，当前婚姻状况的分类指的是在过去的某个非特定时点所发生的事件。结了婚的人在其十八九岁或更大的年龄进入那种状况。在他们当中，那些被归类为结过一次婚且和配偶在一起的人明显接下来没有经历婚姻状况的变化（尽管与配偶分居的时期可能发生在结婚与1962年之间，但这种分居没有记录在分类中）。

第10章　婚姻与职业地位

对归类为再婚且和配偶在一起的人而言，至少发生了两个介入性事件：至少一次以前婚姻的解体和一次新的婚姻的缔结。至于丧偶者、离婚者和分居者（分居者与"其他的"未和妻子在一起的丈夫被归为一组），我们只能说，这些人至少发生了一次婚姻解体。最后，没有结婚者（假定他们的状况得到了准确的回答）从未经历过婚姻状况的任何变化。

这些事件没有一个注明日期，并且没有一个可以明确地与（a）学校教育的完成或（b）进入首职搞清先后顺序。对大多数人而言，也许我们可以假定，结婚发生在这两个事件之后，尽管这对一少部分人肯定是不正确的。无疑，更大比例的婚姻解体事件发生在受教育程度和首职地位被确定之后。因此，作为一个初步的近似，我们提出图10.1的因果顺序作为解释婚姻状况与职业成就之间关系的一个框架。

这种解释将婚姻状况视为"职业生涯的意外事件"——如果一个人结婚或如果他的婚姻解体的话，这可能对其随后的职业成就有积极或消极的影响。当然，这并未真正解决因果关系的问题，因为下述情况是可能的，即结婚或婚姻解体并不是像那样影响人们的职业生涯，而是这些事件经常发生在由于其他原因可能获得高于或低于平均职业地位的人身上。像在其他地方一样，在这里"选择（selection）"假设是"因果关系"假设的一个劲敌。不过，我们可以进行某种统计分析，以控制选择的某些可能基础。因此，图10.2意味着，婚姻状况对职业地位具有某种净影响，它独立于其他影响因素（W、U和X，以及V的间接影响）。下面的分析旨在搞清这是不是一个合理的结论。

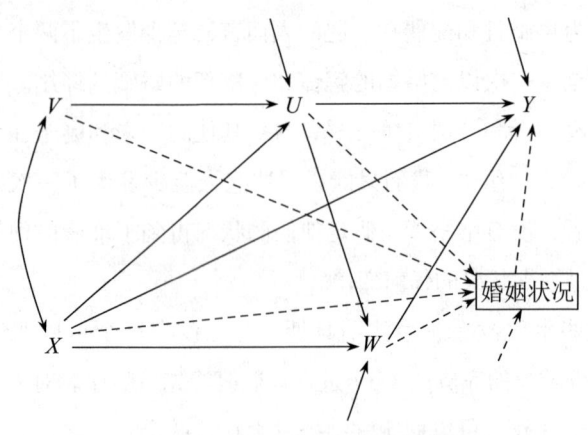

图10.2 将基本模型扩展至将婚姻状况包含为分层过程中的一个中介变量

注释：虚线代表的是设想的因果关系，但不能得出定量的路径系数，因为婚姻状况不是定距变量。

代码：V：父亲的受教育程度 X：父亲的职业地位；U：被访者的受教育程度；W：被访者首职的地位；Y：被访者1962年职业的地位。

如同在上一节的情形，我们考虑的是，正在研究的因素对被解释掉的总平方和的净贡献是否足够大，以致值得讨论该因素的直接影响。在这里，鉴于将婚姻状况视为介于教育和首职地位（一方面）与1962年职业地位（另一方面）之间的一个意外事件，所以我们只需要研究婚姻状况对Y的差异的"解释"的贡献。接下来的总结显示了由三个人口总体——20—64岁的所有人、非农背景的人和其父亲在农场职业的人——中所指明的变量组合解释掉的总平方和：

变量组合	总平方和百分比（Y）		
	所有人	非农背景的人	农场背景的人

婚姻状况	1.25	1.28	1.37
U, W	40.93	40.26	28.13
U, W, X	41.93	41.14	—
U, W 和婚姻状况	41.95	41.29	28.88
U, W, X 和婚姻状况	42.95	42.19	—

当然，我们不应该期望婚姻状况对被解释掉的总平方和有重要贡献，因为四分之三的人都处于相同的婚姻状况。不过，它的总影响是明确无误的，婚姻状况单独解释了总平方和的1%以上。对所有人和对非农背景的人而言，U、W、X 和婚姻状况的组合相对于 U、W 和 X 的组合，婚姻状况所带来的增量不低于1%。对农场背景的人（根据对总体的界定控制父亲的职业）而言，在 U 和 W 变量组合中由婚姻状况带来的增量虽未超过0.75%，但这仍是一个可靠的且不可完全忽视的贡献。

研究这些影响的模式请参考表10.3。就总影响而言，唯一明显有利的婚姻状况类型是已婚（第一次结婚）且和妻子在一起的人。不过，净影响表明，再婚和丧偶也具有有利的影响。离婚者、分居者和从未结婚者显示出比其他人低的职业成就。不管我们怎样解决因果关系的方向问题，这个结论仍成立。可能的情况是，职业成功的缺乏是婚姻解体的一个前奏，或者说这样的解体对职业生涯具有一个扰乱性的影响。我们的数据不允许我们确定哪一种机制（如果不是兼而有之的话）解释了婚姻状况与职业成就之间的净关联。另一个合理的解释是妻子对职业生涯具有有益的影响，但控制了背景变量后鳏夫与已婚男性的职业生涯一样成功，这个发现使得这个解释相当可疑。

当然，这些结果并没有包含令社会学家感到奇怪的内容，社会学家长久以来就认识到已婚男性更能避免诸如犯罪和自杀等形式的个人失败。不过，在此我们已表明，婚姻与职业成就的关联没有轻而易举地被明显有关的背景变量和之前成就的组合解释掉。婚姻状况的净影响一点也不显著。此外，由于未能包含对年龄的控制（特别是，年龄可能解释了单身的极其不利的影响，因为单身者集中在 20—24 岁这个年龄区间），我们可能略微低估了婚姻状况的净影响。无论如何，似乎明显的是，缔结一桩婚姻并保持它的完整对职业生涯而言是一个有利的征兆。

表 10.3　婚姻状况对 1962 年职业地位的影响

总体和婚姻状况	人数（单位：千人）	1962 年职业地位 无控制变量	1962 年职业地位 控制教育、首职和父亲的职业 [a]
所有人			
已婚者，和配偶在一起			
#初婚	31075	1.6	1.2
#再婚	4499	−1.6	0.8
丧偶者	558	−4.1	1.3
离婚者	1027	−4.4	−1.6
已婚者，未和配偶在一起	1085	−8.9	−4.1
从未结婚者	6739	−3.9	−5.3
总体均值	44984	36.3	36.3
非农背景者			
已婚者，和配偶在一起			
#初婚	22532	1.7	1.3

续表

# 再婚	3245	−2.1	0.3
丧偶者	369	−3.8	0.8
离婚者	743	−4.2	−1.4
已婚者，未和配偶在一起	765	−9.4	−4.1
从未结婚者	5229	−3.7	−5.2
总体均值	32879	40.1	40.1
农场背景者			
已婚者，和配偶在一起			
# 初婚	8546	1.2	0.6
# 再婚	1255	0.4	1.9
丧偶者	189	−0.7	3.7
离婚者	284	−4.2	−1.8
已婚者，未和配偶在一起	322	−5.7	−2.9
从未结婚者	1511	−5.1	−4.5
总体均值	12105	27.3	27.3

a 对农场背景的人而言，父亲的职业未被包含为一个控制变量，因为这个总体是根据父亲的职业界定的。

找个好对象

如果存在一个命题被公认为社会流动的公理的话，那么它就是一个"在事业的道路上前行"的男人最好缔结一桩好的婚姻。男人无疑会争取如此。在这里我们要研究的命题是，一个男人缔结的婚姻类型会影响到其职业成就的水平。具体而言，我们希望提出这个问题，即婚姻会起到多大的影响。如同我们将要看到的，虽然分析有点复杂，但最终无法给出完全明确的解释。

在这个分析中，我们只关注在1962年3月时与其配偶生活在一起的白人被访者。根据1962年时妻子的年龄，这些被访者被分成八个五年组：从22—26岁到57—61岁。因此，对这些队列存在八个类似的分析。在上一节中我们已经看到，与丧偶的、离婚的、分居的和独身的男性相比，1962年时与其妻子生活在一起的男性在职业地位方面更加出色。

作为一个比较的基准，在表10.4的第一个面板中（模型Ⅰ）我们展示了类似于之前对回归分析的总结中所报告的计算结果。如图10.3所示，假定被访者1962年的职业地位受到其首职地位、受教育程度及其父亲的职业地位的影响。模式非常类似于在5章中已经描述的情形，不需要进一步的讨论。

表10.4 对于与22—61岁的妻子生活在一起的白人OCG被访者，影响1962年职业地位的变量的路径系数，得自三种可供选择的模式，根据妻子的年龄分组

自变量	妻子年龄							
	22—26	27—31	32—36	37—41	42—46	47—51	52—56	57—61
模型Ⅰ[a]								
被访者的首职	0.323	0.258	0.219	0.206	0.219	0.208	0.220	0.259
被访者的教育	0.437	0.484	0.488	0.437	0.444	0.435	0.375	0.363
父亲的职业地位	0.034	0.096	0.105	0.108	0.086	0.130	0.098	0.172
多元的 R^2	0.472	0.518	0.477	0.399	0.398	0.423	0.339	0.415
模型Ⅱ[a]								
被访者的首职	0.310	0.242	0.210	0.195	0.212	0.200	0.209	0.254
被访者的教育	0.395	0.419	0.448	0.389	0.399	0.390	0.308	0.319
父亲的职业地位	0.022	0.081	0.095	0.091	0.072	0.119	0.076	0.150

第10章 婚姻与职业地位

续表

妻子的教育	0.053	0.069	0.044	0.068	0.052	0.076	0.091	0.042
妻子父亲的职业地位	0.055	0.101	0.064	0.069	0.063	0.028	0.081	0.074
多元的 R^2	0.476	0.531	0.483	0.408	0.404	0.428	0.351	0.421
模型Ⅲ[a]								
被访者的首职	0.260	0.166	0.165	0.122	0.149	0.119	0.132	0.215
被访者的教育	0.376	0.408	0.440	0.359	0.382	0.348	0.283	0.302
父亲的职业地位	−0.031	−0.018	0.038	0.037	0.015	0.111	0.007	0.081
设想的因素（H）	0.306	0.394	0.292	0.339	0.307	0.320	0.355	0.310
多元的 R^2	0.476	0.531	0.483	0.408	0.404	0.428	0.351	0.421

[a] 参见图 10.3。

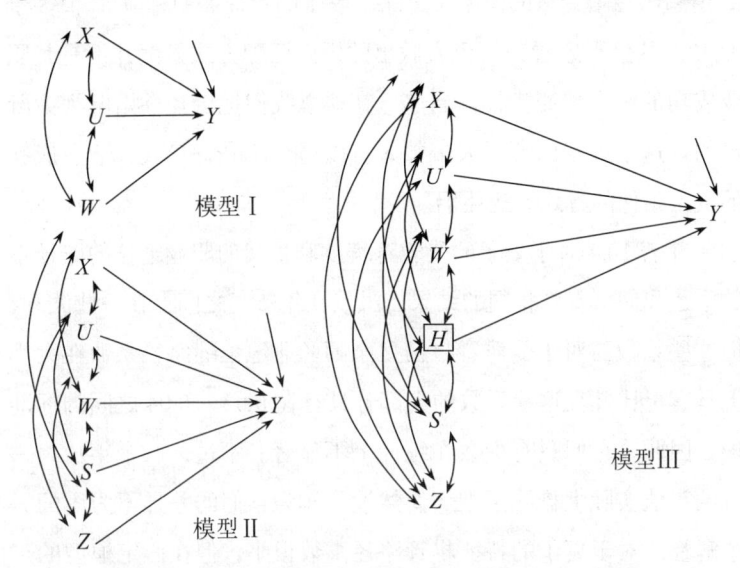

图 10.3 丈夫 1962 年职业地位的决定因素的三个模型

代码：Y：丈夫 1962 年职业的地位；X：丈夫父亲的职业地位；U：丈夫的受教育程度；W：丈夫的首职地位；S：妻子的受教育程度；Z：妻子父亲的职业地位；H：设想的变量，丈夫的未指明特征。

在第二个面板中我们考虑了模型Ⅱ，它加入了两个另外的影响1962年职业地位的因素：妻子的受教育程度及其父亲的职业地位。当然，在估计这五个变量的路径系数时，我们必须要考虑它们的交互相关。在下一节我们会注意到，对八个年龄组而言，夫妻双方的父亲的职业地位之间相关系数的变化范围在 0.25—0.37 之间，大多数年龄组的值非常接近于 0.3。而且，妻子的受教育程度与丈夫的受教育程度的相关在 0.6 左右（不同队列的变化范围在 0.55—0.63 之间）。

在选择性婚配的条件下，很明显我们不能预期妻子的特征对丈夫职业的净影响会很大。事实上，五个变量的模型没有一个的 R^2 值超出三个变量的模型（忽略了妻子的特征）的相应 R^2 值多于 0.013。从这点来看，一个人做出的婚姻匹配方式显然并不是其职业成功的一个预测指标。当然，在这里我们把选择性婚配视为既定的。这个过程保证了大多数人将以适合于其背景或其职业成就的资格条件的方式寻找伴侣。

在表 10.4 对于妻子的受教育程度和岳父的职业地位的路径系数中，我们可看到相同的结果。虽然在年龄组之间存在一些波动，但这些系数与对于受访者自己父亲的职业地位的路径系数在大小上具有可比性。这些系数的大部分具有在 0.02—0.04 之间的标准误。因此，它们只有少数在统计上不显著。不过，八个年龄组一贯的正值实际上排除了把"偶然性"作为它们的差异不为零的一个解释。对于妻子的特征尽管路径系数很小，但在假定模型的正确性的前提下，这些系数无疑具有它们的现实性。简言之，一个人的职业地位与其岳父的职业地位的相关程度与他的职业地位与其自己父亲职业地位的相关程度差不多。

第 10 章 婚姻与职业地位

实际上，模型Ⅱ是这些观察的唯一一种可能的解释。我们希望注意另一种相当有说服力的解释，尽管手头没有支持它的独立证据。我们可能争辩道，视为职业地位的决定因素的被访者的特征远未罗列穷尽。很容易先验地给出另外几个决定因素：动机、智商、结婚时的年龄（可能是"延迟满足综合征"的一个指标），等等。大部分这些很容易想到的因素可能与我们已经测量的变量（不仅与丈夫的特征，而且与妻子的特征）相关。因此，我们应该搞清楚这种可能性，即把一个或更多的另外的变量包含进来可能会改变我们根据手头数据所估计的路径系数的模式。尽管没有办法确定结果将如何得出，但我们可以举例说明一种可能的结果（参见图 10.3，模型Ⅲ）。

假定一个设想的变量 H 来代表任何一个或一组我们在本研究中未测量的丈夫的特征。通过给 H 施加一些虽然武断但并非不合理的条件，然后观察它在模型Ⅲ中如何起作用，我们希望搞清楚我们的数据是否与这样一种解释相容，即这种解释要求职业成就完全是由丈夫的特征所导致的，并且一点也不是由妻子的特征所导致的（以任何直接的方式）。现在让我们把 Y 作为因变量，X、U 和 W 测量的是丈夫的特征，以及测量妻子特征的 S 和 Z。我们知道被测量的自变量之间有 $(5\times 4)/2=10$ 个相互关联，以及因变量与每个自变量之间有五个相关。将 H 包含为第六个自变量，对于后者我们可以写五个方程：

$r_{YX} = p_{YX} + p_{YU}r_{UX} + p_{YW}r_{WX} + p_{YH}r_{XH}$

$r_{YU} = p_{YX}r_{UX} + p_{YU} + p_{YW}r_{UW} + p_{YH}r_{UH}$

$r_{YW} = p_{YX}r_{XW} + p_{YU}r_{UW} + p_{YW} + p_{YH}r_{WH}$

$r_{YS} = p_{YX}r_{XS} + p_{YU}r_{US} + p_{YW}r_{WS} + p_{YH}r_{SH}$

$$r_{YZ}=p_{YX}r_{XZ}+p_{YU}r_{UZ}+p_{YW}r_{WZ}+p_{YH}r_{ZH}$$

这个体系并没有包含 p_{YS} 和 p_{YZ}，因为在这个示例中，我们假定 H 以使它们为零的方式起作用。因此，我们的五个方程包含了四个需要估计的路径系数和五个未知的相关系数（r_{XH}, …, r_{ZH}），一共是九个未知的系数。通过假定 $r_{UH}=r_{WH}=r_{SH}$ 及 $r_{XH}=r_{ZH}$，我们将未知系数的数量降至六个（也就是说，H 与三个直接关于配偶的变量具有相同的相关程度，也与两个关于双方父亲的变量具有相同的相关程度）。为了获得一个明确的解，需要第六个条件，让我们假定 $R^2_{Y(XUWH)}=R^2_{Y(XUWSZ)}$；也就是说，我们假定，将 r_{YH} 包含进来对三变量模型增加的可预测性程度恰好等于五变量模型相对于三变量模型改进的程度。如果我们记住整个计算是假想的，那么就无需对这些武断的假定感到焦虑。上述条件可用代数方法来表述：

$$R^2_{Y(XUWH)}=p_{YX}r_{YX}+p_{YU}r_{YU}+p_{YW}r_{YW}+p_{YH}r_{YH},$$

在这里 $r_{YH}=p_{YH}+p_{YX}r_{XH}+p_{YU}r_{UH}+p_{YW}r_{WH}$，并且在这里 $R^2_{Y(XUWH)}$ 被赋予在模型Ⅱ中对 $R^2_{Y(XUWSZ)}$ 所获得的值。

尽管有点冗长乏味，但这六个系数的解是明确的。表10.4的底部的面板显示了模型Ⅲ的结果。也许这些结果中最有趣的是，H 成为 Y 的一个相对重要的影响因素。对于八个年龄组，路径系数 p_{YH} 的值在 0.29—0.39 之间，相关系数 r_{YH} 在 0.53—0.65 之间，这使得 H 几乎与被访者的受教育程度一样重要。尽管这些系数不太小，但某些未观测的变量（或者这样的变量的组合）以对 H 所设想的那种方式起作用是完全有可能的。顺便提一下，对所有的年龄组而言，对 H 与其余的自变量的交互相关所假定的两个独特的值在 0.3—0.5 之间。对诸如职业能力、阶级认同和成就动机等丈夫的特征而言，根本没有令人难以置信的值。

我们可以得出如下结论：(1)由于选择性婚配，知道我们所测量的关于妻子的两个特征对于我们基于对被访者测量的三个特征所能对其职业地位做出的预测准确性增之甚少。(2)妻子的这些特征的净影响或直接影响尽管不太大，但它们不能被视为偶然的发现。(3)不过，在包含一个或更多的我们未在本研究中测量的丈夫的重要特征的变量系统中，这些影响非常有可能会消失。

当然，第三个结论是一种逻辑上的附加说明，它应该隐含在基于对所观测数据的回归分析得出的结果的任何说明中。在这里，我们不仅使它变得明显，而且变得合理（例如，可能发生的情况是，包含 H 的隐含的路径系数或相关系数是不合理的，这将要求拒绝模型Ⅲ所提供的替代性解释）。

关于我们的结论的另一个可能的保留意见源自于这样的事实，即在谈到丈夫随后的职业成就时，我们没有考虑丈夫特征与妻子特征的交互作用。尽管妻子的特征在加性模型中具有很小的净影响，但也许有人会说，夫妻双方的受教育程度之间明显的差异对丈夫的职业地位会产生一个独特的影响。不过，明显的选择性婚配这个事实降低了这个保留意见的说服力。两个高度相关的变量很少有大的交互作用，这是统计上的常识。即使这种影响因丈夫-妻子差异的极端案例而非常明显（这只是一种假想的可能性，不会得到任何资料的支持），但这类案例的稀少性保证了由这种交互作用所解释的职业地位上的差异将是微乎其微的。

为了防止存在误解，应该强调的是，我们的结论没有一个意味着，配偶选择的模式是分层过程微不足道的一部分。相反，这些结论推动我们将分析回溯至选择性婚配本身的之前阶段。我们应该对如何做出这样的匹配寻找一个解释,而不是关注找到一个好伴侣对一个男人的职业生涯有什么影响。

选择性婚配[①]

在估计妻子特征对丈夫成就影响的过程中,上一节引出了选择性婚配的重要性。如同社会学对配偶选择[②]的大量探究和在人类遗传学理论[③]中对选择性婚配的重视所表明的,学术界对这个主题具有广泛的兴趣。在关于职业流动的文献中,大多数重要的全国性研究都已包含了有关这个主题的内容,特别是盖格对此进行了详细思考。[④]

我们的分析分成两个主要部分:首先,对丈夫和妻子的父亲的职业的交叉分类的详细研究;其次,对根据与夫妻双方的其他

[①] 这一节和下一节的内容大部分基于布鲁斯·L.沃伦（Bruce L. Warren）的两篇论文:"选择性婚配现象的多变量分析方法"（A Multiple Variable Approach to the Assortative Mating Phenomenon）,《优生学季刊》（Eugenics Quarterly）, 13（1966）,第285—290页;"选择性婚配:文献回顾及某些新发现"（Assortative Mating: A Review of the Literature and Some New Findings）, 1964年,未发表。

[②] 参见阿兰·吉拉德（Alain Girard）的文献综述,《配偶选择》（Le choix du conjoint）,第44号工作论文（Cahier No. 44）,国家人口研究所（Institut national d'etudes démographiques）(Paris: Presses Universitaires de France, 1964)。

[③] J. N. 施普勒（J. N. Spuhler）,"定量人类遗传学的实证研究"（Empirical Studies on Quantitative Human Genetics）,载于《遗传和辐射研究中生命健康统计学的使用》（The Use of Vital and Health Statistics for Genetic and Radiation Studies）(New York: United Nations, 1962年。

[④] 西奥多·盖格（Theodor Geiger）,《丹麦中心城市的社会变迁》（Soziale Umschichtungen in einer Dänischen Mittelstadt）, Acta Jutlandica, XXIII (Copenhagen: Ejnar Munksgaard), 1951年。

特征有关的职业出身的搭配（assortment）的更简洁的处理。

附录中的表 J10.1 给出了关于父母职业的基础数据。很容易完成的第一个任务是展示关于职业背景的搭配的发生频次。当然，就选择性婚配而言，我们认为它只是对随机性婚配的某种系统性的偏离。在理论上，这种偏离可能包含了比偶然发生的数量更大的丈夫与妻子特征之间的显著差异。不过，关于社会经济特征，这种类型的负向搭配很少被观察到。相反，我们发现的是同征择偶；配偶双方通常比随机性婚配的情况下更为彼此相似。

表 10.5 把独立性模型作为比较的基准，并且根据妻子父亲的职业对丈夫父亲的职业的观测频次被表示为对这个机会模型的相对偏离。也就是说，如果 O_{ij} 是夫妻双方父亲职业的观测频次，在此丈夫出身于职业群体 i，妻子出身于职业群体 j，并且 E_{ij} 是基于独立性假设得出的相应的期望频次，相对偏离被定义为 $(O_{ij}-E_{ij})/E_{ij}$ 或 $(O_{ij}/E_{ij})-1$，这是进入表 10.5 中的数量（这个值加上 1 等于第 2 章所使用的关联指数）。正值表明背景变量组合以比机会频次更大的频次发生；负值表明它们以比机会频次更小的频次发生。如果随机性婚配是事实的话，那么值将几近于零。

在表 10.5 中，根据社会经济地位得分对非农职业进行了排序，除了整个销售职业也许应该被置于自雇型 MOP（基本上是企业主）之上。实际上，对于三个最低的白领职业，职业地位指数差别不大，以至于这里的排序问题也许是无实际意义的。如果将这个排序视为给定的，那么立刻变得明显的是，在职业背景方面的搭配采取的是趋于同征择偶的形式，或者说夫妻之间有比根据随机性所预期的更大的相似性。所有的对角线单元格都是正值，大量相对靠近对角线的其他单元格亦然。

表 10.5 对于 OCG 夫妻（在 1962 年 3 月时 22—61 岁的妻子），关于父亲职业的选择性婚配：对基于独立性假设的期望频次的相对偏离（观测频次－期望频次）/期望频次

丈夫父亲的职业	(1)	(2)	(3)	(4)	(5)	(6)	(7)	(8)	(9)	(10)	(11)	(12)
(1) 自雇型专业人员	1.92	1.42	1.28	1.31	1.09	0.61	-0.06	-0.57	-0.25	-0.77	-0.44	-0.80
(2) 领薪型专业人员	2.06	1.44	1.22	0.86	0.38	0.27	0.07	-0.27	0.05	-0.60	-0.56	-0.75
(3) 领薪型 MOP	1.45	0.58	1.60	0.54	0.86	1.10	-0.07	-0.17	0.35	-0.51	-0.53	-0.93
(4) 自雇型 MOP	1.55	0.48	0.24	1.12	0.53	0.24	-0.03	-0.17	0.22	-0.47	-0.36	-0.80
(5) 销售人员	0.44	0.41	0.77	0.59	1.59	0.47	0.16	-0.27	0.20	-0.28	-0.56	-0.38
(6) 文书人员	0.61	0.39	0.40	0.49	0.61	0.05	0.09	-0.20	0.48	-0.08	-0.40	-0.16
(7) 手艺人	-0.28	0.15	0.12	-0.07	-0.07	0.24	0.40	0.15	0.05	0.08	-0.42	-0.41
(8) 操作工	-0.46	-0.26	-0.35	-0.21	-0.04	-0.11	0.18	0.74	0.05	0.12	-0.45	-0.29
(9) 服务业人员	-0.10	0.22	0.33	0.04	-0.17	0.35	0.36	-0.07	0.79	0.19	-0.48	-0.24
(10) 体力工人	-0.22	-0.27	-0.54	-0.38	-0.09	0.03	-0.14	0.26	0.24	1.81	-0.42	1.04
(11) 农场主	-0.60	-0.48	-0.46	-0.42	-0.54	-0.49	-0.41	-0.34	-0.41	-0.23	1.12	0.15
(12) 农场工人	-0.41	-0.39	-0.55	-0.65	-0.33	-0.46	-0.20	-0.19	-0.21	0.71	-0.11	7.43

续表

模式的分析[a]

(1) 自雇型专业人员	…	…	…	…	…	…
(2) 领薪型专业人员	…	…	0	…	…	…
(3) 领薪型 MOP	…	…	X	…	…	…
(4) 自雇型 MOP	…	…	0	…	…	…
(5) 销售人员	…	…	X, 0	X, 0	…	…
(6) 文书人员	…	…	0	0	…	…
(7) 手艺人	X, 0	…	…	…	X	…
(8) 操作工	0	0	…	X	X	…
(9) 服务业人员	0	0	X, 0	X, 0	…	…
(10) 体力工人	…	…	X, 0	…	…	…
(11) 农场主	…	…	…	…	0	X
(12) 农场工人	…	…	…	…	…	X, 0

[a] 线代表的是设想的阶级界线。0：阶级内同征择偶的例外。X：符号模式的不对称。

在第 2 章所提出的关于阶级界线的观点可用这些数据再加以研究。假设关注的是在白领职业与体力职业之间（类别 6 和类别 7 之间）存在一个脱节，以及在体力职业与农场职业（类别 10 与类别 11 之间）之间也存在一个割裂。这个观点要求阶级内同征择偶的模式，以致正的偏离应该出现在表 10.5 的下半部分所画出的三个大的对角线区块，负的偏离出现在别的区块。为了便于检查，对这种模式的例外在表格的下半部分用符号"0"表示。

有时会发生的情况是高于和低于对角线的相应单元格有不同的符号，尽管由于单元格的频次有很大的抽样误差，这种不一致的低频次令人吃惊。因此，在研究同征择偶模式的例外时，我们完全可以将注意力集中在例外始终发生的单元格上。在 66 个可能的配对中，有 7 对单元格是这种情况。与阶级内同征择偶的假设相反，手艺人的子女与两个白领群体（领薪型专业技术人员和文书人员）的子女之间的婚姻超出随机频次。同样的例外发生在服务业人员的子女与四个白领群体（领薪型专业技术人员、两个 MOP 群体和文书人员）的子女之间的婚姻。最后，农场背景的工人与非农场工人之间的婚姻以高于跨越体力—农场界线的随机频次的频次发生。

不幸的是，对于拒绝阶级界线的假设所要求的例外数量，我们缺乏一个标准。如果假设没有被完全拒绝，那么当然应该有理由承认服务业职业处在一个不适当的排序位置上。为了便于论证，如果我们改变服务业人员的排序，以致这个职业落在文书人员与手艺人之间，那么不管它是与白领职业分为一组，还是与体力职业分为一组，都将呈现为例外。当然，对服务业职业的分类确实有问题。它们的教育和收入水平适合将它们归组为体力职业。不过，许多具体的服务业职业的工作环境是办公室或商业机构，并且它们的状况与较低的白领职业没有太大的不同。而且，与典型的体力工人所面对的环境相比，这样一个环境提供了更广泛的与较高地位职业接触的机会。

对表10.5的最后一个评论是关于它总体上对称的外观。既因为数据受制于抽样误差，也因为边缘分布（参见表J10.1）不相同，所以我们不应该期望一个完全对称的表格。丈夫和妻子在职业出身上的边缘分布缺乏一致部分是因为他们来自于不同的出生队列。还存在一个尴尬的境况，即对于大约15%的符合条件的夫妻因为一方或双方没有报告父亲的职业，所以我们缺乏相应的数据。即使由于这些原因在数据中可能产生了扭曲，但至少在相对偏离的符号模式上明显存在一个极强的对称趋势。在跨越对角线的相应位置上的66对单元格中只有5对表现出不一致的符号（参见表10.5的下半部分）。在大小而不是符号上，也许存在一些对对称性的系统性偏离。如果是这样的话，这些偏离应该反映在我们马上进行的对这些数据的进一步分析中。

在表10.6中，我们以在第2章所解释的方式使用了相异性指数。我们考虑了相对于根据丈夫出身的分布，妻子出身的职业（妻子父亲的职业地位）的相异性；以及相反地，相对于根据妻子出身的分布，丈夫出身的职业的相异性。表10.6的对角线之上和之下分别给出了这两套指数。如果基本频次表是完全对称的，那么表10.6的两部分当然会是相同的。很显然，它们并不完全相同。然而，这两套"距离"之间存在非常高的相关。这两个数据集合显示出一个

美国的职业结构

表10.6 根据父母职业的选择性婚配表中的职业对之间的相异性指数[a]

职业	(1)	(2)	(3)	(4)	(5)	(6)	(7)	(8)	(9)	(10)	(11)	(12)
(1) 自雇型专业人员	…	15.9	17.2	14.1	17.9	22.0	31.3	37.5	26.6	42.3	48.9	51.0
(2) 领薪型专业人员	10.7	…	6.8	8.6	11.8	8.8	15.7	23.2	13.2	28.1	45.5	45.5
(3) 领薪型MOP	13.8	10.4	…	11.4	14.3	9.7	18.4	26.5	15.3	30.7	45.9	47.6
(4) 自雇型MOP	13.5	10.9	10.1	…	11.0	14.0	19.4	26.1	14.7	30.4	44.4	45.0
(5) 销售人员	17.8	11.1	10.8	13.1	…	11.3	18.9	24.8	13.9	29.6	46.8	45.7
(6) 文书人员	19.8	13.6	12.1	8.5	9.0	…	10.7	19.5	10.0	24.4	45.9	44.1
(7) 手艺人	29.8	22.7	22.8	18.6	18.1	13.8	…	13.0	9.2	18.9	43.0	42.2
(8) 操作工	36.0	28.5	28.6	25.2	23.8	19.5	11.0	…	14.9	16.2	41.2	38.0
(9) 服务业人员	28.9	20.8	19.5	18.1	15.2	11.4	6.7	15.7	…	18.5	43.0	40.1
(10) 体力工人	38.4	33.9	30.4	27.2	30.2	23.4	17.8	16.7	21.6	…	39.1	27.8
(11) 农场主	49.5	47.4	46.5	41.6	44.5	39.2	40.6	41.1	41.8	39.6	…	33.3
(12) 农场工人	45.0	41.6	39.2	34.2	38.6	31.1	31.2	31.6	31.7	23.6	33.4	…

[a] 对角线之上:相对于丈夫父亲职业,妻子父亲职业之间的相异性;对角线之下:相对于妻子父亲职业,丈夫父亲的职业群体之间的相异性。

第 10 章 婚姻与职业地位

一般趋势，即进一步拉大两个职业的地位等级，它们的相异性距离就会增加；但是二者也表现出对这种一般趋势的类似偏离。与已做出的观测相一致，大量的这些偏离涉及服务业职业。此外，两个农场职业的相异性指数没有出现整齐划一的模式。

如同之前对流动表的处理（第 2 章），我们需要考虑，对距离模式的形式化分析能否澄清解释。我们再次借助于格特曼—林格斯最小空间分析方法。在一维的空间中，在表 10.7 中被视为集合 A 的数据具有一个为 0.127 的离异系数；二维空间的求解使这个系数降低为 0.050。对于集合 B，几乎可获得同样的结果：一维求解的离异系数是 0.126，两维求解的系数是 0.060。我们接受呈现在表 10.7 中的二维解作为进一步讨论的基础。随意给出刻度值，并且通过平面旋转求解，这样的话，第一个维度由自雇型专业技术人员与非农工人之间的直线来确定。当然，旋转及刻度的转换的目的只在于陈述和解释的方便。解的基本特性不会因此受到影响。

两套解值之间广泛的相似性反映了选择性婚配表已识别出的趋于对称的一般趋势。在集合 A 的第一维度值和集合 B 的第一维度值之间存在非常高的相关。实际上，省略了农场职业后，除了一个职业——领薪型专业技术人员——外，这种相关几乎是完全相关。这个职业在集合 A 的解值比在集合 B 的解值低很多，由于这个职业的地位得分很高，所以集合 A 的低值令人吃惊，稍后我们会对此加以讨论。这两个集合的解在农场职业的第一个维度中并不完全一致。向后参考原初的相异性指数表明了为什么如此。在集合 B 中，农场主在所有情况下都比农场工人远超出非农职业，但在集合 A 中却存在对这种模式的若干例外。

451

表 10.7　职业地位得分和对表 10.6 中的相异性指数的二维格特曼-林格斯解

职业	职业地位得分[a]	格特曼-林格斯解[b]			
		集合（A）		集合（B）	
		第一维度	第二维度	第一维度	第二维度
自雇型技术人员	84	77	8	77	15
领薪型专业人员	73	59	7	68	7
领薪型 MOP	68	63	6	63	12
自雇型 MOP	47	62	10	56	17
销售人员	49	59	0	55	5
文书人员	45	55	4	49	15
手艺人	31	45	4	34	7
操作工	18	38	14	23	0
服务业人员	17	48	7	39	2
体力工人	7	30	8	15	15
农场主	14	15	52	24	83
农场工人	9	0	16	0	40

a 源自赖斯（Reiss），前引《职业和社会地位》，表Ⅶ-4，补之以对自雇型专业技术人员、领薪型专业技术人员和 MOP 之间区分的粗略估计。
b 集合（A）指的是表 10.6 中对角线之上的指数，集合（B）指的是表 10.6 中对角线之下的指数。

除了两个农场职业之外，这两个解在第二个维度上表现出非常小的变化，并且在二者之间存在很小的相关。不过，关于农场主在第二个维度上的高值，二者之间存在一致。很明显在这两个解中，第二个维度主要起到表示这个事实的作用，即农场职业与所有其他职业的差异很大，确实不怎么适合一维排序。

很明显，两个解中的第一个维度基本上是职业的社会经济地

第 10 章　婚姻与职业地位

位排序。因此，表 10.7 的第一列显示了地位得分，并且在图 10.4 中刻画了每个数据集合的第一个维度的值相对于地位得分的图。图形表明，除了某些有趣的例外，两个解中的第一个维度与地位得分具有直线关系。在集合 A 中，两种农场职业都没落在这条线上；在集合 B 中，农场工人的解值比根据其地位得分所预期的值低很多。此外，对服务业职业而言，两个解的值都大大高于直线关系所表明的值。

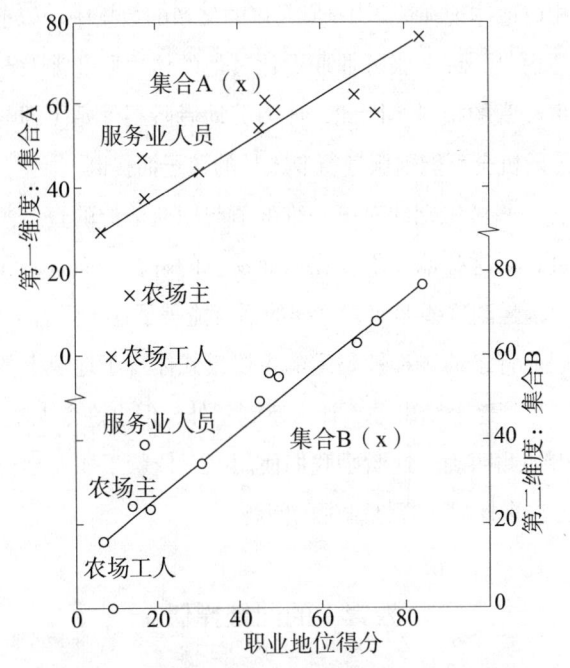

图 10.4　旋转的格特曼-林格斯解的第一个维度与职业地位得分的关系（基于表 10.7 中显示的数据）

注：直线连接了自雇型专业技术人员和非农工人的点；它们不是最小二乘法的回归直线。

在选择性婚配中,"阶级"的影响超出了社会经济的影响,这种情况也许被关于农场职业的这些观察所强化。当然,跨越农场-非农场界线的婚姻面临着空间分隔及社会距离的障碍。而服务业职业的结果引发了其他类型的猜想。也许在当前的语境中,地位得分有些误导性。这个得分起初是为1950年的劳动力中所有从事经济活动的男性而确定的,它们包括了非常年轻和非常老的人。一定数量的服务业职业存在显著的年龄分级模式,而其中有些可能没有相应地体现在关于16岁人口的父亲的数据中。以前指出的另一个考虑是,许多服务业职业比其他的体力职业涉及与白领人士进行更经常的接触。因此,体力劳动者阶层外婚(即与白领阶层结婚)的机会可能因服务行业人员的孩子而提高。

还有一些可识别的对第一维度值与职业地位的直线关系的偏离。不过,对这些偏离不存在显而易见的解释。而且,我们不应该花大篇幅强调这些偏离,这样的话就掩盖了这个强有力的证据,即根据职业背景的选择性婚配的主要模式体现于地位上的同征择偶倾向。尽管这个结果并不让人感到意外,但也许令人吃惊的是,它表现得如此明确。这激励我们使用完全依赖于职业地位得分的相关的方法来探讨选择性婚配的问题。

教育上的同征择偶

可以这样来总结刚才评论的结果,它们表明了妻子父亲的职业地位与丈夫父亲的职业地位之间存在较强的相关。不过,这种分析旨在揭示关联模式,而非为其数量大小获得单一的汇总值。

为了后一个目的，我们使用这样的关于父母职业的数据资料，即它们起初是以详细的类别编码的，然后基于职业地位指数赋予分值。利用这样的数据，可以确定妻子父亲的职业地位与丈夫父亲的职业地位之间的相关系数大约为 0.3。表 10.8 中的第 3 列显示了八个白人队列和五个非白人队列的相关系数。对白人而言，相关系数波动范围不大，在 0.3 附近；而对非白人而言，结果则更为不规则，在 0.11—0.37 之间。鉴于非白人的样本很小，所以这种不规则并不令人吃惊。

表 10.8 证实在父母的职业地位上存在明显的匹配，但它也表明在夫妻双方的受教育程度上更趋于同质（第 2 列）。对白人队列而言，大约为 0.6 的相关系数很好地体现了夫妻双方在受教育程度上的选择性婚配，只有个别队列的相关系数对这种集中趋势有点偏离。对非白人队列而言，尽管在相关系数上存在更明显的波动，但大部分表现出比较高的值。

表 10.8　根据肤色和妻子的年龄，夫妻双方的选定特征之间的简单相关和偏相关

肤色和妻子的年龄	夫妻的数量[a]（千人）(1)	完成的受教育年数 (2)	父亲的职业地位 (3)	兄弟姐妹的数量 (4)	父亲的职业地位 控制夫妻的教育 (5)	父亲的职业地位 控制5个变量[b] (6)
白人						
22—26 岁	3726	0.63	0.31	0.21	0.16	0.12
27—31 岁	4077	0.61	0.27	0.17	0.10	0.09
32—36 岁	4685	0.59	0.25	0.19	0.10	0.07
37—41 岁	4907	0.55	0.31	0.17	0.18	0.15

续表

42—46 岁	4311	0.62	0.30	0.20	0.18	0.16
47—51 岁	3786	0.60	0.29	0.16	0.14	0.11
52—56 岁	2810	0.60	0.32	0.15	0.21	0.17
57—61 岁	1846	0.63	0.37	0.18	0.25	0.20
非白人						
22—26 岁	393	0.52	0.30	−0.02		
27—31 岁	417	0.62	0.21	0.07		
32—36 岁	473	0.70	0.37	0.20	（没有计算）	
37—41 岁	458	0.39	0.16	0.13		
42—61 岁	984	0.62	0.11	0.01		

a 包括没有回答某些变量的夫妻。
b 它们是夫妻双方的受教育程度和兄弟姐妹的数量，以及丈夫首职的地位。

可以用同样的方式来研究夫妻双方的另一个特征，即丈夫和妻子各自的兄弟姐妹数量。在此，对于每个白人队列，我们观测到接近 0.2 的相关系数，尽管对于非白人的相关系数完全不一致。

这三个相关系数系列表明，不止在一个社会特征上存在选择性婚配，但是匹配的程度（或者相关系数的大小）在不同特征之间存在很大差异。这种差异在以前的文献中曾被指出过，这些文献报告了大量的关于人体测量和心理测量的特征。这种类型的差异诱使我们根据特征或特点的层级来理论化，即从那些显示出明显趋于同征择偶的特征到那些虽然表面上可靠但却匹配程度很低的特征。明显需要一个解释这种层级模式的配偶选择理论；不幸的是，我们不能为这样一种理论提供切实的思考。接下来的观察

第 10 章 婚姻与职业地位

只是提供一系列推测和进一步探究的线索。

许多学者已经强调了空间接近性在配偶选择中的作用。如果结婚意味着以前有过社会接触（不考虑在非西方社会父母的包办婚姻或者在西方社会的由计算机安排的婚姻），并且如果空间接近性至少是决定这种接触机会的一个限制因素，那么将空间接近性作为配偶选择的一个重要条件确实是有意义的。根据对居住模式的研究，我们知道在生活空间上彼此接近的人往往在社会经济特征上也相似。因此，完全根据空间接近性选择配偶会导致在社会经济变量上的某些选择性婚配。

美国社会盛行男女同校的结构，学校被认为是比居住区更可能提供重要接触的一个空间情境。[1]学生的年龄分级保证了上学的人将会熟识大量的潜在配偶。中学和大学很大程度上起到婚姻市场的作用，这对教育学家而言并不是什么新闻。而且，随着年龄增长带来的入学人数下降通常去除了这个特定市场的符合条件者。因此，继续其教育到一定层次的人更可能在那个层次的其他人中而不是在提前离开学校的那些人中寻找配偶。婚姻的缔结本身通常意味着一方或双方学校教育的终止。

因此，有充足的理由认为存在明显的教育上的同征择偶，更不用说多少有意选择的成分。尽管如此，后者是不能被忽视的。尽管寻找配偶的人并不明显根据受教育年限来评价符合条件的人，

---

[1] 参见艾伯特·刘易斯·罗兹（Albert Lewis Rhodes）、艾伯特·J. 小赖斯（Albert J. Reiss, Jr.）和奥蒂斯·杜德里·邓肯（Otis Dudley Duncan），"在都市学校系统中的职业分隔"（Occupational Segregation in a Metropolitan School System），《美国社会学杂志》，70（1965），第 682—694 页，以及"勘误"（Erratum），《美国社会学杂志》，71（1965），第 131 页。

但根据性格和知识上的适意或者偏好和取向上的相投来找对象在某种程度上需要教育经历的相似性。

因此，看来把受教育程度作为同类婚配的一个直接基础并不困难。现在让我们同意这个观点，即教育确实以这种方式起作用。但是因为教育与每个配偶的背景中的大量因素有关，因此将会间接地产生在这些背景因素上的明显匹配。实际上，我们可以考虑这样一个零假设，即根据受教育程度上的同类婚配及受教育程度与背景因素之间的相关可完全解释背景因素（比如各自父亲的职业）之间的相关。

应该指出的是，这个观点与在此之前我们在对职业生涯发展的讨论中所假定的因果关系方向相反。之前我们根据这个假定进行推断，即受教育程度取决于家庭背景。现在我们提出，从婚姻的角度看，而不是从缔结它的个体的角度看，由婚姻所形成的背景变量的组合取决于教育水平的组合。

毕竟，在我们的社会中婚姻不是由父母根据合适的背景特征和家庭联系来安排的，在过去一向如此，现在它很大程度上是未来打算结婚的伴侣自由恋爱的结果。约会和求爱模式引起了浪漫的参与，并且因为身坠爱河所以年轻人才会结婚。家庭联系并不直接影响这样的情感卷入，而是伴侣本身的个性特征、兴趣爱好和生活方式起到直接影响。在我们的数据可提供的这些个体差异中最明显的指标是受教育程度，更不用说前面已指出的教育水平在为求爱期的社会接触提供机会中的重要作用。因此，从结婚的角度看，在家庭背景上存在的任何同征择偶可能只是在伴侣本身的个人特征上的同征择偶的附带产物，在我们的数据中它体现为教育上的同征择偶。

根据这些考虑，在控制夫妻双方的受教育程度后研究一下他们在职业背景之间的偏相关是合适的。基于这种偏相关将为零的虚无假设，这样一个结果与下述观点相一致，即同类婚配直接发生在受教育程度上，但只是间接基于职业背景。对白人队列的这样一个计算的结果显示在表10.8中的第5列。很明显，当控制了教育上的同征择偶后，父辈职业地位之间的相关程度降低了。不过，同样明显的是，它并未消失。父辈职业地位之间的简单相关大约为0.3，而偏相关系数总体而言下降到0.2左右甚至更低。

可基于更为精致的假定扩展这种分析。假定同类婚配直接发生在夫妻双方的几个当前特征上，不管它们可能是什么。这些特征转而带来这样的婚姻，即形成它们与背景因素的关联，这间接导致在背景因素上的同征择偶。举例来说，我们考虑妻子的两个特征（受教育程度和兄弟姐妹数量）和丈夫的三个特征（受教育程度、兄弟姐妹数量和首职地位），之所以考虑丈夫的首职是因为它在时间上可能或多或少更接近于结婚。在控制了这五个变量之间的交互相关以及它们与父辈职业地位的相关后，我们可以计算出父辈职业地位之间的偏相关。这些偏相关系数显示在表10.8的最后一列。结果清楚地表明，父亲的职业地位之间的相关只有略微的下降。

这个分析不能被看作为我们所提出的这种理论提供了关键证据，因为所研究的这些特征并没有穷尽我们假定的同类婚配所相对"直接"基于的变量的明显可能性。不过，如果我们在表面上考虑这些结果及导出它们的推理,那么我们应该得出这样的结论,即选择性婚配主要发生在教育方面,而在社会出身上的门当户对只起到一个从属作用,尽管它绝不是无关紧要的。这样一个结论倾向于改变通常对婚姻在社会流动中作用的强调。以往文献给我们的印象是,婚姻市场是如此结构化的,以致保证了在社会出身上的门当户对。可以说,我们的研究结果很大程度上倾向于把这种门当户对看成是基于夫妻双方本身的后致地位(尤其是受教育程度)的选择性婚配的一个副产品。我们有理由建议,在更深刻地关注配偶选择问题的进一步研究中,这个观点应该得到系统的探讨。

　　与此同时,传统观点的可能性尚未被完全排除。从家庭制度和分层体系的长远视角看,基于社会出身的同征择偶具有相当重要的意义。考虑到在我们的价值体系中浪漫爱情是婚姻的主要基础,父母能促进他们的孩子结成门当户对的夫妻并因此延续家庭在社会等级中的地位的唯一方式是通过把他们的孩子安置在这样一个环境,即大量的具有合适的家庭联系的未来可能成为伴侣的人群。父母通常通过生活在独特的社区(在较贫穷阶层的情况下这是不可避免的;在较富裕的阶层中会有意这样做)并将他们的孩子送往合适的学校和大学来实现这一点。因此,即使配偶选择主要受到配偶本身的个人特征的直接影响,但对自由恋爱的机会所施加的限制使得家庭背景有可能对它发挥某种间接影响。浪漫爱情减弱了社会出身对配偶选择的影响,但是在社区和学校中的区位隔离间接地恢复了社会出身对婚姻的某种影响。

第 10 章 婚姻与职业地位

结论

本章所报告的一些结果略微背离基于社会学文献中普遍接受的假设所预期的结果。不过，我们能够比有些情况下更为明确地说明和支持它们。我们发现，在破损家庭中长大是随后地位成就的一个障碍。不过，这种障碍实际上可完全归因于在这种家庭中长大所导致的教育上的不利。其次，我们注意到，我们的数据与这种假设相一致，即婚姻本身（缔结一桩婚姻并维护它以避免解体）对于一个人的职业生涯而言是一种资产（如果是一种相对次要的资产的话）。而且，这种影响没有轻易地被直至调查的日期时仍维持婚姻的人的有利的社会经济选择所完全解释。

本章后面所报告的发现也许有些更令人吃惊。无论如何，我们斗胆提出了不那么符合常规的解释。在思考妻子的特征对丈夫的职业成功如何重要的问题时，我们发现，找到一个好伴侣也许并没有人们从这样的民间说法中所猜想的那么重要，即婚姻是男人流动的一个渠道。实际上，对导致成功和失败的丈夫特征的更全面的理解会将妻子特征的显著作用降至为零，这是完全可能的。

这个解释的关键在于，选择性婚配导致丈夫特征与妻子特征之间的高度相关。因此，妻子的受教育程度及其社会经济背景只能对丈夫成就的差异产生很小的独立影响。认识到选择性婚配对分层过程的这种重要性意味着，需要深入研究选择性婚配现象本身并尝试建构一种能解释所观察到的同类婚配模式的理论。在这里我们的建议再次与关于这个主题的某些主流思考背道而驰。我们的研究表明，同类婚配更明显地表现在夫妻本身的教育上，而不是他们的社会出身上。如果教育上的同类婚配可根据接近性和相容性的因素来解释的话，那么似乎合理的是，把同类婚配看作是直接和主要基于配偶的学校教育和个人特征而发生，只是次要和间接地基于父辈的职业地位而发生。对这个理论的检验似乎要求关注比这里所考虑的更广泛的表示不同程度的同类婚配的变量，并且要发展出旨在解释这些变量所提出的层级模式的模型。

第 11 章
生育率差别与职业流动

我们在本书中的研究大部分是把地位获得或社会流动作为因变量。不过，社会流动理论也强调流动所带来的大量的可能后果，既包括对整个社会的后果，也包括对社会中的个体或特定阶层的后果。[①]OCG 调查几乎没有设计关于这些后果的问题。只有一个变量可被选择基于这种观点来研究，即按照流动类型或程度分类的夫妻的累计生育率。甚至对这一个主题的处理也远非确定性的，不过它仍表明了对一个总体内流动结果问题的处理模式。

需要深入剖析对生育率差别现象的一些初步观察。

---

① 彼蒂里姆·索罗金（Pitirim Sorokin），《社会流动》（*Social Mobility*）（New York：Harper），1927 年，第 493—546 页；莫里斯·贾诺维茨（Morris Janowitz），"美国社会流动的一些后果"（Some Consequences of Social Mobility in the United States），《第三届世界社会学大会会议论文》（*Transactions of the Third World Congress of Sociology*）（London：International Sociological Association），1956 年，第 3 卷，第 191—201 页。

历史背景

现在所有高度发达的西方国家都发生了出生率的长期下降趋势。虽然开始的时间可能在这些国家之间存在很大的不同,但很明显直到19世纪的最后25年这种趋势仍在大多数国家中进行。根据历史数据的充分程度,对时序模式估计的可靠性参差不齐。而且,对趋势问题的追溯遮盖了当用精致的人口学指标而非常规的粗出生率来进行研究时所暴露出来的未料到的复杂性。① 无论如何,随着出生率下降的趋势日益明显,人口学家开始探究其原因。在大约1900年之后,这些努力产生了大量的确凿证据表明,不同社会经济阶层并没有同等地导致总生育率的变化。相反,实际上在所有国家的较高阶层通常比较低阶层生育更少数量的子女。

当这个事实真相大白时,出现了一个强烈的趋势,即将生育率差别(不同阶层之间的生育差异)和生育率的下降解释为生理学上的生殖能力(人口学家的术语称为"繁殖力")的差异或变化。不过,这种观点逐渐被抛弃了,因为研究表明关于生育率变化和差别的事实与另一种解释相一致,即借助避孕手段来有意控制家庭规模的做法的日益流行。在现代研究中,支持这种解释的

---

① N. B. 赖德(N. B. Ryder),"在生育转型期的趋势决定因素问题"(Problems of Trend Determination During a Transition in Fertility),《米尔班克纪念基金季刊》(*Milbank Memorial Fund Quarterly*),34(1956),第5—21页。

令人信服的直接证据正不断出现。[①]尽管关于家庭计划的证据有助于更为精确地界定要被解释的现象,但它本身并未构成一个令人满意的解释。现在的研究问题是明确指出导致家庭限制做法日益增加但又存在差别的条件,这些条件可能是个人的,也可能是社会的。

接受这种构想的理论很早就出现了,其中关于"社会毛细管"的命题在本章下文将被提及。不过,没有一个单一的理论已经能够收集强有力的支持证据,并且在当前的状况下研究者们致力于对大量具体假设的耐心检验。

与此同时,所研究的现象仍在继续演化。随着人口转型在顺其自然地进行,生育率已经停止了始终如一的下降,并且像美国等一些国家已发生了持续很久的"婴儿潮"。人口分析家当前的倾向似乎承认这样的可能性,即每个妇女队列(或者每个已婚父母队列)可使其当前和最终的生育水平适应非常短期的条件。因此,只相隔几年历史经历的队列可能具有相当不同的总生育率,经由独特的生育时间模式达到出生率的最终水平,并且在生育差异的类型和程度上表现出相当大的变异。例如,有人认为,由于"库兹涅茨周期"的影响,"婴儿潮"涉及和有利的经济条件的一个巧

[①] E. 莱维斯-范宁(E. Lewis-Faning),《对过去五十年期间家庭限制及其对人类生育力影响的研究报告》(*Report on an Enquiry into Family Limitation and Its Influence on Human Fertility during the Past Fifty Years*),"皇家人口委员会论文"(Papers of the Royal Commission on Population)(London: HMSO),第1卷,1949年;罗纳德·弗里德曼(Ronald Freedman),P. K. 惠尔普顿(P. K. Whelpton)和 A. A. 坎贝尔(A. A. Campbell),《计划生育、不孕不育与人口增长》(*Family Planning, Sterility, and Population Growth*)(New York: McGraw-Hill),1959年。

合，以致准备在二战末期开始生育孩子的队列比邻近的上一个队列被鼓励生育更多的孩子，并促使它们的生育周期加快。[1] 随后的队列很可能对变化的环境有不同的反应。生育的动力学不再能恰好用这样一条简单的准则来描述——出生率差别的下降趋势与社会经济地位呈反相关。很显然，从目前来看，我们不能寄希望于建构一个解释一切的一般理论，而应采取对不同时期家庭形成和家庭建立模式的历史变动敏感的分析策略。这些观察并没有提供太多值得反思的洞见，但却为将下面呈现的结果加以概括提供了条件。如同将要显示的，这些结果涉及一组非常特殊的队列，它们的经历对处于历史长河其他时期的队列的行为的理解可能有也可能没有太大影响。

也许证实这个观点的最好方式是，审视在一个关于单一社会经济变量（妇女的受教育程度）的队列序列中累计生育率的差别。在很多方面，对分析终身生育率上的差别而言教育是最令人满意的变量，因为在生育期临近或开始的时候教育通常是确定的。与之相反，像丈夫的职业或收入等变量通常在截至调查日期时才被查明，并且不可能准确地代表前些年（实际上生育已在此时进行）的有关条件。

表 11.1 提供了一个关于生育率差别的队列间比较的高度浓缩的总结。对生育率的测量指标是所有妇女（尽管在本章的随后分析中被局限于与丈夫生活在一起的已婚妇女）曾生育的孩子数量。

---

[1] 理查德·A. 伊斯特林（Richard A. Easterlin），《历史视角中的美国婴儿潮》(*The Baby Boom in Historical Perspective*)，"第 79 号非定期论文"（Occasional Paper No. 79）（New York : National Bureau of Economic Research），1962 年。

生育率差别程度的测量指标是孩子数量对完成的教育年数的线性回归系数。尽管某些队列存在对线性的一些有趣偏离，但作为在教育阶层之间生育率差别程度的一个单一指标，该回归非常有用。队列用出生年份来表示，并且数据进一步用普查年份来标识，因为在这些年份收集了关于累计生育率的信息。该表只展示了白人妇女的数值（或者，在1940年是本土白人妇女）。

表 11.1 对于美国 1940 年的本土白人妇女及 1950 年和 1960 年的白人妇女的选定队列（括号中的数值针对的是 45 岁以下的妇女），累计总和生育率对受教育程度的回归

队列的出生年份	本土白人妇女	白人妇女	
	1940	1950	1960
曾生育的孩子数量			
1925—1929 年	…	…	(2.40)
1920—1924 年	…	…	(2.47)
1915—1919 年 [a]	…	(1.86)	(2.36)
1910—1914 年 [a]	…	(2.04)	2.20
1905—1909 年 [a]	(1.64)	(2.14)	2.14
1900—1904 年 [a]	(2.11)	2.26	2.24
1895—1899 年	(2.42)	2.46	2.46
1890—1894 年	2.61	2.70	…
1885—1889 年	2.69	…	…
1875—1884 年	2.85	…	…
1865—1874 年	3.10	…	…

1900—1960 年合并: 2.52[b]

曾生育的孩子数量对完成的教育年数的回归			
1925—1929 年	…	…	(−0.091)
1920—1924 年	…	…	(−0.095)
1915—1919 年 [a]	…	(−0.125)	(−0.110)

续表

1910—1914 年 [a]	…	(−0.155)	−0.135
1905—1909 年 [a]	(−0.182)	(−0.182)	
1900—1904 年 [a]	(−0.218)	−0.217	−0.199[b]
1895—1899 年	(−0.232)	−0.226	
1890—1894 年	−0.238	−0.250	
1885—1889 年	−0.241	…	…
1875—1884 年	−0.251	…	…
1865—1874 年	−0.248	…	…

a 被包含在 OCG 分析中的队列的出生年份。
b 在 1960 年时 50 岁以及上的妇女（在这个群体中没有按年龄区间来提供教育数据）。
数据来源：第 16 次美国人口普查：1940 年，人口，生育率差别。"按曾生育孩子数量对妇女的分类"（Women by number of Children Ever Born）（Washington：Government Printing Office，1945），表 49；1950 年美国人口普查，《专题报告》（Special Report），P-E，No. 5C，"生育率"（Fertility）（Washington：Government Printing Office，1955），表 20；美国人口普查：1960 年，《主题报告》（Subject Report）PC(2)-3A，"按曾生育孩子数量对妇女的分类"（Women by number of Children Ever Born）（Washington：Government Printing Office，1964），表 1-25。

表 11.1 上半部分的数据反映了生育率的长期下降趋势。体现在这些数据中的最早队列的妇女平均每人生育三个多孩子。一代过后，总生育率发展为每个妇女只生 2.5 个孩子。到 1905—1909 的队列，终身生育率达到最低值，这个队列的人在他们 20 多岁时深陷大萧条时期，并在 1960 年为 50—54 岁。对这些队列而言，每个妇女曾生育的孩子数量只有 2.14 个。表 11.1 的 1960 年一列显示了接下来的队列生育率的上升。尽管他们的生育周期尚未完

成，但截至那个时期，处于 1920—1924 年队列的妇女平均生育 2.47 个孩子（等于 1895—1899 年队列的终身生育率）。1925—1929 年队列（他们在婴儿潮期间开始生育孩子）到 30—34 岁时（截至 1960 年）比 1900—1914 队列截至其生育期结束时生育的孩子还要多。因此，很明显后一个队列（接下来根据 OCG 数据来处理这个队列）的生育率落在一条先下降随后上升的曲线的低谷。

与生育率的下降趋势相似，表 11.1 的下半部分显示了教育对生育率差别幅度的影响有些持续减弱。对于较早的队列，受教育年数每增加一年，就完成其生育期的妇女曾生育的孩子的最终比率而言，少生四分之一个孩子。对最近的队列而言，这种影响下降为八分之一或十分之一个孩子。尽管与 1905—1909 年的队列相比，在 1910 年后出生的队列提高了总生育率，但它们并没有表现出恢复到教育影响生育率差别的早期模式的趋势。因此，OCG 队列位于一个转型期即将结束时，在这个时期这种形式的生育率差别正处于消失过程中。

OCG 数据为推断教育差别的这种缩减趋势提供了一些基础。我们根据农场—非农场居住地和背景对在调查中妻子属于 1900—1919 年队列的夫妻进行了分类（表 11.2）。如果生活在非农居住地的一对夫妻中的丈夫或妻子报告父亲的职业为农场主或农场工人，这对夫妻被确定为具有"农场背景"特征。表 11.2 的下部的面板表明，教育对生育率差别的影响对具有非农背景的非农夫妻而言是非常弱的。不过，对生活在非农居住地的具有农场背景的夫妻而言，它是较强的，如同对于那些仍生活在农场中的人一样。

OCG 数据表明[①],妻子属于 1900—1904 年队列的夫妻有 51% 是具有非农背景的非农居民;对于妻子属于 1935—1939 年队列的夫妻,这一比例是 72%。因此,生育率差别具有相对较小重要性的部门是一个快速增长的部门。

表 11.2　对于在 OCG 样本中 1962 年 3 月时 42—61 岁且与丈夫生活在一起的妻子,根据夫妻的农场居住地和背景及妻子的受教育程度,曾生育的孩子数量均值

妻子完成的教育年数	总计	非农居住地 非农背景	非农居住地 农场背景[a]	农场居住地
夫妻数量(单位:千人)				
总计	13733	7435	5005	1293
初等学校				
#0—4 年	525	126	291	108
#5—7 年	1466	563	687	216
#8 年	2431	1154	970	307
高中				
#1—3 年	2662	1523	945	194
#4 年	4326	2688	1364	274
大学				
#1—3 年	1366	752	487	127
#4 年或以上	957	629	261	67
每个妻子曾生育的孩子数量				
总计	2.45	2.21	2.58	3.34
初等学校				

---

① 奥蒂斯·杜德里·邓肯(Otis Dudley Duncan),"农场背景与生育率差别"(Farm Background and Differential Fertility),《人口学》(Demography),2(1965),第 240—249 页。

续表

#0—4 年	3.96	2.30	4.24	5.15
#5—7 年	3.07	2.39	3.39	3.85
#8 年	2.71	2.43	2.77	3.53
高中				
#1—3 年	2.47	2.38	2.46	3.26
#4 年	2.11	2.09	2.02	2.70
大学				
#1—3 年	2.14	1.99	2.24	2.62
#4 年或以上	1.98	1.98	1.91	2.18

a 丈夫和/或妻子报告父亲的职业为农场主或农场工人。

以一种略微不同的方式看待这个问题，表 11.2 表明，只有在具有农场背景（包括农场居民）和受教育程度低于高中毕业的夫妻中发现生育率明显高于每个妻子生育 2.45 个的总平均水平。随着这些特征——以及特别是特征的这种组合——在每个随后的队列中越来越少出现，我们有理由预期生育率差别的经典模式将越来越难被发现。

总之，关于 1900—1919 年队列的 OCG 数据的特别有趣之处在于，它们反映了一个长期的生育率下降的尾声的经历，此时生育率差别的原有模式正在消解过程之中。不过，用这种历史视角来看，它们的特殊意义使得这些数据有些不适合作为回答下述问题的基础，即理解在提出流动性假设的时期正在发生什么或者预测在接下来的几十年可能会发生什么。根据所指出的这个警告，我们可继续对流动性假设加以评论，并根据这个假设对 OCG 数据进行某些分析。

流动性假设

经常被引用的与流动性假设的早期历史有关的学者是阿森·杜蒙特（Arsène Dumont），他在19世纪末20世纪初呼吁大家注意社会毛细管（capillaritè sociale）现象，他说到"正如在毛细管力量的作用下，一柱液体为了升高必须要变细，一个家庭为了在社会等级中攀升必须要变小。"[①]

详细地追溯社会毛细管及相关观点的命运似乎没太大意义。不过，可以特别注意一下在几十年的讨论中所提出的一些问题。重要的是在被称为流动性假设的"强形式"与"弱形式"之间的区分。关于引起流动与生育之间的关系，也存在着强调一套被称为"生物—社会"机制的理论与重视各种"心理—社会"机制的理论之间的差异。

实际上，流动性假设的强形式声称，由社会经济地位、社会阶级或某些类似的变量导致的生育率差别完全可用社会流动来解释。平均生育率低的阶级是那些生育率低的个体或夫妻进入的阶级，而平均生育率高的阶级是那些生育率低的夫妻或个体越来越少的阶级。因此，如果只研究那些没有经历流动的人是可能的话，

[①] 引自查尔斯·F.韦斯托夫（Charles F. Westoff），"生育率差别研究焦点的变化：社会流动假设"（The Changing Focus of Differential Fertility Research: The Social Mobility Hypothesis），1953年，重印于J. J. 斯宾格勒（J. J. Spengler）和O. D. 邓肯（O. D. Duncan）编，《人口理论与政策》（Population Theory and Policy）（Glencoe, Ill.: Free Press），1956年，第404页。参见A. 杜蒙特（A. Dumont），《人口减少与文明》（Dépopulation et Civilisation）（Paris: 1890）。

那么在平均生育数量上应该不会出现阶级差异。尽管这个领域的学者可能没人愿意支持一个如此极端的强假设版本,但费希尔在陈述他所强调的两个命题时近乎支持它,他在提出其立场的章节中把这两个命题作为副标题:(1)"不管其原因如何,在所有阶级中不生育者获得社会晋升";(2)"选择是出生率反转的主导原因。"① "主导原因"这种表述使他免于完全信奉强假设;不过,他并没有讨论其他"原因"。

费希尔对其第一个命题的论据值得摘录如下;关于这一点从没有人比他更为恰当地表述过:②

> 从大量熟知的考虑看,在现代社会的所有等级中像这样的经济状况很明显有利于生育较少者的社会晋升。在最富裕的阶级中,大多数情况下可继承的财产在法定继承人中间分配,并且每个孩子的财富与他所属家庭的孩子数量呈反比例。在中产阶级中,财富的直接继承的影响也很重要;但大家庭父母的焦虑因一流教育的费用(除了专业培训的费用外)而增加,并且因进入最好的专业职业所需要的资本而增加。尽管穷人的储蓄因他们的孩子对充足的食物和衣服的需要而被耗尽或用光,并且他们经济进步的前景也因此磨灭;但在较低的经济层次上,社会地位实际上很少取决于所继承的资本,

---

① R. A. 费希尔(R. A. Fisher),《自然选择的遗传理论》(*The Genetical Theory of Natural Selection*)(1929),第二次修订版(New York:Dover Publication),1958年,第9章。

② 同上引,第252页。

而是取决于对住房、教育、娱乐和服装的支出。

尽管费希尔随后的讨论详细地论述了由于不生育者攀升至他们的等级造成"统治阶级的衰落",但这段话明显表明,他预期流动与生育的关系在所有阶层中都成立,而不仅仅是在精英阶层中成立。而且,如果"选择"确实是生育率反转的"主导原因",那么除了那些被选择为流动的人之外,人们不应该在生育率上表现出太大的阶级差异。

弱形式的流动性假设对这一点不置可否。它只是声称,"社会流动(既在其主观维度上,也在其客观维度上)与生育计划直接相关,并且与采取计划生育的家庭的规模反相关——在同质的社会经济群体内这两种关系持续存在。"[①] 这明显使这个问题悬而未决,即除了那些归之为流动的原因外是否还存在社会经济的差别。

至于对一般假设的不同版本之间的另一种区分,我们不必感到奇怪的是,对机制的"生物—社会"解释很大程度上是由遗传学的学者提出来的,而在社会心理学家和社会学家的思想中"心理—社会"机制则是一个合理的替代解释。

费希尔认为,"不仅生理上的不育,而且依赖于自愿选择的低生育原因(比如独身、晚婚及已婚夫妻的生育限制)也受到遗传因素的强力影响。"因此,在他的说法中,趋于低生育的遗传趋势位于第一位,而"选择"则以这样一种方式起作用,即促进了自然的不育。通过倒转假定的因果关系方向,另一种推理方式则表

---

① 韦斯托夫,前引"生育率差别研究焦点的变化:社会流动假设",第404页。

明流动的意向可能如何导致了对家庭规模的自愿限制。例如，韦斯托夫写道：[1]

> 很简单……无论是在垂直流动的实际过程中，还是有效地适应对垂直流动的预期，夫妻的理想类型可能具有下述特征：保持行为的理性、激烈的竞争、伴随着对个性控制的野心、伴随着焦虑的对地位的心理不安全感；总之，这些是一种普遍的成功取向及暗含在其中的一切。

或者，如同联合国专家在他们对这个主题的总结中所写的[2]，

> 对提升个人在社会等级中位置的渴望已被强调为家庭限制的主要动机……社会流动对生育的影响看起来通常被归之于如下事实，即养育孩子耗费金钱、时间和精力，否则的话这些东西可用于在社会等级中的攀升。因此，有一两个孩子比有更多的孩子更容易进行社会流动。

对目前的研究而言，最关键的问题是这个：可以基于什么样的经验基础在社会流动假设的不同版本之间做出选择，或者说社会流动的任一版本可在何种经验基础上被视为是持续成立的？看起来，

---

[1] 韦斯托夫，前引"生育率差别研究焦点的变化：社会流动假设"，第404页。
[2] 联合国人口司（United Nations, Population Division），《人口趋势的决定因素和后果》（*The Determinants and Consequences of Population Trends*）（New York: United Nations），1953年，第79页。

如果对没有遭遇流动的个人或夫妻在生育率上观察到相当大的社会经济差别,特别是如果这种差别类似于在所有的夫妻中或者只在流动人口中所观察的差异,那么强假设就应该被拒绝。如果未流动夫妻的生育率因社会阶层而异,那么很明显在总人口中的这种差异就不能完全归因于流动。与之相对,如果不管以某种其他方式引起的生育率差别是否明显,可正确地归因于流动的生育率并不存在可观的差异,那么弱假设就应该被拒绝。当然,对一个特定的数据库而言,表现出对两种形式的假设的拒绝是可能的。

对这些准则的一个有效反对应该得到承认。不是流动本身(即社会晋升或降级的实际经历),而只是对流动的愿望或渴望导致了差异。当然,为了检验这个假设,研究者必须要了解个体的希望和愿望,因为从常规类型的人口统计观察中得到的推断内容稀薄且模棱两可。不过,已经引用的弱假设表述具体指的是"社会流动,既在其主观维度上,也在其客观维度上",这是真实情况。因此,如果主观维度超出了像当前这种探究的范围,那么可能仍然很有趣的是,看看基于所选择的对客观维度的测量指标能有什么发现。

关于"生物—社会"机制与"心理—社会"机制之间的问题,费希尔本人指出了一种甚至在缺乏关于生育能力或倾向的明确的遗传学知识的情况下研究该问题的方法:[①]

……根据我们必须主要处理影响生育的遗传因素的理

[①] 费希尔,前引《自然选择的遗传理论》,第254页。

论，上层社会阶级的生育率的上升一定会因为那些通过社会晋升进入其等级之人较低的生育率而受到阻止；上层阶级生育更多孩子的人的社会降级是相对很少的。因此，根据这个理论，正在发生快速的社会晋升的群体应该比他们所上升至的阶级有更低的生育率。

相反，如果重要的原因是那些被包含在"社会环境"名下的任一因素，那么我们应该确信，在社会等级中向上攀升的家庭本身带有他们所出身的阶级的某些生育特征。

作为设计一项分析的基础，这是足够直截了当的。不幸的是，有些学者已试图通过只审视精英群体（将那些流入精英群体的人与出身于这个阶层的人区分开来）来阐明这个问题，而忽略了对那些流入精英群体的人所来自阶层的生育率提供一些适当的观察。公允地说，只有一个以前的调研（也就是贝伦特的调研[1]）既涵盖了足够大的样本来证明结论，也使用了适合费希尔所提出的检验的分析设计。贝伦特的数据非常明确地表明了对强假设的拒绝。而且，当以这里所建议的方式进行研究时，它们未能提供对弱假设的支持。[2] 实际上，是这个假设的合理性而

---

[1] 杰西·贝伦特（Jerzy Berent），"生育率与社会流动"（Fertility and Social Mobility），《人口研究》（*Population Studies*），5（1952），第244—260页。

[2] 奥蒂斯·杜德里·邓肯（Otis Dudley Duncan），"社会流动分析中的方法论问题"（Methodological Issues in the Analysis of Social Mobility），载于 N. J. 斯梅尔瑟（N. J. Smelser）和 S. M. 利普塞特（S. M. Lipset）编，《经济发展中的社会结构与社会流动》（*Social Structure and Social Mobility in Economic Development*）（Chicago：Aldine），1966年。

不是任何支持性证据的质量导致了它的持续吸引力。尽管没有任何一组否定性结果是决定性的，因为一个不同的结果可能是从对不同人口的研究中得出的，或者对流动有另外的测量指标，但看起来在某种意义上举证的责任会被公平地转移到该假设的支持者身上。

生育率与代内流动的关系

对 OCG 数据的分析局限于截至 1962 年 3 月妻子的生育期已结束或几乎如此的夫妻；它考虑的是在那个日期 42—61 岁的妻子曾生育的孩子数量，也就是说，妻子是 1900—1919 年出生队列的成员。因此，这个研究仅限于已婚妇女的终身生育率。它不仅排除了未婚妇女及未和其丈夫生活在一起的已婚妇女，而且排除了在这个年龄群体中嫁给不在 OCG 样本的年龄范围（20—64 岁）的男性的一些妇女。

在这个调查中我们确定了四个职业地位：妻子父亲和丈夫父亲的职业、丈夫的首职地位及其 1962 年 3 月的职业地位。从这四个职业地位中可形成六个地位对，但对于大职业群体组合的生育率数据只能提供其中的四对。因此我们考虑从首职到 1962 年职业的流动、从妻子父亲的职业到丈夫首职的流动、从妻子父亲的职业到 1962 年职业的流动，以及从丈夫父亲的职业到 1962 年职业的流动。为了避免在流动表的许多单元格中出现频次过低的问题，有必要使用一个相对粗糙的职业分组。这里使用的所谓"大"职业群体是对普查数据中主要职业群体的组合：

上层白领
> 专业人员、技术人员及类似的人员
>
> 除农场外的管理人员、官员和企业主

下层白领
> 销售行业人员
>
> 文书人员及类似的人员

上层体力
> 手艺人、工头及类似的人员

下层体力
> 操作工及类似的人员
>
> 除农场外的工人

农场
> 农场主和农场管理者
>
> 农场工人和工头

未指明者
> 不属于有工作经历的民用劳动力中的人（适用于1962年职业）
>
> 未回答者（适用于首职、妻子父亲的职业及丈夫父亲的职业）

样本大约有6000对夫妻，既包括白人也包括非白人。不过，由于复杂的样本设计，其标准误要比对于同样规模的简单随机样本略微大些。

我们正在处理的数据量是相当大的。存在四个流动表，每个有36个单元格（在将"未指明者"视为一个职业群体的情况下，有六个起点职业地位和六个终点职业地位）。对于这些单元格的每一个，我们知道夫妻的数量和妻子曾生育的孩子总数。存在若干种可用来汇总这些数据的方式，但以前的研究者尚未完全确定在面对类似的任务时应使用何种程序。而且，事实证明，一些看似合理的程序可能导致非常误导性的印象。因此，明确地表明当前的分析策略将是必要的。为说明起见，我们首先呈现关于代内流动的数据——丈夫的首职到1962年的职业。

表11.3的第一个面板显示了首职与当前职业的交叉分类。很明显，存在相当大量的代内流动。大约八分之五的丈夫在1962年位于一个不同于其首职的职业群体中；大约八分之三位于相同的职业大类中（忽略没有指明一个或两个职业的人）。同样明显的是，向上流动居主导地位，因为经过流动上层白领和上层体力类别的人增加了，而下层白领和下层体力类别以及农场群体的人减少了。表11.3的第二个面板显示了对首职与当前职业的36个组合的每一个中的夫妻的平均终身生育率。这是用于分析的原始信息，接下来报告的结果只关注对这个信息的总结和简化。

表11.3 在OCG样本中针对1962年3月时42—61岁且与丈夫生活在一起的妻子，根据丈夫的首职和1962年职业，每个妻子曾生育孩子的平均数量

首职	所有夫妻	1962年职业				农场	未指明者[a]
		白领		体力			
		上层	下层	上层	下层		
夫妻数量（千人）							
所有夫妻	13771	3778	1418	2894	3719	1109	853
上层白领	1038	777	88	54	60	24	35
下层白领	2584	1093	606	314	402	38	131
上层体力	1184	372	64	482	200	18	53

续表

下层体力	5742	1161	513	1432	2050	185	401
农场	2796	282	116	508	882	806	202
未指明者	422	93	31	104	125	38	31
每个妻子曾生育孩子数量							
所有夫妻	2.45	2.12	1.91	2.56	2.61	3.18	2.70
上层白领	1.95	1.96	1.44	2.63	1.75	2.25	2.11
下层白领	1.94	2.03	1.70	2.20	1.98	1.61	1.76
上层体力	2.30	2.04	1.78	2.53	2.64	1.78	1.62
下层体力	2.46	2.16	2.03	2.51	2.62	3.34	2.52
农场	3.11	3.03	2.69	2.83	2.98	3.32	3.88
未指明者	2.50	1.63	2.81	3.07	2.24	2.42	3.97
每个妻子曾生育孩子数量计算值[b]							
上层白领	⋯	1.92	1.70	2.18	2.18	2.45	2.30
下层白领	⋯	1.89	1.68	2.16	2.16	2.43	2.27
上层体力	⋯	2.14	1.93	2.40	2.40	2.68	2.52
下层体力	⋯	2.28	2.06	2.54	2.54	2.81	2.66
农场	⋯	2.80	2.59	3.07	3.07	3.34	3.18
未指明者	⋯	2.29	2.08	2.56	2.55	2.83	2.67
每个妻子曾生育孩子数量观测值减去计算值							
上层白领	⋯	0.04	−0.26	0.45	−0.43	−0.20	−0.19
下层白领	⋯	0.14	0.02	0.04	−0.18	−0.82	−0.51
上层体力	⋯	−0.10	−0.15	0.13	0.24	−0.90	−0.90
下层体力	⋯	−0.12	−0.03	−0.03	0.08	0.53	−0.14
农场	⋯	0.23	0.10	−0.24	−0.09	−0.02	0.70
未指明者	⋯	−0.66	0.73	0.51	−0.31	−0.41	1.30

a 不在有工作经历的民用劳动力中的丈夫。
b 基于表 11.4 的结果计算,在计算前将净影响四舍五入至小数点后两位。

不同的单元格之间在平均生育率上存在明显的差异，并且这种差异可能并不完全是由于抽样波动造成的。于是，在"流动"与生育率之间存在某种类型的关联。不过，强加于这些结果的解释很大程度上取决于差异的模式。因此，明智的做法是，在尝试得出一个实质性的结论之前要对数据进行若干系统性的概括。首先，尽管生育率确实在若干显示出流动的首职与当前职业的组合上存在差异，但对于未流动夫妻的五个类别，也存在基于职业的生育率差异。通过察看表11.3的第二个面板的对角线（从左上方至右下方）单元格可以发现这一点。

我们可立即发现的是，不管生育与流动的关系如何，基于职业地位的生育率差别不能仅用职业流动来解释。实际上，如果对沿着表格对角线的生育率差别与沿着任何行或任何列的差别进行比较，那么职业地位导致的对于未流动者的生育率差异至少与职业流动导致的对于任何起点（首职）阶层或任何终点（当前职业）阶层的生育率差异一样多。对这个特别的数据库而言，明确地显示出对强形式的流动性假设的拒绝。

对这个假设的弱形式的检验更为复杂，并且它的基本原理取决于什么被视为流动的"影响"。在当前情况下，流动指的是首职和1962年职业落入不同的大职业群体。通过研究未流动的夫妻，我们已经分辨出不是由于流动的"职业影响"。我们现在提出这些影响可能也适用于流动的夫妻。如果是这样的话，并且如果在估计这些影响时我们能同时解释未流动夫妻的生育水平，那么我们会断言，不存在"流动影响"本身，除了在这个意义上，即在相同的职业起点（终点）阶层中流动的夫妻显示出与未流动的夫妻的差异，因为在不同的终点（起点）阶层中他们同时受到其成员资格的影响。因此，我们被引向思考一个可能以这样一种方式同时解释流动夫妻和未流动夫妻之间的生育率差异的模型，即不存在可特别归之于流动本身因素的剩余差异。

为了明确起见，假定存在专属于每个起点地位对生育率的影响，并且对于每个终点地位也存在类似的影响，以及假定两个影响可通过简单的相加合并。假定这两类地位存在独立的影响，因为当无论是根据丈夫的首职还是根据当前职业对夫妻进行分类时，都可观测到生育率的差别（参见表11.3的第二个面板中的第一列和第一行）。不过，由于这两类地位不是相互独立的，所以在这种表述上存在一些啰嗦。因此，我们需要一种得到这两组影响的方式，这种方式考虑了起点与终点地位之间的相关。合适的模式是第4章所描述的加性多元分类模型。在此，让 $Y_{ija}=\overline{Y}+a_i+b_j+U_{ija}$，其中 Y_{ija} 是第 a 个妻子曾生育的孩子数量，她的丈夫的首职落在职业群体 i 并且1962年职业落在群体 j。$\overline{Y}$ 是对于所有妻子生育率的总均值；a_i 是由于落在第 i 个起点阶层的成员资格对妻子生育率的（净）影响，b_j 由于落在第 j 个终点阶层的成员资格对妻子生育率的（净）影响。U_{ija} 是第 a 对夫妻的生育率偏离期望值 $\hat{Y}_{ij}=\overline{Y}+a_i+b_j$ 的数量。根据 $\sum_{i,j,a} U^2_{ija}$ 将取极小值的最小二乘法准则，可获得对 a_i 和 b_j 的估计。第4章给出了基于这个准则求解的程序说明。应该引起注意的是，净影响 a_i 的结果是对总均值的偏离，并且它们的加权和（权重是几个阶级的频次）等于零；净影响 b_j 也是如此。

表11.4呈现了正在研究的这个问题的解值。第三列显示了净影响 a_i 的值，最后一列显示了净影响 b_j 的值。出于比较，前两列

显示了总影响，即观测到的边缘均值对总均值的偏离。在每种情况下，净影响比总影响更接近于零，因为对每个类别而言，部分总影响是由于它与其他类别的重叠或相关所导致的。

表11.4 丈夫的首职和 1962 年职业对每个妻子曾生育孩子数量的影响，从应用于表 11.3 中的数据的加性模型得到的估计

职业群体	总影响[a]		净影响[a]	
	首职	1962年职业	首职	1962年职业
上层白领	−0.49	−0.32	−0.36	−0.17
下层白领	−0.50	−0.53	−0.38	−0.38
上层体力	−0.14	0.12	−0.13	0.09
下层体力	0.02	0.17	0.00	0.09
农场	0.67	0.74	0.53	0.37
未指明者	0.06	0.26	0.02	0.21

[a] 对总均值 2.45 的偏离。

根据模型，从上文给出的公式中可计算出每个妻子曾生育的孩子数量的期望值。这些数值呈现在表11.3 的第三个面板中。在考虑计算的均值与观测的均值的贴近度之前，应该指出模型的两个基本特征。首先，用数学术语来说，这个模型是一个线性方程。这意味着只有一级项出现在方程中，并且项目通过加法或减法（不是乘法）来合并。它并不意味着，模型假定了因变量与职业等级的直线关系。实际上，模型甚至没有假定一个单调关系，因为职业等级被罗列的顺序与解值无关。例如，请注意对于下层白领的净影响比对于上层白领的净影响有更大的负值。

其次，模型明显假定不管终点（起点）阶层为何，起点（终点）阶层的影响是相同的。如果存在从农场起点向上层体力地位

第11章 生育率差别与职业流动

的流动（比如说）对生育率的某种特定影响，这种影响没有被拥有农场起点的其他夫妻或者拥有上层体力地位的其他夫妻所享有，那么模型就忽略了这种特定影响。实际上，如同已指出的，根据这里所采取的观点，流动的影响所意味的恰恰是一组特别的起点—终点组合所产生的某种特定影响，这种影响并没有被严格的加性模型所考虑。

现在，如果我们对每个起点—终点组合进行计算值 $\hat{Y}_{ij}$ 与观测值 $\overline{Y}_{ij}$ 的比较，那么我们可获得一组偏离值 $\overline{Y}_{ij}-\hat{Y}_{ij}$，它们被呈现在表 11.3 的最后一个面板。模型明显没有实现对样本数据的完全拟合，因为并不是所有的偏离值都等于零。实际上，它们没有一个等于零。不过，我们可观察到，所有的"大的"偏离值（比如说，那些在 ±0.4 之外的值）都发生在这样的单元格中，即职业流动的过程使这些单元格的人口变得非常少。因此，对这些单元格的观测受到相当大的抽样误差的影响。为了确定是否对模型的所有偏离都可合理地归因于抽样误差，我们在具有大量子类频次的二元方差分析中对交互项使用了 F 检验。[①] 提醒读者应该注意的是，这些数据并不满足这种检验中的几个假定，并且对由于使用复杂的样本设计导致的标准误膨胀只做出一个粗略的修正是可能的。在为这个检验计算的描述性统计中存在某种有趣之处：加性模型解释了曾生育孩子数量的总平方和的 4.3%，而观测的均值 $\overline{Y}_{ij}$ 解释了 5.3%。从表面上看方差分析的结果，这个增加是真实的：在没有

[①] K. A. 布朗利（K. A. Brownlee），《科学和工程学中的统计理论和方法论》（*Statistical Theory and Methodology in Science and Engineering*）（New York：Wiley），1960年，第18章。

被加性模型所再现的起点-终点组合的均值之间存在差异（超出了可合理地归因于抽样波动的数量）。

因此，这些研究表明，作为解释观测到的差异的一个假设，加性模型应该被拒绝。不过，如果它被拒绝的话，问题马上变成：我们将接受何种替代性的假设？从纯粹统计的角度出发，我们可转而依靠这样一个主张，即观察值 $\overline{Y}_{ij}$ 包含了分析中所涉及的所有信息，而计算值 $\hat{Y}_{ij}$ 则牺牲了其中的一些信息。就激发这个分析的实质兴趣而言，这几乎不是一个令人满意的状况。我们想就与手头的数据相一致的"流动"的影响说点什么。

此时此刻，有人可能会停止计算并开始讨论——无论如何，这是在某些时刻必须要做的。不过，讨论将变得相当冗长，比如我们要考虑为什么从下层体力向上层白领的流动要比从上层白领向下层白领的流动伴随着更高的生育率，等等。当然，我们很快倾向于考虑提供某种简化的假设，这样一种简化最好以某种方式整合流动的模式或类型的想法。简言之，我们并不满足于观察到明显的偏离值 $\overline{Y}_{ij} - \hat{Y}_{ij}$ 的发生；它一定表明，这些偏离值以某种系统的方式与流动的概念有关。

表 11.5 尝试给出了对这种要求的一个解释。它把样本分成两部分：流动者和未流动者（忽略了不可归类的个案）。在第 2 列中，根据起点的阶层对流动者进行分类，在第 4 列中根据终点的阶层对流动者进行分类。中间的列给出了未流动者的阶层分类。这些分组适合于揭示简单的二分类（流动者与非流动者）的影响（如果存在的话）。对这两个群体而言，总生育率（第 2 个面板）确实表现出差异：对未流动者而言，每个妻子曾生育 2.50 个孩

子；对流动者而言，这个值为 2.39；二者的差异为 0.11。在解释这种差异之前，我们必须要确定它事实上是否反映了流动本身的影响。

如果对起点地位（比较表 11.5 的第 2 个面板中的第 2 列和第 3 列）或终点地位（比较第 3 列和第 4 列）进行具体的比较，我们可发现其他的差异。例如，离开上层白领层级首职的流动夫妻比首职在这个层级且仍留在那里的未流动夫妻有略低的生育率。而从某种较低地位的首职流入上层白领阶层的流动夫妻比上层白领阶层的未流动夫妻有更高的生育率。实际上，在每个终点阶层（除了一个）中的流动夫妻比未流动者都有更高的生育率，并且在每个起点阶层（除了一个）中的流动夫妻比未流动者都更低的生育率（第 2 个面板）。读者也许不禁想对这种模式的观测差异给出一个实质性的解释，但应该抵制住这种诱惑，因为它们可能只不过代表了对起点和终点的加性影响的一个简单加权。

表 11.5 对于 OCG 样本中在 1962 年 3 月时 42—61 岁且与丈夫生活在一起的妻子，根据丈夫的首职和 1962 年职业，基于职业水平和流动类别的曾生育孩子的平均数量

大职业群体	所有夫妻，根据丈夫的首职	流动的夫妻，根据丈夫的首职	未流动的夫妻，根据丈夫的首职	流动的夫妻，根据丈夫的1962年职业	所有夫妻，根据丈夫的1962年职业
夫妻的数量（千人）					
所有群体	13771	7808	4721	7806	13771
上层白领	1038	226	777	2908	3778
下层白领	2584	1847	606	781	1418
上层体力	1184	654	482	2308	2894

续表

下层体力	5742	3291	2050	1544	3719
农场	2796	1788	806	265	1109
未指明者	422		1244[a]		853
每个妻子曾生育孩子数量					
所有群体	2.45	2.39	2.50	2.39	2.45
上层白领	1.95	1.89	1.96	2.18	2.12
下层白领	1.94	2.04	1.70	2.04	1.91
上层体力	2.30	2.19	2.53	2.54	2.56
下层体力	2.46	2.36	2.62	2.63	2.61
农场	3.11	2.93	3.32	2.88	3.18
未指明者	2.50		2.60[a]		2.70
每个妻子曾生育孩子数量，计算值					
所有群体	2.45	2.41	2.45	2.41	2.45
上层白领	1.95	2.03	1.92	2.17	2.12
下层白领	1.94	2.01	1.68	2.09	1.91
上层体力	2.30	2.21	2.40	2.60	2.56
下层体力	2.46	2.39	2.54	2.71	2.61
农场	3.11	3.00	3.34	2.72	3.18
未指明者	2.50		2.63[a]		2.70
每个妻子曾生育孩子数量，观测值减去计算值					
所有群体	…	–0.02	0.05	–0.02	…
上层白领	…	–0.14	0.04	0.01	…
下层白领	…	0.03	0.02	–0.05	…
上层体力	…	–0.02	0.13	–0.06	…
下层体力	…	–0.03	0.08	–0.08	…
农场	…	–0.07	–0.02	0.16	…
未指明者	…		–0.03[a]		…

a 没有根据流动与否分类；首职或者当前职业或者二者都未被指明。

第 11 章　生育率差别与职业流动

　　1962 年位于上层白领阶层的流动夫妻从各种较低地位来到那里，他们中的大部分比白领阶层的人具有更高的生育率。因此，如果他们随之带来了他们起点阶层的某些生育模式的话，那么我们应该发现，他们确实比未流动的上层白领夫妻有更高的生育率（与费希尔假设相反）。类似地，对流动夫妻与未流动夫妻的每个比较，当解释位于既定终点（或起点）阶层中的夫妻的流动时，我们应该考虑起点（或终点地位）地位的"混合影响"。

　　我们回到从加性模型中得出的计算结果。对于每个起点—终点类别让我们把计算值 $\hat{Y}_{ij}$ 视为既定，并且通过 $n_{ij}\hat{Y}_{ij}$ 乘法计算将这个平均数转化为生育孩子数量的绝对数，其中 n_{ij} 是在每个单元格中的夫妻数量。现在当我们汇总表 11.5 中的不在对角线上的单元格时，我们得出了若干被组合的单元格中"生育孩子的期望数量"$n_{ij}\hat{Y}_{ij}$ 的总和，与此同时得出夫妻数量 n_{ij} 的总和。表 11.5 的第 3 个面板显示了商数 $\sum *n_{ij}\hat{Y}_{ij}/\sum *n_{ij}$（其中 $\sum *$ 意味着求和局限于被汇总为流动类别的单元格的特别组合），它为每个流动类别提供了每个妻子曾生育孩子数量的计算值。尽管在加性模型中没有明确给出这些计算值，但却隐含在其中。当然，问题的焦点在于模型是否充分再现了基于起点阶层和终点阶层的差异以及在这些阶层中流动夫妻与未流动夫妻之间的差异。因此，表 11.5 的最后一个面板显示了观测的均值对计算的均值的偏离。

　　表示流动影响的偏离值范围在 –0.14—0.16 之间。这两个最大的偏离值对应着人口中两个最小的频次。对特定阶层的流动夫妻与未流动夫妻的比较没有一个出现这样的结果，即它们的偏离值之间的差异大于 0.2。对所有未流动夫妻的加总，偏离值为

0.05，与之相比，对所有流动夫妻的加总，偏离值为 –0.02；0.07 的流动影响看起来不需要太多的讨论。

总之，尽管加性模型未能被毫无保留地接受，但它非常接近于预测将夫妻简单地分类为流动或未流动所产生的所有影响。给定加性模型的结果，看起来不需要用根据流动类别对生育率差异的总结来进一步丰富对结论的表述。①

不过，流动与未流动的简单二分法可能并没有很好地捕获流动的真正影响。因此，表 11.6 提供了另外一种汇总方式：将夫妻汇总为几种流动类型。根据流动类型，在平均生育数量上确实存在一些差异。例如，在非农部门内，向上流动和向下流动的夫妻比未流动的夫妻的平均生育率略低。不过，我们再次被引向探求基于流动类型的生育差异是否传达了未曾隐含在一个假定只有起点和终点地位的加性影响的模型中的信息。因此，根据模型计算的值（如上文所解释的）及观测均值对它们的偏离被显示在表 11.6 的最后两列。唯一可能具有实质意义的偏离是这样一个，即对于丈夫从非农场的首职流入 1962 年的农场职业的夫妻，观测到的平均生育数量比期望值略微高些（具体是 0.16）。这是一种相当罕见的流动类型，因此，我们对其影响的估计受到相当大的抽样误差的影响。简言之，在平均生育数量明显不同于基于没有特定的流动影响的假设所预测的数量的意义上，无论是表 11.6

---

① 休伯特·M. 小布莱洛克（Hubert M. Blalock, Jr.）已经表明，适合加性模型的数据也与交互模型相兼容，但是他补充道，"如果一个简单的加性模型对一个既定因变量的预测几乎与这种更复杂理论的预测一样好，那么加性模型就是更可取的。" 小布莱洛克，"识别问题和理论建构"（The Identification Problem and Theory Building），《美国社会学评论》，31，1996 年，第 61 页。

的"流动类型",还是表 11.5 的流动分类都没有得出实质性的流动影响。

表 11.6 对于 OCG 样本中在 1962 年 3 月时 42—61 岁且与丈夫生活在一起的妻子,根据丈夫的首职和 1962 年职业,基于流动类型的每个妻子曾生育孩子的平均数量

流动类型	夫妻数量（千人）	每个妻子曾生育孩子的数量		
		观测值	计算值	观测值减去计算值
所有类型	13771	2.44	…	…
未流动者,非农场	3915	2.33	2.27	0.06
未流动者,农场	806	3.32	3.34	−0.02
向上流动,非农场	4635	2.21	2.23	−0.02
向下流动,非农场	1118	2.14	2.17	−0.03
从非农场到农场	265	2.88	2.72	0.16
从农场到非农场	1788	2.93	3.00	−0.07
未分类者[a]	1244	2.60	2.63	−0.03

a 首职或者当前职业或者二者都未被指明。

当然,表 11.5 和表 11.6 没有彻底探讨根据流动对夫妻进行分类的所有可能性。如果希望尝试其他的组合（如同我们将在本章的最后一节中所做的那样）,表 11.3 提供了必要的原始资料。不过,那个表的最后一个面板表明,对使用流动作为一个解释类别的加性模型的偏离的理由将必须用非常特殊的用语来说明。表 11.5 和表 11.6 中已完成的计算表明,除了流动夫妻的生育状况记录了他们的起点地位和终点地位的影响之外,并不存在流动的一般影响。因此,即使存在对严格的加性模型的一些违背,但数据并没有以任何实质性的方式落入支持弱形式的流动性假设的模式。

生育率与代际流动的关系

为了充分说明分析所基于的观点，以及为了弄清需要何种谨慎，上文的讨论有些冗长。不过，如果我们想对在某种特定的意义上由于流动本身所导致的生育率差异与更容易被解释为起点地位和终点地位的影响的简单组合所导致的生育率差异之间做出区分，这种谨慎是必要的。既然已举例说明了分析模式，那么我们可更迅速地继续对三种其余的流动形式的结果加以总结，这三种流动都是关于代际流动的（从妻子父亲的职业到丈夫的首职、从丈夫父亲的职业到丈夫 1962 年的职业，以及从妻子父亲的职业到丈夫 1962 年的职业）。

与之前一样，为了为查明交互作用或者观测均值对加性模型的偏离提供一个基准，对代际流动的分析必须要从为加性模型计算净影响开始。这个计算的结果（记录在附录的表 J11.1 中）看起来无需在此进行讨论，因为净影响的模式非常类似于在我们的示例中所观察到的模式。

如果转向对交互作用的评估，我们可迅速处理一组结果，这些结果是关于妻子父亲的职业与丈夫的首职的组合。对这些数据的方差分析（显示在附录的表 J11.2 中）得出了一个对交互作用的不显著的平方和（计算的 F 值的概率超过 0.1）。对于这些数据，加性模型是完全可接受的，并且无论是弱的流动性假设，还是强的流动性假设都没有发现任何支持。顺便提一下，地位的这种特定组合确定了这样一种形式的流动，即流动经历明显先于生育的完成。其他两种流动的每一个都把1962年职业作为终点地位，这种地位可能在妻子生育期的某一时点首先实现，或者甚至完全在妻子的生育期完成之后实现。

我们必须要更为仔细地审视另外两组结果，它们分别关于从丈夫父亲的职业和妻子父亲的职业向丈夫1962年职业的流动。方差分析表明显著的交互作用；在这些流动表的单元格中的平均生育数量对基于加性模型的期望均值的偏离不能被轻易地归因为抽样波动。表11.7和表11.8显示了这些偏离。应该谨慎地解释某些较大的偏离，因为它们所基于的样本量很小。在两种情况中偏离的模式在某些方面是类似的，在其他情况中，则是不同的。如果只审视在不包含"未指明"类别的25个单元格中偏离值的符号，在17个单元格中两个表格之间存在一致性，而在8个单元格中则不一致。

表11.7 对于OCG样本中在1962年3月时42—61岁且与丈夫生活在一起的妻子，根据丈夫父亲的职业和丈夫1962年职业，曾生育孩子的平均数量

丈夫父亲的职业	所有夫妻	丈夫1962年的职业					
		白领		体力		农场	未指明[a]
		上层	下层	上层	下层		
夫妻的数量（千人）							
所有夫妻	13748[b]	3777	1412	2888	3710	1109	854
上层白领	2006	1071	296	254	270	36	79
下层白领	830	377	141	117	124	18	53
上层体力	2304	659	291	632	517	32	173
下层体力	2924	642	311	675	1060	58	178
农场	4542	758	270	932	1352	911	319
未指明者	1142	270	103	276	387	54	52

续表

每个妻子曾生育孩子数量							
所有夫妻	2.45	2.12	1.92	2.57	2.62	3.18	2.70
上层白领	1.98	1.96	1.68	2.01	2.24	2.53	2.24
下层白领	1.99	2.01	1.56	2.44	2.18	2.44	1.42
上层体力	2.39	2.31	2.08	2.64	2.52	1.88	1.99
下层体力	2.33	2.13	1.88	2.41	2.52	2.91	2.26
农场	2.84	2.27	2.07	2.78	2.86	3.26	3.73
未指明者	2.46	2.04	2.38	2.61	2.55	3.54	2.35
观测均值减去计算均值							
上层白领	…	0.07	0.01	−0.22	−0.02	−0.12	−0.11
下层白领	…	0.13	−0.10	0.22	−0.07	−0.20	−0.93
上层体力	…	0.11	0.10	0.11	−0.04	−1.08	−0.67
下层体力	…	0.03	−0.01	−0.02	0.05	0.05	−0.31
农场	…	−0.22	−0.20	−0.04	−0.00	0.01	0.77
未指明者	…	−0.18	0.38	0.05	−0.04	0.55	−0.34

a 不在有工作经历的民用劳动力中的丈夫。
b 边缘和和总计是单元格频次的总和；由于累计的四舍五入误差，总计在不同的表格之间有变动。

表 11.8 对于 OCG 样本中在 1962 年 3 月时 42—61 岁且与丈夫生活在一起的妻子，根据妻子父亲的职业和丈夫 1962 年职业，曾生育孩子的平均数量

妻子父亲的职业	所有夫妻	白领		体力		农场	未指明[a]
		上层	下层	上层	下层		
夫妻的数量（千人）							
所有夫妻	13747	3779	1413	2891	3710	1106	848
上层白领	2077	936	296	317	324	70	134
下层白领	805	362	117	157	100	26	43

续表

上层体力	2270	684	272	600	544	50	120
下层体力	3138	713	321	729	1092	89	194
农场	4146	805	291	820	1154	793	283
未指明者	1311	279	116	268	496	78	74
每个妻子曾生育孩子数量							
所有夫妻	2.45	2.12	1.91	2.56	2.62	3.19	2.72
上层白领	2.14	2.01	1.83	2.67	2.07	2.69	2.44
下层白领	2.13	2.22	1.69	2.22	2.40	2.38	1.47
上层体力	2.30	2.06	1.73	2.59	2.53	2.40	2.39
下层体力	2.32	2.06	2.02	2.29	2.53	2.75	2.50
农场	2.82	2.37	2.07	2.65	2.86	3.41	3.56
未指明者	2.53	1.97	2.03	3.06	2.73	2.73	1.91
观测均值减去计算均值							
上层白领	…	0.02	0.06	0.28	–0.34	–0.15	–0.07
下层白领	…	0.25	–0.08	–0.16	0.00	–0.44	–1.03
上层体力	…	–0.01	–0.13	0.12	0.03	–0.52	–0.20
下层体力	…	0.02	0.19	–0.15	0.06	–0.14	–0.07
农场	…	–0.06	–0.16	–0.19	–0.01	0.12	0.59
未指明者	…	–0.25	0.02	0.43	0.08	–0.34	–0.84

a 不在有工作经历的民用劳动力中的丈夫。
b 边缘和和总计是单元格频次的总和；由于累计的四舍五入误差，总计在不同的表格之间有变动。

不幸的是，在表 11.9 中只发现少量的线索来解释对加性模型的违背，在这个表中，根据起点地位或者当前地位对流动夫妻进行分类，并将结果与对未流动夫妻而言的生育率差别进行比较。在每种情况下，只存在一个对加性模型隐含值的较大偏离。少量从非农场起点流向 1962 年农场职业的夫妻显示出一个略微低于加性模型计算值的均值。很明显，经历这种稀少类型流动的夫妻没有完全反映他们的终点地位对其生育表现的影响。从表11.9得到的重要结论是类似于流动夫妻，未流动夫妻也展示出与他们的职业地位相关的生育率差别模式。实际上，我们从表中获得的印象是，未流动夫妻的生育率差别比流动夫妻的略微更为明显，不管后者是根据他们的起点地位还是他们的终点地位来分类。

表11.9 对于OCG样本中在1962年3月时42—61岁且与丈夫生活在一起的妻子，基于流动分类，每个妻子曾生育孩子数量的观测值对根据加性模型的计算值的偏离

流动类别	所有群体	白领 上层	白领 下层	体力 上层	体力 下层	农场
从丈夫父亲的职业到丈夫的1962年职业						
流动者，基于起点地位	−0.03	−0.07	0.10	0.03	0.00	−0.08
未流动者	0.05	0.07	−0.10	0.11	0.05	0.01
流动者，基于1962年职业	−0.03	−0.01	−0.02	−0.04	−0.02	−0.28
从妻子父亲的职业到丈夫的1962年职业						
流动者，基于起点地位	−0.04	−0.01	0.08	−0.03	−0.03	−0.09
未流动者	0.07	0.02	−0.08	0.12	0.06	0.12
流动者，基于1962年职业	−0.04	0.02	−0.01	−0.10	−0.05	−0.25

在考虑了流动方向的表11.10中，我们可以看到在所有的未流动的非农场夫妻与无论是向上流动的夫妻还是向下流动的夫妻之间在观测的生育数量上的差异非常小。除了已经被提及的例外，即从非农场到农场的流动，对加性模型的计算值的偏离几乎不值一提。

表 11.10 对于 OCG 样本中在 1962 年 3 月时 42—61 岁且与丈夫生活在一起的妻子，基于流动类型，每个妻子曾生育孩子数量的观测值对根据加性模型的计算值的偏离

流动类型	从丈夫父亲职业到丈夫 1962 年职业	从妻子父亲职业到丈夫 1962 年职业
未流动者，非农场	0.06	0.06
未流动者，农场	0.01	0.12
向上流动者，非农场	0.05	0.00
向下流动者，非农场	−0.04	0.00
从非农场到农场	−0.28	−0.25
从农场到非农场	−0.08	−0.09

尽管初步观察到显著的交互作用，但就流动对生育的影响而言，这些数据为实质性解释提供不了什么基础。对各种类型的流动夫妻与未流动夫妻的直接比较似乎对理解基于职业地位的生育率的明显（尽管不是异常显著）差异没有太大帮助。无论如何，强假设没有从这些数据中获得支持，而弱假设只是在如下意义上得到支持，即它的最简单的竞争性解释——起点地位和终点地位的影响的严格加性组合——未被完全接受。如果弱假设正确的话，根据对加性模型的偏离的详细检查，没有明确出现我们应该期望的模式类型。

在所有四组数据中，对于起点阶层和终点阶层我们发现明显的净影响。因此，对流动夫妻的预期是他们的生育将受到起点阶层和终点阶层的联合影响。应该指出的是，这个结果完全符合费希尔对于识别由于"社会环境"导致的因果关系的准则，即"在社会等级中攀升的家庭本身带有他们所出身的阶级的某些生育特

征。"不用诉诸形式化的加性模型,就可以得出这个结论。让我们再审视一下在表 11.3 的第二个面板中的 25 个观测均值(忽略"未指明者"的行和列)。可以分别在起点阶层和终点阶层上对流动夫妻与未流动夫妻进行比较。这样的话,我们发现对从下层白领首职向上层白领 1962 年职业的向上流动夫妻而言,其平均生育数量是 2.03。这比无论是在起点阶层上(1.70)还是终点阶层上(1.96)的未流动夫妻的生育率都要高。对于向上流动者,我们可以做出十个这样的由三部分构成的比较;对于向下流动者,也是十个。在表 11.3 中,我们发现只有一个单元格是这样的,即向上流动的夫妻具有这种类型的正偏离(刚才给出的例子)。同样,只有一个单元格表现出相反类型的偏离,即向上流动群体中的生育数量低于对角线上任何单元格(未流动者)的值。对于向上流动的夫妻,在剩下的 8 个单元格中,单元格的均值位于对于起点阶层与终点阶层的对角线上的值之间。对于向下流动的夫妻,在 10 个单元格中,我们发现 3 个有正的偏离,4 个有负的偏离,3 个位于中间。

对三个代际流动表(11.7、11.8 和 J11.2)进行同样的检查,我们发现:

	正的	中间	负的
从妻子父亲的职业到丈夫的首职			
向上	0	8	2
向下	3	7	0
从丈夫父亲的职业到丈夫的 1962 年职业			
向上	1	8	1

第11章 生育率差别与职业流动

向下		0 9	1
从妻子父亲的职业到丈夫的1962年职业			
向上		1 8	1
向下		1 8	1

显然，普遍的模式是流动夫妻的生育数量位于留在起点阶层中的夫妻的生育数量与终点阶层中未流动夫妻的生育数量之间。对于向上流动的夫妻，这是非常一致的（在四个表格中），向上流动是流动性假设讨论最多的一种类型。因此，在这些生育数据中观察到的模式最符合我们称之为文化适应的解释，对于这种解释已被表述如下：

> ……流动的人并没有很好地融入任一社会阶层。在没有广泛和亲密的社会接触的情况下，他们没有充分的机会完全适应这个群体（流入群体）的价值和生活方式，他们也不会继续完全经受另一个群体（流出群体）的社会约束的影响。但这两个群体都会对流动的个体施加某些影响，因为他们拥有或者已经拥有和这两个群体的成员的社会接触……因此，我们预期，他们的行为方式位于这两个未流动阶层的行为方式之间。[1]

根据手头的数据不能确定基于社会化的解释还是基于接触的影响的解释正确。

---

[1] 彼得·M. 布劳（Peter M. Blau），"社会流动与人际关系"（Social Mobility and Interpersonal Relations），《美国社会学评论》，21（1956），第291页。

尽管在前面的分析中已经考虑了从一个大职业群体向另一个的流动，但流动性假设也可通过使用一个不同的流动标准来检验，即在职业地位上的变化。出于这个目的，基于职业地位得分把职业划分为十个区间：0—9，10—19，……，90及以上。只是出于方便，这些区间被指定为职业等级的十个"阶梯"，然后根据从职业地位的起点到终点的向上或向下的阶梯数量来测量流动。我们拥有与根据在OCG调查中测量的四个职业地位界定的所有六种类型的流动有关的生育数据。在这些类型中，有一个是关于代内流动，其他五个是关于代际流动的。我们再次估计了加性模型的参数。对于代表不同方向和程度的流动的单元格，我们汇总了对基于这个模型的期望值的偏离。表11.11记录了这些偏离。

表11.11 对于OCG样本中在1962年3月时42—61岁且与丈夫生活在一起的妻子，根据流动距离和方向，对起点地位和终点地位的影响的加性模型的偏离

流动的距离和方向（阶梯数量）	丈夫的首职到1962年职业	从丈夫父亲的职业到 丈夫的1962年职业	从丈夫父亲的职业到 丈夫的首职	从妻子父亲的职业到 丈夫父亲的职业	从妻子父亲的职业到 丈夫的首职	从妻子父亲的职业到 丈夫的1962年职业
每个妻子曾生育的孩子数的观测值减去计算值						
向上：6—9	−0.29	−0.27	−0.12	−0.21	0.07	−0.02
5	0.09	0.01	−0.07	−0.06	−0.19	−0.08
4	0.05	0.09	−0.08	−0.14	−0.05	−0.04
3	0.04	−0.17	0.15	0.02	0.11	−0.12
2	0.09	0.16	−0.08	0.03	−0.04	−0.03
1	−0.01	0.06	0.00	−0.09	−0.20	0.03

第11章 生育率差别与职业流动

续表

未流动：0	0.04	0.01	0.09	0.08	0.07	0.05
向下：–1	0.06	–0.04	–0.10	–0.01	0.01	0.13
–2	–0.16	0.06	–0.08	–0.16	–0.01	0.09
–3	0.07	0.05	0.06	0.05	0.02	0.15
–4 至 –9	–0.40	–0.23	–0.08	–0.02	0.02	–0.19
夫妻分布的百分比 [a]						
向上：6—9	5.3	5.8	2.0	2.1	2.1	6.7
5	5.0	5.5	2.3	2.6	1.5	5.8
4	7.8	7.6	3.5	3.7	2.7	7.4
3	9.7	9.3	4.9	4.7	5.7	9.4
2	11.8	10.7	6.0	7.3	7.3	10.5
1	17.7	13.8	20.3	11.1	10.8	14.7
未流动：0	27.7	26.6	33.8	37.9	28.1	23.3
向下：–1	8.2	10.2	10.4	10.3	19.9	10.1
–2	3.3	3.9	6.8	6.1	6.8	4.3
–3	2.0	3.1	4.6	5.4	5.4	2.8
–4 至 –9	1.5	3.5	5.4	8.8	9.7	5.0
总计	100.0	100.0	100.0	100.0	100.0	100.0

a 基于起点和终点地位都被回答的个案。

很难知道是什么导致了这些结果。一旦控制了对起点地位和终点地位的加性影响的估计值，我们就可专门寻找流动本身起作用的证据了。因此，在扫视成列的数值时，我们的注意力通常集中在支持这个结论的差异上，而忽视了那些不支持这个结论的差异。不过，有两件事情看来是明确的。不存在为所有类型的职业流动（只在流动程度上不同）所共有的向上或向下流动的一般或普遍影响。此外，如果存在任何实质性的流动的影响的话（比如说偏离值大于 0.2），那么它只局限于长距离的向上或向下流动的极端情况。实际上，在六组数值中，只有五个偏离值是这么大。它们中没有一个所属于的类别包括了多达 6% 的样本夫妻。如果采取一个更为自由的标准，将不超过 0.1 的偏离视为是有趣的，那么我们就会遇到如何解释的问题。在这个标准下的偏离值有一些是接近相反符号的。比如说，很难解释为什么向上流动两个阶梯导致的平均生育增量是 0.16，三个阶梯增量是 –0.17，以及四个阶梯增量是 0.09（表 11.11 的第 2 列）。

如果任何明显的流动影响是真实的话，那么也许最有趣的是表 11.11 的前两列中的影响。在从首职或者丈夫父亲的职业向丈夫 1962 年职业的流动中，无论是长距离的向上流动还是长距离的向下流动都降低了生育数量。我们可以精心设计一个多元分类模型来为这些影响提供另一种估计。让 $Y_{hija} = \bar{Y} + a_i + b_j + m_h + U_{hija}$，其中 m_h 是一个三类别的分类变量（$h = 1, 2, 3$）。常量 m_1 用来估计长距离的向下流动（–4 至 –9 阶梯）；m_2 用来估计短距离的流动或未流动者（–3 至 5 阶梯，并且包括起点或终点地位未知的个案）；以及 m_3 用来估计长距离的向上流动（6 至 9 阶梯）。

当为表 11.11 中的前两类流动获得对这个模型的解时，起点和终点的净影响（a_i 和 b_j）非常类似于前面的没有交互项的模型中得出的值。不过，这个解也提供了对流动类别的影响的如下估计：

	m_1	m_2	m_3
从丈夫的首职到 1962 年职业	–0.35	0.03	–0.40
从丈夫父亲的职业到 1962 年职业	–0.18	0.03	–0.40

在这两种情况中,通过包含这些流动影响加性模型略微得以改进,范围从 –0.2 到 –0.4,并适用于不到十分之一的人口。

尽管之前使用大职业群体的分析未能发现任何有趣的明显的流动影响,但当前的分析可揭示出一些这样的影响,它们是一种非常特殊的类型。它们的发生只与根据四个职业地位确定的六种可能的流动类型中的两种有关。它们不属于一般的流动,而是属于极端的向上或向下流动。在以往文献中提出的流动性假设并没有阐明下面两种情况的任何一个:(a)只有两种类型的流动展现出流动的影响;(b)同样的流动——如其所是或似乎如此——既发生在向上流动中,也发生在向下流动中。实际上,对这些发现的任何解释都需要更为专门的研究,因为大部分证据表明,流动的主要结果仅仅是流动夫妻拥有的孩子数量位于他们的起点阶层的平均孩子数与终点阶层的平均孩子数之间。

改变生育率的职业差别的条件

在上文,我们简要地关注了在生育率差别的模式中妻子的受教育程度与夫妻的农场背景的交互作用。在已相当详细地分析过职业差别的情况下,我们现在可以探究在职业变量中能否获得类似的结果。局限于生活在非农场居住地的夫妻的表 11.12 表明,根据丈夫的 1962 年职业及其首职,存在基于职业地位和农场背景的生育率差别。

表 11.12 对于 1962 年 3 月生活在非农场居住地的夫妻，42—61 岁的妻子，根据丈夫首职和 1962 年职业的社会经济地位及夫妻的农场背景，每个妻子曾生育的孩子数

项目和夫妻的背景	0—9	10—19	20—39	40—59	60 及以上
丈夫的 1962 年职业					
夫妻的数量（千人）[a]					
非农场	489	1211	1546	1579	2191
农场	592	1255	1098	920	785
每个妻子曾生孩子数					
非农场	2.61	2.37	2.28	2.34	1.94
农场	3.12	2.64	2.75	2.17	2.06
差异	−0.51	−0.27	−0.47	0.17	−0.12
丈夫的首职					
夫妻的数量（千人）[b]					
非农场	1394	1762	2072	1222	761
农场	1665	1761	772	378	274
每个妻子曾生孩子数					
非农场	2.64	2.28	2.08	1.97	1.91
农场	2.73	2.73	2.28	2.29	1.92
差异	−0.09	−0.45	−0.20	−0.32	−0.01

表头：职业地位得分

a 省略了不在有工作经历的民用劳动力中的丈夫。
b 省略了没有回答首职的丈夫。

总体而言，在这两种类型的背景内，生育数量与职业地位负相关。根据 1962 年的职业，对具有农场背景（丈夫的父亲或妻子的父亲被回答为农场主或农场工人）的夫妻而言，生育率差别更为明显。在最低的社会经济层次上，农场背景比非农场背景的夫妻的平均生育数量高 0.5；在最高的社会经济层次上，这个差异

只有0.1。

根据首职，在地位等级的两端不同背景的夫妻在生育数量上几乎没有差异。不过，在中间的地位上（10—59），与非农场背景夫妻的生育数量相比，农场背景略微提高了生育数量。实际上，对首职而言，除了职业地位的最低区间，非农背景的夫妻在生育数量上的差别相当小。

因此，这些结果支持已获得的这种印象，即当分析集中于非农背景夫妻不断增长的职业时，生育率差别就大大减弱了。也许这只是表明流动性假设适用领域的另一种方式。当然，从农场背景向非农居住地的变动是一种社会和职业流动形式。与仍留在农场的人相比，这样一种流动伴随着生育率的下降。不过，在非农部门，下降的数量直接与向上流动的程度相关。如果来自农场的迁移者仍保持低地位的职业，或者未能获得平均的或者更高的教育水平，那么他们的生育数量仍会高于其他非农场居民。如果他们经历向上流动的话，那么他们的生育数量也会大幅降低，尽管不会低于享有相应的职业成就或受教育程度的非农出身者的生育水平。如果愿意推断的话，背景与职业地位或受教育程度的交互描绘了一种特定的流动影响，这种影响具有相当大的人口学意义。如同已被指出的，随着进入非农领域的这种来源近乎枯竭，将会有越来越少比例的继替队列拥有农场背景。如果是那样的话，基于经典模式的生育率差异将不再那么明显，这将阻止一些新的分化原则的出现。像过去所讨论的，出于同样的原因流动性假设可能不再相干。

在某种程度上，这个结论已经被关注生育分析的人口统计学家预见到了，因为他们对生育率差别的常规研究的兴趣近些年已大大下降。在当前状况下，识别基于社会地位的明显的生育率差别无疑需要更为精致的分析。

在最新发布的根据1960年人口普查数据的列表中，这种分析的有趣转向已经出现。表11.13展示了一个来自这些表格的示例性摘录。数据局限于居住在城市地区的夫妻，这样的话，具有农场背景的夫妻比例无疑相当低。在这个表格中，主要的分类原则——除了社会经济变量本身外——是妻子的结婚年龄。

表11.13 根据丈夫的社会经济特征，每个妇女曾生孩子数，对于结过一次婚且和丈夫在一起的白人妇女，根据妇女的年龄和妇女的结婚年龄：1960年美国城市地区（对总均值的偏离）

项目	35—44岁 婚龄在 22岁以下	35—44岁 婚龄在 22岁及以上	45—54岁 婚龄在 22岁以下	45—54岁 婚龄在 22岁及以上
所有妇女（总均值）[a]	（2.73）	（2.17）	（2.57）	（1.75）
丈夫的职业				
#农场	0.66	0.20	0.87	0.36
#除农场外的工人	0.51	−0.01	0.79	0.20
#服务业人员	0.07	−0.09	0.12	−0.06
#操作工	0.14	−0.08	0.22	0.05
#手艺人	0.03	0.00	0.11	0.03
#文书人员和销售人员	−0.19	−0.06	−0.32	−0.14
#MOP	−0.12	0.06	−0.28	0.01
#专业的、技术的及类似人员	−0.12	0.11	−0.39	0.03
丈夫的受教育程度				
#没上高中	0.26	−0.08	0.25	0.04

续表

#高中，1—4年	−0.07	−0.05	−0.17	−0.06
#大学，1年或以上	−0.10	0.12	−0.38	0.05
丈夫的收入				
#2000美元以下	0.33	−0.37	0.37	−0.12
#2000—4000美元	0.21	−0.27	0.34	−0.12
#4000—7000美元	−0.01	−0.10	0.04	−0.04
#7000—1万美元	−0.05	0.11	−0.16	0.01
#1万美元或更多	−0.05	0.27	−0.34	0.16

资料来源：美国人口普查局，"根据曾生育孩子数量对妇女的分类"（Women by Number of Children Ever Born），专题报告PC（2），3A，1960年人口普查数据（1960 Census of Population）（Washington：Government Printing Office，1964）。

a 不包括失业的、不属于民用劳动力的、1959年没有收入或者未回答职业的丈夫。

这些数据明白无误地揭示了明显的交互作用。对较小年龄结婚的妻子而言，基于经典模式的生育率差别非常明显：生育数量与丈夫的职业地位、他的受教育程度和他的收入呈反相关。不过，对在22岁及以上年龄结婚的妻子而言，情况不再如此。实际上，在这个群体中生育数量与丈夫的收入出现了明显的正向关系，恰好与对于结婚更早的妇女的结果相反。当然，晚婚大大降低了生育数量，但这种影响本身没有解释社会经济特征与结婚年龄的交互作用。后者需要基于除了生育期的减少理由之外的解释。

如果有人愿意进行论证，他可能假设早婚选择的是这样一些人，他们不愿意延迟满足或者提前很长时间计划他们的生活。相反，那些晚婚的人则似乎相当"理性地"行为，尤其是就使生育数量适应收入水平而言。这些数据最后一个有趣的特征是，所描述的影响似乎对于两个队列群体的较年轻者略微更为显著。尽管推论是有风险的，但我们斗胆猜测，年龄差异代表了一个相对新的现象的出现。不幸的是，对于这些普查数据所提供的洞见我们得到的太晚，以致没有影响我们对 OCG 生育数据的设计和分析。不过，我们可以作一点推测，以期为沿着这些路径的下一步研究提供有用的线索。

很明显，在一般意义上社会流动不是生育率差别的一个非常重要的来源。在整个人口中的社会经济差别正逐渐变小，不过分离出仍盛行"反转的出生率"的经典模式的遗风的群体是可能的，即那些具有农场背景的夫妻和早婚的妇女。如果可以识别出其他这样的群体的话，那么对这些群体与那些生育率差别已变得非常小或者已发生反转的群体进行比较似乎是检验流动性假设的一个策略。不幸的是，这种策略不能被推荐给小规模样本的研究，因为当前的调查研究中的所有证据表明，我们正在探寻的影响总体上是很小的，并很容易被抽样误差和其他误差所遮蔽。

另一种视角

在总结部分，我们不想对本章的详细分析进行一个总结，而是提供另一种思考结果的方式，这种思考方式将使呈现方式更简洁，并且某些读者可能会发现它能提供更多的信息。

到此刻为止支配本章中讨论的观点应该是明确的。就生育而言，它与在一个经济发达的社会中所观察的流动量可能带来何种

第 11 章　生育率差别与职业流动

人口学后果的问题有关。我们已经将分析置于对生育率差别问题的经典关注的历史脉络中，在这个脉络中有些作者期望对社会流动的调查研究对于阐明生育的阶级差异的缘起具有重要意义。基于这个观点，我们不得不检查这样的结果，不仅仅包括对被提议作为流动性假设的一个替代解释的模型的具有统计显著性的偏离，而且包括具有某种人口学后果的足够大的偏离。这些偏离都没有被发现。我们得出的结论是，总体而言，职业流动对于人口分析的目的并不是一个非常有效的变量。

另一方面，一种特定类型的空间和社会流动——离开农场——可能确实具有某种相当重要的人口学意义。这种流动不仅伴随着生育总体水平的下降，而且在它发生后的几代人中伴随着生育率差别模式的剧烈改变。作为流动的一般后果，我们所期望观察的正是这种类型的流动影响，但是在 OCG 数据中能发现这样一种结果的证据很少或者没有。与此同时，我们不得不指出的是，OCG 数据的结果也不能很好地反映在生育率差别开始被研究和流动性假设被提出时得出的发现。相反，就我们所知，流动性假设可能确实描绘了在 19 世纪末 20 世纪初事情的实际状态，尽管很难看到可能如何检验这个假设。但是在当代的美国，只要我们相信来自具有非常低的一般生育水平的队列的证据，那么流动的人口学后果只是，流动的夫妻拥有的孩子数量位于他们各自的流动起点阶层与终点阶层通常拥有的孩子数量之间。

不过，如果我们离开这个人口—历史的参照框架，可以说以前的结果将呈现出一种略微不同的意义。一个关心对流动结果的理论概括的研究者可能对流动本身的人口学后果没有多大兴趣。

对他而言，人口数据只是用来说明流动的一种可能的后果。如果兴趣在于对各种因变量的一般化，那么关键问题就不再是流动是否具有显著的人口影响，而只是能否观察到始终存在的流动影响（不管多大）。如果这样的话，那么人口数据将诱使我们对流动的其他后果的探索，包括以更为明显的方式对起点阶层和终点阶层之间的差异做出反应的种种现象。

如同上面我们已看到的，当非常详细地排列数据时，也很难发现对加性模型的非常一致的偏离。不过，可能许多不一致只是抽样误差导致的，在更为高度集中的数据中将会消除这些误差。基于这个假设，我们制作了表11.14—11.17。这些表格只是对已经呈现的数据的另一种排列。四个表格被分成两对。在每一对中的第一个表格（表11.14和表11.16）显示的是针对高度压缩的流动类别的实际或观测的平均生育数量。当把关于人口普查的主要职业群体的数据压缩为三个大的职业等级——白领、体力和农场，表11.14包含了四种流动类型的信息。表11.16显示了一个根据流动方向的汇总结果，在这里流动指的是基于职业地位得分发生10点及以上的变化。因此，表11.16的类型只是对表11.11的压缩。

每一对中的第二个表格（表11.15和表11.17）显示的是，根据流动类型的观测生育数量对基于只是指定起点和终点的加性影响的模型所期望的生育数量的比率。在这里，像在数据被加总的其他分析中那样，在从用初始提供的全部详细职业的模型中获得曾生育孩子数量的计算值后进行分组。如果在计算加性模型的数值之前加总观测数据，结果可能会略有不同。

表 11.14 对于已婚且和配偶在一起的夫妻，42—61 岁的妻子，根据起点和终点的职业等级，每个妻子曾生育的孩子数量

起点的职业等级	终点的职业等级		
	白领	体力	农场
终点：丈夫 1962 年职业			
丈夫父亲的职业			
#白领	1.89	2.18	2.50
#体力	2.14	2.52	2.54
#农场	2.22	2.83	3.26
妻子父亲的职业			
#白领	2.00	2.34	2.60
#体力	2.01	2.48	2.63
#农场	2.29	2.77	3.41
丈夫的首职			
#白领	1.91	2.09	1.85
#体力	2.09	2.57	3.20
#农场	2.93	2.93	3.32
终点：丈夫的首职			
妻子父亲的职业			
#白领	1.90	2.26	2.74
#体力	1.93	2.38	2.83
#农场	2.12	2.66	3.24

出于手头的目的，即研究流动影响的一致性，我们可以忽视表 11.14 和表 11.16 中的观测均值，并且立刻研究在另外两个表格中对加性模型的偏离。在这里，偏离用不同于 1 的比率来表示。高于 1 的比率意味着观测的生育数量超过了基于加性模型的期望数量；低于 1 的比率意味着它低于期望生育数量。

表 11.15 表明，在四种流动类型中除了一个例外，在对角线

上的比率都大于1。因此，在一定的一致性上，未流动的夫妻（在这里指的是那些没有从三大职业等级中的一个流到另一个）的生育数量高于基于加性模型的期望数量。在大多数不在对角线上的单元格中比率低于1实际上是一个同义反复。不过，在表格的每个面板中，至少有一种类型的流动夫妻的生育数量大于加性模型所隐含的数量。

表 11.15 对于已婚且和配偶在一起的夫妻，42—61岁的妻子，根据职业等级，曾生育孩子的实际数量与基于起点和终点的加性影响的模型的期望数量的比率

起点的职业等级	终点的职业等级			
	白领	体力	农场	总计
终点：丈夫1962年职业				
丈夫父亲的职业				
# 白领	1.032	0.974	0.944	…
# 体力	1.030	1.011	0.877	…
# 农场	0.912	0.994	1.003	…
## 所有流动者 [a]	…	…	…	0.985
## 所有未流动者 [b]	…	…	…	1.015
妻子父亲的职业				
# 白领	1.037	0.979	0.923	…
# 体力	1.008	1.006	0.906	…
# 农场	0.962	0.971	1.036	…
## 所有流动者 [a]	…	…	…	0.978
## 所有未流动者 [b]	…	…	…	1.020
丈夫的首职				
# 白领	1.036	0.967	0.762	…
# 体力	0.957	1.021	1.141	…
# 农场	1.068	0.955	0.992	…

				续表
## 所有流动者 [a]	…	…	…	0.973
## 所有未流动者 [b]	…	…	…	1.021
终点：丈夫的首职				
# 白领	1.029	0.985	0.955	…
# 体力	1.012	1.008	0.966	…
# 农场	0.965	1.003	1.005	…
## 所有流动者 [a]	…	…	…	0.990
## 所有未流动者 [b]	…	…	…	1.010

a 不在对角线的单元格的总和。
b 在对角线上的单元格的总和。

表 11.16 对于已婚且和配偶在一起的夫妻，42—61 岁的妻子，根据基于社会经济地位等级阶梯所界定的流动类型，每个妻子曾生育的孩子数量

流动类型		流动方向		
起点	终点	向上	稳定	向下
丈夫父亲的职业	丈夫的 1962 年职业	2.32	2.62	2.47
丈夫父亲的职业	丈夫的首职	2.15	2.69	2.47
丈夫的首职	丈夫的 1962 年职业	2.37	2.59	2.38
妻子父亲的职业	丈夫父亲的职业	2.20	2.75	2.32
妻子父亲的职业	丈夫的首职	2.12	2.70	2.50
妻子父亲的职业	丈夫的 1962 年职业	2.25	2.70	2.55

一个更大的压缩呈现在表 11.15 的最后一列中，在这里有对所有流动的夫妻和未流动的夫妻的一个比较。对未流动的夫妻而言，四种流动类型的比率变动范围在 1.01—1.02 之间，或者说在超出基于加性模型的期望数量的 1%—2% 之间。对流动的夫妻而言，低于 1 的四个比率表现出同样的变动幅度。

在表 11.17 中，对于未流动的夫妻，我们发现同样的不一

致。对于所有六种流动类型，它们的生育数量超出基于加性模型的期望数量，超出的数量范围在3%—5%。对于六种流动类型中的五个，向上流动的夫妻的生育数量低于基于加性模型的期望数量；就向下流动者而言，六种流动中的四个同样如此（当然，对于妻子父亲的职业与丈夫父亲的职业组合的流动方向的指定是武断的；但关于这一点的决定并不影响结果）。对于所有六种流动类型，甚至对于流动的夫妻表现出超过1.00的比率的那些流动类型，对未流动夫妻而言的比率高于对在任何方向上流动的夫妻而言的比率。

表11.17 对于已婚且和配偶在一起的夫妻，42—61岁的妻子，根据基于社会经济地位等级阶梯所界定的流动类型，曾生育孩子的实际数量与基于起点和终点的加性影响的模型的期望数量的比率

流动类型		流动方向		
起点	终点	向上	稳定	向下
丈夫父亲的职业	丈夫的1962年职业	1.003	1.005	0.984
丈夫父亲的职业	丈夫的首职	0.972	1.032	0.995
丈夫的首职	丈夫的1962年职业	0.999	1.016	0.986
妻子父亲的职业	丈夫父亲的职业	0.976	1.031	0.988
妻子父亲的职业	丈夫的首职	0.969	1.028	1.003
妻子父亲的职业	丈夫的1962年职业	0.983	1.020	1.006

总之，这些数据表明，任何方向的流动对生育具有微弱但相当一致的抑制作用。如果我们用根据压缩的数据得出的这个结论研究前文所提出的更详细的数据，我们可以发现同样的模式，尽管它并不完全一致。当职业被分组为5×5矩阵，不管考虑的是代内流动还是代际流动，在5个对角线单元格的4个中生育数量

超出期望值，在 20 个非对角线的单元格的 13 个中生育数量低于期望值（表 11.3、表 11.7 和表 11.8 的最后一个面板，忽略"未指明者"）。当对具有相同的职业起点或相同的职业终点的未流动的夫妻与流动的夫妻进行比较时，不管研究何种类型的流动，根据对模型的偏离，在五种情况中有四个前者的生育数量超出后者（表 11.5 的最后一个面板和表 11.9 的两个面板）。当控制了农场背景后，根据这些偏离，未流动者的生育数量在大部分情况下超出流动者的生育数量（表 11.6 的最后一列和表 11.10 的两列）。当基于职业地位上的变化来定义流动时，尽管模式不是一致的（表 11.11），但如之前对这些数据的分析所表明的，从丈夫的首职或从丈夫父亲的职业向丈夫的 1962 年职业的长距离流动（如上定义的）确实降低了生育数量。只有明显的或超常的社会流动（像包含了等级地位或长距离变化那样的流动）对生育数量具有独立的影响。

　　这个结论与之前的结论并不矛盾，它只是引入了一个新视角。总的来说，流动夫妻的生育数量位于他们的起点阶层通行的生育数量与他们的终点阶层通行的生育数量之间，这可用这两个社会阶层的加性影响来解释。不过，大量的社会流动发挥了进一步的影响，这种影响独立于社会出身和职业终点的影响，它给出生率带来一些下降，这种下降在某些长距离流动类型的情况中相当明显。尽管流动本身的这种抑制效应非常小，不足以解释生育数量中的大部分方差，但它反映了流动经历对家庭生活的重要影响。不过，甚至这种流动影响也没有证实最初设想的那种流动性假设。源自这种假设的理论试图解释向上流动与生育的反向关系,并且含蓄地假定,向下流动与生育是直接相关的。如果孩子多是成功的职业生涯的一个障碍的话,或者说如果追求职业成功的取向与拥有一个大家庭的兴趣不相容的话,那么不仅可以推论出孩子少的人有更好的向上流动机会,而且可以推论出孩子多的人更可能是向下流动者。这个推论与这个发现相矛盾,即明显的向下流动及向上流动对生育数量有所抑制(应该注意的是,贝伦特的英国数据与没有揭示这种流动影响的加性模型相符合[①])。

尽管向上流动和向下流动在许多方面是相反的,一个是一种激发人们努力竞争的有益经历,另一个是人们试图避免的惩罚性经历,但它们也有某些共同之处。无论在何种方向上的流动都必然会破坏已建立的社会纽带。当然,在美国弥散的阶级边界促进了具有不同社会背景的人们之间的联系,不过,在美国以及在经济状况和阶级地位影响社会互动的其他地方,经济条件上的重大变化往往会带来人际接触和社会关系上的相应变化。根据这些推断,在一个提供稳定的社会支持的社会联系网络中,流动弱化了个体的社会整合。

这里暗含的解释是流动的夫妻略低的生育数量是社会整合的支持性联系减弱的体现,这种减弱是社会经济地位中的根本变化带来的。这种推断所提出的一个问题是,所谓的由社会支持缺乏所导致的困扰的更为直接的体现也与流动有关。两条相

[①] 贝伦特,前引"生育率与社会流动",以及邓肯,前引"社会流动分析中的方法论问题"。

关的证据是在任何方向上的社会流动都似乎增加了精神紧张[1]和心理疾病[2]的可能。不过,得到这些结论的研究在设计中没有以本章所提出的那种方式将流动的加性影响与交互影响区分开来。一项最新的研究检验了这个假设,即"职业流动导致了异常的压力,这种紧张体现在比只根据加性影响所预期的更大的对黑人的敌意。"[3]这些结果是消极的。即使存在怀疑交互的流动影响起作用的很强的先验理由,但这些理由并没有明显的证据。

第二个问题是根据社会关系解体来解释流动的影响是否与本章所提出的其他发现相容。流动本身对生育的影响很大程度上被大量相关因素的影响所弱化。白领地位和白领出身比流动本身更能降低出生率。不管是考虑城市化的历史趋势还是城市背景与农场背景的家庭之间的差异,晚婚和城市化也比流动本身更能降低出生率。而且,这些因素降低了生育上的阶级差异。能否发现这样一套理论原则,它既有助于解释这些因素对生育更为明显的影响,也与就流动对生育的影响所提出的解释相一致?在下一章,我们将提出一种满足这种要求的理论解释,这

---

[1] 尤金·利特瓦克(Eugene Litwak),"冲突性价值和决策制定"(Conflicting Values and Decision Making),哥伦比亚大学博士学位论文(Ph. D. dissertation, Columbia University),1956年。

[2] A. B. 霍林斯黑德等(A. B. Hollingshead et al.),"社会流动与心理疾病"(Social Mobility and Mental Illness),《美国社会学评论》,19(1954),第577—584页。

[3] 罗伯特·W. 霍奇(Robert W. Hodge)和唐纳德·J. 特雷曼(Donald J. Treiman),"职业流动与对黑人的态度"(Occupational Mobility and Attitudes Toward Negroes),《美国社会学评论》,31(1966),第93页。

种解释以这个假设为中心，即生育本身和生育上的阶级差异都是由现代社会（*Gesellschafts*）的特征所降低的。这种特征总体而言是现代城市社会的显著标志，特别是现代城市社会中的白领阶层的显著标志。

第12章
职业结构与分层系统

在这个总结性章节，我们将总结我们研究的主要发现，并讨论它们对社会分层的某些一般性含义。首先，通过对直接支配职业流动过程的因素的分析，以及随后对改变这一过程的其他因素的研究，我们评论了在美国影响一个人职业成功机会的条件。其次，我们集中关注了家庭生活与职业生活之间的关系，即一个人在家庭出身中的先赋地位如何影响其在职业结构中的后致地位，以及他的职业生涯对其家庭的生育有何影响。在对个体职业获得的一些前提和后果的概述之后，我们转向对职业结构本身、刻画它的变动模式以及能被推测的历史趋势的分析。通过以更为推测性的态度反思研究结果，我们试图对当代工业化社会中社会流动的结构性原因与历史性原因做出区分。最后，我们对关于美国的社会流动率的发现与那些来自其他国家的发现进行了比较，以便对民主社会中流动和经济进步对社会分层和政治稳定的意义得出某些认识。

职业成功的条件

一个经常被问及的问题是,"什么决定一个人获得向上流动的机会?"可以轻易地回答这个问题,但答案并不是非常有意义。决定一个人向上流动机会的主要因素是其起点的水平。一个人起点的水平越低,他向上流动的可能性越大,这不过是因为低出身者比高出身者有更多的职业终点可以向上流动。[①]答案的平淡无奇表明问题的提问方式不佳。为了研究什么因素影响职业流动,我们必须将这个概念拆解成构成它的要素,即首先研究出身如何影响后来的职业获得,然后再继续研究在对职业获得的影响中几个前提条件如何相互作用。使用回归和路径分析可以按照这种方式来阐明职业流动的过程。出于这个目的,对出身和终点的所有职业分类都被转换为地位得分,这个得分建立在每个具体职业的平均收入和受教育程度的基础上。

尽管代际流动和代内流动通常被处理成两个分开的问题,但是我们同时研究这两种流动,因为社会出身(父亲职业)和职业起点(首份工作)对职业获得的影响当然不是独立的。而且,给定在现代社会中教育对职业生涯的重要意义,受教育年数这个变量被包含在分层过程的基本模型中。通过追溯职业获得的四个决

[①] 因此代际职业流动的比率对社会出身(父亲的职业)最低的人而言是最高的,并通常随着社会出身的提高而下降,变化的范围从对于其父亲职业地位低于 5 的人向上流动的平均比率为 +25 点,到其父亲的地位是 90 及以上的人向上流动的平均比率为 −35 点。而教育的最高值和最低值只带来 −2 到 +28 的变化,教育无疑比其他任何变量都更有区分度。

定因素之间的相互作用，这个模型解剖了职业流动过程。这四个因素中，有两个（父亲的教育和父亲的职业）涉及一个人的社会背景；另外两个（他自己的教育和首份工作）涉及他自己的培训和早期经历，这为他随后的职业生涯奠定了基础。

一个人的社会出身对他职业成功的可能性产生了相当大的影响，但是他自己的培训和早期经历对其成功可能性造成了更为显著的影响。父亲的受教育水平、父亲的职业、儿子的受教育水平、儿子的首职与儿子当前职业地位的零阶相关系数分别为0.32、0.40、0.60和0.54。不过，因为社会出身、教育和职业起点之间并不是相互独立的，因此它们对最终职业获得的影响并不是累积的。因此，父亲的教育对儿子职业地位的影响受到父亲的职业和儿子的受教育水平的调节。另一方面，父亲的职业地位不仅通过影响儿子的教育和首职而影响儿子的职业地位，而且对儿子的职业地位存在延迟影响，即当儿子受教育年数和首份工作的差异被控制后，父亲职业地位的影响依然存在。尽管社会出身对职业获得的大部分影响通过教育和早期经历来调节，但是社会出身对职业生涯有着持续性的影响，它独立于与职业准备有关的两个变量。教育对职业获得产生最强的直接影响（路径系数是0.39），其次是首职地位的影响（路径系数为0.28）。

社会出身、教育和职业起点解释了职业获得接近50%的方差。对这个结果的解释可能仁者见仁、智者见智，可以强调年轻人的这三个属性对其随后职业生涯的影响几乎与所有其他因素合起来的影响一样大；也可以强调在我们的社会，职业成功与其说取决于社会经济和教育差异，还不如说取决于其他因素。不管怎样，随着年龄的增加，一个人过去的职业经历对其随后职业生涯的意义变得越发显著，并且其社会出身、教育以及其他未直接测量的因素变得越来越不重要。根据年龄队列的比较来推断职业阶段，我们得出如下估计：一个人过去职业对其职业地位的影响，在30岁左右时的路径系数是0.30，当他大约60岁时，路经系数增加到0.89；社会出身的净影响从30岁时的0.18下降到0；教育的净影响从0.48下降到0.06；所有其他因素的净影响从0.82下降到0.40。

其他因素（比如，种族背景）对职业成功的意义并不独立于社会出身、职业起点和受教育年数的影响。众所周知，低下的社会出身伴随着大量对职业机会具有不利影响的因素。大量的穷人是受到歧视的少数族群成员；他们有很多孩子，但僧多粥少；他们住在教育和职业机会极其有限的地区，就像南方的黑人佃农那样。在低社会阶层长大的孩子往往不仅父母贫困，而且父母受教育水平低下，他们本身受到的教育也较少，而且必须要早点开始就业，从事的却是不受欢迎的工作。通常做出的假设是，在较低阶层长大的人的这些多重障碍对其职业生涯具有累积性的影响，通过贫困的代际传递造成了一个恶性循环。事实上，我们的分析结果表明，低的社会出身是职业成功的一个阻碍（尽管职业获得的大部分差异并不是社会出身的结果，而是独立于出身的其他因素的结果）。不过，这些结果本身并未揭示出一个恶性循环。

贫困的恶性循环概念不仅意味着在较低阶层长大对职业可能性有着不利影响，而且更准确地说，意味着低社会出身伴随的各种条件彼此强化，并对职业可能性具有累积的不利影响。然而，几个相关的因素对职业获得有不利影响的事实并不必然表明，每个因素对那些由其他因素产生的因素增加进一步的不利。相反，它通常意味着，它们的联合效应大部分是冗余的，而不是累积的。因此，如果一个人的父亲受的教育很少，如果他父亲的职业地位很低，并且如果他自己受的教育很少，那么他的职业生涯受到不利影响。但如前文分析所示，这三个影响并不是累积的。父亲的低受教育水平只是抑制了儿子的职业可能性，因为它与父亲较低的职业地位和儿子较低的受教育水平相关联。一旦调节父亲受教育水平影响的这两个中介变量考虑进来，父亲的教育便不再对职业获得产生进一步的影响。反过来，父亲的职业地位对儿子职业生涯的影响很大程度上受到教育的调节，尽管不是全部。给定这种最低限度的累积性，恶性循环的说法对绝大多数人来说几乎是不合理的，特别是鉴于职业获得中的大部分差异并不是社会出身不同所导致的。不过，在美国社会存在弱势群体，他们因为累积性障碍遭遇严重的职业劣势，他们的状况完全可以被描述为恶性循环的结果。三个少数群体的案例——黑人、南方人和移民者的儿子——展现了累积性的出身障碍与非累积性的出身障碍之间的差异。

在美国，黑人的职业成功可能性远不如白种人。尽管这对熟悉美国社会的人而言毫不新奇，但值得指出的是，在他们努力获得经济成功的每一个阶段，黑人都处于不利地位，并且这些累积性的不利因素恰恰是产生美国黑人遭遇巨大的机会不平等的原因。大量的黑人生活在南方，那里的职业机会不如北方。而且，在每个地区，黑人都处于严重的不利地位。他们比白人的社会出身低，他们受到更少的教育。甚至当对拥有同样教育的黑人和白人比较时，黑人进入更低水平的劳动力市场。更进一步，如果所有这些差异在统计上控制后，我们探究如果他们与白人有着同样的出身、教育和职业起点，黑人的遭遇如何，结果是黑人职业获得的可能性仍然大大不如白人。最后，在同样的职业内，黑人的收入低于白人。与身为美国黑人相伴的多重不利在它们对一个人职业生涯的有害影响中是累积性的。

尽管没有受过教育的黑人是偏见的刻板印象的主体，它被用来证明歧视的合理性，但受过更好教育的黑人（他们通常被明确地认为不受这种刻板印象的影响）似乎是最受歧视的。教育并没有给黑人带来像白人一样的职业优势。从高中毕业或者上了大学的人中黑人与白人之间在职业地位上的差异是那些完成不超过八年教育的人中这种差异的两倍之多。简言之，受过良好教育的黑人的职业地位落后于同样受教育水平的白人的程度要远远多于受教育程度低的黑人。这种差异可能部分地反映在就业的歧视上，也部分地反映在教育的歧视上，因为社区为黑人提供的教育设施较差，这可能使在同样数量的受教育年限上黑人比白人获得更少的知识和更少的技能。无论如何，对教育投入同样的时间和资源并没有给黑人带来同白人一样的职业回报。作为一个弱势群体，黑人为了接受教育必须要做出更大的投入，但是与白人相比，他们有更少的激励做出这样的投入，这也许是为什么黑人经常有很少的动机继续上学并提高他们的受教育水平的一个主要原因。因此，我们看到了累积性不利因素如何导致一个恶性循环。因为对黑人而言，接受教育并非十分有利可图，因此他们倾向于相对较早地离开学校。大多数黑人随之而来的低教育水平强化了对没有受过教育的黑人的刻板印象，这有助于证明对整个群体的职业歧视的合理性，于是进一步降低了黑人从他们所做出的教育投资中得到的回报，这再一次削弱了他们做出这样投资的激励。

南方白人的处境可为黑人提供一个有趣的对比。对南方的白人和黑人而言，无论是留在南方，还是迁往北方发展，南方人的职业成功可能性都不如北方人。相比于北方人，南方人有更低的社会出身，接受更少的教育，并且他们从更低的水平开始其职业生涯。尽管南方人与北方人之间的差异不如白人与黑人之间那么巨大，但就我们考虑的每个变量而言，存在类似的差异。不过，南方人的不利因素并没有对其职业可能性产生累积性影响，而黑人确是如此。当控制了社会出身、教育和职业起点后，平均而言，南方白人的职业水平不再与北方白人有任何差异。换言之，南方白人较差的家庭背景和受教育水平完全可以解释他们有限的职业机会，一旦这些初始差异考虑进来，就不存在对南方人歧视的证据；而控制家庭背景和受教育水平后，黑人的职业机会仍不如白人的，这也许是歧视的结果。在控制之后，与南方白人相比，南方黑人的职业机会仍不如北方黑人，这无疑反映了对南方黑人更为严重的歧视。正如黑人一样，南方人在争取职业成功上有很多竞争的不利因素，但是南方白人的不利条件并没有对其职业生涯造成累积性的障碍，而黑人的情况确是如此。情况很可能是这样的，种族歧视是对职业生涯的这种累积性不利影响的根源，并且，如果没有歧视，就不会有贫困的恶性循环。

第三个少数群体——移民者的儿子——的情况既不同于南方

人，也不同于黑人。所有这三个少数群体的背景都给他们的职业生活带来障碍。这种初始的不利条件并没有完全解释黑人较差的职业机会，但却解释了南方白人的情况。不过在这两个群体中初始的不利条件都伴随着随后较差的职业成就，然而移民者二代的职业成就（尽管存在初始的不利条件）并没有不如本土血统的北方白人。也就是说，移民者的儿子比属于多数群体的美国出生的北方白人有着更低的社会出身且接受更少的教育，然而不管是控制还是不控制这些初始差异，平均而言，他们的职业成就却与这些多数群体一样高。尽管这些结果似乎表明，白色人种的少数群体在美国劳动力市场中没有遭受歧视，但一个可能的替代解释是，尽管某些白色人种群体在其职业生涯中处于不利地位，但经由白人少数群体中被选择成员的超过预期的成就，这些不利因素的影响在数据中被抵消进而被掩盖了。存在一些支持这种解释的证据。例如，北欧或西欧血统的移民二代比那些出身不太显赫（主要是南欧和东欧）的移民二代拥有略微更为成功的职业生涯。除此之外，有关教育的数据表明，移民二代有着初始的不利，但在他们之中克服这些不利的人能够获得异乎寻常的成功。

对职业获得而言，少数群体的不利之处既是挑战，也是障碍。它们给成功制造了障碍，同时也为克服这些困难的能力提供了一个筛选测试，结果是那些征服其初始不利并通过筛选测试的少数群体成员是一个有更大潜力继续获得成就的优等群体。移民二代的出身不利在如下发现中是明显的，与多数群体（指本土白人）相比，他们之中有更少的人完成了八年教育，并继续读高中且直到高中毕业。为了从高中毕业，移民者的儿子要比本土美国人的

第12章 职业结构与分层系统

儿子克服更为严峻的挑战。因此，对移民二代而言高中毕业是一个特别有效的筛选测试，这明显体现在，一旦初始不利被克服，继续获得更高教育水平的比率非常高。继续上大学的高中毕业生比例，在移民二代中要比在多数群体中更高，并且能毕业的大学入学者比例和继续攻读研究生的大学毕业生比例，在移民二代中也要比在多数群体中更高。必须要克服竞争的不利条件的人要比那些从未遇到这些困难的人随后进展到更高的水平，部分是因为必须要通过的这种筛选将具有高度自觉或超强能力的人选择出来，部分是因为成功克服这些挑战会使他们在未来的竞争中更加坚定。不过，不利条件要成为成就的这样一种激励，需要那些征服其不利条件的少数群体成员随后有可能享受成功的果实，并且持续的不利和歧视不会使他们失去来之不易的收益。至少，如下的发现表明了这个结论，当控制了家庭背景和受教育水平后，黑人的职业机会仍很差，他们也没有非常高的可能性继续获得更高水平的教育，而对于既定的教育投资，白人少数群体的职业回报并没有那么差，而且他们确实有更高的比率继续获得更高的教育。

选择过程对当代职业生活的意义在迁移中最为明显。无论迁移指的是一个人离开他的出生地，还是16岁后离开他长大的社区，迁移者通常比未迁移者获得更高的职业地位。当然，对于迁移者普遍的优势也存在一些例外，尤其是在农场部门。例如，尽管南方人特别是黑人最没有资格进入城市职业，但他们最可能离开农场。然而，甚至离开农场的迁移者在职业成就上平均而言也要比待在农场的人要好，尽管不如他们来到的社区的人；城市迁移者的职业成就要好于他们迁入地的未迁移者，也好于他们的迁出地的未迁移者。因为迁移主要是从城市化水平更低的地方流向更高的地方，在那里有更多的职业机会，因此迁移者更高的职业成就可能是迁移通常所带来的机会结构改善的结果。实际上，对来自所有类型地区的迁移者而言，迁往城市社区的人要比迁往农村地区的获得更高的职业地位。不过，与预期相反，迁移者长大的地方要比他现在工作的地方对其职业可能性施加更显著且更持续的影响。无论一个迁移者现在工作的地区规模有多大，他所长大的社区城市化水平越高，他所获得的职业地位越高。拥有多样化设施的更为城市化的社区提供了更出色的教育和早期经历，这赋予了在那里长大的人以竞争优势。

这就提出了一个问题，无论迁移者迁入或迁出的社区类型如何，迁移本身是否都伴随着更好的职业成就？为了回答这个问题，我们用从一个大城市迁往另一个大城市的迁移者与大城市中的未迁移者相比较，并且对小城市、乡村社区和农场，也分别对在同样社区类型内部的迁移者与未迁移者做类似的比较。无论是在大城市，还是小城市，这样的迁移者在职业地位上都显著好于未迁移者。在乡村社区，这种地位差异较小；在农场，这种差异是相反的，迁移者不如未迁移者。因为在这些比较中由城市化水平导致的环境机会的主要差异都被控制了，所以发现表明，城市迁移是一个对天生渴望职业成功的人的选择过程，尽管这对乡村的迁移不太正确，对农场的迁移完全不正确。如果这个结论正确的话，那么接下来的推论是，城市迁移者，而不是乡村迁移者，在实际离开其家乡前就应该比未迁移者出色。数据支持这个推论。城市迁移者的社会出身、教育和首职都优于未迁移者的情况，而乡村迁移者则没有显示出这样的早期优势。当这些职业成功潜力的差异在统计上被控制后，城市迁移者继续表现出有更出色的职业成就。这意味着，城市迁移将有着更高职业成功潜力的人筛选出来，并且他们的迁移事实上提高了实现这种潜力的可能性。

对城市化社会中的职业流动而言，迁移扮演着重要角色。主要从乡村地区前往城市地区的迁移流改善了迁移者的机会，选择性迁移过程使迁移者更有条件获得职业成功，这二者共同造就了迁移者更出色的职业成就。在现代社会，便利了迁移的交通设施能使那些拥有主动性和能力但却生活在机会有限地区的人通过迁移将他们的潜力转化为实际的成就。当然，在乡村地区长大的人往往缺乏对城市职业生涯的准备，当迁往城市时，这限制了他们的职业机会。然而，正是因为这个事实，流向大城市地区的乡村迁移者不仅促进了迁移者本身的职业流动，而且促进了城市本地居民的职业流动。

流向大城市的乡村迁移者比仍留在乡村地区的人获得更高的职业地位，但却没有城市本地人获得的职业地位那样高。他们之所以被吸引到大城市地区，是因为那里更好的机会使更高的职业成就成为可能，而他们的成就不如城市长大的人，是因为他们更缺乏职业准备。条件较差的乡村迁移者大量涌入大城市职业等级体系的较低端，这使得条件较好的城市本地人比若非如此的话更有可能进入相对较高的职业位置。因此，在大城市的职业结构中以前被欧洲移民占据的位置现在被来自乡村的迁移者所担任。大城市的本地人由于乡村迁移者的涌入而获益，这些迁移者也获益了；甚至连仍留在乡村地区的人可能也从其他人的流出中有所获益，因为其他人的流出降低了对工作的争夺。在美国从乡村向大城市的迁移对职业流动具有结构性的影响，因为它提高了未曾迁移的本地人的向上流动机会，也提高了迁移者本身的向上流动机会。

家庭生活与职业生活

家庭生活对职业生活具有重要的影响。尽管还不太清楚是婚姻破裂导致了丈夫不太成功的事业，还是丈夫不太成功的事业加速了婚姻破裂，但对孩子和丈夫而言，破损家庭意味着更低的职业成就。孩子未来的职业机会不仅受到其父母婚姻稳定性的影响，也受到其拥有的兄弟姐妹数量、他们在其中的排行及家庭提供的教育激励的影响。

兄弟姐妹众多是很大的职业障碍。在家庭处于相同社会经济阶层的条件下，来自大家庭的人比来自小家庭的人更不可能获得高的职业地位。最可能的原因在于，孩子多的父母必须要分配他们的时间和资源，并且对孩子的培养和教育支出或者对任何一个孩子的指导和支持不可能像孩子少的父母那样多。当教育获得和社会出身被控制后，来自大家庭与来自小家庭的人之间的职业成就差异实际上就消失了。尽管家庭规模主要通过影响教育（它转而影响职业成就，而不是其他方式）来影响职业成就，但这使得大家庭对事业机会的最终抑制效应不真实。

通常认为，长子比幼子获得更高的地位。根据我们的发现，必须要修正这个假定。确实，也是家庭中第一个出生的孩子的长子比处在中间位置的儿子有更为成功的职业生涯。不过，有姐姐的长子在职业成就上并不比处于兄弟姐妹中间位置的其他儿子更出色。此外，在家庭中是年龄最小的孩子的儿子与是年龄最大的孩子的儿子的职业成就一样高。简言之，处于兄弟姐妹排行两端的男性比处于中间位置的有更为成功的职业生涯。这种差异是由于年龄最大和最小的孩子接受了更好的教育，当控制社会出身和教育后，这种差异基本消失了。看起来父母将极大的资源投入于最大孩子的培养，他们可能也与父母的关系特别亲密，并且认同成年人的价值；面对最小的孩子而言，父母不必再为更小的孩子而精打细算，他们因此而受益。这些第一个出生和最后出生的孩子能随之接受更好的教育使他们在职业成就上超过中间的孩子。

处于不同位置的兄弟姐妹之间的关系似乎也影响职业成就。家庭规模的增大降低了年龄最大孩子的优势，提高了年龄最小孩子的优势。就技术层面而言，兄弟姐妹数量和排行在对职业成就的影响中相互作用。大家庭对未来成功的不利影响对年龄最大孩子是最明显的，对中间孩子的影响不太明显，而对年龄最小孩子的影响最不明显。尽管当教育和出身都被控制后，在职业成就上没有这些差异，但无论是否控制社会出身，在教育获得和职业获得上这些差异都是明显的。对这个发现的解释表明，家庭中的角色关系和规范性期望激励年龄更大的孩子为年龄更小的承担一些责任并帮助他们进步。为了他们弟弟妹妹的利益，哥哥姐姐在某种程度上放弃自己未来的利益，这种假设可以解释所观察到的不对称性。一个孩子出生得越晚，从年龄更大的哥哥和姐姐得到的帮助与给予年龄更小的弟弟和妹妹的帮助之间的平衡对他越有利，因此，拥有的兄弟姐妹越多，这种好处就越大。从略微不同的视角来看，拥有许多年幼的弟弟和妹妹比拥有许多年长的哥哥和姐姐所带来的不利更大，因为年长的孩子被期望要为他们年幼的弟弟做出一些牺牲。

关于家庭规模的数据支持之前的结论，即成功地克服他们前进障碍的人比从未面对这些问题的人更可能取得更高水平的成就。来自大家庭的人在他们继续从一个阶段到下一个阶段的教育的条件概率上的劣势是明显的。在直到大学本科的教育阶梯的每一阶段，来自大家庭的儿子继续读书的比例都没有来自小家庭的高。因此，在大学本科毕业生中，大家庭的人比小家庭的人是一个更为精选的群体，这个发现体现在来自大家庭的人有更大的倾向继续研究生层次的教育。同样，相比于年龄最小的孩子，中间的孩子更不可能在直到大学本科的每个阶段继续接受教育，并且如果这些排行处于中间的孩子来自小家庭，而不是来自大家庭，那么他们更可能大学本科毕业后继续深造，这也许是因为排行中间和大家庭的复合不利因素太严重了，以致大部分人难以克服，就像黑人所遭遇的严重的多重不利因素一样。不管困难是由兄弟姐妹众多造成的，还是由父母是移民造成的，还是由其他并非毁灭性的障碍造成的，克服特殊困难的过程就是挑选最有成功潜力之人的过程，大浪淘沙，那些征服了其初始不利之处的弱势群体成员比其他人更可能鹏程万里。

人们也许认为，儿子的受教育程度及随之的职业机会受到其父母家庭教育氛围上的差异，特别是家庭中激发对学习和成绩的兴趣的状况如何的影响。无疑，家庭教育氛围很大程度上取决于

第 12 章 职业结构与分层系统

父亲的教育状况，实际上它确实对其儿子的教育产生了相当大的影响。不过，在父亲的每个教育水平之内，孩子从其父母获得的教育激励并不相同。当控制了父亲的受教育水平后，在每个教育等级内家庭教育氛围的不同可从年龄最大的哥哥的受教育程度中推断出来。如此定义的家庭教育氛围的等级内差异对儿子的受教育程度具有显著影响。甚至当控制了种族、一些其他条件以及父亲的受教育水平后，平均而言，其长兄受教育水平最高的人比其长兄受教育水平最低的人几乎多接受四年教育。根据所做出假定的可信性和所提出的精确预测，将一个代表这个因素的假设变量引入正式的分层模型揭示了如何把这个解释与另外的解释进行比较。教育等级之内家庭氛围激励孩子努力学习的程度差异看起来对他们的受教育水平具有深刻的影响。

有利的家庭氛围明显提高了儿子的受教育水平，这其中的一个机制是通过激励他们（或者可能是父母）充分利用可用的资源来提高受教育程度。家庭氛围中的等级内差异对儿子教育的影响，在小家庭中比在大家庭中更大。控制了父亲的受教育水平和其他有关变量后，如果长兄只上了小学的话，来自小家庭的孩子的受教育程度并不比来自大家庭的孩子有什么优势，但这种优势随着长兄的受教育水平的提高而增大。与在大家庭中相比，在小家庭中可以把更多的资源用于每个孩子的教育，但是除非存在把教育当作一个重要目标的家庭氛围，否则也不会利用小家庭更为丰富的资源来获得更多的教育。简言之，家庭氛围越重视教育，人们才更可能将可用的资源从其他用途转向获得更高的教育水平。

职业生活与一个人的家庭生育和家庭定位存在重要关联。不同的职业等级具有不同的生育率是广为人知的现象。更高职业等级的人比更低的人有更少的孩子，尽管这种关系不完全是线性的，因为是较低的白领阶层而不是最高的白领阶层的孩子数量最少。职业地位对生育率的影响超出两代。无论是根据丈夫的父亲的职业还是妻子的父亲的职业来分类，在生育率上都显示出类似的差异，根据丈夫的首份工作来分类亦然，除了在这些分类中对于较低的白领阶层曲线的突然下降并不明显之外。因此，大体而言，家庭的当前社会地位或社会出身越高，家庭中的孩子数量越少，尽管这种差异上的下降伴随着生育率的长期下降趋势。

根据某些学者的解释，生育率上的阶级差异是低生育率与向上流动之间关联的结果。这里的假定是，低生育率是向上流动的先决条件，因为大家庭是事业成功的一个障碍。如果孩子少的家庭更容易产生向上流动，那么低阶层者就很少有小家庭，而高阶层者往往都是小家庭，并且在更高的阶层中可发现较低的生育率。这种解释可被称为强形式的流动假设，需要说明的是，它是在缺乏系统的关于生育率与流动关系的经验资料的情况下提出来的。而弱形式的流动假设只断言，生育率与流动之间存在反向关系，但并不认为这种反向关系解释了生育率中可观察到的阶层差异。

414　　根据强假设，更高阶层的较低生育率是由于存在拥有很少孩子的向上流动家庭，这意味着未流动夫妇的生育率并不因社会阶层而异。OCG 数据清楚地表明，无论是从首职、父亲的职业还是从岳父的职业来界定流动（或者不考虑流动），不同职业阶层的未流动夫妇的生育率并不相同，而是存在类似于对所有夫妇而言那样的差异。相反，生育率上的阶层差异，对未流动家庭而言比对所有家庭而言更为显著，这无疑是因为，当前地位的和初始地位的影响的相互强化，而非在未流动情况下的彼此抵消。在这种强形式的意义上，流动假设必须被毫不含糊地拒绝。流动与生育率之间的关联没有解释生育率中存在的阶层差异。这就提出一个问题，向上流动与低生育率存在关联的潜在假设是否正确，这是其弱形式假设所主张的全部。

　　向上流动的夫妇往往比相同出身的其他人有更少的孩子。尽管这个发现与弱假设是一致的，但并不足以证实它，因为这不一定反映了流动本身的意义。向上流动的夫妇往往比处于其流动终点的阶层中的其他人有更多的孩子，并且向下流动夫妇的生育率也处于其流出阶层的生育率与流入阶层的生育率之间。事实上，每个流出阶层的生育率因流入阶层的不同而不同，每个流入阶层的生育率也因流出阶层的不同而不同。这种模式表明，在流动经历本身不起作用的情况下，职业起点和当前职业的加性影响也许可以解释生育率。为了检验这个推断，我们构建了一个包含了两个加性影响的模型，对这个模型的偏离揭示了流动本身的净影响。模型解释了流动表中的大部分差异，但却存在统计上显著的偏离，尽管它们通常非常小。向上的职业流动看起来轻微地抑制了生育率，向下流动亦然。总之，任何方向上的流动经历对生育率有微小的抑制效应，不过，当前职业地位和起点地位对生育率的累积性效应使这种抑制效应无足轻重。

大量降低生育率的条件同时也降低了生育率的阶层差异。因此，生活在城镇但其父亲是农场主的人及自己生活在农场的人比那些离开农场已两代的人有更高的生育率。出身于农场的人相比城市居民的二代随着职业地位的变化而导致的生育率差异也更明显，因为随着职业地位的上升，出身于农场的人相比于城里人的生育率下降得更为迅速。同样，如同已指出的，长期的历史趋势是生育率的下降，并且不同阶层之间的生育率差异在减少。现代社会中城市化的扩张也许是这种历史趋势的主要原因。早婚的夫妇要比当新娘超过21岁时才结婚的夫妇有更多的孩子。如果是早婚，丈夫的职业地位、受教育程度和收入都与生育率呈负向相关。不过，如果是晚婚，生育率与职业地位和受教育程度都不存在相关关系，而与收入的关系是负相关。更低的社会经济阶层相比于更高的阶层有更多的孩子，与这种可观察的趋势形成对照的是，晚婚的夫妇如果富裕比如果贫困会有更多的孩子。

不管城市化是指社会整体上的城市化水平的提高，还是指个体日益远离农场生活而越来越城市化，城市化带来的影响为所观察到的生育率模式提供了一个可能的解释线索。用滕尼斯著名的概念来讲，城市化的社会结构的一个显著特征是现代社会（Gesellschafts）关系甚于传统共同体（Gemeinschafts）关系。① 传统共同体意味着，人们嵌入在亲密关系的矩阵中，这些关系大部分从出生起就存在了。在这样一种情境下，人际关系被视为是自然秩序的一部分，它们本身就很珍贵。人们不会根据某些外在的

---

① 斐迪南·滕尼斯（Ferdinand Toennies），《共同体与社会》（Community and Association）（London: Routledge & Kegan Paul），1955年。

第12章 职业结构与分层系统

普遍主义标准来判断他们与同伴的关系，而是已建立的社会纽带本身定义它们的特殊意义。我们可以有点夸张地说，人们要么把他人看成朋友，要么视为敌人；不存在任何中间地带。现代社会关系则绝不走这种极端，它既不追求社会接触的内在意义，也非视为敌意，而是把社会接触当成各种目的的手段。有着高度劳动分工的城市化社会要求其成员在他们的工作和日常生活中按照所属角色与诸多他人结成相对表面的关系。因此，在当代社会，如果不参与和其他人的互动就几乎什么目标也完不成。在这些社会关系中，例如，买者与卖者、主管与下属之间的关系，所寻求的目标是评价关系价值的外在标准。随着现代人的大部分社会接触被当成是达成目标的手段，社会交往的工具导向越发普遍，甚至被引入亲密的人际关系之中。家庭生活也不能从这种趋势中幸免。传统的观点是结婚生子是理性考虑领域之外的自然过程，而今天的人们不仅被允许，而且在规范上被期望将其结婚生子的决定建立在理性计算基础之上，如同对十几岁就结婚和很穷的人生很多孩子的不赞同所显示的那样。

我们所提出的解释是，从理性计算的角度来看待人际关系（这体现在滕尼斯的社会概念中）是抑制生育率的主要因素。因为大部分白领工人的工作是与人打交道并通过影响其他人来达成目标，而蓝领工人及农场工人的工作则主要与物打交道，所以可以预期白领工人特别习惯于从计算的角度看待人际关系。城市化使人们抛却了温情脉脉的乡土关系，并使来自五湖四海的陌生人聚在一起发生接触，因此城市化助长了社会关系中更为谨慎的态度。相应地，整个社会的城市化趋势和个体成员的城市化程度都应该反映在更为显著的现代社会取向中。有关最亲密的人际关系的决定也允许理性考虑，晚婚的意愿就是这种倾向一个非常显而易见的体现。所有这些状况降低了生育率。生育率的阶层差异也可从中得到解释。

生育率的阶层差异的悖论在于，最养不起孩子的夫妇有最多的孩子。不过，虽然称其为悖论，但它本身却表明了我们对家庭生活的计算取向，因为它潜在地假定，生育孩子绝不仅仅是一个自然过程，而应该是基于理性经济考虑的慎重决定。只有那些有着强烈现代社会取向的人以这样慎重的方式来计划家庭规模。晚婚更直接地体现了对家庭生活的计划取向。结婚晚的夫妇不仅比其他人有更少的孩子，而且受到根据他们的经济资源来理性地决定生育多少孩子的影响，这如同他们的收入与生育率之间存在正相关所显示的那样，与之相对照的是，其他夫妇的收入与生育率之间是负相关。有理由认为，白领工作者的社会生活最广泛地受到现代社会原则的引导，在他们之中更为富裕的较高阶层比不太富裕的较低阶层有更多的孩子，理性考虑将导致这个结果。因此，现代社会取向的主要结果——晚婚，以及晚婚的主要决定因素——白领工作，体现在对家庭规模的理性计划中。像由城市化所导致的那样，对人际关系不太极端的计算取向只是减弱了生育率惯常的阶层差异而不是反转了这种差异。根据这个解释，通常观察到的生育率的阶层差异是由较低社会阶层对家庭生活的更少计划而更多自发的取向所引起的。不管流动方向如何，流动对生育率轻微的抑制效应最终可能是由于流动通常所导致的社会关系解体，因为远离了已有社会关系网络的人易于在社会交往中变得更为精于计算。①

生育率的差异对社会而言意味着什么？更高的社会阶层有更低的生育率，并且相比于工业化程度较低的社会，更为发达社会的生育率更低。曾有人据此认为，这是对人力资源可悲的浪费，并且可能导致文明社会的毁灭。虽然并不是这种观点的极端代言人，但是索罗金如此来总结他对这个主题的讨论："如果我们希望我们的文明得以延续，那么阶层有别的生育率和总体上的低生育率绝不是实现这一目标的有利条件。"②这种观点假定，身处更高阶层的家庭的儿子比那些从较低阶层攀爬上来的人更有资格担任领导职位。没必要在这里讨论遗传的作用，因为如果只是根据他们的环境为其发展所创造的优势，那么很容易理所当然地认为，在更有教养和更为富裕的家庭中长大的人比其他人更可能有更为出色的条件。

不过，认为精英阶层的儿子比其他阶层的儿子的整个群体在能力上更为出色并不意味着他们比从其他阶层成功地攀升至精英阶层的儿子更为出色。非精英阶层的儿子这个群体是人力资源的巨大蓄水池，大量人才在向上流动所必需的选择过程中被筛选出来，这使通过后天努力达至精英阶层的人可能比那些出身优越却

---

① 简言之，社会整合的解体抑制生育，如同它们助长自杀一样。值得注意的是，低生育率与高自杀率之间存在许多类似之处，二者都与历史潮流、城市化和经济萧条正相关，而与天主教信仰和黑人身份却是反向关系。埃米尔·涂尔干在一篇分析生育与自杀关系的论文中提出了他关于自杀的理论的萌芽；"自杀与生育"（Suicide et Natalité），《法国和国外哲学评论》（Revue Philosophique de la France et de l' Etranger），26（1888），第446—463页。

② 彼蒂里姆·A.索罗金，《社会流动》，1927年，第504页。

未被选中的精英阶层的儿子更为杰出，正如更为精选的大家庭的大学毕业生比出身有利的小家庭的大学毕业生在追求更高学位上更为成功。而且，索罗金自己也注意到，"人类行为的更大可塑性是社会流动的自然结果"[①]，他还指出，这激发了智力上的努力和创造性。相比于继承精英地位的人，这些优点将给予向上流动的人以更多的优势。给定现存的家庭结构，认为身处精英阶层的人不会努力确保他们的儿子停留在这种高阶层上是令人难以置信的，他们的资源和权力通常能使他们如此行事。在家庭制度没有任何变迁的条件下，精英阶层会被新生力量所激活，较低阶层的子弟有机会进入精英阶层，阶层有别的生育率使其成为可能。除非我们假定具有最高潜力的非精英阶层子弟不如具有最低素质的精英阶层子弟，否则不可能预期向上流动所固有的选择过程带来这样的结果，即来自更低阶层的最为成功的人士不仅给精英阶层带来新视野，而且带来更出色的能力。

职业结构与历史趋势

个体从各种起点向不同职业终点的流动表现在社会的职业结构之中，这些流动受到影响职业获得机会的因素的制约。职业结构本身及其历时发展都可以被研究。任何结构都是由要素之间的关系所构成的，两个关键的问题是这些要素如何被区分以及界定关系的准则是什么。在我们对职业结构的分析中，要素是 10 个主

[①] 彼蒂里姆·A. 索罗金，《社会流动》，1927 年，第 508 页；也可参见第 509—515 页。

要的职业群体，或者更通常地是把它们分为17个职业阶层，关系的准则是人员从职业起点向职业终点的流动。

作为一个分析起点，让我们根据从20世纪以来它们的涨落及与这种规模上的变化相伴随的流动模式对这十大职业群体加以区分。需要指出的是，一个职业的总体趋势不能从代际流动的模式中推导出来，它最强烈地受到继替的年龄队列之间的差异的影响，因为父亲这一代并不代表一个独特的年龄队列而是重叠了许多队列（类似的考虑也适用于与代内流动有关的首份工作）。一个职业的扩展可能与通过人们的代际流动而进入它有关，也可能与通过人们的代内流动而进入它有关，或者兼而有之；同样，一个职业的收缩可能与通过人们的代际流动而离开它有关，也可能与通过人们的代内流动而离开它有关，或者兼而有之。这种分类方案产生了六类职业群体。

第一种类型是在20世纪后半叶随着流入它的儿子数量的增加而扩展的职业群体，尽管代内流动表现为净流出，即在他们的职业生涯过程中，从这种职业流出的人多于流入的人。尽管代内流出但却通过代际流入而扩展的这种职业的典型是文书人员，另外两种情况是销售人员和操作工。第二种类型是由于大量来自其他工作的人在其职业生涯中进入而在规模上扩大的职业群体，尽管从这种职业开始其事业的儿子的数量少于从事该职业的父亲的数量。在体现这种类型的三个群体中的许多职业需要某些资源、经验或学徒期，这三个群体是管理人员、企业主和官员（这三个被合并为一个群体），手艺人以及服务业人员。第三种类型是随着代际流动和代内流动的流入而迅速增长的职业群体，即专业人员、技术人员及类似的人员。第四种类型是数量下降的农场主，因为越来越少的儿子选择它作为职业，尽管存在已经开始在别处工作的人（通常是农场工人）的净流入。第五种类型是随着大量的人中途退出而衰落的职业群体，尽管在这个职业开始工作的人数超过父辈在此工作的人数。体力工人和农场工人代表了这种类型。最后一种可能的类型是由于代际和代内的流出而衰退的职业群体，但是并不存在代表这种类型的经验案例。总之，在20世纪中只有两个农业职业和非农体力工人在规模上已经减少，而其他七个主要职业群体都经由各种过程发生了不同程度的扩张。

现在我们转向对流动模式本身的分析，并且为此我们使用17个职业阶层，不论是考虑代际流动还是代内流动，也不管使用何种特定的测量方法，在每个矩阵中都可以观察到两个基本特征。在美国有大量的向上流动，但大部分都涉及相对短的社会距离。人们更可能经历向上流动而不是向下流动，因为具有低生育率的领薪型专业职业的迅速扩张和具有高生育率的农场职业的收缩造成了对靠近顶端的职业需求的真空和底端人力供给的压力，这些对整个职业结构产生了影响。为什么高地位的专业人员的增长和低地位的农场从业者的下降对中间阶层的流动产生了影响呢？一个重要的原因是很少有出身于底端阶层的人一直流动到顶端，因为大部分向上流动只包含了较短的社会距离，即在职业等级体系中上升两步或三步。

像大多数较短社会距离的流动所显示的那样，职业的社会经济等级深刻影响着在它们之间的流动，我们用它们所需要的教育和所带来的收入来测量职业的社会经济等级。任何一对职业起点与职业终点之间的相似性,以及任何一对职业终点与职业起点之间的相似性可以用作对社会距离的测量,它与基于教育和收入的等级排序完全无关。根据这种相似性测量方法界定的社会距离的潜在主要维度是职业的社会经济地位,它证实了这样的假设,即社会经济差异是职业间流动模式的主要决定因素。第二个维度只有在社会出身与职业终点的相似性中是明显的,它可能指的是工作是由普遍主义规则支配还是由特殊主义技能支配。在工作组织中的这些差异看起来影响了父亲传递给其儿子的对待职业生活的取向,因此影响了儿子可能遵循的职业轨迹。

两个阶级界线既体现在代际流动矩阵中,也体现在代内流动矩阵中,它们将白领职业与蓝领职业及蓝领职业与农场职业区分开来。这些界线限制了几乎任何两个类别之间的向下流动低于基于独立性假定所预期的水平,尽管它们允许超出这个水平的向上流动。刚好低于一个阶级界线的职业(比如熟练的手艺人)从更高阶层获得极低的新生力量,因为刚好高于一个界线的职业(比如零售业人员)为来自更高阶层的失败者在更高社会阶级内发现低薪的相对不熟练的工作提供了机会,这些失败者渴望避免失去白领的名望。阶级界线也体现在顶端与底端职业之间过大的社会距离上,如同前文所讨论的相异性测量所显示的。如果三个主要的社会阶级之间的界线限制了职业流动,那么我们预测它们也会限制各种形式的社会交往。就通婚而言,我们有数据来检验这个推论。

在婚姻上存在某种程度的门当户对,如同所假设的那样,它确实反映了阶级界线。可以得出这样的推测,如果丈夫的父亲和妻子的父亲的职业处于相同的职业大类中（白领、蓝领或农业），那么通婚会高于预期水平（基于独立性假定）；如果夫妇双方的父亲的职业处于不同的类别中，那么通婚会低于预期水平。数据基本上证实了这个推测，主要的例外是，手艺人和服务业人员的孩子与某些白领阶层的孩子结婚比预期水平更为频繁。不过，在夫妻本身的教育方面的选择性婚配比根据他们职业出身的选择性婚配更为明显。这些发现表明，在教育和其他个人特征上的相似性直接影响婚姻，出身的门当户对是这些影响的一个间接产物。尽管当教育上的同征择偶被控制后，出身上的门当户对只是减弱了，并没有完全消失，但是这个结果并不与这个结论相矛盾，即在配偶本身上的相似性是直接影响选择性婚配的因素，这些相似性可能与他们的社会背景有关。不过，因为教育和其他个人特征受到社会出身的影响，所以基于这些特征的配偶选择同时确保了某些出身上的门当户对。而且，当父母根据他们的生活方式来选择生活在合适的社区和送孩子去适当的学校时，就把这点考虑进来了。

人员的流动在职业之间不是平均分布的。某些职业群体可能被认为是人力资源的分配器，因为它们既从不同的起点吸纳大量的人员，也向不同的职业终点供给大量的子弟。而有些职业则相对自我封闭，既不吸纳也不供给大量的人员。刚好高于两个阶级界线的职业——最低的白领群体和最低的蓝领群体——既有较高的流入率，特别是来自较低阶层，也有较高的流出率，特别是流向更高阶层，因此扮演着向上流动的渠道。三个自雇型职业群体——自由的专业人员、企业主和农场主——是最为自我封闭的，

第12章 职业结构与分层系统

这意味着有恒产者有恒心，他们不想流入也不想流出一个职业。因为自我雇佣限制了流动，所以它逐渐的衰退很可能有助于今天的高流动率。

为了研究人力流动的离散程度，我们使用了两种不同的测量方法。第二种起初只是作为第一种的改进的替代方法，但是分析表明这两种方法指的是离散的具有不同特征的独特方面。粗糙的测量方法表示的是一个职业的纳新基础的广度或者其供给部门的广度，即它可以从多少不同的职业起点招募的人员多于其所占份额或者它可以向多少不同的职业终点供给大量的人员。另一方面，精致的测量方法表示的是被从外部招募进一个职业的人或者被这个职业所供给到不同职业的人是否集中在少数其他职业中或者随机分布在所有职业中。

在人们的代际流动中，一个职业纳新基础的广度与其供给部门的广度呈反相关。从许多不同起点吸纳的人员多于其相应份额的职业群体将多于其相应份额的人员只送往少数不同的终点。这个发现在另一个发现的帮助下得到解释，即一个职业群体从广泛的基础补充新成员与其在最近几十年所经历的增长直接相关。一个职业为了满足对其服务日益增加的需求而扩张，它必须要比过去补充更多的人。这里的假定是，只有提高收入或者改善其他就业条件，日益增长的需求才能扩大对新成员的吸纳和影响扩张。当然，在报酬上的这种增加并未消除不同职业之间在报酬上的基本差异，这种差异与不同职业在技能要求和地位上的不同有关。但是一种职业日益提高的激励很可能吸引一些来自不同背景的人，否则他们将进入不同的职业轨迹，这能使该职业从其他职业来源吸收多于其相应份额的人力。被外部人认为有吸引力的优越的经济条件无疑对该职业群体自己的子弟也是有吸引力的，因而阻止一些子弟离开这个职业，否则他们将进入大量其他的职业。这个解释尽管不能用我们的数据来检验，但是它能说明一个职业纳新基础的广度与其供给部门的广度之间的负相关。

纳新上的离散程度与供给上的离散程度之间存在正相关，也就是说，在被招募进一个职业的人们的职业起点的范围是离散的而非集中的程度与由该职业供给到其他职业的人们的职业终点的范围是离散的而非集中的程度之间存在正相关。此外，代内流动揭示了与代际流动一样的流入上的离散程度与流出上的离散程度之间的直接相关。人力流动中离散程度的所有这些表现与职业的地位等级排序有着类似的非单调关系。较高的蓝领阶层处于职业等级体系的中间位置，它呈现出各种类型流动的最大离散程度。不管考虑流动的哪个方面，靠近顶端的白领阶层以及靠近底端的较低的蓝领阶层和农场阶层有着不太离散的职业流动模式。这些差异部分地反映了较短社会距离流动的普遍性，对靠近等级体系顶端或底端的那些职业群体而言，这限制了可能的起点或终点的范围。不过，处于中间位置的蓝领工作者在社会流动中更高的离散程度也是这些阶层向上流动的机会更为缺乏的标志。

一个重要的问题是，工人阶级是否比中产阶级有更少的向上流动可能性。如前文所示，这个问题不容易回答，因为就连对流动的标准化测量也不能免受天花板效应的普遍影响，这使得对职业流动的任何直接比较因不可靠数值的排序而不同。不过，一种间接的方法使对这个问题给出至少部分的回答是可能的。首先问题必须被重新表述。利用我们所拥有的关于父亲的职业、儿子首职和1962年职业的数据，我们探究在他们所经历的从父亲的职业到他们自己1962年职业的净代际流动方面，如何对在不同水平开始职业生涯的人们进行比较。抽取出在相反方向上的许多补偿性流动，净流动指数表明了在特定水平开始职业生涯的群体成员的1962年的职业分布与他们父亲的职业分布有何不同。尽管关于流动方向的信息未被包含在指数中，但对它的推导可从分析中得出。

重新表述的问题是从体力工作开始其职业生涯的人是否更不可能比其他人获得一个不同于其父亲的职业地位。数据对这个问题的回答是的确如此。从高的白领层次以及从农场工作开始其职业生涯的人比以蓝领工人身份进入劳动力市场的人从社会出身到1962年的职业终点经历更多的净流动。不过，白领和农场阶层的净流动的高比率的来源并不相同。给定所提升到的职业终点，以更高的白领工作开始其工作生涯的人已经从他们的社会出身经历了很大的流动，其中大部分一定是向上流动。给定低地位的职业起点，从农场开始其工作的人到目前为止经历了很少的流动，但是在其随后的职业生涯经历很大的流动，其中大部分一定是向上流动。与之相对照，以工人阶级开始其工作生涯的人看起来有着更为不幸的命运，并且以与其父亲没有太大差别的职业而告终。

现在我们转向对历史趋势的研究，保守的结论是，我们没有发现美国的职业结构日益刚性的迹象。我们使用了三种方法来估计流动的近期趋势。首先，在根据其中一套数据作出必要的调整后，我们对OCG数据与那些5年、10年和15年前进行的全国性调查数据进行了比较，当然，我们并未声称，这种调整完全消除了对这些由不同的调查者使用不同的程序实施的调查进行比较的风险。发现显示，在职业流动上有小幅增加，这主要是由于更高的向上流动比率。第二，由其他来源数据作为补充，从 OCG 数据做出间接推论，对每个更年轻的队列的转换矩阵被应用到年龄大 10 岁的队列的职业起点分布，并且对这样得出的职业终点分布与观察到的分布进行了比较。结果表明，向上流动有些许的增加。第三，对于 25—34 岁、35—44 岁、45—54 岁和 55—64 岁这四个年龄队列，我们估算了父亲职业的地位与儿子首职的地位之间的相关系数。这些数据表明，社会出身对职业起点的影响在最近 40 年中根本没有发生变化。这些比较都没有显示出社会流动的下降，并且其中的两个表明可能有略微的增加。

一些其他的趋势值得简要地提及。尽管证据绝不是结论性的，但有迹象表明，受教育程度对职业获得的影响在最近几十年已经增加。迁移明显变得更为普遍，并且具有巨大潜力成功的精选人士比过去更多了，这些使得职业机会不太依赖于一个人的出生地的偶然性。这些趋势意味着普遍主义原则在当今职业生活中的扩展——另一个现象也是如此。

对黑人的歧视似乎也有所减弱，这能使他们开始缩小自身与白人之间的差距，尽管只是在职业获得的较低层次，而不是在较高层次。OCG 数据显示，黑人与白人在平均受教育水平和首份工作上的差距已经下降，特别是在北方。但是采用教育的普查数据来进行更为精致的分析揭示了一个不同的图景。当然，就完成八年教育的这部分人而言，无论是在北方还是在南方，黑人与白人之间的差距自从 20 世纪初以来就已经缩小了。然而，在从高中毕业的可能性和从大学毕业的可能性上黑人与白人之间的差距已经扩大，无论是在北方还是在南方，并且在收入上的差距亦然。将这些发现解释为歧视加剧的结果可能是误导性的，因为没有这方面的证据。然而，即使黑人如今根本不受歧视，这当然远不是事情的真实状况，但他们也不会因此能够战胜数个世纪的奴役和征服的后果，并一步跨越至白人的水平。对极度弱势和受剥夺的群体而言，基于普遍主义标准的公平待遇并不是赶超其他人或者与他们并驾齐驱的充分条件。这需要援助之手。

当代社会中社会流动的原因

"那里的街道都是用金子铺成的"——这就是欧洲人过去如何想象美国的。寓言有些现实的基础。这片正在扩张的美洲大陆拥有开放的西部边疆，再加上产业革命的影响，它可以不受封建传统贵族的限制而充分开发，这为经济发展创造了前所未有的机会。在结束了西部边疆开发之后，广袤的空闲土地和迅速扩张的产业经济仍然吸收了众多的移民，并继续为社会流动提供了大量的机会。

人们将美国社会高比率的向上流动归因为这些及其他特殊的历史环境，比如西布利所指出的："技术进步、移民和生育率差异促使美国社会的向上流动远多于向下流动。"[1] 技术进步所导致的

---

[1] 埃尔布里奇·西布利（Elbridge Sibley），"分层的一些人口学线索"（Some Demographic Clues to Stratification），《美国社会学评论》，7（1942），第322页。

机器对人力的代替很大程度上降低了对人们从事体力劳动的需要，并使更多的劳动力从事白领工作成为可能。随着成千上万的贫困移民大量地进入职业等级体系的底端，他们将这些较低阶层的人的许多儿子解放出来，攀升至更高的职业水平。最后，白领阶层相对低的生育率为向上流动开启了另外的机会。

尽管这三个条件为20世纪的向上流动提供了强大动力，不过，这三个历史条件中的两个已不再具有20世纪早期的威力。以前涌入美国的巨大移民潮已下降为涓涓细流。如同我们所看到的，随着较高的白领阶层的生育率现在已超过较低阶层，阶层有别的生育率也已变得不再明显。尽管技术进步仍在继续，但是其进一步的发展不再用作通过机器来取代更多的人力，而是通常出于效率的目的来简化任务，因此它降低了而不是提高了劳动力的技术水平，如同流水线生产所例示的那样，它用半熟练的操作工代替了熟练的手艺人。简言之，向上流动不再从涌向这个国家的大量移民中获益；促进向上流动的生育率的阶层差异日益式微；技术进步对向上流动的影响已变得模棱两可。

不过，尽管过去导致高流动率的历史条件已时过境迁，但当前美国社会的向上流动比率仍然很高。当然，尽管数据确实表明向上流动的可能性在近些年并没有下降，但我们无从知晓19世纪向上流动的机会是否不如当今。即便如此，在20世纪早期不复存在的19世纪的特定历史条件不能解释在20世纪中期观察到的高比率的社会流动。我们提出的解释是当代工业社会的基本结构特征是其高比率职业流动的根源，所讨论过的三个流动的历史诱因只是这些一般性结构诱因的特例，尽管这些特别的历史条件可能

第12章 职业结构与分层系统

导致了19世纪极高的流动机会。

职业获得的较多机会吸引着来自条件并不有利的其他地方的移民。移民长大的地方较差的环境使他们的素质不如迁入地的居民，这使当地人能够流动到更高的位置，因为新来的移民填充了职业等级体系中较低的位置。来自欧洲的移民过去扮演了这个角色，尽管他们已不再大量地来到美国的都市中心，但来自农村地区的国内移民取而代之。尽管随着农业人口占总人口的比例越来越小，从农场来到城市中心的移民潮在将来也会减少，但这不会改变一般法则，这只是它的特定表现。职业机会无疑会在不同的地方发生非常大的变化，并且随着在某些城市中心新产业的发展和技术进步使得另外的产业活动被淘汰，它们将继续发生变化。这些变化激励人们从较少机会的地方迁移到机会较多的地方，并且来自不利环境的移民流起到职业流动的催化剂的作用。

生育率的阶层差异正在下降，并且前景是它将会继续下降。因此，教育和生育率之间的反向关系对于较年轻的女性比对于较年长的更不显著，并且对于没有农场背景的人比对于有这种背景的更不显著，据此我们可以推断，随着农业人口比重的不断下降这种反向关系会进一步下降。不过，在理论上，我们有理由相信某种有差别的生育率是工业化和城市化社会的固有特征，并且将继续如此。上文我们已经推测，较低差异的生育率及不断下降的生育率的一个重要决定因素是对人际关系的计算取向——这是现代社会结构的典型特征。传统共同体意味着人们从亲密的社会联系中得到他们主要的满足，他们的整个存在就根植于此；而现代社会涉及的主要取向是渴望成就和成功，没有这些人们就不能找到满足。对成功永无休止和无法满足的追求经常在现代小说中受到讽刺。这些极端只是强调成就所通常承载的至高无上的价值。然而，不管一个社会多么富裕和其中的机会多么平等，在对优越地位的竞争中并不是每个人都能平等地成功。

在职业等级体系中获得具有更多声望和权力的位置的人收到了对其成就的支持性和令人满足的社会承认，但是那些未能获得优越位置的人一定要找到社会支持和满足的其他来源。成功的极端重要性使得不能实现它成为一种负面压力，为此人们经常通过否定制度价值以设法保卫自己，以免使他们软弱无力。不成功的人可能拒斥他们社会的政治价值，并组织对其政府的反抗。要不然，他们可能拒斥盛行的现代社会取向，并从其家庭中寻求满足和支持。生育许多孩子不仅表达了对在最为亲密的性关系中对计算取向的拒斥，而且为一个人提供了一个先赋地位为孩子的群体，这种地位要求他们服从他的权威。作为成年人，成功人士拥有的地位得到其优越的职业角色和权威的支持，而不成功者找到一个在权威上的替代物，他们行使作为父亲对众多孩子的权威。如同研究育儿的学者所发现的那样，对较低阶层而言，为人父母的权威的意义体现在这些阶层比较高阶层以更为权威主义的方式对待其子女的倾向上。[1] 如果这些思考有效的话，接下来可以得出，在极其强调成就导向的社会中，有差别的成就将会继续映射在有差

---

[1] 例如参见罗伯特·R. 西尔斯（Robert R. Sears）、埃莉诺·E. 麦科比（Eleanor E. Maccoby）和哈里·莱文（Harry Levin），《抚养孩子的模式》（*Patterns of Child Rearing*）（Evanston：Row，Peterson），1957年，第426—447页。

第12章 职业结构与分层系统

别的生育率中。[①]

技术进步有时会导致严重的经济萧条，它恶化了向上流动的机会，并总体上严重扰乱了职业生涯，而且它们有时引起之前需要技能的任务的常规化，这只能对流动有不利影响。不过，从长远来看，技术进步无疑提高了向上流动的机会，并且未来也将如此。从19世纪和20世纪之交开始，生产和农业上的技术进步使第三产业（除农业或制造业之外的产业）中劳动力的巨大扩张成为可能，特别是在专业服务和半专业服务中的劳动力扩张。例如，在1900年，专业人员、技术人员及类似的工作人员的数量不足农业人口数量的十分之一；而今天前者是后者的接近2倍。处于等级体系顶端的职业群体的这种巨大扩张[②]，再加上底端阶层的同步下降是向上流动的主要推动力。自动化导致常规工作的淘汰尽管很可能眼前阻碍了某些人的职业生涯，但最终会开启向上流动的另外通道。一般原理是，只要某些工作比其他工作更为常规和报酬更少（并且当情况并非如此时，时间是很难预料的），那么就存在激励将科学人才和工程人才应用于开发针对这些工作的机械程序的任务，或者发现对人力的某些其他替代物。最没技术含量的职业的不断淘汰是在发达工业社会中向上流动的持续源泉。

隐含在这些推测背后的基本假定是，不断扩张的普遍主义的根本趋势是工业社会的特征。被普遍接受的评价的客观准则越来

[①] 与这些观点相一致，我们已经预期，向下流动会提高生育率，而数据并未证实这个预测，这弱化了所提出的解释。

[②] 专业人员群体被分为自雇型和领薪型，后者引起了这个职业群体的巨大扩张，而自雇型专业人员的增长非常有限。

越遍及所有生活领域，并且取代了不同内群体的特殊主义标准、直觉判断及不易被经验证实的人文主义价值。① 普遍主义的这种扩散内含着对理性和效率的日益强调，这体现在迅速的技术进步、日益增加的劳动分工及社会分化，因为效率标准被应用于任务完成及其人力配置。② 广泛的劳动分工导致了人们和群体之间极强的相互依赖，借用涂尔干的术语，这种相互依赖成为人们有机团结的根源，因为社会分工弱化了特殊主义的内群体价值，这些价值用机械团体的共同纽带将人们整合起来。③ 反过来，内群体团结的特殊主义联系的减弱将人们解脱出来，以将对效率和成就的普遍主义考虑应用于他们不断扩大的生活领域。

日益加强的普遍主义对分层体系有着深刻的含义。一个人的后致地位变得比他的先赋地位更重要，前者指的是根据某种客观准则所获得的地位，后者指的是他的家庭出身所赋予他的地位。这并不意味着家庭背景不再影响职业生涯。它确实意味的是优越的地位不能再直接被继承，而必须根据社会承认的实际成就来争取。总体而言，教育对社会地位具有越发重要的意义，特别是对社会地位从父亲向儿子的传递而言。在美国，优越的家庭出身之

---

① 在彼蒂里姆·A. 索罗金的《社会与文化动力学》(*Social and Cultural Dynamics*)(New York: American Book) 中的各处特别强调最后一点，4 卷，1937—1941 年。

② 在修改了韦伯的不断进行的理性化原则的基础上，塔尔科特·帕森斯提出的关于社会变迁的理论集中探讨了不断进行的社会分化；帕森斯 (Talcott Parsons)，《社会系统》(*The Social System*)(Glencoe: Free Press)，1951 年，第 480—535 页。关于普遍主义和特殊主义概念，同上书，第 58—67 页、101—112 页。

③ 埃米尔·涂尔干，《社会分工论》(*On the Division of Labor in Society*)(New York: Macmillan)，1933 年。

所以增加了儿子获得更好职业地位的可能性，很大程度上是因为它们有助于他获得更好的教育，而在工业化程度较低的社会，家庭出身对地位的影响似乎并未主要受到教育的调节。[1] 普遍主义也阻碍了对少数族群的歧视，尽管它并没有为给予他们帮助提供激励，他们也许需要这些帮助来克服长期的剥夺和压制所造成的障碍。与此同时，普遍主义促进了对物质主义价值的关注，而牺牲精神上的价值；助长了对成就和效率而非宗教虔诚、哲学思考或艺术创造的兴趣；助长了对成功的外部标志的关注，而对探索生命的深层意义失去耐心。在当今世界，经常受到谴责的冷漠无情的物质主义和令人反感的对地位的追求是普遍主义系统的组成部分，这种普遍主义系统也有助于带来许多我们珍爱的事物，包括技术进步、高的生活水准及更大的机会平等。

上文讨论过的工业化社会中的向上流动的三个结构性诱因在居支配地位的普遍主义准则中有其根源。对效率的普遍关注是将更多精力用于加速技术进步的一个基本激励，并且这些进步有助于提高生活标准和促进从过时的更低职业位置向扩大的更高职业位置的向上流动。与亲属和邻里的特殊主义联系将一个人滞留在他所长大的社区中，而这种联系的削弱激励人们为了成就迁往机会更好的地方，而这种迁移促进了职业流动。在那些未能在其职业生涯中获得优越地位的人中间，由职业成就的支配性意义引发的反作用力可能

---

[1] 甚至在瑞典，"在解释父母和子女地位之间的相关上，受教育水平的差异本身并没起到多大作用。"瑞典的工业化和受教育水平很高，但并没有美国那么高。戈斯塔·卡尔森（Gösta Carlsson），《社会流动与阶级结构》（*Social Mobility and Class Structure*）（Lund：Gleerup），1958年，第135页。

会限制他们有更大的家庭。拥有许多孩子的人凭借他们做父亲的角色可以从大家庭中获得地位支持和满足,而凭借职业角色他们却得不到这样的地位支持和满足。随之而来的生育率差异为向上流动提供了另一个推动力。根据这些思考(当然,这是全部),在我们的工业化社会,由普遍主义规则支配的结构性条件,而不仅仅是体现在某些时期的特定历史环境,是高比率职业流动的原因。

在高度流动的柔性阶级结构中比在刚性的社会系统中,社会的人力资源的巨大潜力可以得到更为充分的利用。阶级界线束缚了流动,阻碍了出身于底层的人展露才华,与通常所痛惜的更高阶层的较低生育率相比,这种阶级界线也许构成了更为严重的人才浪费。在以前,能够利用的知识和技能十分有限,这使得从个体的观点看对人才的这种浪费是令人遗憾的,而从社会秩序的观点看却是不可避免的。实际上齐美尔已经指出,个人资格与社会位置之间无法避免的不一致的主要原因是"胜任高级位置的人通常多于所存在的这些位置"[1] 与以前时期相比,在当今高度工业化的社会这已不再是真实情况,因为技术进步已经导致了对大部分劳动力而不仅是一小撮专业精英掌握先进知识和技能的需要。在这些条件下,社会不能再承受得起对人力资源的浪费,而这是刚性阶级结构所难免的。普遍主义原则已深深渗透于现代社会的基本结构,并导致响应这种需要的高比率的职业流动。普遍主义准则的更广泛应用导致了社会流动,而社会流动机会的提高能使人的潜能得到更大的发挥,并且他们对民主的稳定具有重要的含义。

---

[1] 乔治·齐美尔(Georg Simmel),《乔治·齐美尔的社会学》(*The Sociology of Georg Simmel*)(Glencoe:Free Press),1950年,第300页。

机会与民主

在对来自九个不同国家的流动调查的二手分析中,利普塞特和本迪克斯发现在所有那些工业社会中职业流动的比率都很高,并且它们之间的差异极其小。[1] 与认为美国是一个机会更多的国家的信条相反,比较分析显示在几个国家向上流动的比率要高于在美国的比率,并且向上和向下流动的总体比率也是如此。作者的结论是,工业化社会中的一般条件——和美国的特征没有任何区别——是观察到的高比率职业流动的主要原因,这与我们得出的结论相一致。不过,美国向上流动的机会并不像几个欧洲国家或日本(是所包含的唯一一个其他的非欧洲国家)的情况一样好,也许有几个理由质疑这一点。美国社会流动的可能性更高的普遍印象不应该立即被抛弃,特别是鉴于利普塞特和本迪克斯已经处理的某些数据的令人质疑的可靠性。在美国社会非常高的工业化程度和受教育水平以及与欧洲或日本相比较这里的社会地位中不太明显和不太正式化的区分将导致我们期望在这个国家有更多的社会流动。最后但同样重要的是,利普塞特和本迪克斯只研究了从蓝领到白领阶层和反方向的流动,对流动机会的国家差异的有意义研究必须要考虑获得顶端阶层中精英地位的不同可能性。工业化可能导致许多手艺人的儿子成为职员,但这些流动很难构成

---

[1] 西摩·M. 利普塞特(Seymour M. Lipset)和莱茵哈德·本迪克斯(Reinhard Bendix),《工业社会中的社会流动》(Social Mobility in Industrial Society)(Berkeley: Univer. of California Press),1960年,第17—28页。

巨大机会的证据。[1]

就蓝领阶层与白领阶层之间的流动而言，利普塞特和本迪克斯的结论基本上得到了 OCG 数据的证实，这个数据比他们所能使用的美国数据更为可靠。对 OCG 样本而言，体力阶层与非体力阶层之间任何方向的总体流动比率是 34%，略微高于任何其他国家所报告的结果，流动比率第二高的德国是 31%。关于工人阶级的儿子向白领职业的向上流动，根据 OCG 的样本，美国的流动率是 37%，九个国家中有两个超过它，法国的 39% 和瑞士的 45%。不过，应该指出的是，瑞典的数据并不是基于一个代表性样本，米勒认为它是不可靠的。[2] 总之，实际上在蓝领与白领阶层之间的职业流动比率上，不同的工业化国家之间存在很少的差异，尽管对应于其发达的工业化和受教育水平，美国比大多数国家有更高的比率。

为了研究进入更高阶层的向上流动机会中的国家差异，我们使用了米勒所收集的比较性数据。[3] 米勒自己对这些数据的二手分析主要集中于从一个既定的社会阶层攀升至顶端阶层的儿子的比例。但是，因为职业构成和精英阶层的相应规模这二者在不同国家的差异都非常大，所以忽视其规模和构成的差异，对流入精英阶层的人的比例的直接比较也许容易造成误导。由于这个原因，

---

[1] 参见刘易斯·A. 科塞（Lewis A. Coser），写给编辑的信，《评论》（Commentary），19（1965），第 86—87 页。尽管利普塞特和本迪克斯确实指出，在美国向专业人员职业的流动可能比其他国家高（同前引，第 38 页）

[2] S. M. 米勒（S. M. Miller），"社会流动的比较研究"（Comparative Social Mobility），《当代社会学》，9（1960），第 37 页。应该指出的是，如果将 OCG 数据与米勒所提供的其他国家的数据（第 30 页）而不是利普塞特和本迪克斯所提供的数据进行比较，攀升至白领阶层的美国工人阶级的儿子的比例高于任何其他国家。这些差异表明，必须极为谨慎地解释所有这些国际比较。

[3] 同上引，第 1—89 页。

除了比例之外，我们决定使用对规模标准化了的流动比率，尽管如同在第三章所讨论的，我们对所使用的流动比率持保留意见。表 12.1 中所呈现的数据来自于米勒的表中的原始频次，除了所使用的瑞典的原始资料（因为米勒没有提供这个表），以及除了用洛普里多对意大利流动的最近研究代替了米勒所使用的数据（他认为这个数据的可靠性有问题）。[①] 表 12.1 只包含了全国性样本可用的国家，并且用 OCG 数据代替了米勒所用的美国数据。我们使用了米勒界定精英阶层的两个标准（精英Ⅰ和Ⅱ）中更宽泛的那个，并且在美国两个专业人员阶层被认为构成了美国的精英（这两个专业人员群体与所有其他职业阶层之间在社会距离上的巨大差距使得将它们指定为精英并不是完全没理由的）。遵循米勒的程序，我们研究从工人阶级（蓝领）、从体力阶层（蓝领和农场工人，他们总是不能和其他体力工作者区分开来）以及从中产阶级（除了精英的白领）向精英阶层的流动。

表 12.1 从指定起点向精英 ª 终点的流出：国际比较

国家	全部精英的百分比 (1)	进入精英的工人阶级 百分比 (2)	进入精英的工人阶级 流动比率 (3)	进入精英的体力阶层 百分比 (4)	进入精英的体力阶层 流动比率 (5)	进入精英的中产阶级 百分比 (6)	进入精英的中产阶级 流动比率 (7)
丹麦	3.30	…	…	1.07	0.32	4.58	1.39
法国Ⅰ（Bresard）	8.53	4.16	0.49	3.52	0.41	12.50	1.46

---

① 卡尔森（Carlsson），同前引，第 93 页；及约瑟夫·洛普里多（Joseph Lopreato），"意大利的社会流动（Social Mobility in Italy）"，《美国社会学杂志》，71（1965），第 311—314 页。

续表

法国Ⅱ（Desabie）	6.12	1.99	0.33	1.56	0.25	10.48	1.71
英国	7.49	…	…	2.23	0.30	8.64	1.15
意大利	2.77	0.48	0.17	0.35	0.13	5.76	2.08
日本	11.74	…	…	6.95	0.59	15.12	1.29
荷兰	11.08	…	…	6.61	0.60	11.55	1.04
波多黎各	13.79	11.42	0.83	8.60	0.62	23.17	1.68
瑞典	6.66	4.43	0.67	3.50	0.53	18.09	2.72
美国（OCG）	11.60	10.41	0.90	9.91	0.85	20.90	1.80
西德	4.58	1.55	0.34	1.46	0.32	8.28	1.81

资料来源：S. M. 米勒，同前引，第69—80页，除了瑞典（卡尔森，同前引，第93页）、意大利（洛普里多，同前引，第314页）及美国（OCG）。

a 这里的"精英"对于取自米勒和卡尔森的数据等同于米勒的"精英Ⅰ和Ⅱ"，对于意大利等同于洛普里多的"统治阶级"，对于美国等同于"专业的、技术的及类似的人员"。

从工人阶级进入顶端职业阶层的向上流动在美国要高于其他国家。美国攀升至精英阶层的出身于工人阶级的儿子的比例只被波多黎各超过（第2列），并且当控制了精英阶层规模上的差异后（对波多黎各而言，精英阶层包括企业主和专业人员），美国的流动比率高于任何其他国家（第3列）。必须将农场工人连同各种蓝领工人计算在体力阶层之内，才能对所有国家进行比较。无论是考虑粗糙的比例（第4列），还是流动比率（第5列），体力阶层的儿子向上流动至精英阶层的可能性在美国要高于在其他国家。接下来，从体力阶层流向顶端阶层的可能性最好的国家依次是波多黎各、日本和荷兰。在美国中产阶级（由低于精英的白领阶层构成）的儿子攀升至精英阶层的可能性要高于在大多数国家的可能性，尽管不是在全部国家。出身于中产阶级的人攀升至精英阶层的比例，只有波多黎各超过美国（第6列），但是当控制了精英阶层的规模后，流动比率最高的是瑞典，接下来是意大利、西德和美国（第7列）。应该指出的是，在同一国家，中产阶级的流动比率并不完全独立于体力阶层的流动比率，以至于高的体力阶层流动比率往往降低了中产阶级的流动比率。对于理解穷人的流动机会特别重要的是体力阶层儿子的流动比率的相对规模。

与其他社会相比，体力阶层出身的弱势美国人攀升至顶端阶层的相对机会特别好。接近10%的体力阶层的儿子达至精英阶层，这一比例高于所有其他国家。为了防止怀疑这个结果是误导性的，因为它也许只是反映了美国精英阶层的巨大规模（接近总人口的12%），所以必须要比较流动比率，尽管我们对这个测量方案持保留意见。这样做只是加强了以前的结果。在美国，达至精英阶层的体力阶层儿子的比例是占据精英阶层的所有人所占比例的七分之六（0.85），而在所有其他国家这一比例都没有超过精英阶层所占比例的三分之二（处于第二位的波多黎各是0.62）。不过，就从中产阶级向精英阶层的流动而言，美国的比率虽然很高，但并不突出。在美国，是弱势的体力阶层的儿子拥有非常高的可能性流入精英阶层。白手起家神话有其真实性。美国高水平的大众教育，也许再加上不注重对社会阶层的正式区分，为弱势的底层提供了长距离向上流动的突出机会。①

根据这些发现及一些其他考虑，利普塞特和本迪克斯提出的关于流动、平等的价值观与稳定的民主之间关系的充满刺激的理论需要少许修正。②他们从挑战对政治图景的不同观察家（比如托克维尔）的假定开始，他们假定美国高的职业流动机会是美国民主的政治稳定的基本根源。因为高的流动比率是所有工业社会的特征，并且美国的机会并不比其他国家更好，所以根据利普塞特和本迪克斯的研究，不能通过城市和农场中的工人有更好的机会"获得优越的和特权的地位"来解释在美国没有极端主义的政党和不断发生的政变。③相反，他们认为，平等主义的美国意识形态是美国民主政体稳定的原因，而这种意识形态在有着封建传统的国家不会存在。平等主义的意识形态没有改变这个国家所存在的财富和权力上的巨大差异，但是它改变了它们的意义，并因此消除了这种差异带来的痛楚。美国社会中人人平等的深厚信念和经常提及的物质主义使得人们将地位差异视为只是积累的资源和报

---

① 不过，父亲职业和儿子职业之间的相关分析并没有显示出美国的流动机会有类似的优势。因此，根据对来自九个欧洲国家的数据的回归分析，卡尔·斯瓦拉斯托加得出结论说，"在任何工业化的欧洲国家，预测父亲—儿子的流动相关系数等于0.4并不是不靠谱的"，这与由OCG数据所显示的美国的相关系数相同。明显的矛盾也许是因为，流动的数量（也许即便被标准化后）与儿子的地位依赖于父亲地位的程度并不是一回事。由于随着快速的工业化所引发的结构变化，在美国，数量巨大的职业流动已经使人们不关心社会出身影响职业获得的程度，在其他社会亦然。卡尔·斯瓦拉斯托加（Kaare Svalastoga），"社会流动：西欧的模式"（Social Mobility : The Western European Model），《社会学学报》，9，1965年，第176页。

② 利普塞特和本迪克斯，前引《工业社会中的社会流动》，第76—113页。

③ 同上引，第76页。

酬的差异，而非社会秩序中不同门第的人们之间的固有区分。在美国社会没有世袭的贵族阶层，贵族阶层将尊重视为与生俱来的权利，并且其他人并没有认真采取努力建立其对等物，像美国革命妇女会的努力那样。尽管在等级和权威上存在巨大的实际差异，但美国意识形态中对平等和机会的强调使得地位区分不太重要。与之相反，"在一个盛行的观点强调阶级差异的社会中，即使高水平的流动也不可能足以摧毁这些观点。"①

这个主题提出的第一个问题是，如果我们假定与其他地方相比，美国既没有在等级和特权上更为平等，也没有更多的流动机会，那么什么延续了美国人对平等和机会的坚定信念，它不同于其他国家中的共同信念。尽管意识形态经常扭曲现实，但是我们没有必要成为一名正统的马克思主义者以接受这个命题，即意识形态和社会价值根植于社会结构的现存条件。当然，社会价值反过来会影响社会关系的结构。优越的阶级地位主要不是反映人们天生的优越性，而只是反映了更多的财产和特权，有足够能力或良好运气的任何人都能获得它们，美国人的这种意识形态信条事实上降低了地位区分本身在社会生活中的意义。然而，利普塞特和本迪克斯这个敏锐的观察留下这样一个问题，即如果在美国来自较低阶层的人达至较高阶级地位的实际可能性并不比在其他工业化国家更好，那么为什么美国人继续相信阶级差异只是显示了

---

① 利普塞特和本迪克斯，前引《工业社会中的社会流动》，第 81 页。下文提出的批评也适用于西摩·M. 利普塞特在《第一个新国家》中对美国平等主义价值的意义更全面的讨论。西摩·M. 利普塞特，《第一个新国家》(The First New Nation)(New York : Basic Books)，1963 年。

人人皆可得到的物质利益上的差异,而其他社会的人却非如此。这些不一致可通过下面的发现得到解决,在美国出身于较低社会阶层的人攀升至职业等级体系顶端位置的机会要比在其他国家更多。美国社会更好的向上流动机会支撑着平等主义的意识形态,这种意识形态以夸张的形式表达了这种机会,并且对地位结构有着深刻的含义。

尽管美国人粗鲁的物质主义取向经常受到谴责,但对物质价值的突出强调,连同平等主义的意识形态,在降低顺从和社会从属的模式中却扮演着关键角色,否则的话,这种模式伴随着地位、收入和权力上的阶级差异。将物质财富提升为区分不同地位的最重要特征降低了地位的先赋准则的意义,并提高了地位的后致准则的意义。这使得将经济改善转化为公认的社会地位上的提升更为容易。而且,物质财富所承载的巨大价值为投入巨大精力生产它们提供了激励。因此,如同利普塞特和本迪克斯所指出的,美国社会中盛行的物质主义取向也许与它已达到的高生活水准并非不相关。"经济生产率和消费模式的每个指标表明,在当今世界美国比任何其他国家都更富裕。在现在的情境下,这是有意义的,因为随着国民收入规模的增长,消费品的分配往往变得更为平等。"[1]在美国非常高的生活水准使处于较低职业阶层的大部分家庭享有各种各样的消费品,而在较为贫穷的国家这些消费品是留给富人的奢侈品。当然,即使有相对巨大的向上流动可能性,但大部分美国人并未达致高的职业位置。尽管如此,对大部分人来说,

---

[1] 利普塞特和本迪克斯,前引《工业社会中的社会流动》,第108页(斜体系原文所加)。

高的和不断提高的生活水准使他们在经济福利上经历某种改善成为可能,对物质财富的高度重视导致了这一点,并增添了另外的意义。

在美国,物质主义取向及其带来的高生活水准的联合作用进一步减弱了地位区分的重要性。在一个物质商品受到高度评价但生活水准很低的社会中,在有价值物质资产上的巨大差异将强化地位区分。在一个生活水准很高但却贬低纯粹的物质财富的反物质主义取向的社会中,物质商品的广泛分配将对建立在其他基础上的地位区分有很小的影响。正是高的生活水准和物质主义取向的联合作用降低了阶级差异,因为它使易于得到的消费品成为社会地位的重要象征。在这些条件下的炫耀性消费扩展至社会的较低社会阶层,并且通过展示被普遍看中的象征着地位的物质符号来反映他们获取社会承认的努力。其较高地位建立在更稳固基础上的群体对这些粗俗展示的谴责似乎试图否定仅根据物质财富来承认人的平等性。地位稳固的精英对象征着地位的物质符号的浮华展示的这些防御性反应,包括对物质主义本身的不赞同,揭示了对与生俱来的地位优越性的威胁,一个物质成就是地位的主要基础的社会系统提出这样的威胁。在这样一个物质主义系统中,任何令人欣赏的经济成就给予一个人要求更高地位的权利,这阻止了可被继承的家庭之间持续的地位差异的定型化。[1]

---

[1] 沃纳所强调的社会阶级之间生活方式上的差异促进了地位的定型化,抵消了物质主义的取向,并使美国的分层体系与欧洲国家没有太大不同。参见 W. 劳埃德·沃纳(W. Lloyd Warner)和保罗·S. 伦特(Paul S. Lunt),《一个现代社区中的社会生活》(*The Social Life of a Modern Community*)(New Haven:Yale Univer. Press),1941 年。

短暂的地位优越性不会要求把尊重和顺从视为与生俱来的权利。它将其他人顺从一个人并服从他的意愿只限定在这样一种程度上，即他的资源迫使他们这样做。为了做他所吩咐的事情，他必须要给他们支付报酬（如同雇主及其代理人所例示的那样），或者他必须向他们提供博得他们尊敬的服务，并使遵循他的指导符合他们的利益（如同职业专家所例示的那样）。持续的地位区分往往围绕着这样的社会规范，既顺从行为和对强者的服从是弱者的道德义务。处于较低社会阶层的人被期望在与高地位者的社会交往中保持谦卑和顺从。尽管对具有公认声望之人的微妙顺从在美国也会发生，但除了南方的种族关系这个明显的例外，在美国支配较低阶层与较高阶层之间社会互动的预期是更少的歧视。美国人不会谦卑地表达对地位出众之人的顺从，但如果他用其资源使得这样做对他们有利的话，他们通常会顺从他的意愿。这再次反映了美国人物质主义的价值观，与此同时，社会地位的区分本身对他们而言承载着较少的重要性。尽管在美国财富和权力上的差异并不比在其他国家少，但是与之相关联的社会地位本身上的差异却不那么明显和持久。随着普遍主义原则的扩散及随之而来的职业机会的提高，我们可以预期在其他工业化社会地位区分同样也会减弱。

美国民主的稳定性无疑与这个国家较好的向上流动机会、高的生活水准及社会阶层之间低度的地位遵从有关。因为这些条件使大量的贫困之人不可能经历压迫，不可能彻底绝望，并且不可能对差异性报酬的现存体制及政治条件如此不满，以致他们加入致力于暴力反叛的极端主义政治运动。因此，福克斯和米勒的比较研究表明，高比率的向上和向下流动将稳定的民主政体与其他国家区分开来。[①] 但是卡尔森提出了一个关于流动对不平等影响的有趣悖论。"尽管高比率的流动也许具有以前讨论过的降低阶级之间某些差距的作用，但它也可能趋向于维护体制并最终甚至导致不平等。"[②] 他设想了一个虚构的社会，在这个社会中，高比率的流动会确保只根据能力将人们配置到不同的职业位置上。在这些条件下，不平等将很明显，能力较差的群体将没有机会改善他们的位置，不能获得更高的教育水平说明了他们较差的能力，并且这些"在等级体系底端的群体将不会再对社会不公平地分配其报酬感到安慰，因为有什么能比给予人人尽展自身才华的机会更公平的呢？"[③] 卡尔森实际上在此提出三个问题，涉及不受先赋地位妨碍的流动对于社会系统的公平、不平等和稳定性的含义。

根据我们的普遍主义取向，我们易于做出的隐含假定是，公平要求根据能力（不管是天生的还是后天的）的不同分配有差别的报酬。从更宽广的视野看，如果没有如此的普遍主义倾向，这个假定一定会受到质疑。尽管通过激励人们培育社会所重视的能力（这是获得高额回报的唯一能力）并选择它们能有用武之地的职业，它很可能扮演重要的社会功能，但将特殊权益给予拥有这些能力之人基

---

① 托马斯·G. 福克斯（Thomas G. Fox）和 S. M. 米勒（S. M. Miller），"流动的经济、政治和社会决定因素"（Economic, Political and Social Determinants of Mobility），《社会学学报》，9（1965），第76—93页。

② 戈斯塔·卡尔森（Gösta Carlsson），"索罗金的社会流动理论"（Sorokin's Theory of Social Mobility），载于菲利普 J. 艾伦（Philip J. Allen）编，《对索罗金的评论》（Pitirim A. Sorokin in Review）（Durham：Duke Univer. Press），1963年，第137页。

③ 同上引，第138页。

本上不如将其给予任何其他群体公平。① 现在我们转向第二点，预期高比率的流动会加强对社会报酬的差异性分配并非不合理。认为鲜有机会改善自身或者至少其孩子的经济地位之人比那些期望地位提升之人有更大的诱因组织工会以提高工资或者投票给主张对富人课以更高税收的政党，尽管许多其他因素无疑也会起部分作用。从这些未经证实但似乎合理的考虑中可以得出，高比率的流动可以使报酬上的现存差异继续存在甚至增长。因为高的流动机会使人们较少对其社会中的社会分化系统不满，并且不太倾向于组织起来反对它，所以它们有助于使这个分层系统继续存在，并且如同已指出的，它们同时使支持它的政治制度变得稳定。

因此，高比率的职业流动不会确保报酬分配的无可争议的公平，也许还会强化特权的不平等分配，并且可能保护反对变迁的社会分层体系。然而，它绝不会保证推导出，高的流动机会使分层体系更为刚性并放大其所施加的社会约束。尽管高比率的垂直流动也许维持了某些个体之间可观察的地位差异，但却损害了从一代继承到另一代的相同家庭之间的地位差异。随之而来的地位差异的暂时性削弱了其对人们行为的影响，与持续数代并成为根深蒂固的传统的地位差异相对照，暂时的阶层差异不会将顺从和尊重位高者的要求赋予为与生俱来的权利，根据社会惯例这种权利蕴含在先赋地位中。存在两种分层系统，一种是使在特定家庭之间世代的地位区分永久化的分层系统，另一种是使并非继承的

---

① 参见金斯利·戴维斯（Kingsley Davis）和威尔伯特·E. 摩尔（Wilbert E. Moore），"分层的某些原则"（Some Principles of Stratification），《美国社会学评论》，10（1945），第242—249页。不过，我们反对在这个理论中做出的某些假定。

有差别的地位结构继续下去的分层体系,这两种分层系统之间存在根本的差异。[1]工业社会,特别是美国接近后一种类型,但没有哪个社会以纯粹的形式表现为任何一种极端类型,因为在最为刚性的系统中也存在最低限度的流动,并且在最为柔性的社会结构中也存在某些职业继承。

流动研究的功能

在上一部分已经提出了我们的研究发现所渗透着的关于分层理论的一些推测。为了改进分层理论,需要来自不同社会的比较数据,因为在我们的研究中缺乏这样的数据,所以用来自其他国家的流动调查数据来补充。虽然在构建关于社会分层的理论中我们信马由缰,但经验发现为我们的推断提供了坚实的跳板。不幸的是,只有少数国家有可用的关于职业流动的信息,并且其中一些可靠性还有问题。一旦可以利用来自许多国家的类似研究,那么我们在本书中所呈现的对美国职业流动的系统的经验研究的功能之一就是为检验和改进分层理论提供一个充分的基础。

在我们的研究中,直接探讨且有时检验的是关于职业分化的更为有限的理论,这与无所不包的分层理论有所区别。例如,利普塞特和本迪克斯提出的假设得到了我们数据的支持,来到城市中心的乡村迁移者已取代了以前由欧洲的移民占据的位置,因此

---

[1] 参见沃尔特·巴克利(Walter Buckley),"社会分层和分化的功能理论"(Social Stratification and the Functional Theory of Differentiation),《美国社会学评论》,23(1958),第369—375页。

充当了社会流动的催化剂。根据 OCG 发现所提出的一个概括是，空间流动和社会流动趋向于造成选择过程，这提高了成功的可能性，并促进了基于普遍主义的准则配置人们的职位。迁移就是这样一个选择过程。另外一个例子是克服了初始障碍之人（移民者的儿子和获得很高教育水平的来自大家庭的孩子）比其他人更可能随后获得成功。具有成功克服挑战的经历也许有助于他们应对随后的激烈竞争，但他们卓越的成就无疑很大程度上是因为，他们比从未不得不克服同样的初始障碍之人是更为被高度选择的群体。这些例证足以表明我们研究的另一个功能是提出关于职业成就和流动的理论概括。

OCG 研究为关于美国的职业结构、影响职业成功的条件及职业获得对生育率的影响提供了丰富的信息。样本的规模和代表性，连同数据收集和分析的严格方法，使这个内容全面的资料库可以对美国职业生活的重要方面进行高度可靠的描述。部分通过提供可与对地方社区和特定群体的研究相比较的国家标准，对研究阶层差异及相关问题的学者而言，这个资料库应该是有用的。

本研究的最后一个功能是其实际意义，它为政策制定者和利益相关者采取有效的行动方案以改善生活条件提供了必不可少的信息。因此，这些发现意味着，帮助来自大家庭的孩子获得更好的教育将足以消除他们现在通常经历的职业劣势，但是黑人的复合性障碍并不能以这样一种直截了当的方式解除，必须要多管齐下才行。这种信息虽然不能解决政策冲突，但是它能通过澄清某些事实问题（当然尽管不是全部）以正视听，并因此揭示隐含在也许公正无私的政策分歧背后的价值前提。

附录 A

与 OCG 涵盖的人口有关的官方出版物的文献目录

1、基于 OCG 和 1962 年 3 月 CPS 的研究报告

美国人口普查局（U. S. Bureau of the Census），"成年男性的代内职业流动：1962 年 3 月"（Lifetime Occupational Mobility of Adult Males: March 1962），《当前人口报告》（*Current Population Reports*），系列 P-23，第 11 期，1964 年 5 月 12 日。

——，"一代人的教育变迁：1962 年 3 月"（Educational Change in a Generation: March 1962），《当前人口报告》（*Current Population Reports*），系列 P-20，第 132 期，1964 年 9 月 22 日。

2、基于 1962 年 3 月 CPS 的研究报告

美国劳工部（U. S. Department of Labor），《劳动力月度报告：1962 年 3 月》（*Monthly Report on the Labor Force: March 1962*），1962 年 4 月。

美国劳动统计局（U. S. Bureau of Labor Statistics），"劳

动者的婚姻和家庭特征：1962年3月"(Marital and Family Characteristics of Workers, March 1962)，《劳动力专题报告》(Special Labor Force Report)，第26期，1963年1月。

——，"劳动者的受教育程度"(Educational Attainment of Workers, March 1962)，《劳动力专题报告》(Special Labor Force Report)，第30期，1963年5月。

美国人口普查局（U. S. Bureau of the Census），"按类型的户和家庭：1962年"(Households and Families, by Type: 1962)，《当前人口报告》(Current Population Reports)，系列P-20，第119期，1964年9月19日。

——，"受教育程度：1962年3月"(Educational Attainment: March 1962)，《当前人口报告》(Current Population Reports)，系列P-20，第121期，1963年2月7日。

——，"美国的家庭和个人收入：1961年"(Income of Families and Persons in the United States: 1961)，系列P-60，第39期，1963年2月28日。

——，"婚姻状况和家庭状况：1962年3月"(Marital Status and Family Status: March 1962)，《当前人口报告》(Current Population Reports)，系列P-20，第122期，1963年3月22日。

——，"户和家庭特征：1962年3月"(Household and Family Characteristics: March 1962)，《当前人口报告》(Current Population Reports)，系列P-20，第125期，1963年9月12日。

——，"已生育孩子的平均数量持续增加：1940—1964年"(Continuing Increase in the Average Number of Children Ever Born:

1940 to 1964），《当前人口报告》(Current Population Reports)，系列 P-20，第 136 期，1965 年 4 月 16 日。

3、日期接近 1962 年 3 月的部分报告

美国劳动统计局（U. S. Bureau of Labor Statistics），"1963 年 3 月同时拥有多份工作者"（Multiple Jobholders in May 1962），《劳动力专题报告》(Special Labor Force Report)，第 29 期，1963 年 5 月。

——，"劳动力和就业：1960—1962 年"（Labor Force and Employment, 1960—1962），《劳动力专题报告》(Special Labor Force Report)，第 31 期，1963 年 5 月。

——，"非白人劳动者的经济地位：1955—1962 年"（Economic Status of Nonwhite Workers, 1955—1962），《劳动力专题报告》(Special Labor Force Report)，第 33 期，1963 年 7 月。

——，"学龄青年的就业：1962 年 10 月"（Employment of School-Age Youth, October 1962），《劳动力专题报告》(Special Labor Force Report)，第 34 期，1963 年 8 月。

——，"1961 年的工作流动"（Job Mobility in 1961），《劳动力专题报告》(Special Labor Force Report)，第 35 期，1963 年 8 月。

——，"美国劳动者的工作年限：1963 年 1 月"（Job Tenure of American Workers, January 1963），《劳动力专题报告》(Special Labor Force Report)，第 36 期，1963 年 10 月。

——，"1962 年美国人口的工作经历"（Work Experience of Population in 1962），《劳动力专题报告》(Special Labor Force

Report），第 38 期，1964 年 1 月。

——，"地理流动与就业状况：1962 年 3 月至 1963 年 3 月"（Geographic Mobility and Employment Status, March 1962—March 1963），《劳动力专题报告》（*Special Labor Force Report*），第 44 期，1964 年 8 月。

美国人口普查局（U. S. Bureau of the Census），"按年龄、肤色和性别对美国人口的估计：1950 年 7 月 1 日至 1962 年"（Estimates of the Population of the United States, by Age, Color, and Sex: July 1, 1950 to 1962），《当前人口报告》（*Current Population Reports*），系列 P-25，第 265 期，1963 年 5 月 21 日。

——，"美国的人口流动：1961 年 4 月至 1962 年 4 月"（Mobility of the Population of the United States: April 1961 to April 1962），《当前人口报告》（*Current Population Reports*），系列 P-20，第 127 期，1964 年 1 月 15 日。

—— 和美国农业部经济研究局（U. S. Department of Agriculture, Economic Research Service），"对美国农场人口的估计：1962 年 4 月"（Estimates of the Farm Population of the United States: April 1962），《农场人口》（*Farm Population*），普查 -ERS 系列（P-27），第 33 期，1963 年 3 月 14 日。

4、调查方法的报告

美国人口普查局（U. S. Bureau of the Census），《当前人口调查：关于方法论的报告》（*The Current Population Survey: A Report on Methodology*），技术报告第 7 期，1963 年。

附录 A 与 OCG 涵盖的人口有关的官方出版物的文献目录

美国劳动统计局（U. S. Bureau of Labor Statistics）和人口普查局（Bureau of the Census），"当前人口调查中关于就业和失业的家户统计中所使用的概念和方法"（Concepts and Methods Used in Household Statistics on Employment and Unemployment from the Current Population Survey），《BLS 报告》（BLS Report），第 279 期，以及《当前人口报告》（Current Population Reports）系列 P-23，第 13 期，1964 年 6 月。

附录 B
OCG 调查问卷

美国商务部人口普查局，1962 年 3 月 19 日

亲爱的 _____ 先生：

非常感谢您对我们定期的最新人口调查项目的配合。现在我们希望您回答另外一些问题，它们是关于你的早期背景和您父亲的职业。如果您已结婚，还有一些关于您妻子及其父亲的职业的问题。这些信息有助于预测未来可能发生的变迁类型以及提出符合这些变化条件的政策计划。

请填完这个调查表，并在三天内将它装进信封并封好后寄给我们，不需要付邮费。我们将对您提供的所有信息严格保密，发表时只用到统计汇总结果，不会泄露个人信息。

人口普查局局长：理查德·M. 斯卡蒙（Richard M. Scammon）

附录 B OCG 调查问卷

一代人的职业变化的调查问卷

446–449

1. 您是在哪里出生的？（请写出美国的州、国外的国家或者美国占领地的名称）

　　_____

2. 您的父亲是在哪个国家出生的？

　　美国　□　或者_____（请填写国外的国家名称；或者波多黎各、关岛，等等）

3. 您的母亲是在哪个国家出生的？

　　美国　□　或者_____（请填写国外的国家名称；或者波多黎各、关岛，等等）

4. 兄弟姐妹数量（包括夭折的以及现在仍健在的。也包括同父异母或同母异父的兄弟姐妹或者您父母收养的孩子。）

　　（1）您有几个姐姐和妹妹？ _____个或者　□　没有

　　（2）您有几个姐姐？　　　　_____个

　　（3）您有几个哥哥和弟弟？ _____个或者　□　没有

　　（4）您有几个哥哥？　　　　_____个

　　（5）您有哥哥已经到25岁了吗？

　　□ 有（回答第5题）　　　□ 没有（跳到第6题）

5. 如果在4（5）中回答"有"，请标明您最大的哥哥所完成的最高受教育程度。（在合适的方格中打勾；如果您拿不准，请大致猜一下。）

　　从未上过学　□

　　1到12年级　1□　2□　3□　4□　5□　6□　7□

577

8□ 9□ 10□ 11□ 12□

大学（学年）1□ 2□ 3□ 4□ 5或以上□

6. 当您16岁时您生活在哪里？

a. 是与当前相同的社区（城市、镇或农村地区）吗？ □1

b. 不同的社区（选择一个符合您情况的）

是在大城市（10万人或以上）吗？ □2

是在大城市的郊区吗？ □3

是在中等规模的城市或小城镇（人口低于10万但不是大城市的郊区）吗？ □4

是在农村吗（但不是在农场）？ □5

是在农场吗？ □6

7. 在16岁之前，您上的是下列哪种类型的学校？（如果您上的不止一种，请勾出您上过的所有类型。）

公立学校 □1 教会学校 □2 其他私立学校 □3

8. 请想一想在离开学校后您参加的第一份全职工作。（不包括兼职工作或学校假期的兼职工作，也不包括服军役。）

a. 当开始这份工作时，您多大年龄了？＿＿＿＿＿

b. 您从事的是何种类型的工作？（例如，小学教师、喷漆工、修理收音机、杂货店收银员、土木工程师、农场主、农场工人）＿＿＿＿＿

c. 这份工作属于何种机构或行业？（例如，乡村初中、汽车修理厂、零售超市、道路修建、农场）＿＿＿＿＿

d. 您属于下列哪种情况？（勾出符合您情况的一个选项）

私营公司、私营企业或个体户的雇员，获得工资、薪水或

佣金。 ☐1

政府机构的雇员（联邦政府、州政府、县政府或地方政府）。

☐2

在自己所有的企业、专业执业所或农场的自雇者。 ☐3

在家族企业或家庭农场工作，**没有薪水**。 ☐4

在家族企业或家庭农场工作，**有薪水**。 ☐5

9. 在您长大到16岁的大部分时间是否和父母生活在一起？

☐是的（跳到第10问题）☐不是（回答9a）

a. 如果上面选"不是"，谁是您的家长？

父亲 ☐1 母亲 ☐2 其他男性 ☐3 其他女性☐4

10. 现在我们想知道当您大约16岁时，您父亲从事何种工作。如果您没有和您父亲生活在一起，那么请回答在问题9a中所选择的那个人的工作。

a. 他从事的是何种工作？（例如，小学教师、喷漆工、修理收音机、杂货店收银员、土木工程师、农场主、农场工人）_____

_____

b. 这份工作属于何种机构或行业？（例如，乡村初中、汽车修理厂、零售超市、道路修建、农场）_____

c. 他属于下列哪种情况？（勾出符合他情况的一个选项）

私营公司、私营企业或个体户的雇员，获得工资、薪水或佣金。 ☐1

政府机构的雇员（联邦政府、州政府、县政府或地方政府）。

☐2

在他自己所有的企业、专业执业所或农场的自雇者。 ☐3

在他的家族企业或家庭农场工作，**没有薪水。** ☐ 4

11. 您父亲（或者在问题 9a 中所选择的那个人）接受了多少学校教育？（在符合他情况的方格中划勾。如果您拿不准，请猜一下。）

从未上过学　☐

1 到 12 年级　1☐　2☐　3☐　4☐　5☐　6☐　7☐　8☐　9☐　10☐　11☐　12☐

大学（学年）　1☐　2☐　3☐　4☐　5 或以上☐

12. 目前您结婚了吗？

☐结了（如果选"结了"，请回答下面的关于您妻子的问题 13 和问题 14。如果您拿不准她的相关信息，请直接询问她。）

☐没结（跳过下面两道题）

13. a. 您妻子有几个哥哥和弟弟？＿＿＿＿＿＿个或者☐ 没有

　　b. 您妻子有几个姐姐和妹妹？＿＿＿＿＿＿个或者☐ 没有

14. 现在我们想知道当您妻子大约 16 岁时，她父亲从事何种工作。如果她没有与她父亲生活在一起，请在此方格中划勾☐，并请回答在那时她的家长的工作情况。

a. 他从事的是何种工作？（例如，小学教师、喷漆工、修理收音机、杂货店收银员、土木工程师、农场主、农场工人）＿＿＿＿＿

b. 这份工作属于何种机构或行业？（例如，乡村初中、汽车修理厂、零售超市、道路修建、农场）＿＿＿＿＿＿

c. 他属于下列哪种情况？（勾出符合他情况的一个选项）

私营公司、私营企业或个体户的雇员，获得工资、薪水或

佣金。 ☐ 1

政府机构的雇员（联邦政府、州政府、县政府或地方政府）。
☐ 2

在他**自己所有**的企业、专业执业所或农场的自雇者。 ☐ 3

在他的家族企业或家庭农场工作，**没有薪水**。 ☐ 4

如果您对我们问卷有任何意见和建议，请写在下面。

_____

_____

_____

_____

附录 C
对 OCG 表格涵盖的人口的说明及与其他数据来源的比较

对 OCG 数据的制表是以频次的形式（单位为千人）表示的，它代表了对居住在美国的"自由民用人口"（civilian non-institutional population）的相应数量的估计。如同许多 CPS 的制表数据一样，自由民用人口包括不在军事基地生活或者在军事基地与他们的家人一起生活的军人。它不包括驻扎在美国或驻扎在国外的其他军人及监狱里的犯人。

像所有的 CPS 估计一样，OCG 人口估计是通过如下方式产生的，即将样本总数膨胀为"按年龄、性别和肤色对美国民用人口的独立估计"，后者是根据人口学计算程序得出的。应该指出的是，这些独立的估计被认为是非常可靠的。它们使用最近的十年一次的人口普查数据作为基准，并且十年过去之后，当前的估计与新的普查数据之间的闭合误差（error of closure）非常小。

因此，与以前出版的对人口流动的研究相比，OCG 调查的一大优点是它的结论可自动转换为对所涵盖的整个美国人口的描述。而且，出于同样的原因，只要注意各个统计数据集合所涵盖的人

附录 C　对 OCG 表格涵盖的人口的说明及与其他数据来源的比较

口范围和可能影响可比较性的程序差异，对 OCG 数据与其他全国性数据进行有意义的比较也成为可能。

这些说明进入到 OCG 数据涵盖范围的一些细节，因为在对统计结果做出解释时这是非常重要的考虑。近似而言，OCG 制表数据代表的是 1962 年 3 月时居住在美国的 20 至 64 岁的 4500 万男性人口，或者说总共 4700 万男性人口（包括那些驻扎在国外和美国的所有美国军人及监狱里的犯人）的大约 96%，参见表 C.1。如果我们只是指出 OCG 关于职业流动的结果不适用于职业军人或囚犯，那么认为它们适用于指定年龄范围的所有人口似乎是稳妥的。

不过，必须要仔细说明的是，对这个建议存在一个例外。只有 85% 的 20 至 24 岁的美国男性人口被 OCG 数据表涵盖，这主要是因为这个年龄的不少男性会暂时参军。当然，在研究中，许多年龄更大的男性已经在服兵役。从这个角度来说，年轻的男性并不是例外。不过，OCG 调查确实是在他们生命周期的这样一个阶段进行的，服兵役导致的职业生涯中断那么常见，以致根据 OCG 所涵盖的那部分符合条件的可用数据来概括整个年龄队列是有问题的。

表 C.1 给出了支持关于 OCG 涵盖范围的这些概述的详细统计数据，这些数据表明，不仅服兵役需要较大比例的年轻人，而且 CPS 所涵盖的那些服兵役的男性的比例随年龄而增加。

尽管许多读者不可能费力去这样做，但他们也许会发现表 C.1 中的人口估计与《劳动力月度报告：1962 年 3 月》（由劳动统计局于 1962 年 4 月发行）中的表 2 所发布的数据之间略微有所出入。这些出入的原因是在 1962 年初仍一定要将 CPS 样本总数膨胀为根据 1950 年普查基准汇编的人口估计。不过，截至对 OCG 数据制表时，用根据 1960 年的普查基准修订的人口估计来替代是可能的，美国人

美国的职业结构

表 C.1 对于 1962 年时 20—64 岁的男性，按年龄对与 OCG-CPS 数据涵盖范围有关的美国人口的估计（单位：千人）

年龄	美国民用常住人口 (1)	驻扎在国外军人 (2)	驻扎在美国军人 (3)	监狱里的犯人 (4)	CPS 所涵盖的军人[a] (5)	自由平民人口 (6)	OCG 数据涵盖的人口 (5)+(6) (7)	OCG 所涵盖人口的近似百分比[b] (8)
20—24 岁	4955	280	710	81	211	4804	5015	85.4
25—34 岁	10326	213	579	148	435	10179	10614	95.5
35—44 岁	11590	111	311	155	225	11384	11609	97.1
45—54 岁	10311	21	69	155	54	10108	10162	98.2
55—64 岁	7770	...	5	146	4	7580	7584	98.1
总计，20—64 岁	44952	625	1674	685	929	44055	44984	95.6

数据来源：第 1—3 列来自美国人口普查局，"按年龄、肤色和性别对美国人口的估计：1950 年 7 月 1 日至 1962 年"（Estimates of the Population of the United States, by Age, Color, and Sex: July 1, 1950 to 1962），《当前人口报告》（Current Population Reports），系列 P-25，《人口估计》（Population Estimates），第 265 期，1963 年 5 月 21 日；第 4—7 列来自美国人口普查局未出版的估计，用作对 1962 年 3 月 CPS 的控制数值。

[a] 只包括那些未生活在军事基地或在军事基地与家人生活在一起的军人。

[b] 第 7 列除以第 2、3、4 和 6 列的加总。这个计算假定在 1962 年 3 月至 7 月之间美国军人的规模和年龄分布没有发生变化。根据《当前人口报告》（P-25，第 253 期，1962 年 8 月 16 日），美国军队的总体数量在 1962 年 3 月 1 日是 2885000，在 1962 年 7 月 1 日是 2855000，这表明下降了大约 1%。需要指出的是，1962 年 3 月美国军队总人数的大约 80% 都是由 20—64 岁的男性构成的。

附录C 对OCG表格涵盖的人口的说明及与其他数据来源的比较

口普查局根据1962年3月的CPS数据发布的报告也同样如此。

表C.2展示了可能需要注意的另一种微小的出入,它对根据CPS公布的制表数据与表面上基于几乎相同人口的OCG数据进行了比较。首先,存在涵盖范围上的差异,因为CPS数据包含非自由人口(institutional population),而OCG表格则不包含。不过,如果这是出入的唯一原因的话,那么在频次上的所有差异都应该是正的。另一个原因与这一点有关,OCG数据是从只有83.7%的合格样本中推导出来的,这些回收的OCG问卷可能与CPS数据相匹配。在完成这些问卷的初始回收后,我们对未回答者的子样本进行了精细的随访,以确保对初始未回答者及整个合格样本的特征的无偏估计。不过,这个估计合并了对初始未回答者有差别的样本膨胀权重,我们不可能期望这个估计表现为与基于全样本的估计恰好相同的分布。

如同表C.2的最后两列的百分比分布所显示的,两个数据来源的教育分布是非常类似的,并且在大多数情况下是可互换的。

表C.2 OCG表格和出版的CPS表格中的数据所显示的,1962年3月时20—64岁的男性完成的学校教育年数

完成学校教育年数	千人			百分比分布	
	(A) OCG	(B) CPS[a]	(B)−(A)	OCG	CPS
没上过学	562	541	−21	1.3	1.2
初等学校					
#1—4年	1901	1979	78	4.2	4.3
#5—7年	4317	4596	279	9.6	10.1
#8年	6128	6300	172	13.6	13.8

续表

高中					
#1—3 年	8478	8642	164	18.9	18.9
#4 年	12788	13021	233	28.4	28.5
大学					
#1—3 年	5277	5119	−158	11.7	11.2
#4 年	3256	3251	−5	7.2	7.1
#5 年或以上	2276	2220	−56	5.1	4.9
总计	44984	45669[b]	685	100.0	100.0

[a] 美国人口普查局（Bureau of the Census），《当前人口报告》（Current Population Reports），系列 P-20，第 121 期，"受教育程度：1962 年 3 月"（Educational Attainment: March 1962），1963 年 2 月 7 日。

[b] 包括 685000 名囚犯。

OCG 与其他 CPS 数据之间比较的最后一个例子与对婚姻状况的统计有关。由于两个原因，OCG 表格中的频次略微不同于根据 1962 年 3 月的 CPS 出版的数据（见表 C.3）。首先，根据 CPS 出版的数据包括 685000 名囚犯，而 OCG 的制表数据却不包含他们。其次，尽管为了产生一个正确的总人口估计和消除大部分未回答偏差，对 OCG 样本（由 CPS 样本中大约六分之五符合条件的人构成）进行了加权处理，但数据中仍存在一些偏差。总结在表 C.3 中的这些计算表明，相对于 1962 年 3 月的完整的 CPS 数据，OCG 的数据表高估了单身男性的数量，低估了由于分居、离婚或配偶死亡导致的婚姻中断者的数量。不过，没有办法基于不同婚姻状况的人的社会经济特征估计与 OCG 数据有关的偏差有多大（如果有的话）。

附录C 对OCG表格涵盖的人口的说明及与其他数据来源的比较

表C.3 按婚姻状况分类的1962年3月时20—64岁的自由民用男性人口，根据不同数据来源估计（单位：千人）

婚姻状况	平民[a]人口 1962年3月 CPS (1)	不自由人口 1960年4月，普查 (2)	估计的自由民用[a]人口，1962年3月 (3)	自由民用[a]人口 CPS-OCG，1962年3月 (4)
总计	45669	685	44984	44984
已婚，和配偶在一起	35575	…	35575	35574
#丈夫是初婚	30906	…	30906	31075
#丈夫是再婚	4669	…	4669	4499
丧偶	660	27	633	558
离婚	1132	77	1055	1027
已婚，未和配偶在一起	1570	224	1346	1085
#分居	896	46	850	NA
#其他	674	178	496	NA
未婚（独身）	6732	357	6375	6739

数据来源：（1）美国人口普查局，"婚姻状况和家庭状况：1962年3月"（Marital Status and Family Status: March 1962），《当前人口报告》，系列P-20，第122期（1963年3月22日），表1；（2）美国人口普查局，"囚犯"（Inmates of Institutions），《1960年人口普查》（1960 Census of Population），最终报告PC(2)-8A（华盛顿：政府印刷局，1963年），表17；（3）第1列减去第2列；（4）由美国人口普查局制作的未发布的OCG数据表。

a 包括不在军事基地生活或者在美国的军事基地与家人生活在一起的军人的数量。

附录 D
芝加哥试调查的匹配研究

芝加哥试调查涵盖了芝加哥都市地区 570 名 20—64 岁的男性，他们被包含在调查月期间 CPS 样本所选择的轮换群体中。总体而言，485 人返回了 OCG 问卷或者在随访中被访问员调查（只有一部分轮换群体的样本被随访）。在这些人中，大约 70% 对"当您 16 岁时您的地址是哪里？"这个问题作了回答，这样的话，将地址定位在之前普查的记录上看起来是可行的（在主调查中没有提问这个问题，而只是在试调查中提问）。在提交给匹配的案例中，只有大约 40% 被成功完成。匹配失败的一些主要原因是：地址不在美国；地址被定位了，但在普查记录中家庭没有被标明在那个地址；家庭被定位了，但父亲并不是家庭户中的一员；未能找到地址。我们搜寻了 1920 年、1930 年、1940 年普查的记录——最靠近被访者 16 岁生日的那一个。这意味着，被访者的生日与普查日期最高可能相距五年时间。因此，低比例的匹配并不令人吃惊。根据最近的数据，每年大约有 20% 的美国人改变其住址，大约 50% 的人每五年改变其住址。如果地理流动具有职业选择性

附录 D　芝加哥试调查的匹配研究

（确实如此），那么匹配的个案不必是所有个案的代表性样本。总之，用于匹配分析的个案基数如下所示：

试调查的目标样本是 570 个男性

OCG 问卷完成调查的是 485 个

可在普查记录中找到名字的有 342 个

与 1920 年普查匹配的有 29 个

与 1930 年普查匹配的有 46 个

与 1940 年普查匹配的有 62 个

名字匹配且可识别出父亲的总计 137 个

对于 137 个匹配的名字，问卷的回答和普查中报告的职业被赋予三位数职业和行业代码。基于这种细致的编码，两个数据来源之间的一致程度并不高；相关的频次如下：

相同职业和相同行业（三位数代码）的有 60 个

相同职业但不同行业的有 15 个

不同职业但相同行业的有 16 个

不同职业和不同行业的有 46 个

总计　　　　　　　　137 个

因此，这两个数据来源之间只有 44% 的个案是完全一致的，部分一致的有 23%。

当然，这个结果是相对于职业分类体系而言的。也许非常令人失望的是，本研究所考虑的分析没有一个这么细致地使用职业和行业的信息。因此，我们必须要考虑某种替代的分类，这种分类与研究设计的关联更密切，并且也要指出为什么这两个数据来源之间的不一致没有像第一次检测那样严重。

表 D.1　对位于 1920 年、1930 年或 1940 年普查中的芝加哥试调查中的男性，问卷中回答的与普查记录中的父亲职业的比较

问卷	(1)	(2)	(3)	(4)	(5)	(6)	(7)	(8)	(9)	(10)	(11)	总计
(1) 专业人员，技术人员	<u>6</u>	4	2		1			1				10
(2) 除农场外的 MOP		<u>4</u>	4			1					1[a]	10
(3) 销售人员			<u>3</u>								2	5
(4) 文书人员				<u>5</u>							1	6
(5) 手艺人		2	1		<u>32</u>	1	1	4	1		1	43
(6) 操作工		1			3	<u>11</u>	1	5			1	23
(7) 服务业人员							<u>9</u>					9
(8) 体力工人					2	2		<u>7</u>			2	13
(9) 农场主					1				<u>8</u>			9
(10) 农场工人						1		1	1	<u>1</u>		3
(11) 未回答				1	1	1	2	1			<u>8</u>	6
总计	6	7	10	7	40	16	13	19	10	1	8	137

a 在普查记录中的"退休者"。

附录D 芝加哥试调查的匹配研究

一部分研究使用了主要的职业群体。因此，表 D.1 给出了对两个匹配来源之间的一致和不一致的总结。首先我们要指出的是，51 个个案或者说 37% 的个案不在表格的对角线上；这是基于主要的职业群体不一致的百分比。不过，这个比例中的基数包含了 6 份未能指出父亲职业的问卷和 8 个没有给出职业的普查记录（在这两个来源中没有未回答的个案）。如果我们对估计问卷关于父亲职业回答的准确性（当这个职业确实被回答时）感兴趣，将未回答者排除考虑（不是省略，只是单独处理未回答者偏差问题）也许更好。根据在两个来源中回答了父亲职业的 123 个案例，两个来源之间不一致的比例是 37/123，即 30%。

关于这一点，我们可以考虑 30% 的不一致百分比是"高"还是"低"。首先，尽管完全准确是令人向往的，但更为现实的做法是询问这个数值如何与其他调查数据的可靠性进行比较。也许，最相关的信息来自人口普查局的 1950 年普查后研究（post-enumeration study，PES）。PES 是由相对受过良好培训的普查员集中进行操作的，它于 1950 年普查完成后不久进行，旨在评估由定期普查员提供的数据中存在的误差量。根据研究的报告[①]，被归类在普查和 PES 中的受雇男性有 17.1% 在普查中的职业群体与 PES 所报告的职业群体不同。需要指出的是，这是关于在当前或者最近的日期相同劳动力经历的报告中不可靠性的估计。

第二个考虑是我们的问卷与普查的匹配很可能显示出不一致，因为父亲的职业流动跨越了最长达五年的时期。如上所述，如果

[①] 美国人口普查局，技术报告第 4 期（Technical Paper No. 4），"普查后调查：1950 年"（The Post-Enumeration Survey: 1950）（Washington），1960 年，表 N。

在相关时期内家庭发生了地理流动，那么不可能做出匹配。但是许多父亲可能在不改变居住地的情况下变换了工作和职业。在数据所涉及的不同时间上可能存在多少职业流动是无法精确知道的。不过，我们可以引用一个至少具有启示性的数值。人口普查局报告[①]，在1945年8月和1946年8月都处于就业状态的男性中（排除那些在军队中的）有12.4%在第二个日期与第一个日期所报告的主要职业群体不同。诚然，这是一个发生巨大变动的时期，因为美国正在从一个战时经济向战后经济转变（这也许是进行这项调查的原因，迄今为止这仍是人口普查局所进行的唯一一次这样的调查）。不过，所涉及的时间只有1年。

将对不可靠性的PES估计（与普查有17.1%的不一致）加上对一年职业流动的CPS估计（12.4%）总共等于29.5%，它几乎与我们的试调查问卷和我们被访者所匹配的普查记录之间的30%不一致没有区别，当然这只是一个巧合。不过，这样一个计算尽管在概念上很松散，但它确实表明，对父亲职业的问卷报告中的不可靠性大小并没有在其他常用的调查数据中的不可靠性那么大。

为了表明不一致所发生的水平，可以将前文给出的在三位数职业代码上的不一致数值与表D.1中的数据和在表D.2中由此得出的汇总结果结合起来；总共62%的不一致分解如下：

在相同的主要职业群体内，但不同的三位数职业	11个
在相同的职业大类内，但不同的主要职业群体	26个

[①] 美国人口普查局，"就业工人的行业和职业变动：1945年8月至1946年8月"（Industrial and Occupational Shifts of Employed Workers: August, 1945 to August, 1946），《当前人口报告》，系列P-50，第1期，1947年7月。

不同的主要职业类型	11个
在一个来源中未回答的	14个
总计	62个

某些读者可能对刚才提及的职业大类特别感兴趣，因为人们普遍关注在白领阶层与体力阶层之间的流动。表D.2表明，在问卷中父亲被回答为体力工人的只有5个根据普查记录处于白领职业，而反过来的不一致有3个。所有这三个不一致（包括父亲被回答为农场工人的个案）与他们在另一个来源中被回答为体力工人有关。如同我们上面所主张的，假定至少有一些不一致代表了父亲方面的实际流动，那么我们可以断定，将父亲分类为白领或体力工人具有相当高的可靠性。

表D.2 根据职业大类的汇总

问卷	普查（1）—（4）	（5）—（8）	（9）—（10）	（11）	总计
（1）—（4）白领	24	3	0	4	31
（5）—（8）体力	5	78	1	4	88
（9）—（10）农场	0	2	10	0	12
（11）未回答者	1	5	0	0	6
总计	30	88	11	8	137

在表D.1中只有一个或两个可能具有启示性的其他要点。需要指出的是，相当多在普查中父亲被计为销售人员的在问卷中被计为MOP（管理人员、官员和企业主）。尽管实际流动可以很好地解释这些不一致，但在这方面的回答误差也并不令人奇怪。还有另一个个案集合，父亲在普查中被记录为体力工人，但在问卷

中被他的儿子回答为手艺人或操作工。同样，实际的父母流动和被访者回忆误差可能导致这个结果。

一个相关的问题是从社会经济地位得分（SES）的角度看对父亲职业回答的可靠性。很多关于职业流动和生育率的数据表使用这个得分作为自变量。得分特征在来源出版物中已被充分陈述①，不必在此概括了。需要强调的一点是，职业在工作描述中可能是相当不同的，但却具有相同或相似的 SES 得分。因此，将父亲置于"错误"的主要职业群体或详细的职业分类的回答或编码，只有在它同时导致父亲被赋予一个误差很大的职业得分时才会对这部分的分析产生影响。

我们为 115 个匹配个案准备了一个取自普查记录的地位得分和从问卷报告中得到的地位得分的散点图，在这些个案中，在两个数据来源中父亲的职业都被回答了，且在二者中父亲都不是农场主。之所以省略农场主，是因为这个分析主要考虑的是非农场出身的人。因为农场父亲似乎被可靠地回答，所以这种省略可能会降低明显的可靠性。

在提及关于可靠性的发现之前，可以尽力评估一下匹配个案的代表性。首先，我们有 110 份不匹配的问卷，在这里，父亲的职业都被回答了，省略农场父亲和在 16 岁时其地址在国外的被访者。第二个比较群体由 1207 名男性构成，他们在 1951 年六城市劳动力流动调查的芝加哥部分中回答了"父亲工作时间最长的工

---

① 阿尔波特·J. 小赖斯（Albert J. Reiss, Jr.）等，《职业与社会地位》（*Occupations and Social Status*）（New York: Free Press of Glencoe），1961 年。

作"。在以前的论文中[①]研究了这个样本,尽管这里给出的数据并没有以相同的形式出现在那篇论文中。回答了父亲职业的职业地位的均值和标准差如下所示:

	样本数	均值	标准差
1951 年芝加哥劳动力流动调查,25—64 岁非农场出身的男性	1207	32.3	22.2
1961 年芝加哥试调查,OCG 研究,20—64 岁非农场出身的男性			
不匹配的问卷	110	28.6	23.5
匹配的问卷	115	—	—
问卷报告	—	31.9	22.0
普查记录	—	29.8	21.7

当然,在两项研究之间存在 10 年的间隔,并且在被访者的年龄范围上略有差异。此外,劳动力流动数据(对于"父亲工作最长时间的工作")针对的是芝加哥市,而 OCG 试调查数据(关于当被访者 16 岁时其父亲的职业)针对的是芝加哥都市地区。因此,比较并不精确。不过,来自两个研究的统计结果的相似性表明,较小且有点选择性的 OCG 样本近似地代表了与劳动力流动调查的父亲职业相同的整体。考虑到核心趋势和地位得分分布的离散性,在不匹配的问卷和匹配的问卷之间也存在合理的相似性。最后,对于回溯性问题,尽管问卷报告的均值中的向上偏误也许在我们所期望的方向上,但问卷调查与普查记录在这些方面

[①] 奥蒂斯·杜德里·邓肯(Otis Dudley Duncan)和罗伯特·W. 霍奇(Robert W. Hodge),"教育与职业流动"(Education and Occupational Mobility),《美国社会学杂志》, 68(1963)。

相差不大。

　　当然，这里的关键问题不是问卷是否给出了与独立的数据来源一样的地位均值和分布，而是两个数据来源之间的相关程度根据个案情况有多高。散点图表明，在对角线 $Y=X$ 上的频次高度集中，即具有相同或极为相似的职业 SES 得分的个案高度集中：在 65 个个案中两个数据来源的父亲的 SES 是相同的，并且在另外 8 个个案中，两个数据来源的不同低于 5 个 SES 点。不过，在两个方向上存在很多不在对角线上的散点，有些是来自问卷的得分明显高于来自普查报告的得分，有些是在相反的方向几乎偏离得一样多。两个系列之间的皮尔逊相关系数是 0.74。读者可能记得过去的经验法则，可靠性系数应该至少为 0.90，并且在调查工作中这个可靠性大小明显被达到了。于是，通过为每个主要的职业群体赋予群体平均职业地位得分，我们研究了前面提到的普查—PES 匹配，并且对于匹配的个案我们计算了普查与 PES 报告的相关。这个相关系数是 0.878。因此，我们的试调查问卷与普查之间的相关系数 0.74 可能看起来非常低。不过，如同前面已经指出的，两个来源的一些不匹配可能是在普查记录属于的时间与被访者被询问回答的时间之间父亲发生实际流动的结果。很难说相关程度有多少被这个因素所降低。在上面提到的邓肯—霍奇的研究中，对随后 45 至 54 岁的人而言，被访者 1950 年和 1940 年职业的地位得分之间的年际相关是 0.77，对 35—44 岁的人而言，这个相关只有 0.55。很明显，对其年龄大到有 16 岁的儿子的人而言，10 年时间足够他们大幅改变职业地位。短期而言，年际相关无疑会更高一些，并且对 OCG 研究中所回答的一些父亲而言，在有关的早些时期中这种相关也许更高。不过，容许父亲方面一定幅度的实际流动将会与如下假定相一致，即问卷报告的可靠性大大高于问卷与普查之间 0.74 的相关所表明的可靠性。

附录 E
用人口普查数据来核对回溯性数据

OCG 问卷中的许多题目需要回溯性数据，确定对这些数据的回答是否合理准确非常重要。对照一个独立的数据来源来核对每一个回答也许是对这个问题做出判断的最可靠手段。这种方法只能连同试调查（见附录 D）小规模地进行。在个体的回答不能被核实的情况下，仍可能通过根据独立的数据来源核对它们的加总分布来查明回溯性数据中的主要偏差。

父亲的受教育程度

尽管它在表述形式上略有不同，但 OCG 问卷中关于所完成的学校教育年数的问题在概念上是可以与 1940 年、1950 年和 1960 年普查中所使用的相同问题进行比较的。在 OCG 中，被访者回答他父亲的受教育程度；在普查中，生活在美国的男性回答自己的受教育程度。比如说，如果我们可以在普查数据中识别出是 1962 年时 25—34 岁的人的父亲的那些人，那么在理论上，这两个来源中的受教育程度分布就应该是相同的（忽略生育率差异问题）。

附录 E　用人口普查数据来核对回溯性数据

没有办法完全严格地进行这样的比较。读者也明白其中的某些原因。在进行普查时一些父亲不在人世了或者不是美国的居民了。关于受教育程度的普查数据没有将 1962 年 3 月指定年龄的人的父亲与父亲的同龄人分离开来。此外，OCG 的回答具有某种选择性，这体现在大约 11% 的被访者没有回答父亲的教育，并且一些回答涉及的是被访者所长大的家庭中的家长，这些家长并不是父亲。由于这些原因，OCG 回答与根据普查数据进行的独立的估计之间的比较只能粗略地表明前者的准确性程度。无论如何，还是让我们看一下精心准备的一套估计可能会说明什么。准备这些估计的步骤依次罗列如下：

（1）按出生年份对被访者进行分类。这是基于 1960 年普查中男性的单一年龄进行的。我们把 1962 年 3 月时 25—34 岁的男性群体作为例子。假定所有这些人出生在 1927 年—1936 年期间。为了提供一个下阶段使用的调整因子，用 1960 年回答为 23 岁的男性的数量除以 1936 年出生的总人数；用 24 岁的男性数量除以 1935 年出生的人数；以此类推。可以看出，这个程序自动考虑了出生性别比及出生登记完整性中的年度变异。

（2）按父亲年龄对被访者的出生队列进行分类。年度生命统计出版物提供了在出生时按父亲年龄的出生数。通过用报告的出生数乘以前一阶段所得到的比率，可以对父亲的年龄每五年的间隔中的出生数进行调整。使用贾菲出版的斯普拉格乘数[1]，连同在

---

[1] A. J. 贾菲（A. J. Jaffe），《人口学家统计方法手册》(Handbook of Statistical Methods for Demographers)（Washington: Government Printing Office），1951 年，第 4 章。

分布的两端进行的某些武断的调整，由此产生的分布被分解为按父亲年龄单年的分布。

（3）按父亲的出生年份对被访者进行分类。在对被访者的每个年度出生队列完成前一阶段后，有必要按父亲的出生年份将包含在1962年3月时25—34岁的被访者群体中的10个队列合并为一个单一的分布。应该指出的是，在儿子出生时父亲的年龄没有精确地指明父亲的出生年份。因此，一个出生于1936年的儿子的27岁父亲可能出生于1918年或1919年，而28岁的父亲出生于1918年或1917年。因此，父亲年龄的每一年被对半分配至两个包含父亲出生年份的年份。此时，在所有10个队列中的被访者的父亲可被加总，以提供一个按父亲出生年龄对被访者的单一分布，并且父亲的出生年龄可被如此分组，以致与普查的受教育程度表格中的年龄间隔相一致。表E.1显示了通过进行这种分析按父亲的出生年份对被访者的两个群体的估计分布。

（4）估计"父亲"的受教育程度。当然，按父亲出生年份对出生队列的汇总的分布并不是指父亲的一个样本，因为每个父亲出现在曾经针对他的每个儿子的分布中。但是在目前的情况下这是我们的优势，因为即使OCG被访者有一个或更多的弟兄有资格被包含在调查中，但他们正在回答父亲的受教育程度。在这一点上的假定是在既定的五年时期内出生的"父亲"与在那个时期出生的所有人（他们被列举在一次普查中）拥有相同的受教育程度。让f_i表示其父亲在时期i出生的出生队列集合中的人的比例。让p_{ij}表示出生于时期i并被包含在普查中的一名男性被列举在普查数据的受教育程度类别 j 中的概率。刚才已描述了对 f_i 的估计,数值被呈现在表 E.1 中。p_{ij} 根据 1940 年、1950 年和 1960 年的普查数据中按年龄划分的受教育程度表计算而来。我们将父亲在第 j 个受教育程度类别中的估计比例定义为 $e_j = \sum_i f_i p_{ij}$。e_j 的数值以及按 OCG 中报告的父亲的受教育程度对被访者的划分显示在表 E.2 中。

表 E.1 按父亲的出生年份,1962 年 3 月时 25—34 岁和 35—44 岁男性的分布(每百万人)

父亲的出生年份	25—34 岁 (1927 年—1936 年出生)	35—44 岁 (1917 年—1926 年出生)
1855—1859 年	…	817
1860—1864 年	…	3876
1865—1869 年	774	12254
1870—1874 年	4634	33884
1875—1879 年	13145	73903
1880—1884 年	32954	139770
1885—1889 年	73893	208001
1890—1894 年	134321	248643
1895—1899 年	192740	193905
1900—1904 年	237581	76904
1905—1909 年	210316	8035
1910—1914 年	90050	8
1915—1919 年	9582	…
1920—1924 年	10	…
总计	1000000	1000000

结果非常令人鼓舞。OCG 的分布非常近似于根据独立的数据来源合成的那些分布。也许唯一的重大偏差是只上了 1—3 年高

中的父亲明显倾向于被回答为高中毕业。这对 35—44 岁的被访者而言尤为明显。

表 E.2 按父亲的受教育程度划分的 1962 年 3 月时 25—34 岁和 35—44 岁的男性的百分比分布，OCG 所回答的以及从根据受教育程度对关于年龄的普查数据和按出生年份对父亲年龄的人口统计估计的

父亲的受教育程度	25—34 岁的男性				35—44 岁的男性			
	OCG	使用下列数据估计			OCG	使用下列数据估计		
		1950 年普查	1960 年普查		1940 年普查	1950 年普查	1960 年普查
没上过学	4.15	2.68	3.74	6.66	4.82	4.65	6.69
初等学校							
#1—4 年	9.35	10.29	10.21	12.84	12.77	14.21	14.27
#5—7 年	19.11	18.95	19.99	21.76	20.41	21.37	22.51
#8 年	25.74	24.50	24.17	27.76	31.30	26.74	26.00
高中							
#1—3 年	14.96	15.97	15.96	9.41	12.02	11.91	11.72
#4 年	15.40	14.47	12.81	12.49	9.48	10.70	8.72
大学							
#1—3 年	5.68	6.18	6.55	4.27	4.35	4.89	5.28
#4 年	2.74	⎫	3.48	2.73	⎫		2.79
#5 年或以上	2.87	⎬ 6.95	3.01	2.08	⎬ 4.84	5.45	2.02
总计 a	100.0	100.0	100.0	100.0	100.0	100.0	100.0

a 不包括没有回答父亲的受教育程度的个案。

读者会注意到基于不同普查年份的估计之间的差异。因为不管普查年份如何，f_i 是相同的，这种差异完全是由于 p_{ij} 在两次普查之间的差异。这种差异的真实原因可被归之为完成学校教育年

数的不同导致的死亡率差异和净迁移率差异。人为原因是在列举的完整性和所回答的受教育程度的分布中的净误差上两次人口普查之间的差异。这样的误差——假定其他来源的误差很小——明显是很大的。在某些情况下，e_j 在两次普查间的差异覆盖的范围足以包含从 OCG 回答中得出的比例。

总之，OCG 关于父亲受教育程度的数据遭受相对较小的误差。当然，尽管在 OCG 回答中补偿误差或"总"误差很高，但根据受教育程度对被访者的划分可能是正确的。当前的分析不能使我们评估这种可能性。

父亲的职业

评估所回答的父亲受教育程度的分布的程序不适用于关于父亲职业的数据。一旦到了成年期，教育（完成的学校教育年数）实际上是一个固定特征；因此我们能够在那些父亲已经完成学校教育很久之后根据在普查中收集的数据估计父亲的受教育程度。另一方面，职业可以在一个人的生命周期的任何时候改变。因此，在评估 OCG 职业数据时使用普查数据需要我们在普查数据中发现专属于由 OCG 被访者代表的一个明确的队列群体的父亲的信息。

为此，针对在 1910 年和 1940 年普查中报告了（并根据职业分类了）其父亲关于五岁以下孩子的生育数据的三组被访者（参见表 E.3 的数据来源注释），我们对关于父亲职业的 OCG 数据进行了专门的制表。

表 E.3 对在普查生育表中 0—4 岁时和在 OCG 中 16 岁时选定的孩子队列所报告的父亲职业（百分比分布）

父亲的职业	本土白人妇女在 1905— 1909 年生育的孩子 1910 年普查	本土白人妇女在 1905— 1909 年生育的孩子 OCG（男性）	黑人妇女在 1905—1909 年生育的孩子 1910 年普查	黑人妇女在 1905—1909 年生育的孩子 OCG（男性）	本土白人妇女在 1935— 1939 年生育的孩子 1940 年普查	本土白人妇女在 1935—1939 年生育的孩子 OCG（男性）
总计 [a]	100.0	100.0	100.0	100.0	100.0	100.0
专业人员、技术人员及类似的人员	3.2	3.7	1.0	4.2	5.1	7.6
除农场外的管理人员、官员和企业主	8.6	10.8	0.8	1.9	7.5	12.8
销售人员和文书人员	7.5	7.0	0.7	1.6	10.5	13.0
手艺人、工头等	14.8	16.8	3.1	7.4	15.0	20.8
操作工及类似的人员	9.2	13.1	4.1	5.8	22.4	19.8
服务业人员	2.1	3.8	4.1	3.2	3.2	5.4
除农场外的体力工人	8.6	3.8	17.5	13.5	14.3	5.3
农场主、农场管理者	40.1	38.5	54.3	56.3	17.1	13.8
农场工人、工头	5.9	2.5	14.4	6.1	4.9	1.5

数据来源：关于五岁以下孩子的数据来自美国人口普查局，《人口：1940 年和 1910 年按五岁以下孩子的数量划分的妇女的同生育率》(*Population: Differential Fertility 1940 and 1910, Women by Number of Children under 5 Years Old*) (Washington: Government Printing Office, 1945)，表 41、表 42 和表 43。数据限定在结过一次婚且和丈夫在一起的妇女。
OCG 数据来自下列数据表：母亲出生在美国的 1962 年时 52 至 56 岁的白人男性，1962 年时 52—56 岁的白人男性，以及母亲出生在美国的 1962 年时 22—26 岁的白人男性。
a 不包括没有回答父亲职业的个案。

附录 E　用人口普查数据来核对回溯性数据

例如，普查生育数据显示了1940年按父亲职业划分的五岁以下孩子的数量。这是与1962年时22至26岁的男性做出的关于父亲职业的回答进行比较。因为普查数据限定在只结过一次婚且和丈夫生活在一起的母亲的孩子，所以两套数据在父亲的覆盖范围上存在微小的不一致。两套数据都存在抽样误差，并且在父亲的职业没有回答的情况下二者都可能存在偏差。

不过，进行比较的最严重障碍在于，普查数据涉及的是0—4岁孩子的父亲，而OCG问卷要求被访者回答当他们16岁时父亲的职业。尽管相同的父亲基本上被体现在两套数据中，但职业回答所应用的两个日期相隔大约12—16年的时间。如同将要显示的，这个时间足够父亲发生大量的流动。

由于这个原因，表E.3中的比较只是一个粗略的显示。在三个比较中不一致的模式如出一辙。相对于普查数据的分布，OCG数据表明白领工作者和手艺人的比例过高，而体力工人和农场工人的比例过低。在白人被访者的两个样本中，农场主的比例过低。鉴于样本规模，在对白人被访者的两个比较中，这些不一致不可能只是由于抽样变异引起的。不过，对于黑人的数据基于的样本规模很小。总体而言，OCG与普查之间的差异对于1935—1939年的白人被访者比对于1905—1909年的白人被访者更大。

这些不一致应该有多少因父亲的代内流动而打折扣是很难说的。不过，我们可以呈现一个比较，它表明在10年的时期里存在大量的父亲净流动。表E.4显示了1960年时10—14岁的孩子队列在1950年和1960年时的父亲职业分布。虽然在两套数值之间的可比较性上存在微小的扰动，但不会过度扭曲对净流动的估计。除了一个之外（销售人员和文书人员）对于每个职业，1950年和1960年的净流动的方向与表E.3中对1935—1939年出生的孩子而言的OCG分布和1940年的普查分布之间不一致的方向是相同的。不过，在大多数情况下，后一个不一致略微更大。合理的推论是，绝不是由于OCG数据中的回答偏误导致了OCG分布与取自1940年普查数据的分布之间的所有差异。尽管一些差异是由于父亲的向上流动，但有一些可能确实反映了回答偏误。

表 E.4 按父亲1950年和1960年时的职业划分，在1945—1949年间出生的人

父亲的职业	1950年	1960年	1960—1950年
数量（单位：百万）			
队列中的总数	16.2	16.8	...
没有按父亲的职业分类	3.7	3.7	...
按父亲的职业分类	12.5[a]	13.1[b]	...
百分比分布			
所有职业	100.0	100.0	100.0
专业人员、技术人员及类似的人员	8.2	9.6	1.4
除农场外的管理人员、官员和企业主	9.3	13.0	3.7
销售人员、文书人员及类似的人员	11.9	11.7	−0.2
手艺人、工头及类似的人员	19.7	23.6	3.9
操作工及类似的人员	23.6	22.0	−1.6
服务业人员，包括私人家庭	3.7	4.6	0.9
除农场外的体力工人	8.2	6.3	−1.9

续表

| # 农场主和农场管理者 | 12.0 | 7.1 | -4.9 |
| # 农场工人和工头 | 3.4 | 2.1 | -1.3 |

a 15—49岁的、结过一次婚且和丈夫生活在一起的妇女的五岁以下的孩子，其丈夫是有工作经历的民用劳动力并回答了职业。数据来源：《1950年人口普查数据》（1950 Census of Population），第4卷，第5部分，第C章，"生育"（Fertility），表48和49。

b 除了父亲的职业没有回答的，与就业了的父亲生活在一起的10—14岁的人（用10—13岁的人加上14—15岁的人的一半来估计的）。数据来源：《1960年人口普查数据》（1960 Census of Population），最终报告PC(2)-5A，"学校招生"（School Enrollment），表7。

就事情的性质而言，我们在此得出的结论不可能像对受教育程度的比较那样明确。不可能解决OCG关于父亲职业的回答中存在系统误差的可能性，这种系统误差表现为在职业地位上存在全面的向上偏误。尽管如此，如果我们现实地考虑到在其儿子0—4岁时到儿子长到16岁时之间父亲的净向上流动，那么OCG与普查分布之间的比较可被认真地视为高估了偏差的幅度。

附录 F
未回答对相关分析结果的影响

在第 4 章提到的未回答偏误问题指的是被访者返回的 OCG 问卷有一道或多道题目未回答或者答案无法归类。

这个问题不同于另外两种情况中的任何一种:(1)CPS 被访者没有返回 OCG 问卷;(2)家庭没有接受 CPS 访问。就第二种情况而言,我们只能说 CPS 存在调整未回答的程序,并且未回答问题已得到研究,但是"我们并不知道调整未回答的无偏的乃至一致的方法。CPS 中使用的调整程序所导致的误差大小也不知道。"[①] 至于问题(1),最初没有返回 OCG 问卷的 CPS 被访者是被抽样的,抽样权重是如此确定的,以致 OCG 制表相对于 CPS 估计基本上是无偏的,尽管对于同样的题目 OCG 和 CPS 表格并不一定是相同的。

将这两个问题搁置一旁,我们暂时把目光转向未回答题目的问题。表 F.1 基于年龄显示了回答了针对每个地位变量的题目的个案比例,它针对的是非农场背景的男性。读者应该理解如下两类

[①] 美国人口普查局,《当前人口调查——方法论报告》(*The Current Population Survey — A Report on Methodology*),技术报告第 7 期(Washington: Government Printing Office),1963 年,第 53 页。

题目之间的基本差异。第一个类别包括被访者的职业地位（Y）、被访者的受教育程度（U）及妻子的受教育程度（S），它们由在常规 CPS 访问内确定的地位变量构成。另一个类别由在 OCG 问卷中追加的题目构成：被访者首份工作的职业地位（W）、被访者父亲的职业地位（X）、父亲的受教育程度（V）和妻子的职业地位（Z）。在 CPS 访问中未回答题目很低，因为受过良好培训和被紧密监督的访问员在调查现场尽力让被访者回答所有问题。而且，在 CPS 的数据处理程序中，所有的"不知道"或缺失的记录都被计算机程序分配或指派为机械编辑过程的一部分。因此就最终的制表而言，关于 CPS 的题目不存在未回答的情况。对于 Y 的数据制表之所以有未回答的情况，是因为只确定了有工作经历的民用劳动力成员的职业；而 OCG 数据制表针对的是全部自由民用人口（包括不在军事基地的军人或者在军事基地和家人生活在一起的军人）。军队的成员、不能工作的人、退休者以及没有从事有报酬经济活动的上学者都不包含有工作经历的民用劳动力范畴。

表 F.1 对于非农场背景的男性，按年龄划分的回答了地位变量的被访者百分比

变量、变量组合[a]	年龄				
	20—24 岁	25—34 岁	35—44 岁	45—54 岁	55—64 岁
所有男性（千人）	4289	8438	8478	6936	4737
回答的百分比：					
Y[b]	78.2	92.6	95.3	94.9	87.7
W	81.0	94.0	95.6	96.5	95.8
U[b]	100.0	100.0	100.0	100.0	100.0
X	91.9	89.9	88.3	87.7	85.6

续表

V	94.6	93.0	87.8	86.3	81.8
Y 和 W	72.0	88.9	91.8	92.1	84.7
Y 和 U	78.2	92.6	95.3	94.9	87.7
Y 和 X	72.3	83.1	84.2	83.8	75.1
Y 和 V	73.4	86.1	83.4	82.0	71.7
W 和 U	81.0	94.0	95.6	96.5	95.8
W 和 X	74.0	85.3	85.3	85.7	83.5
U 和 X	91.9	89.9	88.3	87.7	85.6
U 和 V	94.6	93.0	87.8	86.3	81.8
X 和 V	88.4	85.4	80.7	79.2	73.3
W 和 V	76.2	88.4	85.0	84.1	79.2
已婚男性(和妻子在一起)(千人)	1919	6783	7383	5810	3882
回答的百分比:					
U^b	100.0	100.0	100.0	100.0	100.0
S^b	100.0	100.0	100.0	100.0	100.0
Y^b	…^{c}	93.7	95.8	96.1	89.9
V	92.1	92.3	88.4	86.2	82.0
Z	90.9	90.6	89.5	89.4	90.9
Y 和 S	…^{c}	93.7	95.8	96.1	89.9
S 和 Z	91.0	90.6	89.5	89.4	90.9
Y 和 Z	80.5	84.9	86.1	86.5	81.9
Z 和 X	86.1	82.8	80.8	79.8	80.2
S 和 U	100.0	100.0	100.0	100.0	100.0
S 和 V	92.1	92.3	88.4	86.2	82.0

a Y:1962年的职业地位; W:首职地位; U:受教育程度; X:父亲的职业地位; V:父亲的受教育程度; S:妻子的受教育程度; Z:妻子父亲的职业地位。
b 在 CPS 处理过程中根据计算机分配估计的未回答比例。
c 没有可用的数据。

当然，将 OCG 数据制表限定在有工作经历的民用劳动力的被访者上是可能的；但对于不依赖于劳动力地位的变量的制表（比如被访者的受教育程度与父亲的受教育程度的交叉表），这会降低样本规模。

因此，我们对未回答的关注简化为无回答偏误问题，它可能发生在四个 OCG 地位变量中。

未回答的年龄模式无疑是明显的。对年轻的被访者而言，对 W 的回答很低。他们中有一些人尽管目前受聘于兼职或临时工作，但实际上可能还没有进入在 OCG 问卷中所指明的那种"首职"。不过，20—24 岁的人比当前就业的劳动力或正在寻找工作的熟练劳动力更多地回答了首职（比较 Y 和 W）。

相比之下，对于与被访者的父亲有关的两个题目——父亲的职业地位（X）和父亲的受教育程度（V）——而言，未回答的比例随着年龄而增加。对 V 而言，年龄梯度特别陡峭。至于这种反差的原因，我们只能猜测。如果人们只是更可能知道或记得关于他们父亲的某项而不是另一项信息，那么对于所有的年龄群体在回答 X 和 V 的比例之间应该存在处于相同方向的差异。如果年龄梯度只是由于记忆错误导致的，那么对于这两个题目它应该是相同的。不过，观察到的模式表明，相对于父亲的职业，在获取或记忆关于父亲受教育程度的信息上被访者队列之间存在差别。如果在最近几十年，与职业相比作为一种后致地位的受教育程度获得了显著性，那么这种模式将会出现。在这种情况下，在他们回答父亲的受教育程度的能力上相比于在他们描述其职业的能力上，年轻人应该更加广泛地不同于年长者。

不过，这种推理无助于解释不同年龄的被访者对于 X（父亲的职业）和 Z（岳父的职业）在未回答模式上的奇怪对比，只有已婚且和配偶生活在一起的人才回答 Z。尽管对 X 的未回答随着被访者的年龄而增加，但不同年龄的被访者在回答 Z 的完整性上存在很小的差异。也可以看出，女性比男性更知晓他们父亲的职业；但这种差异只反映了被这两个问题所覆盖的人口上的差异。

回答成对的两个题目的比例不仅取决于回答两个题目中的每个的比例，还取决于回答比例之间的相关。就像对于 35—44 岁的被访者那样（表 F.1），如果 95.6% 的人回答了 W 和 88.3% 的人回答了 X，那么可能回答了这两个题目的最大比例当然是 88.3%。一定回答了这两个题目的最小百分比（基于没有人未能回答这两个题目的假定计算）是 83.9%。如果根据回答的倾向在这两个题目之间不存在相关，那么回答这两个题目的预期比例将是 0.885×0.956=0.844，或者说 84.4%。根据表 F.1，实际上 85.3% 的被访者回答了 W 和 X。因此，在这两个回答比例之间存在某种相关；不过，很多没有回答一个题目的人确实回答了另一个。

回答比例本身没有表明未回答问题有多么严重。当然，未能回答确实降低了样本规模。不过，倘若未回答者事实上是总体的一个随机样本的话，那么这将是一个适度的损失。实际上即便如此，我们并不是太关心在均值和标准差上的未回答偏误，尽管对于某些目的而言（如同在对表 E.3 的讨论中那样）这些偏误可能是严重的。我们最关心的是对变量间关系的估计是否严重有偏的问题。

必须立即承认，没有办法准确地确定这类偏误的程度。不过，我们可以对能够合理地容许的偏误大小进行某种评估。

让我们继续以35—44岁的男性对 W 和 X 的回答为例。这些人中有85.3%都回答了这两个题目；10.4%的人回答了 W 但没有回答 X，3.1%的人回答了 X 但没有回答 W；还有1.3%的人两个都未回答。这两个变量与 U（被访者的受教育程度）进行交叉列表，在 CPS 计算机分配后对 U 的回答率是100%，这种分配一点儿也不取决于 W 或 X。因此，(W, U) 表和 (X, U) 表可能会被用到，以形成关于 W 和 X 的未回答者的单变量分布的某种估计。在受教育程度的类别内，未回答个案与已知个案成比例分布，并且对这些分布加总后获得对关于 W 的未回答者的估计的 W 得分的分布和关于 X 的未回答者的估计的 X 得分的分布。将这些估计的或估算的分布添加到回答了一个变量但未回答另一个变量的个案上。对于没有被包含在 (W, X) 相关中的14.7%的个案（因为他们没有回答其中的一个或两个题目），我们现在可以为这两个变量计算均值和标准差。

关于 W，在构成 (W, X) 相关表的85.3%的个案中，职业地位得分的均值和标准差是29.5和21.5；对于其余的14.7%的个案，相应的数值（根据部分知道和部分估算的分布计算）是24.7和19.9。将已知的数据和估算的数据结合起来，对整个人口的 W 的估计如下：均值为28.8，标准差为21.4。

对 X 的类似计算的结果如下：对于在 (W, X) 相关表中的个案而言，均值和标准差分别为33.1和23.0；对其余的个案而言，均值和标准差分别为29.8和22.9；对所有的个案而言，均值和标准差分别为32.6和23.0。

很显然，关于这两个题目的未回答存在一个有偏选择；毫不奇怪，未回答者的地位比回答者略微低些。不过，基于非常错误地回答这两个变量的个案，偏差没有大到足以能对 W 和 X 的集中趋势和离散趋势做出估计。

在两个变量之间计算的相关中仍存在未回答偏误的问题。在此我们只能表明，在未被包含在初始计算的 14.7% 的个案中 W 和 X 之间未知的相关做出各种假定的情况下将会发生什么。让我使用这种标记符号：r_1 是根据回答了两个题目的所有个案的 85.3% 计算的 W 和 X 之间的相关系数（在本研究的所有计算中都使用这个相关系数）；r_2 是在其余的 14.7% 的个案中 W 和 X 之间（未知的）相关系数；r（没有下标的）是对于所有的个案，W 和 X 之间（未知的）的相关系数。现在可以证明 $r = mr_2 + k$，在这里 m 和 k 是常数，它们可以根据已知或假定的 r_1 值连同 W 和 X 的均值和标准差计算出来。我们知道 r_1 的值，并且我们对均值和标准差提供了合理的估计。需要指出的是，在基于教育的计算被用于其他个案的情况下，这些估计是根据回答了 W 的所有个案的 95.6% 和回答了 X 的所有个案的 88.3% 做出的。给定当前例子中的数值，我们确定 $r = 0.137 r_2 + 0.327$。

很明显，r 的隐含"真实"值在某种程度上取决于我们愿意假定 r_2 的未知值是多少。让我们首先看一下数学上可能的极端假定。如果 $r_2 = -1.0$，$r = 0.190$；如果 $r_2 = 1.0$，$r = 0.464$（实际上，只要分布允许的话，r_2 确实可能达至这两个极端值的任何一个。不过，数学上可能的极端值也许接近于 1）。实际上我们肯定地知道，W 和 X 之间的真实相关系数不可能低于 0.190 或者不可能高于 0.464，根据回答了该题目的个案估计的二者的相关系数是 0.377。我们不能严格地反驳认为它位于这个范围之内的任何指定值的断言。不过，最大限度的范围建立在大胆的假定基础之上。在没有回答一个或两个变量的个案中，确实没有理由认为 W 和 X 之间的相关可能接近于 ±1。实际上，在这些个案中相关系数不同于在回答了的个案中的相关系数。让我们假定确实存在很大差异。如果 r_1 是 0.377 的话，那么如果 $r_2=r_1±0.2$，r 将会是多少？如果 $r_2=0.177$，那么 $r=0.351$；如果 $r_2=0.577$，那么 $r=0.406$。换言之，我们可以写下 $r=0.377±0.03$，并且觉得我们已经考虑到未回答偏差对计算 W 和 X 之间相关系数的影响的每种"合理的"可能性。因此，结果表明，给定 OCG 的样本规模，在相关系数中归咎于未回答的误差也许与这些系数的抽样误差在大小上几乎差不多。

有趣的是，如果我们假定 $r_2=r_1$，将会如何？在当前的例子中，如果我们设定 $r_2=r_1=0.377$，那么 r 不是 0.377，而是 0.379，一个略微不同的值。这个细微的差别是在回答了的个案与未回答的个案之间的均值和标准差不一致的结果。

在此使用的具体示例中，即对 35—44 岁的男性而言 W 和 X 之间的相关，我们已经根据未回答的比例考虑了一种相当典型的情况。对其他成对的变量而言，潜在的未回答偏误可能略大或略小。表 F.1 清楚地表明，对 20—24 岁群体的计算特别容易受到未回答偏误的影响，在正文中已经提及这一点。对于其他的相关似乎不值得对可能的未回答偏误计算说明性的估计。当然，对于 55—64 岁的被访者，在解释像 r_{YV} 和 r_{XV} 这样的相关时我们必须要特别谨慎。

附录 G
对 OCG 数据中的百分比的估计标准误

附表 G.1 复制于美国人口普查局,"一代人的教育变迁:1962年3月",《当前人口报告》,系列 P-20,第 132 期(1964 年 9 月 22 日),表 G。这个表是为关于职业和教育的 OCG 数据而提供的;对于其他的题目也许需要不同的估计。表格是以这样一种方式建构的,百分比的相关基数不是实际的样本规模,而是代表估计的人口数的膨胀数值,单位是千人。

表 G.1 估计百分比的标准误(68% 的可能性)

估计百分比	百分比的基数(估计人口数,单位:千人)

估计百分比	50	100	500	1000	2500	5000	10000	25000	50000
1 或 99	2.6	1.9	0.8	0.6	0.4	0.3	0.2	0.1	0.1
2 或 98	3.7	2.6	1.2	0.8	0.5	0.4	0.3	0.2	0.1
5 或 95	5.8	4.1	1.8	1.3	0.8	0.6	0.4	0.3	0.2
10 或 90	7.9	5.6	2.5	1.8	1.3	0.8	0.6	0.4	0.3
15 或 85	9.5	6.7	3.0	2.1	1.3	0.9	0.7	0.4	0.3
20 或 80	10.6	7.5	3.3	2.4	1.5	1.1	0.7	0.5	0.3

续表

25 或 75	11.5	8.1	3.6	2.6	1.6	1.1	0.8	0.5	0.4
35 或 65	12.6	8.9	4.0	2.8	1.8	1.3	0.9	0.6	0.4
50	13.2	9.4	4.2	3.0	1.9	1.3	0.9	0.6	0.4

表格将以仿效如下例子的方式使用：其父亲是专业人员、技术人员及类似人员的1962年3月时25—64岁的估计人数是1714000名男性。在这些人中，有38.9%本身在1962年3月也正从事这种类型的职业。表格中粗略的插值表明，标准误大约是2.3个百分点。用人口普查局的话来说就是，"68%的可能性一个完整的普查将显示一个位于36.6%与41.2%之间的数值，95%的可能性数值将位于34.3%与43.5%之间"。

附录 H
对多元分类分析结果的总结

附表 H.1 至 H.6 显示的是使用多元分类方法研究的被几个自变量或变量组合解释掉的三个主要的因变量——1962 年的职业地位（Y）、首职地位（W）和受教育程度（U）——的平方和百分比。第 4 章说明了对这些"被解释掉的"平方和的解释中的问题。在展示我们对这些结果的总结时，我们必须要警告读者，它们的含义并不总是不言而喻的。这里呈现的是我们不一定能提供有说服力解释的某些组合的结果。原因在于计算在一定程度上是探索性的。而且，大量的结果是作为没有直接关系的计算的副产品而获得的。虽然可以出于任何兴趣呈现这些结果，但绝不意味着我们认为它们为超越在正文中所表述的结论提供了一个充分的基础。

在正文第 4 章和其他章节已经给出对因变量的描述。在这里，我们提供了几个自变量中所包含的详细类别。附上的频次是美国人口的估计值（单位是千人），针对的是 OCG 调查中所涵盖的总计为 44984000 名 20—64 岁的男性。样本频次可以用总人口估计值除以 2.17 来估计。

A：地区规模（对 1962 年 3 月居住地的 1960 分类）

1. 1000000 人或以上人口的城市化地区，一个标准的大都市统计地区的中心城区　　　　　　　　　　　　　　7143

2. 1000000 人或以上人口的城市化地区，不属于中心城区　　　　　　　　　　　　　　　　　　　　　　6361

3. 250000—999999 人的城市化地区，一个标准的大都市统计地区的中心城区　　　　　　　　　　　　　3903

4. 250000—999999 人的城市化地区，不属于中心城区　　　　　　　　　　　　　　　　　　　　　　2483

5. 50000—249999 人的城市化地区，一个标准的大都市统计地区的中心城区　　　　　　　　　　　　　2954

6. 50000—249999 人的城市化地区，不属于中心城区　　1937

7. 2500—49999 人的其他城市地区，不属于城市化地区　　　　　　　　　　　　　　　　　　　　　　6736

8. 非农场的乡村地区　　　　　　　　　　　　　9849

9. 乡村农场　　　　　　　　　　　　　　　　　3618

（注释：由于几个原因，CPS 的实地操作程序没有根据与十年一度的普查数据可严格比较的居住地来产生人口数；上面的数值并没有被人口普查局批准为根据地区规模的人口估计数，而是被用来表明在该调查中规模类型的相对大小。）

B：族群—迁移（肤色、国籍、血统、出生地以及 1962 年居住在出生地或其他地区）

本土白人、本土血统，包括没有回答出生所在州/血统的人
出生在北部或西部者，或者没有回答出生所在州的人

1. 生活在出生地者，包括没有回答出生所在州的人　　16513
2. 生活在其他地区者　　3759

出生在南部的人

3. 生活在南部者　　7831
4. 生活在北部或西部者　　2101

本土白人、国外血统或混血的父母
父母出生在北欧、西欧或加拿大

5. 生活在出生地者，包括没有回答出生所在州的人　　2419
6. 生活在其他地区者　　574

父母出生在其他国家

7. 生活在出生地者，包括没有回答出生所在州的人　　3797
8. 生活在其他地区者　　895
9. 国外出生的白人　　2515

非白人
出生在南部者，包括没有回答出生所在州的人

10. 生活在南部者　　2155
11. 生活在北部或西部者　　1672

出生在北部或西部者

12. 生活在出生地者　　665
13. 生活在其他地区者　　87

（注释：如果父母双方都是国外出生的，那么根据父亲的出生国来分类。）

C：家庭类型（被访者在长大至 16 岁的大部分时间里和谁生活在一起）

  1. 父母双方   37087

  2. 父亲是家长，母亲不在   1617

  3. 母亲是家长，父亲不在   4019

  4. 其他男性是家长   1403

  5. 其他女性是家长   530

  6. 未回答者   326

D：地理流动（根据 1962 年居住地的 1960 分类，被访者在 16 岁时所生活的社区类型）

16 岁时生活的社区与 1962 年时生活的社区类型相同

  1. 1962 年居住在城市化地区（50000 或以上）   10224

  2. 1962 年居住在其他城市地区（2500—49999 人，不属于城市化地区）   2817

  3. 1962 年居住在乡村地区   6422

16 岁时生活的社区与 1962 年时生活的社区类型不同

  4. 16 岁时生活在大城市或大城市的郊区，1962 年生活在城市化地区   5567

  5. 16 岁时生活在大城市或大城市的郊区，1962 年生活在其他城市地区   677

  6. 16 岁时生活在中等规模城市或城镇，1962 年生活在城市化地区   4718

7. 16 岁时生活在中等规模城市或城镇，1962 年生活在其他城市地区 　　　　　　　　　　　　　　　　　　　　1649

8. 16 岁时生活在城市（大城市、大城市的郊区、中等规模城市或城镇），1962 年生活在乡村地区　　　　　3224

16 岁时生活在农村地区（不在农场的乡村或农场）

9. 1962 年生活在城市化地区　　　　　　　　3809

10. 1962 年生活在其他城市地区　　　　　　1527

11. 1962 年生活在非农场的乡村地区　　　　2622

12. 1962 年生活在乡村农场　　　　　　　　1013

13. 没有回答 16 岁时的居住地　　　　　　　714

（注释：在第 7 章中使用了这种分类的一个扩展版本；基于父亲的职业，它是通过根据被访者的农场 vs. 非农场背景细分了第 3、9、10 和 11 类——参见附录 1。因此，为变量 D 所报告的平方和与为第 7 章中扩展的地理流动分类所报告的平方和是无法比较的。）

E：兄弟姐妹模式（兄弟姐妹的数量和排行）

1. 独生子女（没有弟兄或姐妹）　　　　　　2921

2. 最大的孩子，1—3 个弟弟妹妹　　　　　　7073

3. 最大的孩子，4 个或更多弟弟妹妹（除了 10 个）　3038

4. 最小的孩子，1—3 个哥哥姐姐　　　　　　6229

5. 最小的孩子，4 个或更多哥哥姐姐（除了 10 个）　3191

排行中间的孩子，2 或 3 个兄弟姐妹，至少一个比他大的和一个比他小的

6. 没有哥哥　　　　　　　　　　　　　　　2252

7. 至少一个哥哥　　　　　　　　　　　　　3081

排行中间的孩子，4 个或更多的兄弟姐妹（除了 10 个），至少一个比他大的和一个比他小的

 8. 没有哥哥   2668

 9. 至少一个哥哥   12638

 10. 恰好 10 个兄弟姐妹，或者未回答兄弟姐妹数量 1894

（注释：恰好有 10 个兄弟姐妹的被访者构成了第 10 类的绝大部分；它们疏忽地被制表为未回答者。）

F：地区—肤色（按肤色划分的 1962 年居住地）

 1. 东北部，白人   10348

 2. 东北部，非白人   779

 3. 中北部，白人   11943

 4. 中北部，非白人   955

 5. 南部，白人   10264

 6. 南部，非白人   2176

 7. 西部，白人   7850

 8. 西部，非白人   670

G：婚姻状况（截至 1962 年）

 1. 已婚，和配偶在一起，以前曾结过婚   4499

 2. 已婚，和配偶在一起，以前未结过婚   31075

 3. 丧偶   558

 4. 离婚   1027

 5. 已婚，未和配偶在一起（包括分居）   1085

6. 从未结过婚（单身） 6739

P：族群—教育（按肤色和国籍划分的完成的学校教育年数）

本土白人，本土血统，包括没有回答出生地或父母的

1. 0—8 年 7286

2. 高中，1—3 年 5420

3. 高中，4 年 8855

4. 大学，1 年或以上 7534

本土白人，国外或混血的父母

5. 0—8 年 2316

6. 高中，1—3 年 1702

7. 高中，4 年 2587

8. 大学，1 年或以上 2190

国外出生的白人

9. 0—8 年 1064

10. 高中，1—3 年 324

11. 高中，4 年 519

12. 大学，1 年或以上 607

非白人

13. 0—8 年 2243

14. 高中，1—3 年 1032

15. 高中，4 年 827

16. 大学，1 年或以上 477

Q：哥哥的教育（按兄弟姐妹数量划分的长兄完成的学校教育年数）

  1. 没有兄弟姐妹   2921

  1—3 个兄弟姐妹

  2. 没有哥哥   12005

  3. 长兄完成了 0—7 年的教育   644

  4. 长兄完成了 8 年的教育   817

  5. 长兄完成了高中，1—3 年   1055

  6. 长兄完成了高中，4 年   1934

  7. 长兄完成了大学，1—3 年   839

  8. 长兄完成了大学，4 年或以上   1180

  4 个或更多兄弟姐妹（除了 10 个）

  9. 没有哥哥   6701

  10. 长兄完成了 0—7 年的教育   3192

  11. 长兄完成了 8 年的教育   3548

  12. 长兄完成了高中，1—3 年   2731

  13. 长兄完成了高中，4 年   2942

  14. 长兄完成了大学，1—3 年   740

  15. 长兄完成了大学，4 年或以上   910

  16. 恰好 10 个兄弟姐妹，或者未回答兄弟姐妹的数量，或者未回答哥哥的教育   2824

（注释：参见对变量 E 的注释。）

S：妻子的教育（完成的学校教育年数）

0. 没上过学　　　　　　　　　　　　　　192

1. 1—4 年　　　　　　　　　　　　　　732

2. 5—7 年　　　　　　　　　　　　　2484

3. 8 年　　　　　　　　　　　　　　　4311

4. 高中，1—3 年　　　　　　　　　　7393

5. 高中，4 年　　　　　　　　　　　14199

6. 大学，1—3 年　　　　　　　　　　3769

7. 大学，4 年　　　　　　　　　　　1984

8. 大学，5 年或以上　　　　　　　　 512

9. 不适用（除了已婚且和配偶生活在一起的所有被访者）
　　　　　　　　　　　　　　　　　9409

（注释：除了 9 之外，编号在回归和相关分析中被用作得分；在多元分类分析中，使用了所有类别。）

U：教育（被访者所完成的学校教育年数）

0. 没上过学　　　　　　　　　　　　　562

1. 1—4 年　　　　　　　　　　　　　1901

2. 5—7 年　　　　　　　　　　　　　4317

3. 8 年　　　　　　　　　　　　　　6128

4. 高中，1—3 年　　　　　　　　　　8478

5. 高中，4 年　　　　　　　　　　　12788

6. 大学，1—3 年　　　　　　　　　　5277

7. 大学，4 年　　　　　　　　　　　3256

8. 大学，5年或以上　　　　　　　　　　　　　　　2276

（注释：编号在回归和相关分析中被用作得分，在将 U 视为因变量的多元分类分析中编号也被用作得分。）

V：父亲的教育（被访者所完成的学校教育年数）

0. 没上过学　　　　　　　　　　　　　　　　　　2702

1. 1—4 年　　　　　　　　　　　　　　　　　　4803

2. 5—7 年　　　　　　　　　　　　　　　　　　8030

3. 8 年　　　　　　　　　　　　　　　　　　　 10604

4. 中学，1—3 年　　　　　　　　　　　　　　　4372

5. 中学，4 年　　　　　　　　　　　　　　　　 5486

6. 大学，1—3 年　　　　　　　　　　　　　　　1820

7. 大学，4 年　　　　　　　　　　　　　　　　 1206

8. 大学，5 年或以上　　　　　　　　　　　　　　862

9. 未回答者　　　　　　　　　　　　　　　　　　5098

（注释：编号在回归和相关分析中被用作得分，省略了第 9 类；在多元分类分析中使用了所有类别。）

Y：1962 年的职业地位

W：首职的职业地位

X：父亲的职业地位

Z：妻子父亲的职业地位

得分区间	频次分布			
	Y	W	X	Z
90 及以上	580	381	424	317
85—89	473	98	193	209
80—84	1446	652	500	436
75—79	1580	412	756	604
70—74	1319	848	661	489
65—69	2024	927	855	599
60—64	2001	795	1376	1139
55—59	589	107	775	533
50—54	2368	1263	1737	1495
45—49	1528	776	1106	850
40—44	3134	3419	1973	1424
35—39	1709	2574	1495	1211
30—34	2430	1926	2557	1926
25—29	1811	1766	1087	929
20—24	2712	2663	2095	1767
15—19	7031	9249	6033	5145
10—14	3783	4087	12421	9097
5—9	3630	8123	3313	2529
0—4	926	2333	1901	1560
未回答	3908	2585	3727	12724

注释：对 Y 而言，未回答意味着不属于有工作经历的民用劳动力；对 W 和 X 而言，未回答意味着被访者没有回答；对 Z 而言，未回答意味着不适用（被访者不是已婚且和配偶生活在一起）或者没有回答。在相关和回归分析中，或者在作为因变量的多元分类分析中，类别用 2、7、12、……、87、92 这样的中点值表示。在相关和回归计算中省略了未回答类别，在多元分类分析中未回答被计为均值。

附录 H 对多元分类分析结果的总结

表 H.1 对于 20—64 岁的男性，按农场或非农场背景划分的在多元分类分析中被指定变量和变量组合所解释掉的 1962 年职业地位（Y）的总平方和的百分比（对变量的识别见正文）

变量	所有人	背景 非农场	农场	变量	所有人	背景 非农场	农场
A：地区规模	7.31	2.96	9.18	E, X, W	32.14	30.99	…
B：族群—迁移	6.70	6.00	5.80	E, U, V	35.97	35.54	24.29
C：家庭类型	0.69	1.54	0.11	E, U	35.70	35.23	24.16
D：地理流动	9.30	5.13	8.07	E, W	28.74	27.69	17.30
E：兄弟姐妹模式	5.35	4.62	1.13	E, X	16.72	14.80	…
F：地区—肤色	5.96	5.25	4.77	E, V	11.63	10.58	4.47
G：婚姻状况	1.25	1.28	1.37	F, W, U, X, V	43.10	42.42	29.70[a]
P：族群—教育	32.55	32.10	21.35	F, W, U, X	43.01	42.34	…
Q：哥哥的教育	10.94	9.64	5.17	F, U, X, V	39.08	38.20	25.84[a]
S：妻子的教育	16.28	16.23	10.31	F, W, U	42.19	41.72	29.49
U：教育	35.48	34.91	23.99	F, U, X	38.95	38.07	…
V：父亲的教育	9.26	8.41	3.95	F, X, V	19.51	17.06	…
W：首职地位	27.40	26.25	17.09	F, W	30.05	28.85	20.01
X：父亲的职业地位	15.05	12.83	…	F, U	37.26	36.92	25.60
Z：妻子父亲的职业	9.35	8.20	…	F, X	17.93	15.43	…
				F, V	13.17	12.04	7.69
A, W, U, X, V	43.51	41.88	32.93[a]	G, W, U, X, V	43.03	42.27	29.09[a]
A, W, U, X	43.38	41.78	…	G, W, U, X	42.95	42.19	…
A, U, X, V	39.55	37.51	29.89[a]	G, W, X	32.59	31.20	17.87[a]
A, W, U	42.68	40.91	32.88				

续表

A, U, X	39.40	37.34	…	G, W, U	41.95	41.29	28.88
A, X, V	20.19	16.42	…	G, X, V	18.44	16.06	…
A, W, X	33.62	31.26	…	G, U	36.70	36.16	24.91
A, U	37.99	35.83	22.92	G, X	16.34	14.03	…
A, W	30.55	27.71	22.62	G, V	10.72	9.94	5.23
A, X	18.30	14.63	…	P, W, X	41.09	40.47	27.07
A, V	14.71	10.62	12.62	P, W	40.18	39.76	…
B, W, U, X, V	43.22	42.57	30.17[a]	P, X	34.42	33.70	24.48[a]
B, W, U, X	43.09	42.49	…	Q, U, X, V	37.97	37.10	…
B, U, X, V	39.26	38.49	…	Q, X, V	20.03	17.81	…
B, X, W	33.55	32.00	…	Q, X	19.20	16.98	7.02
B, W, U	42.26	41.85	29.90	Q, V	14.61	13.31	25.42
B, U, X	39.16	38.35	…	S, U, V	37.67	37.33	11.79
B, U, V	37.71	37.41	26.75	S, V	20.27	19.83	28.22[a]
B, X, V	19.94	17.60	…	W, U, X, V	42.04	41.25	…
B, U	37.44	37.15	26.16	W, U, X	41.93	41.14	24.05[a]
B, W	30.41	29.11	20.39	U, X, V	37.71	36.75	28.13
B, X	18.30	15.90	…	W, U	40.93	40.26	…
B, V	13.73	12.51	8.59	W, X	31.57	30.16	…
C, W, U, X, V	42.09	41.36	28.25[a]	U, X	37.59	36.54	…
C, W, U, X	41.98	41.26	…	X, V	17.03	14.71	…
C, U, X, V	37.79	36.84	24.07[a]	Z, X	19.66	17.38	…
C, W, U	41.00	40.48	28.04	A, B, W, U, X	44.59	43.03	…

附录 H 对多元分类分析结果的总结

续表

C, U, X	37.65	36.68	...	A, B, W, U	44.08	42.42	34.97
C, X, V	17.26	15.07	...	A, B, W, X	35.45	32.88	...
C, W	27.77	27.03	17.03	A, B, U, W	41.00	39.00	...
C, U	35.59	35.25	23.82	A, B, W	33.18	30.20	26.18
C, X	15.31	13.19	...	A, B, X	39.93	37.89	32.41
C, V	9.71	9.47	3.94	A, P, W, X	21.35	17.38	14.67[a]
D, W, U, X, V	43.09	41.76	32.30[a]	A, P, X	42.62	41.03	32.29[a]
D, W, U, X	42.95	41.67	...	B, D, E, W, U, X	36.61	34.40	28.24[a]
D, U, X, V	39.19	37.54	29.02[a]	B, D, E, W, U	44.29	43.07	...
D, W, U	42.17	40.79	32.11	B, D, E, W, X	43.77	42.54	34.57
D, U, X	39.01	37.39	...	B, D, E, U, X	40.77	39.28	...
D, X, V	20.41	17.25	...	B, D, E, W, X	35.78	33.75	26.23[a]
D, X, W	33.31	31.35	...	B, D, E, U	39.88	38.34	31.81
D, U	37.67	35.99	28.86	B, D, E, X	23.06	19.96	14.93[a]
D, W	30.34	27.95	22.11	B, E, U, X, V	39.32	38.64	26.98[a]
D, X	18.67	15.66	...	B, E, X, V	20.97	18.93	...
D, V	15.58	11.94	11.59	B, E, V	15.72	14.45	9.04
E, W, X, V	42.08	41.37	28.44[a]	B, C, E, U, X	39.28	38.59	26.53[a]
E, W, X	41.95	41.27	...	D, E, U, X	39.07	37.53	29.05[a]
E, U, X, V	37.79	36.91	...	F, Q, U, X, V	39.32	38.59	26.32[a]
E, W, U	40.98	40.43	28.47	F, Q, U, X	22.14	19.93	...
E, U, X	37.65	36.72	...	F, Q, X	21.45	19.22	8.68[a]
E, X, V	18.18	16.13	...	F, Q, V	17.73	16.37	10.26

[a] 自变量不包括 X。

表 H.2 对于 20—64 岁的男性，按农场或非农场背景划分的在多元分类分析中被指定变量和变量组合所解释掉的首职地位（W）的总平方和的百分比（对变量的识别见正文）

变量	背景 所有人	背景 非农场	背景 农场	变量	所有人	非农场	农场
A：地区规模	4.23	1.98	2.13	D, U, X	36.80	34.54	...
B：族群—迁移	3.60	2.91	2.03	D, X, V	20.50	17.80	...
C：家庭类型	0.34	0.79	0.18	D, U	34.84	32.45	25.87
D：地理流动	8.36	4.74	2.33	D, X	18.41	15.64	...
E：兄弟姐妹模式	5.69	4.53	1.97	D, V	15.81	12.94	5.59
F：地区—肤色	3.03	2.30	1.76	E, U, X, V	36.33	34.22	25.42[a]
G：婚姻状况	0.35	0.35	0.49	E, U, X	36.05	33.82	...
P：族群—教育	27.29	25.34	20.37	E, X, V	19.56	16.99	4.83[a]
U：教育	32.73	31.18	25.14	E, U	33.25	31.58	25.59
V：父亲教育	10.75	9.89	3.58	E, X	17.73	15.06	...
X：父亲的职业地位	16.00	13.21	...	F, U, X, V	36.52	34.36	26.25[a]
A, U, X, V	36.68	34.50	25.87[a]	F, U, X	36.21	33.96	...
A, U, X	36.37	34.09	...	F, X, V	19.14	16.41	...
A, X, V	19.45	16.67	...	F, U	33.36	31.71	26.01
A, U	33.79	31.77	26.07	F, X	16.92	14.03	...

附录 H 对多元分类分析结果的总结

续表

A、X	17.15	14.26	...	F、V	12.43	11.18	5.03
A、V	13.42	11.20	5.41	G、X、V	18.53	15.86	...
B、U、X、V	36.67	34.61	26.27[a]	G、U	32.77	31.19	25.38
B、U、X	36.34	34.17	...	G、X	16.16	13.38	...
B、X、V	19.55	16.96	...	G、V	10.96	10.07	3.96
B、X	17.18	14.40	...	P、X	30.79	28.21	...
B、U	33.44	31.90	25.84	U、X	35.86	33.61	...
B、V	12.88	11.65	5.04	A、B、U、X	33.86	34.58	...
C、U、X、V	36.22	34.14	25.28[a]	A、B、U	34.49	32.47	26.70
C、U、X	35.89	33.71	...	A、B、X	18.30	15.30	4.02[a]
C、X、V	18.49	15.94	...	A、P、X	31.28	28.65	21.06[a]
C、U	32.80	31.34	25.07	B、D、E、U、X	37.40	35.16	...
C、X	16.10	13.40	...	B、D、E、U	35.73	33.37	26.89
C、V	10.98	10.45	3.67	B、D、E、X	20.79	18.00	6.20
D、U、X、V	37.13	34.92	25.99[a]	D、E、U、X	36.95	34.70	26.07[a]

a 自变量不包括 X。

表 H.3 对于 20—64 岁的男性，按农场或非农场背景划分的在多元分类分析中被指定变量和变量组合所解释掉的受教育程度（U）的总平方和的百分比（对变量的识别见正文）

变量	所有人	背景 非农场	农场	变量	所有人	背景 非农场	农场
A：地区规模	4.96	2.44	2.20	E、X、V	30.71	27.98	…
B：族群—迁移	9.42	6.31	12.03	E、X	24.42	22.71	…
C：家庭类型	1.11	1.94	1.31	E、V	25.24	22.82	19.53
D：地理流动	9.46	5.97	2.15	F、X、V	30.21	26.50	…
E：兄弟姐妹模式	10.78	9.09	6.03	F、X	23.34	20.23	…
F：地区—肤色	7.37	4.68	9.30	F、V	24.31	21.16	21.60
G：婚姻状况	1.37	1.26	1.71	G、X、V	28.62	25.76	…
Q：哥哥的教育	23.89	19.95	21.23	G、X	20.74	18.99	…
S：妻子的教育	29.81	27.90	29.65	G、V	21.54	19.67	17.62
V：父亲的教育	20.77	18.95	16.55	Q、X、V	36.28	32.37	…
X：父亲的职业地位	19.86	18.17	…	Q、X	32.55	28.89	…
A、X、V	29.07	26.22	…	Q、V	32.20	28.60	28.19
A、X	21.11	19.39	…	S、V	38.85	36.40	36.25
A、V	23.58	20.47	17.94	X、V	27.94	25.14	…
B、X、V	31.08	27.29	…	A、B、X	25.36	21.82	13.65[a]

附录 H 对多元分类分析结果的总结

续表

B, X	24.24	20.86	⋯	B, C, E, X	28.45	25.19	17.07[a]
B, V	25.62	22.07	22.96	B, D, E, X	29.85	26.89	18.34[a]
C, X, V	28.22	25.39	⋯	B, E, X, V	33.61	29.99	⋯
C, X	20.24	18.49	⋯	B, E, V	29.42	25.60	25.59
C, V	21.33	20.07	17.05	F, Q, X, V	37.54	33.26	⋯
D, X, V	29.95	27.48	⋯	F, Q, X	34.19	30.05	25.77[a]
D, X	22.37	21.18	⋯	F, Q, V	34.26	29.95	31.62
D, V	25.69	22.33	17.97				

a 自变量不包括 X。

表 H.4　对于 20—64 岁拥有非农场背景的男性，按年龄划分的在多元分类分析中被指定变量和变量组合所解释掉的 1962 年职业地位（Y）的总平方和的百分比（对变量的识别见正文）

变量	20—24	25—34	35—44	45—54	55—64
A：地区规模	2.62	3.24	2.18	3.76	2.69
B：族群—迁移	7.24	7.18	5.98	6.32	5.82
C：家庭类型	2.17	1.40	1.84	1.61	1.72
D：地理流动	3.67	7.16	4.77	5.52	3.45
E：兄弟姐妹模式	6.16	5.10	6.70	3.42	4.95
P：族群—教育	19.30	40.06	40.36	33.57	28.84
U：教育	21.11	43.39	42.21	34.66	29.88
V：父亲的教育	6.56	12.04	12.10	8.15	8.45
W：首职地位	27.88	32.64	23.75	26.15	24.40
X：父亲的职业地位	7.86	13.19	16.56	15.66	11.86
Z：妻子父亲的职业地位	2.38	8.31	10.11	9.34	8.75
B、D、E、U、X	27.45	47.14	46.76	40.64	35.11
B、C、E、U、X	26.52	46.79	46.44	39.66	34.36
A、B、U、X	25.90	47.09	46.12	40.30	34.31
A、X	9.47	15.08	18.42	18.38	13.86
C、X	8.54	13.81	17.00	16.21	12.40
D、X	10.08	17.30	19.11	19.06	14.12
E、X	11.30	15.20	19.66	17.02	14.70
P、X	20.44	41.05	42.44	36.32	31.23

附录 H 对多元分类分析结果的总结

表 H.5 对于 20—64 岁拥有非农场背景的男性，按年龄划分的在多元分类分析中被指定变量和变量组合所解释掉的首职地位（W）的总平方和的百分比（对变量的识别见正文）

变量	年龄（岁）				
	20—24	25—34	35—44	45—54	55—64
A：地区规模	4.27	2.41	2.02	2.23	2.30
B：族群—迁移	3.38	3.48	2.99	3.58	4.06
D：地理流动	5.23	5.92	4.56	5.00	5.89
E：兄弟姐妹模式	4.67	6.38	5.00	3.73	3.25
U：教育	19.35	35.61	31.55	32.95	32.16
X：父亲的职业地位	10.32	14.26	13.62	15.89	15.76
B、D、E、U、X	25.58	40.16	35.51	38.89	39.43
A、B、U、X	24.47	39.73	34.66	38.97	37.97
E、X	12.60	17.17	15.85	15.99	17.15
D、X	13.25	17.41	16.20	17.49	19.35
A、X	13.05	15.65	14.80	15.71	17.50

表 H.6 对于 20—64 岁拥有非农场背景的男性，按年龄划分的在多元分类分析中被指定变量和变量组合所解释掉的受教育程度（U）的总平方和的百分比（对变量的识别见正文）

变量	年龄（岁）				
	20—24	25—34	35—44	45—54	55—64
A：地区规模	5.28	3.03	3.82	2.61	2.05
B：族群—迁移	9.83	6.50	7.23	6.70	9.05
C：家庭类型	5.01	1.34	2.37	2.27	2.52
D：地理流动	6.56	9.08	6.80	7.68	6.15
E：兄弟姐妹模式	12.84	24.93	8.62	6.52	7.23
Q：哥哥的教育	22.70	19.44	18.55	17.66	17.34

续表

S：妻子的教育	15.68	25.77	28.11	29.17	37.61
V：父亲的教育	22.29	19.57	18.51	15.87	15.55
X：父亲的职业地位	20.17	18.39	19.35	20.08	17.77
D、X	23.04	18.04	23.08	24.47	21.10
A、X	22.70	14.24	21.65	21.60	19.06
C、X	21.56	13.23	19.97	20.57	18.41
E、X	26.01	16.89	22.54	23.20	21.70

附录 I
迁移分类

　　这部分提供对迁移状况及迁移起点和终点的地区规模的分类（这个分类界定了第 7 章中的主要自变量）的一些说明，并且对这种分类所存在的潜在误差进行说明。

　　迁移状况是根据被访者对如下问题的回答推断出来的，对"当您 16 岁时您生活在哪里？"选择了第一个选项"与当前相同的社区（市、镇或乡村）"的那些人被视为未迁移者。[①] 所有其他人被视为迁移者，并且他们被进一步要求描述一下 16 岁时所居住的社区是：

1. 大城市（100000 人或以上）
2. 靠近大城市的郊区
3. 中等规模城市或小城镇（100000 人以下），但不属于大城

---

① 对未迁移者而言，根据 1962 年的社区规模来识别 16 岁时的社区规模提出了一个地区规模变化的问题。1962 年时，一个超过 50000 居民的城市在 10 年、20 年或 40 年前（那时被访者 16 岁）不一定是一个超过 50000 人的社区。在比较"大城市"的未迁移者（他们生活在最近发展为大城市状态的城市）与从一个大城市迁往另一个大城市的迁移者时，无疑包含着某些小误差。这种比较是用来区分迁移起点和终点的社区规模及迁移状况的影响的一种操作程序。

市的郊区

4. 乡村（但不在农场）

5. 农场

在数据表中，将第 1 类和第 2 类合并为一类，即"大城市"。为了与大量的其他数据表一致，被访者回答在 16 岁时居住在农场的个案被舍弃，以便于根据"农场背景"对被访者进行分类，所谓农场背景就是其父亲是否是农场职业。

一旦被访者被界定为一名迁移者，那么根据迁移类型对他的分类取决于对他 16 岁时所生活的社区类型的判定与根据人口普查局的标准居住地类别对其 1962 年居住地的分类。因此，对未迁移者而言，在对其 16 岁时的居住地的分类中不存在自我鉴别（例外是使用回答的父亲职业来识别其农场出身），而对迁移者而言则存在自我鉴别。

对 1962 年居住地的分类并不能与 16 岁时的居住地进行精确的比较。"大城市"在此指的是人口普查的"城市化地区"。这些地区是 1960 年居民在 50000 人或以上的所有地区，再加上位于典型的人口密集的城市周边被纳入的地方和未纳入区域。如果将这些周边郊区和城市边缘区加入最低有 50000 居民的核心城区，那么一个城市化地区的总人口不可能少于 100000 人。尽管 1960 年时有 201 个 50000—100000 人的城市地区，但它们只有 60 个位于不到 100000 人的单个城市化地区（其余的 161 个地区要么是更大地区的郊区，要么是包含总计 100000 人或更多人的城市化地区的核心区）。总体而言，这 60 个较小的城市化地区包含了 1960 年时居住在城市化地区的总人口的不到 5%。因此，对 1962 年居住

附录 I 迁移分类

地而言的"大城市"类别与回答 16 岁时居住地问题时的"大城市"加上"靠近大城市的郊区"是可相提并论的。

1962 年居住地的第二大类别是"小城市",相当于除了上面所包含的那些之外的城市地区的普查分类,即 1960 年时拥有 2500—49999 名居民的地方。这个类别比被访者回答 16 岁时居住地的选项(3)的范围略小,后者可能包含 50000—100000 人的地方或者 2500 人以下的地方。人口普查的居住地类别将 1962 年的居住地区分为乡村非农场地区和乡村农场地区。

将 16 岁时和 1962 年时的居住地分为四个大致可比较的类别:"大城市"、"小城市"、"乡村非农场"和"农场",这四个类别被用于对相同社区类型内的迁移者和对不同类型社区之间的迁移者进行分类。为了明确地展示这些操作程序,根据在问卷中使用的自我鉴别(对 16 岁时的居住地)和根据人口普查局对 1962 年居住地的分类,下表界定了第 7 章所使用的类别。

短标题	16 岁的居住地	1962 年居住地的普查类别
未迁移者		
大城市	"相同社区"	城市化地区（50000 人或以上）
小城市	"相同社区"	其他城市地区（2500—50000 人）
乡村非农场	"相同社区",父亲是非农场职业	乡村

美国的职业结构

乡村农场	"相同社区",父亲是农场职业	乡村
相同类型社区内的迁移		
大城市	"大城市"(100000 或以上)或者"大城市的郊区"	城市化地区(50000 人或以上)
小城市	"中等规模城市或小城镇"(100000 人以下)	其他城市地区(2500—50000 人)
乡村非农场	"农村"或"农场",父亲是非农场职业	乡村非农场
乡村农场	"农村"或"农场",父亲是农场职业	乡村农场
不同类型社区间的迁移		
大城市到小城市	"大城市"(100000 人或以上)或者"大城市的郊区"	其他城市地区(2500—50000 人)
小城市到大城市	"中等规模城市或小城镇"(100000 人以下)	城市化地区(50000 人或以上)
城市到乡村	(包含前述 2 类)	乡村
乡村非农场到大城市	"农村"或"农场",父亲是非农场职业	城市化地区(50000 人或以上)
乡村非农场到小城市	"农村"或"农场",父亲是非农场职业	其他城市地区(2500—50000 人)
乡村农场到大城市	"农村"或"农场",父亲是农场职业	城市化地区(50000 人或以上)
乡村农场到小城市	"农村"或"农场",父亲是农场职业	其他城市地区(2500—50000 人)

| 乡村非农场到乡村农场 | "农村"或"农场",父亲是非农场职业 | 乡村农场 |
| 乡村农场到乡村非农场 | "农村"或"农场",父亲是农场职业 | 乡村非农场 |

附录 J
补充表格

附录 J 补充表格

表 J2.1 对于 1962 年 3 月美国自由民用人口中的 25—64 岁男性，从父亲的职业到 1962 年职业的流动（单位：千人）

父亲的职业	\multicolumn{17}{c}{1962年职业}	未回答	总计
	1	2	3	4	5	6	7	8	9	10	11	12	13	14	15	16	17		
1 自雇型专业人员	83	158	49	47	22	20	7	10	9	11	13	8	9	2	11	10	4	23	496
2 领薪型专业人员	40	388	157	72	58	93	21	46	54	12	84	63	41	12	7	10	2	58	1218
3 管理人员	50	320	275	88	111	108	16	77	75	44	57	36	21	15	12	7	2	100	1414
4 其他类销售人员	32	137	165	101	72	41	27	22	42	15	20	29	13	…	6	8	2	46	778
5 企业主	106	390	522	165	455	175	94	100	148	112	146	102	80	14	35	32	11	155	2842
6 文书人员	28	295	141	74	64	111	16	83	89	23	48	58	70	13	22	16	…	106	1257
7 零售销售人员	5	92	95	59	77	43	18	39	23	21	59	34	31	1	21	15	…	39	672
8 制造业手艺人	22	337	193	54	141	139	39	346	145	99	246	141	105	38	55	10	3	148	2261
9 其他行业手艺人	23	286	236	99	167	195	38	200	313	114	211	236	118	32	71	24	8	199	2570
10 建筑业手艺人	17	130	138	51	161	153	16	200	158	268	145	119	100	22	84	16	12	142	1932

续表

11 制造业操作工	30	262	161	82	171	183	44	371	221	96	545	210	156	123	107	24	19	235	3040
12 其他行业操作工	16	304	134	67	174	165	37	186	246	130	273	330	155	55	110	25	30	198	2635
13 服务业人员	13	151	128	60	103	154	33	138	110	93	201	139	180	46	56	17	4	94	1720
14 制造业体力工人	…	42	37	5	23	31	5	75	42	20	127	66	66	50	41	12	6	55	703
15 其他行业体力工人	6	82	59	41	58	146	29	129	137	95	212	177	135	57	165	15	19	111	1673
16 农场主	64	439	421	126	677	447	109	580	696	595	1056	890	499	251	557	1696	405	826	10334
17 农场工人	2	20	30	6	42	37	13	67	69	61	137	113	78	33	96	60	98	84	1046
未回答	36	232	231	55	210	208	57	212	276	150	394	273	327	87	255	72	53	250	3376
总计	573	4065	3172	1252	2786	2881	619	2449	2853	1959	3974	3024	2184	851	1711	2069	678	2869	39969

表 J2.2 对于 1962 年 3 月美国自由民用人口中的 25—64 岁男性，从父亲的职业到首职的流动（单位：千人）

父亲的职业	首职 1	2	3	4	5	6	7	8	9	10	11	12	13	14	15	16	17	未回答	总计
1 自雇型专业人员	52	137	11	22	4	89	22	13	16	...	23	33	10	5	14	6	8	31	496
2 领薪型专业人员	15	359	45	26	...	150	73	47	57	19	118	92	41	38	65	6	24	43	1216
3 管理人员	27	257	40	50	12	294	83	41	62	24	142	163	25	35	95	7	16	41	1414
4 其他类销售人员	20	132	20	89	8	134	69	11	22	11	70	74	14	9	29	...	18	48	778
5 企业主	55	397	111	144	126	355	313	104	109	70	287	268	97	69	169	8	62	98	2842
6 文书人员	5	226	29	21	2	275	54	35	72	12	166	118	39	60	72	9	16	46	1257
7 零售销售人员	10	67	17	14	12	130	79	22	20	1	104	54	14	26	54	5	29	14	672
8 制造业手艺人	2	148	19	11	2	325	117	218	82	58	573	201	100	193	109	5	40	58	2261
9 其他行业手艺人	13	158	9	21	8	357	154	99	260	41	386	349	93	100	280	13	111	118	2570

续表

10 建筑业手艺人	2	110	16	11	…	241	107	80	100	201	213	116	60	177	21	111	37		1932
11 制造业操作工	8	124	11	29	2	337	120	126	79	51	1091	233	155	261	184	7	92	130	3040
12 其他行业操作工	7	146	58	8	2	288	120	90	107	43	347	754	92	121	228	10	103	111	2635
13 服务业人员	3	76	24	20	5	238	73	49	103	37	313	222	174	115	144	12	70	42	1720
14 制造业体力工人	…	27	1	…	…	37	34	8	29	8	163	64	29	156	53	2	54	38	703
15 其他行业体力工人	18	53	3	8	2	157	74	41	52	17	268	214	109	114	367	12	105	59	1673
16 农场主	24	343	42	40	32	427	234	201	209	186	877	1006	224	418	780	1054	3910	327	10334
17 农场工人	2	7	2	2	3	25	12	6	32	10	111	73	30	58	62	16	570	25	1046
未回答	12	140	27	25	14	370	151	97	108	70	470	394	161	177	334	55	365	408	3378
总计	275	2907	485	541	234	4229	1889	1288	1519	859	5967	4396	1523	2015	3216	1248	5704	1674	39969

表 J2.3 对于 1962 年 3 月美国自由民用人口中的 25—64 岁男性，从首职到现职的流动（单位：千人）

首职	1962年职业																	未回答	总计
	1	2	3	4	5	6	7	8	9	10	11	12	13	14	15	16	17		
1 自雇型专业人员	147	70	5	13	7	4	…	4	2	…	2	…	…	…	7	…	2	12	275
2 领薪型专业人员	188	1585	358	82	161	142	11	47	57	12	36	35	28	2	8	28	4	123	2907
3 管理人员	6	99	173	21	44	32	11	11	20	14	10	7	6	3	6	3	2	17	485
4 其他类销售人员	3	46	136	128	67	27	15	3	18	7	29	21	15	…	2	2	…	24	541
5 企业主	2	16	45	15	85	6	6	4	5	1	10	10	7	2	5	9	…	6	234
6 文书人员	68	551	733	307	227	744	77	194	182	109	237	177	187	41	78	50	9	258	4229
7 零售销售人员	39	189	295	139	219	219	96	85	90	54	115	140	58	20	36	19	1	75	1889
8 制造业手艺人	11	112	101	32	157	53	9	290	96	55	117	45	48	10	51	29	…	72	1288
9 其他行业手艺人	5	136	101	29	157	63	52	166	323	71	108	83	54	21	26	18	10	96	1519

续表

10 建筑业手艺人	3	48	29	14	95	27	2	76	113	225	43	37	21	9	27	18	7	65	859
11 制造业操作工	24	366	317	119	416	367	104	801	277	1124	456	280	189	206	122	35	364	5967
12 其他行业操作工	20	221	268	130	384	189	50	321	476	422	661	265	61	187	81	44	311	4396
13 服务业人员	7	108	74	21	95	76	19	52	97	95	202	117	302	38	88	6	7	119	1523
14 制造业体力工人	7	110	79	31	58	125	25	211	107	78	364	177	147	165	126	33	35	137	2015
15 其他行业体力工人	8	176	175	78	216	133	41	196	310	220	339	346	201	78	371	69	30	229	3216
16 农场主	3	29	32	23	47	38	15	52	74	68	104	63	58	18	45	449	63	67	1248
17 农场工人	12	99	135	43	268	156	60	302	362	313	595	529	328	160	382	1101	398	461	5704
未回答	20	104	116	27	83	48	26	66	121	55	117	120	179	34	62	32	31	433	1674
总计	573	4065	3172	1252	2786	2449	619	2881	2853	1959	3974	3024	2184	851	1711	2069	678	2869	39969

表 J4.1 对于每一类受教育程度中的人根据代际流动（Y-X）的观测百分比分布

流动	初等学校 0	初等学校 1—4年	初等学校 5—7年	初等学校 8年	高中 1—3年	高中 4年	大学 1—3年	大学 4年	大学 5年或以上	总计
大幅向上流动（26点及以上）	2.1	7.7	10.0	15.9	18.4	27.7	31.1	45.7	53.1	24.8
向上流动（6—25点）	10.1	19.8	24.4	25.7	26.1	25.8	23.1	23.4	22.9	24.7
稳定（-5点至5点）	52.4	44.4	42.9	37.2	31.3	24.5	19.1	13.8	12.3	28.1
向下流动（-25点至-6点）	33.7	25.7	17.6	17.1	17.2	13.6	15.1	11.7	9.2	15.5
大幅向下流动（-26点及以下）	1.7	2.3	5.0	4.2	6.9	8.4	11.6	5.4	2.5	6.8
总计	100.0	99.9	99.9	100.1	99.9	100.0	100.0	100.0	100.0	99.9
人口数[a]（千人）	288	1413	3432	5149	7197	11064	4165	2861	1994	37563

[a] 不包括没有回答 Y 和/或 X 的人。

表 J4.2 对于每一类受教育程度中的人，基于教育类别内的独立性假设，根据代际流动（Y-X）的期望百分比分布

流动	0	初等学校 1—4年	5—7年	8年	高中 1—3年	4年	大学 1—3年	4年	5年或以上	总计
大幅向上流动（26点及以上）	3.5	9.3	11.2	16.9	21.1	31.8	34.2	46.3	52.9	30.7
向上流动（6—25点）	14.1	23.4	28.0	29.0	27.5	24.0	20.4	22.4	22.2	21.2
稳定（-5点至5点）	44.5	41.3	35.8	31.0	23.5	17.2	13.4	11.2	10.1	18.5
向下流动（-25点至-6点）	30.6	22.6	19.1	16.6	17.4	15.6	16.0	13.1	10.6	15.6
大幅向下流动（-26点以下）	7.3	3.5	6.0	6.5	10.5	11.4	15.9	7.0	4.1	14.0
总计	100.0	100.1	100.1	100.0	100.0	100.0	99.9	100.0	99.9	100.0
人口数ᵃ（千人）	288	1413	3432	5149	7197	11064	4165	2861	1994	37563

a 不包括没有回答 Y 和/或 X 的人。

表 J4.3 对于每一类受教育程度中的人，根据代际流动（$Y-X$）的标准化的百分比分布

流动	初等学校				高中			大学			总计
	0	1—4年	5—7年	8年	1—3年	4年	1—3年	4年	5年或以上		
大幅向上流动（26点及以上）	23.4	23.3	23.7	23.8	22.2	20.8	21.7	24.2	25.0		24.8
向上流动（6—25点）	20.6	21.1	21.2	21.4	23.4	26.4	27.4	25.7	25.4		24.7
稳定（-5点至5点）	36.0	31.3	35.3	34.3	35.9	35.4	33.8	30.8	30.3		28.1
向下流动（-25点至-6点）	18.6	18.7	14.0	16.0	15.3	13.6	14.6	14.1	14.1		15.5
大幅向下流动（-26点及以下）	1.2	5.6	5.8	4.5	3.2	3.8	2.5	5.2	5.2		6.8
总计	99.8	100.0	100.0	100.0	100.0	100.0	100.0	100.0	100.0		99.9

注：本表中的数值是通过用表 J4.1 的每一个单元格中的观测百分比减去表 J4.2 中相应的期望百分比，然后再用这个差值加上对于指定流动程度的所有人的观测百分比（这个百分比显示在表 J4.1 的 "总计" 一列）。

表 J5.1 对图 5.2 刻画的模型（对非农背景者的合成队列）的另一种解

相关或路径	所有集合	集合 1[a]	集合 2[a]	集合 3[a]	集合 4[a]	集合 5[a]
r_{UX}	0.418					
p_{WX}	0.183	基于对四个年龄群体的相关系数的平均值				
p_{WU}	0.478					
p_{1X}	0.055					
p_{1W}	0.305					
p_{1U}	0.465	基于对 25—34 岁的数据和 r_{UX} 的平均数				
p_{Wa}	0.815					
P_{1b}	0.704					
p_{2X}	…	0.100	0.118	0.139	0.083	0.111
p_{21}	…	0.563	0.397[b]	0.209	0.711	0.460
p_{2U}	…	0.225	0.327	0.442	0.135	0.288
p_{3X}	…	−0.064	0.048	0.059	0.019	0.039
p_{32}	…	1.404	0.715[b]	0.647	0.891	0.769
p_{3U}	…	−0.274	0.118	0.156	0.017	0.087
p_{4X}	…	−0.059	−0.009	−0.014	−0.037	−0.025
p_{43}	…	1.093	0.789[b]	0.818	0.962	0.890
p_{4U}	…	−0.048	0.112	0.097	0.021	0.059
p_{2c}	…	…	0.696	0.740	0.539	0.674
p_{3d}	…	…	0.578	0.622	0.414	0.536
p_{4e}	…	…	0.504	0.487	0.278	0.401
r_{ca}	…	0.0[b]	0.059	0.119	−0.068	0.038
r_{da}	…	0.0[b]	0.167	0.172	0.175	0.165
r_{ea}	…	0.0[b]	0.119	0.111	0.093	0.098

续表

r_{cb}	...	0.0^b	–0.021	–0.043	0.024	–0.013
r_{db}	...	0.0^b	–0.059	–0.061	–0.062	–0.059
r_{eb}	...	0.0^b	–0.042	–0.042	–0.034	–0.036
r_{21}	...	0.748	0.655	0.550^b	0.830^b	0.690^b
r_{32}	...	1.203^c	0.809	0.770^b	0.910^b	0.840^b
r_{43}	...	1.043^c	0.852	0.870^b	0.960^b	0.915^b
r_{31}	...	...	0.563	0.480	0.758	0.602
r_{42}	...	...	0.706	0.686	0.874	0.775
r_{41}	...	...	0.515	0.451	0.729	0.565

a 参见第 5 章中对五个解的假定的完整描述的讨论。
集合 1：假定剩余因素（R_a，R_b，……，R_e）之间不存在交互相关。
集合 2：假定芝加哥数据的路径系数 p_{21}、p_{32} 和 p_{43}（参见第 5 章的原文脚注 11）。
集合 3：假定芝加哥数据的相关系数（r_{21} 等等）（参见第 5 章的原文脚注 9）。
集合 4：假定明尼阿波利斯数据的相关系数（参见第 5 章的原文脚注 10）。
集合 5：集合 3 和集合 4 的平均值
b 为了求解假定的数值。
c 需要拒绝假定的不可能的数值。

表 J6.1 根据农场背景，肤色、籍贯和受教育程度对首职地位（W）和1962年职业地位（Y）的总影响和净影响

背景和受教育程度	本土白人 本土血统	本土白人 国外或混合血统	国外出生的白人	非白人	本土白人 本土血统	本土白人 国外或混合血统	国外出生的白人	非白人
	对W的总影响				对W的净影响 [a]			
所有人				（总均值=25.5）				
0到初等学校8年	-10.3	-9.2	-7.5	-11.7	-8.1	-7.4	-6.2	-9.3
高中1—3年	-6.1	-3.2	-1.2	-10.6	-5.5	-2.5	-1.4	-8.9
高中4年	-0.6	2.9	1.5	-5.6	-0.9	2.6	1.0	-4.3
大学1年或以上	16.7	18.8	21.8	3.8	13.6	16.6	18.6	4.0
非农场背景				（总均值=28.7）				
0到初等学校8年	-11.7	-11.1	-8.6	-13.1	-9.8	-9.1	-7.4	-10.9
高中1—3年	-7.9	-5.3	-3.3	-12.1	-7.2	-3.9	-2.9	-10.1
高中4年	-1.8	0.8	0.9	-7.0	-1.9	1.3	0.7	-5.2
大学1年或以上	14.9	16.4	19.7	1.9	12.2	15.3	17.5	2.1
农场背景				（总均值=17.7）				
0到初等学校8年	-3.9	-3.6	-2.9	-4.9	...	...	...	...
高中1—3年	-1.1	-1.0	-1.1	-5.7	...	...	...	...
高中4年	2.0	2.3	0.4	-2.3	...	...	...	...
大学1年或以上	18.8	15.3	22.7	8.1	...	...	...	...

a 控制父亲的职业地位（X）。

续表

背景和受教育程度	本土白人 本土血统	本土白人 国外或混合血统	国外出生 的白人	非白人	本土白人 本土血统	本土白人 国外或混合血统	国外出生 的白人	非白人
	对 Y 的总影响				对 Y 的净影响 [b]			
所有人				(总均值=36.3)				
0 到初等学校 8 年	−12.7	−8.5	−11.6	−19.5	−8.1	−4.8	−8.2	−14.0
高中 1—3 年	−6.6	−9.2	−2.4	−17.7	−4.3	−7.9	−2.1	−13.1
高中 4 年	1.5	4.9	3.6	−13.5	1.7	3.6	2.7	−10.5
大学 1 年或以上	20.5	24.3	19.6	4.8	13.4	16.4	10.4	3.0
非农场背景的人				(总均值=40.1)				
0 到初等学校 8 年	−14.7	−13.2	−13.0	−22.1	−10.2	−8.9	−9.6	−16.5
高中 1—3 年	−9.2	−7.9	−3.4	−20.1	−6.3	−5.6	−2.0	−14.8
高中 4 年	0.1	2.4	0.6	−16.5	0.6	2.5	0.3	−12.7
大学 1 年或以上	18.2	21.4	16.6	4.5	12.1	15.2	9.1	3.8
农场背景的人				(总均值=27.3)				
0 到初等学校 8 年	−4.6	−5.4	−6.0	−10.5	−3.3	−4.2	−4.8	−9.1
高中 1—3 年	0.0	−3.4	−6.0	−10.8	0.3	−3.3	−5.2	−9.3
高中 4 年	4.7	4.8	10.2	−6.4	4.3	3.8	10.1	−5.6
大学 1 年或以上	23.5	23.3	26.6	−1.6	17.1	17.8	17.0	−1.1

b 对所有人和非农场背景的人控制父亲的职业地位 (X) 和首职 (W); 对农场背景的人控制 W。

表 J6.2 根据农场背景，族群—移民分类对1962年职业地位（Y）、首职地位（W）和受教育程度（U）的总影响和净影响

因变量和类别	所有总体（总均值）	本土血统的本土白人 出生在北部或西部，生活在出生地	本土血统的本土白人 出生在北部或西部，生活在其他地区	本土血统的本土白人 出生在南部，生活在出生地	本土血统的本土白人 出生在南部，生活在其他地区	国外血统或混合血统的本土白人 北欧或西欧的血统，生活在出生地	国外血统或混合血统的本土白人 北欧或西欧的血统，生活在其他地区	国外血统或混合血统的本土白人 其他血统，生活在出生地	国外血统或混合血统的本土白人 其他血统，生活在其他地区	国外出生的白人 出生地	国外出生的白人 其他地区	非白人 出生在南部，生活在出生地	非白人 出生在南部，生活在其他地区	非白人 出生在北部或西部，生活在出生地	非白人 出生在北部或西部，生活在其他地区
估计人口数（千人）															
所有人	44984	16513	3759	7831	2101	2419	574	3797	895	2515	2155	1672	665	87
非农场背景的人	32879	12508	3100	4633	1313	1904	447	3422	800	1950	1085	1133	518	67
农场背景的人	12104	4005	659	3198	788	515	128	375	96	565	1070	539	147	20
1962年的职业地位（Y）															
所有人															
总影响	(36.3)	1.5	8.9	−1.4	−0.5	3.9	7.2	1.6	4.7	0.3	−19.3	−14.7	−6.2	−2.7
控制W、U和X的净影响	0.0	−0.1	2.1	1.1	1.3	3.2	4.9	1.3	0.6	0.1	−8.6	−6.9	−4.4	−8.8
非农场背景的人															
总影响	(40.1)	1.3	7.4	−0.9	−0.5	4.0	8.1	−0.4	2.7	−0.1	−20.4	−17.8	−6.4	−2.5

附录 J 补充表格

续表

控制 W、U 和 X 的净影响	0.0	0.1	1.6	0.5	0.8	3.6	6.2	1.3	0.2	−0.2	−9.7	−9.5	−3.5	−8.0
农场背景的人														
总影响	(27.3)	0.5	10.4	2.2	3.6	0.1	3.0	−2.7	1.9	−1.3	−11.4	−7.7	−7.7	1.7
控制 W、U 和 X 的净影响	0.0	−1.0	4.8	2.4	3.0	0.8	1.6	−2.2	2.8	0.7	−5.9	−4.3	−7.1	1.7
首职的地位 (W) 所有人														
总影响	(25.5)	0.8	6.2	−1.7	−2.8	2.3	3.2	1.3	4.0	2.2	−11.6	−7.4	−4.3	2.5
控制 U 和 X 的净影响	0.0	−0.6	0.4	0.5	−1.1	2.2	1.5	1.9	0.8	2.1	−3.8	−1.7	−3.0	4.7
非农背景的人														
总影响	(28.7)	0.6	5.4	−1.1	−3.0	1.9	3.6	−0.5	2.9	2.5	−12.2	−9.1	−5.1	0.3
控制 U 和 X 的净影响	0.0	−0.5	0.5	0.2	−1.8	2.1	2.0	1.8	0.9	2.5	−4.3	−3.0	−2.9	−4.3

续表

农场背景的人										
总影响 (17.6)	0.3	4.1	1.3	0.8	0.1	0.4	−1.3	−1.7	−0.8	−5.1	−3.3	−2.7	8.9
控制U和X的净影响	−0.7	0.3	1.5	0.7	1.3	−0.1	−0.7	−1.3	0.5	−2.1	−1.1	−2.5	−1.9
受教育程度（U）所有人										
总影响 (4.43)	0.29	0.84	−0.37	−0.10	0.04	0.28	0.05	0.49	−0.27	−1.69	−0.92	0.14	0.34
控制V和X的净影响	0.08	0.38	−0.22	0.01	0.01	0.14	0.41	0.67	−0.24	−1.00	−0.47	0.26	0.00
非农场背景的人										
总影响 (4.74)	0.20	0.67	−0.25	−0.07	0.00	0.20	−0.17	0.39	−0.23	−1.52	−0.90	−0.03	0.13
控制V和X的净影响	0.02	0.27	−0.24	−0.04	0.03	0.07	0.32	0.67	−0.18	−0.81	−0.38	0.19	−0.45
农场背景的人										
总影响 (3.60)	0.45	1.06	−0.16	0.17	−0.10	0.38	0.05	−0.40	−0.59	−1.34	−0.78	0.42	0.16
控制V和X的净影响	0.28	0.85	−0.08	0.18	−0.11	0.28	0.34	0.09	−0.50	−1.06	−0.56	0.35	0.15

附录 J 补充表格

表 J6.3 在每个阶段继续其教育的本土血统的本土白人和非白人的百分比

籍贯、肤色和迁移状况	读完八年级(1)	从八年级到高中读书(2)	从高中读书到高中毕业(3)	从高中毕业到大学读书(4)	从大学读书到大学毕业(5)	从大学毕业到研究生(6)
本土血统的本土白人—北部出生						
# 生活在出生地	91.5	85.3	76.7	44.5	51.2	38.8
# 生活在别的地方	96.3	91.8	79.3	59.0	55.1	42.9
本土血统的本土白人—南部出生						
# 生活在出生地	75.2	85.3	70.5	42.7	46.5	36.5
# 生活在别的地方	86.0	80.7	72.5	41.3	47.4	31.9
非白人—北部出生						
# 生活在出生地	91.1	90.6	71.5	40.1	27.4	20.9[a]
# 生活在别的地方	83.9[a]	93.2[a]	89.7[a]	45.9[a]	42.9[a]	41.7[a]
非白人—南部出生						
# 生活在出生地	49.3	79.2	44.0	34.1	44.2	28.1[a]
# 生活在别的地方	69.5	76.3	55.1	34.4	31.9	46.2[a]
所有人[b]	84.9	84.0	73.6	45.8	51.2	41.1

a 人口基数低于 10 万。
b 包括样本中的所有人，不仅是本表的其他单元格所涵盖的人数。

表 J7.1 族群、籍贯和是否生活在出生地的代际流动分布，对父亲的职业进行了标准化（单位：%）

肤色和迁移状况	向上流动 26 至 96 个点	向上流动 6 至 25 个点	稳定（-5 至 +5 个点）	向下流动 6 个点或更多	总计
北方的白人					
#生活在出生地	19.0	28.1	37.8	15.1	100.0
#生活在别的地方	17.8	31.6	37.0	13.6	100.0
南方的白人					
#生活在出生地	18.3	27.2	37.5	17.0	100.0
#生活在别的地方	20.1	27.6	35.2	17.1	100.0
北欧或西欧血统的移民二代					
#生活在出生地	19.8	27.1	36.7	16.4	100.0
#生活在别的地方	17.6	28.9	33.8	19.7	100.0
其他血统的二代					
#生活在出生地	21.7	28.1	36.3	13.9	100.0
#生活在别的地方	17.3	32.5	36.6	13.5	100.0
国外出生的白人	19.7	27.9	36.6	15.9	100.0
北方的非白人					
#生活在出生地	21.1	26.7	37.8	14.4	100.0
#生活在别的地方	4.2	40.2	46.7	8.9	100.0
南方的非白人					
#生活在出生地	24.7	19.7	30.0	25.6	100.0
#生活在别的地方	22.8	25.9	32.9	18.4	100.0

附录 J 补充表格

表 J7.2 根据年龄，基于从 16 岁到 1962 年 3 月的地理流动类型的百分比分布

迁移状况和终点地区	总计, 20—64	年龄（单位：岁）				
		20—24	25—34	35—44	45—54	55—64
总计（单位：千人）	44984	5015	10614	11609	10162	7584
总计（单位：%）	100.0	100.0	100.0	100.0	100.0	100.0
未迁移者						
# 大城市	22.7	33.8	23.3	20.8	22.0	18.6
# 小城市	6.3	9.6	6.8	5.6	5.9	4.8
# 非农场的乡村	6.5	10.7	8.4	6.1	5.0	3.9
# 农场乡村	7.7	7.5	5.7	7.5	8.8	9.7
相同社区类型内的迁移者						
# 大城市	12.4	9.9	11.9	14.5	12.3	11.5
# 小城市	3.7	4.2	3.6	3.5	3.7	3.5
# 非农场乡村	2.2	2.1	3.0	2.3	2.1	1.4
# 农场乡村	1.9	0.7	1.1	1.7	2.3	3.4
不同类型社区间的迁移者						
# 从大城市到小城市	1.5	1.6	1.5	1.9	1.3	0.9
# 从小城市到大城市	10.5	6.1	11.4	10.7	10.3	12.1

续表

# 从城市到乡村 [a]	7.2	4.2	8.6	8.0	6.9	6.2
# 从非农场乡村到大城市	3.1	2.6	3.0	2.6	3.0	4.5
# 从非农场乡村到小城市	1.1	1.4	1.1	0.9	0.9	1.3
# 从农场乡村到大城市	5.4	1.7	4.4	5.4	6.8	7.1
# 从农场乡村到小城市	2.3	1.2	1.7	2.4	2.6	3.5
# 从农场乡村到农场乡村	0.4	0.3	0.3	0.4	0.4	0.6
# 从农场乡村到非农场乡村	3.6	1.0	2.7	4.1	4.4	4.7
迁移状况未知	1.6	1.5	1.5	1.4	1.5	2.2

a 至少十分之九的终点是非农场乡村。

附录 J 补充表格

表 J10.1 对于 OCG 已婚夫妇，在 1962 年 3 月时 22—61 岁的妻子、妻子父亲的职业与丈夫父亲的职业的交叉表（单位：千对）

丈夫父亲的职业	(1)	(2)	(3)	(4)	(5)	(6)	(7)	(8)	(9)	(10)	(11)	(12)	总计
(1) 自雇型专业人员	22	40	34	66	35	20	73	30	12	6	57	2	397
(2) 领薪型专业人员	57	100	82	132	57	39	207	125	42	26	110	6	983
(3) 领薪型 MOP	51	72	107	122	86	72	200	160	60	35	131	2	1098
(4) 自雇型 MOP	106	135	102	334	141	85	418	319	108	76	358	11	2193
(5) 销售人员	32	69	78	134	128	54	266	151	57	55	130	18	1172
(6) 文书人员	28	53	48	98	62	30	196	129	55	55	142	19	915
(7) 手艺人	73	255	223	358	208	207	1464	1074	226	377	785	77	5327
(8) 操作工	44	132	105	244	173	120	997	1313	183	315	600	75	4301
(9) 服务业人员	22	65	64	96	45	54	343	208	93	100	168	24	1282
(10) 体力工人	24	49	28	72	62	52	273	358	81	297	237	81	1614
(11) 农场主	59	166	157	323	151	123	894	895	184	392	4174	219	7737
(12) 农场工人	8	18	12	18	20	12	112	102	23	80	161	148	714
总计	526	1154	1040	1997	1168	868	5443	4864	1124	1814	7053	682	27733[a]

a 不包括没有回答一个或两个职业的 5139 对夫妇。

表 J11.1 对于在 OCG 样本中 42—61 岁且与丈夫生活在一起的妻子，职业类别对妻子生育数量的总影响和净影响

职业地位和影响类型	大职业群体				农场	未指明者
	白领		体力			
	上层	下层	上层	下层		
夫妇的数量[a]（千对）	2081	805	2273	3139	4145	1312
根据（1）妻子父亲的职业	2006	830	2304	2924	4542	1142
根据（2）丈夫父亲的职业	1038	2584	1184	5742	2796	422
根据（3）丈夫的首职	3778	1418	2894	3719	1109	853
根据（4）丈夫1962年的职业						
总影响[b]						
对（1）妻子父亲的职业	−0.31	−0.32	−0.15	−0.13	0.37	0.08
对（2）丈夫父亲的职业	−0.47	−0.46	−0.06	−0.12	0.39	0.02
对（3）丈夫的首职	−0.49	−0.50	−0.14	0.02	0.67	0.06
对（4）丈夫的1962年职业	−0.32	−0.53	0.12	0.17	0.74	0.26
净影响[b]						
控制（3）后对（1）的	−0.14	−0.17	−0.08	−0.10	0.20	0.07
控制（4）后对（1）的	−0.19	−0.20	−0.10	−0.13	0.27	0.05
控制（4）后对（2）的	−0.32	−0.33	−0.01	−0.11	0.28	0.01
控制（1）后对（3）的	−0.45	−0.45	−0.12	0.03	0.57	0.02
控制（4）后对（3）的	−0.36	−0.38	−0.13	0.00	0.53	0.02
控制（1）后对（4）的	−0.28	−0.49	0.12	0.15	0.57	0.25
控制（2）后对（4）的	−0.24	−0.46	0.10	0.13	0.53	0.23
控制（3）后对（4）的	−0.17	−0.38	0.09	0.09	0.37	0.21

a 由于制表中的四舍五入误差的累积，行的总和可能不同于13736的总数。
b 对每个妻子曾生育2.45个孩子的总均值的偏离。

表 J11.2 对于1962年3月美国自由民用人口已婚且和配偶在一起的夫妇，42—61岁的妻子，按妻子父亲的职业和丈夫的首职划分，夫妇数量和曾生育孩子数量

妻子父亲的职业	所有夫妇	白领 上层	白领 下层	体力 上层	体力 下层	农场	未指明者
夫妇的数量（千对）							
所有夫妇	13755[a]	1036	2581	1194	5732	2793	420
上层白领	2081	379	606	192	668	191	45
下层白领	805	106	259	76	265	72	27
上层体力	2273	137	534	279	1031	234	58
下层体力	3139	136	554	269	1754	364	62
农场	4145	199	412	262	1453	1694	125
未指明者	1312	78	216	116	561	238	103
曾生育孩子的数量							
所有夫妇	2.45	1.96	1.95	2.29	2.46	3.11	2.53
上层白领	2.14	1.75	1.99	1.87	2.37	2.86	2.20
下层白领	2.13	1.92	1.92	2.78	2.12	2.42	2.48
上层体力	2.30	2.08	1.84	2.30	2.44	2.93	2.05
下层体力	2.32	2.01	1.97	2.01	2.41	2.76	2.13
农场	2.82	2.30	2.04	2.58	2.68	3.24	2.76
未指明者	2.53	1.85	1.92	2.66	2.40	3.38	2.91

a 边缘和和总和是单元格频次之和；由于累积的四舍五入误差使得总和在不同表格之间可能不同。

人名索引

（索引中的页码为原书页码，即本书边码）

Anderson, C. A. C. A. 安德森 196 注
Anderson, H. D. H. D. 安德森 4 注
Banks, V. J. V. J. 班克斯 281 注
Batchelder, A. B. A. B. 巴彻尔德 244 注
Beale, C. L. C. L. 比尔 281 注
Bendix, R. R. 本迪克斯 2 注, 9, 21, 61, 62 注, 101 注, 199 注, 200, 254, 270, 432, 436-437
Berent, J. J. 贝伦特 371, 398
Berger, J. J. 伯杰 91 注
Bettelheim, B. B. 贝特海姆 158 注
Bird, C. C. 伯德 185 注
Blalock, H. M., Jr. H. M. 小布莱洛克 172 注, 173 注, 380 注
Blau, P. M. P. M. 布劳 41, 90 注, 270 注, 386 注
Blishen, B. R. B. R. 布利申 119 注, 120
Bogan, F. A. F. A. 博根 164 注
Bogue, D. J. D. J. 博格 19 注, 120
Brown, R. R. 布朗 296 注
Brownlee, K. A. K. A. 布朗利 132 注, 376 注
Buckley, W. W. 巴克利 441 注
Campbell, A. A. A. A. 坎贝尔 362 注
Carleton, R. O. R. O. 卡尔顿 81-82
Carlsson, G. G. 卡尔森 4, 8, 92, 94, 104, 168, 430 注, 433 注, 439-440
Caudill, W. W. 考迪尔 234 注
Charles, E. E. 查尔斯 118 注

Chinoy, E. E. 奇诺伊 60 注，90
Coble, J. M. J. M. 科布尔 155 注
Coser, L. A. L. A. 科塞 432 注
Costner, H. L. H. L. 科斯特纳 195 注
Crockett, J. Jr. J. 小克罗克特 90，97，98，99，100 注，101 注，103，104，108，109，112
Darley, J. G. J. G. 达利 185 注
Davidson, P. E. P. E. 戴维森 4 注
Davis, J. A. J. A. 戴维斯 296 注
Davis, K. K. 戴维斯 7 注，440 注
Decos, G. G. 德克斯 234 注
Deming, W. E. W. E. 戴明 92
Dumont, A. A. 杜蒙特 367
Duncan, B. B. 邓肯 167 注
Duncan, O. D. O. D. 邓肯 82 注，84 注，86 注，90 注，92 注，105 注，119 注，121 注，124 注，126，127 注，185 注，199 注，282 注，294 注，356 注，365 注，367 注，371 注，461 注
Durkheim, E. E. 涂尔干 2-3，417 注，429

Easterlin, R. A. R. A. 伊斯特林 111 注，363 注
Eckland, B. K. B. K. 埃克兰德 167 注
Edwards, A. M. A. M. 爱德华兹 118
Erlenmeyer-Kimling, L. L. 埃伦迈尔—希姆林 143 注
Fisher, R. A. R. A. 费希尔 368-371
Fox, T. G. T. G. 福克斯 9 注，439
Freedman, D. D. 弗里德曼 282 注
Freedman, R. R. 弗里德曼 282 注，362 注

Geiger, T. T. 盖格 346
Girard, A. A. 吉拉德 346 注
Glass, D. V. D. V. 格拉斯 4，8 注，35 注，118 注，121 注
Goodman, L. L. 古德曼 44 注
Gross, E. E. 格罗斯 96 注
Guttman, L. L. 格特曼 69-70，75 注

Harris, I. I. 哈里斯 308 注
Harvey, W. R. W. R. 哈维 130 注
Hazel, L. N. L. N. 黑兹尔 134 注
Heberle, R. R. 希伯利 158 注
Hill, T. P. T. P. 希尔 130 注，139
Hochbaum, G. G. 霍克鲍姆 185 注
Hodge, R. W. R. W. 霍奇 71 注，119 注，120 注，124 注，125 注，126，127 注，185 注，199 注，294 注，398 注
Hollingshead, A. B. A. B. 霍林斯黑德 398 注
Hudson, J. C. J. C. 赫德森 281 注
Jackson, E. F. E. F. 杰克逊 90，97，98，99，100 注，101 注，103，514

104, 108, 109, 112
Jaffe, A. J. A. J. 贾菲 81-82, 464
Janowitz, M. M. 贾诺维茨 158 注, 361 注
Jarvik, L. F. L. F. 贾维克 143 注

Kemeny, J. G. J. G. 凯梅尼 91 注
Kendall, M. G. M. G. 肯德尔 142 注

Laumann, E. O. E. O. 劳曼 70, 75 注
Leik, R. K. R. K. 莱克 195 注
Lenski, G. E. G. E. 伦斯基 90, 112
Lev, J. J. 列夫 149 注
Levin, H. H. 莱文 428 注
Levine, D. B. D. B. 莱文 11 注
Lewis-Faning, E. E. 莱维斯-范宁 362 注
Lipset, S. M. S. M. 利普塞特 2 注, 9, 21, 61, 62 注, 90 注, 101 注, 158 注, 199 注, 200, 254, 270, 371 注, 432, 436-437, 441
Litwak, E. E. 利特瓦克 73 注, 398 注
Lopreato, J. J. 洛普里多 433
Lunt, P. S. P. S. 伦特 5 注, 438 注
Maccoby, E. E. E. E. 麦科比 428 注
Marx, K. K. 马克思 3, 5, 6

Matras, J. J. 马特拉斯 91 注
Melichar, E. E. 梅利查 130 注
Miller, H. P. H. P. 米勒 204 注, 213 注, 226 注, 302 注
Miller, S. M. S. M. 米勒 4, 9, 98, 101 注, 433, 439
Monachesi, E. D. E. D. 莫纳克西 185 注
Moore, W. W. 穆尔 7 注, 440 注
Morgan, J. N. J. N. 摩根 130 注

Nam, C. B. C. B. 纳姆 11 注
Nobbe, C. E. C. E. 诺比 213

Orshansky, M. M. 奥珊斯基 164 注

Parsons, Talcott 塔尔科特·帕森斯 7 注, 429 注
Pearson, K. K. 皮尔逊 203

Reiss, A. J. A. J. 赖斯 119 注, 121 注, 125 注, 282 注, 286 注, 352 注, 356 注, 461 注
Rhodes, A. L. A. L. 罗兹 356 注
Rogoff, N. N. 罗格芙 4 注, 8 注, 35 注, 90, 91, 97-98
Rossi, P. H. P. H. 罗西 119 注, 120 注, 125 注
Ryder, N. B. N. B. 赖德 81 注, 362 注

Schmid, C. F. C. F. 施密德 213

Sears, R. R. R. R.　西尔斯　428 注
Sibley, E. E.　西布利　90，103，113，230 注，426
Siegel, P. M. P. M.　西格尔　119 注，120 注，125 注
Simmel, G. G.　齐美尔　431
Smelser, N. J. N. J.　斯梅尔瑟　7 注，90 注，371 注
Snell, J. L. J. L.　斯内尔　91 注
Sorokin, P. A. P. A.　索罗金　2，4，90，361 注，417-418，429 注
Spingler, J. J. J.　斯宾格勒　367 注
Spuhler, J. N. J. N.　施普勒　346 注
Stouffer, S. A. S. A.　斯托弗　158 注
Suits, D. B. D. B.　休茨　130 注
Svalastoga, K. K.　斯瓦拉斯托加　4，435 注

Toennies, F. F.　滕尼斯　415
Tocqueville, A. A.　托克维尔　436
Treiman, D. J. D. J.　特雷曼　398 注

Walker, H. M. H. M.　沃克　149 注
Warner, W. L. W. L.　沃纳　5，438 注
Warren, B. L. B. L.　沃伦　346 注
Weber, M. M.　韦伯　5，429 注
Westoff, C. F. C. F.　韦斯托夫　367 注，368 注
Whelpton, P. K. P. K.　惠尔普顿　362 注
Wright, S. S.　赖特　172 注

Yasuda, S. S.　安田沙枝　96 注
Yule, G. U. G. U.　尤尔　142 注

671

主题索引

（索引中的页码为原书页码，即本书边码）

Achievement motivation 成就动机 207，211，234-235，238，241，295-296，318-319，329，343，405，427-428，430

Age groups 年龄组；参见 Cohort；~比较

Aggregate mobility 总体流动 54-58，81-89

Aggregate trend 总体趋势 参见 Expansion of occupations

Agricultural employment 农业就业；参见 Farm workers

Alice 艾丽斯 56

Assortative mating 选择性婚配 参见 Homogamy

Bibliography 文献目录 443-444

Birth order 出生次序 278，280-281，298-299，307-316，328-329，410-412

Blue collar 蓝领；参见 Manual workers

Capillarité sociale 社会毛细管 362，367-370

Career 职业生涯 ~和迁往郊区 244-246；~起点 48-58，107-111，133-137，150-151，166-168，181-182，197-198，221-223，238，248，251，257-258，264-265，267，270-271，289，291-292，299-300，311-312，333-335，358，372-381，387-388，403，423-424；早期和晚期 ~ 186-187，188-189，223

Causal scheme 因果体系 166-168，171-172，177，186-187，191，201-202，254，334，337-339；也参见 Model，基本 ~

Class 阶级、阶层~界线 42，58-66，71-72，74-75，76，78，79-80，124，347-349，353，398，420-421，431；大的职业~40-42，51，55-56，74-75，78，103-104，108，346-349，371-388，395-397，418-421；生育率的~差异 243-244，362-374，385-386，413-418，420，426-427，431；~刚性 103-104，108-111，112，141，424，431，438-440；社会经济~ 1-7

Clerks 职员 38，41，49，88-89，348-349，419

Cohort 队列~和世代 81-90，112；出生 164-165，177-183，222，255，349；合成的~ 183-188，204，403；20—24岁年龄~ 168，280，340，453，473；也参见 Comparison of age groups

Color 肤色、有色人种；参见 Nonwhites

Community 社区~位置；参见 Region of birth; Suburbs；~规模，参见 Size of place of residence

Comparisons 比较 根据农场出身的~ 286-288，340，365-366，389-390，397；国际~ 8-9，21，61-62，432-435，439；年龄组的~ 177-187，208-209，221-226，255-256，270-271，274，278，280，286，341-342，355，363-365，391，424，473；父亲—儿子相关系数的~ 142-143，245，286-288；不同时期流动的~ 97-113，424；分析技术的~ 43-47，90-97，116-117，138-139，140-141，145-146，150-151，156，201-202，212注；与 CPS 制表~ 14，84-85，451-455，463-469；也参见 Cohorts and generations

Contraction of occupations 职业收缩；参见 Expansion of occupations

Correlations 相关~和线性 140，143-145，146-147；~和回归 140-147；流动变量之间的~ 194-199；"生态学的"~ 53-54，125；基本模型中的~ 169-174，176，178-187，191-193，286-287；多元~ 145，149-150，288；决定因素的~ 203-204；伪~ 175，185，191-193，198；~的有效性 192-194；471-476；子总体内的~ 147-152

Courtship 求爱 357-358

Covariance 协方差 参见 Method, covariance

Craftsmen 手艺人 26，37，69，71，74，89，349，419

Criteria of status 地位准则 117-119

Cumulative disadvantages 累积劣势 200，203-205，209-210，238，403-407，430

Current Population Survey 当前人口调查 10-18, 84, 100-102, 105, 443-444

Curvilinearity 曲线性 参见 Correlations, ～和线性

Deference 顺从 439-441

Demand 需求 25-26, 45, 59-62, 76-77, 93, 113, 260, 277, 422

Democracy 民主 163, 205, 227, 401, 432-441

Dimensions 维度 社会距离的～ 67-75, 80, 350-354, 420-421; 分层的～ 5-7, 80, 118, 196-197

Direction 方向 迁移的～ 267-269, 272-274; 流动的～ 196, 199, 209-210, 227, 230, 237-238, 249, 253, 261, 373, 380-381, 383-388, 390, 395-398, 401-402, 420, 423, 429, 430, 432-436, 441

Disadvantages 劣势; 参见 Cumulative disadvantages

Discrimination 歧视 204-205, 207, 211-212, 218-219, 222-226, 233, 239-241, 405-407, 425, 430

Dispersion of manpower flow 人力流动的离散程度 42-48, 52-58, 76-77, 82, 422-423

Distance 距离 阶层之间的～ 71-72, 439; 职业之间的～ 67-75, 80, 349-353, 420-421, 439; 流动的～ 36, 64-65, 77, 152-161, 237, 261, 266, 386-388, 397, 420, 435; 心理和社会～ 253-254, 282, 355-358

Distributors of manpower 人力的分配器 42, 76, 421-422; 也参见 Dispersion of manpower flow

Divorce 离婚 336-340, 410

Downward mobility 向下流动; 参见 Direction of mobility

Dropouts 辍学者 157-158, 164, 208-209, 212, 235, 281

Economic conditions 经济条件 45, 46, 59-60, 77, 81-82, 422, 426-427, 431

Economic resources 经济资源 300, 302, 306, 308, 314-315, 320, 329, 410-411, 413, 417, 436

Education 教育 ～和家庭条件 316-327, 329, 333-336, 359, 412-413; ～和家庭规模 302-306, 314-315, 410; ～和家庭背景 278, 285, 287-291; ～和生育率 363-365, 391, 427; ～和继承 430; ～和迁移 257-258, 263, 267, 271, 281, 285, 409; ～和流动 152-161, 196-197, 198, 210-202, 210; ～和职业获得 133-136, 143-145, 151, 169-170, 179-180, 187, 201-

主题索引

202，239，287-291，402-403，420，424-425；~和职业得分 118，120，124-127；~和兄弟姐妹的排行 301-306，308-309，411；~继续比率 217，224-226，235-237，267，304-306，308-309，407，411-412；~措施 165-166，216，247 注；482-484；母亲的~ 188-191；非白人的~ 208-209，210-212，221-226，238-239，278，405-406，425；第二代的~ 232，234-238，406-407；南方人的~ 216-218，226，240；对~的支持 296，314-315，319-320，410；~中的趋势 179-180，208-209，221-226，240；妻子的~ 342，354-358，421

Eldest brother 长兄 参见 Older brothers

Elite 精英 72，368，370，418，432-435，437-438

Endogamy 内婚制；参见 Homogamy

Entry occupations 进入职业 51，79

Equality 平等；参见 Opportunity, equality of

Error 误差 回答~ 14-15，84-85，89，166-167，178，457-469；抽样~ 17-18，37，99，111，146，393，477；标准~ 17，376，477；制表~ 297

Ethnic minorities(white) 少数族裔（白人） 207，231-238，240-241，403-408；也参见 Foreign born

Expansion of occupations 职业扩张 38，40，45-46，51，59-60，66，77-78，84-88，419，422，428

Experience 经历、经验 早期~；参见 Career beginnings；城市长大的~ 262-266；多种~ 233-234，238，240

Family 家庭 破损~ 331-337，359，410；~氛围 316-320，324-326，327，329，412，双亲~ 331-337，359；也参见 Size of parental family；~计划生育 362，368，416；在父母~中的排行，参见 Birth order；夫妻之间的~规模；参见 Fertility；~结构 313-316，328-329，411-412

Farm 农场 ~移民 258-259，278-292，389-390，409；~出身 60，292；~工人 24，38，40，49，51，59-62，73，75，78，85-87，103，105，193-194，227-230，277，348-349，352-353，384，419，422，423，424，434

Father's generation 父代 24-25，82-84，332-333，464-469

Father's occupation 父亲的职业 ~的替代指标 188-194；也

参见 Social background
Fertility 生育 ~和流动 367-399, 413-414；~的阶级差异 38, 60, 243-244, 362-374, 385-386, 413-418, 420, 426, 427, 431；教育和~ 363-365, 391, 427；生育率 361-399, 413-417；~理论 361-363, 367-371, 374, 385, 393, 397
First born 第一个出生的孩子；参见 Birth order
First job 第一份工作、首职；参见 Career beginnings
Flow of manpower 人力流动 24-48, 58-59, 75, 76, 105-106, 418-422
Foreign born 外国出生 113, 207, 227-231, 234, 237-238, 278-280
Formalization 形式化；参见 Model

Gemeinschaft 传统共同体；参见 Gesellschaft
Generation 代父~ 24-25, 82-84, 120-121, 188-190；也参见 Cohorts and generations
Gesellschaft 现代社会 399, 415-417, 427-428

Handicaps 障碍、不利之处 农场背景的~ 60-62, 286-292, 293-294；破裂家庭的~ 333-336, 359, 410；克服~ 235-237,
306, 309, 328, 406-407, 411-412, 442；也参见 Cumulative disadvantages
Historical 历史的 流动的~和结构原因 113, 227, 230, 425-431；~趋势 19, 59-60, 81-113, 177-182, 208-209, 221-226, 227-229, 240, 271, 274, 286, 301, 361-365, 390, 415, 424-425, 429
Homogamy 同征择偶、门当户对 20, 331, 343, 346-358, 421
Homogeneity of origins 出身的同质性 52-53
Hypothetical variables 假设的变量 188-190, 191, 201, 324-327, 343-345, 412

Immigration volume 移民数量 227, 230-231
Immigrants 移民；参见 Foreign born
Incentives 激励 7, 45, 77, 212, 239, 405, 422, 427
Income 收入 ~和农场背景 285；~和生育 391-392, 415, 417；~和职业扩张 45；~和职业得分 118, 120；~和职业群体排序 26-27, 72, 420；体力工作的~ 37, 79；非白人的~ 204, 212-213, 239, 404, 425
Index of association 关联指数；

参见 Measures, index of dissimilarity

Industry 行业、产业 23-24, 26, 37, 121, 426

Inequality 不平等；参见 Opportunity, equality of

Inflow 流入；参见 Flow of manpower

Inheritance 继承 24, 36, 41, 52-54, 78, 98, 111, 141-142, 173, 176, 182, 243, 336, 368-370, 418, 430

Institutions 机构、制度 ~之间的联系 6-7, 117

Integration 整合 ~和生育 398, 417；~和相互依赖 427；职业中的~ 52-54, 78

Intelligence 智力 326, 327, 343, 356

Interaction effects 交互效应 129-132, 147-152, 179-180, 193-194, 210-211, 219-220, 245, 287-290, 293-294, 301-302, 313-315, 319, 321, 329, 345, 377-378, 381-390, 393-398, 411-412, 414-415, 416-417

Labor market 劳动力市场 216, 217-219, 222, 226, 249注, 256-257, 265

Laborers 体力工人、劳工 89, 227-230, 349, 419

Last born 最后出生的孩子；参见 Birth order

Life cycle 生命周期；参见 Cohort, synthetic

Love 爱情 357-359

Managers 管理人员 6, 38, 88, 105, 419

Manual workers 体力工人 26, 37, 49, 56-57, 61-62, 74, 75, 79, 292, 347, 419-420, 434

Marital status 婚姻状况 336-340, 410

Mate selection 择偶、配偶选择 346-360, 421

Materialism 物质主义 430, 436-438

Measures 测量、测量指标 教育 ~ 144, 165-166, 247注, 482-484；相异性~指数 43-47, 54-57, 67-69, 105-106, 350-351, 421；流动比率~ 8, 32-38, 42-43, 49-50, 58-59, 61, 90, 93-97, 112, 347, 434-435；离散程度~ 43-45, 422；同质性~ 52；迁移~ 253, 480-481, 491-493；流动趋势~ 90-97, 103-104, 108-109；职业地位 ~ 8, 110-111, 119-128, 165, 286-287, 485；父母家庭~ 193, 297-298, 316-317, 480-482

Method 方法调查~的可比较性 98-103，105，184-185，280-281；协方差~ 117，147-152；数据收集~ 10-19；~困境 115-117；剖析流动的~ 9-10，132-138，169-177，183-187，194-199，402；流动分析~ 152-156，374-377；多元分类~ 117，128-140，150-151，212注，479-490；无回答问题赋值~ 16-17，132，138-139，141，150-152，471-473；路径分析~；参见 Model, basic；回归~ 117，137-138，140-147，168-169；~的信度、可靠性 14-18，84-85，89，99，119，332-333，432，457-476；抽样~ 12-15，17-18，451-455，479；~的误差 17-18，37，99，111，146，393，477；顺序假定~ 166-168，331-332，337；最小空间~ 69-75，118，350-354；也参见 Measures

Migration 迁移~时年龄 255；作为再分配机制的~ 243-244，274，409；作为选择过程的~ 248，253，257-259，267-271，408-409，442；~的界定 253-254，480-481，491-493；~的动力学 268-271；来自其他国家的~ 113，227-231，425，427；~对未迁移者的影响 113，230-231，269-270，274，426，427，441；地区~ 215，217-221，231-234，237-238，240-241，243，250-253，272；农村-城市~ 60，230，254，260-261，267-274，277-281，285-286，390-391，408-409，427，441；~数量 255，268，269，278-280，282

Mobility 流动~和生育 367-399，413-414；~方向 41-42，57-66，67，77-78，103，105-106，112，156-160，196-197，210，237-238；~距离 36，64-65，77，152-161，237，261，266，386-388，397，420，435；代内~ 31，34，36，49-54，106，215，220，249，266，371-381；~矩阵 26-38，42-43，49，58-59，61，90-97，102-103，105，106-109，112，420-421，424，434-435；~量 36，38-41，49-51，76，200-201，372，392，426

Model 模型加性~ 129-132，139，146，149-150，159，374-379，393-397，414；基本~ 10，20，165-177，183-186，191-194，195，201，402-403；基本~的扩展 310-312，320-328，329，333-336，338，341-345，402-403；期望流动~ 158-160，252-

253；完全流动～ 35，152-156，347；比例调整～ 90，91-92，96，98，105；合成队列～ 183-187

Motility 流动性 250-255

NA bias 未回答偏误 16，99，333，463-476

National mobility surveys 全国流动调查 4，61-62，97-106，432-434，439

National origins 国家出身；参见 Ethnic groups

Negroes 黑人；参见 Nonwhites

Net effects 净影响、净效应 130-131，136-137，146，168，170-171，173，176-177，187，201-202

Net mobility 净流动 31，34，36，49-54，81，103-104，105-106，112，250-251，423-424

Nonmanual workers 非体力工人 38，42，61-63，69，75，78，79，89，347，399，417，423，424，432，434

Nonwhites 非白人 10，20，62，192，194，204-205，207-227，238，247-248，252，278，280，282-284，354-355，398，404-408，425

Northerners 北方人；参见 Southerners

Older brothers 哥哥 315-323，412-413

Only Child 独生子女 281，300-301；也参见 Birth order

Operatives 操作工 38，79，89，347，399，417，419，423，424，432，434

Opportunity 机会～平等 163，205，207，209，212-213，222，227，404-405，430，432-439；～结构 249-250，256-257，266-267，269，272-273，293，408-409，432

Origin 出身、起点；参见 Social background；Career beginnings；Farm background；Wife's background

Outflow 流出；参见 Flow of manpower

Parental authority 家长权威 428

Particularism 特殊主义；参见 Universalism

Path coefficients 路径系数 146，171-177，185-187，201，288，292，321-327，341-345，402-403

Policy implication 政策含义 1，205，241，425，442

Poverty 贫困 164-165，174，199-200，203，205，285，403-404，406

Prejudice 偏见；参见 Discrimination

Prestige scale 声望等级 119-120, 485

Pretest 试调查 12, 14-15, 457-462

Primogeniture 长子继承制 280-281, 307

Productivity 生产力 277

Professionals 专业人员 25, 29, 38, 40, 43, 72, 75, 87, 105, 227-229, 348-349, 419, 422, 429, 433-434

Proprietors 企业主 29, 42, 71, 74, 88, 419, 422

Proprietorship 业主、所有者参见 Self-employment

Questionnaire 问卷 445-450

Race 种族；参见 Nonwhites

Ranking of occupations 职业排序 26-27, 47-48, 64-65, 67-68, 73-74, 77, 80, 118-124, 347

Recruitment 纳新 24, 38-48, 76-77, 421-423

Region of birth 出生地 20, 213-226, 233, 238, 240, 251-253, 278, 280, 284

Regression 回归协方差～ 147-152；职业得分～ 120, 125-126；向均值～ 199；也参见 Method, regression analysis；Correlations

Reliability 信度、可靠性；参见 Method, reliability

Research design 研究设计 10-18

Residual paths 剩余因素的路径系数 171, 174-175, 186, 201-202

Response 回答～偏差 16-17, 185, 464-469；～误差 14-15, 84-85, 89, 166-167, 178, 457-469

Salesmen 销售人员 26, 29, 38, 40, 49, 71, 74, 80, 88-89, 419

Sample 样本生育～ 371-372；OCG～ 14-18, 280；父亲～ 24-25, 84, 332-333, 349, 464-465

Sampling ratio 抽样比率 479

Second generation 第二代参见 Ethnic minorities

Selectivity 选择性 211, 234, 241, 248, 253, 257-259, 267-271, 272-274, 284, 306, 309, 337-338, 368-369, 407-409, 411-412, 418, 442

Self-employment 自雇者 41, 76, 442

Self-recruitment 自我补充 24, 40, 49, 52-54

Self-skilled 自我养成技能的；参见 Operatives

Service workers 服务业人员 37,

69，71，74，80，348-349，353-354，419

Siblings 兄弟姐妹 20，278，280-281，284，295-316，355，357-358，410-412

Significance tests 显著性检验 17-18，132，139，146，149

Single 单身 339

Size 规模父母家庭的~ 284，298-306，313-314，320，328-329，357-358，410，411-412；地区~和农场背景 282-284，293；出生地~ 262-266，268，273，408-409；居住地的~ 244-245，248-250，260-262，272，408-409

Skilled workers 熟练工人参见 Craftsmen

Social background 社会出身、社会背景 133-135，175，180，186-187，188-193，200-205，207，246-247，257-258，278，281，287-288，291-292，312，321，332-333，347-354，357-358，375，402-404，412-413

Social distance mobility ratio 社会距离流动比率参见 Measures, mobility ratio

Social origins 社会出身~的替代指标 188-194；~的可靠性 332-333，464-469

Solidarity 团结；参见 Integration

Southerners 南方人 205，207，213-226，240，252，280，283-284，406，408

Space 空间；参见 Distance

Stability of occupational score 职业得分的稳定性 119，120-121

Standard error 标准误、标准误差 17，376，447

Stratification 分层~的维度 5-7，67-75，80，350-354；~的功能 520 理论 7，205，440；~体系 1，4-6，163-164，358，401，430，431，441；~理论；参见 Theory, stratification

Structural effects 结构性效应 269-270，274，420

Suburbs 郊区 245-248

Supply 供给 24，38-48，49-54，62，76-77，421-423

Technology 技术 66，277，426，428-429，430-432

Temperament 性格、气质 328，356

Temporal ordering 时间顺序 166-168，177-178，182，289，332，336-337

Theory 理论~和研究 1-10，202，294-295，441-442；生育~ 361-363，367-371，374，385，393，397，413-418；分层~ 1-7，432-441

Time sequence 时间顺序；参见

Temporal ordering
Time series of mobility 流动的时间序列 97-111, 112, 177-182
Transition matrix 转换矩阵 26-31, 58-59, 90-93, 96-97, 102-103, 105, 106-109, 420-421, 424
Trends 趋势；参见 Historical trends; Expansion of occupation

U 参见 Education
Universalism 普遍主义 ~和迁移 275, 442；职业生活中的~ 241, 275, 415, 425, 429-431, 440；工作组织中的~ 73, 80, 420
Upward mobility 向上流动 参见 Direction of mobility
Urbanization 城市化 ~和生育 390, 399, 415-416；~和亲属关系 284；~和迁移 269-270, 408-410, 422-428；~和迁往郊区 244-248；也参见 Size of place

V 参见 Education, father's
Validity of occupation score 职业得分的效度 124-127, 286, 353
Variables 变量 479-485
Vicious circle 恶性循环 164-165, 199-205, 293, 404-407

W 参见 Career beginnings
White collar 白领；参见 Nonmanual workers
White 白人；参见 Nonwhites
Widowhood 丧偶、鳏居 339
Wife's 妻子的 ~婚龄 391-392, 399, 415-416；~出身 341-354, 359, 381-385

X 参见 Social background; Social origins

图书在版编目(CIP)数据

美国的职业结构/(美)彼得·M.布劳等著;李国武 译.—北京:商务印书馆,2019
(经验与观念丛书)
ISBN 978-7-100-12933-6

Ⅰ.①美… Ⅱ.①彼… ②李… Ⅲ.①职业—结构—研究—美国 Ⅳ.①D771.282

中国版本图书馆 CIP 数据核字(2017)第 012893 号

权利保留,侵权必究。

经验与观念丛书
美国的职业结构
〔美〕彼得·M.布劳 著
奥蒂斯·杜德里·邓肯
李国武 译

商 务 印 书 馆 出 版
(北京王府井大街36号 邮政编码100710)
商 务 印 书 馆 发 行
北京艺辉伊航图文有限公司印刷
ISBN 978-7-100-12933-6

2019年12月第1版 开本 880×1230 1/32
2019年12月北京第1次印刷 印张 22⅛
定价:68.00元